U0106589

同濟大學人文學院

出版資助規劃重點資助項目

周易集解補釋

曹元弼 著

吳小鋒 整理

（上册）

上海人民出版社

目　録

前　言

　　《周易》，傳自先秦，淵源甚古，乃華夏先祖認識天地自然的智慧精髓。"易道深矣，人更三聖，世歷三古"（《漢書・藝文志》），漢人以《易》當五經之原。

　　《周易》分三個部分，卦象、卦爻辭與十翼。相傳卦象伏羲作，卦爻辭文王與周公作，十翼孔子作。《周易》本身的發展與成書，可能更爲複雜，分此三部分，繫之以相應的作者，可以代表視之。《周易》最終編定爲目前的篇章結構，時間大約在西漢。漢尊儒術，《易經》作爲五經之原，備受重視，研習者眾。其中佼佼者，在西漢如孟喜、焦延壽、京房、楊雄等，在東漢如荀爽、鄭玄、虞翻等。至三國，政治與時代思想品質大變。漢代經學的整體形象，如熹平石經一般，在東漢末年的黃巾起義中被砸碎。東漢轉爲三國，大一統的局面分崩離析，到唐代開國統一，期間斷斷續續戰亂四百年。兩漢至魏晉，學術從經學變爲玄學，與政治生態有莫大關係。玄學以王弼（二二六至二四九）爲代表，這個天才般的青年，二十出頭就注完了《周易》和《老子》，影響至今。王弼以"得象忘言"、"得意忘象"之旨，掃象而說《易》，一改漢人以象數說《易》的踏實學風，《易》漸漸化爲三玄之一。唐朝開國制典，貞觀十六年（六四二）頒行《五經正義》，於《易經》，孔穎達選取王弼注作疏，奠立王弼注《易》思路的正統性。

兩漢象數易，式微於魏晉，《周易正義》出，更至於衰亡之境。幸有蜀地道士李鼎祚，搜羅東漢以來古注近四十家，於寶應元年（七六二）編成《周易集解》，獻於代宗。自序曰：“采羣賢之遺言，議三聖之幽賾，集虞翻、荀爽三十餘家。刊輔嗣之野文，補康成之逸象，各列名義，共契玄宗。”今所見唐以前的《周易》古説，尤其大部分漢易資料，基本依賴於此書得以保存，可謂居功至偉。

漢人研習《易經》，多言象數，因《易經》文辭皆非隨意繫之，背後有其象數支撐，“卦有小大，辭有險易。辭也者，各指其所之”（《周易·繫辭上》）。指其所之，即含象數變化。象數及其變化規律，本質乃陰陽消息之紀，討論象數及其變化，是爲深入理解陰陽消息及其規律。《周易·繫辭上》曰：“君子居則觀其象而玩其辭，動則觀其變而玩其占。”玩辭的前提在觀象，若掃象不觀，徒玩其辭，辭成浮辭，説義萬千仍空虛無根。可惜《周易集解》所保留之漢易資料，自《集解》成書之後，幾乎無人問津，直到清代。

清代反思明亡教訓，有漢宋之爭。漢學一路向上，考鏡學術源流，於《易經》能從宋易追溯至漢易，《周易集解》在這種風氣之下，開始重新爲學人所重視。經過惠棟、張惠言、孫星衍等人的努力，《周易集解》的各家易例逐漸明朗。至李道平（一七八八至一八四四）著《周易集解纂疏》，漢易中各家易例的繁難處，開始逐漸清晰。不過，《集解》中各家易例之間的精微差異，《纂疏》仍有頗多力不能逮之處。真正對《周易集解》作庖丁解牛般的研讀，讓各家易例各自成法，並且能對其作提綱挈領般的評述，當屬曹元弼的《周易集解補釋》一書。

曹元弼（一八六七至一九五三），字穀孫，又字師鄭，晚年號復禮老人，江蘇吳縣（今蘇州市）人。早年學於南菁書院，師從禮學大家黃以周，與唐文治、張錫恭等人同學。二十四歲成《禮經校釋》，爲學林矚目。之後隨張之洞，講經經世，循張之洞《勸學篇》治經之法，欲撰《十四經學》，最後成《周易學》、《禮經學》、《孝經學》三種。辛亥之後，閉門著述，以發明鄭注爲核心，著《周易鄭氏注箋釋》二十八卷，《孝經鄭氏注箋釋》三卷，以及《古文尚書鄭氏注箋釋》四十二卷。其間，尚有《大學通義》、《中庸通義》、《復禮堂文集》等，一生著述累積三百餘萬字，卓然一代經學大家。

曹元弼一生精力所萃，主要在禮學與易學。《春秋左傳·昭公二年》載韓宣子在魯觀禮，見《易象》與《魯春秋》，曰：“周禮盡在魯矣”，知易象即禮。《易》究天人之奧，其理落實人世可見可行爲禮。易與禮，上通而下達，此曹元弼學問之規模與眼界所在。

曹元弼的易學作品有三種，《周易學》八卷，《周易鄭氏注箋釋》二十八卷，《周易集解補釋》十七卷。《周易學》是曹元弼早年在張之洞處，講習諸經大要時所著，爲《周易》一書提要鉤玄，可當《周易》一書之通識。

《周易鄭氏注箋釋》，自一九一一年至一九二六年，積十七年之功而成，煌煌二十八卷之巨。《箋釋》以鄭注爲主線，以荀爽、虞翻等古注爲箋，以清人易説爲釋，附加己意，體宏而思精。一九二〇年，《箋釋》開工十年之後，上經撰畢。曹元弼自覺是書卷帙浩繁，不便初學，於是本諸易簡之法，由淺入深、由博反約之旨，在《箋釋》的基礎上，另撰《周易集解補釋》一書，與《箋釋》高低搭配，齊頭並進。《補釋》與《箋釋》意圖不同，故撰寫方式不同，二書主要區別有八點，已經交代在《周易集解補釋序》中。

《周易集解補釋》一書，顧名思義，以李鼎祚《周易集解》爲底本，爲之補與釋。《補釋》在《集解》所收録的古注基礎上，補入《禮記》、諸子、《史記》、《漢書》等古籍中相關易説。並對古注與補注，參合惠棟、張惠言、姚配中等人的理解，加以疏釋。漢易多言象數，本就艱深，再加上各家易例不同，思路不同，對初學而言，可謂寸步難行。《補釋》之成書，於各家易説條分縷析，使其各得其所，又能相互發明，見其會通，非極精漢易而德性淳厚者不能爲。

筆者六年前始知漢易之重要，找來李道平的《周易集解纂疏》硬著頭皮讀，進展極其緩慢。後來覓得曹元弼《周易集解補釋》一書，與李道平《纂疏》相互參考，始知《纂疏》之未盡處，同時對曹元弼《補釋》中展露的學風與學養佩服之至。於是，花了一年時間，整理此書，供自己與身邊好友研習之用。一晃五年，如今重進校對一過，供易學愛好者閲覽。

《周易集解補釋》的整理，用的是民國十六年（一九二七）刊本。原刊本爲繁體豎排，今改作繁體橫排。原文雙行小字夾注，今改作單行。原文"集解"部分，以○分隔諸家説法，今省○作分段處理。"補"與"釋曰"部分，亦作分段處理。曹元弼在豐卦上六的"釋曰"中言："李書之例，博存異義，前後字亦不必同也"，此次整理，以儘量保留原文中的多種古傳寫法。《補釋》原書體例，儘量一仍其舊，同時做到眉目清晰。

周易集解補釋序

　　余既爲《周易鄭氏注箋釋》，以明開闢以來天經地義聖教王政，人類所以相生相養而不相殺，萬世可使有治無亂，生民可使有吉無凶之至德要道。據象推義，積精沈研。仰維聖人吉凶與民同患之仁，俯念天下无邦，民彝泯亂，率獸食人，人將相食，萬族俱盡，乾坤或息之痛。任重道遠，心惻語長。惟恐義之不明，説之或有流弊，以乖經旨而誤後學。慎思明辨，積將十年，至上經之末。忽轉一念曰：是書也，詳則詳矣，每卦合《彖》、《象傳》，輒文累萬言，無乃使學者憒然不能待乎？是非設一易簡之法，以爲由淺入深之階梯，由博返約之歸宿不可。於是就唐資州李君鼎祚《集解》，校各本異文，擇善而從，定其句讀。又據孫氏星衍所集眾家遺説，更博采《禮記》、《春秋傳》、周秦諸子、《史記》、《漢書》等説《易》古義補之，而以己意申其疑滯，辨其得失。放張稷若《儀禮鄭注句讀》摘録賈疏之例，酌取《箋釋》十之三四，俾足以解經注而止，名曰《周易集解補釋》。其生著立卦生爻繫辭宏綱細目之詳，與探賾索隱極深研幾之神恉，通德類情道濟天下之大用，具詳《箋釋》及余向所爲《周易學》，是書惟指説大略，不復繁文。自離卦以下，每卦《箋釋》屬草畢，隨編是書，又于其閒寫定乾卦。去年春，《箋釋》

成，乃補坤卦以下二十八卦，至今年四月卒業。溯自宣統辛亥以來，憂患學《易》，於今十有七年矣。洪水滔天，猛獸咥人，日甚一日，運厄大過，數窮未濟，君子雖悲天憫人，如之何哉！惟恐懼修省，艱貞履道，敬體乾坤大生廣生之德，述先聖之元意，獨抱遺經，究厥終始，盡其言以見其意，傳諸其人，以待天下之清而已。天不變，道亦不變，碩果不食，陽與君子之道不可亡。凡余所爲，惓惓不已，博學詳說又反說約，務使學者尋省易了，爲此也。是書之異于《箋釋》者凡數事：《箋釋》篇第依《漢志》"《易》十二篇"之舊，此據《集解》同王弼本，一也。《箋釋》以鄭爲主，經字一依鄭本，此據李氏本，二也。《箋釋》采荀、虞、宋、陸諸家，閒有刪裁，王弼學行以後各家，采入《箋》者尤少。此據《集解》爲本，遵其例補之，雖王弼、王肅等說，無所遐棄，惟於釋中別其是非，三也。《箋釋》於諸家異文要采取，此則備引而釋之，以明聲通義轉，同源分流之故，四也。《箋釋》每卦每爻，統論大義，而後逐句疏解，此依李氏分節，當句發揮，其全卦全爻之義，各因文便略著之使貫串，五也。《箋釋》解誼先申鄭而後及諸家，此一依《集解》所列先後，六也。《箋釋》於《集解》引荀、虞注，合兩條爲一者，多審度文義，分繫經傳，此則一如其舊，而於釋語中識別之。經傳兩注異義，則明其以何說爲主，七也。《箋釋》於惠、張、姚異義，委曲申明，使一書有眾書之用，此則惟取所主一說著之，餘不及，或略一及之，八也。凡此八者，皆兩書體例當然，至訓釋經義，則同條共理，一以貫之。李氏之序曰："俾童蒙之流，一覽而悟。"然漢師說《易》，各有家法，猝不易明。《集解》舊本誤字至多，初學每不能絕句，今承惠、張、姚三先生之成訓，積數十年探索之功，又經論撰《箋釋》知其典要、觀其會通之後，爲之發疑正讀，約文敷暢，理其緒而分之，比其類而合之，瞭如指掌，朗若列眉，讀者庶乎可一覽悟矣。余自光緒戊戌、己亥閒，始爲《周易學》，以舉《易》之大例大義。宣統辛亥至今，既爲《易鄭注箋釋》，以極論天道至教，聖人至德，人倫王道，大經大本，又爲此書以便學者循誦。參伍錯綜，分明辛苦，目暝意倦，精神遐漂，忽忽不知老之已至。日西方暮，吾何求哉！荀子曰："皇天不復，憂无疆也，千歲必反，古之常也。弟子勉學，天不忘也。"維天常於弗替，存人道於幾希，願與天下後世仁人共勉之。

宣統强围單閼且月

賜進士出身

誥授中憲大夫翰林院編修加二級吳縣曹元弼序

條　例

一、治《易》必先明《易》例。例者，《易》之典常，所以觀其會通。孔子作《彖》、《象傳》，後世章句之祖也；作《繫辭》、《說卦傳》，後世釋例之祖也。李氏序云"別撰《索隱》，錯綜根萌"，蓋發凡起例提綱挈領之書。余往者撰次《周易學》，薈萃惠松崖《易漢學》、《易例》，張茗柯《虞氏消息》，姚仲虞《周易學》建首三篇之義而讚辯之，爲《明例》篇。凡伏羲作易生蓍倚數立卦生爻，文王、周公繫辭，孔子作十翼，大經大緯，著在"通例"。漢師說《易》各有家法，殊塗同歸，及魏晉以來《易》學顯於儒林者，論其大要，入"別例"。李氏此書論撰之法，亦於"別例"詳之。學者治《易》，如不棄檮昧，宜先觀《周易學》，次及《箋釋》，而以此書爲讀本。庶乎若網在綱，博而有要。

二①、此書名稱，《新唐志》作《周易集注》，毛氏汲古閣所藏宋十卷本則題《易傳》。惠校盧氏雅雨堂本，每卷第一行題"易傳卷第幾"，第二行題"唐資州李鼎祚集解"，蓋即據之，惟卷數仍分十七以合《唐志》。稱"易傳"又稱"集解"者，李氏集眾家之解以爲傳也。臧氏庸譏

---

① 　點校案：《條例》原文各條之前，均以"一"開頭，以明條別，今以序數代之。

惠本一書二名，蓋未深考。朱西亭本首卷首行題"易傳集解卷第一"，次行題"資州李鼎祚"，以"易傳集解"四字連稱，似未安，第二卷以下直題"周易集解"。毛氏刊本題"易傳卷第幾，唐李鼎祚撰"。周氏枕經樓本首卷首行題"周易集解卷第一"，次行題"周易上經唐李鼎祚集解"。李氏序題，則朱、盧、周本皆稱"周易集解"。今宋本未見，參酌諸本題之，後一行自題銜名，放陳恭甫《〈五經異義〉辨證》例。

三、李氏引據諸家，往往相反相成，先後輕重具有微旨，當詳《索隱》中。惜其書久亡，今以意逆志，統同別異，以袪來學之惑。

四、孫氏《周易集解》，網羅放失舊聞甚備。今據以爲本，參之張氏《易義別録》，正其誤字，詳其出處。惟刪去王弼注，及《正義》所引褚氏、張氏等申釋王注之語，以注疏見立學官，無待鉤沈也。此外閒有刪裁，不過百之一二。孫序謂如其疏釋以待後人，此編即無異爲孫書作疏矣。

五、孫氏所集外，博采傳記子史說《易》古義，引《易》異文，以闡經旨，且爲多識畜德之助。

六、各本異文，注當句本字下，依鄭君《禮》注疊古今文之例，擇善而從。

七、李書引先儒皆舉姓名，所謂各列名義。孫書於鄭君特尊稱字，今遵其例，許君亦然。其但稱某氏者，或不詳其名，或承襲舊稱，不在此例。

八、音讀繫經文當句下，諸家異音，各繫其注下，皆細字書之。其注亡而據音可推義者，即以音補注，大字書之。

九、李遵王《周易集解纂疏》，訓釋詳審，今頗采之。

十、離卦以下，與《箋釋》並編，亦隨編隨刊，坎以前諸卦論次反在後。校語詳略前後或小有參差，以無關宏旨，業已刊成，不復追改。

十一、此書向無離句本，今一一定其句讀，以便初學誦習。

十二、釋語務取文約指明。書不盡言，言不盡意，欲見聖人之意，必先明其辭。聖爲天之口，賢爲聖之譯，欲明聖人之辭，必先通前賢之傳注。今將資州所集羣賢遺言剖析窮源，俾文從字順，易簡理得。由此博綜元覽，鉤深致遠，則神而明之存乎其人，默而成之存乎德行，崇德廣業知天地之化育，成天下之亹亹，下學而上達。後之君子，當必有樂乎斯。

周易集解序

敘曰:元氣絪縕,_{明朱氏睦㮮本作"氤氲"。}三才成象。神功浹洽,八索成形。在天則日月運行,潤之以風雨。在地則山澤通氣,鼓之以雷霆。至若近取諸身,四支百體合其度;遠取諸物,森羅萬象備其工。陰陽不測之謂神,一陰一陽之謂道。範圍天地而不過,曲成萬物而不遺。仁者見之以爲仁,知_{朱作"智"。}者見之以爲知,百姓日用而不知,君子之道鮮矣。斯乃顯諸仁而藏諸用,神无_{朱作"無"。}方而易无體,巍_{朱作"巋"。}巍蕩蕩,難可名焉。

釋曰 "元",大極也。大極元氣函三爲一,故三才成象。八卦各三畫,因而重之爲六畫,由此也。"神",大極之神。以中之道淳和未分之氣言曰"大極",以天地之始言曰"元",以陰陽不測妙萬物言曰"神",以一陰一陽各正性命言曰"道",以易簡、變易、不易合道與神而名之曰"易",其實一也。"八索",八卦也。天有八卦之象,地有八卦之形,天地生人生物,無一非卦象。元之周流發育,範圍不過,曲成不遺也。"仁"者,大極生生之德,人得之以爲心。"知"者,生生之氣,自然之條理，人心固有之知覺。此五常之要，五倫所自起，人類所以能相生相養，知善惡吉凶，以大別乎禽獸，而協乎天地之性也。道合仁知，而人之氣質不齊，故賢者猶不能無偏重，而凡民則習焉不察。天生斯民，所以必使先知覺後知，先覺覺後覺也。元不可見，於其發育萬物見之，故“顯諸仁”；道无所不在，不可以一方一體求，故“藏諸用”，此天地自然之易也。

　　逮乎天尊地卑，君臣位列，五運相繼，父子道彰。震巽索而男女分，咸恒設而夫婦睦。人倫之義既闡，家國之教鬱興。

　　釋曰　此言聖人因天地自然之易以作《易》，三綱五倫，人類所以相生相養相保之本。易教大義，李氏首明之，其下乃言辭、象、變、占四者之用。

　　故《繫辭》云：“古者庖犧氏王天下也，始畫八卦，以通神明之德，以類朱作“頦”，下同。萬物之情。作結繩而爲罔盧氏文弨、周氏孝垓作“网”。罟，以佃以漁，蓋取諸離。庖犧氏没，朱作“殁”。神農氏作，斲木爲耜，揉木爲耒，耒耨之利，以教天下，蓋取諸益。日中爲市，致天下之人，改“民”爲“人”，避唐諱，下“世”改“代”、“治”改“理”同。聚天下之貨，交易而退，蓋取諸噬嗑。神農氏没，黄帝堯舜氏作，通其變使人不倦，神其化使人宜之。刳木爲舟，剡木爲楫，舟楫之利，以濟不通，蓋取諸渙。服牛乘馬，引重致遠，蓋取諸隨。古者穴居而野處，後代聖人易之以宮室，蓋取諸大壯。弦木爲弧，剡木爲矢，弧矢之利以威天下，蓋取諸睽。上古結繩爲政，後代易之書契，百官以理，萬人以察，蓋取諸夬。故聖人見天下之賾盧、周作"噴"。而擬諸其形容，象其物宜，下當脫"見天下之動"五字而觀其會通，以行其典禮。"觸類而長之，六十四卦，三百八十四爻，天下之能事畢矣。

釋曰 以上言庖犧作八卦垂憲象，及神農黃帝堯舜，備物致用以利天下，所謂以制器者尚其象。

其旨遠，其辭文，其言曲而中，其事肆而隱。若夫雜物撰德，辯是與非。終日乾乾，夕惕若厲。無有師保，如臨父母。自天祐之，吉无朱作"無"。不利者也。

釋曰 謂"以言者尚其辭"。辭所以辯是與非，示天下萬世履信思順、趨吉避凶之道。

至於損以遠害，說以先之。定其交而後求，安其身而後動。履和而至，謙尊而光。能說諸心，能研諸慮。

釋曰 謂"以動者尚其變"。易之訓信變化，人事動作之準，吉凶悔吝生乎動，動不可不慎，其道視此。

是故君子居則觀其象而玩其辭，動則觀其變而玩其占。

釋曰 將由變及占，引傳以貫穿其義。

　　蓍之德圓而神，卦之德方以智。探賾盧、周作"嘖"。索隱，鉤深致遠，定天下之吉凶，成天下之亹亹，莫善乎蓍龜。神以知來，智以藏往。將有爲也，問之以言。其受命也，應之如響。無有遠邇幽深，遂知來物。故能窮理盡性，利用安身。聖人以此洗心，退藏於密。自然虛室生白，吉祥至止。坐忘遺照，精義入神。口僻焉不能言，心困焉不能知。微妙朱作"妙"。玄通，深不可識。

　　■釋曰■ 謂"以卜筮者尚其占"。此聖人精義入神之學，非後世術數家所能知也。"虛室生白"等語，雜引老莊，唐人風氣如此，要非王弼憑臆穿鑿，汩亂經義者比。

　　易有聖人之道四焉，斯之謂矣。

　　■釋曰■ 結言四者。

　　原夫權輿三教，鈐鍵九流，實開國承家脩周作"修"。身之正術也。

　　■釋曰■ 明易道之大而切用。

　　自卜、商入室，親授微言。傳注百家，緜歷千古，雖竸有穿鑿，猶未測淵深。唯王、鄭相沿，頗行於盧、周作"于"。代，鄭則多參天象，王乃全釋人事。且易之爲道，豈偏滯於天人者哉。致使後學之徒，紛然淆亂，各修朱、盧作"脩"。局見，莫辨朱作“辯”。源流。天象遠而難尋，人事近而易習，則折楊黃華，嗑然而笑，方以類聚，其在茲乎。

【釋曰】以上略舉易學源流。“卜”，謂卜子子夏；“商”，謂商子子木，合之適應“卜商”之名，非專指子夏一人。猶下云“經注文言”，“文”，謂文字，“言”，謂語句，合之適應“文言”之目，非即指《文言傳》也。六朝唐人多有此文例，如司馬長卿、楊子雲並稱“卿雲”之類。雖云巧合，實易傳訛。此文“卜商”，讀者皆以爲指《子夏傳》，是其驗也。《易》學傳自商瞿，不應舍商而獨言卜。考《子夏傳》出韓氏嬰，或淵源西河未可定。唐世所行《子夏傳》，蓋六朝人聚斂舊説而爲之，非韓氏本書，《集解》稱引無多，則李君固不以此傳爲《毛詩序》、《禮·喪服傳》之比。特以六經之傳多出子夏，故上溯孔門傳授，與子木並稱耳。鄭多參天象，謂爻辰也。易本天道以訓人事，雜物撰德，《繫辭》所取者廣，鄭學淵源所從來遠矣。鄭以爻辰推禮象，爻辰，天象也；禮象，人事也。王弼説人事而遁於空虛，其於終日乾乾行事之旨，直背而馳矣。“折楊黃華”，俗曲也，以喻王弼俗學。《莊子·天地》篇云：“大聲不入於里耳，折揚皇荂則嗑然而笑。”“皇荂”，亦作“黃華”。

臣少慕玄風，遊心墳籍，歷觀炎漢，迄今巨唐，采羣賢之遺言，議三聖之幽賾，集虞翻、荀爽三十餘家。刊輔嗣之野文，補康成之逸象，各列名義，共契玄宗。先儒有所未詳，然後輒加添削，每至章句，僉例發揮，俾童蒙之流，一覽而悟，達觀之士，得意忘言。當仁既不讓於師，論道豈慚於前哲。

釋曰　以上論已撰《集解》之意。"刊"者，削去其非。"補"者，增成其是。李書以虞、荀爲主，蓋用虞、荀以補鄭也。"僉例發揮"，"例"，當爲"列"，言每至章句先儒未詳之處，並列案語以發揮之。

至如卦爻象象理涉重玄，經注文言書之不盡，別撰《索隱》。錯綜根萌，音義兩存，詳之明矣。

釋曰　以上言《集解》之外，別撰《索隱》以提要鉤元，並釋音義也。其書今亡。

其王氏《略例》，得失相參，采葑采菲，無以下體，仍附經末，式廣未聞。

釋曰　以上言既撰《索隱》，仍附王氏《略例》於經末，過而存之，以俟後人分別去取。

凡成一十八卷，以貽同好，冀將來君子无所疑焉。

釋曰　此書卷數，《新唐書·藝文志》作十七卷，而宋晁公武《讀書志》謂今所存止十卷，始末皆全，疑後人併之。毛氏晉汲古閣藏有影寫宋嘉定本《易傳》十卷，附《畧例》一卷，詳張氏金吾《愛日精廬藏書志》。與今本分十七卷合於《唐志》者異。此序自述卷數，朱氏彝尊《經義考》引李燾之言曰："鼎祚自序止云十卷，無亡失。朱氏睦㮮序亦云。"自序稱十卷，與今本作一十八卷者異。然西亭序雖云爾，而所刊李序實作一十八卷，其本亦分十七卷，加《畧例》一卷。序又稱此本刻自宋季，用校梓以傳，則朱本亦出宋刻，豈宋時通行十卷本，而亦閒有十七卷本？序所論者與所刊之本不相應，初時失檢，後未改耶？余三十前曾見惠氏校汲古閣本，正誤補脱，乙衍改錯，不可勝數。閲之心目開朗，惜怱促閒未暇致詳。嗣又得汲古閣刻本殘帙，則固十卷本。孫氏星衍《周易集解》十卷，葢即據之，分乾坤二卦爲第一卷，屯至履爲第二卷，泰以下分卷多同王弼本，惟改第二爲第三，第三爲第四，以下遞推可知。今值天下大亂，故友徂謝，無可借書。以此數者推約之，葢《唐志》十七卷者，舍《畧例》言也。序稱“十八卷”者，並《畧例》言也，序於附録《畧例》下始總計卷數。則但云“一十卷”者，當係脱字，或後人删之。其全書十七卷、十卷之分，或《集解》本止十卷，並《索隱》爲十七卷，而今本爲後人所分。或《集解》實如今本十七卷，序云“别撰《索隱》”，則與本書别行，其附經末者惟《畧例》一卷，所云“一十八卷”不連《索隱》數之，均未可知。唐人卷子本積帙不甚繁重，觀《正義》可見。此書文句較繁，卷分十七，似固其所。惟第十六卷以“《易》曰不遠復无祇悔元吉”建首，橫截一章内一節分屬兩卷，殊非其理，則今本分卷，固不盡資州之舊矣。

秘書省著作郎臣李鼎祚序。

釋曰　朱氏睦㮮曰：“鼎祚，資州人，仕唐爲秘閣學士，以經學稱於時。嘗進《平胡論》，預察胡人叛亡日時無毫髮爽，象數精深葢如此。”此事宋十卷本鮮于侃序已舉之。《四庫全書總目提要》曰：“鼎祚，唐書無傳，始末未詳，惟據序末結銜知其官爲秘書省著作郎。據袁桷《清容居士集》載，資州有鼎祚讀書臺，知爲資州人耳。朱睦㮮序稱爲

秘閣學士,不知何據也。其時代亦不可考。《舊唐書·經籍志》稱録
開元盛時四部諸書,而不載是編,知爲天寶以後人矣。"又曰:"《自序》
謂'刊輔嗣之野文,補康成之逸象',蓋王學既盛,漢易遂亡,千百年
後,學者得考見畫卦之本旨者,惟賴此書之存耳,是真可寶之古笈
也。"案:此書宋本罕覯,舊刻存於今最先者爲明嘉靖時朱氏睦㮮本,
次爲毛氏晉汲古閣本,次爲盧氏見曾雅雨堂本、周氏孝垓枕經樓本。
元弼閉門避世,惟據所藏朱、盧、周三刻詳加校勘。毛本字句多與朱同,
以藏本殘缺未及校,容他日假得完本補之。朱本誤字甚多,而古刻真面目
猶在,往往得思誤書之適。盧、周同出惠校,大同小異。惠氏《易》學
至深,校正此書,幾如撥雲霧而見青天,然亦閒有小失,今悉心審定,
以俟達者。其李氏所集三十餘家,別考詳源流,著於後篇。

《易》學流源辨

　　李氏自序云："各修局見，莫辨源流。"今依據《釋文·敘録》，旁徵諸書，探討淵源，辨章同異，以備學者考省。

　　陸氏德明《經典釋文·敘録》："《周易》注解傳述人考證"：

　　　《舊唐書·儒學傳》："陸德明，蘇州吳人，受學周弘正。貞觀初，拜國子博士，封吳孫男。撰《經典釋文》三十卷，《易疏》二十卷。

　　宓犧氏之王天下，仰則觀於天文，俯則察於地理，觀鳥獸之文，與地之宜，近取諸身，遠取諸物，始畫八卦，或云因河圖而畫八卦。因而重之爲六十四。文王拘於羑里，作卦辭，周公作爻辭，孔子作《彖》辭、《象》辭、《文言》、《繫辭》、《説卦》、《序卦》、《雜卦》，是爲十翼。班固曰："孔子晚而好《易》，讀之韋編三絶而爲之傳。""傳"，即十翼也。先儒説重卦及爻辭爲十翼不同，解見余所撰。

　　以上敘《周易》經傳。《繫辭傳》"知者觀其彖辭"，即指卦辭。

孔子所做《彖上傳》、《彖下傳》、《象上傳》、《象下傳》，"彖"、"象"
皆指經文，孔子爲之傳耳。陸以彖辭、象辭目《彖傳》、《象傳》，似
稍混。"爲十翼"，"爲"字似衍。"撰"下舊空二字。盧氏文弨曰：
"《隋志》：'《周易大義》二卷，陸德明撰'，當即指此書。"案：或指
《易疏》，未可知。重卦、爻辭、十翼異說，辨詳元弼所爲《周易
學·明例·解紛》。

自魯商瞿子木受《易》於孔子，以授魯橋庇子庸，子庸授
江東馯戶旦反，徐廣音寒。臂子弓，子弓授燕周醜子家，子家授
東武孫虞子乘，子乘授齊田何子莊。《高士傳》云"字莊"，《漢書·
儒林傳》云"臨淄人"。"子莊"，《儒林傳》作"子裝"。及秦燔書，《易》爲
卜筮之書，獨不禁，故傳授者不絕。漢興，田何以齊田徙杜
陵，號杜田生，授東武王同子中，及洛陽周王孫、梁人丁寬、字
子襄，事田何，復從周王孫受古義，作《易說》三萬言，訓故，舉大誼而已。《藝
文志》云《易說》八篇，爲梁孝王將軍。齊服生，劉向《別錄》云："齊人，號
服先。"盧云："舊作號服光，今從宋本。"師古注《漢書》引劉向《別錄》曰："號
服光。"皆著《易傳》。漢初言《易》者本之田生，同授淄川楊何，
字叔一，本作字叔元，太中大夫。盧云："《漢書》云'字叔元'，一本六字，蓋後
人校語。"寬授同郡碭田王孫，王孫授施讎，及孟喜、梁丘賀，由
是有施、孟、梁丘之學焉。

以上敘孔門傳《易》至漢施、孟、梁丘，爲《易》學流別之源。

施讎，字長卿，沛人，爲博士。傳《易》授張禹字子文，河內軹人，徙
家蓮勺，以《論語》授成帝，官至丞相、安昌侯。及琅琊魯伯。會稽太守。

禹授淮陽彭宣字子佩,大司空、長平侯,作《易傳》。及沛戴崇。字子平,少府,作《易傳》。伯授太山毛莫如字少路,常山太守。及琅琊邴丹。字曼容。後漢劉昆字桓公,陳留東昏人,侍中、弘農太守、光禄勳。受施氏《易》於沛人戴賓,其子軼。字君文,官至宗正。

以上施氏。

孟喜,字長卿,東海蘭陵人,曲臺署長、丞相掾。父孟卿,善爲《禮》、《春秋》。孟卿以《禮經》多,《春秋》煩雜,乃使喜從田王孫受《易》。喜爲《易章句》,授同郡白光字少子。及沛翟牧。字子况,《漢書》作“兄”。後漢洼丹、字子玉,南陽育陽人。世傳孟氏易,作《易通論》七篇,官至大鴻臚。觟陽鴻、字孟孫,中山人,少府。李賢注《後漢書‧儒林傳》曰:“姓觟陽,名鴻。”觟,音胡瓦反。任安,字定祖,廣漢縣竹人。皆傳孟氏《易》。

以上孟氏。

梁丘賀,字長翁,琅邪諸人,少府。本從太中大夫京房受《易》,房,淄川楊何弟子。後更事田王孫,傳子臨。黃門郎、少府。臨傳五鹿充宗字君孟,代郡人,少府、玄菟太守。及琅琊王駿。王吉子,御史大夫。充宗授平陵士孫張,字仲方,博士、揚州牧、光禄大夫、給事中,家世傳業。師古曰:“姓士孫,名張。”及沛鄧彭祖、字長夏,真定太守。齊衡咸。字長賓,王莽講學大夫。後漢范升代郡人,博士。盧云:“范舊譌作‘苑’,今據宋本改,與《後漢書》本傳及《儒林傳》合。”傳梁丘《易》,一本作“傳孟氏《易》”。盧云:“此亦後人校語,所言一本亦甚謬。”以授京兆楊

政。字子行，左中郎將。盧云：“舊作‘七行’，誤，據范書改正。”又潁川張
興，字君上，太子少傅。傳梁丘《易》，弟子著録且萬人，子魴傳其
業。魴官至張掖屬國都尉。

　　以上梁丘氏。

京房，字君明，東郡頓丘人。本姓李，推律自定爲京，至魏郡太守。受
《易》梁人焦延壽。字延壽，名贛。延壽云，嘗從孟喜問《易》。
會喜死，房以延壽《易》即孟氏學。翟牧白生不肯，曰“非也”。
延壽嘗曰：“得我術以亡身者，京生也。”房爲《易章句》，説長
於災異，以授東海段嘉，《漢書·儒林傳》作“殷嘉”。及河東姚平、
河南乘弘，一本作“桑弘”。盧云：“此後人校語。”師古曰：“乘，音食證反，
不作桑。”皆爲郎、博士，由是前漢多京氏學。後漢戴馮、字次仲，
汝南平輿人，侍中兼領虎賁中郎將。盧云：“‘馮’，范書作‘憑’，‘平輿’，宋本
作‘與’。”孫期、字仲奇，濟陰成武人，兼治古文《尚書》，不仕。盧云：“范書
‘字仲彧’，此或別有所據。”魏滿字叔牙，南陽人，弘農太守。竝傳之。

　　以上京氏。孟、京異同，説詳《周易學·明例》及《周易鄭氏
注箋釋·序》）。

費直，字長翁，東萊人，單父令。傳《易》授琅邪王璜，字平仲，又
傳古文《尚書》。爲費氏學。本以古字號古文《易》，無章句，徒
以《彖》、《象》、《繫辭》、《文言》解説上下經。《七録》云：“直《易章
句》四卷，殘缺。”盧云：“據《漢書》云‘無章句’，則此亦後人託作。”漢成帝
時，劉向典校書，考《易》説，以爲諸《易》家説皆祖田何、楊叔
元、盧云：“宋本無‘元’字，與《漢書》正同，當從之。”前“淄川”下亦正云“字

叔"。丁將軍,大義略同,唯京氏爲異。向又以中古文《易經》校施、孟、梁丘三家之《易》,經或脫去"无咎"、"悔亡",唯費氏經與古文同。范曄《後漢書》云:"京兆陳元、字長孫,司空南閣祭酒,兼傳《左氏春秋》。扶風馬融、字季長,茂陵人,南郡太守、議郎,爲《易傳》,又注《尚書》、《毛詩》、《禮記》、《論語》。河南鄭眾、字仲師,大司農,兼傳《毛詩》、《周禮》、《左氏春秋》。北海鄭玄、字康成,高密人,師事馬融,大司農徵,不至,還家。凡所注《易》、《尚書》、三《禮》、《論語》、《尚書大傳》、《五經中候》,箋《毛氏》,作《毛詩譜》、《駁許慎五經異議》、《鍼何休左氏膏肓》、《去公羊墨守》、《起穀梁廢疾》,休見大慙。盧云:"此注宋本多脫落,亦時有異同,'徵不至'作'不起','五經中候'作'緯候'。"案:鄭注五經緯及《尚書中候》,宋本是也。又《駁許慎五經異議》,"駁"作"破","議"本當作"誼",今作"義"。《去公羊墨守》,"去"今作"發"。《起穀梁廢疾》,"廢"宋作"癈"。潁川荀爽,字慈明,官至司空,爲《易言》。案:"言"當爲"傳"。竝傳費氏《易》。

　　以上費氏。費氏以十篇説經,及鄭、荀大義,詳《周易學》及《箋釋·序》。

　沛人高相,治《易》與費直同時,其《易》亦無章句,專説陰陽災異,自言出丁將軍,傳至相。相授子康康以明《易》爲郎。及蘭陵毋將永,豫章都尉。盧云:"'毋',舊作'母',據宋本改。"爲高氏學。

　　以上高氏。

　漢初立《易》楊氏博士,宣帝復立施、孟、梁丘之《易》,元帝又立京氏《易》,費、高二家不得立,民閒傳之。後漢費氏興而高氏遂微。永嘉之亂，施氏、梁丘之《易》亡，孟、京、費之《易》人無傳者，唯鄭康成、王輔嗣所注行於世，江左中興，《易》唯置王氏博士。太常荀崧奏請置鄭《易》博士，詔許，值王敦亂，不果立。而王氏爲世所重。今以王爲主，其《繫辭》已下王不注，相承以韓康伯注續之，今亦用韓本。

以上略敘漢魏諸《易》家興廢。自商子、子木傳《易》，至漢魏間，同源分流，大略具矣，其有未備，後文詳之。《易》學至後漢鄭、荀、虞而極盛，橫遭王弼變亂古義，迷誤千載，辨詳《周易學》及《箋釋·序》。

《子夏易傳》三卷。卜商，字子夏，衛人，孔子弟子，魏文侯師。《七略》云：“漢興，韓嬰傳”；《中經簿録》云：“丁寬所作”；張璠云：“或馯臂子弓所作”；薛虞記：“虞不詳何許人。”

盧云：“《漢志》‘《易傳》韓氏二篇，名嬰’，據陸引《七略》，知《子夏易傳》即韓嬰所撰。稱‘子夏’者，或嬰之字，或後人誤加。劉向父子當必不誤，宜以《七略》所言爲正。而《中經簿録》云‘丁寬所作’，不知《漢志》本有‘《丁氏》八篇，名寬’，與韓氏兩列，安得並合爲一？張璠云‘馯臂子弓所作’，則《漢書》何以不載？《釋文》及《隋志》俱託之‘卜子夏傳’，更不足據。今所有者，乃唐張弧僞作，與《正義》所引迥不同。”案：《釋文》、《正義》、《集解》所引蓋六朝人聚斂舊說而爲之，非韓太傅原書，然古義往往而在，遠出今本上。

孟喜《章句》十卷。無上經。《七録》云：“又下經無旅至節，無《上繫》。”

《漢志》:《章句》,施、孟、梁丘氏各二篇。《隋志》:《孟喜章句》八卷,殘缺。

京房《章句》十二卷。《七録》云"十卷,録一卷目"。

案:"録一卷目",當作"目録一卷"。鄭君有《三禮目録》。

費直《章句》四卷。殘缺。

此傳費氏學者爲之,非長翁自作。

馬融《傳》十卷。《七録》云"九卷"。

盧云:《隋志》云:"梁有馬融注一卷,亡。""一卷"乃"十卷"之誤,《唐志》正作"十卷"。

荀爽《注》十卷。《七録》云"十一卷"。

鄭玄《注》十卷。録一卷,《七録》云"十二卷"。

《隋志》:"九卷。"案:以上諸家,凡"十二卷"者,依古《易》十二篇之舊也。"十卷"者,以《説卦》、《序卦》、《雜卦》三篇合爲一卷也。《隋志》"鄭易九卷",蓋以《文言》、《説卦》等四篇合爲一卷,上下經、《彖》、《象》、《繫辭》篇各爲卷自若。或後人依王弼本寫鄭《易》,以《彖》、《象》附每卦後,析上下經爲六卷,亦未可知。然據《三國·魏志·高貴鄉公傳》,細繹文義,則鄭本《彖》、《象》實不與經連,詳《周易學·解紛》。

劉表《章句》五卷。字景升,山陽高平人,後漢鎮南將軍、荆州牧、南城侯。《中經簿録》云"注《易》十卷"。《七録》云"九卷,録一卷"。

宋衷《注》九卷。字仲子,南陽章陵人,後漢荆州五等從事。《七志》、《七録》云"十卷"。

盧云："《隋志》云：'梁有漢荆州五業從事宋忠注《周易》十卷,亡。'《唐志》亦作'宋忠'。"案：自馬融以下皆傳費氏《易》,鄭君先通京氏,後注費氏,荀注多用孟、京之義。

虞翻《注》十卷。字仲翔,會稽餘姚人,後漢侍御史。

《隋》、《唐志》皆"九卷"。案：虞傳孟氏《易》。

陸績《述》十三卷。字公紀,吳郡吳人,後漢偏將軍、鬱林太守。《七志》云"録一卷"。

盧云："《唐志》亦十三卷,《隋志》作《注》十五卷,'五'字疑誤。"

案：陸傳京氏《易》,又注《京氏易傳》。

董遇《章句》十二卷。字季直,弘農華陰人,魏侍中、大司農。《七志》、《七録》並云"十卷"。

《隋志》亦云："梁有十卷。"案：董傳費氏《易》。

王肅《注》十卷。字子邕,東海蘭陵人,魏衛將軍、太常、蘭陵景侯。又注《尚書》、《禮容服》、《論語》、《孔子家語》,述《毛詩注》,作《聖證論》,難鄭玄。

案：肅述其父朗之説,亦傳費氏,而多以私意妄改經文,殊爲紕繆,今悉辨斥之。"禮容服","容"當爲"喪"。

王弼《注》七卷。字輔嗣,山陽高平人,魏尚書郎,年二十四卒。注《易》上下經六卷,作《易略例》一卷,又注《老子》。《七志》云"注《易》十卷"。

盧云：案《隋志》"周易十卷",王弼注六十四卦六卷,韓康伯注《繫辭》以下三卷,王弼又撰《易略例》一卷。然則輔嗣之書本七卷,合之康伯所注三卷成十卷。《七志》、《隋志》言"十卷"者,皆合計之耳。《唐志》"王弼注七卷,又《大衍論》三卷",豈出於臆見與? 案:王弼名爲傳費氏,而憑臆蹈虛,盡棄古義,大悖聖人立象繫辭、崇德廣業之教。又因費氏以《彖》、《象》、《文言》等十篇解說上下經,竟變亂孔門相傳至漢末四百餘年之本,自是微言絕,大義乖,家法壞矣。於今可見漢經師遺說,以推測聖經聖傳精義者,獨賴《集解》之存耳。

姚信《注》十卷。字德佑,《七録》云"字元直",吳興人,吳太常卿。《七録》云"十二卷"。

案:姚傳孟氏《易》。

王廙《注》十二卷。字世將,琅琊臨沂人,東晉荆州刺史,贈驃騎將軍、武陵康侯。《七志》、《七録》云"十卷"。

《隋志》作"三卷",云"殘缺,梁有十卷"。案:王弼注既行,諸儒多沿襲其說,若王世將者,所述古義蓋無多矣。

張璠《集解》十二卷。安定人,東晉秘書郎,參著作,集二十二家解。《序》云"依向秀本"。鍾會,字士季,潁川人,魏鎮西將軍,爲《易無互體論》。向秀,字子期,河内人,晉散騎常侍,爲《易義》。庾運,字玄度,新野人,官至尚書,爲《易義》,一云《易注》。應貞,字吉甫,汝南人,晉散騎常侍,爲《明易論》。荀煇,字景文,潁川潁陰人,晉太子中庶子,爲《易義》,《七志》云"注《易》十卷"。張輝,字義元,梁國人,晉侍中、平陵亭侯,爲《易義》。王宏,字正宗,弼之兄,晉大司農,贈太常,爲《易義》。阮咸,字仲容,陳留人,籍之兄子,晉散騎常侍、始平太守,爲《易義》。阮渾,字長成,籍之子,晉太子中庶子、馮翊太守,爲《易義》。楊乂,字玄舒,汝南人,晉司徒左長史,爲《易卦序論》。王濟,字武子,太原人,晉河南尹,爲《易義》。衛瓘,字伯玉,河東人,晉太保、蘭陵成侯，爲《易義》。樂肇，字永初，太山人，晉太保掾、尚書郎，爲《易論》。郁湛，字潤甫，南陽新野人，晉國子祭酒，爲《易統略》。杜育，字方叔，襄城人，國子祭酒，爲《易義》。楊瓚，不知何許人，晉司徒右長史，爲《易義》。張軌，字士彦，安定人，涼州刺史，謚武公，爲《易義》。宣舒，字幼驥，陳郡人，晉宜城令，爲《通知來藏往論》。刑融、裴藻、許適、楊藻四人，不詳何人，竝爲《易義》。《七録》云"集二十八家"。《七志》云"十卷"。

盧云："《唐志》：'張璠《集解》十卷，又《略論》一卷。'《隋志》：'《周易》八卷，晉著作郎張璠注。殘缺，梁有十卷。'"案：所集諸家，葢用王弼說者居多，遠不及《九家》、資州。惟王濟謂弼所誤者多，何必能頓廢先儒，今若宏儒，鄭注不可廢。其說當多據鄭義，惜無可考。

干寶《注》十卷。字令升，新蔡人，東晉散騎常侍，領著作。

案：干傳京氏《易》。

黃穎《注》十卷。南海人，晉廣州儒林從事。

盧云："《隋志》作'四卷'，云'梁有十卷，今殘缺'。《唐志》猶作'十卷'。《隋志》於古書存亡全闕皆注明，最可法。《唐志》已不能核實，但録舊文而已。"

蜀才《注》十卷。《七録》云"不詳何人"。《七志》云"是王弼後人"。案：蜀李書云："姓范，名長生，一名賢。隱居青城山，自號蜀才，李雄以爲丞相。"

盧云："李雄尊之爲范賢，非名也。"案：蜀才傳孟氏《易》。

尹濤《注》六卷。不詳何人。費元珪《注》九卷。蜀人，齊安西參軍。

《荀爽九家集注》十卷。不知何人所集，稱荀爽者，以爲主故也。其序有荀爽、京房、馬融、鄭玄、宋衷、虞翻、陸績、姚信、翟子玄。子玄不詳何人，爲《易義》。注內又有張氏、朱氏，竝不詳何人。盧云："'又'舊譌'文'，今改正。"

案：此書六朝人所爲，實開資州之先，有功《易》學甚大。翟子玄傳孟氏《易》。

謝萬、字萬石，陳郡人，東晉豫州刺史。韓伯、字康伯，潁川人，東晉太常卿。袁悅之、字元禮，陳郡人，東晉驃騎諮議參軍。桓玄、字敬道，譙國龍亢人，僭楚皇帝。卞伯玉、濟陰人，宋東陽太守、黃門郎。荀柔之、潁川潁陰人，宋奉朝請。徐爰、字季玉，琅邪人，宋太中大夫。顧懽、字景怡，或云"字玄平"，吳郡人，齊太學博士，徵不起。明僧紹、字承烈，平原人，國子博士，徵不起。劉瓛、字子珪，沛國人，齊步兵校尉，不拜，謚貞簡先生。《七錄》云"作《〈繫辭〉義疏》"。自謝萬以下十人，竝注《繫辭》。

案：劉瓛當多遵鄭義，殘卷已甚，無可取證。

爲《易音》者三人。王肅已見前。李軌，字弘範，江夏人，東晉祠部郎中、都亭侯。徐邈，字仙民，東莞人，東晉中書侍郎、太子前衛率。

右《易》。近代梁褚仲都、陳周弘正弘正作《老莊義疏》，官至尚書僕射，謚簡子。竝作《易義》，此其知名者。案：仲都，錢唐人，梁五經博士。弘正，字思行，汝南安成人。

李氏易解所集三十餘家及
補解所集諸家考

李氏所集三十餘家，曰子夏，曰孟喜，曰焦贛，

　　隨卦鄭注引焦說一條。

曰京房，曰蔡景君，

　　謙卦虞注引蔡說一條。或疑即《漢志》所稱"蔡公"，事周王孫，作《易傳》二篇者，要爲仲翔以前人。

曰馬融，曰鄭玄，曰荀爽，曰劉表，曰宋衷，曰虞翻，曰陸績，曰姚信，曰翟玄，曰王肅，曰王弼，曰何晏，

　　晏，字平叔，魏尚書、駙馬都尉、關内侯，《集解》引兩條。然"晏"或"妥"之誤，《釋文》不列何晏《易》義。

曰韓康伯，曰向秀，曰王廙，曰張璠，曰干寶，曰蜀才，曰劉瓛，曰《九家易》。凡二十五家，自蔡景君、何晏外，皆見陸玄朗《敘録》。曰沈驎士，

　　驎士，字雲禎，吳興武康人，齊徵奉朝請、太學博士、著作郎、太子舍人，並不就。注《周易》兩《繫》，又作《易經要略》。《集解》

乾卦引一條，"升降行藏"二語甚精。

曰伏曼容，

　　曼容，字公儀，平昌安邱人，梁臨海太守，作《周易集解》。李解蠱卦載一條，引《尚書傳》，說頗宏通，惜語句多誤倒，今讀正之。

曰何妥，

　　妥，字棲鳳，西城人，隋國子祭酒，撰《周易講疏》。《集解》所引頗多。孔沖遠《正義》稱何氏者，即棲鳳也。其疏雖主王弼，閒取鄭義。

曰姚規，

　　《隋書·經籍志》有《周易》七卷，姚規注。《集解》引一條，論互體。

曰崔覲，

　　《隋書·經籍志》有《周易》十三卷，崔覲注。又有《周易統例》十卷，崔覲撰。或謂即《北史·儒林傳》之崔瑾，與盧景裕並爲徐遵明弟子。《正義》、《集解》各引一條。《正義》所引，揭生生爲易宗旨，尤見大義。

曰盧氏，

　　《隋書·經籍志》、《唐書·藝文志》均有盧氏注《周易》十卷，不載其名，或以爲即後魏盧景裕，字仲孺。其書論剛柔往來上下，與蜀才相近，葢明荀、虞之學者。六朝時河北學者皆治鄭《易》，仲孺受業遵明，葢鄭學之徒，而其說生爻多本荀、虞義，足徵三家殊塗同歸，非相違而相成矣。

曰王凱沖，

　　《唐書·藝文志》"易類"有王凱沖《注》十卷。

曰朱仰之，

　　不詳何人，或疑即《九家集解》中朱氏。

曰孔穎達，

　　字仲達，一作沖遠，冀州衡水人，唐國子祭酒、曲阜縣子，謚憲公。貞觀中，奉詔撰《五經正義》，至今立學官。沖遠本治王氏《易》而兼通鄭義，《正義》引鄭頗多，説理亦平直，無浮誕之失。

曰侯果，

　　《唐書·儒學·褚無量傳》稱"國子博士侯行果"，或謂"果"即"行果"。其書論生爻互體，有鄭、荀、虞遺法。輔嗣《易》行無漢學，而行果獨能依據古義，是亦爲絶學於舉世不爲之日者。

曰崔憬，

　　《繫辭》"大衍章"崔注述及孔疏，是沖遠後人。李云"崔氏《探玄》"，"探玄"蓋其書名。崔氏説理頗多精言，時用古義。

凡十一家，自朱仰之以上，或在陸氏前而不甚顯名，或與陸同時。沖遠撰《正義》後於陸撰《釋文》，侯、崔二家更在後，皆《敘録》所不及。統而數之，凡三十六家。又有《易緯乾鑿度》，蓋七十子後學者及先漢諸儒所述，實十翼之緒餘，微言大義往往而在。孫氏星衍網羅舊聞，於李解外輯先儒佚説，今依而用之者，若干家：曰賈誼，

　　孫氏據文瑩《湘山野録》引一條，服虔説同。疑"賈誼"係"賈逵"之誤。賈子博通五經，《新書》中《易》説，發揮大義，名論卓然，今補輯之。

曰淮南九師，

　　孫據《後漢書注》、《文選注》引逸上九一條甚精。今更輯《淮南全書》中《易》義補之，並録高注。

曰司馬遷，

　　太史談受《易》於楊何，子長葢傳其父學。文王重卦一條，或傳聞異辭，其論《易》大義卓然得聖人垂教之旨，今補采之。

曰施讎，

　　據朱震《漢上易傳》引升初六一條，與《説文》合。施、孟同源，章句遺文止此而已。豫《象傳》據《禮記疏》引施讎云"《外傳》曰'三王之樂可得聞乎'"，殘文隻句，無裨經旨，今删之，附存於此。

曰費直，曰劉歆父子，

　　子政博通五經，事漢竭忠。歆佐莽篡竊，不忠不孝，實名教罪人。然説經多本於其父，觀乾卦"大人聚也"一條可見。且博學洽聞，議論通達，班孟堅以其表章古學等事附《劉向傳》，而以附莽諸逆節入《王莽傳》。又《律歷志》多采其説，而云"删其偽辭，取其正義"，實爲至當。孔子曰"不以人廢言"，此學者論古之準則也。然言不廢，人固已廢矣，此學者律身之大戒也。

曰鄭衆，曰許君慎，

　　許君《説文解字》稱《易》孟氏，孫氏具列異文。今更采其説《易》微言，及《五經異義》中《易》説。

曰服虔，

　　孫氏所采甚微。考服子慎《左傳解誼》，多本鄭注，推説《易》象頗與鄭《易注》相近。王伯厚取附鄭《易》，今備采之。

曰應劭，

　　字仲遠，説見《漢書》顏師古注。孫惟取《釋文》所引一條。今於《漢書》所載諸儒説《易》大義，引《易》異文，詳加采録，隨録各家注義，俾漢魏閒《易》學墜緒，可得而尋。

曰孫炎，

　　字叔然，鄭君弟子，作《周易例》。

曰皇甫謐，

　　字士安。孫據《玉海》引一條，説《連山》、《歸藏》甚當。

曰鄒湛，曰孫盛，

　　字安國。惟夏禹重卦一條。

曰張軌，曰劉昞，曰張宴，

　　字子博。説見《漢書注》，孫惟取《釋文》所引一條。

曰黃穎，曰桓玄，曰卞伯玉，曰荀柔之，曰顧懽，曰明僧紹，曰薛虞，曰梁武帝，曰褚氏，

　　即褚仲都。

曰莊氏，

　　不詳其名及何時人，孔疏多引其説，

曰周氏，

　　即周弘正。

曰張氏，

　　張譏，字直言，清河武城人，陳國子博士、東宮學士、咨議參軍，撰《周易講疏》。孔疏多引其說。

曰傅氏，

　　不详其名，葢齊梁閒人。《釋文》引三節，音訓皆與諸家異。

曰陸德明師說，

　　《南史・張譏傳》稱陸玄朗傳其業，《唐書・儒學傳》稱德明受學周弘正。《釋文》每稱師說、師讀，葢所受於張周也。

曰衛元嵩，

　　益州成都人。明陰陽歷算，著《周易元包》。獻策後周，賜爵持節蜀郡公。

曰魏徵，

　　字玄成，鉅鹿曲城人，唐左光禄大夫、知門下省事、太子太師、鄭國公，謚文貞，所著書甚多。《義海撮要》引《易》說數則，乾卦一條卓然名論。

曰僧一行，

　　孟、京遺法賴以不墜，雖遁迹方外，實異能之士也。

曰李翱，

　　字習之，趙郡人，韓愈弟子，唐諫議大夫，謚文。夬卦一條辭卓理舉。

曰李氏，

　　據《口訣義》引一條。既非弘範，又非資州，不詳何人。

曰史徵，

　　《周易口訣義》殘本現行於世。

曰陸希聲，

　　字君陽，一字逐叟。唐户部侍郎、同中書門下平章事，謚文，
著《易傳》。史稱其在位無所輕重，然《易》説時有可取。

曰東鄉助。

　　著《周易物象釋疑》一卷。

又據《釋文》采徐邈、李軌、王嗣宗、江氏諸家之言，

　　江氏，不詳何人。

及《字林》、《埤蒼》、蘇林、《虞喜志林》、漢唐宋石經異讀
異字，

　　蘇林，字孝友，見《漢書注》。虞喜，字仲寧。

凡四十餘家。孫氏雅達廣攬，既精既博，爲書學大師，徧
通羣經，姚仲虞從之問故。時當乾隆、嘉慶文治極盛，所見古
書雅記致多，是用探賾鉤沈，考正詳備，

　　孫書又引楊乂、楊方、張轅、甘容四家各一條。楊乂蒙卦注
云：“險而止，山也。險而動，泉也。動静皆蒙險。”文義不完，附
存於此。甘容説上下文不具，與《繫辭》義不相屬。楊方説履卦，
似無當經義，或文不備之故。張轅説揲著之法，似苟趨簡省，不
合《傳》旨，並删之。

今據以爲本。又博采傳記子史説《易》大義引《易》異文補之。凡所采録，經類：曰《易緯》並鄭氏注，曰《京房易傳》並陸績注，曰《鄭氏尚書注》，曰《尚書大傳》並鄭注，曰《詩序》，曰《毛詩傳》，曰《鄭氏毛詩箋》、《毛詩譜》，曰《韓詩外傳》，曰先後鄭《周禮注》，

> 鄭君先通京《易》，後注費《易》。《詩箋》、《禮注》中引《易》，多用京義。

曰《賈氏周禮疏》，

> 凡《詩》、《禮》、《書》義，引《易》注皆鄭注，推説《易》義皆鄭義。

曰《鄭氏儀禮注》，曰《賈氏儀禮疏》，曰《禮記》並鄭氏注，

> 《禮記》、《左傳》説《易》，皆文周之遺教，孔門之微言，在漢經師前，真古訓也。然亦有斷章引伸者。

曰《蔡邕明堂月令論》，曰《大戴禮記》，曰《禮緯含文嘉》，曰《左傳》並服氏《解誼》，曰劉炫《左傳杜注規過》，曰《國語》並韋氏解，曰《春秋繁露》，

> 董子通五經，説《易》洞見本原。

曰《何休公羊解詁》，曰《春秋説題辭》，曰《爾雅》并樊光、孫炎、郭璞注，曰班固《白虎通》，曰許君《五經異義》，曰《鄭志》，曰《方言》，曰《廣雅》，曰《玉篇》，曰《廣韻》，曰徐鍇《説文繫傳》。子類：曰《莊子》，

> 莊子之學，淵源子夏，其精微之言，多足發明《易》義。

曰《荀子》，曰《吕氏春秋》并高誘注，曰賈子《新書》，曰《淮南子》并高注，曰桓寬《鹽鐵論》，曰劉向《説苑》、《新序》，曰揚雄《太玄》、《法言》，

《太玄》準孟氏卦氣。

曰王符《潛夫論》，曰仲長統《昌言》，曰魏伯陽《周易參同契》。史類：曰《逸周書》，曰《世本》，曰《戰國策》蔡澤説、春申君説，曰《史記》，曰《漢書》并應劭、劉德、鄭氏、李奇、孟康、張晏、顏師古注，

劉德，北海人。鄭氏，臣瓚以爲鄭德。李奇，南陽人。孟康，字公休，安平廣宗人，魏中書監。顏籀，字師古，以字行，唐秘書少監，集眾家説爲注。

曰漢趙賓説，

孟喜弟子。

曰劉向説，曰孝成帝説，曰谷永説，曰杜鄴説，曰房揚説，曰《後漢書》，

范蔚宗治鄭氏學。

曰後漢魯恭説，

字仲康。上疏引《易》數條，説甚精。"履霜堅冰至"一條，虞氏消息義正與同。蓋治孟氏《易》者。

曰郎顗説，

字雅光，治京氏《易》。

曰賈逵説，

　　字景伯,許君之師。

曰朱穆說,

　　字公叔,說"龍戰"一條,與干令升說相近。

曰楊震說,

　　字伯起,論"坤安貞"之義甚正。

曰酈炎說,

　　字文勝。

曰蜀漢昭烈帝說,曰魏明帝說,曰管輅說,

　　字公明,善言《易》。

曰高堂隆說,

　　字升平。

曰霍性說,曰《唐書》孔穎達說,曰陸贄說,以及班孟堅《連珠》、阮籍《通易論》、李康《運命論》、王逸《楚辭章句》之等。或前人已引,或記憶所及,一義之善,一字之異,細大不捐,科別其旨,異同得失,當文著之。沿流溯源,略舉梗概,後有君子,得以覽焉。

卷第一

周易上經、彖上傳、象上傳、文言傳

此題今補。

補 孔子曰：方上古之時，人民無別，羣物未殊，未有衣食器用之利。伏犧乃仰觀象於天，俯觀法於地，中觀萬物之宜，於是始作八卦，以通神明之德，以類萬物之情。故《易》者，所以斷天地，"斷"當爲"繼"。理人倫，而明王道。是以畫八卦，建五氣，以立五常之行。象法乾坤，順陰陽，以正君臣父子夫婦之義。度時制宜，作爲罔罟，以佃以漁，以贍民用。於是人民乃治，君親以尊，臣子以順，羣生和洽，各安其性。《易緯乾鑿度》。孔氏穎達曰："此作《易》垂教之本意。"

《禮》說：伏犧德合上下，天應以鳥獸文章，地應以河圖洛書，伏犧則而象之，乃作八卦。孔氏《周易正義·八論》引《含文嘉》。

馬融曰：伏犧得河圖而作《易》。

王肅同。《八論》。

鄭康成《易論》曰：慮犧作十言之教曰"乾坤震巽坎離艮兌消息"，无文字，謂之"易"。朱震《漢上易傳》引鄭康成曰，《左傳·定四年》正義引

《易》云。

京房引夫子曰：神農重乎八純。王應麟《玉海》。

鄭玄之徒以爲神農重卦，孫盛以爲夏禹重卦，史遷等以爲文王重卦。

馬融、陸績以爲卦辭文王、爻辭周公，鄭學之徒以爲卦辭、爻辭並是文王所作。

《子夏傳》云：分爲上下二篇。孟喜《易本》云：分上下二經。

鄭學之徒説十翼：《上象》一，《下象》二，《上象》三，《下象》四，《上繫》五，《下繫》六，《文言》七，《説卦》八，《序卦》九，《雜卦》十。

鄭康成《易贊》及《易論》曰：夏曰《連山》，殷曰《歸藏》，周曰《周易》。“連山”者，象山之出雲連連不絶。“歸藏”者，萬物莫不歸藏於其中。“周易”者，言易道周普，无所不備。以上並見《八論》。

又曰：易一名而函三義：易簡，一也；變易，二也；不易，三也。故《繫辭》云“乾坤，其易之緼邪”，又云“易之門户邪”，又云“夫乾，確然示人易矣。夫坤，隤然示人簡矣。易則易知，簡則易從”，此言其易簡之法則也。又云“爲道也屢遷，變動不居，周流六虚，上下无常，剛柔相易，不可爲典要，唯變所適”，此言順時變易、出入移動者也。又云“天尊地卑，乾坤定矣，卑高以陳，貴賤位矣，動靜有常，剛柔斷矣”，此言其張設布列不易者也。據此三義而説，易之道廣矣大矣。《八論》。《世説新語・文學論》。

姚信曰：連山氏即屬山氏，神農也。得河圖，夏人因之曰《連山》。歸藏氏即黃帝。得河圖，殷人因之曰《歸藏》。伏羲氏得河圖，周人因之曰《周易》。《玉海》。

皇甫謐曰：夏人因炎帝曰《連山》，殷人因黃帝曰《歸藏》。同。

又曰：文王在羑里，演六十四卦，著七八九六之爻，謂之《周易》。《八論》。

崔憬曰："易"者，謂生生之德有易簡之義。"不易"者，言天地定位不可相易。"變易"者，謂生生之道變而相續。

劉瓛同。《八論》。

釋曰　伏羲作八卦，因重爲六十四，其序首乾次坤。神農更伏羲之次首艮，夏人因而繫之辭，謂之《連山》。黃帝又更神農之次首坤，殷人因而繫之辭謂之《歸藏》。後人因謂神農爲連山氏，黃帝爲歸藏氏。神農亦稱厲山氏、烈山氏，"連"、"厲"、"烈"聲通也。夏、殷易皆有象無爻。文王始復伏羲之次而繫之辭，又加以六爻。神農爲更次之始，夏禹爲繫辭之始，文王爲增爻辭之始，故後世皆有重卦之說，《繫》曰"八卦成列，因而重之"。鄭君稱伏羲作十言之教，曰"乾坤震巽坎離艮兌消息"。"消息"者，乾坤十二畫剛柔相推。伏羲以消息爲教，則既作八卦即自重之明矣。《周禮》："《連山》、《歸藏》、《周易》，經卦皆八，別皆六十四。"杜子春云："《連山》，伏羲。"雖傳聞異辭，亦伏羲已重卦之一證。據《繫辭》諸文，重三爲六，義無閒隔。羲垂皇策，必不更待後王。京氏引夫子曰"神農重乎八純"，蓋謂重定其次。鄭學之徒，以鄭先治京《易》，遂誤據之以爲神農重卦，恐非師傳本意。至卦辭爻辭誰作，說者不同。孔子釋乾坤卦爻辭特稱《文言傳》，蓋以別於屯以下之不盡文言。竊疑乾坤卦爻辭並文王作，屯以下卦辭文王，爻辭周公，愚所爲《周易學》論之詳矣。

乾

☰ 乾下乾上 **乾。元亨利貞。**各本皆如此，惟周氏孝垓本經文提行。

案：《説卦》“乾，健也”，言天之體以健爲用，運行不息，應化无朱作“無”。窮。故聖人則之，欲使人法天之用，不法天之體，故名“乾”，不名“天”也。此條案語略本《正義》，凡案語皆李氏所加。明朱氏睦㮮本此處無圈。

《子夏傳》曰：“元”，始也；“亨”，通也；“利”，和也；“貞”，正也。言乾裏純陽之性，故能“首出庶物”，各得元始、開通、和諧、貞固，不失其宜。是以君子法乾而行四德，故曰“乾元亨利貞”矣。盧氏文弨、周氏孝垓本無“乾”字。

補 許氏《説文解字》曰：乾，上出也。从乙，乙，物之達也；陽息之義。倝聲。倝，古案切。倝，日始出，光倝倝也。从旦，㫃聲。㫃，讀若偃。

魏徵曰：始萬物爲元，遂萬物爲亨，益萬物爲利，不私萬物爲貞。李衡《義海撮要》。

釋曰 惠氏棟《周易述》曰：“乾初爲道本，故曰‘元’。乾坤交，故‘亨’。乾六爻二四上匪正，坤六爻初三五匪正。乾道變化，各正性命，保合大和，乃利貞。《傳》曰：‘利貞，剛柔正而位當也。’”《既濟·象傳》文。又曰：“經凡言‘利貞’者，皆爻當位，或變之正，或剛柔相易。經惟既濟一卦六爻正而得位，故云‘剛柔正而位當’。乾用九、坤用六成既濟定，《中庸》所謂‘致中和，天地位焉，萬物育焉’是也。”

初九：潛龍勿用。

崔憬曰："九"者，老陽之數，動之所占，故陽稱焉。"潛"，隱也。龍下隱地，潛德不彰，是以君子韜光待時，未成其行，故曰"勿用"。朱本脫。

《子夏傳》曰："龍"，所以象陽也。

馬融曰：物莫大於龍，故借龍以喻天之陽氣也。初九建子之月，陽氣始動於黃泉，既未萌牙，猶是潛伏，故曰"潛龍"也。此下朱本誤，空三格，脫一圈。

沈驎士曰：稱"龍"者，假象也。天地之氣有升朱作"昇"。降，君子之道有行藏。龍之爲物，能飛能潛，故借龍比君子之德也。初九既尚潛伏，故言"勿用"。

干寶曰：位始，故稱"初"；陽重，故稱"九"。張曰："自七進九，故重。"陽在初九，十一月之時自復來也。初九甲子，天正之位，而乾元所始也。陽處三泉之下，聖德在愚俗之中，此文王在羑里之爻也。雖有聖明之德，未被時用，故曰"勿用"矣。盧、周無"矣"字。《義海撮要》引作："道未可行，漢高祖爲泗上亭長、文王在羑里之時。"

補　鄭康成曰：《周易》以變者爲占，故稱"九"稱"六"。《正義》。

陸績曰：陽在初稱"初九"，去初之二稱"九二"，則初復七。陰在初稱"初六"，去初之二稱"六二"，則初復八矣。卦畫七八，經書九六，七八爲象，九六爲爻，四者互明，聖人之妙意也。《漢上易傳》。又《叢說》無末句。

《說文》：用，可施行也，從卜從中。

諸儒皆以爲舜始漁於雷澤之象。《正義》。

釋曰 易，逆數也，氣從下升，以下爻爲初。易始於一二，壯於七八，究於九六。"九"者，氣變之究也。陽動而進，變七之九；陰動而退，變八之六，《周易》以變者爲占，故稱九六。張氏惠言《周易虞氏義》曰："乾爲龍，陽精變化之象。"乾初自復來，馬氏、干氏皆謂陽始動黃泉，潛藏在下，猶聖德在愚俗之中，未可施用，虞《文言》注義同。據乾初息時言，聖人當亂世之象，孔氏引諸儒以舜漁雷澤當之。據乾已成卦言，聖人當平世未升庸之象。乾初爲三百八十四爻之始，於蓍當虛一不用之策。大衍虛一不用，而四十九皆其用。乾初九"潛龍勿用"，而六陽消息周三百八十四爻皆其用。惠氏曰："萬物所資始，王位在德元。以一持萬，以元用九。吾道之貫，天下之治，皆是物也。"

張氏謂費氏《易》無六爻上息之例。馬云"初九建子之月"，謂乾坤十二爻周十二月也。干無卦變之例，云"初九自復來"，言其用事也。案：乾坤十二爻剛柔相推成十二消息，自是易家通義，似不必過生分別。又云"陸以陽在處稱九，謂用事"，此則甚當。葢陸以筮法明爻象，筮法變者稱九六，不變者稱七八。九六，其用事之爻也。乾坤十二畫成消息十二卦，陽用事在初爲復稱"初九"，猶筮者遇復初爻動也。自初息至二成臨，陽用事在二稱"九二"，猶筮者遇臨二爻動，則初猶是七也。自二息至三成泰，陽用事在三稱"九三"，猶筮者遇泰三爻動，則初二是七也。大壯、夬、乾及六陰卦，推之可知。其餘諸卦，亦每卦各有用事之爻，如筮者之遇動爻。然三百八十四爻，用事之爻稱九六，餘爻不稱七八者，明七八之畫，皆當動而爲九六，九六之爻，皆七八之用。卦畫七八，經書九六，其義互明也。"去初之二"，猶云"自初息至二"耳。然陽息至臨，二陽並用事；至泰，三陽並用事，非專主一爻。每爻書九六者，皆謂當卦當爻動而用事。陸云"四者互明"，意或如此。然辭不别白，故姚氏疑出宋人僞造而深譏之。今仍存之，而申其義。

九二：見龍在田，利見大人。

王弼曰：出潛離隱，故曰"見龍"。處於地上，故曰"在田"。德施周普，居中不偏，雖非君位，君之德也。初則不彰，三則乾乾，四則或躍，上則過亢，"利見大人"唯二五焉。

鄭玄盧本以"元"字恭代，周本缺不書，作方格□識之，瞿玄字亦然，今敬謹缺筆。①曰：二於三才爲地道，地上即田，故稱"田"也。

干寶曰：陽在九二，十二月之時，自臨來也。二爲地上，田在地之表，而有人功者也。陽氣將施，聖人將顯，此文王免於羑里之日也，故曰"利見大人"。

補 鄭康成説：九二利見九五之大人。《正義》。

孟喜、京房説：《易》有周當爲"君"。人五號："帝"，天稱，一也；"王"，美稱，二也；"天子"，爵號，三也；"大君"者，興盛行異，四也；"大人"者，聖人德備，五也。《禮記‧曲禮》正義。

王肅曰："大人"，聖人在位之目。《釋文》。

向秀曰：聖人在位謂之"大人"。《史記索隱》。

先儒云：若夫子教於洙泗，利益天下，有人君之德，故稱"大人"。《正義》。

---

① 點校案："玄"字避諱缺筆，下文皆寫正作"玄"。

又云：九二當大蔟之月。《正義》。

釋曰 "利見大人"，鄭君以爲"九二利見九五之大人"。荀氏《文言》注以爲九二有君德，當升坤五爲大人，天下利見之。鄭據本卦言其始，荀據旁通言其終。二升坤五，必先利見乾五，舜禹之升，皆天子薦之。"見龍在田"，若舜以孝聞；"利見大人"，若舜尚見帝。升坤五爲大人，則薦之天使陟位也，此五帝官天下時則然。三王家天下，則此爲世子之父。姚氏配中《周易學》以爲太甲、成王未即位之象，是也。有天德而後可居天位，繼明重光，故《文言》備言"君德""學問"。《正義》引先儒以爲若孔子設教有人君之德者，易象所包者廣，二升坤五，不必其在位，亦謂德足以及天下耳。舜禹升五以成既濟，孔子垂教以俟百世，聖人之位乎五者以成既濟，其道一也。云"九二當大蔟之月"者，此爻辰之法，詳《周易學·明例》。

九三：朱本"三"字空缺。君子終日乾乾，夕惕若，厲，无咎。

鄭玄曰：三於三才爲人道，有乾德而在人道，君子之象。

虞翻曰：謂陽息至三，二變成離，盧、周離卦之"離"皆作"离"。離爲"日"，坤爲"夕"。

荀爽曰："日"以喻君，謂三居下體之終而爲之君。承乾行乾，故曰"乾乾"。"夕惕""惕"，衍字。以喻臣，謂三臣於五，則疾脩周氏孝垓本作"修"，下同。柔順，危去陽朱誤"惕"。行，故曰"无咎"。

干寶曰：爻以氣表，蔬朱作"絲"。以龍興，嫌其不關人事，故著"君子"焉。陽在九三，正月之時，自泰來也。陽氣始出地上，而接動物，人爲靈，故以人事成天地之功者在於此爻焉。故君子以之憂深思遠，朝夕匪懈,仰憂嘉會之不序,俯懼羲和之不逮,反復天道,謀始反終,故曰"終日乾乾",此蓋文王反國大釐其政之日也。凡"无咎"者,憂中之喜,善補過者也。文恨早耀文明之德以蒙大難,增脩柔順以懷多福,故曰"无咎"矣。

補　鄭康成曰:"惕",懼也。《釋文》。

《淮南子》曰:"終日乾乾",以陽動也;"夕惕若厲",以陰息也。因日以動,因夜以息,唯有道者能行之。《人閒》文。

《説文》:夤,敬惕也,从夕,寅聲。《易》曰"夕惕若夤",一引作"夕𢢔若厲"。

釋曰　三爲人道之正,得位,故稱"君子"。三自泰來,泰乾爲晝,坤爲夜,故稱"日""夕"。虞氏之例,三息則二變離,離爲"日",義大同。乾爲敬,"乾乾",敬之又敬,所謂"莊敬日强"。"終日乾乾",在泰時,則貞泰反復,接乾生乾。乾已成卦,則承上乾而行乾,陽行不息也。泰震爲懼,三過中,故"惕"。"若",辭也,言惕然戒懼。"厲",危也,三多凶,故"厲"。"咎",過也,因時而惕,故"无咎"。《易》以象託義,日夕本時之早晏,而即以喻位之上下。三爲三公,居人臣之極地而上承天子,事上接下,任大責重,《文言》曰"居上位而不驕,在下位而不憂,故乾乾因其時而惕"。荀云"日以喻君,夕以喻臣",本傳義爲訓。《程子易傳》曰:"三在下體之上,未離於下而尊顯者,日夕不懈而兢惕,則雖處危地而无咎。"凡《易》中"惕"字,荀皆訓"疾";"若"字,皆訓"順",與諸家異。干云"仰憂嘉會之不序",憂無以承天,不亨也;"俯懼羲和之不逮",懼無以宜民,不利也。此爻之義,在泰初息時,則文王大釐其政以服事殷之象;在乾已成卦,則舜禹宅百揆時之象。增脩柔順，危行言孫，以圖彌縫匡救。爲臣止敬，順之至而又增脩之，聖人事君無自足之心也。《説文》引作“夕惕若夤”，“夤”葢“厲”之誤，引《易》以證“夤”字从夕之義。又引作“惕”者，或古文叚借，或“惕”爲“惕”之誤，謂“惕”篆讀若《易》之“惕”耳。

九四：或躍在淵，无咎。

崔憬曰：言君子進德脩業欲及於時，猶龍自試躍天，疑而處淵，上下進退非邪離羣，故“无咎”。

干寶曰：陽氣在四，二月之時自大壯來也。四，虛中也。“躍”者，暫起之言，既不安於地，而未能飛於天也。四以初爲應，“淵”謂初九甲子，龍之所由升也。“或之者，疑也”，此武王舉兵孟津，觀釁而退之爻也。守柔順則逆天人之應，通權道則違經常之教，故聖人不得已而爲之，故其辭疑矣。

〔釋曰〕荀氏《文言》注謂：“乾者君卦，四者陰位，故非上躍居五，即欲下居坤初，初在地下稱淵。”或上或下，欲得陽正位而居之，故“无咎”。四自大壯來，震足動爲躍，惠氏、姚氏皆謂大壯時五虛无君，當躍。乾已成卦，則當在淵成既濟。愚謂或躍或在淵，在大壯時，則武王觀兵孟津，退師須暇之象；當乾時，則舜禹已薦於天，讓德弗嗣，周公攝政不攝位之象。君子德日進而位不敢苟進，德愈盛，心愈下，隨時處中，故“无咎”。干云“虛中”者，張氏曰：“上不在天，下不在田，中不在人，在空虛之中。”云“初九甲子”者，此納甲干支之例，子爲水稱淵也，詳《周易學·明例》。

九五：飛龍在天，利見大人。

鄭玄曰：五於三才爲天道。天者，清明无朱作"無"。形，而龍在焉，飛之象也。

虞翻曰：謂四已變則五體離，離爲"飛"，五"在天"，故"飛龍在天，利見大人"也。謂若庖犧觀象於天，造作八卦，備物致用，以利天下，故曰"飛龍在天"，天下之所利見也。

干寶曰：陽在九五，三月之時自夬來也。五在天位，故曰"飛龍"，朱本"飛龍"二字誤倒。此武王克紂正位之爻也。聖功既就，萬物既覩，故曰"利見大人"矣。

補　揚子《法言》曰：亨龍漸升，其貞利乎？或曰：龍何如可以貞利而亨矣？曰：時未可而潛，不亦貞乎？時可而升，不亦利乎？潛升在己，用之以時，不亦亨乎？《問明》文。

又曰：甄陶天下者，其在和乎？龍之潛亢，不獲其中矣。是以過中則惕，不及中則躍，其近於中乎？聖人之道，譬猶日之中矣。李軌曰：二五得中，故有利見之占。《先知》文。

釋曰　姚氏曰："陽息至五，四化則五互離，坤五之乾二亦成離，萬物皆相見。五以陽德居天位爲大人，天下利見之也。大人首出，是爲乾元。乾五天位，乾元託焉以治天下者也。"案：乾元始息於初，終於上，而位於五。文王書經，繫庖犧於乾五，作八卦以正夫婦、父子、君臣之義，此繼天立極、開元建始之大經大法。

上九：亢龍有悔。

王肅曰：窮高曰"亢"。惠引作"忼"，依《説文》改。知進忘退，故

“悔”也。

干寶曰：陽在上九，四月之時也。乾成。“亢”，過也。乾體既備，上位既終。天之鼓物，寒暑相報。聖人治世，威德相濟。武功既成，義此字朱脫。在止戈。盈而不反，必陷朱、盧皆作“陷”，非。於悔。案：“案”上周有圈，全書“案”字在諸家說下者皆然。以人事明之，若桀放於南巢，湯有慚德，斯類是也。

補 《子夏傳》曰：“亢”，極也。《釋文》。

鄭康成曰：堯之末年，四凶在朝，是以有悔，未大凶也。《正義》。

陸績《京氏易傳注》曰：陽極陰來，吉去凶生。姤陰將生，以上一義。

蔡澤説：《易》曰“亢龍有悔”，此言上而不能下，信而不能屈，往而不能自反者也。

《洪範五行》之義：王之不極，剛氣失，則於人爲弱，是“亢而有悔”。陽反爲陰，以上又一義。

《説文》“亢”作“忼”。“亢”正字，“忼”借字。

《漢書》作“炕”。《王莽傳》。

釋曰　龍之飛過高稱“亢”。龍德而處亢位，若堯之末年四凶在朝，《孟子》云“堯獨憂之”。當亢時而志不亢，雖有悔而无凶。若非龍德而志亢，則“知進不知退，知存不知亡，知得不知喪”。三者不知，則三者及之，豈但有悔而已，故《文言》別出“亢之爲言”之文。鄭君、李氏所言，時之亢也。蔡澤及《洪範五行傳》之義，志之亢也。干氏則因亢龍之位以明聖人以亢爲戒之義。“亢龍”，乾盈也；“有悔”，姤將生也。乾純陽之卦，爻可通坤而不可變爲陰，知有悔而能戒，致恭以存其位。乾上之坤三成謙，則終而復始，悔亡而濟，堯之舉舜去四凶是也，故《繫》以"亢龍"繼"勞謙"。若窮志妄動，則上陽反爲陰而乾毀矣，後世失道之君是也。

用九：見羣龍，无首吉。

劉瓛曰：總六爻純九周作"陽"。之義，故曰"用九"也。朱無圈，空二格。

王弼曰："九"，天之德也。能用天德，乃"見羣龍"之義焉。夫以剛健而居人之首，則物之所不與也。以柔順而爲不正，則佞邪之道也。故乾吉在"无首"，坤利在"永貞"矣。

補 鄭康成曰：爻《班傳》注作"六爻"。皆體乾，《班傳》注作"龍"。羣龍之《班傳》注無"之"字。象。《班傳》注有"也"字。舜既受禪，《班傳》注無此句，有"謂"字。禹與稷、契、咎繇之屬並在《班傳》注有"于"字。朝。《後漢書·郎顗傳》注。《班固傳》注。

陸績曰：見眾聖人無自尊之意，則可以統御羣才矣。《攝要》。

郎顗説：帝堯在上，羣龍爲用。

釋曰 九六者爻之變，乾元坤元用之以立消息，正六位。乾用九以通坤，坤用六以應乾，則剛柔正而位當，是謂"天則"。餘卦九六之用皆視此。姚氏曰："陽爻爲九，元則用之，故'見羣龍'。"惠氏曰："乾爲首，坤下承之，故'无首吉'。"案：乾六爻皆九，元用之以處乾坤二卦初、三、五之位，成兩既濟。陽爲首而陰從之，萬物之始，莫之能先，故《象》曰"天德不可爲首"，此《周易》首乾之大義。蓋《連山》首艮，《歸藏》首坤，皆一王時義，非萬世通訓。《周易》始復伏羲之次，首乾次坤，所謂天尊地卑而乾坤定，君君臣臣，父父子子，夫夫婦婦，人倫王道於是立本。"无首吉",言尊無二上也,此宋仲子説,最得經旨。王弼説適與相反,謬矣。鄭以舜既受禪言者,鄭意堯爲乾元,舉舜任禹、稷爲用九。堯老舜攝,舜仍在羣龍中,受終踐天子位,乃繼堯體乾元也。此讀"見羣龍"絶句。陸氏則以"見羣龍无首"五字爲句,无自尊之意,不亢也,視王弼説爲勝,然不如宋義之允。

《象》曰:

劉瓛曰:"象"者,朱無"者"字。斷也,斷一卦之才也。

[釋曰] 《繫》曰"象者,言乎象者也",又曰"象者,才也",象據三才兩象以説一卦大體,故劉云"斷一卦之才"。或曰《易》家舊説訓"象"爲"斷",蓋讀"象者,才也"之"才"爲"裁",謂裁斷也。"象",即文王所繫之辭,孔子爲之傳,釋上經者曰《象上傳》,釋下經者曰《象下傳》。《象傳》亦依經分篇,與《繫辭傳》二篇,及《文言》、《説卦》、《序卦》、《雜卦》謂之十翼。本在上下經二篇後,漢儒引傳解經,省文但稱"象曰"、"象曰"、"文言曰"。王弼以《彖》、《象》、《文言》散附經下,遂題此以別於經。唐以王弼本立學,故李氏因之。

大哉乾元,

《九家易》曰:陽稱大,六爻純陽故曰"大"。乾者純陽,眾卦所生,天之象也。觀乾之始以知天德,惟天爲大,惟乾則之,故曰"大哉"。"元"者,氣之始也。

[釋曰] "乾"者,天之象。"乾元",陽氣之始,天之所以爲天也。易有大極,是謂"元",分爲二,乾坤各有元,陰統於陽。大極之神位乎

天,"乾元"者,大極之神,大衍之數虛一不用象之。

萬物資始,

荀爽曰:謂分爲六十四卦,萬一千五百二十册,同"策"。皆受始於乾也。册取始於乾,猶萬物之生稟盧、周作"本"。於天。

[補] 鄭康成曰:"資",取也。《釋文》。

[釋曰] 二篇之策萬有一千五百二十,當萬物之數。萬物皆稟天氣以爲始,故二篇之策皆受始乾元。

乃統天。

《九家易》曰:乾之爲德,乃統繼天道,與天合化也。

[補] 鄭康成曰:"統",本也。《釋文》。

[釋曰] "統",系也,故九家訓爲"繼"。張氏申鄭義曰:"統,本也,乾元立天之本。"義較長。此以上釋"元"。

雲行雨施,《釋文》:始豉反,卦内皆同。品物流形,

虞翻曰:已成既濟,上坎爲"雲",下坎爲"雨",故"雲行雨施"。乾以雲雨流坤之形,萬物化成,故曰"品物流形"也。

[釋曰] 乾元亨坤,即大極,於卦即既濟,故就已成既濟取象。乾流坤形,萬物化成,萬物成形,出於地也。《説文》:"品,眾庶也。"姚氏曰:"形,見也。"

大明終始。

荀爽曰：乾起坎而終於离，凡"離"卦字，朱皆作"離"，盧、周皆作"离"，唯此節荀注"离"字各本同。坤起於离而終於坎。离坎者，乾坤之家而陰陽之府，故曰"大明終始"也。

〔釋曰〕姚氏曰："一陽生，當坎位，夏至陽終於上，當離位，故起坎終離。一陰生，當離位，冬至陰終於上，當坎位，故起離終坎。此所以日月爲易，卦成既濟，經終坎、離、既濟、未濟也。陽明陰闇，陰陽不交，則其明不顯，交成既濟，其明乃彰，故坎離爲乾坤之家、陰陽之府也。坎離中宮，陰陽所出入者也。兼坤言者，陽息於子，至十月始盡，自午至亥陰消陽，故以坤言之。其實十二消息皆主陽言，'消'，謂消陽，'息'，謂陽息。虞翻坤卦注所謂'終於坤亥，出乾初子'，是也。以陰陽合論之，則乾之成乃坤之終，坤之成乃乾之終耳。"

六位時成，

荀爽曰：六爻隨時而成乾。

〔釋曰〕惠氏曰："乾息坤消，以時而成。"

時乘六龍以御天。朱衍"也"字。

侯果曰："大明"，日也；"六位"，天地四時也，六爻效彼而作也。大明以晝夜爲"終始"，六位以相竭盧、周作"揭"。爲"時成"，言乾乘六氣而陶冶變化，運四時而統御天地，朱作"也"。故曰"時乘六龍以御天"也。故《乾鑿度》曰"日月終始萬物"，是其義也。

〔補〕許氏《五經異義》曰：《易》孟、京說：天子駕六。鄭駁之云：《易經》"時乘六龍",謂陰陽六爻上下耳,豈故爲禮制?《詩·干旄》正義。《春秋公羊傳·隱公元年》疏。

《莊子》曰:乘天地之正而御六氣之辯。又曰:乘雲氣,御飛龍,其神凝,使物不疵癘而年穀熟。

釋曰《文言》九家注曰:"時之元氣以王而行,履涉眾爻,是乘六龍。"荀氏曰:"御,行也。陽升陰降,天道行也。"案:此以上釋"亨"。乾元亨坤,陰陽交體坎離,則雲雨施行而百物生,日月往來而六位以時成。元氣因時乘六陽消息以行天道,陽出入上下而陰從之以成歲。一陰一陽,使萬物各遂其性,則亨而既濟矣,故下文遂言"利貞"。侯云"六位天地四時"者,謂兩儀四象,即乾坤消息也。然六位兼三才而兩之,《繫》及《説卦》有明文,不必別取義。云"六位以相竭爲時成"者,《禮運》曰"五行之動,迭相竭也",注云"竭,猶負戴也",言更迭相承。然但取"相竭"二字,不言"五行",義誅不瞭,"相竭"疑"消息"之誤。《莊子》"六氣之辯","辯"讀爲"變",六氣之變,即六龍也。云"乘雲氣,御飛龍,其神凝"者,葢以喻"元",此古易微言,真子夏所傳,故取之。孟京説"天子駕六",葢舉漢法以合《易》文,其實古制天子至大夫皆駕四,《易》此文不得爲禮象也。

乾道變化,各正性命,保合大和,乃利貞。首出庶物,萬國咸寧。

劉瓛曰:陽氣爲萬物之所始,故曰"首出庶物"。立君而天下皆寧,故曰"萬國咸寧"也。

補 虞翻説:在天爲變,在地爲化。又説此爲成既濟。

《周禮》賈公彥說:《中庸》曰"變則化",《易》"乾道變化",是先變後化。

〔釋曰〕 "乾道變化"四句,釋"利貞"。惠氏曰:"一陰一陽之謂道,言'乾道'者,兼坤也。乾變坤化,成既濟定,剛柔位當,故'各正性命'。陰陽合德,故'保合大和',是'利貞'之義矣,故曰'乃利貞'。'和'即'利','正'即'貞'。"案:此說變化據虞義。姚氏曰:"'變',九也;'化',陽易陰也。'乾道變化',謂乾與坤通,成既濟也。'性',謂陰陽之性。乾性陽,畫變爲爻,陽性之發,是之謂變。二四上失正,化之陰,成既濟,是之謂化。成既濟定,陰陽合,復太極之體,故曰'保合大和,乃利貞'。太極者,陰陽合德,合和之氣生萬物者也。六爻變化,發而皆中謂之和。"案:此說變化據賈氏《周禮》說,蓋本鄭義。變化皆統於乾道,乾陽動爲變,動而通坤爲化。陽稱變,陰稱化,義蓋相因。陰陽各有性各有命,陽欲升,陰欲承,性也;陽當升,陰當承,命也。當升未升,當承未承,未正也。乾道變化,未升者生,未承者承,各正也。君子變化氣質,盡其性以盡人物之性,致中和,贊化育,由此道也。此四句《集解》無注,蓋本引虞注,傳寫脫之,惠氏據虞恒、革、既濟注義補之。全經"利貞"之義一以貫之矣。"首出庶物"二句,人君體元成既濟之事。

《象》曰:

案:"象"者,象朱作"像"。也,取其法象卦爻之德。

〔釋曰〕 姚氏曰:"象者,像也,六畫所以象形容物宜也。孔子《象傳》先言畫,後釋爻,爻由象來,故通謂之象,六畫之變象也。"

天行健，

何妥曰：天體不健，能行之德健也，猶如地體不順，承弱之勢順也，所以乾卦獨變名爲‘健’者。此處盧有圈。宋衷云：“晝夜不懈，以‘健’詳其名。餘卦此下周有“各”字。當名，不假於詳矣。”

補　劉表曰：詳其名也。《正義》。

釋曰　此注蓋何引宋說而李氏仍之，宋注不別爲一條。姚氏曰：“乾卦獨云‘健’者，舉一以例其餘也。‘天行健’，即天行乾，‘地勢坤’，即地勢順。依乾健、坤順、震動、艮止、坎陷、離麗、兌說、巽入，及《序卦》之義推之，六十四卦可悉知也。”

君子以自强不息。

虞翻曰：“君子”，謂“三”，乾健故“强”。天一日一夜過周一度，故“自强不息”。老子曰“自勝者强”。朱無圈，空二格。

干寶曰：言“君子”，通之於賢也。凡勉强以德，不必須在位也。故堯舜一日萬機，文王日昃盧、周作“昊”。不暇食，仲尼終夜不寢，顏子欲罷不能。自此以下，莫敢淫心捨力，故曰“自强不息”矣。

釋曰　“君子”，謂法乾行四德者，於爻則爲九三。

潛龍勿用，陽在下也。

荀爽曰：氣微位卑，雖有陽德，潛藏在下，故曰“勿用”也。

見龍在田，德施普也。

荀爽曰：“見”者，見居其位，“田”，謂坤也。二當升坤五，故曰“見

龍在田"。"大人",謂天子,見據尊位,臨長羣陰,德施於下,故曰"德
施普也"。

釋曰　陽主施。"普",徧也。龍見在田,則將雲行雨施,發育萬
物。二龍德著見,則知其能繼飛龍爲大人,德施周普於下也。"見",
對"潛"言;"田",謂地上。荀以"見"爲見據尊位,"田"爲坤,與《文言》
"隱而未見,下不在田"之文似不合,其釋"利見大人"則是。自"大人
謂天子"以上,葢經下注,李氏參合引之。

終日乾乾,反復道也。

虞翻曰:至三體復,故"反復道",謂"否泰反其類"也。

補　"復",本亦作"覆"。《釋文》。

《白虎通》曰:陽不動無以行其教,陰不靜無以成其化,雖終日乾
乾,亦不離其處也,故《易》曰"終日乾乾,反覆道也"。《天地》文。

釋曰　虞以"反復道"爲反其復道。張氏曰:"乾息至三成泰,泰
成則反否。三乾乾體復初,反其復道,所以貞泰。"據三始息言。《白
虎通》以爲反覆皆道,陽雖至動,亦不出其位,承乾行乾,事上接下,反
覆皆道也,據乾已成卦言,二義一貫。"復"、"覆"古字通。

或躍在淵,進无咎也。

荀爽曰:乾者,君卦;四者,陰位。故上躍居五者,欲下居坤初,求
陽之正。地下稱"淵"也。陽道樂進,故曰"進无咎也"。

釋曰　乾,君卦,陽德當上升。然四,臣位也,故上躍居五者,又
欲下居坤初。君子德日進,位不敢苟進,或上或下,求陽正位而居之。

陽道樂進，四當上息。進本无咎，而審擇所處，動必以時，又進之所以"无咎"也。或曰"上躍居五者"句，"者"字上當脱"或"字，"五"字絶句，"或者"二字屬下讀。

飛龍在天，大人造也。

荀爽曰："飛"者，喻无朱誤"無"。所拘。"天"者，首事造制。大人造法，見居天位，"聖人作而萬物覩"，是其義也。

〔補〕鄭康成曰："造"，爲也。徂早反。

王肅曰："造"，就也，至也。七到反。並《釋文》。

姚信、陸績皆曰："造"，至也。《正義》。

"造"，劉向、歆作"聚"。《釋文》。劉向上封事曰："賢人在上位，則引其類而聚之於朝。"

〔釋曰〕姚氏曰："據向説，則不以大人指君，蓋羣龍爲元所用，則飛龍亦元所用矣，元乃君也。'在天'，猶在朝。其義與諸家異，必有師承。"案：鄭訓"爲"，荀云"造法"，虞亦云"造作"，皆與《文言》"聖人作"之義合，最當。

亢龍有悔，盈不可久也。

《九家易》曰：陽當居五，今乃居上，故曰"盈"也。亢極失位，當下之坤三，故曰"盈不可久"，若太上皇者也。下之坤三，屈爲諸侯，故曰"悔"者也。

〔釋曰〕姚氏曰："陽極則陰生，故'盈不可久'，以亢戒之。"案：下之坤三成謙，降心下賢，致恭以存其位，則悔亡而濟，故《繫》以'勞謙'

與‘亢龍’相次。《九家》謂上失位當之坤三，其義是也。至以之坤三
爲悔，夷太上皇於諸侯，則六朝衰世之見，有害於道，殊非《易》義。

用九，天德不可爲首也。朱誤作“用九，見羣龍无首吉”。

宋衷曰：“用九”，六位皆九，故曰“見羣龍”。純陽，則“天德”也。
萬物之始，莫能先之，“不可爲首”。先之者凶，隨之者吉，故曰“无
首吉”。

釋曰　六位皆九，元用之以處乾坤二卦初、三、五之位。純陽天
德，萬物之始，莫之能先。陽倡而陰和，以成既濟，此乾坤二用之
大義。

《文言》曰：

劉瓛曰：依文而言其理，故曰“文言”。

姚信曰：乾坤爲門户，文説乾坤，六十二卦皆放焉。

補　梁武帝曰：《文言》是文王所制。《釋文》。

釋曰　“文言”，文王所制之言，謂乾坤卦爻辭也，孔子爲之傳。
孔子特名乾坤卦爻辭爲“文言”，以別於屯以下之不盡“文言”，則屯以
下卦辭文王、爻辭周公審矣。劉説望文生義，未當。姚注“文”下或脱
“言”字。《文言傳》説乾坤，則餘卦可隅反矣。宋時鄭注尚存《文言》
一卷，不與經連，可見分傳附經自王弼始。

元者，善之長也。

《九家易》曰：乾者，君卦也，六爻皆當爲君。始而大通，君德會

合,故"元"爲"善之長也"。

補 "善",《春秋傳》作"體"。

釋曰 乾爲善,六爻皆有君德。始息於初而正位於五,六爻皆根於元,亦皆元所用,故元爲"善之長"。天地之大德曰生,"元"者,生氣之始,於時爲春,於人爲仁。《九家》所云,即鄭"舜既受禪,禹、稷諸人並在朝"之義。但"六爻皆當爲君",通六十四卦言之,如復初、臨二、謙三、豫四皆當升五,而謙三即剝上,乾上亦即五陽之極盛,故皆當爲君。在本卦,則四以下皆臣也。《左傳》"善"作"體",六畫一體,元爲之長也。此釋"元亨利貞"之義,蓋相傳古訓,夫子述而審定之。

亨者,嘉之會也。

《九家易》曰:"通"者,謂陽合而爲乾。衆善相繼,故曰"嘉之會也"。

釋曰 "亨"者,乾元交坤。"嘉",善也,美也。陽稱"嘉",以陽會陰,出消息,正六位,天地合而萬物興,故爲"嘉之會"。於時爲夏,於人爲禮,昏禮稱"嘉",即此義。《九家》云"陽合成乾"者,以乾息坤,陽與陰會。息坤六爻成純乾,則陽與陽會,"衆善相繼"矣,由是用九而成既濟。

利者,義之和也。

荀爽曰:陰陽相合,各得其宜,然後利矣。

補 《說文》:利,銛也,從刀。和然後利,從和省。《易》曰:"利者,義之和也。"

$\boxed{\text{釋曰}}$　陰陽各得其分之和，條理秩然，無相奪倫。於時爲秋，於人爲義。利之本義訓"銛"，金和然後銛利，萬物各得其宜而和，然後順利。

貞者，事之幹也。

荀爽曰：陰陽正而位當，則可以幹舉萬事。

$\boxed{\text{釋曰}}$　陰陽各得其位之正。姚氏曰："幹，本也，正也，本正則事舉。"案："貞者"，天則之正，萬物之成。於時爲冬，於人爲智，又爲信。知正之謂"智"，行正之謂"信"。

君子體仁足以長人，

何妥曰：此明聖人則天，合五常也。仁爲木，木主春，故配元爲四德之首。"君子體仁"，故有"長人"之義也。

$\boxed{\text{補}}$　鄭康成曰："體"，生也。《文選》陸士衡《贈顧交阯公真詩》注。

"仁"，京房、荀爽、董遇作"信"。《釋文》。

$\boxed{\text{釋曰}}$　"體仁"，體元也。元，善之長，以仁爲體，則無一物不在所愛之中，故"足以長人"。鄭訓"體"爲"生"者，"生"讀爲"性"。《論語》"仁者安仁"，包氏曰"惟性仁者自然體之"。《孟子》曰"君子所性，仁義禮智"，性之故體之。諸家"仁"作"信"，"信"者，仁之守。《中庸》"肫肫其仁"，鄭云"肫肫，懇誠貌"，此"體信"之義。

嘉會足以合禮，

何妥曰：禮是交接會通之道，故以配通。五禮有吉、凶、賓、軍、嘉，故以嘉合於禮也。

補 “會”，《春秋傳》作“德”。

釋曰 禮本陰陽一定之則，以陽會陰，乾坤交，陰陽合，聖人觀其會通以行其典禮。禮以嘉爲始，飲食男女皆嘉禮，所以通德類情合敬同愛，故特稱“嘉會”。“嘉”，善也。以善接人則老者孝焉，幼者慈焉，敵者敬焉。言可道，行可樂，動容周旋中禮，故“足以合禮”。《左傳》作“嘉德”，有嘉德而無違心，亦會通之義。

利物足以和義，

何妥曰：“利”者，裁成也。君子體此利以利物，足以合於五常之義。

補 “物”，孟喜、京、荀、陸績作“之”。《釋文》。

釋曰 使物各得其所利，則義无不和。《説卦》曰“和順於道德而理於義”，“和義”者，順其條理使各安之之謂。古者以利天下爲義，以義爲利，故曰“利者義之和”。又曰“利物足以和義”，諸家作“利之”者，承“長人”而言，謂利人也。

貞固足以幹事。

何妥曰：“貞”，信也。君子堅周无“堅”字，或“堅”下脱“固”字。貞正，可以委任於事，故《論語》曰“敬事而信”，故幹事而配信也。　案：“案”上朱空二格。此釋非也。夫“在天成象”者，“乾元亨利貞”也，言天運四時以生成萬物。“在地成形”者，仁義禮智信也，言君法五常以教化於人。元爲善長，故能體仁，仁主春生，東方木也。通盧、周作“亨”，李避唐諱，多以"通"代"亨"。爲嘉會，足以合禮，禮主夏養，南方火也。利爲物宜，足以和義，義主秋成，西方金也。貞爲事幹，以配於智，智主冬藏，北方水也。故孔子曰朱作"云"。"仁者樂山，智者樂水"，則智之明證矣。不言"信"者，信主土而統屬於君，故中孚卦盧、周無"卦"字。云"信及豚魚"，是其義也。若"首出庶物"而四時不忒者，乾之象也。"厚德載物"而五行相生者，土之功也。土居中宮，分王四季，亦由同"猶"。人君无朱作"無"。爲皇極而奄有天下。水火金木非土不載，仁義禮智非君不弘，信既統屬於君，故先言"乾"而後不言"信"，明矣。

釋曰　惠氏曰："剛柔皆正，物莫能傾，故'足以幹事'。"姚氏曰："貞，正也，定也，故固。"案：貞屬智，固兼信，幹事必有定識定力也。五常仁屬木，禮屬火，義屬金，而水土兼智信二德。李以貞配智而信專屬土，貫四者之閒，則下文"行此四德"。健行不息即信也，信者，四德之所以成始而成終，即誠也。故仁爲善長，或作"體信"，而貞固幹事，亦兼信義。何引"敬事而信"，以信屬事，與包氏章句義異。

君子行此四德者，故曰"乾元亨利貞"。

干寶曰：夫純陽，天之精氣。四行，君之懿德。是故乾冠卦首，辭表篇目，明道義之門在於此矣，猶《春秋》之備五始也，故夫子留意焉。然則體仁正己，所以化物；觀運知時，所以順天；器各本誤"氣"，從周校改。用隨宜，所以利民；守正一業，所以定俗也。此下各本衍"逾"字，從周校刪。亂則敗禮，其教淫；逆則拂時，其功否；錯則妨用，其事廢；忘則失正，其官敗。四德者，文王所由興。四愆者，商紂所由亡。

釋曰　惠氏曰："四者道也，人行之則爲德。君子中庸，故能行此四者以贊化育,與天地合德也。"案:干云"器用隨宜",十二"蓋取"之類。

初九曰"潛龍勿用",何謂也?

何妥曰:夫子假設疑問也。後五爻皆放此也。

子曰:"龍德而隱者也。

何妥曰:此直答言聖人有隱顯之龍德,今居初九窮下之地,隱而不見,故云"勿用"矣。

不易乎世,盧、周無"乎"字,下句同。

崔憬曰:言據當潛之時,不易乎世而行者,龍之德也。

釋曰　聖人以道易天下爲心,時未可行,故不易世。二見龍善世,天下文明,則世易而名成矣。不易世不成名,所謂"潛"也。崔氏謂不見移易乎亂世,獨行其道,蓋本王弼說,然侵下文"確乎不拔"之義。

不成乎名。《釋文》:不成名,一本作"不成乎名"。

鄭玄曰:當隱之時,以從世俗,不自殊異,无朱作"無"。所成名也。

釋曰　此《論語》所謂"危行言孫",《繫辭》所謂"藏器待時"也。若同流以求世俗之名,則龍德之賊矣。

遯朱作"遁"。世无悶,

崔憬曰:道雖不行,達理"无悶"也。

不見是而无悶。

崔憬曰:世人雖不己是,而己知不違朱誤“違”。道,故“无悶”。

釋曰　此二句言潛而不求用。

樂則行之,憂則違之,

虞翻曰:陽朱誤“陰”。出初,震爲“樂”、爲“行”,故“樂則行之”。坤死稱“憂”,隱在坤中,遯朱作“遁”。世无悶,故“憂則違之”也。

釋曰　此言時可用則上息而見,時未可則安於潛也。惠氏曰:“復小而辨於物,一陽不亂於五陰,故言‘違’。”

確乎其不可拔,潛龍也。”

虞翻曰:“確”,剛貌也。乾剛潛初,坤亂於上。君子弗用,隱在下位。確乎難拔,潛龍之志也。

補　鄭康成曰:“確”,堅高之貌。“拔”,移也。《釋文》。

釋曰　不枉道以求用,所以爲潛龍。此節皆據由坤息復時言。

九二曰“見龍在田,利見大人”,何謂也? 子曰:“龍德而正中者也。

虞翻曰:“中”,下之中。二非陽位,故明言能“正中”也。

釋曰　二中而不正。《易》以位託義,因位之中以見德之中,因位之當正以見德之能正中。“正中”,謂正其中。下云“閑邪以存其誠”,“閑邪”,正也,“存誠”,中也。中無不正,而言“正中”者,《中庸》所謂

"致中"，所謂"君子而時中"。陽氣上升，必至於五，龍德之人自强不息，下學而上達，正己而物正，所以有君德。利見大德之君以行其道，鄭義。天下利見之以被其澤。由其見，知其能正中也。

庸言之信，

荀爽曰：處和應坤，故曰"信"。

釋曰 處中和而應坤，言出乎身加乎民，言而民莫不信，故宜升坤五爲天下所利見。君子"先行其言而後從之"，所謂"信"也。二自臨來，臨震爲言，乾爲信。

庸行之謹。

《九家易》曰：以陽居陰位，故曰"謹"也。"庸"，常也，謂言常以信，行常以謹矣。

釋曰 震爲"行"。此二句，正說龍德之見，用中爲常道也。

閑邪存其誠，

宋衷曰："閑"，防也，防其邪而存誠焉。周作"存其誠也"。二在非其位，故以"閑邪"言之。能處中和，故以"存誠"言之。

補 "閑邪"下，或稱鄭本有"以"字。

釋曰 此推見以至隱，龍德之所以正中也。晁氏稱鄭本有"以"字，宋時鄭《易》尚存《文言》一卷，宜可據。但《釋文》不出異文，或傳寫增加，疑未敢定。

善世而不伐，

《九家易》曰：陽升居五，處中居上，始以美德利天下。"不言所利"，即是"不伐"。故老子曰："上德不德，是以有德"，此之謂也。

[釋曰]《九家》據二已升坤五言，二繼體之君，故"不伐"。若以二未升言，則陽息體臨，教思无窮，故"善世"。在下，故"不伐"，與謙三"勞而不伐"同義。

德博而化。

荀爽曰：處五據坤，故"德博"。羣陰順從，故物"化"也。

[釋曰] 二升坤五，故取地道博厚之象。姚氏曰："'德施普'，故'德博而化'。'化'，謂陰陽易，成既濟。"案：此二句，言至誠盡性以盡人之性，正己物正，正中之效，所謂"君德"也。

《易》曰：'見龍在田，利見大人'，君德也。"

虞翻曰：陽始觸陰，當升五爲君。時舍於二，宜朱誤"宣"。利天下。直方而大，德无不利，明言君德。地數始二，故稱《易》曰"。

[釋曰] 複舉經文而釋其意，故稱《易》曰"。言《易》所以言"利見大人"者，以其有君德也。虞氏則謂陽始觸陰，二陰位，地數之始，以陽居陰，當升坤五，變易始此，故稱《易》曰"。二體臨，與坤六二息臨同義。"直方而大，德无不利"，剛中而應，大君之宜，故"明言君德"。雖有庇民之大德，不敢有君民之心，故舜禹有天下而不與。有天德而後可居天位，故三王教世子必以禮樂。"一有元良，萬國以貞"，"利見大人"，在乎有其德也。

九三曰"君子終日乾乾,夕惕若厲,无咎",何謂也？ 子曰:"君子進德脩周作"修",下及注同。**業。**

虞翻曰:乾爲"德",坤爲"業",以乾通坤,謂爲"進德脩業"。

宋衷曰:"業",事也。三爲三公,君子處公位,所以"進德脩業"也。

[釋曰]《易》者,聖人所以效天法地,崇德廣業。陽息至三,下坤成乾。至四,上坤生乾。乾爲"德",坤爲"業",三、四人道,以人事成天地之功,故皆言"進德脩業"。陽爲德,以陽通陰所處之位爲業。"三爲三公",處人臣之極,事上接下,任大責重。"乾乾"非苟動,"進德"也;"惕若"非徒靜,"脩業"也。

忠信,所以進德也。

翟玄曰:忠於五,所以脩德也。

崔憬曰:推忠於人,以信待物,故其德日新也。

[釋曰]忠信辭誠,進脩之道。姚氏曰:"三由元來,乾乾未已,故忠信所以進德。"案:"忠信"者,以誠待人,事君尤重。三忠於五,接乾生乾,陽所以息,承乾行乾,陽所以行,故曰"所以進德"。文王"三分天下有其二以服事殷",夫子稱爲"至德",正九三之事。惟然,故《易》不可以占險,忠信之事則可。

脩辭立其誠,所以居業也。

荀爽曰:"脩辭",謂"終日乾乾";"立誠",謂"夕惕若厲";"居業",謂居三也。

翟玄曰：居三脩其教令，立其誠信，民敬而從之。

釋曰 張氏曰："'辭'，謂教令，人君之事，故'終日乾乾'。'誠'者，忠誠，人臣之事，故'夕惕若厲'。"案：脩辭正以立其誠。荀以"辭"爲"教令"，脩其教令以副其忠誠，庇民以事君，臣職乃盡，故曰"所以居業"。文王發政施仁，命諸侯以三忠，爲殷維人心而祈天命，是也。陽在三、四稱"脩"，三體震爲言稱"辭"，不中故"脩辭"。得正不變，故"立其誠"，立誠所以求中也。三艮爻，艮爲"居"。

知至至之，可與言幾也。

翟玄曰：知五可至而至之，故可與行幾微之事也。

補 "幾"上，今本無"言"字。

釋曰 知至知終，言進德脩業之盡善，所以居上居下各得其宜也。"至"者，德所至。陽息至三，又自三息，陽在復初稱"幾"，三反復道，知德所當至而至之，故可與研幾。[1]"幾者動之微"，"唯幾也故能成天下之務"。聖人將爲天下貞泰濟否，必以至誠深識，豫知事之必至，理之固然，而後能行所無事，應萬變而不窮。公家之利，知無不爲。知之早也，由其微知其著，故可與言幾微未至之事。《集解》有"言"字，《釋文》不出異文，容漏略。

知終終之，可與存義也。

姚信曰：知終者可以知始。"終"，朱重"終"，字衍。謂三也。"義"

---

[1]　點校案："研幾"，疑當作"言幾"。若原文無誤，"研幾"亦通。

者,宜也。知存知亡,君子之宜矣。

崔憬曰:"君子",喻文王也。言文王進德脩業,所以貽厥武王至於九五。至於九五,可與進脩意合,故言"知至至之",可與言微也。知天下歸周,三分有二以服事殷,終於臣道。終於臣道,可與進脩意合,故言"知終終之,可與存義"。

釋曰 "終"者,業所終,謂終於三。君子德唯恐其不盛,位唯恐其盛。"終日",已過中極盛矣,故"惕若"以終之,終於"夕"也。陰靜稱"義",終於臣道,可與存人倫之大義。"義"者,宜也。"存義"即立誠,謂守正不變,"終之"即居業也。古之聖人雖功濟天下,皆以爲人臣分所當爲,事君小心,終始如一,義之至也。姚云"知終者可以知始",知始,謂反體復初。"存"謂泰,"亡"謂否,義與虞略同。崔以"知至"爲造周,"知終"爲事殷。夫文王爲君止仁,爲臣止敬,厥德不回,以受方國。惟其德之至純,故天命人心歸之。豈有陰行善事,謂子孫當王天下之心哉? 失《傳》旨矣。

是故居上位而不驕,

虞翻曰:天道三才,一乾而以至三乾成,故爲"上"。"夕惕若厲",故"不驕"也。

釋曰 君子之進德脩業如是。夫然,故居上下之間,履危地而无咎。"日"以喻君。三居下體之上,故曰"上位";承上乾而能惕,故"不驕"。

在下位而不憂。

虞翻曰:"下位"謂初。隱於初,"憂則違之",故"不憂"。

釋曰 "夕"以喻臣。在上卦之下,體復初,故曰"下位"。"憂",即危也。疾脩柔順,如初之"遯世无悶","憂則違之",危去陽行,故"不憂"。居上居下,指實日夕取象之義。

故乾乾因其時而惕,雖危无咎矣。"

王弼曰:"惕",怵惕也。處事之極,失時敗廢,懈怠則曠,"故乾乾因其時而惕,雖危无咎"。

釋曰 三在下卦之上,乾陽盛息而未離於下。乾乾之君子因時而惕,守正處中,危者使平,故"无咎"。王弼説於"惕"義未協。

九四曰"或躍在淵,无咎",何謂也? 子曰:"上下无常,非爲邪也。《釋文》:上下并如字。王肅:上,音時掌反。

荀爽曰:乾者,君卦。四者,臣位也,故欲上朱作"進"。躍居五。下者,當下居坤初,得朱誤"德"。陽正位,故曰"上下无常,非爲邪也"。

補 何氏曰:言上下者,據位也。《正義》。

釋曰 "或之者,疑之也",无常无恒,釋"或"義。四失位,求陽之正,故"非爲邪"。四有君德而居臣位,上躍居五,欲進其德以濟天下,下居坤初,謹脩其業以守臣節也。或上或下无常處,而務處其正。何云"上下據位"者,躍天上位,處淵下位也。

進退无恒,非離羣也。

荀爽曰:"進",謂居五,"退",謂居初,朱誤"三"。故"進退无恒,非離羣也"。

　　補　何氏曰：進退者，據爻也。又曰：所以"進退无恒"者，時使之然，非苟欲離羣也。《正義》。

　　釋曰　陽與陽爲羣，陰與陰爲羣，所謂"方以類聚，物以羣分"。陰道從陽，當離其類，故坤《象》曰"東北喪朋"。陽則否，或進或退，皆乾元之用，所以息乾通坤，非離其羣也。此陰陽之別。何云"進退據爻"者，謂爻進而躍，退而在淵也。

君子二字朱脱。**進德俢**朱作"修"。**業，欲及時也，故无咎。"**

崔憬曰：至公欲及時濟人，故"无咎"也。

　　補　或稱鄭本無"欲"字、"也"字。

　　釋曰　君子德日進，位不敢苟進，德愈盛心愈下。忠誠達天，厚順應地，立心至公，或進或退，欲及時以求至當，故"无咎"。四不及中，故言"及時"。當其可之謂時，四至公欲及時濟人，無躁動出位之私，故或進或退，皆當其可。晁氏引鄭本無"欲"字、"也"字，蓋所據本脫。

九五曰"飛龍在天，利見大人"，何謂也？ 子曰："同聲相應，

虞翻曰：謂震、巽也。庖犧觀變而放八卦，"雷風相薄"，故"相應"也。

張璠曰：天者，盧无"者"字。陽也，君者，當爲"亦"。陽也。雷風者天之聲，號令者君之聲，明君與天地相應，合德同化，動靜不違也。

釋曰　惠氏曰："傳因二、五相應而廣其義,明八卦陰陽本有是相應之理。"愚謂萬物各以類應。聖人之於民,類也。聖人體乾元,通德類情,使萬物各得其所。其道於八卦六位著之,一陰一陽之謂道,八卦六位陰陽各從其類。陽居陽位,陰居陰位,則相比相應。大極之體正,既濟之象成。張氏曰:"庖犧則象觀變,六位之列,初震二巽貞地位,故'同聲相應'。五艮上兌貞天位,故'同氣相求'。三貞下坎,'水流溼'也。四貞上離,'火就燥'也。天尊貞五,坎體成於乾,'雲從龍'也。地卑貞二,二,巽位,'風從虎'也。此參天兩地之數,妙萬物之本。"案:虞云"庖犧觀變而放八卦",謂觀變於陰陽而立卦。"放",則也。"同聲相應",謂凡同聲者皆相應,如雷與風之相薄,以起聖作物覩相應之義。張璠以雷風喻號令,與傳語意不協。

同氣相求。

虞翻曰:謂艮、兌。"山澤通氣",故"相求"也。

崔憬曰:方諸與月同有陰氣,相感則水生。陽燧與日同有陽氣,相感則火出周作"生"。也。

釋曰　凡同氣者皆相求,如山澤之通氣,崔氏所舉是也。

水流溼,朱作"濕",注同。

荀爽曰:陽動之坤而爲坎。坤者純陰,故曰"溼"也。

火就燥。

荀爽曰:陰動之乾而成離。乾者純陽,故曰"燥"也。朱本脫圈,虞注提行,非。

虞翻曰:離上而坎下,"水火不相射"。

崔憬曰:決水先流溼,□[然]①火先"流"字至此,朱脫。就燥。

釋曰　荀意,坎者,乾二、五之坤陰而成,故"流溼";離者,坤二、五之乾陽而成,故"就燥"。虞氏則以成既濟、坎離互體言,既濟坎在上,而水性流溼向下,故下又互坎;離在下,而火性就燥向上,故上又互離。坎離相互,陰陽相生,故"不相射","射",厭也。凡物性剛柔遲速,各從其類,類別而後能相濟,皆如此。崔注闕文,無可校補,要爲然火之義。

雲從龍,

荀爽曰:"龍"喻王者,謂乾二之坤五爲坎也。

虞翻曰:乾爲"龍",雲生天,故"從龍"也。

風從虎。

荀爽曰:"虎"喻國君,謂坤五之二字朱誤倒。乾二爲巽,而從三也。三者,下體之君,故以喻國君。

虞翻曰:坤爲"虎",風生地,故"從虎"也。

補　王肅曰:龍舉而景雲屬,虎嘯而谷風興。

張璠曰:猶言"龍從雲、虎從風"也。並《史記・伯夷列傳》集解。

釋曰　荀以乾爲君卦,龍虎皆君象。乾二之坤五體坎爲雲,五爲

———————

①　點校案:據李道平《周易集解纂疏》,此方框爲"然"字,曹元弼"釋曰"亦以"然火之義"推之。

坎主，故“雲從龍”。坤五之乾二體巽爲風承三，故“風從虎”。皆以陰從陽，合於“首出庶物，萬國咸寧”之義。此説乾坤相通，以起下文聖作物覩。虞氏以龍虎分象乾坤，則乾爲龍，乾二之坤五體坎，故“雲從龍”；坤爲虎，坤五之乾二互巽，故“風從虎”。乾貞五，坤貞二，是謂“天地定位”。張璠説與傳文違，非也。

聖人作而萬物覩。

虞翻曰：“覩”，見也，“聖人”則庖犧。合德乾五，造作八卦，“以通神明之德，以類萬物之情”。五動成離，日出照物皆相見，故曰“聖人作而萬物覩”也。

陸績曰：陽氣至五，萬物茂盛，故譬以聖人在天子之位。功成制作，萬物咸見之矣。

〔補〕鄭康成曰：“作”，起也。

馬融：“作”爲“起”。並《釋文》。

孔穎達曰：聖人有生養之德，萬物有生養之情，故相感應。

〔釋曰〕八卦貞於乾坤六位，其相應如是，故凡同類者舉相應也。聖人先得人心之所同然，出於其類而實與我同類。八卦之氣，根於乾元，萬物知覺覺於聖人。故聖人起在天位，造作法度，則萬物共仰而覩之。“聖人作”即“大人造”，所謂“飛龍在天”也。“萬物覩”，所謂“利見大人”也。庖犧作八卦，聖作之最先者。孔氏謂生養之道相感應，説“作”“覩”之理至當。“天地之大德曰生”，聖人以天地生物之心爲心，其制作皆以生養萬物。萬物之生各有其本，本所以爲類別也。上古之世，民不知類，庖犧類萬物之情，本之於父子，又本之於夫婦，而人倫正,倫即類也。人倫正而王道行,相生相養之事觸類而長,所以其教不肅而成,其政不嚴而治,凡有血氣莫不尊親也。虞云"五動成離",此動,謂用事,非變也。以爻變言,則五動二變應之體離,萬物皆相見,是"利見大人"之義。

本乎天者親上,

荀爽曰:謂乾九二,本出於乾,故曰"本乎天";而居坤五,故曰"親上"。

本乎地者親下,

荀爽曰:謂坤六五,本出於坤,故曰"本乎地";降居乾二,故曰"親下"也。

崔憬曰:謂動物親於天之動,植物親於地之靜。

則各從其類也。

虞翻曰:"方以類聚,物以羣分","乾道變化,各正性命","觸類而長",故"各從其類"。

釋曰 本天親上本地親下,此因聖作物覩,而言卦爻升降消息。陰陽皆本乾坤,各從其類,此類別之大要。乾元所以用九六,各正性命,歸於既濟也。乾二升五親上,以本出乎天,陽類也。坤五降二親下,以本出乎地,陰類也。六爻陽從陽位陰從陰位視此。一陰一陽,陽先陰後,與陽上陰下同意。由是而推之,震、坎、艮本乎乾,皆陽類,與乾親。巽、離、兑本乎坤,皆陰類,與坤親。八卦重爲六十四,陽爻本天親乾，陰爻本地親坤。陽性欲升，陰性欲承，三百八十四爻陰陽各從其類，猶萬物之從聖人也。聖人盡其性以盡人性盡物性，類族辨物，因其固有而利導之，探其本以別其類，使同類相親，異類相濟，而相生相養之道，引申無窮，萬世永賴矣。

上九曰"亢龍有悔"，何謂也？ 子曰："貴而无位，

荀爽曰：在上，故"貴"；失正，盧作"位"。故"无位"。

釋曰　虞注《繫辭》曰："天尊，故'貴'；以陽居陰，故'无位'。"案：上非天位之正，居卦之終，極盛將衰，無與守位，故"无位"。

高而无民，

何妥曰：既不處九五帝王之位，故"无民"也。夫"率土之濱，莫非王臣"，既非王位，則民不隸屬也。

釋曰　虞注《繫辭》曰："在上，故'高'；无陰，故'无民'也。"案：無與治民，故"无民"。乾純陽，五正中，用九成既濟。二爲正應，陽倡陰和，坤民皆從之。上失位，三得正不變，故无陰无民。上由五息，所居猶是天子之位，以時運之過，有是象。聖人知其過而戒之，降心求賢，則猶是九五，爲萬民所利見，所謂不失其正也。何氏説與九家《象傳》注義近。

賢人在下位，

荀爽曰：謂上應三，三陽德正，故曰"賢人"；別體在下，故曰"在下位"。

而无輔，

荀爽曰：兩朱誤“而”。陽无應，故“无輔”。

是以動而有悔也。”

荀爽曰：升極當降，故“有悔”。

〔補〕《淮南子》曰：同言而民信，信在言前也。同令而民化，誠在令外也。動於上不應於下者，情與令殊也，《易》曰“亢龍有悔”。高誘曰：人君動極在上，故“有悔”。《繆稱》篇。

〔釋曰〕陽升極當降，能降心下賢，至誠勤民，乃爲順動而悔亡。

潛龍勿用，下也。

何妥曰：此第二章，以人事明之。當帝舜耕漁之日，卑賤處下，未爲時用，故云“下”。

〔釋曰〕此以下兩章，反覆詠歎六爻之義，此章以人事明之。惠氏曰：“下，謂初。”愚謂此據乾已成卦言，上下皆陽，故但言“下”，不言“陽在下”。

見龍在田，時舍也。

何妥曰：此夫子洙泗之日，開張業藝，教授門徒，自非通舍，孰能如此。

虞翻曰：二非王位，時暫舍也。

〔釋曰〕何云“通舍”，本王弼義。“舍”，釋也。但王以時言，謂時運漸亨,凝閉解釋。何以德言,謂樂天知時,無所凝滯耳。皆非也。"時舍",謂二有君德,當升坤五,時暫舍於二,若舜臣堯時也。惠氏士奇曰:"'舍',讀如'命田舍東郊'之'舍'"。

終日乾乾,行事也。

何妥曰:此當文王爲西伯之時,處人臣之極,必須事上接下,故言"行事"也。

<blockquote>釋曰　據乾已成卦言,則舜禹"宅百揆"是其事。</blockquote>

或躍在淵,自試也。

何妥曰:欲進其道,猶復疑惑。此當武王觀兵之日,欲以試觀物情也。

<blockquote>釋曰　何説在大壯時則然。在乾時,則舜受命攝位而讓德弗嗣是也。惠氏曰:"求陽正位而居之,故自試。"</blockquote>

飛龍在天,上治也。

何妥曰:此當堯、舜冕旒之日,以聖德而居高位,在上而治民也。

<blockquote>釋曰　惠氏曰:"畫八卦以治下,故曰'上治'。"案:神農、黃帝、堯、舜以來聖帝明王,皆同此道。</blockquote>

亢龍有悔,窮之災也。

案:此當桀、紂失位之時,亢極驕盈,故致悔恨窮斃之災禍也。

<blockquote>補　"之",或稱鄭本作"志"。</blockquote>

<u>釋曰</u>　此推極言之，言亢之有悔，是即窮大失居之災，所以戒志之亢。晁氏引鄭作"窮志"，或有據。志不窮，則雖悔不爲災。

乾元用九，天下治也。

案：此當三皇五帝禮讓之時，垂拱无朱作"無"。爲而"天下治"矣。○朱脱。

王弼曰：此一章全以人事明之也。九，陽也。陽，剛直之物也。夫能全用剛直，放遠善柔，非天下之至治未之能也，故"乾元用九"，則"天下治也"。夫識物之動，則其所以然之理皆可知也。龍之爲德，不爲妄周有"者"字。也。潛而勿用何乎，必窮處於下也。見而在田，必以時之通舍也。以爻爲人，以位爲時。人不妄動，則時皆可知也。文王明夷，則主可知矣。仲尼旅人，則國可知矣。

<u>釋曰</u>　惠氏曰："《春秋元命包》曰'天不深正其元，不能成其化。'九者，變化之義。以元用九，六爻皆正。王者體元建極，一以貫之，而君臣上下各得其位，故'天下治也'。"

潛龍勿用，陽氣潛藏。

何妥曰：此第三章，以天道明之。當十一月，陽氣雖動，猶在地中，故曰"潛龍"也。

<u>釋曰</u>　此章兼以天氣人事明之。陽氣藏在地中，據復時言。

見龍在田，天下文明。

案：陽氣上達於地，故曰"見龍在田"。百草萌牙孚甲，故曰

“文明”。

孔穎達曰：先儒以爲九二當太蔟朱作“簇”。之月，陽氣見地。則九三爲建辰之月，九四爲建午之月，九五爲建申之月，上九爲建戌之月。羣陰既盛，上九不得言“與時偕極”，先儒此説，於理稍乖。此乾之陽氣漸生，似聖人漸進，宜據十一月之後，建巳之月已同“以”。來。此九二爻當建丑、建寅之閒，於時地之萌牙物當爲“初”。有生者，即是陽氣發見之義也。但陰陽二氣，共成歲功，故陰興之時，仍有陽在，陽生之月，尚有陰氣。所以六律六吕陰陽相關，取象論義，與此不殊也。

釋曰 姚氏曰：“乾二之坤五，坤五降乾二成離爲‘文明’。”案：二體臨，“教思无窮”，學問言行見而民莫不敬，正己物正，故能使“天下文明”。文明對草昧言，天下文明之治，始於伏羲，民自無禮而有禮，自無別而有別，相愛相敬，尊尊親親長長賢賢，而人類超然殊絶於禽獸。禽獸無條理，故昏亂，人有條理，故文明。伏羲作八卦，立人倫，文明之本。作結繩網罟，備物致用，立成器以爲天下利，文明之用也。

終日乾乾，與時偕行。

何妥曰：此當三月陽氣浸長，萬物將盛，與天之運俱行不息也。

釋曰 “乾乾因其時而惕”，故“與時偕行”。

或躍在淵，乾道乃革。

何妥曰：此當五月微陰初起，陽將改變，故云“乃革”也。

釋曰 四在大壯時，則革陰而爲陽。在乾已成後，則革不正而爲正。“乾道乃革”，猶云“乾道變化”，本以天道言。在人事，則撥亂改過皆是。夏之靡，周之周公，漢之諸葛，唐之李、郭，革陰以息九五之陽，皆其象。而湯、武特其一義，革《象傳》於湯武革命正其名教曰"順乎天而應乎人"。順天應人，以陽決陰，謂之革命。悖天理，逆人心，以陰干陽，則謂之亂賊而已。"乾道乃革"，正名乾道以臨之，所以深塞逆源。何據爻辰以"乾道乃革"當五月者，革爲夬、姤閒消息，乾元以陰變陽，天地革而四時成，皆乾元之行也，亦一義。

飛龍在天，乃位乎天德。

何妥曰：此當七月萬物盛長，天功大成，故云"天德"也。

釋曰 "天德"，乾元。九五，乾元之位。"飛龍在天"，位乎天德之位，乾元正也。何以否七月當之，所謂"天尊地卑乾坤定"也。

亢龍有悔，與時偕極。

何妥曰：此當九月陽氣大衰，向將極盡，故云"偕極"也。

釋曰 乾上陽盛極則陰將生，堯之末年四凶在朝是也。何氏以爲剝上陽衰之極，虞《繫》注云"剝窮否上，知存而不知亡"是也。否上，即剝上。

乾元用九，乃見天則。

何妥曰：陽消，天氣之常。天象法則，自然可見。 案朱不空格，周無"案"字。王弼曰："此一章全說天氣以明之也。九，剛直之物，唯乾體能用之。用純剛以觀天，天則可見矣。"

釋曰 乾元用九，陰陽各正，成既濟定，天則乃見。何以爲消息皆天行,用九,乾道變化以成消息,陰陽二氣共成歲功,是乃既濟之事,所謂天則也。王弼未達用九成既濟之義。

乾元者,始而亨者也。

虞翻曰:乾始開通,以陽通陰,故始通。

釋曰　篇首分釋四德,此章論四德皆統於元。"始而亨",言乾元爲萬物始,而亨坤以生物。"亨"者元所爲,故曰"乾元者,始而亨者也"。

利貞者,性情也。

干寶曰:以施化利萬物之性,以純一正萬物之情。

王弼曰:不爲乾元,何能通物之始。不性其情,何能久行其正。是故"始而亨"者,必"乾元"也。"利而正"者,必"性情"也。

補　"性情",或稱鄭作"情性"。《晁氏易》。

釋曰　"元",性也,"亨"者,性之發,情也。乾性陽,其情欲升欲倡。坤性陰,其情欲承欲和。乾元亨坤,則陰陽和,六位正,是乾之性情然也,故曰"利貞者,性情也"。干氏謂乾元亨坤,化生萬物,利其性,正其情。王弼云"性其情"者,謂情無失正,一如其本性,故利而貞,於傳文意不協。

乾始能盧、周作"而"。以美利利天下,

虞翻曰:"美利",謂"雲行雨施,品物流形",故"利天下"也。

補　"能",或稱鄭本作"而"。《晁氏易》。

釋曰　"乾始",元也,"美利",即嘉會之"嘉"。乾元所以利天下

者,以陽亨陰也。晁稱鄭本作"而","能""而"古字通,惠校《集解》
據之。

不言所利,大矣哉。

虞翻曰:"天何言哉,四時行焉,百物生焉",故利者大也。

釋曰 亨則利,利則貞。无所不利,各正性命,故利者大。諸卦
皆言所利之事,乾无所不利,直言"利貞"而已。"大矣哉",釋"貞"義。

大哉乾乎,剛健中正純粹精也。

崔憬曰:不雜曰"純",不變曰"粹"。言乾是純粹之精,故有"剛健
中正"之四德也。

釋曰 崔以"剛健中正"爲句,惠、張則連下讀之。惠氏曰:
"'純',兼統陰爻也。'粹',不雜也。一氣能變曰'精'。"案:"剛健中
正純粹精",七者乾之性。性剛健,故六畫純陽。性中正,故潛、見、
惕、躍、飛、亢皆不失其正。不失正斯不失中。性純粹精,故純陽而能通
陰。陽性欲升,於此明矣。乾有七德,合而言之曰"元"。

六爻發揮,旁通情也。

陸績曰:乾六爻發揮變動,旁通於坤,坤來入乾以成六十四卦,故
曰"旁通情也"。

補 王肅曰:"揮",散也。

"揮",本亦作"輝"。並《釋文》。

釋曰 乾六爻變動,旁通於坤,以成六十四卦。此七德之發,是

謂"情"。以己之情通乎人之情，是謂"旁通情"。《中庸》曰："成己仁也，成物知也。惟天下至誠爲能盡其性，能盡其性，則能盡人之性盡物之性。"此"旁通"之義。"揮"，或作"輝"，借字。

時乘六龍，

《九家易》曰：謂時之元氣，以王而行。履涉眾爻，是"乘六龍"也。

以御天也。

荀爽曰：御者，行也。陽升陰降，天道行也。

〔釋曰〕"時乘六龍以御天"，言亨而利貞，義見《彖傳》。元氣發動，行乎六爻以通坤，是乘六陽以行天道也。夫是以陰陽和洽，雲行雨施而天下平。

雲行雨施，天下平也。

荀爽曰：乾升於坤曰"雲行"，坤降於乾曰"雨施"。乾坤二卦成兩朱誤"雨"。既濟，陰陽和均而得其正，故曰"天下平"。

〔釋曰〕《彖》以"雲行雨施"言"亨"，因乾坤交就既濟取象，故繼以"品物流形"。此以"雲行雨施"言"利貞"，直謂既濟定，故曰"天下平"也。

君子以成德爲行，

干寶曰：君子之行，動靜可觀，進退可度。動以成德，无朱作"無"。所苟行也。

日可見之行也。

虞翻曰：謂初。句。乾稱"君子"，陽出成爲上德。雲行雨施則成離，日新之謂上德，故"日可見之行"。

釋曰　此以下，復釋六爻之辭，此節申初九爻義。惠氏曰："初，善也，積善成德。震爲行，故以'爲行'，'終日乾乾行事也'，故'日可見之行'。"案：陽息至三乾成，成德之象。君子以積善成德爲其行，輝光日新，發於事業，"日可見之行"也。虞云"陽出成爲上德"，言出而既成乃爲上德。三息成乾，二變離爲日爲見，故"日可見之行"。干氏以初爲成德，時潛時見，動以成德，其德本日可見之行事。但君子素位而行，當潛之時，應潛之義，是以弗用。

潛之爲言也，隱而未見，行而未成，是以君子弗用也。

荀爽曰："隱而未見"，謂居初也。"行而未成"，謂行之坤四，陽居陰位，未成爲君。乾者，君卦也，不成爲君，故不用也。

釋曰　惠氏曰："陽見于二，成于三，今隱初，故未見。震爲行，'行而未成'，謂德未成，是以弗用。此專釋'潛'義，故云'潛之爲言'。"案：初雖全具卦氣，必三息而後進德脩業，可與幾可與存義，所謂用也。"潛之爲言"，隱在下而未見，雖行而未成。程《傳》云："未成，猶未著。"潛之義如是，是以龍德之人，當此之位則弗用也。此但以未見未成釋潛，不以潛爲遯世，蓋據乾已成言。荀以行爲行之坤四，此通六十四卦言之。謂若復初之坤四成豫，失位未成爲君，未能以美德利天下，故不可用。豫四當升五正位，猶初息二而後升五。在初始行，固未成也。然乾初得位爲道本，確乎不拔。"樂則行之"，謂上息，非之坤，荀説似未當。

君子學以聚之，問以辯之，《釋文》：辯，如字，徐扶免反。

虞翻曰：謂二。句。陽在二，兑爲口，震爲言爲講論，坤爲文，故"學以聚之"。"問以辯之"，兑《象》"君子以朋友講習"。

寬以居之，仁以行之。

虞翻曰：震爲"寬仁"，爲"行"。謂居寬行仁，朱脱"仁"字。"德博而化"也。

釋曰　"寬"謂廣大其心，"居"，居德也。

《易》曰"見龍在田，利見大人"，君德也。

虞翻曰：重言"君德"者，大人"善世不伐"，信有君德，"後天而奉天時"，故詳言之。

釋曰　姚氏曰："初習謂之學，重習謂之修。之，目君德也。《學記》曰'師也者，所以學爲君'，聚之辯之居之行之，皆謂君德也。'聚'，具也。'問'，論難也。'辯'，謂考問得其定也。'寬'，宏也，猶愛也。'寬以居之'者，學之博，愛之深，藏修息游，无非學也。此説寬居與虞異，而義甚精。'仁以行之'，以仁天下也。此皆爲世子時事，故重言'君德'，言二當升五而爲君，而天下利見之也。"愚謂有君德而後利見大人，舜、禹、伊、傅是也。有君德而後可爲大人，爲天下所利見，舜、禹及歷代聖君是也。虞云"後天而奉天時"者，亦謂繼體之大人。陽息至二，震春兑秋，由是升五成既濟，坎冬離夏，蓋德足以奉天時行也。

九三重剛而不中，

虞翻曰：以乾接乾，故"重剛"；位非二、五，故"不中"也。

上不在天，下不在田，

何妥曰：上不及五，故云"不在天"；下已過二，故云"不在田"。處此之時，實爲危厄也。

故乾乾因其時而惕，雖危无咎矣。

何妥曰：處危懼之地，而能乾乾懷厲，至夕猶惕，乃得"无咎"矣。

釋曰 三、四皆言"重剛"，明重卦之義。"重剛而不中"，言居兩乾之間，接乾生乾，任大責重，而位不得中。"上不在天"，非上中也，"下不在田"，非下中也。

九四重剛而不中，

案：三居下卦之上，四處上卦之下，俱非得中，故曰"重剛而不中"也。

上不在天，下不在田，中不在人，

侯果曰：案《下繫》："易有天道，有地道，有人道，兼三才而兩之"，謂兩爻爲一才也。初兼二，地也，三兼四，人也，五兼六，天也。四是兼才非正，故言"不在人"也。

釋曰 三、四人道，在全卦之中，人陽以三爲正。四以陽居陰，位出人上，非人道之正，故"中不在人"。

故或之。或之者,疑之也,故无咎。

虞翻曰:非其位,故"疑之"也。

夫大人者,

《乾鑿度》曰:聖明德備曰大人也。

釋曰　"大人",謂五。

與天地合其德,

荀爽曰:與天合德,謂居五也。與地合德,謂居二也。　案:謂撫育无私,同天地之覆載也。盧、周无"也"字。

補　鄭康成説《堯典》"光被四表,格于上下"曰:所謂大人,與天地合其德,與日月齊其明。

釋曰　五自二息,用九乾二升坤五,二五相應,故"與天地合其德"。

與日月合其明,

荀爽曰:謂坤五之乾二成離,離爲日。乾二之坤五爲坎,坎爲月。案:威恩遠被,若日月之照臨也。

釋曰　用九成既濟體坎離,故"與日月合其明"。

與四時合其序,

翟玄曰:乾坤有消息,從四時來也。　案:朱、盧此上有"又"字。賞罰嚴明,順四時之序也。

　　釋曰 乾元亨坤,六陽消息周四時,故"與四時合其序"。

與鬼神合其吉凶。

虞翻曰:謂乾神合吉,坤鬼合凶。以乾之坤,故"與鬼神合其吉凶"。　　案:禍淫福善,叶鬼神之吉凶矣。

　　釋曰 陽用事而物生,陰用事而物變。乾元亨坤,萬物出陽入陰,原始及終,盡性至命,故"與鬼神合其吉凶"。大人"與四時合序",明堂月令之政也。"與鬼神合吉凶",《洪範》五行之徵也。

先天而天弗違,

虞翻曰:乾爲"天"爲"先"。大人在乾五,乾五之坤五,天象在先,故"先天而天弗違"。

崔憬曰:行人事合天心也。

　　釋曰 五爲天位,大人在乾五,成既濟天位不變,故"先天而天弗違"。謂先體天道以行事,而天心適合也。虞云"乾五之坤五"者,謂成坎也。四上動成坎,即乾五之坤象,五位先正,故"先天"。

後天而奉天時。

虞翻曰:"奉",承行。乾三之坤初未誤"二"。成震,震爲"後"也。震春兌秋,坎冬離夏,四時象具,故"後天而奉天時",謂"承天時行",順也。

崔憬曰:奉天時布政,聖政也。

釋曰 乾元入坤，由謙三息復震，見臨兌。乾既成，用九成既濟。乾自坤息，承天時行，故“後天”。

天且弗違，而盧、周無“而”字。**況於人乎？**

荀爽曰：“人”，謂三。

釋曰 三與五同功爲之輔。乾元用九，則六龍皆其輔。

況於鬼神乎？

荀爽曰：“神”，謂天，“鬼”，謂地也。　案：大人“惟德動天，无遠不屆”，鬼神饗德，夷狄來賓，人神叶從，猶風偃草，豈有違忤哉。

補 鄭康成説：鬼神，從天地者也。

釋曰 姚氏曰：“乾元託位於五，故於九五發乾元之大用焉。五者，聖人之位，乾元者，聖人也，六爻變化，皆元主之。五天二地，二應五，成既濟之正，故‘與天地合其德’。二五相應，離日坎月，故‘與日月合其明’。四時，謂十二消息，消息以時，故‘與四時合其序’。精氣爲神，游魂爲鬼，成變化，行鬼神，故‘與鬼神合其吉凶’。既濟，太極之象，先天地者也，故‘先天而天弗違’。既濟居一經之終，故‘後天而奉天時’。元所以統天也，此即元之爲元无所不在，以明聖之所以爲聖，故曰‘夫大人者’。‘與’，偕也。化育萬物謂之德，照臨四方謂之明。‘序’，次序。‘弗’，不也。天且不違，況於人乎。夫民，神之主也，人不違，況於鬼神乎。《禮運》曰：‘故聖人作則，必以天地爲本，以陰陽爲端，以四時爲柄，以日星爲紀，月以爲量，鬼神以爲徒，五行以爲質，禮義以爲器，人情以爲田，四靈以爲畜。’”

亢之爲言也，知進而不知退，

荀爽曰：陽位在五，今乃居上，故曰"知進而不知退"也。

釋曰 惠氏曰："此專釋'亢'義，故云'亢之爲言'。"愚謂物極必反，乾盈上則姤生下，自然之理。聖人於極盛之時豫防天下之亂，因其進極失位，設爲深戒，知進之過而戒之。之坤三，降心求賢，則知退矣。知退則无退矣，不知退則必至於退。《九家》所謂下之坤三屈爲諸侯，同一象而處之非其人，則吉凶異也。非龍德之人，孰能處亢極而不失正者乎。

知存而不知亡，

荀爽曰：在上當陰，今反爲陽，故曰"知存而不知亡"也。

知得而不知喪。

荀爽曰："得"謂陽，"喪"謂陰。　案：朱、盧"案"上有"又"字。此論人君驕盈過亢，必有喪亡。若殷紂招牧野之災，太康遘洛水之怨，即其類矣。

釋曰 姚氏曰："陽爲存，化之陰爲亡。陽在五爲得，在上當化之陰爲喪，亡喪其陽也。進必有退，存必有亡，得必有喪。上處非其位，不知物極之必反。三者不知，則三者隨之矣，是之謂亢。知有退則能保其進，知有亡則能保其存，知有喪則能保其得，知失位而不動則三者免矣，非聖人其孰能之。"

其唯聖人乎，知進退存亡而不失其正者，其唯聖人乎。

荀爽曰："進"謂居五，"退"謂居二，"存"謂五爲陽位，"亡"謂上爲陰位也。再出朱作"稱"。"聖人"者，上"聖人"謂五，下"聖人"謂二也。

案：此則"乾元用九，天下治也"。言大寶聖君，若能用九天德者，垂拱无爲，芻狗萬物，"生而不有，功成不居"，"百姓日用而不知"，豈苟生成之德者也。此則三皇五帝，乃聖乃神，保合大盧、周作"太"。和，而天下自治矣。今夫子《文言》再稱"聖人"者，歎美用九之君，能"知進退存亡而不失其正"，故得"大明終始，萬國咸寧，時乘六龍以御天也"。斯即"有始有卒者，其唯聖人乎"，是其義也。

崔憬曰：謂失其正者，若燕噲讓位於子之之類是也。　案："案"上朱不空格，盧、周有圈。三王五伯，揖讓風頹，專恃干戈，遞相征伐。失正忘退，其徒實朱作"寔"。繁，略舉宏綱，斷可知矣。

補　"其唯聖人"，王肅本上句作"愚人"。《釋文》。

釋曰　此因亢之失道而言龍德之人不失正，用九之事也。張氏曰："亢由失正，之坤得正，六龍一德。"姚氏曰："'其唯聖人'，言高上之位非聖人不能居也。聖人，謂乾元。乾元用九，自初至上一以貫之，故'知進退存亡'。爻之變化，莫非元也，託位於五，故'不失其正'。再言'聖人'，以見非聖不能也。"愚謂"知進退存亡而不失其正"，則乾坤六爻皆正，此申用九之義，而用六之義在其中矣。荀云"進謂居五，退謂居二"者，時行則行，時止則止也。云"存謂五爲陽位，亡謂上爲陰位"者，知失位而戒也。云"上聖人謂五，下聖人謂二"者，惠氏曰"九五生知之聖，九二學而後至於聖"。如李氏義，則謂反覆歎美用九成既濟，惟聖者能之也。聖人"知進退存亡不失其正"，故

"不亢"。崔氏所言，則退而失正者，其事與亢反，而失正之災則與亢同。李云"三王五伯，揖讓風頹"，謂時世升降耳，非以三王與五伯以後並譏也。王肅上"聖人"作"愚人"，屬上節讀，大失聖傳語氣，無知妄作，舉師師相傳各家皆同之明文擅改之，侮聖人言，無忌憚甚矣。凡肅説之謬，今皆引而嚴斥之，以尊經也。

卷第二

坤

☷ 坤下坤上 **坤。元亨，利牝馬之貞。**《釋文》：牝，頻忍反，徐邈扶忍反，又扶死反。

干寶曰：陰氣之始，婦德之常，故稱"元"。與乾合德，故稱"亨"。行天者莫若龍，行地者莫若馬，故乾以龍絲。朱、周作"繇"。坤以馬象也。坤，陰類，故稱"利牝馬之貞"矣。

虞翻曰：謂陰極陽生，乾流坤形，坤含光大，凝乾之元，終於坤亥，出乾初子，"品物咸亨"，故"元亨"也。坤爲牝，震爲馬。初動得正，故"利牝馬之貞"矣。

補 《説文》：坤，地也，《易》之卦也。从土申，土位在申也。

"坤"，本又作"巛"。《釋文》。

先儒云：在天爲龍，在地爲馬。《口訣義》。

釋曰 易者乾陽，地道資生，與乾合德。坤"元亨"者，謂乾氣至坤，坤元凝乾元，二氣交通也。"利牝馬之貞"，明坤元受乾亨，則陰皆從陽成既濟也。惠氏曰："坤爲牝，乾爲馬，陰順于陽，故'利牝馬之貞'。"姚氏曰："利初、三、五之正成既濟，故'利牝馬之貞'。正則陰陽和,故利之。取'牝馬'者,地當承天,妻當從夫,臣當奉君,言其柔順利貞,爲所當爲也。"案:乾爲馬,坤順乾稱"牝馬"。不取坤象而取乾象者,明與乾合德。牝言順,貞言正,坤初、三、五就乾,順乾之正也。虞以坤爲牝、震爲馬,謂坤凝乾元,初動息復體震,合坤與震之象,故曰"牝馬",見其承乾而出震也。坤位西南,故从土申,此《易》卦專字。"巛"不見《説文》,王氏引之以爲即"川"字,坤、川音皆近順,故借"川"爲"坤"。

君子有攸往,先迷,後得主,利。

盧氏曰:坤,"臣道也,妻道也",後而不先,先則迷失道矣,故曰"先迷"。陰以陽爲"主",當後而順之則利,故曰"後得主,利"。

《九家易》曰:坤爲"牝"、爲"迷"。

[補]《易説》:陰得位稱"君子"。

高堂隆議引《易》以"利"字屬下讀。《通典・禮部》

[釋曰]"君子",謂坤元,坤元承乾,則陰皆從陽,初、三、五往之乾得正,故"君子有攸往"。《象》曰"柔順利貞,君子攸行",謂行柔順利貞之道以往也。張氏申虞則以"君子"爲初乾,"往"謂上息,"先迷後得主利"以下,明往而從陽之道。陰道惡先,先則迷,後則得主而利。惠氏曰:"坤爲迷,消剝艮爲迷復,故'先迷'。震爲主,反剝爲復體震,故'後得主,利'。"姚氏曰:"'先迷',謂初、三、五未之乾,純陰用事,无所適從,故迷惑也。'後',謂初、三、五已之乾,乾來入坤,陰從陽,故'得主'。'主',君也。陰以陽爲主,陽唱陰和,无所迷矣。"案:消剝則純坤,交乾則息復。陰消陽爲逆,從陽爲順,其義後而不先。先則迷,

消陽也。後則得主，從陽也。從陽則息陽，故利。高堂隆引《易》"利西南得朋"，葢漢師舊有兩讀。然《彖》云"後順得常"，似以"順"釋"得主"，以"得常"釋"利"，述經"西南得朋"不連"利"字，《文言》義大同。荀、馬、虞說"西南"二句皆不連"利"字解，似當以"利"字絕句爲正。坤"西南""東北"下有"得朋""喪朋""安貞吉"之文，利義自見，與蹇、解異也。

西南得朋，東北喪朋，安貞吉。

崔憬曰："妻道也。"西方坤兌，南方巽離，二方皆陰，與坤同類，故曰"西南得朋"。東方艮震，北方乾坎，二方皆陽，與坤非類，故曰"東北喪朋"。以喻在室得朋，猶迷於失道，出嫁喪朋，乃順而得常。安於承天之正，故言"安貞吉"也。

〔補〕《漢書·天文志》曰：東北，地事天位，故《易》曰"東北喪朋"。孟康曰：東北陽，故爲天位，坤在西南，紐於陽爲地統，故爲地事。

馬融曰："喪"，失也。《釋文》。

王肅曰：西南陰類，故"得朋"。東北陽類，故"喪朋"。《漢上叢說》。

楊震説：坤者陰精，當安靜承陽。《後漢書·本傳》。

〔釋曰〕此言坤行當自西南本位，行至東北陽位，安於承天之正則吉也。坤位西南，艮東北之卦，《說卦》明文，馬、荀義皆本之。詳《彖傳》虞注。孟秋建申，在坤西南，孟春建寅，在艮東北也。"朋"，類也，《彖》曰"牝馬地類"，又曰"乃與類行"，二文相承。《文言》曰"陰疑於陽，未離其類"，"類"字皆同義，謂陰類甚明。故馬、荀說"得朋""喪朋"，皆謂坤類之得喪。惠氏曰："爻辰初在未，未西南陰位，故'得

朋’。四在丑，丑東北陽位，故‘喪朋’。地闢于丑，位在未，未衝丑爲
地正，承天之義。”姚氏讀“利”字屬下曰：“陰消成否，當坤位，否反成
泰，當艮位，故‘利西南得朋，東北喪朋，安貞吉’，謂陰消否即反泰，泰
二之五以成既濟也。‘安’，定也，六爻各安其居，所謂既濟定也。”愚
案：惠、姚皆據《説卦》推之，與馬、荀義並合。惠據爻辰言，坤初辰在
未，西南地之本位。六四辰在丑，東北天位。未之衝，三正正始，乾坤
相並俱生，地道承天，故地正不在本位未而在其衝丑。丑之言紐，繫
連之義。陰繫於陽，乃能受乾亨而生萬物，故“東北喪朋，乃終有慶”。
坤初失位，之乾四得位，子丑相應，亦其理也。崔氏又因馬、荀説而推
廣之，謂巽、離、兑皆坤類，震、坎、艮皆乾類，理固可通，但巽位東南，
乾位西北，似稍抵牾。其云“安於承天之正”，則是也。虞氏歷駁諸
家，以納甲爲説，與《説卦》違異。其説蹇“利西南不利東北”，解“利西
南”，仍據坤艮，則馬、荀舊義固不可易。但易含萬象，見知見仁，不可
執一，詳《象傳》下。

《彖》曰：至哉坤元，

《九家易》曰：謂乾氣至坤，萬物資受而以生也。坤者純陰，配乾
生物，亦善之始，地之象也，故又歎言至美。

〔補〕劉瓛曰：“至”，極也。《文選》鄒陽上書吳王注，不引經文，宜在此
句下。

〔釋曰〕“天地之大德曰生。”乾氣至坤，坤元凝乾元以生物，故歎
言至美。乾坤合於一元，易簡之善配至德也。張氏曰：“至，凝一
之意。”

萬物資生，

荀爽朱作《九家易》。曰：謂萬一千五百二十策朱作"策"。皆受始於乾，由坤而生也。策生於坤，猶萬物成形出乎地也。

補 劉瓛曰：自無出有曰生。生，得性之始也。《文選》陶淵明《雜詩》注，又左太沖《魏都賦》注，引"自無出有曰生"，皆不引經文。

釋曰 萬物受始於乾，由坤而生，明坤元凝乾元，天之生物使之一本，故尊天而親地，資於事父以事母。天無二日，土無二王，家無二主，尊無二上，以一治之，此其義也。

乃順承天。

劉瓛曰：萬物資生於地，故地承天而生也。

釋曰 萬物資始於天而生於地，故地以順道承天而生。"順"者，坤元之德也。以上釋"元"。

坤厚載物，

蜀才曰：坤以廣厚之德載含萬物，無有窮竟也。

釋曰 地道曰厚曰順，厚者其體，順者其勢，惟厚故順。順以承天而生物，厚以配天而載物，其實一也。

德合无疆。

蜀才曰：天有无疆之德而坤合之，故云"德合无疆"也。

補 "疆"，或作"壇"。《釋文》。

釋曰 天覆物无疆，地載物无疆，故德合天地，合而後萬物興。

含弘光大，

荀爽曰：乾二居坤五爲"含"，坤五居乾二爲"弘"，坤初居乾四爲"光"，乾四居坤初爲"大"也。

<u>釋曰</u>　乾坤合則既濟之道。乾二居坤五，以陰含陽，故爲"含"。姤九五稱"含章"，謂變體坎也。坤六三"含章"，陽伏陰下，意亦同。坤五居乾二，以陰麗陽，布陽於外，故"弘"。坤初居乾四，體兩離，故"光"。乾四居坤初，正其本，萬物理，"以貴下賤大得民"，故"大"。然則乾上居坤三，"謙尊而光"，亦爲"光"。坤三居乾上，從王事以大終，亦爲"大"矣。"含弘光大"，乾坤之合，所以"品物咸亨"也，此荀義。惠氏則曰："'弘'，含容之大也。'光大'，謂乾。坤含光大，凝乾之元，化生萬物，故'品物咸亨'。"本虞義，並通。

品物咸亨。

荀爽曰：天地交，萬物生，故"咸亨"。

崔憬曰：含育萬物爲"弘"，光華萬物爲"大"。動植各遂其性，故言"品物咸亨"也。

<u>釋曰</u>　以上釋"亨"。

牝馬地類，行地无疆。

侯果曰：地之所以含弘物者，以其順而承天也。馬之所以行地遠者，以其柔而伏人也，而又牝馬，順之至也。誠臣子當至順，故作《易》者取象焉。

<u>補</u>　《漢書·食貨志》曰：地用莫如馬。

釋曰 "馬",乾象也,而取之者,地用莫如馬,"牝"又陰類,故曰"牝馬地類"。牝馬順而健,乾坤合德之象,故"行地无疆"。侯説地類以比況爲義,其云"誠臣子當至順",深得經傳立教之旨。

柔順利貞,君子攸行。

《九家易》曰:謂坤爻本在柔順陰位,則衍字。利正周作"貞"。之乾,則陽爻來據之,故曰"君子攸行"。

釋曰 行則有動而之正之義。《九家》謂坤爻本當在柔順陰位,其失正而在陽位者,利正之乾,則乾爻來據之,故曰"君子攸行"。"君子",謂乾,"君子攸行",猶云君子所履耳。然細繹傳意,似謂牝馬之貞者順乾之正,順而正,君子之所行,謂行順道正路以往。陰得位稱"君子",謂坤元也。以上釋"利貞",取象牝馬及君子有攸往之義。

先迷失道,後順得常。

何妥曰:陰道惡先,故先致迷失。後順於主,則保其常慶也。

釋曰 陰從陽,理之常,所謂天之經地之義也。

西南得朋,乃與類行。

虞翻曰:謂陽得其類,月朔至望,從震至乾,與朱肬"與"字。時偕行,故"乃與類行"。

釋曰 此"類"字與"牝馬地類"之"類"相承,《文言》"未離其類"亦同義,則當爲陰類。"西南得朋",坤之本位,將由本位行至陽位,承天時、行非迷而先陽也,故"乃與類行"。虞謂"陽得其類",據《參同契》爲説,别一義。

東北喪朋,乃終有慶。

虞翻曰:陽喪滅坤,坤終復生,謂月三日震象出庚,故"乃終有慶",此指説易道陰陽消息之大要也。謂陽句。月三日變而成震出庚,至月八日成兑見丁,庚西丁南,故"西南得朋"謂二陽爲朋,朱誤"用"。故兑"君子以朋友講習,此下朱衍"之"字"。《文言》曰"敬義立而德不孤",《象》曰"乃與類行"。二十九日消乙入坤,滅藏於癸,乙東癸北,故"東北喪朋",謂之以坤滅乾,坤爲"喪"故也。馬君云:"孟秋之月,陰氣始著,而坤之位同類相得,故'西南得朋'。孟春之月,陽氣始著,陰始從陽,失其黨類,故'東北喪朋'。"失之甚矣。而荀君以爲:"陰起於午,至申三陰,得坤一體,故曰'西南得朋'。陽起於子,至寅三陽,喪坤一體,故'東北喪朋'。"就如荀説,從午至申,經當言南西得朋,子至寅,當言北東喪朋。以乾變坤而言"喪朋",經以乾卦爲喪邪?朱、盧作"耶"。此何異於馬也。

[補]《漢書·律歷志》曰:黄鐘子爲天正,林鐘未之衝丑爲地正,太族寅爲人正,三正正始,是以地正適其始。紐於陽,東北,丑位,《易》曰"東北喪朋,迺終有慶",答應之道也。

[釋]曰"東北喪朋",以陰從陽,始雖離類,"乃終有慶"。陰從陽,乃能化生萬物成既濟也。馬、荀説皆本《説卦》爲義,"西南""東北",語之轉,《説卦》固云"艮東北之卦"矣。"得朋""喪朋",自以坤類論其得失,非以乾象爲喪也。《漢書》義與馬、荀大同,《參同契》援此經以識別消息,虞氏據之。《易》含萬象,當别爲一義。

安貞之吉，

虞翻曰：坤道至靜，故“安”；復初得正，故“貞吉”。

應地无疆。

虞翻曰：震爲“應”。陽正於初，以承坤陰，地道應，故“應地无疆”。

[釋曰] 虞以“安貞”爲由坤息復，所以喪朋猶吉。陽正於初，以承坤陰，乾始交坤，羣陰得主。地道應乎天而時行，萬物化光，故“應地无疆”。愚謂坤元用六以承乾，成既濟。六爻正，陰陽應，德合无疆。凡地所載動植翔泳，無不應元氣而各遂其生，故“應地无疆”。荀氏所謂“布陽氣於四方”，坤與乾合德之功也。以上釋“先迷後得主利”四句之義。

《象》曰：地勢坤。

王弼曰：地形不順，其勢順。三字朱、盧作一“矣”字。

宋衷曰：地有上下九等之差，故以形勢言其性也。

[補]《漢書·敘傳》曰：坤作墬勢，高下九則。

君子以厚德載物。

虞翻曰：“勢”，力也。“君子”謂乾，陽爲“德”，動在坤下，君子之德車，故“厚德載物”。《老子》曰“勝人者有力”也。

[釋曰] 地之性順，於其形勢高下相承見之，故曰“地勢坤”。惠氏曰：“卦有兩坤，故以勢言之。”姚氏曰：“地在天中，其形勢順天爲高

下。”案：“順”者，厚德也。虞以地勢順者其力厚，所以能載物，故訓“勢”爲“力”。高下九等勢相承順，力足以自舉也。“君子”，惠以爲謂二，二體坤元，《中庸》説“至誠博厚配地”，故以“厚德載物”。《象》曰“坤厚載物”，德合无疆，君子法之也。虞氏則以君子爲乾，陽爲德，坤爲厚，又爲車稱載，由坤息復故“厚德”。陽動在下發生萬物，如地之無不持載，是以德爲車，故“厚德載物”。“君子德車”，剥上九文，但彼謂以德見載，此引之謂以德載物，稍異耳。“勝人者有力”，張曰“勝，任也”。

初六：履霜，堅冰至。《釋文》：履，如字。

干寶曰：重陰，故稱“六”。剛柔相推故生變，占變故有爻，《繫》曰“爻者，言乎變者也”，故《易》繫辭皆稱“九”“六”也。陽數奇，陰數偶，是以乾用一也，坤用二也。陰氣在初，五月之時，自姤來也。陰氣始動乎三泉之下，言陰氣動矣，則必至於“履霜”，履霜則必至於“堅冰”，言有漸也。藏器盧、周作“于”。身，貴其俟時，故陽在“潛龍”，戒以“勿用”。防禍之原，欲其先幾，故陰在三泉，而顯以“履霜”也。

補 鄭康成曰：讀“履”爲“禮”。《釋文》。臧氏庸云：鄭本經文當作“禮”。鄭注之云“禮讀爲履”。後人依注改經，又依經改注。

《淮南子》曰：“履霜堅冰至”，聖人之見終始微言。《齊俗訓》。

釋曰 重陰，謂變八之六。陽數奇用一，故其畫━。陰數偶用二，故其畫╍。━╍╍，以象元也。元發爲畫，六畫成卦，氣悉成體，是謂七八。陽動進，陰動退，畫變成爻，是謂九、六。九、六則氣究而化，陽極生陰，陰極生陽，剛柔相推，是謂爻變。爻者言畫變而用事，以成消息變化者也。《周易》占變，故稱爻，此爻之義，鄭、荀、虞蓋皆以坤陰凝陽言。坤十月卦，"履霜"者九月霜始降剝時，"堅冰至"者十一月水澤腹堅復時。陽由剝入坤，由坤出復，所謂陰極陽生坤凝乾元終亥出子，此指説易道消息之大要也。陽道有出入而無絶息，自姤時一陰初生，即凝陽在中，至"履霜"而陰凝之象著。剝窮於上，即潛孕坤中，至十一月而陰凝之功成陽斯復矣，故曰"履霜堅冰，陰始凝也。馴致其道，至堅冰也"，此與乾初"潛龍"爲一義。"履霜堅冰至"，言陰凝於上，"潛龍勿用"，言陽復於下也。陰消陽即凝陽，聖人因天象以訓人事，乃分著其義。消陽殺物之象，以喻逆，凝陽生物之本，以喻順。凝陽消陽，失之毫釐，繆以千里，辯之不可不早。"履霜，堅冰至"，言凝陽之順以辯消陽之逆。鄭讀"履"爲"禮"者，臧校近之。愚又疑此注有脱譌，當云"履讀如'履者禮也'之履"。禮以地制，言履以見聖人法地道之順以制禮，所謂孝子之行忠臣之義取諸地。"辯上下定民志"，猶霜之凝成萬物也。乾六爻言由坤而息，坤六爻則皆言息乾，此陰陽之大義。干氏以坤陰消陽言，每爻皆言由乾而消，而著所以處消之道，亦坤道之順也。此爻言陰始消陽，防禍宜早，與淮南九師訓合，亦一義。李氏蓋以干説爲主，今定從鄭、荀、虞義而並申證之。

《象》曰：履霜堅冰，陰始凝也。馴致其道，至堅冰也。《釋文》：馴，似遵反。

《九家易》曰："霜"者，乾之命也。"堅冰"者，陰功成也。謂坤初六之此下朱衍"於"字。乾四，履乾命令而成"堅冰"也。此卦本乾，陰始消陽，起於盧、周作"于"。此爻，故"履霜"也。"馴"，猶順也，言陽當爲

"陰"。順陰當爲"陽"。之性未誤"往"。成"堅冰"矣。初六始姤,姤爲五月盛夏而言"堅冰"。五月陰氣始生地中,言始於盧、周作"于"。微霜,終至堅冰,以明漸順至也。

補　"馴",徐音訓,此依鄭義。

向秀曰:"馴",從也。並《釋文》。

魯恭說:《易》曰"潛龍勿用",言十一月、十二月陽氣潛藏,未得用事。雖煦噓萬物,養其根荄,而猶盛陰在上,地凍水冰,陽氣否隔,閉而成冬,故曰"履霜堅冰,陰始凝也"。"馴致其道,至堅冰也",言五月微陰始起,至十一月堅冰至也。

《參同契》曰:履霜最先,井底寒泉。

釋曰　《九家》本荀義而又參用干說。天有四時,風雨霜露,無非教也,故"霜者乾之命"。乾位西北,坤於消息在十月,乾坤合居,又坤初之乾四,以坤四丑應乾初子,故履乾命而成堅冰。霜降自天,冰凝於地也。此釋經文,李移於此。此云"馴致其道",《文言》曰"蓋言順也"。荀云:"乾氣加之而性堅,象臣順君命而成之。"是陰順陽之性而成堅冰,言順伏陽之多少而以漸凝之,以至於安固,爲發生之本也。坤凝乾終亥出子,故"乾爲寒爲冰",《說卦》之文,正釋此爻也。《九家》此數語皆本荀義,其云"此卦本乾,陰始消陽起於此爻"、"五月陰始生地中"云云,則參取干義以合荀。如干說,則陰始凝,謂五月陰氣始凝結地中,漸致由霜而冰,未及凝陽之義。夫消息本皆天行,陰之消陽,在天道,亦坤順乾命而爲之。在人事,則臣子久包禍心,由君父不早辯明之象。姤時盛夏,微陰初生,而其積漸乃成冰霜,凝陽消陽,其別甚微,善不善皆由微至著,故君子慎所積。徐音"馴"爲"訓"者,即鄭讀"履"

爲"禮"之義。言"訓致其道",使臣子以至順承君父,如陰之凝陽息復也。魯恭説通合乾坤初爻爲一義,亦堅冰至爲復陽初息之意。

六二:直方大。

荀爽曰:"大"者,陽也。二應五,五下動之,則應陽出直,布陽於盧、周作"于"。四方。

補　鄭氏《禮注》曰:臣道直方。

釋曰　二得中氣而在地上,體坤元之德,爲地道之正,故備言坤德。《繫》曰:"夫乾其動也直,坤其動也闢,是以大生廣生。"闢,即方也。二應在五,乾元亨坤,成既濟。五下動二,二應陽直出,故稱"直",布陽於四方,故稱"方"。坤凝乾元,動而直行周布,則廣生萬物,成陽功之大,故稱"大"。此坤元正位承乾之事。承乾則息乾,陽出地上,剛浸而長,有臨象。臨者大也,故虞注《文言》説乾九二曰"直方而大",説此爻曰"陽息在二,明乾坤合德也"。

不習无不利。

荀爽曰:物唱乃和,不敢先有所習。陽之所唱,從而和之,"无不利"也。盧空格,脱圈。

干寶曰:陰氣在二,六月之時自遯來也。陰出地上,佐陽成物,臣道也,妻道也。臣之事君,妻之事夫,義成者也。臣貴其直,義尚其方,地體其大,故曰"直方大"。士該九德,然後可以從王事;女躬四教,然後可以配君子。道成於我而用之於彼,不方周作"妨",下句同以仕學爲政,不方以嫁學爲婦,故曰"不習无朱作"無"不利"也。

釋曰　直方而大,地性自然,佐陽成物,德合无疆,不假脩營,無所專用,故"不習无不利"。此爻之義,鄭、荀、虞皆謂承陽以息陽,在乾坤旁通爲二應五成既濟,在消息爲二息成臨。干氏則以乾坤十二爻爹一歲言,初二當五六月盛陽用事,陰出佐之。但初明見始知終之義,二則正言佐陽之道,雖自遯來,不取消義。云"不方以仕學爲政"者,言學已成德,非至動而始習之,本《文言》義。

《象》曰:六二之動,直以方也。

《九家易》曰:謂陽下動,應之則直而行,布陽氣此下朱有"動"字於四方也。

補　鄭康成曰:直也,方也,地之性。此爻得中氣而在地上,自然之性,廣生萬物,故生當爲"云"動直而且方。《禮記·深衣》正義。

釋曰　"動",謂動而用事。坤性自然應乾,直出旁達,故其動直以方,所以大也。

不習无不利,地道光也。

干寶曰:女德光於夫,士德光於國也。

釋曰　光有廣義,乾坤合德,大生廣生,坤元以直方成乾德之大,是乃地道之廣也。不曰"廣"而曰"光"者,成既濟,二體離,離爲光,坤麗乾而生物,所以化光也。

六三:含章可貞。

虞翻曰:"貞",正也。以陰包陽,故"含章"。三失位,發得正,故

"可貞"也。

補 《淮南子》曰：《易》曰"含章可貞"，動於近成文於遠。《繆稱訓》。

釋曰 "章"，美也。坤含乾，三又陽位，下有伏陽，二陽已息，三發得正成泰，故"可貞"，此以息陽言也。《淮南子》說，蓋誠中形外之義。

或從王事，无成有終。

虞翻曰：謂三已發成泰，乾爲"王"，朱誤"主"。坤爲"事"，震爲"從"，故"或從王事"。地道无成而有終，故"无成有終"。盧空格，脫圈。

干寶曰：陰氣在三，七月之時自否來也。陽降在四，三公位也。陰升在三，三公事也。上失其權，位在諸侯。坤體既具，陰黨成羣，君弱臣強，戒在二國。唯文德之臣，然後可以遭之運而不失其柔順之正。坤爲文，坤象既成，故曰"含章可貞"。此蓋平、襄之王，垂拱以賴晉、鄭之輔也。苟利社稷，專之則可，故曰"或從王事"。遷都誅親，疑於專命，故亦"或"之。失後順之節，故曰"无朱作"無"成"。終於濟國安民，故曰"有終"。

補 陸績《京氏易傳注》曰：陰臣陽君，臣不敢爲物之始。陽唱陰和，君命臣終其事也。

釋曰 虞義"從王事"，即發而貞。張氏曰："三雖體乾，不敢當王，故別自取震象。乾《文言》九四注云'非其位，故疑之'，此亦然，故曰'或'。"愚謂此與上文別一義，以從陽言。姚氏曰："三抱美道，發可正位。但坤陰臣道，故又擬之，自擬也。'從王'謂升乾上，不敢居本位自化之正,故'无成'。升乾上從陽以終,故'有終'也。"義較長。干云"陽降在四,三公位。陰升在三,三公事"者,干以否乾上坤下,三、四乾坤相接。否時陰盛陽衰,五不用事,與四同體,下與陰接。四,陽之未消者,喻君之僅存,故云"陽降在四"。四者,三公之位,五雖得正,天子守府,王室之尊與諸侯無異也。陰當正位於二,今至三,三,陰之已長者,喻臣之方强,故云"陰升在三"。已至三公用事之地,君臣相並,故"戒在二國"。唯文德之臣乃能遭之運而不失其正。若然,則三有之正之道,非否三之小人矣,遭之運之,猶是也。易位,三爲三公,四爲諸侯,三公多以諸侯爲之,故四亦爲三公位。三,陽位,今以陰居之,非其位,故變。云"三公事",謂用事也。

《象》曰:含章可貞,以時發也。

崔憬曰:陽命則"發",非時則"含"也。

釋曰 當其可之謂時。就陽言,則當以時而發,故"可貞"。就陰臣道言,則當含章以從王事,故"或"之。

或從王事,知光大也。《釋文》:知,音智。

干寶曰:位彌高,德彌廣也。

釋曰 有美而含之以從王事,雖功濟天下,惟知有尊主安民而無毫髮矜伐滿假之心,是其知之"光大"也。成既濟,乾坤合,故"光大"。

六四:括囊,无咎,无譽。

虞翻曰:"括",結也。謂泰反成否,坤爲"囊",艮爲手,巽爲繩,故

"括囊"。在外多咎也,得位承五,"繫于包桑",故"无咎"。陰在二多譽,而遠在四,故"无譽"。朱朓圉。

干寶曰:陰氣在四,八月之時,自觀來也。天地將閉,賢人必隱,懷智苟容以觀時譽朱、盧作"聲"。此蓋甯戚、蘧瑗與時卷舒之爻也。不艱其身,則"无咎"。功業不建,故"无譽"也。

補 《淮南子》曰:不得之己而能知彼者,未之有也,故《易》曰"括囊,无咎,无譽"。《詮言訓》。

魏霍性説:文王與紂之時,天下"括囊无咎"。《三國志·文帝紀》注。

釋曰 虞以息陽言,三發成泰,四陽當息。天下之生,一治一亂。泰成則反否,陽息於外,陰消於内。四得位括囊不動,陽藏坤中以承九五,臨事而懼,應變以靜,則君臣各正而否成觀,有中正以觀天下之象。得位承五,故"无咎"。陽隱陰中,故"无譽"也。荀氏《文言》注以從陽言,坤純陰之卦,五陽未息,先迷之時,四位近五,危疑之地,故括囊謹慎畏敬,待五陽發而承之。蓋陽自剥入坤,出復成泰,反否成觀。虞以泰反否言,荀以坤未出復言,皆合於"天地閉,賢人隱"之義。由前之説,括囊以爲五陽正否之地。由後之説,括囊以待五陽之發也。干氏據否消成觀,義大同。《淮南》所説,君子靜而自正之道,坤元絜靜,所以含乾元之精微也。霍性説與干義同。

《象》曰:括囊无咎,慎不害也。

盧氏曰:慎言則"无咎"也。

釋曰 危行言孫,所以遠害。《荀子》引此爻以爲腐儒之謂,《漢書》亦以括囊不言譏車千秋,皆斷章取義,謂當言而不言也。

六五：黄裳，元吉。

干寶曰：陰氣在五，九月之時，自剥來也。剥者，反常道也。"黄，中之色。裳，下之飾。元，善之長也。中美能黄，上美爲元，下美則裳。"《春秋左傳》文。陰登於五，柔居尊位，若成、昭之主，周、霍之臣也。百官總己，專斷萬機，雖情體信順，而貌近僭疑，周公其猶病諸。言必忠信，行必篤敬，然後可以取信於神明，无尤於四海也，故曰"黄裳元吉"也。

補 鄭康成曰：如舜試天子，周公攝政。《隋書·李德林傳》。

釋曰 地色"黄"，坤爲"裳"。"黄"，中之色，坤元之德也。"裳"，下之飾，坤元之位也。"元"，善之長，坤元凝乾，伏陽發，乾元正位於五，坤元居二應之，成既濟，故"元吉"。姚氏曰："'黄裳'，謂二也。坤元託位於二，氣發至五，含五伏陽，以坤元養乾元，以相臣輔幼主也。至尊之位而臣攝之，非坤元其孰能无忝乎。"愚謂舜試天子，堯尊如故，坤元承乾元也。周公攝政不攝位，成王長，復子明辟。坤元凝乾元，乾元正，坤元承之也。人倫之至，順道之極，故曰"文在中"，與乾二升坤五"天下文明"同義。"文明"者，陰陽交，倫理正也。虞以陽息體觀言，觀五即乾五，承六四言之耳。

《象》曰：黄裳元吉，文在中也。

王肅曰：坤爲"文"，五在"中"，故曰"文在中也"。

干寶曰：當總己之任，處疑僭之間，而能終元吉之福者，由文德在中也。

釋曰 "物相雜，故曰文。"坤含乾在中，伏陽發，坤陰承之。陽正上中,陰正下中,息乾承乾皆文德在中,故象黃裳而得元吉。

上六:龍戰于野,

荀爽曰:消息之位,坤在於亥,下有伏乾,爲其兼周作"嘛"。於盧、周作"于"。陽,故稱"龍"也。

〔補〕鄭康成曰:聖人喻龍,君子喻蛇。《儀禮·鄉射禮記》疏。

《說文》:壬位北方,陰極陽生,《易》曰"龍戰于野","戰"者,接也。

〔釋曰〕《說文》訓"戰"爲"接",鄭、虞、荀、《九家》義皆同。惠氏曰:"上六行至亥,與乾接。"張氏曰:"乾象既盈,剥上。坤道至盛,代乾終歲功。陽功既訖,當反入坤中,出震牝乾,坤德乃備,故上象龍戰。《說卦》曰'戰乎乾,言陰陽相薄也',注云'薄,入也,乾消剥入坤',謂此。'野',戌亥之閒乾坤交位也。"愚謂"龍戰",交龍也,凡牝牡以同類相合,陽與陰接稱"龍戰"者,坤陰爲蛇,得乾氣雜似龍,故與龍接。陰極盛似陽,乃能牝乾,所謂陰疑於陽必戰,言"戰",以形容其相薄也。"聖人喻龍,君子喻蛇",君喻龍,臣喻蛇,坤象聖臣,位則蛇,德則龍。上六陰極盛似龍,坤元養乾元,故"龍戰","戰"者,接也。坤順乾以乾之象爲象,故乾爲馬,坤稱牝馬,乾爲龍,坤蛇似龍。消息坤下有伏乾,爻辰上六巳又當乾位。巳爲蛇,乾爲龍,龍蛇俱蟄,正終亥出子之時,取象不相謀而適相合也。

其血玄黃。

《九家易》曰:實本坤體,"未離其類,故稱血焉",血,以喻陰也。"玄黃,天地之雜",言乾坤合居也。朱空格。

　　侯果曰：坤，十月卦也。乾位西北，又當十月。陰窮於亥，窮陰薄陽，所以戰也，故《説卦》云“戰乎乾”是也。六稱龍者，陰盛似龍，故稱“龍”也。

　　干寶曰：陰在上六，十月之時也。爻終於酉而卦成於乾，乾體純剛，不堪陰盛，故曰“龍戰”。戌亥，乾之都也，故稱“龍”焉。陰德過度以逼乾戰。郭外曰“郊”，郊外曰“野”，坤位未申之維，而氣溢酉戌之間，故曰“于野”。未離陰類，故曰“血”，陰陽色雜，故曰“玄黃”，言陰陽離則異氣，合則同功，君臣夫妻其義一也。故文王之忠於殷，抑參二之强以事獨夫之紂，蓋欲彌縫其闕而匡救其惡，以祈殷命，以濟生民也。紂遂長惡不悛，天命殛之，是以至於武王，遂有牧野之事，是其義也。

　　<u>補</u>《太玄》準此文曰：神戰于玄，其陳陰陽。中次二。

　　<u>釋曰</u>“龍戰”，則陰陽交而萬物生，天地絪緼與男女搆精同象，故稱“血”。張氏曰：“震爲玄黃，坎爲血。坎者坤之精，坤凝乾精。乾未成震，則血而已，未離其類，猶是陰也。具有震氣。天地合居，故‘玄黃’。”案：此訓“戰”爲“接”之義。揚子雲、干氏、侯氏皆訓爲戰爭之“戰”，而干云“陰陽離則異氣，合則同功，君臣夫妻其義一”，則兼有訓“接”之意。愚謂以氣言，則剛柔始交而難生，陰陽相薄，接與爭不分二義。以人事言，則合者爲接，離者爲爭。文王、周公皆體坤元凝乾之道，成王長而即政，乾元由坤出震之象，合則同功也。武王伐紂則坤反君道，而乾元撥亂反正之象，離則異氣也。云“爻終於酉”者，坤上六癸酉，此京氏法，《易明例》詳之。卦成於乾者，乾消成坤也。乾位十月而漸九月，故戌亥乾之都。坤位在未申而氣溢乎酉戌，則亥

也。自未申至戌亥遠，故曰"于野"。

《象》曰：龍戰于野，其道窮也。

干寶曰：天道窮，至於陰陽相薄也。君德窮，至於攻戰受誅也。柔順窮，至於用權變矣。

補　漢朱穆曰：謂陽道將勝而陰道負也。

釋曰　陰極則陽生，離合常變一也。

用六：利永貞。

干寶曰：陰體其順，臣守其柔，所以秉義之和，履貞之幹，唯有推變，終歸於正。是周公始於"負扆南面"，以光朱、虞作"先"。王道，卒於"復子明辟"，以終臣節，故曰"利永貞"也矣。周無"矣"字。

釋曰　惠氏曰："永，長也。坤六爻皆當居陰位而承乾，陰承乾則可長，故'用六利永貞'，京氏謂'六偶承奇'，是也。"姚氏曰："乾元用九，坤元用六。用九君道，故物莫能先之。用六臣道，故'利永貞'，謂成既濟，皆以陰從陽也。大宰之職掌建邦之六典，坤元之用六也。以佐王治邦國，則坤元之順承天也，周公其當之矣。若以妻道言，則后立六宮是也。"案：此所謂"利牝馬之貞"而"安貞吉"也。干云"唯有推變"，"唯"，當爲"雖"，"推"，當爲"權"。

《象》曰：用六永貞，以大終也。

侯果曰：用六，"妻道也，臣道也"，利在長正矣。不長正，則不能大終陽事也。

釋曰 用六，坤元用之也。不言坤元者，坤元統於乾元，臣兼功於君，以陰從陽成既濟定，皆以終陽之功而無專用，故曰"以大終也"，即"地道无成而代有終"之義。

《文言》曰：《釋文》本無"文言曰"三字。

何妥曰：坤《文言》唯一章者，以一心奉順於主也。

釋曰《坤·文言傳》釋卦爻各止一章者，四德大義，變化消息之例，及觀象玩辭之法，已詳於乾也。何説非其義。

坤至柔，

荀爽曰：純陰至順，故"柔"也。

釋曰 謂元。

而動也剛，

《九家易》曰：坤一變而成震，陰動生陽，故"動也剛"。

釋曰 坤元凝乾元，動而出震，故動也剛。初動則以陰息陽，六陽皆亨。以陰順陽，三五皆貞。

至靜，而德方。

荀爽曰：坤性"至靜"，得陽而動，布於四方也。

釋曰 "至靜"，亦謂元。"德方"，謂亨而利貞。坤"其靜也翕"，"翕"者，靜之至。"其動也闢"，"闢"，開也，陰開爲"方"。乾元通坤，坤元應陽而動，布陽於四方。“方”，猶廣也。廣生萬物，德合无疆，故“德方”。謂坤元用六，二四上皆承陽得正，順布陽爻之閒，與乾合德也。牝馬取象，君子有往，義皆在其中矣。

後得主而有常，

虞翻曰：坤陰“先迷”，“後順得常”。陽出初，震爲“主”、爲“常”也。

[釋曰]　得常，故利。

含萬物而化光。

干寶曰：“光”，大也，謂坤含藏萬物，順朱作“須”。承天施，然後“化光”也。

[釋曰]　張氏曰：“靜含萬物，化則光大。”干訓“光”爲“大”者，“光”同“廣”。六二“直方大”，《象》曰“地道光”，乾坤合德大生廣生。坤之光，即乾之大也。單言曰“光”曰“大”，備言曰“光大”。順承天施，“得主”之義。“化光”，即“安貞之吉應地无疆”也。

坤道其順乎，承天而時行。

荀爽曰：承天之施，因四時而行之也。

[釋曰]　“得朋”“喪朋”，皆時行也。以上釋《象》辭。

積善之家，必有餘慶，

虞翻曰：謂初。句。乾爲“積善”。以坤牝陽，滅出復震爲“餘慶”，謂“東北喪朋，乃終有慶也”。

　　釋曰 乾坤義類至廣，以天地言，則乾坤皆善，所謂“天地之大德曰生”，易簡之善配至德也。以陰陽言，則乾陽爲善，坤陰凝陽息陽亦爲善，消陽則爲不善。《易》以消息明吉凶，姤、遯、否、剥皆言消陽之不善。而坤爲地道，與乾合德，特明凝陽息陽之善。《文言》又通合論之，明經言凝陽之順，以别於消陽之逆，爲易道消息指説大義。乾爲積善，雖消遘窮剥，滅入於坤，而以坤牝乾，乾流坤形，陽氣潜孕坤中，出復體震，乾初復息，如“積善之家”，雖有時衰微，而“必有餘慶”也。虞引“東北喪朋”爲説，月既晦而復生明，“餘慶”之象也。

積不善之家，必有餘殃。

　　虞翻曰：坤“積不善”，以臣弑君。以乾通坤，極姤生巽，爲“餘殃”也。　　案：聖人設教，理貴隨宜。故夫子先論人事，則不語怪力亂神，絶四毋必。今於易象闡揚天道，故似當爲“則”。曰“積善之家，必有餘慶，積不善之家，必有餘殃”者，欲周作“以”。明陽生陰殺，天道必然。理國脩周作“修”。身，積善爲本，故於坤爻初六陰始生時，著此微言，永爲深誡。欲使防萌杜漸，災害不生，“開國承家”，君臣同德者也。故《繫辭》云“善不積，不足以成名，惡不積，不足以滅身”，是其義也。

　　補 鄭康成曰：“殃”，禍惡也。《釋文》。

　　釋曰 坤積不善，其極至於弑君。雖以乾亨坤，撥亂反正，息復至乾，而陽極陰來，又成姤而陰生於巽，乾初復消，如“積不善之家”，雖遇救濟，而“必有餘殃”。善必吉，不善必凶，義有一定。故樹德莫如滋，去惡莫如早，李氏説深得傳旨。

臣弒其君，子弒其父，

虞翻曰：坤消至二，艮子弒父。至三成否，坤臣弒君。"上下不交，天下無邦"，故子弒父，臣弒君也。

〔補〕"弒"，或作"殺"。《釋文》。

〔釋曰〕遯、否皆消陽之象。天下无邦，則人類幾乎絕滅矣。孟子所謂"無父無君則率獸食人而人將相食"，此殃之極也。"弒""殺"二字，《春秋》之義迥然有別，一字之嚴足以定亂臣賊子之罪，不得以假借相混，或本非也。

非一朝一夕之故，其朱脫"其"字。所由來者漸矣。

虞翻曰：剛爻爲"朝"，柔爻爲"夕"，乾爲寒，坤爲暑，相推而成歲焉，故"非一朝一夕，所由來漸矣"。

〔補〕司馬遷曰：春秋弒君三十六，亡國五十二，察其所以，皆失其本已，故《易》曰"差以豪釐，繆以千里"，故曰"臣弒君，子弒父，非一旦一夕之故，其漸久矣"。

由辯之不早辯也。

孔穎達曰：臣子所以久包禍心，由君父不早辯明故也。此文誡君父防臣子之惡也。

〔補〕馬融曰："辯"，別也。

"辯"，荀作"變"。並《釋文》。

〔釋曰〕孔義至精，"復小而辯於物"，則辯之早矣。荀作"變"者，辯之早則能變，所謂"有不善未嘗不知，知之未嘗復行"也。

《易》曰:"履霜堅冰至",葢言順也。

荀爽曰:"霜"者,乾之命令,坤下有伏乾。"履霜堅冰,葢言順
也",乾氣加之性而堅,象臣順君命而成之。

補 《春秋繁露》曰:天之氣徐,乍寒乍暑,盧氏文弨曰:句上當有
"不"字。故寒不凍暑不暍,以其有餘徐來,不暴卒也,《易》曰"履霜堅
冰,葢言遜也"。《基義》文。

釋曰 "乾氣加之性而堅","性而"二字當倒。《易》於坤初著此
文者,葢言凝陽息陽之順,以辯消陽之逆,所謂辯之早也。《周禮》"孝
德以知逆惡",知如是爲順,則知反是爲逆矣。董子之意,則謂善不善
皆以漸致。其《對策》曰:"積善在身,猶長日加益而人不覺也;積惡在
身,猶火之銷膏而人不知也,其勢皆漸順而至。"亦通。以上釋初爻。

直其正也,方其義也。

虞翻曰:謂二。句。陽稱"直","乾其靜也專,其動也直",故"直
其正"。"方"謂闢,陰未誤"陽"。開爲方,"坤其靜也翕,其動也闢",故
"方其義也"。

補 "正",《禮記·深衣》引作"政"。

釋曰 虞以陽息至二體臨言。陽稱"直",陰闢爲"方"。"正",乾
之德,"義",坤之德。陽直是其德之正,乾二龍德正中,正己而物正,
故"直其正"。坤德方,地之義,故"方其義",此以坤元息陽言。荀氏
以坤元承陽而息言,義相成。二得中氣而在地上,坤元正位,應陽直
出,故曰"直其正"。布陽於四方,坤之義,故曰"方其義"。直者德之
正,本也。方者事之宜,由本以達用也。《春秋傳》曰"正直爲正,正曲

爲直",正直無邪枉,乃能正人之曲,與"直其正"之義相協。"正"、"政"古字通,《深衣》謂直其政教,引申之義。

君子敬以直内,義以方外,敬義立而德不孤。

虞翻曰:陽息在二,故"敬以直内"。坤位在外,故"義以方外"。謂陽見兌丁,"西南得朋,乃與類行",故"德不孤",孔子曰"必有鄰"也。

補 《丹書》之言曰:敬勝怠者吉,怠勝敬者滅,義勝欲者從,欲勝義者凶。又曰:弗敬則不正。

釋曰 虞義君子蓋謂乾二,坤陰息陽,剛浸而長,故"德不孤"。愚謂君子,謂體坤元者。乾爲"敬",《記》曰"弗敬則不正",敬所以爲正,坤德合乾,故稱"敬"。主敬以直其内,如坤凝乾元,陽氣內動,由專而直,故"敬以直内"。行義以方其外,如坤布陽於四方,萬物殊類殊形各得其宜,故"義以方外"。敬義既立,行事得乎人心之所同然,故"德不孤"。二應五,乾坤合德廣生萬物,故"不孤"。所謂大也,直方而大,獲上信友治民,攸往咸宜,故"不疑其所行"。經所以言"不習"也,疑故習。"不習无不利",則是不疑其所行。惠氏謂"得位得中,故不疑"。直内方外,學成而道行,復何疑乎,此君子法六二之動也。

直方大,不習无不利,則不疑其所行也。

荀爽曰:"直方大",乾之唱也。"不習无不利",坤之和也。陽唱陰和而无所不利,故"不疑其所行也"。

補 張璠本"直方大"上有"《易》曰"二字,諸家並無。《釋文》。

釋曰 乾唱故能直出周布而成大,"直"與"大"皆陽德,"方"亦陽德之布,故云"直方大,乾之唱"。陰不自動,應陽而息,故云"不習无不利,坤之和"。"直方大"二句緊接"敬義立而德不孤",不須更加"《易》曰",張璠本非也。以上釋二爻。

陰雖有美,含之,以從王事,弗敢成也。

荀爽曰:六三陽位,下有伏陽。坤,陰卦也,雖有伏陽,含藏不顯。以從王事,要待乾命,朱誤"坤"。不敢自成也。

釋曰 陽稱美,陰含陽,以陽之德爲德,故有美。陰含陽德,以從王事,弗敢之正而自成也。

地道也,妻道也,臣道也。

翟玄曰:坤有此三者道盧、周無"道"字也。

釋曰 此本地道也,妻道臣道於是取法。

地道无成而代有終也。

宋衷曰:臣子雖有才美,含藏以從其上,不敢有所成名也。地得終天功,臣得終君事,婦得終夫業,故曰"而代有終也"。

釋曰 地道无成而代天以有終,坤化成物,終乾之事,不居其功。三之乾上,用六永貞以大終,成既濟,歸功於乾,故《彖》曰"乾道變化,各正性命",不言坤也。以上釋三爻。

天地變化，草木蕃，

虞翻曰：謂陽息坤成泰，天地反。以乾變坤，坤化升乾，"萬物出震"，"故天地變化，草木蕃"矣。

釋曰　傳以"天地變化"與"天地閉"反覆相明，故虞以否泰反類言。天地變化，謂陽息至三成泰，地氣上躋，天氣下降，故虞云"天地反"，謂天地氣交也，天地交而萬物通。萬物出震，震爲草木，爲夢，其究爲蕃鮮，故"草木蕃"。以乾通坤曰"變"，謂陽息陰也，以坤凝乾曰"化"，養陽使浸長，故曰"坤化升乾"。

天地閉，賢人隱。

虞翻曰：謂四。句。泰反成否，乾稱"賢人"，隱藏坤中，"以儉德避難，不榮以祿"，故"賢人隱"矣。

釋曰　"天地閉"，謂泰成則反否，"否"者，閉也。天地閉非陽出之時，故"賢人隱"，謂四括囊不動，則得位。陽藏坤中不見消，五正則體觀。儉德避難，正藏器以待時也。張氏曰："賢人，即四，陽息四亦乾體。"愚謂乾三稱賢人，即泰三。泰反否，否之四，泰之三也。乾三成泰反復道，則四息大壯不反否。今於坤明泰否反類之義，故四隱而括囊成觀，亦正否之道。

《易》曰："括囊无咎无譽"，蓋言謹也。

荀爽曰：六朱誤"今"。四陰位，迫近於五，雖有成德，當括而囊之，謹慎畏敬也。

孔穎達曰："括"，結也，"囊"，所以貯物，以譬心藏智也，閉其智而不用,故曰"括囊"。不與物忤,故"无咎",功名不顯,故"无譽"也。

　　釋曰　荀以"天地變化"爲乾坤交,成既濟,泰象。"天地閉"爲坤純陰未交乾,否象。四位近五,本多懼。純陰之卦,五異飛龍,危疑之時,尤當敬慎,待五正而承之,與虞義互通。以上釋四爻。

君子黃中通理,正位居體。

　　虞翻曰:謂五。句。坤息體觀,地色黃,坤爲理。以乾通坤,朱誤"理"。故稱"通理"。朱誤"坤"。五正陽位,故曰"正位"。艮爲"居"。句。"體",謂四支也。艮爲兩肱,巽爲兩股。故曰"黃中通理,正位居體"。

　　補　《春秋傳》曰:中美能黃。

　　《禮·郊特牲》曰:黃者,中也。

　　釋曰　"黃中通理",釋"黃"義。"正位居體",釋"裳"義。虞意葢以君子爲乾五,地色黃,五在中,坤爲理,五由坤息乾,以乾通坤,故曰"黃中通理",謂內蘊中和之美,通於各正性命之理也。五正陽位,而六居下體,故曰"正位居體"。居天下之正位,元首明而股肱良,心正而四體各安其居,所謂"大觀在上,中正以觀天下","垂衣裳而天下治"者,故有"黃裳"之象。愚謂"君子",謂坤元,中美能黃。朱子謂黃中,中德在內,凝乾在中,坤之中德也。中美,故能通陰陽上下一定之分理,而正位居體。惠氏謂九正陽位而六居下體,乾元從坤出。九正陽位,則六正陰位。聖人制衣裳,法乾坤,別上下。經辭稱裳,明坤元當正陰位居下體也。乾五當位,傳曰"位乎天德",乾元位之也。坤五非其位,傳曰"正位居體",坤元正之也。

美在其中而暢於四支，

虞翻曰：陽稱"美"，在五中。"四朱誤"而"。支"，謂股肱。

[釋曰]　美在其中，申"黃中"之義，坤元養乾元也。乾元正五，則坤元退居二，心正而體正，故"暢於四支"。

發於事業，

《九家易》曰：天地交而萬物生也。謂陽德潛藏，變則發見。若五動爲比，乃事業之盛。

[釋曰]　"發"，謂伏陽發，五正則六爻皆正，成既濟。乾元正五，坤元正二承之，盛德大業至矣，故"發於事業"。據五一爻言曰"動爲比"，以乾坤交全體言曰"成既濟"，以陽息正否言曰"成觀"，理實一也。

美之至也。

侯果曰：六五以中和通理之德，居體於正位。故能美充於中，而旁暢於萬物，形於事業，无不得宜，是"美之至也"。

[釋曰]　美之至，故元吉。居體於正位，伏陽發，坤元退居二，則然矣。以上釋五爻。

陰疑於陽必戰。

孟喜曰：陰乃上薄，疑似於盧、周作"于"。陽，必與陽戰也。

[補]　"疑"，荀、虞、姚、蜀才作"凝"。《釋文》。

<u>釋曰</u>　陰行至上，與陽相薄，陰極盛疑似於陽，必與陽接，牝乾出震也。荀、虞諸家"疑"作"凝"。初自姤來陰始凝，凝之始。上純坤陰凝於陽，凝之成也。陰與陽接言"戰"者，以形容其相薄，亦因文託戒。

爲其兼朱作"嫌"。**於**盧、周作"于"。**陽**朱作"无陽"。**也，故稱"龍"焉。**

《九家易》曰：陰陽合居，故曰"兼朱作"嫌"。陽"，謂上六坤行至亥，下有伏乾。陽者變化，以喻龍焉。

<u>補</u>　"兼"，荀、虞、陸、董同。宋本《釋文》，今《釋文》作"嗛"。

鄭本"兼"作"慊"，曰："慊"，讀如"羣公慊"之"慊"，古書篆作立心與水相近，讀者失之，故作"慊"。"慊"，雜也。陰，謂此上六也。陽，謂今消息用事乾也。上六爲蛇，得乾氣雜似龍。《詩·采薇》正義。張氏曰："今《正義》本慊、慊字互易，孔又云'《文言》爲心邊兼，鄭似水邊兼'，則今本寫誤可知，故今從惠本。"

《詩箋》説：十月爲陽，時坤用事，嫌於無陽，故以名此月爲陽。

孫炎《爾雅注》亦稱：《易》嫌於無陽。

<u>釋曰</u>　坤下有伏乾，以陰包陽，故曰"兼"。鄭本作"慊"，讀爲"慊"，訓雜，義大同。"羣公慊"，今《公羊》何氏本作"羣公廩"。臧氏庸云："《公羊》有顏、嚴二本，蓋何所據顏氏本作'廩'，鄭所據嚴氏本作'慊'。'慊'古讀如'廉'，慊、廩聲相近，故文異。"案：朱子發謂鄭亦作"兼"，與《詩疏》不合，恐非。或作"嗛"，叚借字。作"嫌"，即疑似之義，《詩箋》及孫叔然《爾雅注》引作"嫌於無陽"，蓋古《易》異文。姚氏曰："嫌，讀如別嫌疑之嫌。坤下實有伏陽，而自初至上陽氣不見，有

无陽之嫌,故特稱龍以表之,言其實有陽也。"案:以消息言,純坤在亥,於八卦用事之位當乾。以爻辰言,上六辰在巳,於十二消息用事之位當乾,巳爲蛇得乾氣雜似龍,故與龍接。鄭據爻辰取象,正以明消息。坤位在亥,陰濂於陽之義,與《詩箋》及荀、《九家》説相兼乃具。龍蛇俱蟄,陰凝陽陽將出時也。

猶未離其類也,故稱血焉。

荀爽曰:實本坤卦,故曰"未離其類也"。"血"以喻陰順陽也。

崔憬曰:乾坤交會,乾爲大赤,伏陰柔之,"故稱血焉"。

[釋曰] 類,陰類也。乾流坤形,坤凝乾精,尚未出震,"故稱血"。乾元在坤中,坎象,坎爲血卦是也。崔云"伏陰柔之",謂陽氣伏陰中,陰柔和而凝成之。"故稱血",血陰而氣陽也。

夫玄黃者,天地之雜也,

荀爽曰:消息之卦,坤位在亥,下有伏乾。陰陽相和,故言"天地之雜也"。

[補] 鄭氏《士冠禮注》引作雜色。

[釋曰] 此乾元坤元之交也,陰陽氣合,故"色雜"。《禮注》"也"字作"色",蓋傳寫之誤,言玄黃則色自明矣。

天玄而地黃。

王凱仲朱作"沖"。曰:陰陽交戰,故"血玄黃"。

荀爽曰:天者陽,始於東北,故色玄也。地者陰,終於西南,故色黃也。

[釋曰] 姚氏曰:"陰凝陽,故天地雜。"天者陽大赤,伏陰下,位亥壬,故色玄。玄者,黑而有赤色也。地者陰,生於火,故色黃。此震之剛柔始交所以爲玄黃也。其血玄黃,屯之象也,故受之以屯。以上釋上爻。

屯

《序卦》曰:有天地,然後萬物生焉。盈天地之閒者唯萬物,故受之以屯。屯者,盈也。屯者,萬物之始生也。

崔憬曰:此仲尼序文王次卦之意也。不序乾坤之次者,以"一生二,二生三,三生萬物",則天地之次第可知,而萬物之先後宜序也。"萬物之始生"者,言"剛柔始交",故萬物資始於乾而資生於坤。朱作"地"。

[釋曰] 李氏據當時立學之本,《彖》、《象》、《文言》各附經下。又引《序卦傳》分冠每卦之首,使學者尋省易了也。《說卦》後仍載《序卦》全篇,不敢變亂聖文原次也。乾天坤地,傳首言"有天地",即序乾坤也。乾二五之坤,乾成離,坤成坎,坎二之初爲屯,離二之初爲鼎,故屯、鼎取旁通之義。屯初由坎二動成震,乾元入坤由坤出震成復之象。所謂"其血玄黃"者,故乾坤後次以屯,天地生人父母生子之義。生生之謂易,盈天地之閒唯萬物,盈天地皆生機也。生而未遂,故"屯"又訓"難",聖人經綸草昧時也。

☷ 震下坎上 **屯。元亨利貞。**

虞翻曰:坎二之初剛柔交震,故"元亨"。之初得正,故"利貞"矣。

　　補《春秋傳》曰：屯固。又曰：屯，厚也。主震雷，長也，故曰
"元"。眾而順，嘉也，故曰"亨"。內有震雷，故曰"利貞"。

　　《京房易傳》曰：屯內外剛長，陰陽升降，動而險。凡物之始皆先
難後易，今屯則陰陽交爭，天地始分，萬物萌兆在於動難，故曰"屯"。

　　《説文》："屯"，難也，象屮木之初生屯然而難。從中貫一，一，地
也。尾曲。《易》曰："屯，剛柔始交而難生。"

　　釋曰　屯，盈也，難也。《春秋傳》曰"屯固"，又曰"屯厚"，"固"即
"難"義，"厚"即"盈"義。蓋乾陽入坤，盈滿深厚，雷動地中，陰凝尚
固，雲行未雨，其出艱難。在人事則亂極將治，天下尚屯難未亨泰之
時。初震爲濟屯之主，故曰"元"。乾陽交坤，眾陰順從，故曰"亨"。
初震爲主於內，雷雨之動滿盈，則三正而既濟定，故"利貞"。正三由
初，故虞惟據初正言。京云"屯內外剛長"，謂乾交坤成坎息震也。云
"陰陽升降"，坎二之初也。云"陰陽交爭"，龍戰時也。張氏曰："二陽
四陰之卦，非臨則觀來。此消息卦，故不從此例。乾由离入坎，合坤
生震，故以坎二之初。"

勿用有攸往，利建侯。

　　虞翻曰：之外稱"往"。初震得正，起之欲應，動而失位，故"勿用
有攸往"。震爲侯，初剛難拔，故利以建侯，老子曰"善建者不拔"也。

　　補《春秋傳》曰：小事不濟，壅也，故曰"勿用有攸往"，一夫之行
也。韋昭曰：小人勿用有所之，君子則利建侯。

　　《白虎通》曰：王者即位，先封賢者，憂民之急也。故列土爲疆，非
爲諸侯，張官設府，非爲卿大夫，皆爲民也。《易》曰"利建侯"，此言因

所利,故立之。又曰:諸侯封不過百里,象雷震百里,所潤雲雨同也。雷者,陰中之陽,諸侯象焉。《封公侯》。

釋曰 虞以"往"爲往應四,合於"磐桓利居貞"之義。"起之欲應",當爲"起欲之應"。初四相應,屯時未能遽應,非時而動,无以濟人,反致失己,故"勿用有攸往"。傳云"小事不濟",謂小人之事,此蓋以"往"爲三之正,合於六三"往吝"之義。三,震之陰,陰稱小,故"小事不濟",言不能自正,蓋屯可濟而未能遽濟。初"磐桓利居貞",非其時不濟;三"往吝",非其人不濟,皆"勿用有攸往"之義。三陰柔不能自正,初建侯大得民,正三成既濟,六爻應,雲行雨施。五膏不屯,則"往吉无不利"矣,故"利建侯",謂建初爲侯。"建",立也,五建之,建侯扶屯,得天下之賢人以宏濟于艱難,乾元所以出震而復也。

《彖》曰:屯,剛柔始交而難生。

虞翻曰:乾剛坤柔,坎二交初,故"始交"。確乎難拔,故"難生"也。

崔憬曰:十二月陽始浸長而交於陰,故曰"剛柔始交"。萬物萌牙生於地中,有寒冰之難,故言"難生",於人事則是運季業初之際也。

釋曰 屯於文,象艸木初生屯然而難。乾二五之坤成坎,坎二之初,即乾二之坤初,故"剛柔始交"。乾元入坤將出,陰凝於上,陽動未遂,體乾初潛龍,確乎難拔,盈而後發,故"難生",此釋屯名義。"屯"者,復象也,卦候則次復,在十一月十二月間。

動乎險中,大亨貞。

荀爽曰:物難在始生,此本坎卦也。此下周空一格,非。 案:初六升二,九二降初,是"剛柔始交"也。交則成震,震爲"動"也,上有坎,是"動乎險中"也。動則物通而得正,故曰"動乎險中,大亨貞"也。

釋曰 動則物通而得正,謂三變成既濟。"動乎險中",初正也,"大亨貞",初正以正三,六爻皆正也。此釋"元亨利貞"之義,以大贊元以貞包利也,亨以元而大,貞者利所在。

雷雨之動滿盈。盧、周作"形"。

荀爽曰:雷震雨潤,則萬物滿盈盧、周作"形"。而生也。

虞翻曰:震雷,坎雨,坤爲形也。謂三已反正,成既濟,坎水流坤,故"滿形"。朱誤"盈"。謂雷動雨施,品物流形也。

釋曰 此承"大亨貞"言之。初正以正三,體下坎爲雨,故"雷雨之動滿盈"。雷動雨施,流坤之形,萬物發生,盈天地之閒。荀作"盈",與比"有孚盈缶"同義。虞作"形",與乾"品物流形"同義,並通。李先引荀,次引虞,則經字當作"盈",以協"屯者盈也"之文,注字則各從其本。"雷雨之動滿盈",則屯解而濟,故屯之兩象易爲解。

天造草昧,

荀爽曰:謂陽動在下,造生萬朱無"生萬"二字。物於冥昧之中也。

補 鄭康成曰:"造",成也。"草",草創。"昧",《封侯表》注,"創"下有"也"字,不重"昧"字。昧爽也。《文選》任彥升《天監三年策秀才文》注。《爲范尚書讓吏部封侯弟一表》注。

董遇曰:"草昧",微物。《釋文》。

釋曰 "草昧",運之始,物之微。天地初闢,聖人創業垂統,未能遽濟,故"勿用有攸往"。必得天下之賢人,因時而寧之。

宜建侯而不寧。

荀爽曰:天地初開,世尚屯難,震位承乾,故"宜建侯"。動而遇險,故"不寧"也。

虞翻曰:"造",造生也。"草",草創物也。坤冥爲"昧",故"天造草昧"。成既濟定,故曰"不寧",言寧也。

干寶曰:水運將終,木德將始,殷周際也。百姓盈盈,匪君子不寧。天下既遭屯險之難,後王宜蕩之以雷雨之政,故封諸侯以寧之也。

補　鄭康成曰:"而",讀曰"能"。能,猶安也。《釋文》。

釋曰　此釋"利建侯"之義。荀云"動而遇險故不寧",足成"勿用有攸往"之意。虞、干皆訓"不寧"爲"寧"。鄭讀"而"爲"能",如"柔遠能邇"之"能",謂安天下不安者,則往而濟矣,義並通。

《象》曰:雲雷屯,

《九家易》曰:雷雨者,興養萬物。今言"屯"者,十二月雷伏藏地中,未得動出,雖有雲雨,非時長育,故言"屯"也。

釋曰　張氏曰:"雷雨生物,雲雷未雨,難生之時。"案:雲上於天而未降,雷動乎地而未出,未得成雨,膏澤未下,是屯也。

君子以經論。朱作"綸",注同。案:《釋文》作"論",云"音倫,鄭如字"。

荀爽曰：屯難之代，萬事失正。"經"者，常也，"綸"者，理也，"君子以經綸"，不失常道也。

姚信曰：經緯也。三字句。時在屯難，是天地經綸盧、周作"綸"，下同。之日，故君子法之，須經綸艱難也。

補　鄭康成曰：謂綸撰書禮樂，施政事。

黃穎曰："經綸"，匡濟也。

"綸"，本亦作"綸"。並《釋文》。

姚信曰："綸"，謂綱也，以織綜經緯此當爲"比"。君子之事。《正義》。

釋曰　"經綸"，鄭、荀作"綸"。荀訓"經"爲"常"、"綸"爲"理"，則讀"綸"如"倫"。鄭謂"綸撰禮樂"，則讀"綸"如字。"經綸"謂經營綸撰之，禮樂即荀所謂常道。禮樂上"書"字疑衍，或曰"書"者，先王政典，故與禮樂並言。姚氏作"綸"，綸道施政，猶治絲之有經緯，義並通。李氏先引荀次引姚，則經字當作"綸"，注字亦各從其本。後凡引兩家注字異者視此例。

初九：盤桓，利居貞，利建侯。

虞翻曰：震起艮止，動乎險中，故"盤桓"。得正得民，故"利居貞"。謂"君子居其室"，"慎密而不出也"。

補　"盤"，本亦作"磐"，又作"槃"。馬融曰："槃桓"，旋也。《釋文》。

釋曰　"盤桓"，盤旋也，字當作"般"，"磐"、"槃"皆叚借字，"盤"即"槃"之籀文。虞以"盤桓"爲"動而止"，據初已正言。"利居貞"，謂不動，所謂"勿用有攸往"。初正則使五體皆正，故"利居貞"。陽正在下，四陰歸之，故"利建侯"，謂建初爲侯。虞引《繫》説"居貞"之義，節二動則成屯，慎密不出，以正御變，審幾度時，經綸之本，"居貞"所以行正也，故《象》曰"志行正"。

《象》曰：雖盤桓，志行正也。

荀爽曰：盤桓者，動而退也。謂陽從二動而退居初，雖盤桓，朱脱"桓"字。得其正也。

[釋曰] 荀以盤桓爲動而退，據初未正言。利居貞，謂之初得正。動而退，所以成屯。動而止，屯以漸濟。荀、虞義相成。

以貴下賤，大得民也。

荀爽曰：陽貴而陰賤，陽從二來，是"以貴下賤"，所以得民也。

[釋曰] "得民"，則能行正而濟，故"利建侯"。張氏曰："陽在下則得民，陰乘剛則班躓，各自爲義。"

六二：屯如邅如，

荀爽曰：陽動而止，朱誤"上"。故"屯如"也。陰乘於陽，故"邅如"也。

[補] 《子夏傳》曰："如"，辭也。

馬融曰："邅如"，難行不進之皃。並《釋文》。

[釋曰] 陽動而遇險，故"屯如"。陰乘陽，氣未能通，故"邅如"。此以"屯如"爲初，"邅如"爲二。虞氏則以"屯""邅"皆爲初，與"盤桓"同義。案：陰陽氣通乃能生物，陰不自動，得陽而動。屯時陰弇陽，柔

乘剛，初盤桓，二亦不能行，"屯""邅"謂初謂二皆可。據《象》曰"六二之難"，則謂二尤合。

乘馬班如。《釋文》：乘，《子夏傳》音繩。

虞翻曰：屯邅，盤桓，謂初也。震爲馬作足，二乘初，故"乘馬"。班，躓也，馬不進，故"班如"矣。

補　《子夏傳》曰："班如"，相牽不進皃。《釋文》。

馬融曰："班"，班旋不進也。《正義》。

"班"，鄭作"般"，曰：馬牝牡曰乘。《釋文》。

《説文》：駗，馬載重難行也。驙，駗驙也，《易》曰"乘馬驙如"。

釋曰　虞讀"乘馬"乘剛之乘，借乘馬之文以喻乘剛，此《易》因象託義之例。乘馬所以行，而乘剛則陰陽未和，未能行，故"班如"。鄭作"般"，馬云"班旋"，古班、般字通，班旋即般旋，其甚則爲班躓，皆言難也。鄭讀"乘馬"乘居匹處之乘，屯剛柔始交，故取牝牡之象。陽動止，陰弇陽，未能相從而行，與坤"牝馬之貞行地无疆"義相反而相明。"屯如邅如，乘馬班如"，言難未解，二未能應五也。初正三，成既濟，則六爻應，無乘剛之嫌矣。《説文》"班"作"驙"，段氏謂"許引《易》作'駗如驙如'，乘馬二字誤"，然二五皆言屯"屯如邅如"，與"賁如皤如"文例同。許、虞皆治孟《易》，文句宜無大異，段説恐非。

匪寇，婚媾，女子貞不字，十年乃字。

虞翻曰：匪，非也。寇謂五，坎爲寇盜，應在坎，故"匪寇"。陰陽德朱作"得"。正，故"婚媾"。字，妊娠也。三失位，變復體離，離爲"女子"，爲大腹，故稱"字"。今失位爲坤，離象不見，故"女子貞不字"。坤數十，三動反正，離女大腹，故十年反常乃字，謂成既濟定也。

補　馬融曰：重婚曰媾。《正義》。《釋文》云：媾，重婚。

"媾"，本作"冓"。鄭康成曰："冓"，猶會。《釋文》。《正義》作"媾猶會也"。

本或作"搆"。《釋文》云：非。

《京氏傳》曰：難定乃通，《易》云"女子貞不字，十年乃字"。

釋曰　二正應在五，五體坎，有寇象，陰陽德正則非寇也，乃婚媾也。屯難之代，分理未明故辯之。女子，謂二，得位故貞。三失位，變而復正，則二體離，離爲大腹稱字。今失位在坤，故不字。坤數十，十，數之終，難極乃通。三動正，坤變爲離，成既濟。二正應五，故十年反常乃字。君臣夫妻其義一，忠臣貞婦，一心所天，雖遇艱險，執節不二。漢卓茂絜身避莽，以俟光武中興，應此義矣。

《象》曰：六二之難，乘剛也。

崔憬曰：下乘初九，故爲之難也。

釋曰　屯如邅如班如，皆言難也。二自坎初升而乘初剛上，故有是象。

十年乃字，反常也。

《九家易》曰：陰出於坤，今還爲坤，故曰"反常也"。陰出於坤，謂乾再索而得坎。今變成震，中有坤體，故言"陰出於坤，今還於坤"。謂二從初即逆，應五順也。去逆就順，陰陽道正，乃能長養，故曰"十年乃字"。

[釋曰]《九家》意二雖有乘剛之嫌，而得正體坤應五，得其常道，始屯終亨。初正三而濟，陰陽道正，六爻和會，故"十年乃字"。二本坎初，即坤初由坤成坎，由坎動震，仍互坤體，得正有應，故反常陰承陽則順，乘陽則逆。二兼有乘初應五之象，故明之。下仁比賢以從其上，則去逆效順而屯濟矣。

六三：即鹿无虞，惟入于林中，

虞翻曰：即，就也。虞，謂虞人，掌禽獸者。艮爲山，山足稱鹿，鹿兩"鹿"字，朱作"麓"。林也。三變體坎，坎爲叢朱作"藂"。木，山下，故稱"林中"。坤爲兕虎，震爲麋鹿，又爲驚走，艮爲狐狼。三變，禽走入于林中，故曰"即鹿无虞，惟入于林中"矣。

[補]"鹿"，王肅作"麓"。曰："麓"，山足。《釋文》。

《淮南子》曰："《易》曰'即鹿无虞，唯入于林中，君子幾，不如舍往吝'，其施厚者其報美，其怨大者其禍深。薄施而厚望，畜怨而無患者，古今未之有也。"高誘曰："即，就也。鹿以喻民。虞，欺也。幾，終也。就民欺之，即入林中。幾終，句有脱字。不如舍之，使之不終如其二字疑衍。吝也。"

[釋曰] 古鹿、麓字通。三在艮山下，故"即鹿"。張氏曰："田獵惟有虞人以掌禽獸，乃不驚走。三應上，爲三虞者上也。"案：三失位无應，上又乘五，不及三，故"无虞"。无虞而往，禽走入林，無所得，喻無應，動不能濟也。三失位，動則成既濟。然濟屯由初，初得正有應大得民，故能自正以正三。三失位无應，民不與也。不待初而輕動，則入險

而已。《淮南》讀鹿如字，以喻民，葢"信及豚魚"之意。虞，訓詐虞之虞，牧民而欺之，則民亦以詐相遁，如鹿之走險。高注"幾終"句疑有脱字，大旨葢謂君子見幾之終，不如舍之，使之不終吝。幾訓終者，由其始知其終，義以相反而成也。或者"幾"讀爲"既"，"幾終"二字，當爲"既知其終"四字，察其所以往，知其所以來，施未厚者報必不隆，誠未孚者動必不應，故往吝。《淮南》説本九師，高氏治《韓詩》，此説或本《韓氏易傳》。

君子幾，不如舍，往吝。《釋文》：幾，徐音祈，辭也。又音機。舍，式夜反，徐音捨。

虞翻曰："君子"，謂陽已正位。幾，近。舍，置。吝，疵也。三應於上，之應歷險，不可以往，動如失位，故"不如舍"之，往必吝窮矣。

補　馬融曰："吝"，恨也。

"幾"，鄭作"機"，曰："機"，弩牙也。並《釋文》。

王弼曰：見情者獲，直往即違。《口訣義》。

釋曰　"幾"，近似之辭也。三動則成既濟，似也，故"君子幾"。然三非能濟屯，動則入險，故不如舍之，往則吝窮。"往"，即"勿用有攸往"之"往"，謂變也。鄭作"機"，君子張機，未能獲禽，故不如舍，謂伏陽未可遽發也。虞以往爲應上，三无虞而動，雖正位，仍不能相應而濟。"動如失位"，"如"讀爲"而"。君子知幾，靜以待初，時至而動，則六爻應，往吉无不利矣。

《象》曰：即鹿无虞，以從禽也。《釋文》：從，如字。

案：《白虎通》云"禽者何？鳥獸之總名，爲人所禽制也"，即比卦九五爻辭"王用三驅,失前禽",是其義也。

　　補　"從",鄭子用反。

黃穎同。《釋文》。

　　釋曰　无虞而往,是志在從禽,非初得民以行正之道。鄭讀"從"爲"縱",无虞而往,不能獲禽,適以縱之入林,所謂爲叢敺爵。

君子舍之,往吝窮也。

崔憬曰:君子見動之微,逆知无虞,則不如舍勿朱誤"而"。往,往則周作"必"。吝朱誤"爻"。窮也。

六四:乘馬班如。

虞翻曰:乘三也。謂三已變,坎爲馬,故曰"乘馬"。馬在險中,故"班如"也。或説乘初,初朱脱此字。爲"建侯",安得乘之也。

　　釋曰　虞意三陰爻皆著乘剛之戒,故皆言"乘馬班如",四不當乘三而當承五也。舊説以爲乘初,初善建不拔,不應四,四不得乘之,虞義如此。然初不應四,正乘而班旋不進之象,非不得乘之之謂。姚氏曰:"《左傳》'雷乘乾曰大壯',《杜鄴傳》'坤卦乘離,明夷之象',是爻謂之乘卦亦謂之乘。震爲馬,四在震上,故'乘馬'。"案:初爲震之主,乘震即乘初,舊説不誤。三未正,四欲輔五濟屯而未能行,坎險艮止在前,故"班如"。

求婚媾,往吉,无不利。

崔憬曰:屯難之時,勿用攸往,初雖作應,班如不進。既比於五,五來求婚，男求女往，吉无不利。

〔釋曰〕 崔意四比五相親爲婚媾。五求四，下施之義。四往就五，承陽之道。二言應，四言承，皆以明陰從陽。愚謂求，求初也，四與初正應，故稱婚媾。初剛正不枉道，乘之不行，求之則可。求婚媾，得朋之義。往，往承五也，四陰柔才不足，而求在下之賢人與之共承五，有知人之明，有事君之忠，天下雖屯必濟，故“往吉，无不利”。

《象》曰：求而往，明也。

虞翻曰：之外稱“往”。體離，故“明也”。

〔釋曰〕 三有伏陽，四本離體，下賢以從上，濟天下之屯，是其明也。

九五：屯其膏，

虞翻曰：坎雨稱“膏”，《詩》云“陰雨膏之”，是其義也。

〔補〕 孟康曰：膏所以潤人肌膚，爵禄亦所以養人也。“小貞”，臣也，“大貞”，君也。遭屯難飢荒，君當開倉廩振百姓，而反吝，則凶。《漢書·谷永傳》注。

〔釋曰〕 屯自坎來，坎乾陽入坤而未出，故九五中未光大。初之二雷動地中，雲行未雨，施仍未光，其生也難，故五有“屯其膏”之象。膏以喻澤，重禄以養賢，散財以振民，皆是。如屯膏之象，臣不專施，施亦歸美於君，不居其功，故“小貞吉”。君當勤施無私，美利利天下，以宏濟艱難，而反如之，則於大正之道爲凶，謂不能成既濟各正性命也。惠氏曰：“屯者固也。二五貞也而皆屯，二之屯，女子之貞也，故‘小貞吉’；五陽也，陽主施，五之屯，膏澤不下於民，故‘大貞凶’。”

小貞吉，大貞凶。

崔憬曰：得屯難之宜，有膏澤之惠，謂與四爲婚媾，施雖未光，小貞之道也，故“吉”。至於遠求嘉偶，以行大正，赴二之應，冒難攸往，固宜且凶，故曰“大貞凶”也。“貞”，正也。朱脫末三字。

[釋曰] 崔意“屯其膏”，謂屯時而有膏澤之惠。“小貞”，謂近據四，四承五“往吉无不利”，故“吉”。“大貞”，謂遠應二，二屯邅不字，三未正，未能應五，故“凶”。濟屯以漸，由邇可遠，求治過急，非行正之道。程《傳》以“大貞”爲“驟正之”，“小貞”則“漸正之”。若盤庚周宣，修德用賢，復先王之政，諸侯復朝，以道馴致之，是其義。濟屯莫先澤民，澤民莫如任賢，爲天下得人者謂之仁，建初得民，則三動既濟定大正矣。崔說與孟康義並通。

《象》曰：屯其膏，施未光也。

虞翻曰：陽陷朱誤“陷”。陰中，故“未光也”。

[釋曰] 屯將亨而未遂。建初以正三，則成既濟，雲行雨施，體離爲光矣。

上六：乘馬班如，

虞翻曰：乘五也。坎爲“馬”，震爲行，艮爲止，馬行而止，故“班如”也。

[釋曰] 坎陰弇陽，震雖動下，遇艮而止。上欲以五濟屯而不能，

故“乘馬班如”。

泣血漣如。

《九家易》曰：上六乘陽，故“班如”也。下二、四爻雖亦乘陽，皆更得承五，憂解難除。今上无所復承，憂難朱誤“雖”。不解，故“泣血漣如”也。體坎爲“血”，伏離爲目，互朱作“身”。艮爲手，掩目流血，泣之象也。

補 “漣”，《説文》作“㦁”。曰：㦁，泣下也，《易》曰“泣血㦁如”。

《淮南子》曰：《易》曰“乘馬班如，泣血連如”，言小人處非其位，不可長也。《繆稱訓》。

《鹽鐵論》曰：小人先合而後忤，初雖乘馬，卒必泣血。《非鞅篇》。

釋曰 卦所以名屯，由初、五二陽爲陰所弇，三陽伏而未發，故經於三陰爻皆著“乘剛”之戒。然二、四雖乘陽，皆更得承五，惟上無所復承，故極言其難。此三未正時則然，初正三，成既濟，則六爻和會無乘剛之嫌，憂難亦解矣。《九家》取象皆據三未正時，似勝虞義。又虞及《九家》皆以時運之屯言，《淮南》《鹽鐵論》則以人事失道自罹於屯言，語尤深警。“㦁”，正字，“漣”，叚字。

《象》曰：泣血漣如，何可長也。

虞翻曰：謂三變時，離爲目，坎爲“血”，震爲出，血流出目，故“泣血漣如”。柔乘於剛，故“不可長也”。

釋曰 虞就三已變取象，三不能應上，故上泣。濟屯由初不由三，五建初初正三，六爻應，陰從陽，非乘剛，則可長。萬國咸寧，元永貞矣。

蒙

《序卦》曰：物生必蒙，故受之以蒙。蒙者，蒙也，物之稺也。

崔憬曰：萬物始生之後，漸以長稺，故言"物生必蒙"。

鄭玄曰："蒙"，幼小之貌，齊人謂"萌"爲"蒙"也。

[釋曰] 物生必蒙昧。"蒙"者，童蒙，知識甫萌而未開著，是"物之稺也"。

☵ 坎下艮上 **蒙。亨。**

虞翻曰：艮三之二，朱誤"上"。"亨"，謂二震，剛柔接，故"亨"。"蒙亨"，以通行時中也。

干寶曰："蒙"者，離宮陰也，世在四，八月之時，降陽布德，薺麥竝生，而息來在寅，故蒙於世爲八月，於消息爲正月卦也。正月之時，陽氣上達，故屯爲"物之始生"，蒙爲"物之稺也"。施之於人，則"童蒙"也。苟得其運，雖蒙必亨，故曰"蒙亨"。此葢以寄成王之遭周公也。

[補] 《稽覽圖》曰：無以教天下曰蒙。

《方言》："蒙"，萌也。

[釋曰] 蒙有亨道，五柔爲蒙，二以剛接之，故"亨"。張氏曰："此亦消息卦，故不從臨、觀來。艮者物之成終始，取乾九三下坎，以剛接柔，故從艮來。"案：張以六十四卦消息蒙、革旁通，姤將生下言，謂陰將生而陽蒙。據卦辭及《序卦》義，則陽始生而尚蒙，終則有始，陽道不絕，消於上則萌於下，故干氏謂陽生酉仲而息來在寅。蒙於世在八

月，於卦候在正月，正其理。蒙者，離四世卦。卦世之例：一世陽爲十一月，陰爲五月；二世陽爲十二月，陰爲六月；三世陽爲正月，陰爲七月；四世陽爲二月，陰爲八月；五世陽爲三月，陰爲九月；上世陽爲四月，陰爲十月；遊魂在四，歸魂在三，陰陽配月與三四同，葢由十二消息之法引伸之。

匪我求童蒙，童蒙求我。

虞翻曰："童蒙"謂五，艮爲"童蒙"，"我"謂二也。震爲動起，嫌求之五，故曰"匪我求童蒙"。五陰求陽，故"童蒙求我，志應也"。艮爲"求"，二體師象，坎爲經，謂"禮有來學無往教"。

釋曰 二體震在地道之上，陽動地上，萬物萌生，與乾九二"天下文明"同義，教授之師取象焉。虞氏以二體師象，坎爲經謂二爲經師。惠氏曰："《乾鑿度》曰'坎離爲經，震兌爲緯'，故坎爲經，六經取義于經緯。《周書·謚法》曰'經緯天地曰文'，是也。《周禮》師以賢得民，教人以道，可爲民表，亦猶師之'丈人'。"案：師之言帥，眾帥其教曰師，師長之師與師眾義相因。詩書禮樂之教自古而然，天經地義，著在六經而師傳之，以綱紀人倫經緯萬端。虞以二爲經師，舉漢法爲況，實本古義。師嚴然後道尊，道尊然後民知敬學，而教化可深入人心，未有枉己而能正人者。大學之禮，雖詔於天子無北面，所以尊師也，故"非我求童蒙，童蒙求我"。

初筮告，再三瀆，瀆則不告。

崔憬曰："初筮"，謂六五求決於九二，二則告之。"再三瀆"，謂三

應於上,四隔於三,朱誤"二"。與二為瀆,故二"不告"也。"瀆",古
"黷"字也。

［補］《表記》:子曰:無辭不相接也,無禮不相見也,欲民之毋相褻
也,《易》曰"初筮告,再三瀆,瀆則不告"。

"瀆",《說文》作"黷",曰:"黷",握持垢也,《易》曰"再三黷"。

［釋曰］ 初筮告,如五之應二,一意誠求,則告之。初承二發蒙,亦
初筮而告者。"再三",如三、四之乘陽不敬,徒為煩瀆則不告。"瀆",
褻也,謂弗思之甚,或心志歧惑,信道不篤者。《表記》引《易》,明無相
瀆之義。師嚴則道尊,男女重別則相纏固,其義一也。

利貞。

虞翻曰:二五失位,利變之正,故"利貞"。"蒙以養正,聖功也"。

［補］ 鄭康成曰:"蒙"者,蒙蒙物初生形,是其未開著之名也,人幼
稚曰"童"。"亨"者,陽也,互體震而得中,嘉會禮通,陽自動其中德於
地道之上,萬物應之而萌芽生。教授之師取象焉,脩道藝於其室,而
童蒙者求為之弟子,非己乎求之也。弟子初問,則告之以事義,不思
其三隅相況以反解而筮者,此勤師而功寡,學者之災也。瀆筮則不復
告,欲令思而得之,亦所以利義而幹事。《公羊傳·定十五年》疏。
"童",未冠之稱。"筮",問。"瀆",褻也。《釋文》。

［釋曰］ "利貞",謂利養五使正,蒙反為聖也。五正則二自正,而
六爻皆正相應。"初筮告",所以養正也。"瀆則不告",使思而得之,
亦所以養正。上而格心匡德,下而成德達材,砭愚訂頑,化民易俗,以
道覺民,使天下無一人不被堯舜之澤,而邪說詖行逆節亂萌無自生

焉,此蒙之既濟也。鄭注"利義","利",當爲"和"。

《彖》曰:蒙,山下有險,險而止,蒙。

侯果曰:艮爲"山",坎爲"險",是"山下有險"。險被山止,止則未通,蒙昧之象也。

釋曰 此以重卦釋卦名義。

蒙亨,以亨行時中也。

荀爽曰:此本艮卦也。此下周空一格。　案:二進居三,三降居二,剛柔得中,故能通發蒙時,令得時中矣,故曰"蒙亨,以亨行時中也"。

釋曰 此以生爻釋卦辭。凡重卦爲本,生爻爲用,名卦多據重卦爲義,繫辭多據生爻爲義,《箋釋》每卦詳之,兹不具説。"以亨行時中",言蒙之亨,以九二自艮三下行,上應六五,以陽通陰,易蒙爲聖,得蒙時之宜,是"以亨行時中"之道也。艮三之二失位而必行者,艮"時行則行"。二以剛處中應五,蒙時當然,道莫尚乎中,而處中在順時,所謂執中有權。《易》之爻位,五剛中,二柔中,正也。蒙時五柔,則二當以剛發之,是謂"時中"。"時"者,變動不居之意。五既發之正,則二亦正,始而剛中,繼而柔中,惟其時,皆艮三亨以行之。能行時中,則處事當理,應變無窮,從心所欲,動以成德,可以聖發天下之蒙,《中庸》"時中"之義本此。荀注"剛柔得中","柔"疑衍字,此據三降二言也。"通發蒙時","時",當爲"昧"。云"令得時中"者,謂二亨五使蒙反爲聖,得時之中。下所謂"利貞",五正則二亦正而六爻皆正,是乃二之時中也。

匪我求童蒙，

陸績曰：六五陰爻在蒙暗蒙，當爲"家"。又體艮少男，故曰"童蒙"。

釋曰　此經下注，"暗"下"蒙"字當爲"家"，屬上讀。

童蒙求我，志應也。

荀爽曰：二與五志相應也。

補　"求我"，一本作"來求我"。《釋文》。

《吕氏春秋》曰：往教者不化。高誘曰：《易》曰"匪我求童蒙，童蒙來求我"，故往教之師不見化從也。《尊師文》。

釋曰　五志應二，故二亦應而亨之。君子之學，雖樂於及人，然必其人有向道之誠，然後語之，乃能尊聞行知，至於成德。若枉道而求於彼，則必不見信，適使之以儒爲戲，背道而馳耳。古之賢士抱道在躬，必待人君致敬盡禮而後往，正此義。

初筮告，以剛中也。

崔憬曰：以二"剛中"能發於蒙也。

釋曰　五求而二能亨之，以剛得中也，此艮三之二所以爲行時中。

再三瀆，瀆則不告，瀆蒙也。

荀爽曰："再三"，謂三與四也，皆乘陽不敬，故曰"瀆"。瀆不能尊陽，蒙氣不除，故曰"瀆蒙也"。

釋曰　三、四皆以陰弇二上，乘陽不敬，是瀆亂之蒙，告之無益，不屑教誨，乃所以教誨之。

蒙以養正，聖功也。

虞翻曰：體頤，故“養”。五多功，“聖”謂二，二志應五，變得正而亡其蒙，故“聖功也”。

干寶曰：武王之崩，年九十三矣，而成王八歲。言天後成王之年，將以養公正之道，而成三聖之功。

補 《洪範》之義，聖與蒙反。

《呂氏春秋》曰：學者師達而有材，吾未知其不爲聖人。《尊師文》。

孔穎達曰：聖人設教，欲人謙光，己雖有能，不自矜大，仍就不能之人求訪能事。己之才藝雖多，猶以爲少，仍就寡少之人更求所益。己之雖有，其狀若無，己之雖實，其容若虛，非唯匹庶，帝王之德亦當如此。夫帝王內蘊神明，外須玄默，使深不可測，度不可知，《易》稱以蒙養正，以明夷莅眾。若其位居尊極，炫燿聰明，以才凌人，飾非拒諫，則上下情隔，君臣道乖，自古滅亡，莫不由此也。《唐書》本傳。

釋曰 此釋“利貞”之義。虞以“聖功”爲聖人之功，惠氏引《洪範》及《呂氏春秋》説之，以“聖功”爲作聖之功。以聖養蒙，反蒙爲聖，其義一也。五居尊位，二以聖亨之，五正則六爻皆正，一正君而國定矣。干説迂曲，恐非《傳》義。沖遠對大宗語本王弼説，雖非“蒙以養正”本訓，而於五求二之道得之。

《象》曰：山下出泉，蒙。

虞翻曰：艮爲“山”，震爲“出”，坎泉流出，故“山下出泉”。

君子以果行育德。

虞翻曰："君子"謂朱誤"爲"。二，艮爲"果"，震爲"行"，"育"，養也，二至上有頤養象，故"以果行育德"也。

釋曰　"果行"，篤實其行，身教也，子曰"吾無行而不與二三子者"。"育德"，養成其德，顏淵曰"夫子循循然善誘人"。

初六：發蒙，利用刑人，用説桎梏，《釋文》：説，吐活反，徐又音稅。以往吝。

虞翻曰：發蒙之正。初爲蒙始而失其位，發蒙之正以成兑，兑爲"刑人"，坤爲"用"，故曰"利用刑人"矣。坎爲穿木，震足艮手，互朱作"身"。與坎連，故稱"桎梏"。初發成兑，兑爲"説"，坎象毀壞，故曰"用説桎梏"。之應歷險，故"以往吝"，"吝"，小疵也。

補　鄭康成曰：木在足曰桎，在手曰梏。《周禮·大司寇》疏。

《説文》：吝，恨惜也，《易》曰"以往吝"。又曰：遴，行難也，《易》曰"以往遴"。

釋曰　"發"，動也，謂伏陽發。初承二，二動之則伏陽出，故"發蒙"。人性本善，教之即明也。初爲蒙始，天真未漓，故易發，失位故發之乃正。"用"者，二用初也。初已發之正，則與四應，二利用之以解四之困。"刑"，法也，如《詩》"刑于寡妻"之"刑"。"刑人"，以正法教人，謂禮也。坎爲桎梏，初發，坎變爲兑，兑爲説，解脱與懌説義相因，故"用脱桎梏"。蒙者人之桎梏，四所謂"困"也，四無應乘陽又遠實，困未易亨。二發初以解其困，故"利用刑人，用説桎梏"。聖人教人，非能胥天下昏弱之甚者，盡爲之口講而指畫也。得天下英才而教育之，使轉相傳受，一以傳十，十以傳百，以至於千萬億兆無窮已，則天下之蒙無不發矣。孔子之門，七十二弟子身通六藝而教澤徧於天下，流於萬世，是也。"往"，謂往應四，初當脫四之困，然亦必待其來求而應之，若往教則不化，歷險無益也，故"吝"。吝、遴聲同義近，徐音稅，"稅"，舍也，義亦同。

《象》曰：利用刑人，以正法也。

虞翻曰：坎爲"法"，初發之正，故"正法也"。

干寶曰：初六戊寅，平明之時，天光始照，故曰"發蒙"，此成王始覺周公至誠之象也。坎爲法律，寅爲貞廉，以貞用刑，故"利用刑人"矣，此成王將正四國之象也。"説"，解也，正四國之罪，宜釋周公之黨，故曰"用説桎梏"。既感《金縢》之文，追恨昭德之晚，故曰"以往吝"。初二失位，吝之由也。

釋曰 干説"發蒙"可也，"刑人説桎梏"之義，似皆迂曲。然即此可見鄭《書注》《詩箋》言成王於周公居東多罪其屬官，説必有本，令升尚及見鄭所據古書也。鄭所以取此説者，見事變之大，君志之惑，而聖人極忠盡順，處之盡善，卒寤君心而安天下，所以爲人倫之至。愚於《詩·鴟鴞》論之詳矣。

九二：包蒙，吉。納婦吉，子克家。《象》曰：子克家，剛柔接也。

虞翻曰：坤爲"包"，應五據初，初朱誤"一"。與三、四同體，包養四陰，故"包蒙吉"。震剛爲夫，伏巽爲"婦"，二朱誤"一"。以剛接柔,故"納婦吉"。二稱"家",震長子,主器者,納婦成初,故有"子克家"也。

補　"包",一作"苞"。《釋文》本。

鄭康成曰:"苞",當作"彪","彪",文也。《釋文》。

釋曰　二爲養蒙之主,應五據初,初與三、四同體師象,二包養四陰,告與不告皆所以利貞,故"包蒙吉"。包、苞古字通,鄭讀作"彪"訓"文",謂文之以禮樂。周公善成王,使知父子君臣長幼之道,保傅之教,與凡小學大學造士正業,皆是也。"納婦吉,子克家",此與"包蒙"文不屬,故別言"吉",然理實一貫。虞據蒙革旁通,蒙體震,革體巽,震剛接巽柔,故"納婦",以見消息之義。愚謂"婦",當謂五,與泰、恒、歸妹六五義類同。九二以剛中接五柔,爲師而包蒙則吉,爲夫而納婦則亦吉。而有"子克家",二納五居二,二升五,則初已正體震爲子,二稱家,納婦成初,故有"子克家"也。"納婦吉",刑于寡妻也,"子克家",母賢則子賢,此又養蒙之本也。五尊位而以爲婦者,以君臣言,則五爲尊位,以夫婦言,則陰爲妻道,五爲外,二爲内,由外之内,納婦之象。或曰六五《象》曰"順以巽",是五有巽體,虞云"伏巽"亦得指五言。《傳》明"子克家"之象,由二剛接五柔,故因包蒙而及納婦。夫婦有別則父子親,父子親則君臣敬,子性純則孝,孝則忠,子克家而天下賴之矣。

六三:勿用娶女,見金夫,不有躬,无攸利。

虞翻曰:謂三,誡上也,"金夫",謂二。初發成兑,故三稱"女"。兑爲"見",陽稱"金",震爲"夫",三逆乘二陽,所行不順,爲

二所淫，上來之三陟陰，故曰"勿用娶女，見金夫"矣。坤身稱
"躬"，三爲二所乘，兌澤動下，不得之應，故"不有躬"。失位多凶，
故"无攸利"也。

補 "娶"，一作"取"。

釋曰 "女"，謂三，三應上，娶三者上。"勿用"者，誡上之辭。張
氏曰："此以上艮爲少男，應三爲取女，淫女必亂君，重戒之，與二納婦
爲一義。"案：乾爲金，兌陽本乾，又位正秋稱金，震剛爲夫，故稱"金
夫"。"見"者，三見之，三以陰乘陽，徒見二爲上下所歸，慕勢而往求
之，猶女見貴富之人而自獻其身。士不志道，莫之能誨，故二"不告"
而上"擊蒙"。女不守禮，莫之敢取，故於三曰"勿用取女"，於上曰"利
禦寇"。二與三非應非承，以陰乘陽，無取之之理。上與三正應，取之
有緣，故深戒之。虞以三爲二所淫，不知三自瀆求，二自不告。女子
守身至嚴，自獻其身，雖見拒不納，已不有躬矣。二剛中，必非淫者，
故《箋釋》刪著其說。張氏曰："坎爲淫，兌逆說之，故爲二所淫，上九
所以謂二寇也。二剛中養蒙，而於三義取金夫者，以正爲求，以邪爲
淫，取義無常，其道一也。"理雖可通，究嫌迂曲。坤爲身稱躬，兌澤動
而下，不安於坤，故"不有躬"，上來之三陟陰，似當爲涉險，三本體坎
爲險也，失位乘陽多凶失應，故"无攸利"。屯二"不字"，教貞也；蒙三
"勿用取女"，防淫也。妃匹之際，生民之本，禍福之原，不可不慎。
"娶"，正字，"取"，叚字。

《象》曰：勿用娶女，行不順也。

虞翻曰：失位乘剛，故"行不順也"。

釋曰　在女爲淫，在蒙爲瀆。

六四：困蒙，吝。《象》曰：困蒙之吝，獨遠實也。

王弼曰：陽稱"實"也，獨遠於陽，處兩陰之中，闇莫之發，故曰"困蒙"也。困於蒙昧，不能比賢以發其志，亦鄙矣，故曰"吝"。

釋曰　蒙以發而亨，四得位，不可動。二陽爲發蒙之主，而四獨遠之，"困而不學，民斯爲下"，故"吝"。陽實陰虛，四陰遠陽，鄙夫空空，猶瞽之無相，倀倀乎其何之。初巳正四應而求之，桎梏乃説耳。自暴者不可與有言，自棄者不可與有爲，非天之降才爾殊，曠安宅而不居，舍正路而不由也，反而求之，有餘師。

六五：童蒙，吉。

虞翻曰：艮爲"童蒙"，處貴承上，有應於二，動而成巽，故"吉"也。

釋曰　艮爲少男，五體艮陰，得中居尊，內有伏陽，承上應二，是幼主有令德，能任賢自輔者。蒙以養正，優入聖域，故"童蒙吉"。五應在二，虞兼言承上者，入則有保，出則有師，五順於上遜於二，取善无方，是以伏陽出，聖功成。二五正，初發，成益，益動而巽，日進无疆，而既濟可成，所謂"一有元良，萬國以貞"也，

《象》曰：童蒙之吉，順以巽也。

荀爽曰：順於上，巽於二，有似成王任用周、召朱作"邵"。也。

補　鄭康成曰："巽"，當作"遜"。《釋文》。

釋曰　"巽"訓"入"，又訓"遜"，鄭讀"巽"爲"遜"，順上遜二，親師

下賢，所以作聖。虞則謂五體坤順，下學於二，以成聖功，而動益體巽，日進无疆。讀雖不同，其理一也。

上九：擊蒙，不利爲寇，利禦寇。

虞翻曰：體艮爲手，故“擊”。謂五已變，上動成坎稱“寇”而逆乘陽，故“不利爲寇”矣。“禦”，止也，此“寇”，謂二，坎爲“寇”。巽爲高，艮爲山，登山備下，順，有師象，故“利禦寇”也。

補　《京房傳》曰：“擊暗釋疑，陽道行也。”

王肅曰：“擊”，治也。

馬、鄭“擊”作“繫”。並《釋文》。

釋曰　“擊蒙”，擊三也。三行不順，邪利之急，德義之病，錮蔽已深，不可遽化，不得已而董之以威，使有所嚴憚而弗趨於邪，故“擊蒙”。馬、鄭作“繫”，謂防維之，勿使欲敗度縱敗禮，意亦大同。惠氏曰：“坎爲寇，三體坎，五上變亦爲坎，故爻辭有二寇，一謂上，一謂三也。”案：虞云“此寇謂二”，“二”當爲“三”。“不利爲寇”，謂上不可變，“利禦寇”，謂上不應三，即“勿用娶女”之義。正蒙當以漸養之，二五正，初發成益，蒙氣除，上乃可與三易位，成既濟。若求正過急，操之已蹙，則非徒無益而又害之，故於擊蒙惟取五動上變之象而謂之寇，過亢失中，陽反入陰，徒見逆乘之失，非和順道德正己物正之義。人而不仁，疾之已甚，亂也，其能濟乎？故“不利爲寇”，惟當禦之而已。上不變，居高臨下，以順防逆，禦寇之義。蒙爲物之穉，而於上言“禦寇”者，蒙養正則天下皆有克家之子，不正則反爲寇。傳曰“毋養乳虎，將傷天下”，蒙三言淫上言寇，世衰道微，學術悖謬，蒙以養邪，而女淫男寇,接迹於天下,滄海橫流,亂靡有定。事有必至,理有固然,古聖人在百世之上,固已思患而豫防之矣。

《象》曰:利用禦寇,上下順也。

虞翻曰:自上禦下,故“順”也。

〔釋曰〕 陽在上禦陰邪,故“順”。順所以爲正,此亦包蒙之用也。

需

《序卦》曰:物穉不可不養也,故受之以需。需者,飲食之道也。

干寶曰:需,坤之遊魂也。雲升在天而雨未降,翱翔東西,須之象也。王事未至,飲宴之日也。夫坤者,地也,婦人之職也,百穀果蓏之所生,禽獸魚鼈之所託也。而在遊魂變化之象,盧、周作“家”。即烹爨腥實,以爲和味者也,故曰“需者,飲食之道也”。

〔釋曰〕 “需”,須也,養也,民以食爲天,物穉須養而長,二義相成。干云“王事未至,飲宴之日”,謂休養生息,美利利民,待時以濟天下之險也。草木禽魚皆託生於地,卦爲遊魂,體坎互離,水在火上,是火化養人之象,故曰“飲食之道”。

䷄乾下坎上需。有孚光亨貞吉。《釋文》:有孚,徐音敷,信也,又作“勇”。

虞翻曰:大壯四之五。“孚”謂五,離日爲光,四之五得位正中,故

"光亨貞吉",謂"壯于大輿之輹"也。

[補] 鄭康成曰:"需",讀爲"秀",陽氣秀而不直前者,畏上坎也。《釋文》。

《京房傳》曰:"需"者,待也,三陽務進而隔於六四,路之險也。

"有孚光亨貞吉",馬、鄭總爲一句,陸德明稱師讀"有孚光"句,"亨貞吉"句。《釋文》。

[釋曰] 需自大壯來,大壯陽盛將息夬,而爲陰所傷。四之五亨坤,以陰養陽,待時而進,象體乾坎,乾健在下,坎險在前,乾知險故需。又坎雨在乾上,膏澤未降,需者乾德,天將施惠,陽將盛息,待時而進,故需也。鄭讀"需"爲"秀",謂需有秀義,陽氣秀發而不直前,畏上坎陰爲險難也。需、秀一聲之轉,禾穗之下垂者曰秀,有需而不直前之象。京氏謂"隔於六四",即"畏上坎"之義,六四不隔則成夬矣。"有孚光亨貞吉",處需之道,大壯四之五,乾元以中德居天位,體坎互離,坎信故"孚",離明故"光",以陽通陰故"亨",得位故"貞",五正則二亦正,成既濟,故"吉",此所以涉大川而陽上息也。虞引大壯九四"壯于大輿之輹"者,"輹",當爲"腹",坤爲大輿爲腹,四之五折坤,故"壯于大輿之腹"。壯,傷也,四在大壯,爲陰所傷,之五還傷坤。輿所以載人,民所以載上,小人所以載君子。以陽折陰而曰"壯于大輿之腹",若自傷其所載然,故增修其德,深養其誠信,以待小人之孚。

利涉大川。

何妥曰:"大川"者,大難也。須之待時,本欲涉難,既能以信而待,故可以"利涉大川"矣。

釋曰 "須之待時"，"須"，當爲"需"。荀氏謂乾當涉坎升上，所謂"不速之客三人來"，虞氏則謂二當變應五成既濟。案：需之道在息夬成乾，需不進，成既濟則進，乾升涉坎陽進而升之象，需之既濟也。五與下乾一體，乾升坎降，乾元正位於五如故，象雖如訟，而實乾之息，此需之效也。

《彖》曰：需，須也，險在前也。

何妥曰：此明得名由於坎也，坎爲險也。有險在前，不可妄涉，故須待時然後動也。

釋曰 "須"，待也。險在前，故待。

剛健而不陷，朱作"陷"。其義不困窮矣。

侯果曰：乾體剛健，遇險能通，險不能險，義不窮也。

釋曰 "險不能險"，下"險"，疑當爲"陷"。剛健疑於躁動，然正惟剛健，故能堅定不拔，其靜莫之能動，其動莫之能禦，故"不陷"。始需終進，"其義不困窮"也。

需，有孚光亨貞吉，位乎天位以正中也。

蜀才曰：此本大壯卦。"卦"下周有"也"字。　案：六五降四，"有孚光亨貞吉"，九四升五，"位乎天位以正中也"。

補 "位"，鄭音涖。《釋文》。

"乎"，唐石經作"于"。

釋曰 此明需德在五，需之體剛健而不陷矣。其所以"有孚光亨貞吉"者，以乾元居天位而行正中也，天位，謂五。大壯乾息至四，陽盛過中失正，爲陰所傷。四之五折坤成需，位乎天位，增修其德，以剛健而行正中，中則誠能孚物，正則物從而正，故"光亨貞吉"。五得正得中，二中而不正，五正之成既濟，皆以正中之義。鄭讀"位乎"之"位"爲"涖"，"涖"，臨也，即居位之義。蜀才以大壯四與五易，陰爲陽所孚，故五正天位行正中，文雖若分屬，義實一貫。

利涉大川，往有功也。

虞翻曰：謂二失誤"三"。失位，變而涉坎，坎爲"大川"，得位應五，故"利涉大川"。"五多功"，故"往有功也"。

釋曰 虞以成既濟言，荀氏則謂乾涉坎升上，盛陽上息，故"往有功"。

《象》曰：雲上於周作"于"。天，需。

宋衷曰：雲上於天，須時而降也。

補 《京房傳》曰："雲上於天"，凝於陰而待於陽，故曰"需"。

干寶曰："上"，升也。

王肅作"雲在天上"。並《釋文》。

君子以飲食宴樂。《釋文》：宴，烏練反。徐烏殄反，安也。李軌烏衍反。

虞翻曰："君子"謂乾。坎水兌口，水流入口爲"飲"，二失位，變體噬嗑爲"食"，故以"飲食"。陽在内稱"宴"，大壯震爲"樂"，故"宴樂"也。

補 鄭康成曰:"宴",享宴也。

干寶曰:"宴",安也。並《釋文》。

釋曰 二變成既濟,初至五有噬嗑象,陽在內稱宴,乾也。大壯
震爲樂,五本大壯震也。飲食宴樂,安養以待時。

初九:需于郊,利用恒,无咎。

干寶曰:"郊",乾坎之際也。既已受命,進道北郊,未可以進,故
曰"需于郊"。處不避汙,出不辭難,臣之常節也。得位有應,故曰"利
用恒"。雖小稽留,終於必達,故曰"无咎"。

釋曰 乾位西北之地,故稱"郊"。凡涉川遠行,必自郊而出。初
應四,由乾向坎,故云"郊,乾坎之際"。坎者正北方之卦,乾行居五,
下三陽將進,初去坎最遠,故受命而需于郊。聘禮既受命,遂行,舍于
郊,其象也。險在前,故需,"需于郊",非辭難也,不鹵莽以犯難,而後
可以濟難也,故"利用恒"。"恒",德之固也。初得位有應,固守以待
其孚,然後成既濟而需,可進,故"无咎"。無欲速,無見小利,時止則
止,時行則行,是其義。

《象》曰:需于郊,不犯難行也。利用恒无咎,未失常也。

王弼曰:居需之時,最遠於險,能抑其進,"不犯難行"。雖不應
幾,朱、盧作"機"。可以保常,故"无咎"。

補 《釋文》本無"无咎"二字。

釋曰 姚氏曰:"'不犯難行',危邦不入也。"案:"利用恒",雖需

止不進，而於六位得正有應之常道未失，故无咎而終濟，失常而能濟者否矣，大壯之初所以征凶孚窮也。"利用恒"非不應幾，乃審幾待時，臨事而懼，好謀而成耳。

九二：需于沙，小有言，終吉。

虞翻曰："沙"謂五，水中之陽稱"沙"也。二變之陰稱"小"，大壯震爲"言"，兌爲口，四之五，震象半見，故"小有言"。此下朱衍"五"字。二變應之，故"終吉"。

補 "沙"，鄭作"沚"，《釋文》。案："沚"當作"沁"。曰：沙當作"沁"。接水者。《詩·鳧鷖》正義。

釋曰 虞義二需五德孚而變應之。渚自水出曰"沙"，沙在中流，水中之陽，故以象五。五爲沙，二體兌爲澤，此非見險者比，乃宜與五同德者。水自沙流衍於澤，而後涉川乃有功，無凝滯之患，故"需于沙"。《象》曰"衍在中"，言自五流至二，喻中德之孚也。"小有言"不宜取二變之陰象，大壯震爲言，四之五震象半見，三體兌爲口，爲小，與半震相屬，故"小有言"，需時疑慮之言也。五德既孚，二終變應之，涉川有功，故"終吉"。雲行雨施，膏澤洽於民，則既濟成也。鄭本"沙"作"沚"，惠氏曰："沚，當作'沁'，與'沙'同，《説文》沙或作沁，當據古文《易》。"案：鄭注文不具。"沁"者，水土相接，鄭意或亦謂水中之陽，與荀虞同義，如坎五取坻象之比。或曰：鄭云"沁接水"者，謂水旁之沁，二與坎互體連，又應五，是與水接，故取沁象。需沁可涉，寬衍在中，無躁進之意，雖小遲疑，終往有功，故"吉"。

《象》曰：需于沙，衍在中也。《釋文》：衍，以善反，徐怡戰反。

虞翻曰："衍"，流也，"中"，謂五也。

荀爽曰：二應於五，水中之剛，故曰"沙"，知前有沙漠朱誤"㵒"。而不進也。體乾處和，美德優衍在中而不進也。

釋曰　荀以"沙"爲"沙漠"，所謂險在前，二體乾有中德，優衍自處，所謂"剛健而不陷，其義不困窮"者。時止時行，乾終升上，則沙漠不能阻絶矣。"前有沙漠而不進以上"，經下注，移并在此。

雖小有言，以吉終也。

荀爽曰："二與四同功"，而三據之，故"小有言"。乾雖在下，終當升上，二當居五，故"終吉"也。

釋曰　荀以"終吉"爲乾終升上，二居五，與上六"不速之客來，敬之終吉"同義，甚是。惟謂"二與四同功而三據之，故小有言"，似未確。惠氏曰："二當升五，故需于沁，隔於六四，四體兌爲小爲口，故'小有言'。知小有言爲四者，《京房易傳》曰'三陽務上而隔於六四，路之險也'。"義最允。四不隔則成夬息乾，乾升坎上象之。乾升上，二居坎陽之位，故取需沙之象。沙水流衍，涉川之利也，膏澤淪浹，乾道所以成也。

九三：需于泥，致寇至。

荀爽曰：親與坎接，故稱"泥"。須止不進，不取於四，不致寇害。

補　"寇"，鄭、王肅作"戎"。《釋文》。

虞翻同。見下。

釋曰 沙與泥皆接水，而沙爲水波所及，或自水而出，泥則水所滲洳之地，所謂“厥土惟塗泥”者。沙高而泥卑，沙遠而泥近，三親與坎接，故稱“泥”。“需于泥”，去險至近，一或不慎，即有陷没之患，故象“寇至”。“寇”，鄭、虞作“戎”，三接坎互離，離爲戎，坎爲寇，二義皆合。陰自遯消至五，小人道長，臣弑其君。大壯五體剥五，四陽盛息，爲陰所傷，四之五折坤，成坎互離，猶有寇戎象。《象》曰“自我致寇，敬慎不敗也”，“我”，謂乾，乾上折坤而成坎離，寇戎之至，自我致之。君子正小人而未孚，則疑於敵，可不慎乎。君子不咎小人而反己，無急功侮奪之心，則戎自順聽，不至有禍敗矣。荀云“不取於四”，謂不冒難以圖近功。上注云“三據二”，亦止不進之意。

《象》曰：需于泥，災在外也。

崔憬曰：“泥”，近乎外者也。三逼於坎，坎爲險盜，故“致寇至”，是“災在外也”。

釋曰 “泥近乎外”，“外”，當爲水，去水至近，厥土塗泥，一或不慎，即至陷没，故“災在外也”。“衍在中”，見其可涉，“災在外”，懼其陷險。

自我致寇，敬慎不敗也。

虞翻曰：離爲“戎”，乾爲“敬”。陰消至五，遯朱作“遁”。臣將弑君，四上壯坤，故“敬慎不敗”。

釋曰 “我”，謂乾。虞於我字每取坤象，乾由坤息，象取坤，義主乾，《易》固有此例，實則此等字皆不必取象。壯，傷也。五與下乾一體,乾行折坤而有坎寇離戎之象,故"自我致寇"。敬慎以待之,寇之至固豫防之矣。

六四:需于血,出自穴。

案:六四體坎,坎爲雲,又爲血卦,血以喻陰,陰體卑弱,宜順從陽,故曰"需于血"。*朱脫圈。*

《九家易》曰:雲從地出,上升於虛、*周作"于"。*天,自地出者,莫不由穴,故曰"需于*朱作"於"。*血,出自穴"也。

補 《京房傳》義:需,坤之遊魂,夬九四陽入陰成六四,陰陽交會運動,陰雨積而凝滯於陽,通乃合。陸績曰:羣陽務上,一陰包之,故"凝滯",雨乃合。

釋曰 姚氏曰:"陽爲陰凝,故'需于血'。兌口爲穴,山澤通氣,雲所自出。上卦之氣伏於下卦,由四而升也。坎爲血卦,在地爲水,在人爲血,在天則爲雲雨,氣行而血隨,雲興而雨至。'需于血出自穴'者,雲方出穴,雨尚未至,陽爲陰凝,故以血狀之。若二化成既濟,則雲行雨施,不得云血矣。《象》曰'順以聽',謂雲興而雨也。"案:大壯四之五,乾元以陰養陽,所以息夬,與坤上陰凝陽稱血義同。京氏謂夬四入陰,陰陽交而凝,義正相符。陰養陽爲順,升降出入唯陽之聽,血以喻陰順陽也。

《象》曰:需于血,順以聽也。

王弼曰:"穴"者,陰之路也。四處坎始,居穴者也。九三剛進,四不能距,見侵則避,順以聽命也。*朱脫圈。*

《九家易》曰：雲欲升天，須時當朱誤"升"。降，順以聽五，五爲天也。

釋曰 五爲天位，大壯乾四之五，位乎天位而四承之，順也。五德既乎，乾升坎降，乾元仍位乎天位，四從坎五而降，亦順也。升降皆乾元爲之，是順聽於天也。王弼説非是。

九五：需于酒食，貞吉。

苟爽曰：五互離坎，水在火上，酒食之象，"需者，飲食之道"，故坎在需家爲"酒食"也。雲須時欲降，乾須時當升，五有剛德，處中居正，故能帥羣陰，舉坎以降，陽能正居其所，則吉，故曰"需于酒食"也。

釋曰 五爲需主。"需"，飲食之道，民以食爲天，"夫禮之初，始諸飲食"，故特稱"需于酒食"。人君至誠育物，勞來撫字，使人人樂其樂利其利，不剛不柔，敷政優優，民之質矣。日用飲食，久道化成，羣陰順聽，盛陽上息，是其事。在六爻爲既濟，二五皆正也。在兩象爲坎降乾升，五處中居正。需養以待乾升，三陽上升，二升居五，得中得正也，故"貞吉"。物稺不可不養，養必以禮，酒以成禮，五需養以待乾升，如設酒食以待賓客，故上曰"有客"。姚氏曰："乾純陽，坎，乾之中氣，升降一體。"案：五以乾體坎，舉坎以降而升乾，升降皆乾陽爲之。乾升坎降，而乾元之位乎天位如故也。若以乾坎分象君臣言，則五之位乎天位，若周公攝政，需于酒食而乾升，二正天位，若制禮太平，成王復辟是也。

《象》曰：酒食貞吉，以中正也。

《九家易》曰：謂乾二當升五正位者也。

盧氏曰：沈湎則凶，中正則吉也。

　釋曰　五以中正之德孚陰而升乾，乾二升五，以中居正，陽息上進，由夬成乾，需之既濟也。盧氏所言，酒以成禮之義。五以酒食需二，乾升坎上，其象如訟而非訟也。若沈湎失禮，則酒流生禍，獄訟益繁，乃需反爲訟，非陽息之義矣。

上六：入于穴，

荀爽曰：需朱作“須”。道已終，雲當下入穴也。雲上升極，則降而爲雨，故《詩》云“朝隮于西，崇朝其雨”，則還入地，故曰“入于穴”。雲雨入地，則下三陽動而自至者也。

有不速之客三人來，敬之終吉。

荀爽曰：“三人”，謂下三陽也。須時當升，非有召者，故曰“不速之客”焉。乾升在上，君位以定，坎朱誤“次”。降在朱作“居”。下，當循臣職，故“敬之終吉”也。

　補　馬融曰：“速”，召也。《釋文》。

《京房傳》曰：陰陽相待，反爲不速，敬終有慶，陰險漸消，陽道得行。此傳誤字極多，今讀正。

　釋曰　此需成既濟之事也。需之道，乾須時升，雲須時降。成既濟則當降者降，向之“出自穴”者，今“入于穴”矣。當升者升，向之需而不進者，今不速而來矣，所謂“利涉大川”也，皆九五孚貞之效。五本乾陽，體坎通坤，爲成卦之主，故下三陽爲客，乾陽自爲客主，非以陰爲主陽爲客也。乾爲敬，五坎本乾陽，故能敬。五始而孚，終而敬，皆中正之德，此需道之成，故於上言之。上從五承乾，亦敬也。惠氏曰："乾往居上，故稱客。坎爲主人，據主召客，故稱來，不速猶不戒。北音讀速爲須，五爻皆有需象，上不言需，稱不速之客。"姚氏以此爲巡守禮，凡飲酒之禮，客須主人速之乃來，天子無客禮，莫之敢召，故曰"不速之客"。"三人"，謂王與從行之二公，於象有合。

《象》曰：不速之客來，敬之終吉。雖不當位，未大失也。

荀爽曰：上降居三，"雖不當位"，承陽有實，故"終吉，无大失"矣。朱脱"矣"字。

釋曰　荀氏唯據上六言之。姚氏曰："乾升坎降，初、二、三、四、上皆失位。但乾君卦，君尊臣卑，故'未大失'，卦重則爻輕也。"

卷第三

訟

《序卦》曰：飲食必有訟，故受之以訟也"也"字衍。

鄭玄曰："訟"，猶爭朱、盧作"諍"。也，言飲食之會，恒多爭也。

釋曰 秦豕爲酒，獄訟益繁，民之失德，乾餱以愆，利害相因，民生既遂，則多少貧富相形而爭端起矣。

☰☵ 坎下乾上 **訟。有孚，**

干寶曰：訟，離之遊魂也。離爲戈兵，此天氣將刑殺，聖人將用師之卦也。"訟，不親也"，兆民未識天命，句。不同之意。

荀爽曰：陽來居二而孚於初，故曰"訟有孚"矣。盧、周作"也"。

補 鄭康成曰：辯財曰訟。《釋文》。

釋曰 訟自遯來，遯陰消將成否，三來之二體坎，陽剛中實，故"有孚"。荀云"孚於初"，謂二使初變成履，禮所以息訟也。鄭云"辯財曰訟"，據"飲食必有訟"爲義。干云"聖人將用師之卦"，據訟受以師也，云"兆民未識天命不同之意"，謂未能與之同意。訟爲離之遊魂，"王用出征"之義未著，歸魂同人，"大師克相遇"，則兆民皆知其應天順人而意同矣。《雜卦》曰"訟，不親也；同人，親也"，義足互明。

窒惕，中吉，《釋文》：窒，張栗反，徐得悉反，又得失反。中，如字。

虞翻曰：遯朱作"遁"。三之朱誤倒。二也，"孚"，謂二。"窒"，塞止也，"惕"，懼二也。二失位，故不言"貞"。遯朱作"遁"。將成否，則"子弒父，臣弒君"，三來之二得中，弒不得行，故"中吉"也。

補 "窒"，馬作"咥"。曰："咥"，讀爲"躓"，猶止也。

鄭康成曰："咥"，覺悔貌。

"中"，馬丁仲反。並《釋文》。

陸德明讀"有孚窒"句，"惕中吉"句。

釋曰 "窒"，塞而止之也，"惕"，懼也，皆謂二。馬、鄭"窒"作"咥"，而馬讀"咥"爲"躓"訓"止"，與虞義同。鄭訓"咥"爲"覺悔"，則所以窒之之本。坎爲悔，故"咥"，又爲加憂，故"惕"，不能思患豫防，陰已長而訟之。"咥"者，君子以始謀爲不詳也。陰勢已盛，敢與陽訟。"惕"者，臨事而懼也。二得中，故"中吉"，以人治人改而止，則人易從，很毋求勝，行有不得，反求諸身，則己心平，是謂"中吉"。二以剛來訟陰得中，故其德如此，虞謂塞陰使不得上消成否，是其吉也。馬讀"中"爲"中節"之"中"，亦通。陸氏讀"有孚窒"句，"惕中吉"句，葢亦用其師說。今謂此與《需·彖》文例同，當"有孚"句，"窒惕"句，"中吉"句，合之則總爲一句。

終凶。

虞翻曰：二失位，終止不變，則"入于淵"，故"終凶"也。

> **釋曰** 訟不可成。未成卦時，陽與陰訟。既成卦，則初、二、三、四、上皆失位，六爻不親，二四上爭三，陽與陽訟矣，故訟不可成。成卦即成訟，故六爻自九五中正外皆當變。二爲成卦之主，二不變則諸爻失位者皆不變而訟成，以健履陷，有"入淵"之象。訟成不變，必冒險陷難而後已，故"終凶"。

利見大人，不利涉大川。

侯果曰："大人"，謂五也，斷決必中，故"利見"也。訟是陰事，以險涉險，故"不利涉大川"。

> **釋曰** "利見大人"，言訟變而成既濟，二、四皆體離應承於五也。"不利涉大川"，言訟不變則陷於險，如訟之象而涉大川，寡助犯難，不和必敗矣。姚氏曰："需乾在下當升，故'利涉大川'，訟乾已在上，涉大川則'入于淵'，故'不利'。"張氏謂二不變則五將變應之成未濟。案：凡卦當成既濟，不可成未濟。需、訟與既、未濟異者止一爻，需"利涉大川"，明當成既濟，乾升坎上，既濟之事也。訟"不利涉大川"，明不可成未濟，乾陷坎下，未濟之事也。侯云"訟是陰事"，"陰"當爲"險"。

《象》曰：訟，上剛下險，險而健，訟。

盧氏曰："險而健"者，恒好爭訟也。

> **釋曰** 行險而健，所以成訟。

訟有孚窒惕中吉，剛來而得中也。

蜀才曰：此本遯卦。此下周有"也"字。　案：二進居三，三降居二，是"剛來而得中也"。

釋曰　陽來訟陰，故"吉"。

終凶，訟不可成也。

王肅曰：以訟成功者，終必凶也。

王弼曰：凡不和而訟，无朱作"無"。施而可，涉難特甚焉。唯有信而見塞懼者，乃可以得吉也。猶復不可以終，中乃吉也。不閉朱誤"閑"。其源，使訟不至，雖每不枉，而訟至終竟，此亦凶矣。故雖復有信而見塞懼，猶不可以爲終，故曰"訟有孚窒惕中吉終凶"也。无善聽者，雖有其實，何由得明。而令朱脫"令"字。有信塞朱作"窒"。懼者，乃得其中吉，必有善聽之主焉，其在二乎？以剛而來，正夫羣小，斷不失中，應其任矣。　案："案"上朱空二格。夫朱、盧誤"天"。爲訟善聽之主者，其在五焉。何以明之？案：爻辭九五"訟元吉"，王氏注云"處得尊位，爲訟之主，用其中正，以斷枉直"，即《象》云"利見大人，尚中正"，是其義也。九二《象》曰"不克訟，歸逋竄也。自下訟上，患至掇也"，九二居訟之時，自救不暇，訟既不克，懷懼逃歸，僅得免其"終凶"下脫"之"字。禍，豈能爲善聽之主哉。年代緜朱作"綿"。流，師資道喪，恐傳寫字誤，以"五"爲"二"，後賢當審詳之也。

釋曰　訟已成卦，則陽與陽訟而凶。卦成於上，"終朝三褫"，"終凶"之義。

利見大人，尚中正也。

荀爽曰：二與四訟，利見於五，五以中正之道解其訟也。

<blockquote>

釋曰　訟解則二、四皆變，上亦與三易，成既濟，无訟矣。

</blockquote>

不利涉大川，入于淵也。

荀爽曰：陽來居二，坎在下爲"淵"。

釋曰　二不變，則諸爻失位者皆不變，其極至於乾陷坎下，如未濟之"濡首"矣。好訟者必負，可不戒乎。

《象》曰：天與水違行，訟。

荀爽曰：天自西轉，水自東流，上下違行，成"訟"之象也。

釋曰　訟始於相違。

君子以作事謀始。

虞翻曰：君子謂朱誤"謀"。"乾三"。來變坤爲"作事"，坎爲"謀"。"乾知大始"，故"以作事謀始"。

干寶曰：省民之情，以制作也。武王故先觀兵孟津，蓋以卜天下之心，故曰"作事謀始"也。

釋曰　遯三即乾三，三訟陰，體坎以息乾，推陰長之由，而深正其本，應五正初以正諸爻，謀始之道。干說未甚當。

初六：不永所事，小有言，終吉。

虞翻曰："永"，長也，坤爲"事"，初失位而爲訟始，故"不永所事"也。"小有言"，謂初四易位成震"言"。三"食舊德"，震象半見，故"小有言"。初變得正,故"終吉"也。

釋曰 事,訟事也。初失位而爲訟始,過惡猶微,二來訟陰,即孚而正,故"不永所事"。虞云"初四易位",謂變成中孚,中孚所以取訟來也。若以初一爻變言,則成履,履者,禮也。分爭辯訟,非禮不決,禮達分定,則無訟矣。"小有言",初正體兑爲口舌,爲小,又二動體震,震爲言,言,辯訟之言也。初始發成兑,震象半見,故"小有言"。二變,三伏陽發,體離明,雖"小有言",終得辯明,故吉。虞氏則謂三動震象半見,故"小有言"。初已正,由震成離,震辯離明,故"終吉",亦通。

《象》曰:不永所事,訟不可長也。雖小有言,其辯明也。

盧氏曰:初欲應四而二據之,覬爭,事不至永。雖有小訟,訟必辯明,故"終吉"。

釋曰 禍生有胎,辯之早,絶其胎,禍何自來,故"訟不可長"。此爻以陽訟陰言,餘爻則皆以陽相訟言,訟已長而患至也。盧氏謂二據四之應,故"小有言",與荀注需二同例,所謂遠近相取而悔吝生,悔吝者言乎其小疵也。二欲孚初,使與四易位各正,故"終吉"。"訟不可長",凡人念慮隱微,一有不善,即見之明而內自訟,絶其本根,弗使能殖,自無天人交戰、方寸之閒水火遞爲生滅之患,故"小有言"而即吉。所謂"其辯明"者,辯其本心之無他,復其固有之善也。若巧辯飾非,怙惡求勝,則常人所謂啟明,聖人所謂囂訟,何凶如之。

九二:不克訟,歸而逋《釋文》:逋,補吳反,徐方吳反。

虞翻曰:謂與四訟。坎爲隱伏,故"逋"。乾位剛在上,坎濡失正,故"不克"也。

補 東鄉助曰:坎爲隱伏,遁逃之象。《會通》。

釋曰 訟已成卦,諸爻自九五外皆失位不親,故二與四訟。五以中正之道解之,二、四皆變,故辭皆稱"不克訟"。爻位二爲大夫,三爲三公,四爲諸侯,二與四爭三公之服,三伏陽發,二、四皆"不克"。而二自下訟上,失貴貴尊尊之義,罹患至而憂,故"歸而逋"。虞云"乾位剛在上",謂五,治訟者。二與五敵應,"歸而逋",則順以聽命,不與四訟,變而應五矣。云"坎濡失正",張氏曰:"濡,讀如耎,弱也,坎爲濡。"案:濡弱非健訟者,故自知失正而變。

其邑人三百户,无眚。

虞翻曰:"眚",災也,坎爲"眚",謂二變應五。乾爲"百",坤爲"户",三爻,故"三百户"。坎化爲坤,故"无眚"。

補 《子夏傳》曰:妖祥曰眚。

馬融曰:"眚",災也。並《釋文》。

鄭康成曰:小國之下大夫,采地方一成,其定税三百家,故"三百户"也。《雜記下》正義。又見《坊記》正義,無末句。不易之田歲種之,一易之田休一歲乃種,再易之田休二歲乃種,言至薄也。苟自藏隱,不敢與五相敵,則无眚災。《正義》。

"眚",過也。《釋文》。

釋曰 二既"歸逋",則之正化爲坤。虞注无妄云"坤爲邑人",此注云"乾爲百,坤爲户",二以乾陽乘坤,象"百户",復化爲坤,三爻,故"三百户"。邑人三百户,下大夫之禄采地一成之税。惠氏曰:"一成九百夫，宫室塗巷山澤，三分去一，餘六百夫，地有不易一易再易，通率一家受二夫之地，故一成定税三百家。二本大夫，守至薄之禄，不與上訟，故无災眚。"案：二變應五，不復敵應，故鄭云"不敢與五相敵"，謂順五之命不與四訟也。二本訟陰者，雖不能勞而不伐，有功不德，而守分知懼，過而能改，復於无過，故"无眚"。此讀"歸而逋"句，"其邑人三百户"句，"无眚"句，鄭、虞義同。

《象》曰：不克訟，歸逋竄也。

荀爽曰：三當爲"二"。不克訟，故"逋而歸"。坤稱"邑"，二者，邑中之陽人。"逋"，逃也，謂逃失邑中之陽人。

〔釋曰〕此"也"字，起下之辭。言"不克"而"歸逋竄也"者，以二自下訟上，患難之至，其自取也。竄，匿也。荀讀"歸而逋其邑人"爲句，此經下注，李氏移之。

自下訟上，患至掇也。

荀爽曰：下與上爭，即取患害，如拾掇小物而不失也。坤有三爻，故云"三百户无眚"。二者，下體之君。君不爭，則百姓无害也。

〔補〕王肅曰：若手拾掇物然。《正義》。

"掇"，鄭作"惙"。曰："惙"，憂也。《釋文》。

〔釋曰〕下，謂二，上，謂四，患，即眚也。逋而變應五，則无眚矣。掇，拾也，言自取之。鄭作"惙"訓"憂"，患至而憂所以逋也。荀讀"三百户无眚"爲句，言采地之民无眚，亦通。坤有三爻以下，亦經下注，二變成坤也。

六三：食舊德，貞厲，終吉。

虞翻曰：乾爲“舊德”，“食”謂初、四，二已變之正，三動得位，體噬嗑食，四變食乾，故“食舊德”。三變在坎，正危，“貞厲”，得位，此下朱衍“二”字。故“終吉”也。

補 《五經異義》曰：三爲三公，“食舊德”，食父故禄也。《詩·文王》正義、《春秋左氏傳·宣十年》正義、《禮記·王制》正義。

釋曰 三爲三公之位，二、四皆求之，五解二、四之訟使各守其分，而命三公子孫之賢者嗣其父故禄，故二、四者皆“不克訟”而三“食舊德”。三在遯消陽，既入乾家，則以從陽爲義。三本乾位，下有伏陽，乾爲父，陽爲德，伏陽，故“舊德”。古者爵人以德，禄者德之所致，“食舊德”，積善之餘慶也。虞氏謂初、四易位，二已變，三動正，體噬嗑“食”。又上體乾爲德，遯時，故“舊德”，四變乾虧，如日有食之，此“食舊德”之象。三下有伏陽，發得正，子承父業，食其故禄，“食舊德”之義。三正體坎險，在訟時，故“貞厲”。言雖正而危，承五命而發，從上得正，故“終吉”，此與坤“含章可貞”同義。遯時陰消陽，防弑逆之漸，五以二陽訟陰，三入乾家，承君命以守父業，體坤順承陽而息，是以吉也。

或從王事，无成。

虞翻曰：乾爲“王”，二變否時，坤爲“事”，故“或從王事”。道上脱“地”字。无成而代有終，故曰“无成”，坤三同義也。

釋曰 虞氏謂“食舊德”據初、二、三、四各正言，“或從王事”但就二正言。二正否時，上乾爲王，下坤爲事，三以坤承乾，故“從王事”。

初變三未動,亦有震爲從之象。地道无成,與坤三同義。但彼以陰息陽成泰,以泰從王事,此否坤承乾,以否從王事耳。姚氏曰:"上言伏陽發,此言不化,以陰從陽,故或從王事,坤三同義。謂不化,與上易位,所謂弗敢成也。"愚謂姚説較長,此與上文別一義,故稱"或"。上文已言"終吉",故不言有終,《象傳》以"從上吉"驥括二義,則亦有終可知。

《象》曰:食舊德,從上吉也。

侯果曰:雖失其位,專心應上,故能保全舊恩,"食舊德"者也。處兩剛之間,而皆近不相得,乘二負四,正之危盧誤"厄"。也。剛不能侵,故"終吉"。此下周有"也"字。

釋曰 "上",謂五,三從上,故伏陽發得正而吉。"或從王事",以陰從陽,義亦同,故以"從上"二字括之。侯氏就三未動言,應上,謂應上九,陰從陽,下從上,於義爲正,雖危而吉矣。李意葢以虞義爲主,附存此説於後。

九四:不克訟,復即命渝,安貞吉。

虞翻曰:失位,故"不克訟"。"渝",變也。不克訟,故復位變而成巽,巽爲命令,故"復即命渝"。動而得位,故"安貞吉",謂二已變,坤安也。

補 馬融曰:"渝",變也。

鄭康成曰:"渝",然也。並《釋文》。

釋曰 三伏陽發,故二不克訟,四亦不克訟。復,反;即,就也;

命,謂五之命;渝,變也。"不克訟",故反就正理,順五之命而變,謂與初易位,得正應巽命,坤爲安,初、四易二變互坤,故"安貞吉",與坤初變體復同義,此虞義也。鄭訓"渝"爲"然",葢讀"渝"爲"俞"。俞,命辭也,《尚書》帝命羣臣之辭皆曰"俞"。葢五命四勿爭三,而更以當命者命之,四反正理就君命而見俞,安於承乾之正則吉,與坤承乾同義。復者復其本位,四失位,或與初易,或變而之正,皆復也。命,謂君命,其原出於天命,謂陰陽一定之理也。

《象》曰:復即命渝安貞吉,不失也。

侯果曰:初既辯明,四訟妄也。訟既不克,當反就前理,變其訟盧、周作"詔"。命,則安靜貞吉而不失初也。

補　唐石經注疏本無"吉"字。

釋曰　四雖"不克訟",而於上下之分不失,故復位即君命而安貞吉。失位故復,人孰無失,失而能復,斯不失矣,故"吉"。侯氏依王弼說,謂四與初訟,"復即命渝",謂復就前理而變其相訟之命。"復即"二字讀斷,"命渝"文倒,不辭,恐非也。

九五:訟元吉。《象》曰:訟元吉,以中正也。

王肅曰:以中正之德,齊乖爭之俗,"元吉"者朱脫"者"字。也。

王弼曰:處得尊位,爲朱、盧無此二字。訟之主。用其中正,以斷枉直,"中"則不過,"正"則不邪,剛則无所溺,公則无所偏,故"訟元吉"。

釋曰　姚氏曰:"元,乾元也。乾元託位於五,所謂'利見大人'

也。"惠氏曰："卦惟九五一爻中正,是聽訟得其中正者,故'元吉'。"

上九:或錫之鞶帶,《釋文》:錫,星歷反,又星自反,賜也。

虞翻曰:"錫",謂王之錫命。"鞶帶",大帶,男子鞶革。初、四已易位,三張曰,"三"字衍。二之正,巽爲腰帶,故"鞶帶"。

補 馬融曰:"鞶",大也。《釋文》。

"鞶帶",大帶衣當爲"衣大帶"。也。《口訣義》。

鄭康成曰:"鞶帶",佩鞶之帶。《周禮·巾車》疏不云鄭注,按《詩》《禮》疏引《易》注皆鄭注。

"鞶",王肅作"槃"。

"帶",亦作"帬"。《釋文》。

釋曰 "錫",謂錫命,五錫之。"鞶帶",馬、虞皆謂衣之大帶,王肅作"槃",槃亦大也。但大帶以繒爲之,與革帶別。虞引《內則》"男鞶革"爲證,似稍牽混。《內則》之鞶,乃鞶囊,鄭所云佩鞶也,佩鞶所飾之帶,姚氏以爲即《詩》"垂帶如厲"之厲。二變時,坤爲囊,巽爲繩,與坤連,故象鞶帶,是也。鞶帶,服之飾,蓋以指三公之服。訟既成卦,二、四上皆爭三,二、四與三比,上與三正應。三者,三公之位,爭競之世,分理未明,當辯上下以定民志,故二與四訟,則二歸逋而四不失,上位尤尊,疑分所當得,故或以錫之。帬,即漢碑帶字,《説文》無此體。

終朝三褫盧、周作"拕"。**之。**《釋文》:褫,徐敕紙反,又直是反。

虞翻曰:位終乾上,二變時,坤爲"終",離爲日,乾爲甲,日出甲上,故稱"朝"。應在三,三變時,艮爲手,故"終朝三褫盧、周作"拕"。

之”。使變應己，則去其鞶帶，體坎乘陽，故象曰“不足敬也”。

侯果曰：“褫”，解也。乾爲衣、爲言，故以“訟受服”。

荀爽曰：二、四爭三，三本下體，取之有緣。或者，疑之辭也。以三錫二，於義疑矣，爭競之世，分理未明，故或以錫二。終朝者，君道明，三者，陽成功也。君明道盛，則奪二與四，故曰“終朝三褫盧、周作“拕”。之”也。鞶帶，宗廟之服。三應於上，上爲宗廟，故曰“鞶帶”也。

翟玄曰：上以六三錫下三周作“二”。陽，羣剛交爭，得不以讓，故終一朝之間，各一奪之爲“三褫”。盧、周作“拕”。

補　馬融曰：旦至食時爲終朝。

王肅曰：“褫”，解也。

“褫”，本又作“褫”。音同。

鄭作“拕”。徒可反。並《釋文》。或稱鄭云：三拕，當作“拕”。三加當作“解”。之也。項安世《周易玩辭》。

釋曰　位終乾上，剛爻爲朝，“終朝”之義。又二變時坤爲終，初、四已易，三動體離，離爲日，乾爲甲，動乾成離，日出甲上爲“朝”。三由坤成離，互與乾連，亦“終朝”之象。三爲上應，故或以三錫上，然皆失正。二動時，三在艮，艮爲手，三變艮手動，與上敵應，奪上使變應己，巽帶象壞，自三至上歷三爻，故“三褫之”。褫，《説文》云“奪衣也”，鄭作“拕”，古音褫與拕相近，“拕”蓋即“褫”之叚字，故高注《淮南》云“拕，奪也”。《釋文》惟云“鄭作拕”，則諸家皆作“褫”。褫者，或體字。以訟受服，非德賞，雖得必失。錫之者五，拕之者亦五，終朝三拕，以見奪之之急。五奪上與三，故取三艮手動之象，非三自奪之也。三、上皆失正，易位則可，不正相應則失義。三“食舊德”，則上必變，乾動入陰體坎乘陽,所謂"終凶",此就上九一爻言,見訟不可成。在五則奪上與三,尚德而化違心,乃既濟之事,上從五而應三可也,此就虞義申之。荀謂"奪二與四",似於二、四皆"不克訟"之義未合。翟云"上以六三錫下三陽各一奪之",五至尊非可錫可奪者,似更失之。

《象》曰:以訟受服,亦不足敬也。

虞翻曰:"服",謂鞶帶。終朝見褫,盧、周作"拕"。乾象毀壞,故"不足敬"。

《九家易》曰:初、二、三、四皆不正,以不正相訟而得其服,故"不足敬"也。

釋曰　上本失正當變,但體乾居尊,見拕而變,陽反入陰,故"不足敬"。需"不速之客三人來,敬之終吉",則象如訟。訟上居尊,本足敬也,然以訟受服,則非息陽而濟之道,故"不足敬"而見拕。

訟,卦變之次,二訟陰,使初變,"不永所事",二亦變應五,諸爻皆變,此中吉之用。若就訟已成卦言,五以中正解二、四之訟,二變,初、四易位,三伏陽發,上變,或三上易位,成既濟,此乾元解訟救逆之事。

師

《序卦》曰:訟必有眾起,故受之以師。師者,眾也。

崔憬曰:因爭必起眾相攻,故"受之以師"也。

☳☷　坎下坤上　**師。貞丈人，**句。**吉，无咎。**

何晏疑當爲“妄”。曰：“師”者，軍旅之名，故《周禮》云“二千五百人爲師”也。

王弼曰：“丈人”，嚴莊之稱，有軍正者也。爲師之正，丈人乃吉。興役動衆，无功則罪，故吉乃无咎。

陸績曰：“丈人”者，聖人也。帥師未必聖人，若漢高祖、光武應此義也。

崔憬曰：《子夏傳》作“大人”，並王者之師也。　案：此《彖》云“師，衆。貞，正也。能以衆正，可以王矣”，故老子曰“域中有四大，而王居其一焉”。由是觀之，則知夫爲王者，必大人也，豈以丈人而爲王哉！故《乾·文言》曰“夫大人與天地合德，與日月合明，先天而天不違，後天而奉天時。天且不違，而況於人乎”，況於行師乎。以斯而論，《子夏傳》作“大人”是也。今王氏曲解“大人”爲“丈人”，臆云“嚴莊之稱”，學不師古，匪説攸聞。既誤違於經旨，輒此字容誤，宜以“當”字易之。改正作“大人”明矣。

補　馬融曰：二千五百人爲師。《釋文》。

鄭康成曰：軍二千五百人爲師。《周禮·夏官·序官》疏不稱鄭注。丁氏杰據上連引經文，下連引“丈之言長”云云，謂此句上脱“注云”二字，是也。多以軍爲名，次以師爲名，少以旅爲名。師者，舉中之言。《詩·棫樸》正義。丈之言長，能御衆。下依丁校删“衆”字。有幹“幹”本誤“朝”，依丁校改。正人之德，以法度爲人之長，吉而无咎，謂天子諸侯主軍者。《春官·天府》疏。

陸績曰：師爲衆首，法長而行。《口訣義》。

《京房傳》曰：師者，衆也，衆陰而宗於一陽。九二一陽在中，能爲眾主,利於行師。

服虔《左傳解誼》曰:坎爲水,坤爲眾,互體震,震爲雷。雷,鼓類,又爲長子。長子帥眾鳴鼓,巡水而行,師之象也。《左傳·宣十二年》正義。

先後鄭説《周官·天府》太卜,並以貞爲問,問於正者。

釋曰　"丈人",謂二。二有剛中之德,眾陰應之,能以法度長人,故曰"丈人"。丈之言長,二體乾元,所謂"體仁足以長人"也。"貞丈人"謂眾皆受正於丈人,《傳》曰"能以眾正,可以王矣"。丈人正師以正天下,本之以仁義,行之以節制,濟之以謀略,萬眾一心,除暴禁亂,天下無敵,故可以王,謂以師行正。上居五得正得中,是謂"貞丈人",若黄帝湯武是也。以師正天下,民説而從之,故吉且无咎。"丈人",《子夏傳》作"大人",蓋六朝人猶及見古本。崔氏謂"丈人""大人",竝稱王者之師,義得兩通,李則定從"大人"。姚氏曰:"鄭云'天子諸侯主軍',則意與大人不異。"以困卦"貞大人"推之,此亦當從《子夏傳》作"大人"。鄭不破字者,以其義可通,故仍其舊,慎也。《口訣義》引陸氏語,脱誤不可讀,大旨謂二於師爲眾之首,以法度長人而行師,於鄭義爲合。或者"師爲眾首",當作"爲師眾首"。

《彖》曰:師,眾也。貞,正也。能以眾正,可以王矣。《釋文》:王,徐往況反。

虞翻曰:坤爲"眾",謂二失位,變之五爲比,故"能以眾正",乃"可以王矣"。

荀爽曰:謂二有中和之德而據羣陰,上居五位,可以王也。

釋曰　坤爲眾。二,帥眾者,經稱"貞丈人"。二中而不正,上之五體比得正得中。征之爲言正也，正師以正天下，故“能以眾正，可以王矣”，此丈人之所以貞。

剛中而應，行險而順，

蜀才曰：此本剝卦。周有“也”字。　　案：上九降二，六二升上，是“剛中而應，行險而順”也。

　　[釋曰] 此九二之德。所以“能以眾正”，二剛而得中，威和並至，羣陰應之，故“剛中而應”。險，坎；順，坤；行，震也。二以乾陽體坎入坤互震，故“行險而順”，謂以義興師，上順天道，下順人心也。蜀才謂此本剝卦，剝上即乾上，凡一陰一陽之卦，自乾坤來，兼取剝復夬姤。張氏推虞義謂乾元窮剝入坤，反三成謙，謙三之坤初爲復，上息成履。謙三降二爲師，師二之坤初爲復，上息成同人。師二升五爲比，比五之坤初爲復，上息成大有。此乾陽入坤息復成乾之象，以消息言也。若以乾坤兩象卦畫對觀，乾陽入坤，則坤陰入乾，謙三即乾三，乾三之坤，乾成履，坤成謙。師二即乾二，乾二之坤，乾成同人，坤成師。比五即乾五，乾五之坤，乾成大有，坤成比。易道終始周流，觀象者必參互求之。謙三降二爲師，謙三本剝上，既降二即乾二，師二升五正位成比，降初息陽成同人。卦惟取二升五成比，爻兼明正比成既濟，息同人，同人親比，師之既濟也。

以此毒天下而民從之，

干寶曰：坎爲“險”，坤爲“順”。兵革刑獄，所以險民也。毒民於險中而得順道者，聖王之所難也。“毒”，荼苦也。五刑之用，斬刺周誤“剌”。肌體，六軍之鋒，殘破城邑，皆所以盧、周脫“以”字。荼毒奸凶之人，使服王法者也，故曰"以此毒天下而民從之"。毒以治民，明不獲已而用之，故於《彖》《象》、六爻，皆著戒懼之辭也。

〔補〕馬融曰："毒"，治也。《釋文》。

〔釋曰〕惠氏曰："凡藥之攻疾者謂之毒藥，《周禮》'醫師聚毒藥'是也。用師旅以除暴，猶用藥石以除疾，故《吕氏春秋·論兵》曰'若用藥者，得良藥則活人，得惡藥則殺人'，義兵之爲天下良藥也亦大矣。"案：以兵治亂而謂之毒，此聖人視民如傷之心。

吉又何咎矣。朱誤"也"。

崔憬曰："剛"能進義，"中"能正眾，既"順"且"應"，"行險"戡暴。亨毒天下，人皆歸往而以爲王，"吉又何咎矣"。

《象》曰：地中有水，師。

陸績曰：坎在坤内，故曰"地中有水"。"師"，眾也，坤中眾者，莫過於水。

君子以容民畜眾。

虞翻曰："君子"，謂二。容，寬也。坤爲民眾，又衍字。畜，養也。陽在二，"寬以居之"，五變"執言"時，有頤養象，故"以容民畜眾矣"。

〔補〕王肅曰："畜"，養也。許六反。《釋文》。

〔釋曰〕地中有水，藏至險於大順，寓兵於農之象。"君子"，謂二，坤爲"民"、爲"眾"，坎亦爲"眾"。二以陽入坤，羣陰歸之，體震寬仁。坤含宏，與乾二居寬行仁同義，故以"容民"。以坤爲坎，體坤德載養

萬物,故以"畜衆"。虞云二變"執言"時有頤象,二當升五,合本象觀
之體頤也。

初六:師出以律,否臧凶。《象》曰:師出以律,失律凶也。

案:初六以陰居陽,履失其位,位既匪正,雖令不從,以斯行師,失
律者也。凡首率師,出必以律,若不以律,雖臧亦凶,故曰"師出以律,
失律凶也"。朱作"矣"。

《九家易》曰:坎爲法律也。

補　"否",馬、鄭、王肅方有反。《釋文》。

《春秋傳》晉荀林父救鄭,欲還,其佐先縠不用命,獨以中軍佐濟。
知莊子曰:"此師殆哉!《周易》有之,在師之臨,曰'師出以律否臧,
凶'。執事順成爲臧,逆爲否。衆散爲弱,川壅爲澤。有律以如己也,
故曰'律否臧',且律竭也。盈而以竭,夭且不整,所以凶也。不行之
謂臨,有帥而不從,臨孰甚焉? 此之謂矣。"果遇,必敗,轙子尸之。

釋曰　"律",法也。行師以節制爲主,師出以律,言出師必以律
也。"否",不也,謂失律也,"臧",善也。李意,謂失律則雖臧亦凶。
據《春秋傳》,則否臧謂失律,出師莫善於律,失律則不善必敗,故凶。
即幸而勝,狃於一勝,終有大敗。李說從傳中轉出一義,亦通。震爲
出,坎爲律,師之律爻之位也。初失位,故戒以"失律"。師以二爲主,
初當從之。或二升五成比,而初之正以成既濟,或二降初體復,初爲
二所變以息同人,皆師出以律之象。若二正而初不變,或二未正而初
先變,皆爲不從二失律,凶道也。《左傳》以初動成臨說"否臧",正謂
二未動而初先變。云"順成爲臧,逆爲否"者,初從二爲順,不從二而

自動爲逆。初動成臨，坎水壅爲澤，故曰"不行之謂臨"。云"衆散爲弱"者，李氏所謂位既匪正，雖令不從，蓋不順其上，則無以令其下，此事理之必然者。云"有律以如已也，故曰'律否臧'，且律竭也"者，杜讀"臧"字絶句，言棄法而自用，則律失其善。律固在也，如人不用何。"且"，疑當爲"是"，言如此是律竭也。或曰"如已"當作"爲紀"，"故曰律"絶句。有律以爲師之綱紀也，故謂之律。今失律否臧，是律盡壞也。"盈而以竭"，川壅則盈者至於竭。"夭且不整"，川壅故夭閼，有帥不從，失位妄動，以亂易整，非之正之道，是以凶也。《左傳》説此爻甚詳，後人不盡得其解，故引而釋之。李云"凡首率師"，語有脱誤，疑當爲"凡率師之道"。

九二：在師中，吉，无咎，王三錫命。《釋文》：錫、星歷反。徐音賜。**《象》曰：在師中吉，承天寵也。**

《九家易》曰：雖當爲王，尚"在師中"，爲天所寵，事克功成，故"吉朱誤'言'。无咎"。二非其位，蓋謂武王受命而未即位也。受命爲王，定天下以師，故曰"在師中吉"。

補 《乾鑿度》孔子曰：王者，天下所歸往。師者，衆也。言有盛德，行中和，順民心，天下歸往之。行師以除民害，賜命以長世德之盛。

"錫"，鄭作"賜"。又曰，"寵"，光燿也。

"寵"，王肅作"龍"，曰："龍"，寵也。並《釋文》。

釋曰 二，行師之主。惠氏曰："長子帥師而居中，故云'在師中'。師克在和，二以中德而行和道，羣陰順從，故'吉无咎'，爻辭與象辭同占也。二當升五，故王謂二，陽成於三，故三者陽德成。二，盛德也，五，盛位也，德純道盛，中和之行應於盛位，故能上居王位而行錫命。"案：惠申荀義以三爲陽德之成，與訟"終朝三"同例。彼謂"終朝至於三而後奪二與四"，此謂"王者德盛，爲天人所歸，至於三而後能錫命"。愚謂二至五歷三爻，故"三錫"。"錫命"，謂封賞有功，與天下賢人圖長治久安，成既濟定，上所謂"大君有命，開國承家"也。李以命官等列言，亦通。"承天寵"，謂天顯命之爲天下君。王肅作"龍"，私以叚字易本字耳。

王三錫命，懷萬邦也。

荀爽曰："王"，謂二也。三者，陽德成也。德純道盛，故能上居王位，而行錫命，羣陰歸之，故曰"王三錫命，懷萬邦也"。　案：二互體震，震木數三，"王三錫命"之象。《周禮》云"一命受職，再命受服，三命受位"，是其義也。

〔釋曰〕錫命所以懷柔萬邦。懷，安也，歸也。行師以安天下，則天下歸之。

六三：師或輿尸，凶。

虞翻朱誤"盧氏"。曰：坤盧作"坎"。爲尸，坎爲車多眚，朱誤"貴"。同朱誤"周"。人離爲戈兵，爲朱誤"馬"。折首，失位乘剛无應，尸在車上，故"輿尸凶"矣。

〔釋曰〕虞注"坤爲尸"，張氏從盧本作"坎"，曰"二爲坎主，故象律，三坎陰故象尸"，若然，則下句"坎"字當衍。惠氏、姚氏謂"坤爲身，爲死喪，故稱'尸'"。坤尸在坎車上，故'輿尸'"。案：朱、周本皆作

“坤爲尸”，盧、周二刻同出惠校，而盧本與惠説違異，殆字之誤歟。《篆釋》並存二説，今定從坤象。師二以陽通坤，三本坤，於師家象尸，而在坎多眚之車上。師變同人，又有離戈兵折首象，故“輿尸”。失位无應，逆乘二剛，有帥不從，衆所不與，敗而輿尸，何凶如之。非死於敵，即伏軍法。師莫大於賞罰，故因三失位而著其義。

《象》曰：師或輿尸，大无功也。

盧氏曰：失位乘剛，内外无應，以此帥師必大敗，故有“輿尸”之凶，功業大喪也。

　釋曰　三多凶，故“大无功”。

六四：師左次，无咎。

荀爽曰：“左”，謂二也，陽稱“左”。次，舍也。二與四同功，四承五，五无陽，故呼二舍於五，四得承之，故“无咎”。

　釋曰　此以“左次”爲四“呼二舍於五”，與謙四撝三居五同義。《少儀》曰“軍尚左”，故謂二爲“左”。

《象》曰：左次无咎，未失常也。

崔憬曰：“偏將軍居左”，“左次”，常備師也。師順用柔，與險无應，進取不可，次舍无咎，得位故也。

　釋曰　此以“左次”爲四次而待五升，較荀説似勝而理實互通。張氏曰：“師有常備，無常勝。左次，未勝也，而不可以有敗。雖未吉也，何咎之有。”案：崔云“師順用柔”，“師”當爲“帥”，同“率”。

六五：田有禽，利執言，无咎。

虞翻曰：“田”謂二，陽稱“禽”。震爲“言”，五失位，變之正，艮爲“執”，故“利執言，无咎”。

荀爽曰：“田”，獵也，謂二帥師禽五，五利度二之命，執行其言，故“无咎”也。　案：六五居尊失位，在師之時，蓋由同“猶”。殷紂而被武王虜誤“主”。擒虜、周作“禽”。於鹿臺之類是也。以臣伐君，假言田獵。六五離爻體坤，離爲戈兵田獵行師之象也。

補　莊氏曰：“長子”，謂九二德長於人也。“弟子”，謂六三德劣於物也。《口訣義》。

“禽”，徐本作“擒”。《釋文》。

釋曰　五陰迷亂無君道，逆天暴民，如禽獸爲田稼之害。二承天命，帥師征之，如田獵之取禽，故曰“田有禽”，孟子所謂“聞誅一夫紂也”。虞云“田謂二”，二體乾二在田，由二升五，在師有爲田除害之義。云“陽稱禽”者，以陽禽陰，“禽”之爲言“擒”也。姚氏曰：“‘田有禽’有可禽之道，二體震爲‘言’，升五體艮爲手稱‘執’，‘執言’之象。‘利執言’，奉辭伐罪，救民水火，其言可告於皇天后土，天下之公言也，故‘无咎’。若君非桀紂，臣非湯武，而肆行叛亂，飾邪説以欺天下，天下其可欺乎！‘利執言’然後‘无咎’，所以立萬世名教之防，使亂臣賊子無所藉口也。”李云“以臣伐君，假言田獵”，蓋放伐之事，聖人不得已而爲之，雖應天順人，而引爲慚德。實則殘賊之人謂之一夫，初非以臣伐君也。荀謂“五利揆度二之命，執行其言”，若微子受武王禮命之比，亦通。

長子帥師，

虞翻曰："長子"謂二，震爲長子。"在師中"，故"帥師"也。

釋曰 即卦辭之"丈人"，九二之"王"。曰"長子"者，以體震守宗廟社稷言，若命將行師，則"長子"謂大君所命主帥，"弟子"其偏稗也。

弟子輿尸，貞凶。

虞翻曰："弟子"謂三，三體坎，坎，震之弟而乾之子。失位乘陽逆，故"貞凶"。

釋曰 既"長子帥師"，復云"弟子輿尸"者，深戒用人之難。武王、周公失之管叔，諸葛武侯失之馬謖，後雖貞之，已不免於凶，故《象》曰"使不當也"。

《象》曰：長子帥師，以中行也。

荀爽曰："長子"，謂九二也。五處中應二，二朱不重"二"字。受任帥師，當上升五，故曰"長子帥師，以中行也"。

釋曰 震爲行，二升五得中上行，故"以中行"，所謂"剛中而應，行險而順，能以眾正"者也。荀注"處中應二"，"處"，當爲"虛"，五虛无君也。二受任帥師，任當爲命，謂天命也。此"二"字各本皆誤，甚謬於義，且與經下荀注違戾，故正之。

弟子輿尸，使不當也。

宋衷曰："弟子"，謂六三也。失位乘陽，處非所據，眾不聽從，師人分北,或敗績死亡,輿尸而還,故曰"弟子輿尸",謂使不當其職也。

釋曰 宋意謂三妄動,雖正亦凶。

上六：大君有命，

虞翻曰：同人乾爲"大君",巽爲"有命"。

干寶曰："大君",聖人也。"有命",天命也。五常爲王位,至師之家而變其例者,上爲郊也,故易位,以見武王親征,與師人同處于野也,離上九曰"王用出征,有嘉折首"。上六爲宗廟,武王以文王行,故正開國之辭於宗廟之爻。明己之受命,文王之德也,故《書·泰誓》曰："予克紂,非予武,惟朕文考无罪。紂朱、盧作"受"。克予,非朕文考有罪,惟予小子无良。""開國",封諸侯也。"承家",立都邑也。"小人勿用",非所能矣。周作"也"。

補 鄭康成曰："命",所受天命也。《文選》曹子建《贈白馬王彪》詩注,不連引經文,先儒繫之此爻,推校經義,證以干注,當是。

釋曰 虞意師息至上,同人體成,故《象》"大君有命",乾五爲大君也。荀氏則以大君爲師二升五,二自乾出征坤,由二升五,以正位言曰比五,以息陽言即同人乾五,其義一也。命,虞、荀皆謂"錫命",鄭、干謂所受"天命",二自乾出,乾成同人,乾爲天,巽爲命,是承天命而行師。師息同人又體巽象,師克功成而行錫命,在師爲既濟。陽升陰承,各正性命,天命有德,開國承家,"錫命"正以行"天命"也。干云"武王以文王行",謂載木主以伐紂。又以上爲"郊"爲"宗廟",象大君行師在野,功成告廟。蓋以行師言則在二,以正位言則在五,以親征在外及行賞於廟言,則舉其義於上,言各有當也。

開國承家，

虞翻曰：承，受也。坤爲“國”，二稱“家”。謂變乾爲坤，欲令二上居五爲比，故“開國承家”。

荀爽曰：“大君”謂二，師旅已息，既上居五，當封賞有功，立國命家也。開國，封諸侯。承家，立大夫也。

宋衷曰：陽當之五，處坤之中，故曰“開國”。陰下之二，在二承五，故曰“承家”。“開國”，謂析土地以封諸侯，如武王封周公七百里地也。“承家”，立大夫，爲差次，立大夫因采地名，正其功勳，行其賞禄。

釋曰　虞説“大君有命”以息同人言，“開國承家”還取師本象，故云“變乾爲坤”，明二當之五爲比。又以明師爲剥復間消息，息陽未定，當防陰消也。二本大夫稱家，行師有功，使升五成比爲諸侯，是開國以受家，比“建萬國”是也。《象》注以二正比爲王，此大君取同人乾象，故以二升五象侯，言非一端也。荀、宋則以大君爲二升五，二既升五，又以陽在坤中象開國，謂關坤建國也。陰降承五爲承家，謂承陽有家也，於經文語意似較協。或曰：開國，謂始定天下，正比也；承家，謂長世德之盛，承乾五伏陽也。

小人勿用。

虞翻曰：陰稱“小人”。坤虚无君，體“迷復”凶，坤成乾滅，以弑君，故“小人勿用”。

釋曰　虞意師上即復上，是消陽入坤剥廬之小人，在師雖或一時從陽有功，封賞所不能遺，當防制而保全之，勿使用事，用則必亂邦也。上於六位爲宗廟，而以消陽入坤言，則爲小人，易道屢遷，取義各殊也。惠以小人爲初、三，姚以小人爲三，據失位言。《易》言“小人”

始此,傳曰"必亂邦也",有國者用人,可不戒乎。

《象》曰:大君有命,以正功也。

虞翻曰:謂"五多功"。五動正位,故"正功也"。

干寶曰:湯武之事。

釋曰 以受天命言,謂保大定功也。以錫命言,謂正將帥之功以行賞。

小人勿用,必亂邦也。

虞翻曰:坤反君道,故"亂邦也"。

干寶曰:楚靈、齊閔,窮兵之禍也。

釋曰 "大君有命,開國承家",師克功成,盛之至也,而一有小人參乎其間,即至於亂邦。君子積學成德,克己復禮,可以入聖矣,而有毫髮之私未盡,即足以滑性爽德,而天命有所不行。是故爲邦者務舉直錯枉,爲道者務閑邪存誠,此就虞義引申之。干意蓋謂師之象,小人不可用,窮兵黷武,適自取滅亡,與"貞丈人吉无咎"相反互明,亦通。

比

《序卦》曰:眾必有所比,故受之以比。比者,比也。朱、盧無此四字。

崔憬曰:"方以類聚,物以羣分",人眾則羣類必有所比矣。上比相阿黨，下比相和親也，相黨則相親，故言"比者，比也"。

釋曰　天下不可一日無君，聖人除暴取殘，德能濟眾，則天下歸之。比者，非阿黨之謂，乃人心皆親而輔之，所謂多助之至天下順之也。崔云"上比相阿黨，下比相和親"，謂"比者"之"比"訓"黨"，"比也"之"比"訓"親"耳。

䷇坤下坎上　比。吉。《釋文》：比，毗志反。徐又補履反。

虞翻曰：師二上之五得位，眾陰順朱誤"頗"。從，比而輔之，故"吉"，與大有旁通。

《子夏傳》曰：地得水而柔，水得土而流，比之象也。夫凶者生乎乖爭，今既親比，故云"比吉"也。

補　《春秋傳》曰：比入。

釋曰　乾陽入坤正位，羣陰順從。

原筮元永貞，无咎。不寧方來，後夫凶。

干寶曰：比者，坤之歸魂也，亦世於七月而息來在巳，去陰居陽，承乾之命，義與師同也。原，卜也。《周禮》三卜，一曰"原兆"。坤德變化，反歸其所，四方既同，萬國既親，故曰"比吉"。考之蓍龜，以謀王業，"大相東土，卜惟洛食"，遂乃"定鼎郟鄏，卜世三十，卜年七百"，德善長於兆民，戩祿永於被業，故曰"原筮元永貞"。逆取順守，居安如危，故曰"无咎"。天下歸德，不唯一方，故曰"不寧方來"。後服之夫違天失盧誤"夫"。人，必災其身，故曰"後夫凶"也。

補　《爾雅》："原"，再也。

《京房傳》曰：九五居尊，羣陰宗之，陰陽相定，萬民服也。原筮於眾，歸之於宗。"眾"、"宗"二字互譌，今正。

釋曰　"原"，再也。凡陰陽相應，如筮之告。張氏曰："師、同人、震、巽相通，受命如嚮，筮象也。之五爲比，通大有，又筮象。"案：比、大有陰陽相應，又師二以剛居中，羣陰應之，升五爲比，亦羣陰應之，故象"原筮"。元，乾元也。永，長。貞，正也。筮之吉莫大乎永貞，故《周禮》曰"求永貞"。師二乾元有剛中之德，升五正位，五正則六爻皆正，成既濟定，故"原筮元永貞"，如是而當天下之比，故"无咎"。干氏訓"原"爲"卜"，引《周禮》"原兆"爲證，似屬牽強。《易》道主筮，卜筮同類，言"原筮元永貞"而卜之習吉在其中矣。云"德善長於兆民"，謂"元"也，"戬録永於被業"，謂"永貞"也，業，事也，"元者善之長，貞者事之幹"。云"逆取順守"，此戰國秦漢閒語，實則湯武應天順人，取非逆也。京云"陰陽相定"，君位正，乾德成，故定，所謂"永貞"。"原筮於眾"，羣陰也。"歸之於宗"，元也。"不寧方來"，干謂來者不但一方，虞則讀"不寧"絶句，"方来"絶句，義並通。"後夫"，謂上，上六乘陽逆，雖比而有背叛之心，王者誅之，所以爲天下豫遏亂源保民无疆，禹戮防風氏是也。"比之无首，其道窮"，故比時皆吉而此獨凶，《周禮·大司馬》"比軍眾，誅後至"者，亦以其慢軍律，爲敗國殄民之漸也。

《象》曰：比，吉也。比，輔也，下順從也。

崔憬曰：下比於上，是下順也。

釋曰　"比樂師憂"，比者，吉道也。比所以吉者，比之爲言輔也，下順從於上也，謂四陰順從五而比輔之。惠氏則以下爲五陰，蓋以爻位言,則五陰有上下之分,以陰陽言,則陰皆爲下。九五爲羣陰所比,統言則上下皆應,析言乃別出上爲"後夫"耳。崔注"順"下似脱"從"字。

原筮元永貞无咎,以剛中也。

蜀才曰:此本師卦。周有"也"字。　案:六五降二,九二升五,剛往得中,爲比之主,故能原究筮道以求長正而"无咎"矣。

〔釋曰〕"剛中",乾元也。原究筮道,故再筮。

不寧方來,上下應也。

虞翻曰:水性流動,故"不寧"。坤陰爲方,上下應之,故"方來"也。

〔釋曰〕虞讀"不寧"絶句。張氏曰:"陰初從陽,當惕厲以待其定。"姚氏則謂:"不寧,不寧侯也,不寧之方亦來,是上下皆應,非獨下四陰順從而已。"

後夫凶,

虞翻曰:"後"謂上,"夫"謂五也。坎爲"後",艮爲背,上位在背後,无應乘陽,故"後夫凶"也。

〔釋曰〕"後夫",謂後於夫者,即後服之夫,謂上六也,此於上下應中別出之。

其道窮也。

荀爽曰:"後夫",謂上六。逆禮乘陽,不比聖王,其義當誅,故"其道窮凶”也。

釋曰　上於義當應，而如上之象，則負固不服，至勢窮力屈而後請命，仍懷反側，比道窮矣，凶其自取也。

《象》曰：地上有水，比。

何晏疑當爲“妥”。曰：水性潤下，今在地上，更相浸潤，比之義也。

釋曰　水行地中而見於地上，水土相附，比之象。

先王以建萬國，親諸侯。

虞翻曰：“先王”，謂五。初陽已復，震爲“建”，爲“諸侯”，坤爲“萬國”，爲腹，坎爲心，腹心親比，故“以建萬國，親諸侯”。《詩》曰“公侯腹心”，是其義也。

補　鄭康成曰：“親諸侯”，使諸侯相親，遞相朝聘。《周禮·形方氏》疏。

《周禮》曰：比小事大，以和邦國。鄭氏曰：“比”，猶親。引此傳。

《漢書·地理志》曰：昔在黄帝，作舟車以濟不通，旁行天下，方制萬里，畫壄分州，得百里之國萬區，是故《易》稱“先王以建萬國”。

釋曰　比息大有，五當下初爲復，五正乾元不動，則初變成屯亦體復象。諸侯相親以比於天子，乾陽所以復也。虞引《詩》謂公侯親比如腹心，與毛義異。

初六：有孚比之，无咎。

虞翻曰：“孚”，謂五。初失位，變來得正，故“无咎”也。朱朓圈。

荀爽曰：初在應外，以喻殊俗，聖王之信，光被四表，絕域殊俗，皆來親比，故"无咎"也。

釋曰　羣陰比五，由五以至信之德孚之。坎爲孚，"有孚"，五孚初。"比之"，初比五。五來孚初使變，初比五而之正。以消息言，則五下初息大有，初爲五所變，亦"有孚比之"之義。得正，故"无咎"。

有孚盈缶，終來有它，吉。《釋文》：它，敕多反。

虞翻曰：坤器爲"缶"，坎水流坤，初動成屯，"屯者，盈也"，故"盈缶"。終變得正，故"終來有它吉"，在內稱"來"也。

補　鄭康成曰：爻辰在未，上值東井，井之水人所汲用缶。缶，汲器。《詩・宛丘》正義。《釋文》有末句，云"汲器也"。

"它"，本亦作"他"。《釋文》。

《子夏傳》曰：非應稱他也。程迥《古占法》。

漢魯恭上疏曰：夫人道義於下，則陰陽和於上，祥風甘雨覆被遠方，夷狄重譯而至已。《易》曰"有孚盈缶，終來有它，吉"，言甘雨滿我之缶，誠來有它而吉也。

釋曰　初體坤器爲"缶"，坎水流坤，雲行雨施，膏澤下於民。初動成屯爲"盈"，故"盈缶"，亦"地上有水"之義。鄭以缶爲汲器，井養不窮，得雨而盈，汲者各足也。"有孚盈缶"，言五孚及初缶而盈，故初雖在五正應之外，終來變正而吉。它，變也，此通合鄭、虞及魯恭義説之。荀氏及子夏以爲缶喻應內，非應稱它，大意同。五孚及非應，則無不孚矣。非應來比，則無不比矣。此元所以永貞，乾陽所以復。

《象》曰：比之初六，有它吉也。

荀爽曰：缶者，應內，以喻中國。孚既盈滿中國，終來及初，非應，故曰"它"也。《象》云"有它吉"者，謂信及非應，然後吉也。

釋曰　荀意謂孚既盈缶而後及初，王者德施無外，必非應皆比而後吉。此經下注。

六二：比之自內，貞吉。

干寶曰：二在坤中，坤，國之象也，得位應五而體寬大，君樂民人自得之象也，故曰"比之自內，貞吉"矣。

釋曰　"比之"，比五，此"比"，謂應。二在內，自二應五，中誠親比，故"比之自內"。干氏以二在坤中，"比之自內"爲國中人民比君之象。人民比君，各得其中，不失其所，正也，故"貞吉"。初在應外，"終來有它吉"，遠者來則近者說可知。文王之國，耕者讓畔，行者讓路，羣黎百姓，徧爲爾德，寬大自得，皞皞如也，此其象乎。云二"體寬大"者，六二乙巳，巳主西方之情，喜行寬大。張氏以此爲同姓之封，親親，正也。

《象》曰：比之自內，不自失也。

崔憬曰：自內而比，不失己親也。

釋曰　二上應五，正道常理，故"不自失"。崔氏謂"因不失其親"，亦比之貞也。

六三：比之匪人。

虞翻曰："匪"，非也。失位无應，三又多凶，體剝傷象，弑父弑君，故曰"匪人"。

【補】 馬融曰："匪"，非也。《釋文》。

魏徵曰：二、四雖近，情不相得，又柔諂，非己所親，故曰"匪人"。《撮要》。

"匪人"下王肅有"凶"字。《釋文》。

【釋曰】 張氏曰："匪人，謂三，言此乃比時之匪人也。"姚氏曰："比六爻唯五不曰'比之'，餘皆曰'比之'，比五也。比五而爲匪人，故《象》曰'不亦傷乎'，恐其傷王政也。"虞氏以三體剝傷象弒父弒君，三陰失正，當剝膚之位，包藏禍心，故曰"匪人"。不言"凶"者，不待言也，肅本妄加耳。魏文貞謂三比二、四非其人，故傷，本王弼説。案：二、四得位，三自失正，其説非也。

《象》曰：比之匪人，不亦傷乎。

干寶曰：六三乙卯，坤之鬼吏，在比之家，有土之君也。周爲木德，卯爲木辰，同姓之國也。爻失其位，辰體陰賊，管蔡之象也。比建萬國，唯去此人，故曰"比之匪人"，不亦傷王政也？當爲"乎"。

【釋曰】 坤爲土，乙卯木克土爲官鬼。卯主東方之情，怒行陰賊。比建萬國，爻皆象諸侯，故舉管蔡之事言之。

六四：外比之，貞吉。

虞翻曰：在外體，故稱"外"。得位比賢，故"貞吉"也。

【補】 陸希聲曰：内比之者，以專其應爲比；外比之者，以非其應爲比。《撮要》。

> ┃釋曰┃ 四爲諸侯。在外,故稱"外"。"比之",比五,此"比",謂承也。比爲王者受命之卦,天下諸侯去無道歸有德,故《象》曰"外比於賢"。凡比之道,去匪人而就賢,賢之至者,天下同心比之以爲君。五剛中在上而四比之,比賢即以從上,故《象》曰"外比於賢,以從上也"。《繫》曰"可久則賢人之德",賢人,謂乾五,張氏以此爲異姓之封,尊賢,正也。

《象》曰:外比於周作"于"。賢,以從上也。

干寶曰:四爲三公,在比之家朱、盧作"象"。而得其位,上比聖主,下御列國,方伯之象也。能外親九服賢德之君,務宣上志,綏萬邦也,故曰"外比於賢,以從上也"。

> ┃釋曰┃ 干以外比爲外親九服賢君,則"比賢""從上"爲二義。四在外,由外比之,輔五親諸侯,率萬國以從上也。四應初,絶域殊俗無不親比。五之孚,四實輔之。四本諸侯位,干云"三公"者,諸侯入爲三公,則出爲方伯,四體坎,方伯卦也。外比於賢以從上,以人事君,因人心之方來也。若紂爲天下所同棄,而文王率叛國以事之,挽已去之人心而使之比,此尤人倫之至,唯聖者能之。

九五:顯比。

虞翻曰:五貴多功,得位正中,初三已朱、盧作"以"。變體重明,故"顯比",謂"顯諸仁"也。

> ┃釋曰┃ "顯比",謂顯明比天下之道。五體乾元,居尊位,剛健中正,羣陰比之,正己以正天下,四方有罪無罪唯我在,天下莫敢有越厥志。初三變,成既濟,體兩離重明,故"顯比"。虞引《繫》"顯諸仁"者,

仁,乾元也,元伏於初而顯於五,仁民愛物,利濟天下,元之顯也。

王用三驅,盧、周作"毆",注同。**失前禽,**

虞翻曰:坎五稱"王"。"三驅",謂驅下三陰,不及於初,故"失前禽"。謂初已變成震,震爲鹿、爲驚走,"鹿之斯二字當倒。奔",則"失前禽"也。

補 馬融曰:"三驅"者,一曰乾豆,二曰賓客,三曰君庖。《釋文》。

"驅",鄭作"毆",《釋文》。曰:王因天下顯習兵于蒐狩焉,《左傳》正義作"王者習兵于蒐狩"。驅當爲"毆"。禽而射之,三則已,發《左傳》疏作"法",是。軍禮。《左傳》疏有"也"字,是。"失前禽"者,謂禽在前來者不逆而射,《左傳》疏有"之"字。傍去又不射,唯其《左傳》疏作"背",是。走者順而射之,不中亦《左傳》疏作"則"。已,是皆《左傳》疏作"其"。所失。《左傳》疏作"所以失之"。用兵之法亦如之,降者不殺,奔者不禁,《左傳》疏作"禦"。背敵不殺,《左傳》疏作"皆爲敵不敵己"。以仁恩養威之道。《左傳》疏"以"上有"加"字。《秋官·士師》疏。《左傳·桓四年》正義。

釋曰 此以田獵明顯比之道。王者撥亂反正,每以大田之禮比眾同邦國,如成王岐陽之蒐,宣王車攻吉日之事,皆因天下之比顯習兵於蒐狩。用,謂用顯比之道。惠氏曰:"乾爲王,坎五即乾五,故稱王。二升五師二。歷三爻故毆下三陰,自二升,故不及初。初在二前,前禽之象。"張氏曰:"此以況王者伐叛懷服之義,因以見田法也。鄭言三毆與失前禽各義,據《周禮·大司馬》田法爲三表,三鼓盡表乃退,正與毆下三陰象合。疏云:三毆之禮,先儒皆三度毆禽而射之,三度則已,是也。褚氏諸儒皆以三面著人驅之,則與失前禽爲一義,不合于象,非也。鄭言'禽在前來者不逆而射,傍去又不射',傍去者,謂從前面向兩旁而去，非左右二面。若左右去者不射，則是失者三面，于經文爲乖錯。《王制》曰'天子不合圍'，蓋缺其前一面，褚氏三面之義，不可以解三毆，當以解失前禽也。"案：禽在前來者射之易，故以象降者奔者，背而去者取之難，故以象拒敵者。王者農隙講武，爲田除害，仍寓愛物之仁，不忍取其自來而易得者，《論語》孔子"弋不射宿"，《詩·騶虞》之義。君射一發而翼五豝，戰禽獸之命，必戰之者，仁心之至，皆此義也。馬以《王制》三田解三驅，未然。

邑人不誡，盧、周作"戒"，注同，《象》同。**吉。**

虞翻曰：坤爲"邑"，師震爲"人"。師時坤虛无君，使師二上居五中，故"不誡吉"虞誤"告"。也。

釋曰　張申虞義以邑人爲二，謂二處師震之位而在坤中，故稱"邑人"。使師二上居五中，眾所樂比，不待戒告，震爲言，震象不見，故"不戒"。愚謂坤爲邑人，師時坤虛无君，五自師二上升，以中正無私之道取殘安民，天下之民不待告戒而比之，戴以爲君，故"吉"。

《象》曰：顯比之吉，位正中也。

虞翻曰：謂離象明，正上中也。

釋曰　五以正中之德居正中之位，光明正大，天下共見其至公無私，故"顯比吉"。

舍逆取順，失前禽也。

虞翻曰：背上六，故"舍逆"。據三陰，故"取順"。不及初，故"失前禽”。

釋曰　虞謂上逆乘陽，則舍棄之。三陰順承，則取而孚之。是以初在應外而孚及之，如田獵之仁於前禽也。鄭則謂在前來者不逆而射之，背而去者則順而取之，故失前禽，待初自來而孚也，義互通。

邑人不誡，上使中也。

虞翻曰：謂二，使師二上居五中。朱誤“師使二居五中上”。

釋曰　上、尚通，尚之使居五中。

上六：比之无首，凶。

荀爽曰：陽欲“无首”，陰以“大終”，陰而“无首”，不以“大終”，故“凶”也。

虞翻曰：“首”，始也。陰道无成而代有終，“无首凶”。

釋曰　比之无始，迷不知所先，故凶。軍禮降者不殺，上始而負固，勢窮力竭而後請服，迷亂失道，終必反側爲生民患，聖王不受其比，正天討以塞亂源也。荀、虞皆合乾坤二用之義説之，則其解乾用九，必讀“无首吉”爲句，與鄭、宋同明矣。上得位而凶者，以比成既濟言，則上下應而元永貞；以比道得失言，則別以上爲後夫，義各有當也。

《象》曰：比之无首，无所終也。

虞翻曰：迷失道，故无所終也。

小　畜

《序卦》曰：比必有所畜，故受之以小畜。

崔憬曰：下順從而上下應之，則有所畜矣。

韓康伯曰：由比而畜，故曰"小畜"也。

〔釋曰〕 王者撥亂，爲天下所比，必有所以安集休養之。畜，聚也，養也。聚人以財，既庶加以富，故比受以小畜。此王道始事，所畜猶小，若大畜以德養民，則所畜大矣。韓伯説承王弼之謬。

▤ 乾下巽上 小畜。亨。《釋文》：畜，敕六反。

侯果曰：四爲畜主，體又當爲"兑"。稱"小"。唯九三被畜，下剛皆通，是以"小畜，亨"也。

〔補〕《京房傳》曰：小畜之義在於六四。

鄭康成曰："畜"，養也。畜，許六反。按：虞讀同。

"畜"，本又作"蓄"。並《釋文》。

〔釋曰〕 "畜"，聚也，養也。聚而養，有止而未即行之義，故"畜"又訓"止"。然王弼謂"所止唯九三一爻，初、二猶得亨"，則是亨與畜相反，且各自爲義，與《象傳》違戾。謂"剛亨故不雨"，又與乾《彖》説亨"雲行雨施"之義相反，侯氏仍之，非也。夫畜與亨非有二義，畜所以爲亨，雲而雨，畜而亨也。《易》例陽稱大，陰稱小，六四體坤元，得位承五，聚上下五陽而養之。陽以陰作財，聚人以財，故名小畜，以陰畜陽也。又消息之義，乾元之坤四爲豫，豫四一陽降坤初爲復，息成小畜。小畜五陽，皆復初一陽所息。六四以一陰凝復陽，所畜者小，象禮未備，養民之道小，故名小畜，以一陰畜一陽之所息也。若大畜以乾陽畜坤陰，四、五象以德化民，又以二陰凝臨陽，畜萃四、五二陽之所息，象養賢，則畜者大矣。畜者，斂聚蘊養，陰道无成，未能即亨。《彖》曰："健而巽，剛中而志行，乃亨。"九五剛中，與四合志，養道得行，二變應五，上亦變，成既濟，乃亨。蓋畜陽者四，而用四以畜陽者五，陰陽合乃亨，明臣不專施，得君而後膏澤下於民也。小畜亨之義如是，豈畜者自畜而亨者自亨乎？

密雲不雨，自我西郊。

崔憬曰：雲如讀爲"而"。不雨，積我西邑之郊，施澤未通，以明小畜之義。　　案：雲雨者，陰之氣也。今小畜五陽而一陰，下當重"陰"字。既微少，纔作"密雲"，故"故"字當在"纔"字上。未能爲雨。四互居兌，"西郊"之象也。

補　劉向説：周文開基西郊。

釋曰　雲雨者，乾元和陰陽以養萬物。乾《彖傳》説"亨"曰"雲行雨施，品物流形"，"密雲不雨"，言未亨而待亨也。虞氏説小畜由豫息，而辭取需來。需時坎在上爲雲，下降即爲雨。上變爲陽，坎象半見，四本坎陰，體兌爲"密"，故密雲而不雨。《彖》曰"尚往也"，尚、上通；往，變也。上變失位，有亢陽之象，膏澤不施，畜道所以未亨也。惠氏依京義謂"一陰劣不能固陽，故不雨"，蓋陽亢極上，陰雲雖升，而燥烈之氣往而上薄，陰不能包陽，則雲不能成雨。必積久蒸潤，陰陽氣和而後乾元之施行。其説《彖》"尚往"與虞異，而論"密雲不雨"之理則相成。小畜當四月，乾盈陽亢，爲自夬至遘之消息。又體需，需有下三陽上升之象，時陽氣發越方盛，盛極則將消。譬於人事，知進忘退，高而无民，禍亂斯及。乾元以陰養陽，深固凝聚，而後雲行雨施，和理復濟，故遘四"遠民"則"凶"，而小畜初"復自道"則"吉"。"密雲不雨"，陰不能固養陽，待乾元之絪縕也，"自我西郊"，陰初起也。虞氏以豫坤爲"自我"，蓋旁通之卦。乾陽通坤，坤陰息乾，乾陽在此，則坤陰在彼，故辭多合二卦取象。小畜陰畜陽，故"自我"據豫坤言。惠氏謂四爲成卦之主，"我"，謂四，於以陰畜陽之理一也。高注《吕覽》云"雲西行則雨"，西行，謂自東而西。西，陰方，臣象，臣不專施。自我西郊，陰氣始升，未得乾元絪縕摩盪，未成雨，故《象》曰"施未行也"。"我"，文王自我也，西郊之雨，當潤天下，雖有庇民之大德，不敢有君民之心，故辭云然。卦名"小畜"而稱"自我"，文之爲臣止敬可見矣。小過義同。

《彖》曰：小畜，柔得位而上下應之曰小畜。

王弼曰：謂六四也，成卦之義在此一爻者也。體无二陰以分其應，既得其位而上下應之，三不能陵，小畜之義。

釋曰　以陰畜陽，故名小畜。《傳》明云"上下應之"，豈獨止九三一爻之謂乎？

健而巽，剛中而志行，乃亨。

虞翻曰：需上變爲巽，與豫朱作"遘"，下同。旁通。豫朱誤"就"，蓋本作"乾"，傳寫誤耳。乾四即豫四。四之坤初爲復，復小陽潛，所畜者少，故曰朱誤"四"。"小畜"。二失位，五剛中正，二變應之，故"志行乃亨"也。

[釋曰] 坤四之乾,乾德健,坤元入而順承之,故卦德爲健而順理善入。九五剛得中,故"剛中"。志,謂五與四畜民之志。五剛中正,與四合志,用四畜陽,則二上變而志行,畜道乃亨。虞以小畜爲自豫變,兼取需來者。張氏曰:"此坤之消息也。夬息入乾,坤上當反,陰凝陽乃生,故復初之坤四爲豫。豫四之坤初爲復而息,夬得反四,是爲小畜。豫四得朋爲萃,萃五之復二爲臨,二陰反艮,是爲大畜。萃四反三合離坎爲蹇,蹇三之復二爲臨而息成睽。坤乃得合魂於坎,故豫、小畜旁通,萃、大畜旁通,蹇、睽旁通。卦息豫,非從需來,云'需上變'者,豫初變復,至二臨,至三泰,至五需,由需乃變小畜。凡坤之消息皆兼取爻來,陽卦不爲陰主也,故小畜取需。"朱本注中"豫"字多作"逸",蓋李避唐諱,後人未改耳。此及下節注,皆本在卦辭下,引《象》解經,李氏移在此。

密雲不雨,尚往也。

虞翻曰:"密",小也,兌爲密。需坎升天爲"雲",墜地稱"雨"。上變爲陽,坎象半見,故"密雲不雨,上往也"。

[補] 《京氏傳》曰:陰不能固,三連同往。陸績曰:一陰劣,不能固陽,是以往也。

[釋曰] 四必與五合志而後能固養陽。

自我西郊,施未行也。

虞翻曰:豫坤爲"自我",兌爲"西",乾爲"郊",雨生於西,故"自我西郊"。九二未變,故"施未行"矣。

荀爽曰:體兑位秋,故曰"西郊"也。時當收斂,臣不專賞,故"施未行",喻文王也。

[釋曰] 五孚二變而後施行,畜道亨。虞注"故自我西郊"以上,經下注。小畜四月卦,因四互兑,故荀取秋斂之象。

《象》曰:風行天上,小畜。

《九家易》曰:風者,天之命令也。今行天上,則是令未下行,畜而未下,小畜之義也。

君子以懿文德。

虞翻曰:"君子",謂乾。"懿",美也。豫坤爲"文",乾爲"德",離爲明,初至四體夬爲書契,乾離照坤,故"懿文德"也。

[釋曰] 惠氏曰:"卦以柔畜剛,君子法之,故修美文德,積久而施自行。《説文》:'懿,專久而美也。'"張氏曰:"乾离照坤,坤得畜乾。"

初九:復自道,何其咎,吉。《象》曰:復自道,其義吉也。

虞翻曰:謂從豫四之初成復卦,故"復自道"。"出入无疾,朋來无咎","何其咎,吉"。乾稱"道"也。

[補]《荀子》曰:《易》曰"復自道,何其咎",《春秋》賢穆公,以其能變也。《大略》文。

《春秋繁露》曰:魯桓忘其憂而禍逮其身,齊桓憂其憂而立功名。推而散之,凡人有憂而不知憂者凶,有憂而深憂之者吉,《易》曰"復自道,何其咎",此之謂也。匹夫之反道以除咎尚難,人主之反道以除咎甚易,《詩》云"德輶如毛",言其易也。

〖釋曰〗復,反也。自,從也。豫四本復初,今又之初爲復,是復從其道。豫初失位凶,今復得位,乾元正,陽將上息,故"何其咎,吉"。《易》重改過,无咎者善補過,過而能改,復初所以爲"元吉",是其義固吉也。小畜,巽之一世卦。巽初失位,變復正。又與遘兩象易,遘初陰消見凶,四遠民凶,初、四易,則四以陰養陽而初復自道。小畜於消息將成遘,故從遘取義。君子治則不使爲亂,亂則可使爲治,亂未成而治之則易,陰將消而已反復道,不遠之復,吉孰大焉。《易》所謂吉凶,其義吉其義凶也,象始著其例於此。

九二:牽復,吉。

崔憬曰:四柔得位,羣剛所應。二以中和牽復自守,不失於行也。

〖釋曰〗張氏曰:"復息至二失位,五引之則變而應五,故'牽復'。五體巽繩,二在豫艮手,五'攣如',謂牽二也,得正,故吉。"案:息陽,復也。之正,亦復也。二中而不正,不正則失其中,故節九二《象》曰"失時極也",極,中也。五牽二復正,使不失中,《象》曰"牽復在中,亦不自失也"。初"復自道",君自復也;二"牽復",民從君而復,各自得其性也。崔說"牽復"不甚分明,大旨謂牽於初而復,自守其正,不失於躁進,與虞、京義可互通,勝王弼説多矣。

《象》曰:牽復在中,亦不自失也。

虞翻曰:變應朱誤"水"。案:"水"或"承"字之誤,"應"亦"承"也。五,故"不自失",與比二朱誤"三"。同義也。

釋曰　二牽於五,亦復其道,得正,故"不自失",與比二應五同義。或以爲三連同往,初復自道,二亦相牽而復,不上往,則畜道成,施行而濟,故皆吉。

九三：朱誤"二"。**車**朱作"輿"。**説輹**,朱作"輻",注同。《釋文》：輹,音服。

虞翻曰：豫坤爲車、爲輹,至三成乾,坤象不見,故"車説輹"。馬君及俗儒皆以乾爲車,非也。

補　馬融曰："輹",車下縛也。《釋文》。

"車",一作"輿"。

鄭康成曰："輹",伏菟,《釋文》。案：菟、兔通。謂輿下縛木,與軸相連鉤心之木是也。

《子夏傳》曰："輻",當爲"輹"。車劇當爲"屐"。也。並上《九象傳》正義。①

《説文》："輹",車軸縛也,稱《易》"輿説輹"。

"輹",本亦作"輻"。音福,《釋文》。

釋曰　初、二言畜民之道,此言畜道未亨也。説,讀爲"脱"。輹,輿下縛木,上承輿,下夾軸鉤心之物,形如伏兔,《攷工記》謂之"樸"。輹以繩縛之,故可説。坤爲輿,輿載物,以輹夾軸而後行,"説輹"則不行,輿不用,故爲坤象不見之義。車、輿同物,坤爲輿,而馬氏以"乾爲

---

①　點校案："九象傳正義",疑當爲"九家傳正義"。

車"者，坤爲車，取其載；乾爲車，取其行，車所以載而行。"説輹"者，民財未豐，無可載，所以"夫妻反目"，言未成乎畜也。據虞注，則馬、虞本經文作"車"，諸家作"輿"。輹，許、馬、鄭、虞、子夏皆作"輹"，《九家》作"輻"，輹、輻截然二物，寫者多亂之。

夫妻反目。

虞翻曰：豫震爲"夫"、爲"反"，巽爲"妻"，離爲"目"。今夫妻共在四，離火動上，目象不正，巽多白眼，"夫妻反目"。妻當在内，夫當在外，今妻乘夫而出在外，《象》曰"不能正室"。三體離，需飲食之道，飲食有訟，故爭而反目也。

釋曰　張氏曰："豫震爲夫。今震自下息至三，三體震，則巽宜爲三妻，故下云'妻乘夫而出在外'，明上妻三夫也。'夫妻共在四者'，夫妻之目共在離。"案：三應在上，經於三言"夫妻"，於上言"婦"、言"君子"，張説所據。三上敵應，故"反目"。《象》曰"不能正室"，言民窮，室家不能相安也。或以三爲夫，四爲妻，陰承陽爲順，乘陽爲逆，四得位承五，上下應之，明養陽之義。又以在三上著乘陽之戒。《易》爻取義非一，而道則一也。虞云"三體離"，離，傷也。或句有脱誤，當爲初至五體需。

《象》曰：夫妻反目，不能正室也。

《九家易》曰：四互體離，離爲"目"也。離既不正，五引而上，三引而下，故"反目"也。輿以輪成車，夫以妻成室，今以妻乘夫，其道逆，故"不能正室"。

釋曰 惠氏曰："男正位乎外,女正位乎內,天地之大義。今陽在內,陰在外,反其居室之道,故'不能正室'。"案:《九家》以輪配輿言之,葢其本作"輿説輻",輻施於輪也。

六四:有孚。血去惕出,无咎。

虞翻曰:"孚",謂五。豫坎爲"血"、爲"惕",惕,憂也。震爲出,變成小畜,坎象不見,故"血去惕盧誤"惕"。出"。得位承五,故"无咎"也。

補 馬融曰:"血",當作"恤",憂也。《釋文》。

釋曰 虞讀"血去惕出"爲句,血爲陰凝陽,又爲傷害之象。亂極而治之,陰陽爭諸生蕩之時。四得位承五,五以誠信與之合志,用以施澤於民,故能去天下之害,解羣生之憂。血惕,咎也,去且出,故"无咎"。從豫、坎取象者,乾元以陽通陰、以陰養陽,出入无疾,"血去惕出"之義。坤元爲乾所孚而養成,孚者,信合也,故《象》曰"上合志"。馬讀"血"爲"恤",古文通。恤,憂;惕,懼也,言除去民之憂懼,使各得其養。

《象》曰:有孚惕出,上合志也。

荀爽曰:血以喻陰,四陰臣象,有信順五。惕,疾也。四當去初,疾出從五,故曰"上合志也"。

釋曰 荀以血喻陰順陽,四有信順五,葢據涣上《象傳》讀"有孚血"爲句。四以陰凝陽而養之,有誠信以盡臣道,與五一體,若血之隨氣而行,故曰"有孚血",有誠信以順養也。臣不專施,故去初而疾出從五,謂不自樹恩於下而務宣上德,此畜之所以亨也。與虞説異,而以四承五之義則同。然渙《象傳》或以"渙"字括"去出"之義,以"血"包"惕",與此《傳》以"惕出"包"血去"同,未必讀《經》"血"字絶句,虞意較長。

九五:有孚攣如,《釋文》:攣,力專反。徐又力轉反。**富以其鄰。**

虞翻曰:孚五,謂二也。攣,引也。巽爲繩,豫艮爲手,二失位,五欲其變,故曰"攣如"。以,及也。五貴稱"富","鄰"謂三,兑西震東稱"鄰",二變承三,"二"、"三"朱誤倒。故"富以其鄰",《象》曰"不獨富"。二變爲既濟,與東西鄰同義。

補　馬融曰:"攣",連也。

《子夏傳》作"戀",曰:"戀",思也。並《釋文》。

釋曰　陽在二、五稱孚,五剛健中正而體巽順,以誠信感二而引之,二亦以誠信上合,變正應五,故"有孚攣如"。攣,引也,即九二之牽,五引而二復也。陽以陰作財,四承五,故五富。五以財養人,布德行惠,雲行雨施,陰陽正,民各得其所。二變承三,則三亦富矣,故"富及其鄰"。此虞義,以成既濟二變言。云"震東兑西稱鄰",變既濟與東西鄰同義者,張氏曰:"三體兑,五在豫爲震",既濟本泰,五由震變爲東鄰,二由兑變爲西鄰,此五爲東鄰同,三爲西鄰稍異。馬訓"攣"爲"連",蓋與《九家》同義。子夏作"戀",訓"思",民懷其德也。

《象》曰:有孚攣如,不獨富也。

《九家易》曰:有信下三爻也。體巽,故"攣如",如當爲"攣"。謂連接。句。"其鄰",鄰衍字。謂四也。五以四陰作財,與下三陽共之,故曰"不獨富也"。

> 釋曰　《九家》訓"攣"爲"連接",五以誠信接下三陽,以四陰作財,與之共而富之,據二未變言。五以四畜陽,諸陽皆其所畜,畜道成則陰陽和而濟,二、上變。百姓足而相任恤矣,二承三。與虞義相成,皆合於不獨富之旨。孟子曰,"王如好貨,與百姓同之,於王何有",不獨富,所以孚也。云"五以四陰作財"者,惠氏曰:"巽爲木,六四辛未土,巽之財也。"

上九:既雨既處,尚得朱作"德"。載,婦貞厲。

虞翻曰:"既",已也。應在三,坎水零爲"雨",巽爲"處",謂二已變,三體坎雨,故"既雨既處"。坎雲復天,復,需時象。坎爲車,積載朱誤"載積"。在坎上,故"上得積載"。巽爲"婦",坎成巽壞,故"婦貞厲"。

> 補　"得",諸家作"德"。

> 釋曰　五攣二使變,三體下坎爲雨,故"既雨"。上體巽爲處,故"既處"。上施既行,民得安其室也。"既雨既處",則上亦之正成既濟矣。尚、上通,《釋文》不出此句異字,據虞注則其本作"得"。坎車稱"載",上變體重坎爲"習"稱"積",積載在車上。三"說輹",至上而"得載",畜道終成,故"上得載"。諸家"得"作"德",言上積德畜民,民被其澤,安而載之,此小畜既濟之事。巽爲婦,之正,故"貞"。陰道无成,陰功既就,防其消陽,故取坎成巽壞以陰乘陽之象而危之,此以下言小畜既濟未可恃。

月幾望，《釋文》：幾，徐音祈，又音機。**君子征凶。**

虞翻曰："幾"，近也。坎月離日，上已正，需時成坎，與離相望，兌西震東，日月象對，故"月幾望"。上變陽消，之坎爲疑，故"君子征，有所疑"矣。與歸妹、中孚"月幾望"義同也。

補　"幾"，《子夏傳》作"近"。《釋文》。

釋曰　月望，既濟象也。據上對三言，非指二、五正，故曰"幾望"，言畜之小也。月幾望而虧缺之期已近，富而未教，小畜之濟未可恃也，故"君子征凶"。君子，謂三，征，行也，謂應上也。上變三應，陰陽正，而云"征凶"者，上變體坎爲疑，陽變爲陰，疑於消陽，在五之上，疑於乘陽，故君子不可以有行，明物畜必有禮而後泰。

《象》曰：既雨既處，得朱作"德"，注同。**積載也。**

虞翻曰：巽消承當作"成"，此下朱衍"也"字。坎，故"得積載"，坎習爲"積"也。

補　"得"，諸家作"德"。

釋曰　"既雨既處"，上施行而民富。虞云"巽消"，猶云巽變耳，此未取消義，豫探下意而云然。

君子征凶，有所疑也。

虞翻曰：變坎爲盜，故"有所疑也"。

釋曰　坎爲盜，富而无教，僭竊之所自生也，故禮別嫌疑以定民志。

履

《序卦》曰：物畜然後有禮，故受之以履。

崔憬曰："履"，禮也。物畜不通，則君子先懿文德，然後以禮導之，故言"物畜然後有禮"也。

〔釋曰〕 既富然後可教，故小畜受以履，崔説未當。"履"下本篇有"履者，禮也"四字，見王弼《略例》引，今本脱之。

☰ 兑下乾上 **履虎尾，不咥人，亨。** 盧、周"亨"下有"利貞"二字。

虞翻曰：謂變訟初爲兑也，與謙旁通。以坤履乾，以柔履剛，謙坤爲"虎"，艮爲"尾"，乾爲"人"，乾兑乘謙，震足蹈艮，故"履虎尾"。兑悦而應，虎口與上絶，故"不咥人"。剛當位，故通。俗儒皆以兑爲虎，乾履兑，非也。兑剛鹵，非柔也。

〔補〕 馬融曰："咥"，齘也。《釋文》。

"咥"，鄭作"噬"，曰："噬"，齧也。《文選・西征賦》注稱鄭本"咥"爲"噬"，音誓，足補《釋文》之闕。

〔釋曰〕 "履"，踐也，諸儒皆謂坤三之乾履二剛，既成卦則以乾履兑。虞氏訓《彖傳》"柔履剛"之"履"爲"藉"，謂柔見履於剛，以坤藉乾，以乾履坤，一據本卦，一據旁通，義互相成。張氏申虞，謂"坤履行乾德，故柔履剛"，亦通。履由謙息，兼取訟來者，小畜上變需例，明禮至則不爭。謙坤爲虎，艮爲尾，互震爲足，謙三之坤初爲復息履。乾爲人，兑爲口、爲説，坤履行乾德而藉之，則乾兑乘謙，乾人以震足蹈坤艮，是謂"履虎尾"。艮尾變爲兑口，與乾異體，兑説而應，是以不咥人，此虞義，荀氏則以三履二乾履兑言。履辯上下，上以下安，亦以下危，陽以陰息，亦以陰消。爲國者一日去禮，則犯上作亂爭奪相殺之禍作矣，故上天下澤之卦取象如此，明爲君難也。“亨”者，五剛中正，以禮治下，則嘉會通而既濟成。惠氏謂荀氏“亨”下有“利貞”字，亨斯貞矣。虞譏諸儒“以兑爲虎”，夫坤爲虎，兑亦爲虎，猶乾爲龍，震亦爲龍。震，乾之始，兑，坤之成，此相傳古義，不可非也。又云“兑剛鹵，非柔也”，句上疑有脱文，當補云“又以坤三之乾體兑履乾二爲柔履剛”，故下注“説而應乎乾”破之云，明兑不履乾。實則諸儒云“三履二”，不云“兑履乾”也。注中“亨”字多作“通”，避唐諱。

《象》曰：履，柔履剛也。

虞翻曰：坤柔乾剛，謙坤籍乾，故“柔履剛”。

荀爽曰：謂三履二也。二、五无應，故无元，以乾履兑故有通。六三履二非和正，故云“利貞”也。

釋曰　“籍”，同“藉”，薦也，履物爲踐，履於物爲藉。虞以柔履剛爲坤見履於乾，坤藉乾則乾踐坤矣，故以謙坤爲虎艮爲尾。荀氏則以柔履剛爲三柔履二剛，坤三之乾履二剛，則上乾下兑，是乾履兑，故以兑爲虎，三居兑後爲尾。虎尾取象不同，理實一耳。荀云“二五无應故无元”者，凡《象》言“元亨”者，乾二坤五升降相應，餘皆二五應。“元亨”者，始而大通，不待變而後通也。履二、五无應，待變而亨，故不言“元”，荀義蓋如此。然諸卦二、五應而但云“亨利貞”不云“元”者多矣，荀義疑非。云“乾履兑故通”者，乾履兑，兑應乾，上下相安，嘉會禮通也。云“三履二非和正，故云利貞”者，三、二失正，故特言“利

貞"以明當變,此與乾二失正特言"能正中"同例。惠氏據此謂荀本有
"利貞"二字,臧氏庸則謂荀注"云"上脱"不"字,非其本有異。案:玩
荀注語意,似四德中惟无"元",故別白之,惠校似是。下"剛中正"三
句,惠氏謂正釋"利貞"之義,亦似密合。但《釋文》不載,疑事毋質
可也。

説而應乎乾,

虞翻曰:"説",兑也。明兑不履乾,故言"應"也。

《九家易》曰:動來爲兑而應上,故曰"説而應乎乾"也。以喻一國
之君,應天子命以臨下。承上以巽,據下以説,朱作"悦"。其正應天,
故虎爲之"不咥人"也。

釋曰 動來爲兑而應上,謂坤三之乾成兑而應乾上。上者,五之
成功。乾三爻一體,應上即應五,三爲下體之君,與五同功,履五之
應,有應五義。互巽體兑,上天下澤,得禮之正,其道如是,故雖處至
危而得至安。此亦以兑爲虎,三在兑後爲虎尾,與荀同。但荀以"履
虎尾"爲乾履兑,九四"履虎尾"是也。此以"履虎尾"爲三履其位,六
三"履虎尾"是也。六三據失位言,故"咥人凶",《彖辭》據"説而應乎
乾"言,故"不咥人亨"。巽説順應於五,亨之道也。

是以履虎尾,不咥人,亨。

《九家易》曰:"虎尾",謂三朱作"二"。也。三以説道履五之應上
順於天,故"不咥人亨"也。能下脱"以"字。巽説之道順應於五,故雖
踐虎,不見咥噬也。太平之代,虎不食人。"亨",謂於五也。

釋曰　太平之世虎不咥人，成既濟，禮之至，此乾元正而下順應之效。亨，謂變應五，二變則虎口象不見。

剛中正，履帝位而不疚，光明也。

虞翻曰：“剛中正”，謂五。謙震爲“帝”，五，“帝位”。坎爲疾病，乾爲大明，五履帝位，坎象不見，故“履帝位而不疚，光明也”。

補　馬融曰：“疚”，病也。

“疚”，陸作“疾”。並《釋文》。

釋曰　此申“亨”義，如荀本有“利貞”二字，則正釋“利貞”。謙震爲乾元，帝象也，五居尊，帝位也。五履當其位，諸爻皆以所履之位得失爲義。

《象》曰：上天下澤，履。君子以辯上下，定民志。

虞翻曰：“君子”，謂乾。辯，別也。乾天爲“上”，兑澤爲“下”，謙坤爲“民”，坎爲“志”。謙時坤在乾上，變而爲履，故“辯上下，定民志也”。

補　《漢書·敘傳》曰：上天下澤，春雷奮作，先王觀象，爰制禮樂。

釋曰　“履者，禮也”，先王制禮，事爲之制，曲爲之防，皆所以正名分，示民有常。謙三乾元在坤下，息成履。上天下澤，天至尊，澤又卑於地，上下定分莫著於此，此勞謙君子萬民服之效，故曰“謙以制禮”。不嫌於天地否者，膏澤下於民，下天上施也。

初九：素履往，无咎。

虞翻曰：應在巽爲白，故“素履”。四失位，變往得正，故“往无咎"。初已得正,使四獨變,在外稱"往",《象》曰"獨行願也"。

　　釋曰　張氏申虞,謂失位者以之正爲禮,二、四是也,得位者以所交之正爲禮,初使四變是也。"素履",謂"甘受和,白受采,忠信之人可以學禮"。初得正,成己以成物,故使四獨變。四陰位,當變而履初者也,故"往"。四變初有應,故"无咎"。"往"指四,"无咎"仍指初,以善及人君子之願也。理固可通,然揆諸經、傳文義,似不如下文荀注之協。

《象》曰:素履之往,獨行願也。

　　荀爽曰:初九者,潛位,"隱而未見,行而未成"。素履者,謂布衣之士未得居位,獨行禮義,不失其正,故"无咎也"。

　　釋曰　"素",始也,質也。"素履"者,安貧樂道,率其平素之履,不以當世之紛華奪其本志,此君子出處以禮之始基。易氣從下生,制禮自士始,故於初言"素履"。初應在四,四失位,變得正,初往應之合禮,故"无咎"。君子素其位而行,不願乎其外,初以義爲路禮爲門,非其招不往,四變應己而後往。其往也,非有慕乎人爵,獨行其平日之願而已,安上治民,道濟天下是也。

九二:履道坦坦,幽人貞吉。

　　虞翻曰:二失位,變成震,爲"道",爲大塗,故"履道坦坦"。訟時二在坎獄中,故稱"幽人",之正得位,震出兑説,朱作"悦"。幽人喜笑,故"貞吉"也。

　　補　《魏明帝詔》稱,管寧有素履幽人之貞。

《後漢書·荀爽傳論》：違貞吉而履虎尾。

[釋曰]　二變得正，有禮則安。坦坦，寬平，震象。二變應五，履之道也。幽人，虞以爲幽繫之人，張氏曰：“二在訟時，失位訟陰，故幽于坎。應五履道，禮成而陰不爭，故‘貞吉’。”姚氏據《魏詔》及范蔚宗說，以幽人爲隱士，二變體坤，靜而正，故“幽人貞吉”。由前之說，素患難行乎患難也；由後之說，素貧賤行乎貧賤也。《象》曰“中不自亂”，言不以安危得失動其心。

《象》曰：幽人貞吉，中不自亂也。

虞翻曰：雖幽訟獄中，終辯得正，故“不自亂”。

[釋曰]　二得中訟陰，使初變成履，初正而二亦正，故“中不自亂”。禮義不愆，患難非所恤，雖困必亨也。漢黃霸在獄中，從夏侯勝受《尚書》，曰“朝聞道夕死可矣”，可謂中不自亂者也。若以隱居言，則嚴君平、鄭子真、管幼安、陶淵明其人矣。

六三：眇能“能”字，盧、周皆作“而”。視，跛能履，

虞翻曰：離朱誤“雖”。目不正，兌爲小，故“眇而視”，視，上應也。訟坎爲曳，變震時爲足，足曳，故“跛而履”。俗儒多以兌刑爲“跛”，兌折震足爲刑人，見刑斷足者，非爲跛也。

[補]　《京氏傳》曰：陽多陰少，宗少爲貴。得其所履則貴，失其所履則賤，《易》云“眇能視，跛能履”，吉凶取此文爲準。

“跛”，依字作“㢱”。《釋文》。

[釋曰]　六三以柔履二剛，卦所以名履，京氏謂“陽多陰少，宗少爲

貴"。六三應吉,以失其所履,故有眇視跛履之象。六爻吉凶,觀其所履之位,以此文爲準。三互離爲目稱"視",離象不正,兌爲小,故"眇","眇能視",非禮之視也。三本訟坎爲曳,由謙息履,體震爲足,震象不正,足曳,故"跛","跛能履",非禮之履也。古"而"、"能"字通,虞述經作"而",《集解》先引虞注,後引侯注,經字似當依虞本作"而"。然《釋文》不出"能"字異文,姑仍舊本而識別之,歸妹虞注"而"、"能"字錯出。

履虎尾,咥人凶。

虞翻曰:艮爲尾,在兌下,故"履虎尾"。位在虎口中,故"咥人凶"。既跛又眇,視步不能,爲虎所囓,故"咥人凶",《象》曰"位不當也"。

釋曰 虞以謙艮爲坤虎之尾,伏兌下,三體震陰,震足蹈艮尾,履非其位,適當兌口,故"咥人凶"。《九家》則以兌爲虎,三在兌終爲虎尾,三履非其位,故"咥人凶"。以眇跛之才而處危地,當重任,非致負乘之寇,即罹覆餗之刑,故凶。

武人爲于大君。

虞翻曰:乾象在上爲"武人",三失位,變而得正成乾,故曰"武人爲于大君,志剛也"。

釋曰 言當以剛正決陰邪,如三之眇跛而當重任,不唯自貽伊戚,亦必禍及國家,故當以剛武正直之人助于大君。張氏曰:"乾金氣,又在上,故爲武人。大君,乾五。爲,助也。三與上易位,上自乾來,更與四、五爲乾。"案:此所謂"其旋元吉"者也。《象》曰"志剛",謂公正無私，志在自任以天下之重，助大君決柔成乾而定既濟，故曰"武人"。凡經天緯地爲"文"，除暴禁亂爲"武"，《詩》《書》之"文人"，傳所謂"十一文"者也，《易》之武人，傳所謂"武有七德"者也。自後世以浮華之士爲文人，豪暴之徒爲武人，而文武之道息矣。

《象》曰：眇能視，不足以有明也。跛能履，不足以與行也。

侯果曰：六三，兌也。互有離巽，離爲目，巽爲股。體俱非正，雖能視，眇目者也，雖能履，跛足者也，故曰"眇能視，不足以有明。跛能履，不足以與行"，是其義也。

釋曰　侯說"跛能履"之象亦善。

咥人之凶，位不當也。

案：六三爲履卦之主，體說朱作"悅"。應乾，下柔上剛，尊卑合道，是以"履虎尾，不咥人，通"。今於當爻以陰處陽，履非其位，互體離兌，水火相刑，故獨唯三被咥凶矣。

釋曰　李氏分別卦爻義甚當。三爲成卦之主，非以陰主陽。兌澤爲水。

武人爲于大君，志剛也。

案：以陰居陽，"武人"者也。三互體離，盧、周作"離爻"。離爲嚮明，"爲于大君"，南面之象，與乾上應，故曰"志剛"。

釋曰　李以三爲武人，與上應，有助大君嚮明而治之志，力不足而志有餘也。此條李義不甚分明，姑釋之如此。或曰，李意與王弼同,謂武人而爲大君之所爲,恐不然。

九四:履虎尾,愬愬終吉。

虞翻曰:體與下絕,四多懼,故"愬愬"。變體坎得位,承五應初,故"終吉",《象》曰"志行也"。

補 《子夏傳》曰:"愬愬",恐懼貌。

"愬愬",馬融作"虩虩",曰:"虩虩",恐懼也。並《釋文》

《說文》稱《易》亦作"虩虩"。

《呂覽》引《易》曰:愬愬,履虎尾,終吉。高誘注曰:"愬愬,懼也。居之以禮,行之以恭,畏懼戒慎如履虎尾,終必吉也。"《慎大覽》。

釋曰 四正當乾履坤艮之位,而體與下別,非若三之在虎口中,故敬懼而終吉。之正體坎爲志,承五應初,成既濟,故《象》曰"志行也"。"說而應乾",則下不犯上,"愬愬終吉",則上無致亂之道,所以"不咥人,亨"。

《象》曰:愬愬終吉,志行也。

侯果曰:愬愬,恐懼也。履乎兌主,"履虎尾也"。逼近至尊,故恐懼,以其恐懼,故"終吉"也。執乎樞密,故"志行"也。

釋曰 侯同荀義,以履虎尾爲乾履兌。三爲兌主,所謂"虎尾"。四多懼,承上臨下畏懼戒慎,雖危无咎,故"志行"。

九五:夬履,貞厲。

虞翻曰:謂三上已變,體夬象,故"夬履"。四變,五在坎中也,爲上所乘,故"貞厲",《象》曰"位正當也"。

釋曰　蔡景君說謙自剥來,則履自夬來。夬剛決柔成乾,則上陰反三成履。履三失位眇跛,視履非禮。五剛中正,説之不以道不説,故復以上反三而決之。三、上易位仍爲夬,故"夬履"。夬履者,決陰以正其所履,正其所履,以正天下之履,無毫末之私説于陰邪,以愬其所履也。夬以決陰而成履,履又以體夬決陰而定既濟,人君正心以正朝廷百官萬民四海,無有邪氣干其閒,然後禮達於下,民日遷善以則天地之經,是夬履之事。貞,正也,謂成既濟也。厲,危也,雖成既濟猶防陰消。居尊,危地也,決陰,危事也,故夬曰"其危乃光",履曰"夬履貞厲"。惠氏曰:"四變五體坎,坎爲疾,爲災,故'貞厲'。以乾履兑,五在乾體,有中正之德,而又常存危厲之心,此其所以'履帝位而不疚'歟!"

《象》曰:夬履貞厲,位正當也。

干寶曰:"夬",決也。居中履正,爲履貴主,萬方所履,一決於前,恐決周作"夬"。失正,恒懼危厲,故曰"夬履貞厲,位正當也"。

釋曰　惟其"貞厲",是以不疚,德正當其位也。

上九:視履考祥,盧、周作"詳",注同。其旋元吉。

虞翻曰:應在三,三先視上,故上亦視三,故曰"視履考祥"矣。考,稽,祥,善也。乾爲"積善",故"考祥",三上易位,故"其旋元吉",《象》曰"大有慶也"。

補　"祥",本亦作"詳"。《釋文》。

鄭康成曰：履道之終，考正詳備。《晁氏易》。案：宋時鄭《易》雖亡，容他書徵引，晁氏據之。此條義理允當，宜可信。

釋曰　三苟視上之所履而考善，則能與上易。上亦視三之所履鑒於不善以考善，則旋而正三輔五以成既濟。上本體乾爲善，反三輔五又成乾爲積善，五所以成既濟由上，故曰“元吉在上”。張氏曰：“君子之履，小人之視，上也者，天下之所以考善也。哀者正、惡者善、愚者明、弱者疆之謂‘旋’。旋者，反乎性之初也，是人之始也，故‘元吉’。”案：祥、詳古文通。鄭云“履道之終，考正詳備”者，上爲禮之成，非禮勿視，非禮勿履，動容周旋中禮者，盛德之至也，故“元吉”。

《象》曰：元吉在上，大有慶也。

盧氏曰：王者履禮於上，則萬方有慶於下。

釋曰　成既濟。乾元正，禮達於下，其道光明，小畜至是而“大有慶”矣，故次之以泰。

卷第四

泰

《序卦》曰:履而泰,然後安,故受之以泰。泰者,通也。

崔憬曰:以禮導之必通,通然後安。所謂"君子以辯上下,定民志",通而安也。

釋曰 禮達分定,民用和睦,上下無怨,履斯泰矣。

☷ 乾下坤上 泰。小往大來,吉亨。

虞翻曰:陽息坤,反否也。坤陰詘外爲"小往",乾陽信內稱"大來"。天地交,萬物通,故"吉亨"。

補 馬融曰:"泰",大也。

鄭康成曰:"泰",通也。並《釋文》。

《乾鑿度》孔子曰:泰者,天地交通,陰陽用事,長養萬物也。

釋曰 泰,通也。以重卦言,天氣下降,地氣上升,陰陽氣通,萬物斯濟,故謂之泰。以生爻言,乾自坤出,由復而臨而泰。陽氣上通,乾信於內,坤詘於外,故辭稱"小往大來"。爻在外稱"往",在內稱"來",往者,詘也,來者,信也。陽息至泰,則下體之坤變而爲乾,乾在下，坤在上，是天地交，陽氣上通，正乾交於坤之所爲。泰正月之卦，方十月時，純陰用事，天氣上騰，地氣下降，天地閉塞而成冬。至十一月陽始動於黃泉，故乾初曰"潛龍"。十二月陽將出地，剛柔始交而難生，其卦爲屯。至正月東風解凍，雷以動之，陽氣始出地上，接動物，而陰凝之氣散，是"小往大來"之象。荀注坤六二，謂"二應五，五下動之，則應陽直出，布陽氣於四方"，是其理。由是二、五交，陰陽應，成既濟，雲行雨施，品物流形，故"吉亨"。惟天地交，故"小往大來"而"吉亨"。卦名據重卦，卦辭據生爻，其義一貫，故《彖》曰泰"小往大來，吉亨，則是天地交而萬物通也"。虞云"陽息坤反否"者，"息坤"一義，"反否"又一義。以天氣言，泰成則息大壯，否成則消觀；以人事言，泰成則防其反否，否成則冀其反泰，《序卦》謂"物不能以終泰"、"物不可以終否"是也。張氏曰："乾坤消息，往來於否泰。自遘至否，坤成乾滅，則陽息而反泰；自復至泰，乾成坤滅，則陰消而反否，故'否泰反其類'，乃見消息之用。"愚謂泰陰自內而去，陽自外而復，與消息本體適符，生爻反類，二而一也。馬訓"泰"爲"大"者，古字"泰"與"大"通。復小臨大，泰又自臨息成乾，乾稱大。以乾息坤，小往大來，皆泰之所以爲大也。

《彖》曰：泰小往大來，吉亨。

蜀才曰：此本坤卦。"小"，謂陰也，"大"，謂陽也。天氣下，地氣上，陰陽交，萬物通，故"吉亨"。

則是天地交而萬物通也，

何妥曰：此明天道泰也。夫泰之爲道，本以通生萬物，若"天氣上騰，地氣下降"，各自閉塞，不能相交，則萬物無由得生，明萬物生由天地交也。

釋曰 天地交，則陽上達而陰消散，陽爲主而陰順從，萬物由是生長，故"吉亨"。泰之辭曰"小往大來，吉亨，則是天地交而萬物通也"。"天地交"以重卦言，"小往大來"以生爻言，"吉亨"以成既濟言。"則是"云者，明生爻與重卦同義，既濟所由成。

上下交而其志同也。

何妥曰：此明人事泰也。上之與下，猶君之與臣，君臣相交感，乃可以濟養民也。天地以氣通，君臣以志同也。

釋曰 泰之義主乎天地交萬物通，在人事，則上下交而其志同也。乾君爲上，坤臣爲下，乾元亨坤，君德下施，坤元育乾，臣忠上格，由是二升五降，六爻各正相應，君臣一德，故"志同"。坎爲志，既濟體兩坎，"志同"之象。

内陽而外陰，内健而外順，

何妥曰：此明天道也。陰陽之名，就爻爲語，健順之稱，指卦爲言。順而陰居外，故曰"小往"，健而陽在内，故曰"大來"。

釋曰 陰陽以氣言，健順以德言。姚氏曰："内陽，生物之原。内健，幹事之本。外陰所以成物，外順所以接物。"

内君子而外小人，

崔憬曰：此明人事也。陽爲君子，在内健於行事。陰爲小人，在外順以聽命。

釋曰 此以治道言，君子進則小人退，君子盛則小人化。

君子道長，小人道消也。

《九家易》曰：謂陽息而升，陰消而降也。陽稱“息”者，長也，起復成巽，萬物盛長也。陰言“消”者，起姤終乾，萬物成熟，成熟則給用，給用則分散，故陰用特言“消”也。

補 劉向上疏曰：《易》有否泰，小人道長，君子道消。君子道消，則政日亂，故爲否，否者，閉而亂也。君子道長，小人道消，小人道消，則政日治，故爲泰，泰者，通而治也。《詩》又云“雨雪麃麃，見晛曰消”，與《易》同義。所謂“小人道消”。

釋曰 此所謂“吉亨”也。泰成慮其反否，“君子道長”則不反否而上息，由大壯、夬以至純乾，是泰成既濟之事。所謂“陽息而升”，陽升則陰伏藏，故曰“陰消而降”，陰陽本各有消長，陽長則陰消，陽消則陰長。《易》主陽，故陽長謂之“息”，陰長謂之“消”。陽息“起復終巽”者，十一月一陽息復，至四月六陽盡息爲乾，於八卦用事之位當巽東南也。陰消“起姤終乾”者，五月一陰消陽成姤，至十月六陽盡消純陰爲坤，於八卦用事之位當乾西北也。陰消陽實佐陽成物，虞氏謂陽息爲吉，陰消爲凶，據其消陽而言。《九家》以消爲給用分散，據其成物而言。但陽主生，陰主殺，肅霜隕籜，雖以成春生之功，而其象爲殺，故謂之消。“天地之大德曰生”，“生生之謂易”，聖人之心也。《易》扶陽抑陰，思患豫防，辯之早辯，説消息當以虞義爲正。

《象》曰：天地交，泰，

荀爽曰：坤氣上升以成天道，乾氣下降以成地道。天地二氣，若時不交，則爲閉塞，今既相交，乃通泰。

后以財成天地之道，《釋文》：財，音才，徐才載反。

虞翻曰："后"，君也。陰升乾位，坤女主，故稱"后"。坤富稱"財"，守位以人，聚人以財，故曰"成天地之道"。

補 "財"，荀作"裁"。《釋文》。

釋曰 "后"，繼體君也，與天子之妃曰"后"名同。虞因六五居尊，取女主象，以明傳不稱"先王"而稱"后"之意，非謂泰有女主用事之象也。泰者，陰息陽之成，二升五，陰承陽，則有實稱"富"，故"以財成天地之道"。荀作"裁"，理財養人，厚生正德，贊天地之化育也。

輔相天地之宜，以左右民。

虞翻曰："相"，贊。"左右"，助之。當爲"也"。震爲"左"，兌爲"右"，坤爲"民"，謂以陰輔陽，《詩》曰"宜民宜人，受禄于天"。

鄭玄曰："財"，節也。"輔相"，"左右"，助也。"以"者，取其順陰陽之節，爲出内之政。春崇寬仁，夏以長養，秋教收斂，冬敕朱作"勑"。蓋藏，皆可以成物助民也。

釋曰 鄭讀"財"爲"裁"，足包荀、虞二義。

初九：拔茅茹，以其彙《釋文》：茅，卯交反，鄭音苗。茹，汝據反，牽引也，鄗湛同，王肅音如。彙音胃，李于鬼反。**征吉。**

王弼曰：茅之爲物，拔其根而相牽引也。茹，相牽引之貌也。三陽同志，俱志在外，初爲類首，己舉則從，若茅茹也。上順而應，不爲違距，進皆得志，故以其類“征吉”也。

補　“彙”，古文作“胥”。

傅氏曰：“彙”，古“偉”字，美也。

董遇“彙”作“夤”，曰：出也。

鄭曰：“夤”，勤也。並《釋文》。《釋文》繫“鄭云勤也”於“董作夤，出也”之下，則鄭本亦作“夤”。呂氏《音訓》謂董作“黃”，鄭作“夤”，疑所據《釋文》與今本異。

劉向上疏曰：賢人在下位，則思與其類俱進，《易》曰“拔茅茹，以其彙征吉”。湯用伊尹，不仁者遠而眾賢至，類相致也。鄭氏曰：“彙，類也。茹，牽引也。茅，喻君有絜白之德，臣下引其類而仕之。”

釋曰　王弼說略本荀義。荀九二注云“三陽俱升”，葢以見乾陽上息之象。陰陽不可相無，純乾之時，坤陰伏下，泰三陽上升，乾盈之象，三陰下降，坤伏之象，天尊地卑，乾坤位定。泰之極，非即否也，但泰極則君驕臣諂，外賢內佞，陰將消陽，故謂之否，猶乾盈則“亢龍有悔”，姤生於下耳。“拔茅茹以其彙”，泰之始，非泰之極，陽方息而升，賢人思進其類以濟天下，故“征吉”。《象》曰“志在外”，志在使外三陽俱息也，劉子政說大同，而如《漢書注》鄭氏之義。以茅喻君有絜白之德，則當以成既濟言。葢論卦，則內君子外小人，三陽在內，初已得君。論爻位，則二居五爲上，初爲下，陽氣內充，必達於外，二有絜白之德，拔居五爲君而連初，故曰"拔茅茹"。初與三皆其類，欲進承五以亨陰，故曰"以其彙征吉"。惟內君子，故賢人之在下者俱進，所謂"志在外也"。此鄭氏，係注《漢書》者，非鄭君，故其說與《釋文》所載鄭注異。鄭君"彙"作"夤"，夤，謂三。《說文》說"夤"曰"敬惕也，從夕"，引《易》"夕惕"爲證，是夕惕爲夤。泰三體乾三"夕惕"，故稱"夤"。陽息自初至三，泰成懼其反否，須憂勤惕厲以行之，故"以其夤"。眾賢並進，惕厲以貞泰，則不反否而上息，故"征吉"。征，行也，陽上行，外體皆息，由大壯而夬而乾而泰之功成，故《象》曰"志在外也"。茅，叢生之物，否巽爲茅。泰由否反，始以喻否之三陰，反之即以喻泰之三陽，諸家說泰茅茹皆謂三陽，惟虞謂否三陰。泰之大義，反否也，息乾也，成既濟也，諸說雖不同，理實一貫。彙者，"寈"之叚借字，《說文》"寈，草木寈孛之貌"，謂草多，故引申爲類義。"菁"者，"寈"之異體。"夤"與"彙"形近義變，董訓"出"者，蓋謂其叢生上出，亦類義。或曰《釋文》"鄭云勤也"四字，不蒙"董作夤"之文，蓋鄭亦作"彙"訓"勤"，即"謂"字之叚借，《爾雅》"謂，勤也"。傅讀"偉"訓"美"，蓋取茅絜白之意。

《象》曰：拔茅征吉，志在外也。

虞翻曰："否泰反其類"，否巽爲"茅"，茹，茅根，艮爲手。彙，類也。初應四，故"拔茅茹以彙"。震爲"征"，得位應四，"征吉"。"志在外"，盧、周無此三字。"外"，謂四也。

釋曰 虞意泰自否反，否四體巽爲茅，初在下爲茅根，四又體艮爲手稱"拔"。否四拔去三陰，而以其類三陽反於內，否上先反初成益得正,然後三陽盡反成泰。泰初應四,陰陽交,二乃升五成既濟,故"征吉"。此經下注,李移於此,否初又引荀、《九家》注未引虞,李意葢以泰否茅茹分象三陽三陰。

九二:包荒,盧、周作"芫",注同。《釋文》作"苞",云"本又作'包',必交反,下卦同,音薄交反。"案:"音"上似脫一字。

翟玄曰:"荒",虛也。二、五相應,五虛无陽,二上包之。

補 鄭康成曰:"荒",讀爲康,虛也。《釋文》。晁氏引《釋文》文作"大"也。

"包",本又作"苞"。"荒",又作"芫"。《釋文》。

《說文》稱《易》作"芫",云"水廣也"。

釋曰 "包荒",言坤虛无君,二升五包覆羣陰也。鄭注"虛"字,晁引作"大",據鄭轉"荒"爲"康"。經傳"康"字多美大之義,似作"大"較合。謂二有中德當升五,包含光大,與許、虞義同。

用馮河,不遐遺。

荀爽曰:河出於乾,行於地中,陽性欲升,陰性欲承,馮河而上,不用舟航。朱作"航"。自地升天,道雖遼遠,三體俱上,不能止之,故曰"不遐遺"。

釋曰 二包含光大,賢人眾多,可用以濟險,故曰"用馮河"。以足涉水曰"馮",不曰"涉河"而曰"馮河",示濟難當勇決。又以見其危,當臨事而懼,與履取象"虎尾"同義。"不遐遺",言當深計遠慮溥施宏濟也。乾爲遠,以卦言,則二自乾之坤;以爻位言,則自地升天,

皆遠。濟艱難安天下，當規模宏遠，不可以遠而有遺忘也。荀云"河
出於乾，行於地中"，既濟三、五皆體坎，本乾陽，今在坤下，是行地中。
四畫以上爲天，三畫以下爲地也，自地升天，言二當升居天位。云"三
體俱上"者，言初、三協力助五以濟難，又以見陽當上息之義。虞氏則
惟據二升五言。

朋亡，得尚于中行。

荀爽曰："中"謂五，坤爲此三字朱誤作"坤一"二字。"朋"，朋亡而
下，則二得盧、周無"得"字。上居五，而行中和矣。

釋曰　荀以坤三陰爲朋，虞則以陽息至二兌爲朋，至三又體兌，
葢三陽爲朋。陰離其朋而降，陽離其朋而升，則二居五成既濟。得上
進于乾五中正之道，故"得尚于中行"。初、三協力助五濟難，則既濟
定，六位正，"無偏無黨，王道蕩蕩"，乾所以息而純也。

《象》曰：包荒得尚于中行，以光大也。

虞翻曰：在中稱"包"，荒，大川也。馮河，涉河。遐，遠。遺，亡
也。"亡"讀爲"忘"。失位，變得正體坎，坎爲大川，爲河，震爲足，故
"用馮河"。乾爲遠，故"不遐遺"。兌爲朋，朱誤"用"。坤虛无盧、周作
"鮮"。君，欲使二上，故"朋亡"。二與五易位，故"得上于中行"，震爲
行，故"光大也"。

釋曰　虞讀"荒"爲"沆"，或其本作"沆"。張氏曰："息坤至二成
兌，體乾九二'見龍'，雲行雨施，中有坎體，謂之'包沆'。用變之正，
則以震足涉坎，故曰'用馮河'。用者，用此包沆也。乾體在下，坤虛

在上，邑人不戒，欲使居五，不可以遠忘之。二、五易位，初亡其朋，案：初、三皆二朋。而震行得上于中矣。”案：此亦經下注。“震爲行”下，似脱“離爲光，陽稱大”六字。二德光大，故能升五成既濟，與臨五大君之“宜行中”同義。

九三：无平不陂，无往不復。《釋文》：陂，彼僞反。徐甫寄反，傾也，又破河反，偏也。

虞翻曰：“陂”，傾，謂否上也。“平”，謂三，天地分，故“平”。“天成地平”，謂“危者使平，易者使朱本脱此四字。傾”。“往”，謂消外。“復”，謂息内。從三至上體復象，盧、周無“象”字。“終日乾乾，反復道”，故“无平不陂，无往不復”也。盧周無“也”字。

補 王逸《楚辭章句》引《易》作“頗”。

釋曰 “平”，謂泰三。陽息至三成泰，乾坤各三爻，天地分，陽出地上，陰皆從陽，天成地平，故曰“平”。“陂”，傾也，謂否上，泰成則反否，否終則傾，猶地平極則險陂，故“无平不陂”。《繫》所謂“易者使傾”，“易”，平也，“使”者，天道使然也。“往”，謂陽消而之外，“復”，謂陽息而反内。陰消至三成否，陽往詘外，故稱“往”。否成則反泰，上反初成益體復，三陽以次反内而成泰，如天行極則還復，故“无往不復”。所謂“危者使平”，“危”，謂否上也。平陂往復，天運自然，聖人贊天地之化育，否必使爲泰，泰不使爲否。泰三陰陽相接，天地之際，君子危之。從三至上體復象，三終日乾乾，反其復道以貞泰，則五升而濟，陽日以息，而平者不陂矣，下“艱貞无咎”是也。

艱貞无咎。勿恤其孚,于食有福。

虞翻曰:"艱",險;"貞",正;"恤",憂;"孚",信也。二之五,句。得正在坎中,故"艱貞"。坎爲憂,故"勿恤"。陽在五孚險,坎爲孚,故有"孚"。體噬嗑,食也,二上之五據四,則三乘二,故"于食有福"也。

補 《説文》稱《易》作"勿卹"。

釋曰 三得正,故"貞"。二動,三在坎中,坎爲險,故"艱"。"艱貞",言其難其慎,因時而惕,守正不變,使平者不陂,故"无咎"。坎爲加憂,稱"恤",又爲孚,三在泰否之間,二動則體坎險,疑當"恤"。二升五,陽德孚於陰以易濟險。三又體坎爲孚,君臣一德,君子道長,有孚於小人。泰成既濟,陰皆從陽,無應其或不孚,故"勿恤其孚"。"食",如"食舊德"之食,謂禄食也。既濟有噬嗑象爲食,陽以陰作財,二、五易位,五據四陰,則三亦據二陰,此"富以其鄰"之盛者。"戬穀馨宜,受天百禄",故"于食有福"。凡陽在陰上爲據,虞云"乘二"者,二自五降,故假"乘"言之,乘陽則逆,乘陰則和也。

《象》曰:无平不陂, 朱作"无往不復"。**天地際也。**

宋衷曰:位在乾極,應在坤極,天地之際也。地平極則險陂,天行極則還復,故曰"无平不陂,无往不復"也。

補 "无平不陂",一本作"无往不復"。《釋文》。

釋曰 際,接也。宋意謂物極則反,是天地陰陽升降相接之處,泰與否接之時也。張氏則曰"乾盡坤接,故戒其陂",理互通。

六四:翩翩,不富以其鄰,

虞翻曰:二、五變時,四體離飛,故"翩翩"。坤虛无陽,故"不富"。

兌西震東，故稱"其鄰"。三陰乘陽，不得之應，《象》曰"皆失實也"。

補　向秀曰："翩翩"，輕舉貌。

"翩翩"，或作"篇篇"，古文作"偏偏"，《子夏傳》作"翩翩"。並《釋文》。案：虞、宋衷皆作"翩翩"，"子夏"上恐有脫文。

釋曰　"翩翩"，往來動搖不定之貌。陰承陽乃得主而定，二未正既濟，三陰皆乘陽失實，故翩翩靡所止定。四體震爲動，"翩翩"之象。古文作"偏"，或作"篇"，皆叚借。《象》曰"翩翩不富，皆失實也"，則"翩翩"爲二、五未易之象。虞云"二、五變時，四體離飛"者，取已變時象以狀未變時之翩翩不定，明二當升五，四當承之，故不直曰"二、五變"而曰"二、五變時"。然取象太曲，讀者易誤會。"不富以其鄰"，以《象傳》宋注及荀爽五注推之，則"鄰"，謂爻之連比者，"以"，猶與也，"其鄰"，四之鄰，謂五上也，三陰皆乘陽失實，故"不富以其鄰"。《象》曰"皆失實"，"皆"字正釋"以其鄰"之義。虞氏謂"兌西震東稱鄰"，五由震變爲東鄰，二升。二由兌變爲西鄰。五降。陽以陰作財，二升五降成既濟。五據四則三得據二，所謂"富以其鄰"，"以"，及也。陰承陽乃有實，四承五，二承三，上亦從五應三，皆得陽而實，又陰之所以爲"富"也。二五未變，未成既濟，陽无所據，故"不富以其鄰"。陰皆乘陽，氣未通，不得之應，不成爲富，故《象》曰"皆失實也"。泰之富在二、五交，富則自及其鄰。故《經》言"不富以其鄰"，而傳以"不富"括之，言未能財成輔相以左右民也，義亦通。

不戒以孚。

虞翻曰：謂坤"邑人不戒"，故使二升五，信來孚邑，故"不戒以孚"。二上體坎中正,《象》曰"中心願也",與比"邑人不戒"同義也。

   釋曰 "戒",告也。張氏曰:"三陰皆欲二升,四爲之導。"惠氏曰:"坤爲邑,'邑人不戒',二升五,信行于坤,故孚。比'邑人不戒',亦謂師二升五也。"案:坤爲邑人,坤陰欲二升五,不待告戒而信之,故"不戒以孚"。震爲言稱"戒",二升五,震象不見而體坎孚,謂孚於陰,《象》曰"中心願"也。

《象》曰:翩翩不富,皆失實也。

宋衷曰:四互體震,翩翩之象也。陰虛陽實,坤今居上,故言"失實也"。

不戒以孚,中心願也。

《九家易》曰:乾升坤降,各得其正。陰得承陽,皆陰心之所願也。

   釋曰 乾二升,坤五降,陰皆從陽相應,得主而利,故"中心願"。

六五:帝乙歸妹,以祉元吉。《釋文》:祉,音恥,一音勅子反,又音止。

《九家易》曰:五者,帝位,震象稱乙,是爲"帝乙"。六五以陰處尊位,帝者之姊妹,五在震後,明其爲"妹"也。五應於二,當下嫁二,婦人謂嫁曰歸,故言"帝乙歸妹"。謂下居二,以中和相承,故"元吉"也。

虞翻曰:震爲"帝",坤爲"乙",帝乙,紂父。歸,嫁也。震爲兄,兌妹,故嫁妹。祉,福也。謂五變體離,離爲大腹,則妹嫁而孕。得位正中,故"以祉元吉"也。

補 鄭康成曰：五爻辰在卯，春爲陽中，萬物以生。生育者，嫁娶之貴。仲春之月，嫁娶男女之禮，福禄大吉。《周禮·地官·媒氏》疏。

陸希聲曰：以柔在上，帝乙妹之象。下應於二，下嫁之象。《會通》。

《乾鑿度》孔子曰：泰者，正月之卦也，陽氣始通，陰道執順，故因此以見湯之嫁妹，能順天地之道，立教戒之義也。至於歸妹，八月卦也，陽氣歸下，陰氣方盛，故復以見湯妹之嫁。以天子貴妹而能自卑，順從變節而欲承陽者，以執湯之戒，是以因時變，一用見帝乙之道，所以彰湯之美，明陰陽之義也。又曰：本天地，正夫婦，夫婦正，王道興矣。又曰：《易》之帝乙爲成湯，《書》之帝乙，六世王。

釋曰 六居五當降，此爻明陰從陽之大義，舉湯嫁妹之事爲後世法。卦體坤互震，“帝出乎震”，坤納乙，又震主春，其日甲乙，故象“帝乙”。震爲帝，又長男爲兄，兑少女爲妹。五者帝位而陰居之，蒙帝者之尊，位在震後，明其爲妹。歸，嫁也，五應二，當下嫁二，故稱“歸妹”。陰之貴者莫如帝妹，貴而當降者亦莫如帝妹，湯之嫁妹，尤能立教戒之義，明夫爲妻綱不易之常道，故特著之。於泰、歸妹均繫此辭者，泰正月卦，歸妹八月九月卦，陰陽有消長，而陰從陽之義則一，因以見殷代昏期，自九月至正月也。繫之六五者，明五當降二，又以五爻辰在卯，周公制禮以仲春爲昏月之正也。湯稱天乙，殷禮措之廟立之主曰帝，故稱“帝乙”。虞氏以帝乙爲紂父，本《左傳》陽虎説，虎亂人，不知經義，非也。“祉”，福也，“元”，坤元也，五下嫁二，以陰承陽，夫婦和而室家成，室家成而繼嗣生，以受祉而元吉。坤元承乾元，生民之始，萬福之原，故“元吉”。鄭謂“生育者，嫁娶之貴”，虞謂“妹嫁而孕”，其義一也。云“五變體離”者，二升五降也。云“離爲大腹”，五降二體離也，與坤五離二"元吉"皆同義。

《象》曰：以祉元吉，中以行願也。

《九家易》曰：五下於二而得中正，故言"中以行願"也。

釋曰 五在中，震爲行，陰性欲承，五有中德，明於陰從陽、婦從夫之義。降二承乾以行其願，柔順中正，合德坤元，故受福而大吉也。

上六：城復于隍，

虞翻曰：否艮爲城，故稱"城"。坤爲積土。隍，城下溝。無水稱"隍"，有水稱池。今泰反否，乾壞爲土，艮城不見而體復象，故"城復于隍"也。

補 鄭康成曰："隍"，壑也。《詩·韓奕》正義。

"隍"，《子夏傳》作"堭"，《釋文》。曰："隍當作'堭'。是城下池也。"《正義》。

姚作"湟"。《釋文》。

釋曰 泰極則反否，否終則傾。當否之時，能憂勤惕厲以圖休否，則"其亡其亡，繫于苞桑"，否傾而爲泰，不然，則否傾於此而泰成於彼矣。"城復于隍"，舉否之傾者以爲戒，泰反成否，乾猶在上，體艮爲城，猶可爲也。否消自五至上，乾壞爲坤，城反于隍，不可爲矣。坤虛稱"隍"，《釋言》曰"隍，壑也"，郭云"城池空者爲壑"。乾本從坤息，今消而爲坤，國本以民安，今民去而國危，猶城本以土積，今土崩而下反於壑。天下之生，一治一亂，殷鑒不遠，在夏后之世。今之否而傾者，即向之泰者也，故泰三稱"无平不陂"，而於上著"城復于隍"之象，此否之終而泰之所以興也。

勿用師，自邑告命，貞吝。

虞翻曰：謂二動時體師。陰皆乘陽，行不順，故“勿用師”。坤爲
“自邑”，震爲言，兌爲口，否巽爲“命”，今逆陵陽，故“自邑告命”。命
逆不順，陰道先迷，失實遠應，故“貞吝”。

〔釋曰〕　否雖傾而陰猶在上，泰猶未濟。處泰之道，當以德服人，則
不戒以孚而成既濟，非特戰勝而攻克之。苟二動體師而不能光大孚
願，則非既濟之道，故“勿用師”，亦艱貞以待孚之義。“自邑告命，貞
吝”，此言傾者之不可爲，不待用師也。坤爲“邑”，否巽爲“命”，體震言
兌口有“告”象，命當自上出，否時乾猶在上，故有命无咎。今傾爲坤，虛
邑而已，而施告命以圖存，巽象反，命莫之從，故雖貞亦吝。《象》曰“城復
于隍，其命亂也”，由其政令之亂以至于傾，既傾而思挽之，雖有善者亦無
如之何矣。上六得正，故稱“貞”，城已復于隍，陽已化爲陰，以陰拒陽，陽
必息，陰必消，失實則无主，遠應則无與，以亂陵治則迷逆不順，故“吝”。
不曰“凶”而曰“吝”者，命果出於正，或未至於必凶，天道不絶自新之路，
聖人無富天下之心，不忍言“凶”而言“吝”。《書》曰“天惟五年須暇之子
孫”，此亦泰之所以“勿用師”也。武王觀兵還師，以三仁在朝，猶望紂之
能悛。用師非聖人意也，迨玄黃篚壺以迎我后，則師亦不待用矣。

《象》曰：城復于隍，其命亂也。

《九家易》曰：乾當來上，不可用師而拒之也。“自邑”者，謂從坤
性朱誤“往”。而降也。“告命”者，謂下爲巽，宣布君之命令也。三陰

自相告語，俱下朱誤"不"。服順承乾也。"城復于隍"，國政崩也。坤爲"亂"，否巽爲"命"，交在泰上，故"其命亂也"。

釋曰 "城復于隍"，由其教命亂也，"自邑告命"，雖貞猶吝，以亂濟亂，則城遂爲隍，凶如何矣。九家以"自邑告命"爲從坤性而降，宣布乾之命令，蓋若微子之歸周。"貞吝"，當謂正居其所則吝，上六得正，然陰當承陽，守常而不降則吝。若然，則"告命"之"命"與"其命亂"之"命"文同義異，恐非。此以上經下注。云"國政崩"者，此釋"其命亂"之義，否巽爲"命"，今傾爲坤，坤爲"亂"，其象交在泰三陽上，陰乘陽逆，故"其命亂"也。

否

《序卦》曰：物不可以終通，故受之以否。

崔憬曰：物極則反，故不終通而否矣，所謂"城復于隍"者也。

釋曰 天下之生，一治一亂，物不能以終通，泰極則反否。

☰ 坤下乾上 否之匪人不利君子貞，大往小來。

虞翻曰：陰消乾，又反泰也。謂三比坤滅乾。以臣弑其君，子弑其父，故曰"匪人"。陰來滅陽，君子道消，故"不利君子貞"。陰信陽詘，故"大往小來"。"則是天地不交而萬物不通"，與比三同義也。

釋曰 "否"，閉塞也。以重卦言，乾上坤下，天氣上升，地氣沈下，二氣特隔，物生不遂。況之人事，上下睽離，禍亂斯作，故謂之否。

以生爻言，坤消乾由遯而遘而否，陰氣上侵，坤信於內，乾詘於外，故辭稱“大往小來”。陰消至否，下乾成坤，乾上坤下，二體分絕，是“天地不交”。陰氣上侵，正天地不交所致。否七月卦，方正月泰時，天氣下降，地氣上躋，天地和同，陽氣日息，至四月而純乾。迨五月陰始動地中，與陽相遇，所謂“履霜”最先，井底寒泉。六月陰漸長而陽始退，然下體猶有陽。至七月陰出地上，天陽去地日遠，地上陽氣亦漸消入中宮。陰氣用事，凝戾肅殺，涼風至，白露降，草木日以萎落，是“大往小來”之象。陽為君子，陰為小人，陰消至否，坤成乾滅，小人成羣，逆節昭著，惡直醜正，君子道消，故稱“匪人不利君子貞”。其本由於君驕臣諂，上下相蒙，而姦人得以乘機竊柄，傾覆邦家，成未濟之禍，故《象》曰：“否之匪人不利君子貞。大往小來，則是天地不交而萬物不通也，上下不交而天下无邦也。”重卦生爻，其義相因，天道人事，其理一貫。“大往小來”，陽詘外，陰信內，其極至於消觀窮剝入坤，此否成未濟之事，剝所謂“蔑貞凶”也。“否之匪人不利君子貞”，當九字為句。匪，非也，世所以否，由任匪人，否已成而匪人之禍未有已，故“不利君子貞”。知其不利，而正以休之，九五大人吉，“其亡其亡，繫于苞桑”是也。權以濟之，五損上益初，以漸反泰是也。虞云“三比坤滅乾”，否成於三，三黨坤滅乾，比三“匪人”，正謂此也。乾為君父，以坤滅乾，無父無君，是禽獸也，故曰“匪人”。不言“凶”，有君子撥亂世反諸正，可以不凶也。

《象》曰：否之匪人不利君子貞。

崔憬曰：“否”，不通也。於不通之時，“小人道長”，故云“匪人”。“君子道消”，故“不利君子貞”也。

釋曰 五陽得正，陰消將由否成剝，故"不利君子貞"。

大往小來，

蜀才曰：此本乾卦。"大往"，陽往而消；"小來"，陰來而息也。

則是天地不交而萬物不通也，

何妥曰：此明天道否也。

釋曰 天地不交爲否，不交則陰上侵而陽伏藏，萬物日以衰落，讒邪熒惑，正直不容，國家日以顛危。否之辭曰"匪人不利君子貞，大往小來，則是天地不交而萬物不通"，天道之否也，"上下不交而天下无邦"，人事之否也。否則成未濟，萬物不通，天下无邦，未濟六爻失正陽陷陰中之義。

上下不交而天下无邦也。

何妥曰：此明人事否也。泰中言"志同"，否中云"无邦"者，言人志不同，必致離散而亂邦國。

崔憬曰：君臣乖阻，取亂之道，故言"无邦"。

釋曰 坤爲"邦"，乾爲人，坤虛无人。原野厭人之肉，川谷流人之血，城邑爲虛，生民糜爛，故"天下无邦"。聖人豫見萬世之禍，故其言沈痛如此。上下不交，匪人用事，君子道消，君德不下施，民隱不上達，其禍至此，有國者可不慎乎。

內陰而外陽，內柔而外剛，

崔憬曰：陰柔，謂坤。陽剛，謂乾也。

釋曰 陰陽以氣言，柔剛以質言。內陰外陽，殺氣已乘，生氣僅存。內柔外剛，枝葉未害，根本已弱，色屬內荏，小人之道。

內小人而外君子。小人道長，君子道消也。

崔憬曰："君子在野，小人在位"之義也。

釋曰 親小人，遠賢臣，世之所以否。小人盤結於內，君子孤危於外，所以不可貞。陰日長，陽日消，由觀而剝而坤，成未濟之世，則乾坤或幾乎息矣。君子撥亂世反諸正，故否爻皆言反泰之道。

《象》曰：天地不交，否。

宋衷曰："天地不交"，猶君臣不接。天氣上升而不下降，地氣沈下，又不上升，二氣特隔，故云"否"也。

釋曰 "特"，猶獨也，二氣特獨而隔塞，所謂"獨陰不生，獨陽不生"。

君子以儉德辟難，不可營朱作"榮"。以祿。

虞翻曰："君子"謂乾。坤爲"營"，乾爲"祿"。"難"，謂坤爲弒君，故"以儉德辟難"。巽爲入伏，乾爲遠，艮爲山，體遯朱作"遁"。象，謂"辟難"遠遁入山，故"不可營以祿"。"營"，或作"榮"，"儉"，或作"險"。

孔穎達曰：言君子於此否時，以節儉爲德，辟其危難。不可榮華其身以居禄位。若據諸侯公卿而言，是辟時羣小之難，不可重受官爵也。若據王者言之，謂節儉爲德，辟陰陽厄運之難，不可自重榮貴而驕逸也。

補《漢書·敍傳》曰：“不營不拔，嚴平鄭真。”應劭曰：“爵禄不能營其志”，引此以證。

釋曰張氏曰：“儉，約也，艮爲慎，乾爲畏，故‘儉德’。營，求也，坤來營乾，乾若入坤，則成未濟，故‘不可營以禄’。”案：如張説，則“儉德”，謂儉約其德，與乾初“不易世不成名”同義。坤營乾，實消乾，小人竊君之禄以誘君子，君子不爲所惑，故“不可營以禄”。應氏訓“營”爲“惑”，蓋讀“熒惑”之“熒”。“儉”，或作“險”，字之誤。“營”，或作“榮”，並通。愚又謂“儉德”，儉約之德也。泰則“后以財成天地之道”，否則君子窮約以辟難。處亂世，惟儉乃可免於難，“邦無道，富且貴焉，恥也”，況篡亂之世，其能以盜蹠餘財辱君子乎？

初六：拔茅茹以其彙，貞吉，亨。

荀爽曰：“拔茅茹”，取其相連。“彙”者，類也。合體同包，謂坤三爻同類相連，朱誤“遘”。欲在下也。“貞”者，正也，謂正居其所則“吉”也。

釋曰泰初言陽上息，否初言陰不上消。荀意訓“茹”爲牽引，云“合體同包”，謂三陰體，如茅之叢生漸包。云“正居其所則吉”，謂正居下，不上消，坤在下，正也，此以卦言，不論爻位。坤正居下，則陽來通之，故“亨”。惠氏謂初惡未著，與二、三同類承五，二拔茅自拔承五。

而及初，茅根。初承五，陽來貞之，猶可亨。據《漢書》注説泰初推之，與荀義相近，皆以陰承陽言。鄭、虞則以陽正陰言，虞謂四拔去三陰而以其類三陽反内，上先反初成益得正，故“貞吉”，由是三陽盡反成泰而濟，故“亨”。鄭君“彙”作“夤”，葢謂拔去三陰，反否爲泰，當憂勤惕厲以行之。反泰自四易初始，“夤”，謂四，四本泰三，體乾三“夕惕”，故稱“夤”。四之初得正息陽，故“貞吉亨”。陰承陽，陽正陰，皆所以濟否輔君也。

《象》曰：拔茅貞吉，志在君也。

《九家易》曰：陰志在下，欲承君也。　　案：初六巽爻，巽爲草木，陽爻爲木，陰爻爲草。初六陰爻草，茅之象也。

釋曰　初六陰爻爲草，故稱“茅”。

六二：包承，小人吉，大人否，亨。

荀爽曰：“二與四同功”，爲四所包，故曰“包承”也。“小人”，二也。謂一爻獨居，閒象相承，得繫於陽，故“吉”也。“大人”，謂五。乾坤分體，天地否隔，故曰“大人否”也。二、五相應，否義得通，故曰“否亨”矣。

釋曰　“包”，謂以陽包陰，四以五命據三陰是也。“承”，謂二與四同功，獨居守正，不從羣邪，閒三而承四以應五，應亦承也。惠氏曰：“二正承五，爲五所包，故曰‘包承’。”姚氏曰：“以陽包陰，二欲以下三陰俱承五，故‘包承’。”案：陰爲小人，陰消陽則凶，承陽則吉，故“包承，小人吉”。民從君則安，小人從君子則化爲善也。鄭注《乾鑿度》"陰得位爲君子",而荀以小人爲二者,此小人與大人對,兼民言之,且小人能承陽,則化爲君子矣。"吉"者,與其爲君子也。"大人",謂五。"否亨",用否道而亨。否時陰長陽消,正否之道,小人當承陽,大人則當於包含徧覆之中,慎之以禮,防下陵上替之漸,閉塞羣邪,遏絕亂源,乃所以爲亨。《象》曰"大人否亨,不亂羣也",否惟二、五得正,動則成未濟。五居正,不亂於羣陰之中,否所以不成未濟而可反泰也。此荀義,合二、五言之,虞氏則惟據二言。

《象》曰:大人否亨,不亂羣也。

虞翻曰:"否",不也。物三稱"羣",謂坤三陰亂弑君,大人不從,故"不亂羣"也。

[釋曰] 虞以"大人"爲二,謂二體坤元直方,有大人之德。雖上下未交,而包有承陽之道,使陰不上侵。小人之吉,由大人閉塞亂源而得亨也。物三稱羣,陰消至三,匪人爲亂,二在坤中,獨守正承陽,不亂於小人之羣,所以沮遏弑禍而上下俱安也。否,閉塞也。虞云"否,不"者,轉其訓以就"不亂羣"之義。《論語》季子然問仲由、冉求可謂大臣與,夫子抑之,而卒曰"弑父與君,亦不從也",則其凜然不可奪之節,亦可謂不亂羣之大人矣。

六三:包羞。《象》曰:包羞,位不當也。

荀爽曰:卦性爲否,其義否隔。今以不正與陽相承,爲四所包,違義失正而可羞者,以"位不當"故也。

[釋曰] 三失位消陽,"否之匪人"也。爻以陰承陽陽正陰爲義,羣

陰皆爲陽所包,三亦包於四,故稱"包"。卦性爲否,如否義,上下當各守其正,二以正承陽是也。今三以不正承四,違義失禮,以坤營乾,諂諛讒邪,乃鄙夫患得患失逆節之階,雖爲四所包,不能肆惡,而可羞之實自在,故曰"包羞"。惠氏謂坤恥爲羞,承陽以正則吉,以不正則羞。三陰皆有承陽之義,而三獨稱"包羞"者,以失正,且處否消陽之位,故《象》曰"位不當也"。三匪人可羞而四包之者,正否之道,防制宜嚴而包容宜廣,苟小人内愧而革面,亦君子之所取也。

九四:有命无咎,疇離祉。

《九家易》曰:巽爲"命",謂受五之命以據三陰,故"无咎"。无命而據,則有咎也。疇者,類也,謂四應初,據三,與二同功,故陰類皆離祉也。離,附;祉,福也。陰皆附之,故曰有福,謂下三陰離受五、四之福也。

補　"疇",鄭作古"噚"字。《釋文》。

《爾雅》:"疇",誰也。郭璞引《易》"疇離祉"。

釋曰　四輔五正否,承五命以據三陰,使否濟而泰。任天下之重,而無纖毫居功自專之意,故能尊主隆民,志行而无咎,唐郭汾陽、國朝曾文正以之。疇,類也。離,麗也,附也。謂三陰皆附麗於陽,受五、四之福,陰得主而利,君子正小人,所以福之也。張氏以疇爲三陽,謂三陽爲類並得反泰,故離四之福,義並通。鄭作"噚",叚借字。郭注《爾雅》訓"疇"爲"誰",蓋《易》家別說,即《書》"疇咨"之義。四與初易,以五之命命初,初被疇咨,之四承五而離祉。初志在君,得爲下守正之道,故命之。陰從陽,小人化爲君子,則君子之志行,所謂亨也。

《象》曰：有命无咎，志行也。

荀爽曰：謂志行於羣陰也。

釋曰　志行於陰，使各正從陽。張氏則謂三陽反泰之志行，皆所謂"疇離祉"也。

九五：休否，大人吉。《釋文》：休，虛虯反，美也。又許求反，息也。

《九家易》曰：否者消卦，陰欲消陽，故五處和居正以否絕之。乾坤異體，升降殊隔，卑不犯尊，故"大人吉"也。

補　鄭康成曰："休"，美也。《文選》謝靈運《還舊園作見顏范二中書詩》注。

釋曰　五居尊，濟否之主。"休否"，謂休美其否，濟而泰也。九家則謂以美道用否，陰欲消陽，五處和居正以否絕之。孔氏曰："行休美之事，遏絕小人，唯大人乃能如此而得吉。"

其亡其亡，

荀爽曰：陰欲消陽，由四及五，故曰"其亡其亡"。謂坤性順從，不能消乾使亡也。盧、周無"也"字。

釋曰　匪人欲剝陽使亡，大人以亡自惕，故曰"其亡其亡"。陽德非陰所能消，休否有道，則陰固承陽者也。"陰性順從"二語，合下句釋之。

繫于包桑。

荀爽曰："包"者，乾坤相包也。"桑"者，上玄下黃，以象乾坤也。乾職在上，坤體在下，雖欲消乾，繫其本體，不能亡也。

京房曰：桑有衣食人之功，聖人亦有天覆地載之德，故以喻。

陸績曰："包"，本也。言其堅固不亡，如以巽繩繫也。　案："其亡其亡"，近死之嗟也。"其"與"幾"同，"幾"者，近也。九五居否之時，下包六朱誤"初"。二，二互坤艮，艮山坤地，地上即田也。五互巽木，田上有木莫過於桑，故曰"其亡其亡，繫於包盧、周作'苞'。桑"。言五、二包繫，根深蒂固，若山之堅，如地之厚者也，雖遭危亂，物莫能害矣。

鄭玄曰：猶紂囚文王於羑里之獄，四臣獻珍異之物而終免於難，"繫於包桑"之謂。

補　"包"，亦作"苞"，鄭康成曰："苞"，植也。否世之人不知聖人有命，咸云"其將亡矣，其將亡矣"，而聖乃自繫于植桑不亡也。《文選》曹元首《六代論》注。

王符《潛夫論》曰：《易》稱"其亡其亡，繫于苞桑"，是故養壽之士，先病服藥，養世之君，先亂任賢，是以身常安而國脈永也。《思賢篇》。

釋曰　《繫》曰："君子存而不忘亡，是以身安而國家可保。"乾爲存，坤爲亡，五爲君位，消四至五，剝及君位，陽盡入坤，則亡矣。否時乾猶在上，若以爲存而不戒，斯不旋踵而剝。能休否而側身修行，憂勤惕厲，常曰"其亡其亡"，則陰固承陽者也，民固從君者也。乾猶在上，坤順在下，天覆地載，上下相包，如桑之上玄下黃，本枝相承，共主居正，民心固結，上下各繫本體，匪人雖欲逞志於君，烏得而亡之？巽爲繩稱"繫"，又爲木稱"桑"。"繫"者，乾坤各繫本體，陰繫於陽，陽繫於元也。惠氏謂凡言"繫"者，皆陰繫於陽，乾坤各繫上下本體，則陰繫陽不上消，而君德在民，植基深厚，又陽所以不可亡也。"包"者，乾坤相包，又同"苞"，植也，本也。乾陽包陰，陰中又有伏陽，此乾元之所以能反乎內，益下成泰也。聖人有天覆地載之德，如桑之植本於地，苞茂深固，發榮於上以衣食人。民心戴之，賢士輔之，匪人雖欲其亡，聖自繫於苞桑不亡，如文王得四臣之助是也。爲人君者如此，則否皆可泰矣。聖人之不亡，上繫天命，實下繫人心也。

《象》曰：大人之吉，位正當也。

崔憬曰：得位居中也。

釋曰 乾在上，五中正，體乾五大人，德正當其位，故能休否而吉。

上九：傾否，先否後喜。

侯果曰：“傾”，爲當作“謂”。覆也，否窮則傾矣。傾猶否，故“先否”也。傾畢則通，故“後喜”也。

釋曰 “傾否”，否極而傾覆，所謂“城復于隍”也。傾者否之極，故曰“先否”。否已傾則反泰，聖人起，撥亂世反諸正，故“後喜”。方否之時，未至即傾，能休否則上反初成益以反泰。不然，則消否成剝入坤。陽窮上反下，乃由復息泰耳。桀紂之亡，君德盡喪，湯武乃興。夏爲羿浞所傾，漢爲王莽所傾，迨其惡稔天人致誅。而少康、光武乃重光舊物，亦是也。或以“傾否”爲“反否”，否反爲泰，故“先否後喜”。否未極而反之，若殷高宗、周宣王是也。侯云“傾猶否”，謂傾猶是否，傾畢則通，乃喜耳。或曰：“猶”，當爲“由”，由否而傾也。

《象》曰：否終則傾，何可長也。

虞翻曰：否終必傾，盈不可久，故“先否”。下反於初成益體震，

“民説无疆”，故“後喜”。以陰剥陽，故不可久也。

　　釋曰 否消不已必至於剥而傾入坤，是否之極也，故“先否”，剥反成復，故“後喜”。由剥反復，與否上反益事異而義同，得民則剥可復、否可泰也。否无可長之理，風雨漂搖，《鴟鴞》之詩所以“迨天未雨，綢繆牖户”，及否未傾而圖反泰也。或以“傾否”爲“反否”，否終則反，否何可長。亂則必治，乾坤所以不息也。

同　人

《序卦》曰：物不可以終否，故受之以同人。

崔憬曰：“否終則傾”，故同於人，通而利涉矣。

　　釋曰 否者，不通也，“不通也”者，不同也。能同於人則人亦同之，天下之志通而否反泰矣。

☰ 離下乾上 同人于野，亨。

鄭玄曰：乾爲天，離爲火。卦體有巽，巽爲風。天在上，火炎上而從之，是其性同於天也。火得風然後炎上益熾，是猶人君在上施政教，使天下之人和同而事之。以是爲人和同者，君之所爲也，故謂之“同人”。風行无所不徧，朱作“遍”。徧朱、盧作“遍”。則會通之德大行，故曰“同人于野，亨”。

　　釋曰 “同人”，同於人也。卦下離上乾，乾爲天，離爲火，天在上，火炎上，性同於天，故《象》曰“天與火，同人”。其在爻，則離二應乾五，

《彖》曰"柔得位得中而應乎乾，曰同人"，此同人命名之義。乾爲人，離同乎乾，下同乎上也。卦互巽爲風，天之號令，人君政教之象。下之所以上同者，由人君德教加於百姓，形於四海，無遠弗屆，故辭稱"同人于野，亨"。乾爲野，"野"，廣遠之地，同天下之人極於廣遠。二五應，陰陽通，上下交而志同，故"亨"。如是可以濟天下之大難，萬國咸寧，成既濟定，故"利涉大川"。卦名"同人"，下同於上，辭稱"同人于野，亨，利涉大川"，上同於下，使人人尊尊親親，相愛相敬，以同於聖人之心，此乾之所爲，故《象》曰"乾行也"。此以上鄭義。虞氏據旁通，謂師震爲夫，同人巽爲婦，二人同心，故曰"同人"。師二降初爲復上息成同人，則"柔得位得中而應乎乾"。二之應五，由震剛接巽柔，巽同乎震也，震巽同心而應乾，故有"于野"之象。然"于野""涉川"，非復夫婦相同之義，故《彖傳》疊出"同人曰"，而以"乾行"釋之。據二稱"同人于宗"，《象》稱"類族辯物"，同人固有夫婦象。但如《彖傳》文，則同人命名，謂二同乎乾甚明，當以鄭義爲正。虞氏所言，以旁通著消息。同人之用，爻辭明之。

利涉大川，利君子貞。

崔憬曰：以離文明而合乾健，九五中正，同人於二，爲能通天下之志，故能"利涉大川，利君子之貞"。

[補] 《淮南子》曰：芒芒昧昧，與元同氣。故至德者，言同略，事同指，上下一心，無岐道旁見者。遏障之於邪，開道之於善，而民向方矣。《易》曰："同人于野，利涉大川。"《繆稱》文。

[釋曰] "君子"，謂乾五。"利涉大川"，四、上變成既濟，同人之事也。"利君子貞"，大居正以正天下，同人之本也。

《彖》曰:同人,

《九家易》曰:謂乾舍於離,同而爲日。天日同明,以照于下。君子則之,上下同心,故曰"同人"。

釋曰 此經下注。乾歸魂用離,離五含伏陽,即離二應乾五之象。離爲火,其精爲日在天,乾舍於離,以離合乾,日之象也。天日同明以照於下,同人之義。

柔得位得中而應乎乾,曰同人。

蜀才曰:此本夬卦。九二升上,上六降二,則"柔得位得中而應乎乾"。下奉上之象,義同於人,故曰"同人"。

釋曰 此以生爻釋卦名義,據此則同人命名,謂二同乎乾五明矣。凡一陰一陽之卦自乾坤來,兼取剝、復、夬、姤。乾二之坤成師,以陽正陰。坤二之乾成同人,以陰應陽。師、同人消息在剝、復閒,剝上之三成謙,謙三之二成師,則夬上之三成履,履三之二成同人,師二即剝上,同人二即夬上。夬上乘陽,降二則得位得中而應陽,故曰"同人"。下同乎上,由上有以同之,聖人所以同天下者,莫大乎"類族辯物",故卦以二應五名"同人"。而爻稱"同人于宗,吝",明當同師震以同乎乾,此陰陽相摩相盪,消息之用。

同人曰"同人于野,亨,利涉大川",乾行也。

虞翻曰:旁通師卦。巽爲"同",乾爲"野",師震爲"人"。二得中應乾,故曰"同人于野,亨"。此孔子所以明嫌表微,師震爲夫,巽爲婦,所謂"二人同心",故不稱君臣、父子、兄弟、朋友,而故言"人"耳。

乾四上失位,變而體坎,故曰"利涉大川,乾行也"。朱脫圈。

　　侯果曰:九二升上,上爲郊野,是"同人于野"而得通者,由乾爻上行耳,故特曰"乾行也"。

　　釋曰　同人雖由六二成卦,而辭稱"于野""涉川",則非二之所能爲,故別出"同人曰"之文。言同人而曰"同人于野,亨,利涉大川",大同無私,布德廣遠,利濟天下,此乃乾元九五之所行,故曰"乾行也"。與蒙、需、訟疊舉卦名以釋卦辭同例,特加"曰"字以協句耳,虞氏以此爲"明嫌表微"。張氏曰:"卦止取六二一爻,辭乃取'于野''涉川',故復出'同人曰'以表之。云所同者夫婦,乃曰'于野''涉川'者,由取乾通天下之志,體坎而行也。"案:侯氏以乾行爲九二升上,未是。

文明以健,中正而應,君子正也。

　　何妥曰:離爲"文明",乾爲剛健,健非尚武,乃以文明。應不以邪,乃以中正,故曰"利君子貞"也。

　　釋曰　此九五之德,乾行之本。"君子",謂五,五具全卦之德。離爲"文明",乾爲"健",故曰"文明以健"。聖人明於庶物,察於人倫,故不疑所行,若決江河,莫之能禦也。五得正居上中而二以中正應之,故曰"中正而應"。位乎天德,正己而物正也,是君子之正道,故曰"君子正也",此釋"君子貞"之義。

唯君子爲能通天下之志。

　　虞翻曰:"唯",獨也。四變成坎,坎爲"通"、爲"志",故"能通天下之志"。謂五"以類族辯物","聖人作而萬物覩"。

崔憬曰："君子",謂九五,朱、盧誤"二"。能舍朱作"捨"。己同人,以通天下之志。若九三、九四以其人臣,三字誤,當爲"己乘人"。則不當矣,故爻辭不言同人也。

釋曰　此釋"利"義。坎爲"通"、爲"志",五正則六爻皆正,四上變體兩坎,成既濟,陰陽應。君子以明健中正之德,先得人心之所同然,類族辯物,各正性命而保合大和,天下志通,是謂大同。唯君子能之,故"利"也。

《象》曰:天與火,同人。

荀爽曰:乾舍於離,相與同居,故曰"同人"也。

君子以類族辯物。《釋文》:辯,如字。王肅卜免反。

虞翻曰:"君子",謂乾,師坤爲"類",乾爲"族",辯,別也。乾陽物,坤陰物,體姤"天地相遇,品物咸章",以乾照坤,故"以類族辯物",謂"方以類聚,物以羣分"。孔子曰"君子和而不同",故於同人家周作"象"。見以"類族辯物"也。

釋曰　天日同明,以乾照坤,萬物皆相見,故君子法之"以類族辯物"。於同人家言"類族辯物"者,天火同性,是謂同物,物有同異,出於天性,辯此之同與彼之異,而後能各從其類歸於大同,此同人之大用也。

初九:同人于門,无咎。

虞翻曰:乾爲"門",謂同於四,四變應初,故"无咎"也。

補　陸希聲曰:"門"者,出入之正道,不由斯道則爲咎。《撮要》。

<u>釋曰</u>　初得位，正己以同人，應在四，四體乾爲“門”，《繫》曰“乾坤其易之門邪”。初正則四變應之，同歸於正，故“无咎”。子曰“出門如見大賓，在邦無怨，在家無怨”，曾子曰“出門而使，不以或爲父母憂也”，此人所以同。

《象》曰：出門同人，又誰咎也。

崔憬曰：剛而无應，比二以柔，近同於人，出門之象，“又誰咎矣”。

案：初九震爻，“帝出乎震”，震爲大塗，又爲日門，“出門”之象也。

<u>補</u>　《京氏傳》曰：同人，二氣同進，健而炎上，同途異致，性則合也，《易》曰“出門同人，又誰咎也”。

<u>釋曰</u>　崔以“出門”爲比二，與京、虞異，京引《象傳》以明全卦之義。如初得位，四失位，君子出處語默雖異致，而歸於各正則同途。出門同人，又誰得而咎之，此其所以由門而及野也。

六二：同人于宗，吝。

荀爽曰：“宗”者，眾也。三據二陰，“二與四同功”，五相應，初相近，上下眾陽，皆欲與二爲同，故曰“同人于宗”也。陰道貞靜，從一而終，今宗同之，故“吝”也。

<u>補</u>　《五經異義》說魯昭公取同姓，引《易》曰“同人于宗，吝”，言“同姓相取，吝道也”。

鄭康成曰：天子諸侯后夫人無子不出。《儀禮·士昏禮》疏。《禮記·內則》正義。《詩·河廣》正義無“無子”二字。

<u>釋曰</u>　荀讀“宗”爲“眾”，婦人以貞一爲德，眾欲同之則昏姻不

成,故"吝",明必得所適而後行。二當固守應五,所謂"先號咷而後笑",與屯二"女子貞不字,十年乃字"同義,此二、五相應之通例。許、鄭、虞則皆以二、五在同人家爲同姓,同人命名取二應乾五。而以"類族辯物"言,則離火炎上,性同於天。又二與上乾爲異,同姓之象,故稱"宗"。同姓不可爲昏,非他卦二、五陰陽象昏媾之比。二巽當同師震以同於五,夫婦同心,而後可以寧父母。天下夫婦皆正,族類皆辯,所以會歸乎大君也。若不同師震而自同於五,則是"同人于宗",同姓相娶之象。或外夫家而內父母家,不能體父母之心以盡婦道,而被出歸宗,故"吝"。伏羲制嫁娶,始定人道。然自殷以前,五世以外姓別,昏姻通,於人道猶未盡,周法大宗收族,繫之以姓而弗別,雖百世而昏姻不通,故謂"同人于宗"爲"吝"。言五世以外雖各自爲族,而皆統於大宗,猶是同姓,若相取,則是同人于宗內,仍不免黷敬,故《象》曰"吝道也"。若五屬之內男女相犯,則大悖人道,何凶如之,豈特"吝"而已。鄭意謂"天子諸侯后夫人無子不出",其犯六出,則王后廢遠,夫人以下出而歸宗,故"吝"。明婦人既嫁天夫,當一心於所事也。此爻之義,當以許、鄭、虞爲正,荀讀雖異,而教貞一之意則同。

《象》曰:同人于宗,吝道也。

侯果曰:"宗",謂五也。二爲同人之主,和同者之所仰也。有應在五,唯同於五,過五則否,不能大同於人,則爲主之德吝狹矣。所同雖吝,亦妻臣之道也。

▆釋曰　此又一説,讀"吝"字略逗,理亦互通。但二爲卦所由成,非即卦主,和同者之所仰,在五不在二也。

九三：伏戎于莽，《釋文》：莽，莫蕩反。王肅冥黨反。**升其高陵，三歲不興。**

虞翻曰：巽爲“伏”，震爲“草莽”，離爲“戎”。謂四變時，三在坎中隱伏自藏，故“伏戎于莽”也。巽爲“高”，師震爲“陵”，以巽股“升其高陵”。爻在三，乾爲“歲”，“興”，起也，動不張曰“當爲‘而’”。失位，故“三歲不興”也。

補 鄭康成曰：“莽”，叢木也。《釋文》。

釋曰 同人主五，五未正坎，天下之志未通。卦由師息，三、四敵剛，故象相攻，三、四爭二，阻兵據險以爭土地人民，待五以大師克之而後同。“伏戎于莽”，巽爲“伏”，爲草木，又同人自師震息，震爲草莽，離爲“戎”，離在震巽下，故“伏戎于莽”，欲攻四也。虞又取四變，三體坎隱伏自藏，蓋就下“不興”之義。“升其高陵”，伏而時起也。“三歲不興”，則伏而遂息矣。然四變則非復敵剛，與傳文不協，取象過密，義反岐矣。或曰，虞以敵剛爲三上敵應，謂三攻上，四攻初，但初、上無爭象，恐非也。“升其高陵”，登高望敵，伺隙而進也。巽爲股稱“升”，又爲“高”，師震爲“陵”，張氏曰“高陵，震巽之顛，四也”。“三歲不興”，爻在三，乾爲“歲”，故象“三歲”，震爲起稱“興”，三動體震則失位，危道，故“不興”，《象》曰“安行也”。五通天下之志，使四變，久而人心同，不復興戎，各安其所而行矣。

《象》曰：伏戎于莽，敵剛也。三歲不興，安行也。

崔憬曰：與二相比，欲同人焉。盜憎其主而忌於五，所以隱兵于野，將以襲之，故曰“伏戎于朱作“於”。莽”。五既居上，故曰“升其高陵"。一爻爲一年,自三至五頻遇剛敵,故"三歲不興",安可行也。

案:三互離巽,巽爲草木,離爲戈兵,伏戎于莽之象也。

[釋曰] 崔謂三欲攻五,恐非。但三、四相攻,即不式王命,故五以大師克之。"安行"與震五危行相反,崔説亦未是。

九四:乘其墉,盧、周作"庸",注同。《釋文》:墉,徐音容。**弗克攻,吉。**

虞翻曰:巽爲"墉",四在巽上,故"乘其墉"。變而承五體訟,乾剛在上,故"弗克攻"則"吉"也。

[補] "墉",鄭作"庸"。《釋文》。

[釋曰] "乘",升也。"墉",牆也。"乘其墉",攻三而登其城牆,其勢將勝。然四失位,征之爲言正也,征伐當自天子出,己不正而以攻人,以亂濟亂,何治之有。三、四爭二,其失維鈞。四無攻三之義,五類族辯物,爲天下人心所同歸,大師所至,暴亂自息,故三不敢興,而四亦變正"弗克攻",《象》曰"義弗克也"。四"弗克攻",變而承五,故"吉"。戰以攻克爲"吉","弗克攻"則師勞無功,困矣。而云"吉"者,《象》曰"其吉,則困而反則也",爻得正爲則,坎爲則,"困而反則"承五,安民和眾,過而能改,吉孰大焉。且四雖乘墉,而三伏戎設險以待之,恃勝輕進,必陷大敗,"弗克攻",似困而實吉也。虞云"變而承五體訟"者,體訟四"不克訟,復即命渝"也。云"乾剛在上",謂五剛中正在上,大師所臨,莫敢不服,順之則吉也。

《象》曰:乘其墉,義弗克也。其吉,則困而反則也。

王弼曰:處上攻下,力能乘墉者也。履非其位,與三爭二,二自應五,三非犯己,攻三求二,尤而效之,違義傷禮,眾所不與。勢雖乘墉,此"墉"字各本同。義終弗朱作"不"。克。而得吉者,以困而反正則也。

〔釋曰〕"克",能也,雖乘三墉,義弗能攻也。或曰"克",勝也,謂弗能攻而勝之,其義然也。"則",法也,爻當位爲則,弗克而變之正,是"困而反則"。

九五:同人先號咷而後笑,大師克相遇。

虞翻曰:應在二,巽爲"號咷",乾爲"先",故"先號咷"。師震在下,故"後笑",震爲"後笑"也。乾爲"大",同人反師,故"大師"。二至五體姤,遇也,故"相遇"。

〔補〕《京氏傳》曰:九五原誤"二"。得位居中,六二原誤"三"。積陰待應,《易》曰"先號咷而後笑"。陸績曰:隔於陽位,三、四。不能決勝,故曰"先號咷",後獲合方喜,故曰"後笑"。

〔釋曰〕虞以旁通言,同人,謂二同師震以同五。張氏曰:"號咷,嘷號也。《繫》曰'或出或處,或默或語,二人同心,其利斷金',彼注云'夫出婦處,婦默夫語',則號咷與笑,皆震巽同心之言。巽在乾家,二以巽先應五乾,則三、四相攻,號咷師震,同志而來,則四變三伏,故'後笑'。"案:二、五同姓,二本同五,但女在家,未知將所適,懼非禮之求,故"先號咷"。非父母之命,媒妁之言,得所適,備禮義,貞女不行也。以禮從一,則人無敢求犯禮,同師震以同五,盡婦道,宜室家,乃可以歸安父母,故"後笑"。此類族辯物之義,惟同人則然。京氏以本卦言,同人,直謂二、五相同,《象》所謂"得中應乾"。姚氏曰:"二隔於三、四,故'先號咷'。成既濟,二得應五,故'後笑'。二中直,專志應五,不爲三、四所移,先是以'號咷'。"案:《象》曰"同人之先,以中直也",直猶正,變正言直者,乾爲直,二體坤元直方,應陽出直。師震亦爲直,二同師震,待五之命,從一而終。二同於五,執節守義,以正待應,秉其中直,非邪妄所能撓,雖遇厄難,貞志不二,故"先號咷"。"同人之先以中直",所以得"後笑"。君臣夫妻,其義一也。"先號咷",未能即同也。五"類族辯物","通天之下志"而後同,王者行師以正天下,天下莫敢有越厥志,正如此,故"大師克相遇"。虞云"同人反師",謂旁通陰陽相反,非屯蒙等兩卦相反之謂。"大師",五討三、四之師,三、四相攻,睽天下之同,五以大師克之,三"不興",四"反則",而後二、五"相遇"成既濟。《象》曰"大師相遇,言相克也",謂有相克而後相遇也。

《象》曰:同人之先,以中直也。大師相遇,言相克也。

侯果曰:乾德中直,不私於物,欲天下大同。方始同二矣,三、四失義而近據之,未獲同心,故"先號咷"也。時須同好,寇阻其途,以言相克,然後始相遇,故笑也。

《九家易》曰:乾爲"言"。

[釋曰] "言",如"蓋言順也"之"言",不當取震言語象。

上九:同人于郊,无悔。

虞翻曰:乾爲"郊",失位无應,與乾上九同義,當有悔。同心之家,故"无悔"。

[釋曰] 乾爲"郊",至上乾成,故"同人于郊"。不稱"野"者,郊外曰野,野无所不徧,郊則猶有界域。"同人于野",則乾行成既濟,通天

下之志。上失位，未成既濟，故變"野"言"郊"，布德雖廣而猶未徧行，《象》曰"志未得"，但"无悔"而已。虞云"與乾上同義"者，同人與乾所較止一爻。天在上，火炎上，二氣同進，至上陽盈，疑於亢，當"有悔"。以柔得中應五，上與五同體，下既有陰，非"高而无民"。同心之家，陰陽和同，无亢極窮志之象，故"无悔"。上變，六爻正，陰陽應，則于野涉川而亨貞，五同天下之志得矣。

《象》曰：同人于郊，志未得也。

侯果曰：獨處于朱作"於"。外，"同人于郊"也。不與内爭，无悔吝也。同人之時，唯同于郊，"志未得也"。

釋曰 侯以上爲高蹈見幾，不與物競，於道濟天下之志未得，或一義。

大　有

《序卦》曰：與人同者，物必歸焉，故受之以大有。

崔憬曰：以欲從人，物朱作"人"。必歸己，所以成大有。

☲ 乾下離上 **大有。元亨。**

虞翻曰：與比旁通。"柔得尊位大中"，"應天而時行"，故"元亨"也。

姚規曰：互體有兑，兑爲澤，位在秋也。乾則施生，澤則流潤，離則長茂，秋則成收，大富有也。大有則"元亨"矣。

鄭玄曰：六五體離，處乾之上，猶大臣有聖明之德，代君爲政，處其位有其事而理之也。"元亨"者，又能長羣臣以善，使嘉會禮通，若周公攝政、朝諸侯於明堂是也。

釋曰 "大有"，所有者大，謂陽也。《彖》曰"柔得尊位大中而上下應之曰大有"，六五爲成卦之主，坤元得尊位，居上中，內有伏陽，體乾元大中之德，上下五陽應之，皆爲所有，故曰"大有"。鄭君以周公攝政當之，與坤五同義。姚氏謂此大臣輔幼主之象，亦即體坤元而爲君，以眾賢爲輔之象，尤足引伸鄭恉。"元亨"者大有，則能以善始萬物而大通。元，坤元育乾元也。元訓始，乾元，始也，坤元育乾，始之始也。五含伏陽，養成君德。伏陽發，君臣正，六爻應，"自天右之，吉无不利"，是以善始萬物而使天下嘉會禮通，故"元亨"。虞氏則謂大有通比，乾五動之坤成比，則乾體離，離五應乾五，以日行天，比變爲大有。上下眾陽應五而息，五以乾陽通坤故"元亨"。愚謂比大有旁通，分而觀之，則乾五之坤成比，創業定天下之象。坤五之乾成大有，繼體致太平之象。以臣輔君，體坤六五"文在中"，以子繼父，體離六二繼明，故《象》曰"柔得尊位"，鄭以成王周公之事明之。《繫》說上九"以履信思順"，謂此也。合而觀之，則乾五動之坤成大有，以離日照天，元氣周行四時，乾陽不息，向明而治，萬物皆相見。《彖》曰"應乎天而時行"，《象》曰"火在天上大有"，皆日行於天之義。《繫》引"自天右之，吉无不利"，以證黃帝堯舜之事，故虞以爲乾元之用。夫"柔得尊位"，坤元也，"其德剛健而文明，應乎天而時行"，坤元合德乾元也。鄭得其本義，虞觀其會通，相兼乃具。大有，所有者大，富有之謂大業。姚規舉卦象證之，亦合。

《彖》曰：大有，柔得尊位大中而上下應之曰大有。

王弼曰：處尊以柔，居中以大。體無二陰以此下朱衍"陰而"二字。分其應，上下應之，靡所不納，大有之義也。

[釋曰]　六五以坤元居尊，故曰"柔得尊位"。中有伏陽，德合乾元，故曰"大中"。上下應之，天道助順，人道助信，五陽皆爲所有，是"大有"之義。姚氏曰："此大臣輔幼主之象，亦即體坤元而爲君，若成王以周、召爲臣之象也。羣陽而應一陰，主雖弱而羣聖輔之，天下亦未有不治者。"案：此就鄭義引申之。主弱而任聖賢之臣，與蒙五順上應二同義。五伏陽發，與蒙反爲聖同義。惠氏申虞謂乾五動見離，離麗乾，故"柔得尊位"。張氏説上下應之，爲乾應五而息，然傳云"柔得尊位"，據爻不據卦。下文"應天時行"，乃有離日之象。云"柔"，自當指坤元，離中陰爻，即坤元也。乾魂歸離，亦坤元中有伏陽之義。鄭依傳爲訓，實卦名本旨。

其德剛健而文明，應乎天而時行，是以元亨。

虞翻曰：謂五以日應乾而行於天也。時，謂四時也。大有亨比，初動成震爲春，至二兑爲秋，至三離爲夏，坎爲冬，故曰"時行"。以乾亨坤，是以"元亨"。

[釋曰]　"其德"，六五之德也。"剛健"，乾。"文明"，離。"天"，謂五伏陽。六居五失位，而辭稱"元亨"者，以其德如此，是以能息乾元而亨。"剛健文明"，乾元之德也。乾體剛健，五動成離，則"剛健而文明"。庖犧位乾五，觀象於天，造作八卦，備物致用以利天下。黃帝堯舜通變神化，使民宜之，體乾元以大明終始萬物，"應天而時行"也，此

乾之元亨也。大有内乾外離，充實光輝，故“剛健而文明”。六五中有伏陽，以坤元育乾元，以大臣養君德，明光上下，勤施四方，如日之行天陽於四時，代君爲政以固天命，周公輔成王之事當之，“應天而時行”也，此大有體乾之元亨也。明大有體乾之元亨，而乾德之元亨在其中矣。虞云“五以日麗乾而行於天”者，釋“應天時行”之義。乾五動之坤成大有，則以坤五體離爲日象而行於天，日繞地而行以布天陽。離中陰爻，即坤元受天陽者，以象日則爲君，以地受天陽，則爲坤元凝伏陽，大臣輔幼主，理實互通。云“以乾亨坤，故曰元亨”，謂五以乾元時行，亨比坤爲大有乾，又伏乾發五正成既濟也。

《象》曰：火在天上，大有。

荀爽曰：謂夏火王在天，萬物並生，故曰“大有”也。

释曰　火氣之在天上者，日也。日中則盛如火，萬物畢照。

君子以遏惡揚善，順天休命。《釋文》：遏，於葛反，止也。徐又音謁。休，虛虯反，美也。徐許求反。

虞翻曰：“遏”，絶；“揚”，舉也。乾爲“揚善”，坤爲“遏惡”，爲“順”。以乾滅坤，體夬“揚于王庭”，故“遏惡揚善”。乾爲“天休”，二變時巽爲“命”，故“順天休命”。

释曰　比坤五陰盡變滅，“遏惡”之象。乾五陽皆息，“揚善”之象。云“體夬‘揚于王庭’”者，此但取“揚”義，不論柔乘五剛。彼小人揚于王庭，故決之，此君子揚于王庭，故尚之，皆六五凝乾元而亨之，成既濟之事，故“順天休命”。

初九：无交害，匪咎，艱則无咎。

虞翻曰："害"，謂四，四離火爲惡人，故"无交害"。初動震爲
"交"，比坤爲"害"。"匪"，非也。"艱"，難，謂陽動比初成屯。屯，難
也。變得位，"艱則无咎"。

釋曰 初應在四，四體離火焚棄爲惡人，故稱"害"。虞又云"比
坤爲害"者，四自比坤變，取義於四，取象於坤，《易》例多然。"无交
害"，戒初毋應四，"遏惡"之義。"匪咎"，无應，咎也。初、四敵應，四
失位，初本不當應，遠惡人，故非咎。初得位，艱貞自守，待五伏陽出
四變自得應，故"艱則无咎"。虞云"比初動震爲交，體屯爲艱"，皆從
既息大有後推本取象。張氏曰："於消息例當五降初成復，比五陽尊，
降初失位，失尊位。故取初自變成屯。"案：屯爲難，難進之義。盤桓居
貞，藏器於身，待時而動，上有大有之君，惡既遏則善自揚。國有道不
變塞焉，所以不失身而能行道。

《象》曰：大有初九，无交害也。

虞翻曰："害"，謂四。

釋曰 居下位不以賢事不肖，當守正以待五交孚。

九二：大車盧、周作"轝"，注同。**以載，有攸往，无咎。**《釋文》：
車，王肅剛除反。

虞翻曰：比坤爲"大車"，乾來積上，故"大車以載"。"往"，謂之
五。二失位，變得正應五，故"有攸往，无咎"矣。

補 "車"，蜀才作"輿"。《釋文》。

釋曰　二爲大夫，體乾德剛中，與五正應，五所尚之賢，當大有之任者也。"大車以載"，比坤爲大車，比息成大有，乾積坤上，爲坤所載，猶人臣爲君任天下之重。二自坤來而體乾，有盛德大才，竭力盡能，夙夜匪懈以任君事，如大車之材彊壯以載物，故取象於坤以明乾德。蜀才作"輿"，車載物以輿，輿，車之中也。二處中，故《象》曰"積中不敗"。物積大車之中而不敗，則可以引重致遠，人臣以順行健，不失其中，則攸往而咸宜。"往"，謂變應五。二失位，疑有咎，剛而得中，體信與順，功濟天下，而一歸美於君，五發則變而應，故"有攸往，无咎"。

《象》曰：大車盧、周作"輦"。以載，積中不敗也。

盧氏朱誤"虞翻"。曰：乾爲大車，故曰"大車以載"。體剛履中，可以任重，有應於五，故所積皆似當爲"在"。中而不敗也。

釋曰　盧就已息成乾取象。"大車以載"，以乾之剛健劾坤之任載，物積在中而不敗，故"有攸往，无咎"。

九三：公用亨于天子，小人弗克。《釋文》：亨，衆家並香兩反。

虞翻曰："天子"，謂五。三，公位也。"小人"，謂四。二變得位，體鼎象，故"公用亨于天子"。四折鼎足"覆公餗"，故"小人不克"也。

補　京房曰："亨"，獻也。

姚信曰：享祀也。

干寶曰：享宴也。並《釋文》。

《春秋傳》：晉侯將納王，筮之，遇大有之睽，曰"吉，遇公用享于天子之卦,戰克而王饗,吉孰大焉",又說"天子降心以逆公"。

　　[釋曰]　三者,三公之位,與五同功,位尊任重,非其人不足以當之,故備言"揚善遏惡"之義。"公用亨于天子",三有乾德,剛健得正,處三公之位,爲下體之君,蓋三事大夫邦君諸侯之有功德者。"亨",讀曰"饗",謂公用此功德見享於天子。惠氏曰:"鼎《象傳》'大亨以養聖賢',三賢人,二變體鼎,養賢之象,故云'公用亨于天子'。僖二十四年《春秋傳》卜偃說此卦云'天子降心以逆公',五履信思順,又以尚賢,故有'降心逆公'之事。三應上,上爲宗廟,天子亨諸侯必于祖廟也。四不正,故曰'小人'。虞注鼎九四云'四變震爲足,足折入兌,故鼎折足覆公餗',是小人不克當天子之享也。"姚氏則以"王用亨于西山"例之,讀"亨"爲"覲禮三享"之"享",小人不克行此禮,義亦通。但此爻辭意似與師上"大君有命,小人勿用"相類,《左傳》所說,自是古義,經文屬辭或不必一例,今以惠說爲正。"亨",京訓"獻",姚云"享祀",干云"享宴",則以"享"釋"亨"。"享祀""享宴"等皆當連讀,其上皆當有"亨"字,讀皆香兩反,凡《經》言"用亨"者讀準此,非"元亨"之"亨"也。訓"獻"訓"享祀",似與仲虞所說同。"享祀",入朝而助祭也。干云"享宴",據《春秋傳》義,"享宴"二禮,事相類,干舉類言之,與鄭需注"宴,享宴也"同例。

《象》曰:公用亨于天子,小人害也。

　　虞翻曰:"小人",謂四也。

　　[釋曰]　"公用亨于天子",位尊禮隆,若小人當之,則肆志擅權,廢官敗國,其害大矣,故"弗克"也。姚氏則曰"害",害禮也。

九四,匪其尪。朱作"彭"。**无咎。**

虞翻曰:匪,非也。其位尪,足尪,體行不正,四失位折震足,故"尪"。變而得正,故"无咎"。"尪"或爲朱作"作"。"彭",作"旁"聲,字之誤。

補　"尪",諸家作"彭"。步郎反。

干寶曰:彭亨,驕滿貌。

王肅曰:壯也。

子夏作"旁"。

姚信曰:彭旁。徐音同。並《釋文》。

釋曰　惠氏曰:"《說文》:'尪,跛曲脛也',從大,象偏曲之形。足尪故體行不正,四失位,體兌折震足,故足尪也。變而得正,故云'匪其尪,无咎'。"張氏謂:"雖處鼎四位,非實鼎體,故能變而无咎。"案:尪者,力小任重,必至敗國殃民,陷鼎四覆餗之凶。五遏惡,辯竊位者而去之。四雖處尪位,而實非冒利藉勢,苟以小言受大祿者,失位能變,故"匪其尪,无咎",此虞義。諸家"尪"多爲"彭",姚元直讀"彭"如"旁",子夏作"旁"。李氏富孫曰:"《說文》'彭,鼓聲也',《玉篇》'盛也',引申爲凡壯盛之稱。故干云'彭亨,驕滿貌'。彭、旁聲近,《詩》'四牡彭彭',《說文》引作'騯騯',是彭、旁古通。"案:《說文》"旁,溥也",籀文作"雱",從雨,取眾多如雨意,彭、旁音義皆近。"匪其彭",言處盛不敢自滿。四失位而近君,體乾健,又離火炎上,有過盛驕溢之象,故曰"其彭",其四也。明辯以哲,知盛極之爲害,戒懼自正,故"匪其彭"。"匪"者,辯之之意也。上不僭上,下不失身,故"无咎"。虞以作"彭"讀"旁"爲誤,實則師讀皆有所受,今各如其說通之。

《象》曰：匪其彭，朱作"彭"。无咎，明辯折朱作"晢"。也。

虞翻曰：折朱誤"晢"，下句同。之離，故"明辯折也"。四在乾則彭，在坤爲鼠，在震噬肺朱誤"肺"。得金矢，在巽折鼎足，在坎爲鬼方，在離焚死，在艮旅于處，言无所容，在兌睽孤孚厲。三百八十四爻獨无所容也。

補 "折"，諸家多作"晢"，章舌反。王廙作"晣"。音同，徐、李之世反。

又作"哲"。

鄭作"遰"，曰：遰，讀如"明星晢晢"。

陸作"逝"。並《釋文》。

釋曰 "折"，斷也，辯之決也。張氏曰："離明震辯兌折，折辯入明。"案：明以斷決所辯，善惡無所混淆，匪者必去。四雖處匪位而匪其彭，故使變得正而无咎。虞云"在乾爲彭"，乾爲人，故象足彭，餘各詳當爻下。虞歷説諸爻以明經之當作"彭"，不當作"彭""旁"，實則離四不孝之子，其罪焚，鼎四誤國之臣，其刑劇，垂戒特深以明大義。此外諸卦九四雖體離而取義不同，此經作"彭"，實於象合。四失位近君，懼過盛驕溢，故明辯之。諸家作"晢"，或作"哲"，皆明義。鄭作"遰"，陸作"逝"，"晢"之借。

六五：厥孚交如，威如吉。

虞翻曰："孚"，信也。發而孚二，故"交如"。乾稱"威"，發得位，故"威如吉"。

釋曰 六五爲大有之主，中有伏陽，體坎中實，故"孚"。"厥孚交

如”，坤元孚於乾元，陰陽交，乾元發而孚二，五正二應，上下交，故其
孚交如。比息大有，震爲“交”；五發，乾爲“信”；四上變，坎爲“孚”、爲
“志”；《象》曰“厥孚交如，信以發志也”。君德既成，以至誠贊化育，體
信以達順，志由中發而天下之志通，故“厥孚交如”也。“威如吉”，言
君德孚於下，大畏民志，故“吉”。惠氏曰：“乾陽剛武，故稱‘威’。五
變體乾，發得位，故‘威如吉’。《吕刑》曰‘德威維畏’。”案：《象》曰“易
而无備”，凡威必由武備，而以德服人，則人心畏而愛之，則而象之，天
下莫敢有越厥志，故簡易而无戒備也。

《象》曰：厥孚交如，信以發志也。威如之吉，易而无備也。

侯果曰：其體文明，其德中順。信發乎志，以覃於物。物懷其德，
以信應君。朱作“於”。君物交信，朱作“信交”。“厥孚交如”也。爲卦
之主，有威不用，唯行簡易，无所防備。物感其德，翻更畏威，“威如之
吉”也。

釋曰　此以體坤元而爲君者言。信發乎志，物應於君，則五陽
發，二變應之矣。

上九：自天右朱作“祐”，注同。**之，吉无不利。**

虞翻曰：謂乾也。“右”，助也。大有通比，坤爲“自”，乾爲“天”，
兑爲“右”，故“自天右之”。比坤爲順，乾爲信，“天之所助者順，人之
所助者信，履信思順，又以尚賢，故自天右之，吉无不利”。

王弼曰：餘爻皆乘剛，己獨乘柔，順也。五爲信德，而己履焉，履
信者也。居豐富之代，物不累心，高尚其志，尚賢者也。爻有三德，盡

夫助道，故《繫辭》具焉也。

　　[補]《鹽鐵論》曰：好行善者天助以福，符瑞是也，《易》曰"自天祐之，吉无不利"。好行惡者天報以禍，妖蔶是也，《春秋傳》曰"應是而有天蔶"。《論菑篇》。

　　"右"，諸家作"祐"。

　　[釋曰]此通論大有一卦之德。六五得尊位，爲卦主，體坤元應天時行，由乾五之坤而來，五陽上下應之，乾爲天，故"自天右之"。五體坤順承上，以坤入乾，乾陽上下皆應，體兌爲口，口助稱"右"，《繫》曰"天之所助者順也"。乾爲人，爲信，二有中德，體信應五，三爲人道，與二成兌，"人之所助者信也"。五有伏陽體坎孚，三與同功，亦人助信之象。五之在乾上應二，故"履信"。中有伏坎爲思，而體坤順上，故"思乎順"。乾爲賢人，以乾五陽息坤，坤伏乾下。承上體大畜，上爲賢人。亨三，三爲賢人。故"又以尚賢"。履信思順尚賢，以至誠贊化育，以至德要道順天下，又爲天下得人，天人合應，"天且弗違，而況於人乎"，故"自天右之"，成既濟，"吉无不利"。虞云"謂乾"者，此坤元體乾元之德，實乾元之用。乾五動之坤成大有，通比。比坤體坎，大有乾體離，聖人與天地合德日月合明，以順信之德獲天人之助，剛健文明，應天時行，由乾五亨坤致然，此乾坤合於一元之德。乾元之"先天弗違後天奉時"，與坤元之"承天時行"一也。王弼專以上九一爻言，非其義。

《象》曰：大有上吉，自天右也。

　　《九家易》曰：上九說朱作"悅"。五以柔處尊而自謙損。尚賢奉己，上下應之，爲乾所祐，盧、周作"右"。故吉且利朱、盧作"和"。也。

釋曰 言大有上爻之言"吉"，以六五德合於天，"自天右也"。
《九家》義亦主五，以上爲五所尚之賢，故於上著之。《説文》"右，手口
相助也"，"祐，助也，從示右"，義大同。虞作"右"，諸家作"祐"，李先
引虞，經字當作"右"。其引《九家》注，或仍其本文作"祐"，或改從經
字未可知，今姑依舊本。

謙

《序卦》曰：有大者不可以盈，故受之以謙。

崔憬曰：富貴而自遺其咎，故"有大者不可盈"，當須謙，此下周有
"退"字。天之道也。

䷎ 艮下坤上 **謙。亨。**

虞翻曰：乾上九來之坤，與履旁通。天道下濟，故"亨"。此下朱衍
一圈。彭城蔡景君説"剥上來之三"。

補 "謙"，《子夏傳》作"嗛"，曰："嗛"，謙也。《釋文》。

釋曰 乾上窮剥而入坤，來之三爲復之始。由乾上降居三，體艮
山在坤地下，謙之義。謙旁通履，"履者，禮也"。禮自卑而尊人，故
"謙以制禮"，敬人者人恒敬之。謙者亨道，乾下交坤而坤息乾，故
"亨"。子夏作"嗛"，嗛者盈之反。天道盈而不溢，乾上降之坤三，盈
爲"嗛"，在人爲"謙"也。

君子有終。

虞翻曰:"君子",謂朱誤"爲"。三,艮"終萬物",故"君子有終"。

鄭玄曰:艮爲山,坤爲地,山體高,今在地下,其於人道高能下下,謙之象。亨者,嘉會之禮,以謙而衍字。爲主。謙者,自貶損以下人,唯艮之堅固、坤之厚順乃能終之,故君子之人有終也。

補《韓詩外傳》:成王封伯禽於魯,周公誡之曰:"往矣! 子無以魯國驕士。吾文王之子,武王之弟,成王之叔父也,又相天下,吾於天下亦不輕矣。然一沐三握髮,一飯三吐哺,猶恐失天下之士。吾聞德性寬裕,守之以恭者榮;土地廣大,守之以儉者安;禄位尊盛,守之以卑者貴;人眾兵强,守之以畏者勝;聰明睿智,守之以愚者善;博聞强記,守之以淺者智,夫此六者,皆謙德也。夫貴爲天子,富有四海,由此德也。不謙而失天下亡其身者,桀紂也,可不慎歟? 故《易》有一道,大足以守天下,中足以守國家,近足以守身,謙之謂也。夫'天道虧盈而益謙,地道變盈而流謙,鬼神害盈而福謙,人道惡盈而好謙',是以衣成則必缺衽,宫成則必缺隅,屋成則必加拙。示不成者,天道然也。《易》曰'謙亨,君子有終,吉',《詩》曰'湯降不遲,聖敬日躋',其無以魯國驕士也。"

《説苑》:孔子讀《易》,至於損益,則喟然而歎。子夏避席而問曰:"夫子何爲歎?"孔子曰:"夫自損者益,自益者缺,吾是以歎也。"子夏曰:"然則學者不可以益乎?"孔子曰:"否,天之道,成者未嘗得久也。夫學者以虛受之,故曰得。苟不知持滿,則天下之善言不得入其耳矣。昔堯履天子之位,猶允恭以持之,虛靜以待下,故百載以逾盛,迄今而益章。昆吾自臧而滿意,窮高而不衰,故當時而虧敗,迄今而逾

惡,是非損益之徵歟? 吾故曰'謙也者,致恭以存其位者也'。夫豐明
而動,故能大,苟大則虧矣。吾戒之,故曰'天下之善言不得入其耳
矣'。日中則昃,月盈則食,天地盈虛,與時消息,是以聖人不敢當盛。
升輿而遇三人則下,二人則軾,調其盈虛,故能長久也。"子夏曰:"善,
請終身誦之。"《敬慎篇》。

　　釋曰 "終則有始,天行也",惟有始故爲終。乾陽有出入而無絶
息,來歲之始,始於今歲之終也。剝上來之三,體乾三君子,兼艮之堅
固、坤之厚順,故能終謙德,以終萬物而始之。"有終"即"亨"義。《韓
詩外傳》、《説苑》所引周公、孔子之言,容有後人潤色,然義理深美,真
《易》之微言也。

《彖》曰:謙亨。

　　《九家易》曰:艮山坤地,山至高,地至卑,以至高下至卑,故曰
"謙"也。謙者兑世,艮與兑合,故"亨"。

　　釋曰 謙者,兑宫五世卦。"山澤通氣",下體艮與本卦兑合,故
"亨"。荀、《九家》每以京氏卦世之法説"亨"。八卦遞變相合,亦旁通
之例。此經下注,李以"亨"義當以虞爲主,故退在此。

天道下濟而光明,

　　荀爽曰:乾來之坤故"下濟"。陰去爲離,陽來成坎,日月之象,故
"光明"也。

　　釋曰 天道盈而不溢,乾上之坤三體坎下濟,成終成始。而由謙
息履,坎月離日相對,其道光明。濟,成也,乾上之坤三得正,既濟之位。

地道卑而上行。

侯果曰：此本剥卦。乾之上九來居坤三，是"天道下濟而光明"也。坤之六三上升乾位，是"地道卑而上行"者也。

釋曰 震爲行。地道本卑而其氣上升，坤三之乾上，上體成坤，體震上行。下濟與卑，"謙"也，光明上行，"亨"也。

天道虧盈而益謙，

虞翻曰：謂乾盈履上，虧之坤三，故"虧盈"。貴處賤位，故"益朱誤"盈"。謙"。

崔憬曰："若日中則昃，盧、周作"昊"。月滿則虧"，損有餘以補不足，天之道也。

補 《潛夫論》曰：《易》曰"天道虧盈以沖謙"，故以仁義費於彼者，天賞之於此，以邪取於前者，天衰之於後，是以持盈之道，挹而損之，則亦可以免於亢龍之悔，乾坤之愆矣。《讚學篇》。

"虧"，馬作"毁"。《釋文》。

釋曰 乾上亢龍，盈不可久，居上則盈而當虧，之三則謙而可居。剥窮於上，則消入坤，來之坤三，則陽復息，是"虧盈而益謙"也。虞云"乾盈履上"者，履上即乾上，亦即剥上。既云"乾盈"，不可復云"乾上"，虞無剥、復、夬、遘之卦之例。又不可云"剥上"，故假言"履上"，以與下謙三相對。張氏曰："剥復之間，卦無實象，故多假義"，是也。

地道變盈而流謙，

虞翻曰：謙二以坤變乾盈，坎動而潤下，"水流溼"，朱作"濕"。故

“流謙”也。

崔憬曰：“高岸爲谷，深谷爲陵”，是爲“變盈而流謙”，地之道也。

釋曰　乾上之三成謙，則坤三之上變乾盈爲坤，而納乾成坎。虞注“謙二”，“二”當爲“三”。

鬼神害盈而福謙，

虞翻曰：“鬼”，謂四，“神”，謂三。坤爲鬼害，乾爲神福，故“鬼神害盈而福謙”也。

崔憬曰：“朱門之家，鬼闞其室”，“黍稷非馨，明德惟馨”，是其義矣。

補　“福”，京作“富”。《釋文》。

釋曰　張氏曰：“遊魂在四，歸魂在三，四詘三信。鬼謂四，神謂三，皆乾精也。盈則詘坤而爲鬼，謙則信乾而爲神。”案：“鬼神”，謂乾元坤元之氣變化詘信者，盈則消，謙則息，故“害盈而福謙”。福、富古字通。

人道惡盈而好謙。

虞翻曰：乾爲“好”、爲“人”，坤爲“惡”也，故“人道惡盈”。從上之三，故“好謙”矣。

崔憬曰：“滿招損，謙受益”，人之道也。

補　《漢書》説人君南面之道曰：合於堯之克讓，《易》之嗛嗛，一嗛而四益。《藝文志》。

釋曰　張氏曰：“乾盈則就坤，故人道惡盈。”案：謙則乾來，故“好謙”。

謙尊而光，卑而不可踰，

虞翻曰：“天道遠”，故“尊光”。三位賤，故“卑”。坎水就下，險弱難勝，故“不可踰”。

釋曰　天地神人皆益謙。謙之爲德尊而光明，其爲體卑而人不可踰，由謙而亨，是君子之終也。“亨”爲謙之終，唯終於謙乃能亨，故曰是“君子之終”，言非君子不能也。尊以德言，言於道爲最高也，卑以體言，卑以自牧也。德高而闇然日章，體卑而人莫能以暴亂陵駕之，此即“亨”之義。

君子之終也。

孔穎達曰：尊者有謙而更光明盛大，卑者有謙而不踰越，是“君子之終也”。言君子能終其謙之善，而又獲謙之福，故曰“君子有朱作“之”。“終”也。

釋曰　孔説尊卑以位言，於《傳》語意似未甚協。

《象》曰：地中有山，謙。

劉表曰：地中有山，以高下下，故曰“謙”。謙之爲道，降己升人。山本地上，今居地中，亦降體之義，故爲謙象也。

補　《九家易義》曰：山至高，地至卑，以高下卑，故云“謙”也。所以言“地中”者，以明多之與少俱行其謙也。《口訣義》。

釋曰　山在地中，以卑藏高，謙之象。《九家》謂不言“地下”而言“地中”，明山下地，地藏山，皆有謙義，是多與少皆須謙。然於“捊多益寡”之義不甚協，或史氏增衍失其本旨。

君子以捊朱作“裒”，虞注同。**多益寡，稱物平施。**

虞翻曰：“君子”，謂三。“捊”，取也。艮爲“多”，坤爲“寡”，乾爲“物”、爲“施”，坎爲“平”。謙乾疑當爲“虧”。盈益謙，故“以捊多益寡，稱物平施”。

侯果曰：“裒”，聚也。《象》云“天道益謙”，則謙之大者天益之以大福，謙之小者天益之以小福。故君子則之，以大益施大德，以小益施小德，是“稱物平施”也。

補 “捊”，或作“裒”。鄭、荀、董、蜀才作“捊”，曰：捊，取也。《釋文》。唐宋石經作“裒”。

釋曰 君子觀地中有山之象，知降尊就卑，酌盈劑虛天之道，故以“捊多益寡，稱物平施”。張氏曰：“陰有陽則多，無陽則寡，艮爲多，實乾爲多也，捊乾益坤。稱，量也，以坎量而平施。”案：先之以敬讓而民不爭，“一家仁一國興仁，一家讓一國興讓”，天下相率而爲敬讓任恤，此謙所以“捊多益寡，稱物平施”也。虞訓“捊”爲“取”，則字當作“捊”，與鄭、荀、董、蜀才同。或作“裒”者，“裒”之隸變，叚借字。侯訓“裒”爲“聚”，但取益謙之義，未合地山之象。

初六：謙謙君子，用涉大川，吉。

荀爽曰：初最在下爲“謙”，二陰承陽亦爲“謙”，故曰“謙謙”也。二陰一陽相與成體，故曰“君子”也。九三體坎，故“用涉大川，吉”也。

釋曰 “謙謙”，謙之又謙也。初在下爲謙，與二共承九三，以陰承陽，亦爲“謙”，故曰“謙謙”。陽爲君子，下卦三爻一體，初本有伏陽，隱在下而承三，資三之陽德以自養，伏陽發之正，故曰“君子”。初以卑謙養成君子之德,敬而無失,恭而有禮,眾所共與,雖險必濟,故"用涉大川,吉"。"用"者,用此"謙謙"也。三體坎爲"大川",初已之正,歷坎應四,得位有與,故"吉",此荀義。張氏補虞謂"謙息履,三降初,乾上謙居三,三又降初,故爲'謙謙君子'。三坎,升五又體坎,爲'大川',初坤爲'用',故'用涉大川吉'。"案:三在旁通則降初體復,在本卦則升五成既濟。三降履初爲謙謙之君子,屈己以受天下之善,故宜升五濟天下之大難,六五所謂"利用侵伐"也。三體坎,之五又體坎,震爲行,坎爲通,三正五則六爻皆正成既濟,故"用涉大川,吉"。張説與荀義並通。初陽伏下,三陽降初,皆謙之至,故初能歷坎而之應,三能體坎而行正也。

《象》曰:謙謙君子,卑以自牧也。《釋文》:牧,徐音目,一音茂。

《九家易》曰:承陽卑謙,以陽自牧養也。

補 鄭康成曰:"牧",養也。《文選》潘安仁《閒居賦》注。

釋曰 "謙謙君子",是承陽卑謙,以陽自養而之正也。不養則不可動,養正故"用涉大川,吉"。張義則謂三降坤初居卑以自養。

六二:鳴謙,貞吉。

姚信曰:三體震爲"善鳴",二親承之,故曰"鳴謙"。得正處中,故"貞吉"。

釋曰 三爲謙之主,諸爻言謙皆蒙三之義。震以雷鳴,謙、豫、中孚皆有震象,故皆言"鳴",鳴者,心聲也。程《傳》曰:"二柔順居中,謙德積於中,發於外,見於聲音顔色,故曰'鳴謙'。居中得正,有中正之德，故云'貞吉'。"案：二得正承三，三升五，二正應之，故"貞吉"。《象》曰"中心得也"，言謙德相合，承應以正，陰性欲承，故"中心得"。

《象》曰：鳴謙貞吉，中心得也。

崔憬曰：言中正心與謙相得。

虞翻曰：中正，謂二。坎爲心也。

釋曰　二中正，故經言"貞"，傳言"中"，中心相得，承應皆以正。陰性本承，在謙家又志在承陽，謙順之心誠中形外，得正而吉，故曰"鳴謙貞吉，中心得也"。崔注"正心"二字或當倒，"中心正與謙相得"，謂與道大適也。

九三：勞謙君子，有終吉。

荀爽曰：體坎爲勞，終下二陰，君子有終，故"吉"也。

釋曰　《說卦》"勞乎坎"，三體坎，陽剛得正，爲羣陰所宗，任天下之重，故曰"勞"。三本乾上，降居坤三，陽當居五，今在下體，故曰"謙"。三陽德正，故曰"君子"。成卦之主，故爻義與《象》同。勞而能謙，謙之至，君子之德也，申《象》言"君子"之義。三爲勞謙之君子，故"有終"而"吉"，申《象》言"有終"之義。三終謙德，以成終而爲萬物始，《象》曰"萬民服"，是"有終而吉"也。三體艮終萬物，又爲下體之終，《文言》所謂"知終終之，可與存義"。"萬民服"，在謙則升五，在履則息復，此所謂"吉"，《象》所謂"亨"也。文王三分服事，日昃不遑，小心翼翼，聿懷多福以之。

《象》曰:勞謙君子,萬民服也。

荀爽曰:陽當居五,自卑下眾,降居下體,君有下國之意也。眾陰皆欲攟陽上居五位,羣陰順陽,故"萬民服也"。

釋曰　坤爲"萬民"。乾上"高而无民",降之坤三,虛己勤民,勞而能謙,羣陰順從,萬民悅服。上升五而乾陽復,是有終之吉也。惠氏曰:"人道惡盈而好嗛,故'萬民服'。"

六四:无不利,撝謙。《釋文》:撝,毀皮反,指撝也,義與麾同。

荀爽曰:四得位處正,家性爲謙,故"无不利"。陰欲撝三使上居五,故曰"撝謙"。撝,猶舉也。

補　馬融曰:"撝",猶離也。

鄭康成曰:"撝",讀爲"宣"。並《釋文》。

釋曰　四在三上,疑乘陽不利,得位處正,家性爲謙,非乘陽,故"无不利"。惠氏曰:"《太玄》八十一家各有剛柔之性,故稱'家性',六十四卦亦然。以六居四,故得位處正,而在嗛家,家性爲嗛,故'无不利'也。眾陽皆欲三居五而撝之者四。"案:四撝三居五,與師二升五爲比"邑人不戒",泰二升五"不戒以孚"同義。人道好謙,三"勞謙萬民服",四撝三,順人心之所同欲,故《象》曰"不違則"。艮爲手,三升五則四在艮體中,故稱"撝"。鄭讀爲"宣"者,撝、宣聲轉,謂布宣謙德,尊陽是也。馬訓"離",亦布散之意。

《象》曰:无不利撝謙,不違則也。

《九家易》曰:陰撝上陽,不違法則。

釋曰　凡爻得位爲"則"，坎爲"則"。四本體坎，攝三升五仍體坎，得正承陽，故"不違則"。

六五：不富以其鄰，

荀爽曰："鄰"，謂四與上也。自四以上乘陽，乘陽失實，故皆"不富"。五居中有體，故總言之。

釋曰　諸爻皆言"謙"，五獨不言者，五失位乘陽，體坤"先迷失道"，故象不富以其鄰而三利侵伐之。爻相比爲"鄰"，"以"猶與也。四、上爲五之鄰，自四以上皆乘三陽，陰承陽則有實，乘陽則失實，泰六四"翩翩不富"，皆失實也，失實則不富。五爲上體之主，一體無陽，故與其鄰皆不富。姚氏曰："成既濟則富以其鄰，此以其未化言。"案：五君位，乾元亨坤，則布德行惠而富以其鄰。六五坤反君道，獨富而不恤民，迷亂剝爛，卒至民窮財盡，上下俱困，故"不富以其鄰"。鄰，猶親也。寡助之至，親戚畔之，故四、上皆欲用三伐五。

利用侵伐，无不利。

荀爽曰：謂陽利侵伐來上，无敢不利之者。

補　張氏曰：葛伯仇餉，湯往伐之，是也。《口訣義》。

"侵"，王廙作"寢"。《釋文》。

釋曰　五虛无君，三來侵伐坤之邑國，眾陰同志承陽，故无所不利。三體師震長子，升五體師五變"執言"，故"利用侵伐"。乾陽征坤始此，故消息謙三降二爲師，升五爲比。行師之道，臨事而懼，好謀而成，謙所以能貞師而眾比之也。王廙作"寢"，殊失經旨。

《象》曰：利用侵伐，征不服也。

荀爽曰："不服"，謂五也。　　案：六五離爻，離爲戈兵，侵伐之象也。

釋曰 惠氏曰："征之爲言正也，三侵伐以正五。"案：李意五有兵象，故繫侵伐之辭，亦謂三征五也。

上六：鳴謙，利用行師，征邑國。

虞翻曰：應在震，故曰"鳴謙"。體師象，震爲"行"，坤爲"邑國"，利五之正，己得從征，故"利用行師，征邑國"。

補 "征邑国"，一本無"邑"字。《釋文》。

釋曰 上應在三，體震善鳴，蒙三之義，故"鳴謙"，鳴其欲承陽謙順之志。陰性欲承，上體坤虛乘陽，雖應不承，故《象》曰"志未得也"。上本坤三，與乾上易成謙，志在與三共濟天下，故利用三行師征五。二至上有師象，三體震爲"行"，五坤爲"邑國"，三之五，上得從征，成既濟，六耦成奇。上從五，非乘陽，故"利"。三勞謙君子，帥師之"丈人"也，羣陰皆以謙應之。師克在和，剥所以復也。

《象》曰：鳴謙，志未得也，可用行師，征邑國也。

《九家易》曰：陰陽相應，故"鳴謙"朱誤"善"。也。雖應不承，故"志未得"，謂下九三可行師來上，坤爲"邑國"也。三應上，上呼三征，來居五位，故曰"利用行師，征邑國也"。　　案：上六兑爻，"兑爲口舌"，鳴謙之象也。

釋曰 姚氏曰："變'利'言可者，疑以下伐上不可。坤虛无君，故'可用行師'，謂所以'可用行師者邑國'而已，此亦虛邑无疑之義。"

案："可"者，於義可也。若君非桀紂之暴，臣非湯武之聖，而導下伐上，則大亂之道惡乎可！李取兌象説鳴謙，亦通。

豫

《序卦》曰：有大而能謙必豫，故受之以豫。

鄭玄曰：言國既大而能謙，則於政事恬豫。朱作"逸"。"雷出地奮，豫"，朱作"逸"。豫，盧不重"豫"字。行出而喜樂之意。

釋曰 "勞謙君子萬民服"，始於憂勤，終於逸樂，故豫次謙。注"國既大"，國，當依《序卦》本篇注作"同"，兼承同人、大有而言。

䷏ 坤下震上 豫。利建侯行師。

鄭玄曰：坤，順也，震，動也，順其性而動者，莫不得盧重"得"字。其所，故謂之"豫"。豫，兩"豫"字朱皆作"逸"。喜逸盧作"豫"，周作"佚"。説朱作"悦"。樂之貌也。震又爲盧誤"謂"。雷，諸侯之象，坤又爲衆，師役之象，故"利建侯行師"矣。

虞翻曰：復初之四，與小畜旁通。坤爲邦國，震爲諸侯。初至五體比象，四利復初，故"利建侯"。三至上體師象，故"行師"。

釋曰 馬融曰："豫"，樂。《釋文》。

《春秋傳》曰：豫，樂也。坤，母也。震，長男也。母老子彊，彊，壯也。故曰豫。其繇曰"利建侯行師"，居樂出威之謂也。韋昭曰："居樂"，母在内也；"出威"，震在外也；"居樂"，故"利建侯"；"出威"，故"利行師"。

釋曰　豫,樂也。九四以陽剛爲羣陰所應而志大行,體坤順震動,順其性而動者,萬物無不得其所而樂,故豫。豫爲自夬至遘消息之始,陰陽相須以成歲,乾盈夬上,當以坤陰凝成萬物,故"復初之四"。即乾初之坤四,六畫一體,亦即乾四之坤。以乾元索坤成豫而息小畜,陽施陰凝,陰卦亦陽所生,陰得陽則豫,坤得主而利之義。《象》曰"雷出地奮,豫",亦以陽通陰,順時而動,萬物悦豫也。《國語》言"母老子彊故豫",蓋謂有子克家悦親底豫,以起"居樂出威"之文,雖卦義别説,而先王以至德要道順天下,實順動之本,《象》稱作樂孝享祖考,理亦相合。建侯行師,順動之用,鄭據卦,虞據爻,義實相成。震爲雷,諸侯象,初至五又體比"建萬國親諸侯","侯"而曰"建",得正不拔之謂。四於消息當復初以息小畜,與屯"居貞得民"同義,故"利建侯",傳所以稱"居樂"也。坤爲衆,師役象,三至上又體師,師而曰行,"能以衆正"之謂。四在本卦當升五以成既濟,與師二升五"行險而順"同義,故"利行師",傳所以云"出威"也。建侯之利,選賢與能,行師之利,救民取殘,皆順以動也。

《象》曰:豫,剛應而志行,

侯果曰:四爲卦主,五陰應之,剛志大行,故曰"剛應而志行"。

順以動,豫。

崔憬曰:坤下震上,順以動也。

豫順以動，故天地如之，

虞翻曰：小畜乾爲“天”，坤爲“地”，“如之”者，謂天地亦動以成四時，而況建侯行師，言其皆應而豫“豫”上朱有“逸”字。也。

釋曰　豫之道順以動，故天地且弗違，而況建侯行師，其何不利乎。建侯動而下，謂復初，行師動而上，謂升五，“天地如之”。虞謂小畜乾爲天，豫坤爲地，“如之”者，謂天地亦順動以成四時，如下文所云也。豫動成小畜，凡乾坤往來旁通之卦，皆合兩卦取象，謙、履、師、同人經、傳有明文，所謂“通變之謂事”也。若就本卦言，則乾四之坤體震。姚氏謂“震雷出地陰陽氣交，亦順以動，故天地如之”，是也。如有同義，亦有從義，天地之性亦順以動。故“順以動”者，天地從而應之，《文言》曰“天且弗違，而況於人乎”，與此同義。天地位，萬物育，三光宣精，五行布序，而況人心有不應而豫者乎。

而況建侯行師乎。

《九家易》曰：震爲“建侯”，坤爲“行師”，建侯所以興利，行師所以除害，利興害除，民所豫朱作“逸”。樂也。天地有生殺，萬物有始終，王者盛衰亦有迭更，猶武王承亂而應天地，“建侯行師”，奉辭朱作“詞”。除害，民得豫説，朱作“逸悦”。君得安樂也。

釋曰　應天地，故天地如之。弗違奉時，其義一也。

天地以順動，

虞翻曰：豫變通小畜，坤爲地，動初至三成乾，故“天地以順動”也。

釋曰　動者，乾元也。震由坤動，故“以順動”。

故日月不過而四時不忒。

虞翻曰:"過",謂失度;"忒",差迭也。謂變初至需,離爲"日",坎爲"月",皆得其正,故"日月不過"。動初時震爲春,至四兌爲秋,至五坎爲冬,朱脫"冬"字。離爲夏,四時位盧誤"爲"。正,故"四時不忒"。"通變之謂事",蓋此之類。

〔補〕鄭康成曰:"忒",差也。

"忒",京作"貸"。並《釋文》。

〔釋曰〕豫息小畜,至二即兌,云"四"者,四變體兌得正,明"不忒"之義,虞以旁通言。若據本卦,則九四乾元,天也;坤,地也,順也;震,動也。姚氏曰"雷出地奮,天地交而成既濟,離日坎月,往來成歲,一陰一陽各得其位,故不過忒",是也。

聖人以順動,則刑罰清而民服。

虞翻曰:"清",猶明也。動初至四兌爲"刑",至下脫"五"字。坎爲"罰"。坎兌體正,故"刑罰清"。坤爲"民",乾爲"清",以乾乘坤,故"民服"。　案:帝出乎盧、周無"乎"字。震,聖人也。坎爲法律,刑罰也。坤爲衆順,而衍字。民服也。

〔釋曰〕虞據旁通,李據本卦。先王以至德要道順天下,示之以好惡而民知禁,故"刑罰清而民服"。

豫之時義大矣哉。

虞翻曰:順動天地,使日月四時皆不過差,"刑罰清而民服",故"義大"也。

[釋曰] 豫順以動，天地聖人之道皆如此。聖人順動，感應天人，陰陽和，四時當，樂作刑措，民服其教，故"義大"。

《象》曰：雷出地奮，豫。

崔憬曰：震在坤上，故言"雷出地"。雷，陽氣，亦謂龍也。夏至後陽氣極而一陰此下朱有"爻"字。生，陰陽相擊而成雷聲。雷聲之疾，有龍奮迅逸盧、周作"豫"，朱"逸"下又有"豫"字，今定如此。躍之象，故曰"奮豫"。

[補] 《漢書》曰：雷以二月出，其卦曰豫，言萬物隨雷出地皆逸豫。《五行志》。

[釋曰] 崔讀"奮豫"二字爲句，非。別取龍象亦可不必，當依鄭及《漢志》義。

先王以作樂崇德，殷薦之上帝，以配祖考。

鄭玄曰："奮"，動也，雷動於地上，而朱無"而"字。萬物乃豫也。"以"者，取其喜佚動搖，猶人至樂則手欲鼓之足欲舞之也。"崇"，充也。"殷"，盛也。"薦"，進也。"上帝"，天帝朱、盧無"帝"字。也。王者功成作樂，以文得之者作籥舞，以武得之者作萬舞，各充其德而爲制。祀天帝"以配祖考"者，使與天同饗其功也，故《孝經》云"郊祀后稷以配天，宗祀文王於明堂以配上帝"，是朱無"是"字。也。

[補] 馬融曰："殷"，盛也。

"殷"，京作"隱"。

"薦"，本又作"薦"，同。或作"鷹"，獸名，非。並《釋文》。

釋曰 陽氣震動，發於聲音，以遂萬物而普天施，故先王法之以作樂崇德，升中於天，配以祖考。鄭訓"崇"爲"充"，謂充其德之量。作樂之盛曰"殷"，"殷"，正字；"隱"，叚借字。

初六：鳴豫，凶。

虞翻曰：應震善鳴，失位，故"鳴此下朱衍"逸"字。豫凶"也。

釋曰 卦言"聖人以順動"而民豫，爻則言爲上之道當無淫于逸，故自九四與卦義同外，諸爻言"豫"者皆以凶悔咎爲戒。初本復四，與復初相易而成豫，四爲豫之主，已獨應之，得志而鳴。四體震爲善鳴，初應之，故取鳴象。初失位，溺於豫而不變，滿志極樂，過而不改，故"凶"。

《象》曰：初六鳴豫，志窮凶也。

虞翻曰：體剝蔑朱作"蔱"。貞，故"志窮凶也"。

釋曰 樂不可極。初在豫家，獨與四應，自鳴得意，窮志極樂，失位不動，如剝初之"蔑貞"，故"凶"。

六二：介于石，

虞翻曰："介"，纖也，與四爲艮，艮爲"石"，故"介于石"。

補 "介"，古文作"砎"。鄭康成曰："砎"，謂磨砎也。古八反。馬作"扴"，曰："扴"，觸小石聲。並《釋文》。

釋曰 豫以四爲主，羣陰由四以豫，安於豫而已。惟六二中正知幾，知四當復初畜民。凡盛極必衰，樂過則憂，方盛而思患豫防，反本復始，不忘其初，則吉。豫當反復，四體之而二知之。介，纖也，界也，纖微之界謂之介，辯纖微之界即謂之介。石，物之堅確者，喻定理。"介于石"，辯纖微之界於一定之理，所謂"知幾"也。辯之早，斷之決，則悔吝不生，故曰"憂悔吝者存乎介"。古文作"砎"，鄭訓"磨砎"，《詩》曰"我心匪石，不可轉也"，又曰"他山之石，可以爲錯"。二爲四朋，《繫》稱"上交""下交"，有琢磨之義。二與四體艮，艮爲石，又爲手，稱"砎"，馬作"扴"，《説文》"扴，刮也"，與磨砎義近。"砎于石"者，磨揩于石，《繫》稱"砎如石"者，磨揩如治石，謂砥節之堅，研幾之審也。

不終日，貞吉。

虞翻曰：與小畜通，應在五，終變成離，離爲日。得位，欲四急復初，已得休之，故"不終日，貞吉"。

補《白虎通》曰：凡待放者，冀君用其言耳。事已行，災咎將至，無爲留之，《易》曰："介如石，不終日，貞吉。"《諫諍》。

釋曰　二應在五，息小畜五正，則二終變應之體離，離爲日，是"終日"，所謂"牽復"也。二本得正，不待終變，方豫之時，見幾而作，起而與四同功，欲四急復初，已得休之，休，美也，謂賢賢。與四爲復，守正而吉，故"貞吉"，此以"不終日"指二言也。惠氏、張氏皆以"不終日"指四，謂"息小畜至五，則四成離，故曰終變。四在艮則知當復初，不待終變，二欲四急復初，已得休之，故'不終日，貞吉'"，亦通。或曰二離爻，離爲日，四未升五，初、三未變成離，二早得正，俟五正而應，故"不終日貞吉"。《白虎通》所言，與漢穆生説"知幾其神"義同，謂不安於汙君之禄,亦不溺於豫之義。

《象》曰:不終日,貞吉,以中正也。

侯果曰:得位居中,柔順正一。明豫動之可否,辯趣舍之權宜,假當爲"介"。如堅石,不可移變,應時則改不待終日,故曰豫之正吉。

釋曰 惟"中正",故堅定而見幾之明斷如此。

六三:盱豫,悔,遲有悔。《釋文》:盱,香于反。《字林》火孤反,又火于反。**《象》曰:盱豫有悔,位不當也。**

王弼曰:履非其位,承動豫朱作"逸",下同。之主,若其睢盱而豫,悔亦至焉。遲而不從,豫之所疾,進退離悔,位不當也。

向秀曰:睢盱,小人喜説朱、盧作"悦"。佞媚之貌也。

補 鄭康成曰:"盱",誇也。

王肅曰:"盱",大也。

"盱",子夏作"紆"。

京作"汙"。

姚作"盱",曰:"盱",日始出,《詩》云"盱日始旦"。並《釋文》。

釋曰 "盱",睢盱。《説文》:"盱,張目也","睢,仰視也。"三不中不正,近承九四,不知行己事上之道,徒張目仰視四,自謂得所依附而喜,佞媚誇大,諂瀆之情見於面目,故"盱豫"。小畜離爲目,伏在下,失位目不正,盱象。或作"紆"作"汙",音近字變,亦宴安卑溺之意。豫不可怠,盱豫,則悔從之。"震无咎者存乎悔",悔而速改,猶可及也。若遲則過日深禍日迫而將不及改,是悔以重悔也,故"有悔"。

"有",讀曰"又"。《象》曰"盱豫有悔,位不當也",遲以重悔乃真有悔,因三位不當,恐其溺於豫而設此戒。姚氏作"旴",引《詩》"旴日始旦",蓋《韓詩》異文。昧旦丕顯,猶懼其怠,"君子進德修業,欲及時也"。盱而豫,失時多矣,速改猶可,遲則悔將奚及。王弼分"盱"與"遲"爲二義相反,與傳文不協,非是。

九四:由豫,大有得。勿疑,朋盍簪。盧、周作"戠"。《釋文》:簪,徐側林反,王肅又祖感反。

侯果曰:爲豫之主,眾陰所宗,莫不由之以得其豫。朱作"逸"。體剛心直,志不懷疑,故得羣物依歸,朋從大合,若以簪簋之固括也。

虞翻曰:"由",自從也。據有五陰,坤以眾順,故"大有得",得羣陰也。坎爲"疑",故"勿疑"。小畜兌爲"朋"。"盍",合也,坤爲"盍"。"戠",朱誤"盍"。聚會《釋文》作"叢合"。也。坎爲聚,坤爲眾,眾陰並應,故"朋盍戠"。戠,兩"戠"字,朱皆誤"簪"。舊讀作"撍"、作"宗"也。

補 "由",馬融作"猶",曰:猶豫,疑也。

鄭康成曰:"由",用也。簪,速也。

《子夏傳》曰:"簪",疾也。

"簪",京作"撍"。

馬作"臧"。

荀作"宗"。

古文作"貸",虞作"戠"。

蜀才本依京,義從鄭。並《釋文》。

　　釋曰　"由"，用也，四順以動，羣陰用是得豫。虞氏謂"自"也，"從"也，義大同。馬作"猶"，猶豫，疑也，探下"勿疑"爲説，然非卦名"豫"字之義。"大有得"，陽稱"大"，五陰皆爲陽所得也。四體坎爲"疑"，惠氏曰："乾九四《文言》曰'或之者，疑之也'，豫四失位與乾四同，故云'疑'。然一陽據五陰，坤以眾而順從，其志得行，故'勿疑'也。"案："朋"謂五陰，陽與陽爲朋。今四以五陰爲朋者，陰從陽則爲陽之朋。虞云"小畜兑爲朋"，謂小畜兑伏下，故有朋象，葢取象於旁通以明本卦之義，故"盍戠"仍取本卦象。"盍"，合也，與闔嗑義同。"簪"，葢"摺"之借字。"摺"即《詩》"爾雅之寁"，《釋詁》《毛傳》並云"寁，速也"。"朋盍簪"，言朋從合會速疾也。侯云"簪篸"者，李氏道平云："篸，簪去聲，《玉篇》云'鍼篸'，言九四以一陽篸五陰，若以簪篸髪使之固也。"案：安髪固冠之物，古稱"笄"，不稱"簪"，侯説未當。李先引侯次引虞，則其本經文當作"簪"，今謂作"簪"，當依鄭訓"速"。荀作"宗"，謂朋合而宗之。馬作"臧"，謂朋合而順善，聖人以順動，順成爲臧也。古文作"貸"，"戠"之殘字，經傳寫而譌。戠，黏也，惠氏曰："戠，猶填也。鄭氏《禹貢》曰'厥土赤戠墳'，今本作'埴'，《考工記》以土合水爲瓦，謂之'搏埴之工'。坤爲土，坎爲水，一陽倡而眾陰應，若水土之相黏著，故云'朋盍戠'。"案：簪、摺、宗、臧、戠，皆音轉字變，諸家義訓雖殊，大旨不外羣陰速疾尊陽，順成合會而已。豫道貴速戒遲惡怠，則作"簪"訓"速"較長。《象》曰"由豫大有得，志大行也"，志大行於羣陰，朋從合會，夫是以升五成既濟，陰皆從陽，息復成小畜，陰皆息陽，皆豫順以動之事。

《象》曰：由豫大有得，志大行也。

崔憬曰：以一陽而衆陰從己，合簪交歡，故其"志大行"也。

釋曰　謂志大行於羣陰，《象》所謂"剛應而志行"也。"志大行"，即纍括"勿疑朋盍簪"之義。

六五：貞疾，恒不死。

虞翻曰："恒"，常也。坎爲"疾"，應在坤，坤爲"死"。震爲反生，位在震中，與坤體絶，故"貞疾，恒不死"也。

釋曰　豫以四爲主，羣陰皆應四，則五不以君位論。但易道屢遷，以卦言，則五陰皆以四爲宗，以爻位言，則四爲諸侯，五爲天子，故周公繫爻，於五著文王事殷祈天永命之志。"貞疾"，"貞"，正也，坎爲"疾"，"貞疾"者，正其疾，療治之也。《象》曰"六五貞疾，乘剛也"，五體逸豫，以陰闇在四上，失正乘剛，天命將別有所屬，故象"疾"，不可不貞也。《書》曰"誕惟厥縱淫逸于非"義，此其所以疾也。文王三分服事，彌縫其闕，匡救其災，所以貞之也。"恒不死"，能貞則天命可回，常不死矣。坤爲死，震爲反生，位在震，與坤別體，故"恒不死"。《象》曰"中未亡也"，五雖失正，而位在中，內有伏陽，故"中未亡"。"天惟五年須暇之子孫"，"中未亡"之義。"中未亡"，則疾可由貞而愈。紂若能用文，則殷長不亡，且可復興。五陽正位，四復初體屯建侯，復道畜民，西郊之澤，與上合志而施行矣。程《傳》曰："人君致危亡之道非一，而以豫爲多。"前儒又引《孟子》"入則無法家拂士，出則無敵國外患者，國恒亡，生於憂患，死於安樂"，謂五乘四剛，見匡正於法家拂士而不得縱其逸欲，是以不亡，義亦相近。張氏則謂"五在四後，象之正已遲而戒懼，以宴安危亡自惕，如有疾然。失位乘剛，疾也，以疾自惕，故‘恒不死’。"據五陰一例應四言。

《象》曰：六五貞疾，乘剛也。恒不死，中未亡也。

侯果曰：六五居尊而乘於四，四以剛動，非己所乘。乘剛爲政，終亦病若，疑當爲"苦"。"恒不死"者，以其中也。

釋曰 五失正乘四剛，故象疾而當貞也。"乘剛"，以不肖在賢之上而不能用賢也。五之疾，自取之。貞之，四之志也。"恒不死"者，中猶未亡，所以可貞也。失是不貞，則無及矣。果其貞之，則不死而愈矣。張氏以"貞疾"爲生於憂患，"中未亡"，蓋謂"未溺於陰"，亦通。侯説本王弼，非是。

上六：冥豫，成有渝，无咎。《釋文》：冥，覓經反，又亡定反。

虞翻曰：應在三，坤爲"冥"。"渝"，變也。三失位无應多凶，變乃得正，體艮成，故"成有渝，无咎"。

補 馬融曰："冥昧"，耽於樂也。

王廙曰："冥"，深也。

鄭康成曰："冥"，讀爲"鳴"。並《釋文》。

釋曰 陰在上，本體坤，應又在坤，坤爲冥，冥豫，暗昧耽樂也。鄭讀"冥"爲"鳴"，以謙二、上皆言"鳴謙"爲例。上體震爲善鳴，"鳴豫"，凶道也。在上而鳴豫，樂極則反，憂必及之，《象》曰"何可長也"。初"鳴豫凶"，上不言"凶"者，初失位，窮志極樂，故戒以凶。上得位，有能自正之義，應在三，三當變正，以正應正，不終溺於豫，則"无咎"。

“成有渝”，成，謂成卦也，豫已成卦，當急動之正，四動而上，初、三正，成既濟，思患豫防，六爻皆以正相應。豫象已變，上不敢耽樂之從，故“无咎”。虞以上應在三，取三艮爲“成”象，三失位，悔而能渝，三渝則豫象變，動而濟矣。上以正應之，故皆“无咎”。曰“有渝”者，渝不在本爻，猶隨初“官有渝”，謂四也。豫已成而有變者，不正者聳懼以動，而正者亦惕然自省，警覺靜正矣。

《象》曰：冥豫在上，何可長也。

荀爽曰：陰性冥昧，居尊在上，而猶此下朱衍“逸”字。豫説，朱作“悦”，故不可長。

釋曰　“成有渝”，以正相應，則可長矣。

卷第五

隨

《序卦》曰：豫，必有隨也，本篇無"也"字，此衍。故受之以隨。

韓康伯曰：順以動者衆之所隨。

☱☳ 震下兌上 隨。元亨利貞无咎。

虞翻曰：否上之初，"剛來下柔"，初上得正，故"元亨利貞无咎"。

鄭玄曰：震，動也。兌，説朱作"悦"，下同。也。内動之以德，外説之以言，則天下之人咸慕其行而隨從之，故謂之朱脫"之"字。"隨"也。既見隨從，能長之以善，通其嘉禮，和之以義，幹之以正，則功成而有福。若无此四德，則有凶咎焉。此下朱衍一圈。焦贛朱作"貢"。曰："漢高帝與項籍，其明徵也。"

釋曰 "隨"，從也。否乾上來之坤初，"以剛下柔"，初上易位，體震動兌説。内動以德，外説以教令，"以貴下賤大得民"。令順民心，動而民説，爲衆所從，故曰"隨"。"元"，乾元，謂初。姚氏曰："初從否上來，乾元之反自隨始。乾元反而交初，否閉得通，故'元亨'。屯剛柔始交，亦謂初爲元。屯初，始交之元。隨初，始反之元。"案：初、上既正,三、四易位,陰皆隨陽,成既濟,故"利貞"。陰升陽降,嫌乘陽有咎。乾元復初,九五位乎天德,六爻正,以四德濟否反泰,天下隨時,故"无咎"。隨卦辭言"臣民隨君",爻稱"孚于嘉","係小子","係丈夫",言"婦隨夫"者,聖人體元以通天下之志,首正人倫。"孚于嘉",即"元亨利貞"之實,使天下嘉會禮通,夫夫婦婦,而後父子親君臣正,"各正性命,保合大和"。此伏羲氏所以備物致用,爲天下利見之本,隨之最大者也。

《彖》曰:隨,剛來而下柔,動而説,隨。

虞翻曰:否乾上來之坤初,故"剛來而下柔"。"動",震。"説",兌也。

大亨貞无咎,

荀爽曰:隨者,震之歸魂。震歸從巽,故大通。動爻得正,故"利貞"。陽降陰升,嫌於有咎,動而得正,故"无咎"。

釋曰 "震歸從巽",乾元復正,故"大通",與消息義相成。"動爻得正",謂消息否上之初也。此經下注。

而天下隨時,

虞翻曰:乾爲"天",坤爲"下",震春兌秋。三、四之正,坎冬離夏,四時位正,時行則行,故"天下隨時"矣。

補 "大亨貞",一作"大亨利貞"。

"隨時",王肅作"隨之"。並《釋文》。

釋曰　"大亨貞"，括"元亨利貞"言之。貞者利所在，言貞而利在其中，或有"利"字者非。隨者貞泰於未否之時，深正其元以成既濟。"時行則行"，"時"者，聖人所隨乎天，而天下所隨乎聖人者也。聖人因天命人心以成一世之治，是之謂"時"，天下隨之，是謂"隨時"。凡隨者隨時，君子而時中，後天而奉天時，終日乾乾，與時偕行。聖人之隨時也，立之斯立，道之斯行，綏之斯來，動之斯和，如百穀得時雨之澤，勃然而興。天下之隨時也，必大亨貞无咎，乃能使天下隨時，故其義大。王肅改"時"爲"之"，及下"隨時之義"爲"隨之時義"，皆謬。

隨時之義大矣哉。

蜀才曰：此本否卦。剛自上來居初，柔自初而升上，則內動而外說，朱作"悅"。是"動而說，隨"也。相隨而大亨无咎，得於時也。得時則天下隨之矣，故曰"隨時之義大矣哉"。

補　王肅作"隨之時義"。《釋文》。

釋曰　注"大亨"下脫"貞"字。"得於時"，時中也。乾元乘時成既濟，各正性命是也。

《象》曰：澤中有雷，隨。

《九家易》曰：兌澤震雷，八月之時雷藏於澤，則"天下隨時"之象也。

釋曰　八月雷藏於澤，君子法之，嚮晦入宴，與時俱息，是"天下隨時"之象。注"則"字上似脫一句。此據卦自否來，震在兌下，兌正秋言也。張氏曰："澤中有雷，陰隨陽息。"謂以澤含雷，陰隨陽而陽將息,則據隨二月卦言。隨初自否來,乾元始反,即二月雷乃發聲之本。雷與澤恒相隨,雷動則澤氣上升而爲雨,雷水解是也。今雷尚在澤蓄而未發,以澤含雷,相隨於下,故曰"澤中有雷,隨"。二義並通。

君子以嚮晦入宴息。《釋文》:嚮,許亮反。宴,徐烏練反,王肅烏顯反。

翟玄曰:"晦"者,冥也。雷者陽氣,春夏用事,今在澤中,秋冬時也。故君子象之,日出視事,其將晦冥,退入宴寢而休息也。

侯果曰:坤爲"晦",乾之上九來入坤初,"嚮晦"者也。坤初升兌,兌爲休息,"入宴"者也。欲君民者晦德息物,動説朱作"悦"。黎庶,則萬方歸隨也。

補 鄭康成曰:"晦",冥也,猶人君既夕之後,入於宴寢而止息。《正義》。

"嚮",本亦作"向",王肅作"鄉"。音同。《釋文》。

釋曰 陽將入,雷藏澤中,陽將發,以澤含雷,皆晦養休息之義,故君子法之以嚮晦入宴息。晦者,當息之時,時止則止,所謂隨時。張氏訓"息"爲"滋",惟休養故能滋息。

初九:官有渝,貞吉。出門交有功。

《九家易》曰:"渝",變也。謂陽來居初得朱作"德"。正爲震,震爲子,得土之位,故曰"官"也。陰陽出門相與交通,陰往之上,亦不失正,故曰"貞吉"而"交有功"。

補 "官",蜀才作"館"。《釋文》。

釋曰 初，乾元之德，明聖人爲天下得人，四方賢士隨之之義。"官有渝"，以下注所引鄭義推之，"官"當訓"主"。隨與蠱旁通，爲泰、否閒消息。否五使上反初，通蠱貞泰，是天子大臣有澄敍官方之責。主乎有渝者，"渝"，變也，謂使四變初得位，正己正人。四變從初而正，故"貞吉"。震爲"出"，爲日門，君門象，又爲"交"，五多功。四體乾爲賢人，失位，象才未當其職，初出門而交之，使與三易位，陰陽各正承五以成既濟。百官得宜，萬事得序，故"出門交有功"。《九家》以"官"爲"官鬼"，《易》以卜筮前民用，容取象及之。惠氏曰："卦自否來。震初庚子水，得否坤乙未土之位，水以土爲官。"案：水得土位象得官，以陽易陰，是官有變。否上之初得正，初從而升上亦不失位，官各當其職，民所以隨君，義亦通。蜀才"官"作"館"，葢"管"之叚借，"管"，亦主也，與鄭義大同。

《象》曰：官有渝，從正吉也。出門交有功，不失也。

鄭玄曰：震爲大塗，又爲日門，當春分，陰陽之所交也。是臣出君門與四方賢人盧誤"方"。交，有成功之象也。昔舜"慎徽五典，五典克從。納于百揆，百揆時序。賓于四門，四門穆穆"，是其義也。

釋曰 此經文"出門交有功"之注，李移在此。"賢人"謂四，四變應初，是"從正吉"。初交四有功，則官不失職。

六二：係小子，失丈夫。

虞翻曰：應在巽，巽爲繩，故稱"係"。"小子"謂五，兌爲少，故曰"小子"。"丈夫"謂四，體大過"老夫"，故稱"丈夫"。承四隔三，故"失丈夫”。三至上有大過象，故與“老婦”、“士夫”同義。體咸象，夫死大過，故每有欲嫁之義也。

釋曰　陰隨陽之義莫著於夫婦，故隨二、三皆繫婦隨夫之辭。“係”，謂婦係於夫也。虞以此“小子”爲五，“丈夫”爲四，下“小子”爲初。張氏曰：“大過九二‘老夫得其女妻’，隨四體大過九二爲‘老夫’，三體大過初六爲‘老婦’，五則大過之‘士夫’，故爲‘小子’，二不體大過，故‘失丈夫’。”按：虞意蓋謂三至上體大過，四爲大過老夫，二隔三不體大過，不承四而以正應五，則是以女妻隨士夫，與大過‘老夫女妻，過以相與’者異，故曰“係小子，失丈夫”。所以必取義於大過者，以三至上體大過，與老婦得其士夫，夫死而嫁同義。大過有夫死之象，又體咸嫁娶，故三曰“係丈夫”，四曰“隨有獲”，每有欲嫁相隨之義。隨卦體與大過相類，所以二、三兩爻取義於彼。但三本與初同體，初震爲小子，不體大過，三隔二，不能乘初而上承四，則是以老婦隨老夫，與大過老婦士夫相與者，夫死欲嫁之義同，而所嫁者異，故曰“係丈夫，失小子”。竊謂大過“過以相與”，此言昏姻之正，義類不同，虞説失之。“丈夫”，謂五，體乾五正陽之位。“小子”，謂四，四體艮爲小子，與漸初“小子厲”同義。二本應五丈夫，以三、四易位，承九三小子，故“失丈夫”。三本承四小子，今與四易位，承五丈夫，故“失小子”。二承三九四所易。則失五，昏姻之道從一而已，故《象》曰“弗兼與也”。三承五則失四，易位得正，故“隨有求得，利居貞”。四易在下，故“志舍下”。此蓋《周官》媒氏會男女謀合二姓之事。“丈夫”，謂年長已至三十者，“小子”，謂未三十早取者。女子許嫁繫纓，更無改圖，一係一失，當審之於謀合之始。方其未許，則或係丈夫或係小子，皆未可知,及其既許,則從一而已。凡從人者,皆當堅持一心,如女之從男,又當量而後入,如父母媒妁之爲女相攸,故於隨著此義。

《象》曰:係小子,弗兼與也。

虞翻曰:已係於五,不兼與四也。

釋曰　四之正,二已係四,不兼與五,貞一之道。

六三:係丈夫,失小子。隨有求得,利居貞。

虞翻曰:隨家陰隨陽。三之上无應,上係於四,失初小子,故"係丈夫,失小子"。艮爲居爲求,謂求之正得位遠應,利上承四,故"利居貞"矣。

釋曰　虞意三無應故承四,上承四則下失初,此以夫婦之隨言。"隨有求得",求之正得位,遠應於上。"利居貞",利居三承四而後能正,此蓋以他事之隨言。若夫婦之隨,則老婦更嫁,无譽可醜,何貞之有。以上就虞説申之,若經文本旨,當如前釋。"求得",求正得正,謂與四易也。

《象》曰:係丈夫,志舍下也。

王弼曰:雖體下卦,二已據初,將何所附,故舍朱作"捨"。初係四,志在丈夫也。四俱无應,亦欲於己"己""巳"字,刊本多不别,今正之。隨之則得其求矣,故曰"隨有求得"也。應非其正,以係於于人,何可以妄,故"利居貞"也。初處己下,四處己上,故曰"係丈夫,失小子"也。朱无"也"字。

釋曰　王弼與虞大同,唯不以三爲大過老婦耳。此經下注,李移

在此。"求得居貞",當謂求得正位而居之,三、四易位,四在三下,故
"志舍下"。

九四:隨有獲,貞凶。有孚在道以明,何咎。

虞翻曰:謂獲三也。失位相據,在大過死象,故"貞凶",《象》曰
"其義凶矣"。"孚"謂五,初震爲"道",三已之正,四變應初,得位在
離,故"有孚在道以明,何咎",《象》曰"明功也"。

[釋曰] 四近五,明臣隨君之義。四據三,兩爻皆失位,是以不正
相隨。四處近君之位,不能得天下之賢以隨君,而唯隨己者是與,其
過甚矣,故於正道爲凶。若能之正孚五,與上合志,應初從道,以明君
之功,則"何咎",所謂"官有渝","從正吉"而有功也。以鄭義推之,堯
之末年,四岳舉人或不盡當,後師錫舉舜,從舜敷治,乃能熙帝之載,
是其義也。此以三、四各之正言,與兩爻易位義不相蒙。

《象》曰:隨有獲,其義凶也。

虞翻曰:死在大過,故"凶也"。

有孚在道,明功也。

虞翻曰:"功",謂五也。三、四之正,離爲明,故"明功也"。

九五:孚于嘉,吉。

虞翻曰:坎爲"孚",四已變。陽稱"嘉",位五正,故"吉"也。

釋曰 "孚",信;"嘉",善也。五位正中,崇至德,行中和,任賢使能,化行俗美,誠信著乎嘉會禮通,男女以正,昏姻以時,夫夫婦婦而家道正,羣黎百姓,徧爲爾德,而天下隨時,故"孚于嘉吉"。惠氏曰:"嘉禮所以親成男女,隨之義。"虞以陽爲嘉,"孚于嘉",謂任賢。

《象》曰:孚于嘉吉,位正中也。

虞翻曰:凡五言中正中正,當爲"正中"。皆陽得其正,以此爲例矣。

補 "正中",一本作"中正"。《釋文》。

釋曰 注重言"中正",下"中正"字誤,當爲"正中"。虞謂"凡五言中正正中,皆陽得其正",他卦言"正中"者以此爻爲例。此《傳》或作"中正",與韻不合,故就所據本辯之。或顧乾《文言》九二"龍德而正中"之注言之,明五言"中正正中"者,皆陽得其正,乾二言"正中",謂升五也。此"孚于嘉",孚嘉皆陽義,故於此舉例。凡《象傳》於六二言"中正",陰得正也,於九五或言"中正"或言"正中",皆陽得正也。

上六:拘係之,乃從維之。

虞翻曰:應在艮,艮手爲"拘",巽爲繩,兩"係"稱"維",故"拘係之,乃從維之"。在隨之上而無所隨,故"維之",《象》曰"上窮",是其義也。朱無此四字。

王用亨于西山。

虞翻曰:否乾爲"王",謂五也。有觀象,故"亨"。兌爲"西",艮爲

"山",故"王盧、周無"王"字。用亨于朱作"於"。西山"也。

> 補　陸績曰:"亨",祭也。許兩反。《釋文》。

《乾鑿度》孔子曰:隨者,二月之卦。隨德施行,藩決難解,萬物隨陽而出,故上六欲待九五拘繫之維持之,明被陽化而陰欲隨之也。譬猶文王之崇至德,顯中和之美,拘民以禮,係民以義。當此之時,仁恩所加,靡不隨從,咸悅其德,得用道之王,當爲"王道之用"。故言"王用亨于西山"。

> 釋曰　上本否初,否時上下不交,萬民離散。五使上九之初,任賢恤民。否初從而升上以係於五,象民向上化。但隨者,下隨上;係者,下係於上。今上六最在外,无應无承,在隨之上而无所隨,是窮民无告,急待撫綏,故九五拘係而維持之,謂安集之也。言"係"又言"維"者,五使三、四正,上得應三,三往係上,率之以係於五,故曰"維"。謂用循吏以恤窮民,宣上德也。如是則民和而神降之福,故"王用亨于西山"。

《象》曰:拘係之,上窮也。

虞翻曰:乘剛无應,故"上窮也"。

> 釋曰　惠氏曰:"係於五則不窮。"

蠱

《序卦》曰:以喜隨人者必有事,故受之以蠱。蠱者,事也。

《九家易》曰:子行父事,備物致用而天下治也。"備物致用,立成器以爲天下利,莫大於聖人。"子脩盧、周作"修"。聖道,行父之事,以臨天下，无爲而治也。

　　釋曰　眾既説隨，則聖人必與之立事以利天下。蠱言幹事，故次隨。蠱自泰來，旁通隨自否來，泰否之閒爲繼世，故象子行父事。蠱成既濟，則無爲而治矣。又以喜隨人，莫如子趨父事，《詩》曰"庶民子來"。

　　䷑　巽下艮上　蠱。元亨。《釋文》：蠱，音古。徐又姬祖反，一音故。

　　虞翻曰：泰初之上，此下朱衍"而"字。與隨旁通。剛上柔下，乾坤交，故"元亨"也。

　　伏曼容曰：蠱，惑亂也。萬事從惑而起，故以蠱爲事也。　　案：《尚書大傳》云"乃命五史以書五帝之蠱事"，然爲訓者，正以太古之時无爲无事也。今言蠱者，是卦之惑亂也。時既漸澆，物情惑亂，故事業因之而起，惑矣，故《左傳》云"女惑男，風落山，謂之蠱"，是其義也。

　　補　《春秋傳》曰：蠱，淫溺惑亂之所生也。於文，皿蟲爲蠱，穀之飛亦爲蠱，在《周易》，"女惑男，風落山，謂之蠱"。

　　釋曰　蠱於文從皿蟲，本訓惑亂。《象》曰"巽而止蠱"，氣鬱不行，惑亂之義。亂乃立事以治之，故又訓"事"。泰初之上，乾元失位，而以乾亨坤，有撥亂反正之義。卦所以爲蠱在此，蠱所以亨亦在此。譬如人心惑亂，仍以心治之，惑者此心，辯惑者即此心。虞於初六特訓"蠱"爲"事"，則釋此"蠱"字當兼"惑"義。文不備，故李引伏注足之。伏注"然爲訓者"至"而起惑矣"，文句顛倒，今讀正云"然太古之時，无爲无事也，訓爲惑者，正以時既漸澆，物情惑亂，故事業因之而起矣。今言蠱者，是卦之惑亂也"，文義乃順。姚以元亨爲二、五易，乾元亨通坤，蠱乃治，亦通。

利涉大川。

虞翻曰：謂二失位，動而之坎，此下朱衍"也"字。故"利涉大川"也。

釋曰　"元亨"，治蠱之德。"涉大川"，治蠱之事。二升五涉坎，蠱乃濟。

先甲三日，後甲三日。

《子夏傳》云："先甲三日"者，辛壬癸也。"後甲三日"者，乙丙丁也。

馬融曰：甲在東方，艮在東北，故云"先甲"。巽在東南，故云"後甲"。所以十日之中唯稱"甲"者，甲爲十日之首，蠱爲朱作"是"。造事之端，故舉初而明事始也。言所以當爲"所以言"。"三日"者，不令而誅謂之暴，故令先後各三日，欲使百姓徧朱作"遍"。習，行而不犯也。

補　鄭康成說：甲者，造作新令之日。甲前三日，取改過自新，故用辛也。甲後三日，取丁寧之義，故用丁也。《正義》云：鄭義。又《正義序》云：鄭氏之說，以爲甲者宣令之日，先之三日而用辛也，欲取改新之義，後之三日而用丁也，取其丁寧之義。張氏、丁氏謂兩引皆約義，非正注文，是以互異。

《白虎通》曰：祭日用丁與辛何？先甲三日，辛也，後甲三日，丁也，皆可以接事昊天之日。《郊祀》。

釋曰　此發號出令立事之法，所以濟蠱反泰。禮：作大事，必卜筮日，必爲期。《易》於蠱言"甲"，於巽言"庚"。蠱取事始，又三月卦，其日甲乙，本自泰乾之坤，乾爲"甲"，故舉甲言之。鄭謂"甲者造作新令之日"，馬謂"舉初而明事始"，是也。巽取改更，又八月卦，其日庚辛，巽究爲震，震納庚，故舉庚言之。圖天下之大事，與眾更始，不可卒遽無漸，故必先後各三日，使百姓徧習行而不犯，慎之至也。蠱既舉甲，甲在東方，卦上艮下巽，艮東北，有"先甲"象，巽東南，有"後甲"象。先乎甲之三日爲辛壬癸，而辛爲最先。後乎甲之三日爲乙丙丁，而丁爲最後。乾爲甲，初處泰乾初之位而體巽，巽納辛，是甲前三日之辛也。四處泰乾之後而互兌，兌納丁，是甲後三日之丁也。辛、丁皆見於卦象，取自新丁寧之義，故祭日用之。漢師舊説大同，虞據旁通爲説，理亦相通，詳下。

《象》曰：蠱，剛上而柔下。巽而止，蠱。

虞翻曰：泰初之上，故"剛上"，坤上之初，故"柔下"。上艮下巽，故"巽而止，蠱"也。

釋曰 剛上柔下，乾元失位。巽爲風，風爲山止，氣鬱不行，故蠱。

蠱元亨而天下治也。

荀爽曰："蠱"者，巽也。巽歸合震，故"元亨"也。"蠱"者，事也，備物致用，故"天下治"也。

釋曰 蠱者，巽之歸魂。震巽之初，乾坤之元，震巽合，亦乾坤交也。虞以泰乾初之坤上爲"元亨"，初上失位，泰將反否，然以乾亨坤，未及否而即反泰，故"天下治"，義較允。

利涉大川，往有事也。

《九家易》曰：陽往據陰，陰來承朱誤"乘"。陽，故"有事也"。此卦

本盧、周脫"本"字。泰,乾天有河,坤地有水,二爻升降,出入乾坤,"利
涉大川"也。陽往求五,陰來求二,未得正位,戎事不息,故"有事"。

〔釋曰〕 二往涉坎,幹事濟蠱也。《九家》之義,似謂泰成既濟。乾
二升五體坎爲天之河,與泰"用馮河"同義。坤五降二互坎爲地之水,是
"涉大川"。今初上升降,雖陽據陰承,未得正位,往猶有事,故"利涉
大川",成既濟,乃无爲而治。涉大川爲濟大難,故曰"戎事"。分"涉
大川"與"往有事"爲二義,似迂曲。

先甲三日,後甲三日,終則有始,天行也。

虞翻曰:謂初變成乾,乾爲"甲",至二成離,離爲"日",謂乾三爻
在前,張曰"對後乾爲前"。故"先甲三日",賁時也。變三至四體離,至
五成乾,乾三爻在後,"對前乾爲後"。故"後甲三日",无妄時也。易出
震,消息歷乾坤象,乾爲"始",坤爲"終",故"終則有始"。乾爲"天",
震爲"行",故"天行"也。

〔釋曰〕 自"无妄時也"以上,蓋經下注,李以《子夏傳》、馬氏義較
明,故退在此。乾爲甲,甲止一日,乾兩體本一卦,乾前後各三爻,象
甲先後各三日。虞就旁通取象,與先辛後丁非有二義。易出震,息至
泰而乾成,乾初之上爲蠱,將反否。蠱通隨,隨自否來,否乾上之坤
初,復出震,是消息歷乾坤,終則復始,乾元之行也。

《象》曰:山下有風,蠱。

何妥曰:山者高而靜,風者宣而疾,有似君處上而安靜,臣在下而
行令也。

釋曰 巽而止，風被山止，氣鬱不行，故蠱。山下有風，則令行於下，宣暢德教之象，是飭蠱而有事。

君子以振民育德。《釋文》：振，舊之慎反，濟也。師讀音真，振振，仁厚也。

虞翻曰："君子"，謂泰乾也。坤爲"民"，初上撫坤，故"振民"。乾稱"德"，體大畜須養，故以"育德"也。

補 "育"，王肅作"毓"。《釋文》。

釋曰 振有"飭"義，《雜卦》曰"蠱則飭也"。大畜次以頤，物畜然後可養，既畜聚則須養也。蠱初變則成大畜，象養民德。

初六：幹父之蠱，有子考，无咎。厲，終吉。

虞翻曰："幹"，正；"蠱"，事也。泰乾爲"父"，坤爲"事"，故"幹父之蠱"。初、上易位，艮爲"子"，父死大過稱"考"，故"有子考"。變而得正，故"无咎厲終吉"也。　案：位陽令首，父之事也。爻陰柔順，子之質也。

補 "有子考"絶句，馬、王、周同。諸家皆讀"有子"句，"考无咎"句。《釋文》。

釋曰 泰初之上體乾上，辰在戌，有父老之象。體艮互震，有子象，故蠱六爻皆子道。泰乾爲父，坤爲事，初上易失位，象事失正。初下有伏陽，體震長子繼世，乾元復正，故幹父之事。"有子考"，虞據初未正時艮有子象，初至四體大過，父死稱"考"。考，成也，父以有子而稱"考"。子能幹事，則成其爲考矣，故"无咎"。雖厲而終吉，謂初伏陽發也。諸家皆以"有子"爲句,"考无咎"爲句。惠氏曰:"初幹父蠱而承考意,幹蠱之善者,此考之所以无咎也。"姚氏曰:"有子,謂初伏陽。泰乾初之上,陰來之初失正,初伏陽仍發而成乾,故'有子考无咎'。《象》曰'意承考也',以子繼父,亦以乾承乾也。"案:卦體艮震,本有子象,初發得正,體震承乾,克任父事,故曰"有子"。有子承考,則"考无咎"。子道尚順,幹正非得已,故"厲"。惕厲不安,掩親之過而成其美,故"終吉"。初本乾位,父之事也。震尚未出,含章柔順,子之質也。初出成乾,則子能承考矣。

《象》曰:幹父之蠱,意承考也。

王弼曰:幹事之首,時有損益,不可盡承,故意承而已也。

釋曰 "幹",舉也,正也。王弼蓋以"幹"爲"舉",實則幹舉幹正,皆以承考,諭父母於道,正以先意承志,人子不謂善出於己意也。姚氏曰:"泰乾初本得位,今初發仍成乾,故'意承考',承泰初也。伏,故曰'意'。"

九二:幹母之蠱,不可貞。《象》曰:幹母之蠱,得中道也。

虞翻曰:應在五,泰坤爲"母",故"幹母之蠱"。失位,故"不可貞"。變而得正,故"貞"而"得中道也"。　案:位陰居內,母之象也。

釋曰 虞以"不可貞"爲不可正守,當變,似未然。張氏曰:"謂當與五易位,不可自正而已。"案:子無自是之心,而極婉盡順,以天性至誠,感悟其母,使不自覺而變易其失以復於正,乃爲得中道。二得中,故能然。李謂"位陰居內母之象",明五當降二。

九三：幹父之蠱，小有悔，无大咎。《象》曰：幹父之蠱，終
无咎也。

王弼曰：以剛幹事而无其應，故“有悔”也。履得其位，以正幹父，
雖小有悔，終“无大咎”矣。　　案：爻位俱陽，父之事。

釋曰　王弼謂九三剛，能任父事，於義未盡。卦所以爲蠱，由初
之上失位，三欲幹正上，而上不與三應，故“小有悔”。三得正，上終變
應，成既濟，故“无大咎”。諫若不入，起敬起孝，説則復諫，終諭親於
道也。三爻位俱陽父之事，明上處陰非泰乾之位，父事當幹也。

六四：裕父之蠱，往見吝。

虞翻曰：“裕”，不能爭也，孔子曰“父有爭子，則身不陷朱、盧作
“陷”。於不義”。四陰體大過“本末弱”，故“裕父之蠱”。兑爲“見”，變
而失正，故“往見吝”。《象》曰“往未得”，是其義也。

補　馬融曰：“裕”，寬也。《釋文》。

釋曰　四以初爲應，初失位，四以陰裕陰，不能幹初。變則未與
初易，先自失位，體鼎四“折足”，明柔弱怠忽之人，不能榮親克家，用
靜猶可，用作必吝。諫而不從，非孝也，故三戒以“悔”。從而不諫，亦
非孝也，故四繫以“吝”。

《象》曰：裕父之蠱，往未得也。

虞翻曰：往失位，折鼎足，故朱誤“致”。“未得”。

釋曰　變則失位，未得正初，非若二貞而得中道，明其不能幹蠱也。

六五：幹父之蠱，用譽。

荀爽曰：體和應中，承陽有實，用斯幹事，榮譽之道也。

釋曰 此爻之義，當謂二升五，二多譽，以二幹五，故象父事正。五降二承之，象子承父，譽歸於親，故“用譽”，承以德也。五正則不見蠱而見德，不見其幹而見其承，以德承德，故“用譽”。虞氏以二、五各之正言，荀言五之所以正。如荀義，則“承以德”，謂承上以中和之德。上本泰乾，父也。

《象》曰：幹父用譽，承以德也。

虞翻曰：“譽”，謂二也。二、五失位，變而得正，故“用譽”。變二使承五，故“承以德”。二乾爻，故稱“德”矣。

釋曰 虞義謂五正父事，使二變承之，父事既正，則子相與順承而歸美於親，父父子子兄兄弟弟，故“用譽”。以上經下注。二本乾爻，體乾德，變而承五，故“承以德”。

上九：不事王侯，

虞翻曰：泰乾爲“王”，坤爲“事”，應在於三，震爲“侯”，坤象不見，故“不事王侯”。

高尚其事。

虞翻曰：謂五已變，巽爲“高”，艮陽升在坤上，故“高尚其事”。

釋曰 鄭康成曰：上九艮爻，艮爲山。入山隱居，或“山”當爲“止”。辰在戌得乾氣，戌亥乾位，又爻本泰乾。父老之象，是臣之致事也，臣因父老而致事。故"不事王侯"。是不得事君，君猶尚其所爲之事。《禮記‧表記》正義。張氏曰："《正義》雖不言注文，其爲鄭注無疑。《易漢學》以此條爲鄭注。"

《禮‧表記》：子曰：事君軍旅不辟難，朝廷不辭賤，處其位而不履其事，則亂也。故君使其臣，得志則慎慮而從之，否則孰慮而從之，終事而退，臣之厚也。《易》曰："不事王侯，高尚其事"。鄭氏曰："言臣致事而去，不復事君也，君猶高尚其所爲之事，言尊大其成功也。"

釋曰 惠氏曰："《詩序》：'《南陔》，孝子相戒以養也'，'《白華》，孝子之絜白也。'親老歸養，事之最高尚者，故臣不得事君，君猶高尚其所爲之事。"案：此鄭義，荀、虞則以致仕隱逸之臣言，與《禮記》引《易》合。

《象》曰：不事王侯，志可則也。

荀爽曰：年老事終，不當其位，體艮爲止，故"不事王侯"。據上臨下，重陰累實，故"志可則"。

釋曰 "不事王侯"以上，蓋經下注，李并合在此。上在重陰累陽之上，望隆得實，故"志可則"。"不事王侯"，上未變也。而孝德高行，人君可則之以成既濟，故曰"志可則"。

臨

《序卦》曰：有事而後可大，故受之以臨。臨者，大也。

崔憬曰：有蠱元亨，則可大之業成，故曰"有事然後可大"也。

☷ 兑下坤上 臨。元亨利貞。

虞翻曰：陽息至二，與遯朱作"遁"，下同。旁通。剛浸而長，乾來交坤，動則成乾，故"元亨利貞"。

釋曰 臨者，以陽臨陰，陽息初爲復尚小，至二成臨乃大。《象》曰"臨，剛浸而長"，故《序卦》訓"臨"爲"大"。姚氏曰："元，乾元。以陽通陰，故'元亨'。息至三成泰，二、五易位，六爻正，故'利貞'。"

至于八月有凶。

虞翻曰：與遯旁通，臨消於遯，六月卦也。於周爲八月，遯弑君父，故"至于八月有凶"。荀公以兑爲八月，兑於周爲十月，言八月，失之甚矣。朱脱圈。

鄭玄曰："臨"，大也，陽氣自此浸而長大。陽浸長矣，而有四德，齊功於乾，盛之極也。人之情盛則奢淫，奢淫則將亡，故戒以凶也。朱、盧無"也"字。臨卦斗建丑而用事，殷之正月也。當文王之時，紂爲无道，故於是卦爲殷家著興衰之戒，以見周改殷正之數云。臨自周二月用事，訖其七月，至八月而遯卦受之，此終而復始，王命然矣。

釋曰 "元亨利貞"，陽之盛息也。天地盈虛，與時消息，天下之生，一治一亂，陽方息而消之機已伏。《象》曰"至于八月有凶，消不久也"，言盛不可恃，禍至甚速。天命靡常，有國者不可以不慎也。臨建丑之月二陽息，至于遯建未之月而二陽消，故"有凶"。臨十二月卦，於殷爲正月，於周爲二月。遯六月卦，於殷爲七月，於周爲八月。消息十二卦當十二月，復、遘、臨、遯、泰、否、大壯、觀、夬、剥、乾、坤，迭爲消長。此文指說消息大要以垂萬世深戒，故鄭、虞皆以臨消於遯言，荀氏則以兌爲八月，蜀才又以自臨至否爲歷八月。姚氏曰："苟以兌爲八月，蓋八月消卦受觀，臨反觀，八月卦，兌位。又以文王之時，殷命未改，不當言周月也。但正朔三而改，自伏羲以來已然。《周易》首乾，故依天統以遯爲八月，文王未嘗以爲周家之月也，注家推言周耳。且兌爲八月，亦夏正非殷正，孔子周人，得云'行夏之時'，則文王殷人，亦得言天統之八月也。《象》曰'消不久'，則爲臨消成遯明矣。且此八月，猶十年、三歲、七日之類，當謂相去八月，不必定指秋八月。自臨至遯七月，至八月而成否，所謂'有凶消不久'者，謂成否也。"案：姚氏謂《周易》首乾故言天統八月，注家據後周正建子，故以周言之，此義至精，其申荀氏、蜀才之説亦善。愚竊謂聖人知命，殷之必亡，代殷之必周，天下皆知之，文王豈不自知。但文無富天下之心，爲臣止敬，務欲爲殷祈天永命，故於是卦深著戒辭，懼殷之凶，而不喜周之吉。此即聞紂亂而竊歎，及祖伊告天命既訖，箕子痛商其淪喪之心也。正朔三而改，代夏者必建丑，代殷者必建子，紂若不悛，則天之歷數改矣。曰"有凶"者，暴其民甚則身弒國亡也。若有代殷之心，則當言伐暴救民，吉而非凶矣。

《象》曰：臨，剛浸而長。

虞翻曰："剛"，謂二也。兌爲水澤，自下浸上，故"浸而長"也。

釋曰 "浸"，漸也，如水澤浸物，以漸而淫，自下而上，由微至著，陽長陰消皆然。

説而順，剛中而應。大亨以正，天之道也。

虞翻曰："説"，兌也。"順"，坤。"剛中"，謂二也。四陰皆應之，故曰"而應"。"大亨以正",謂三動成乾天。句。得正爲泰,天地交通,故"亨以正,天之道也"。

　　释曰 "説萬物者莫説乎澤",以陽施陰,民情説而順之,二陽剛居中,而爲羣陰所應,故能大亨以居正。謂息三成泰,升五成既濟,是乃天之道也,故辭與乾同。《孝經》説以孝弟禮樂教民之義,曰"敬其父則子説,敬其兄則弟説,敬其君則臣説",又説"非至德,其孰能順民如此其大",此"説而順"之義。惠氏曰:"三動,二升五成既濟,'乾元用九,乃見天則',故曰'天之道'。天以中和育萬物,易以中和贊化育,天之道猶天之則。凡卦具四德者,皆以既濟言之。"

至于八月有凶,消不久也。

蜀才曰:此本坤卦。剛長而柔消,朱誤"削"。故"大亨利正"也。　　案:臨,十二月卦也,自建丑之月至建申之月,凡歷八月則成否也。否則"天地不交,萬物不通",是"至于八月有凶",斯之謂也。

　　释曰 臨消於遯也。蜀才以爲臨息成泰,不久又消成否。李意以鄭、虞説爲正。

《象》曰:澤上有地,臨。

荀爽曰:澤卑地高,高下相臨之象也。

　　释曰 "臨",大也,地廣大。"澤",水之大者。澤上有地,地臨澤而容之,澤氣上滋而浸地,皆君子以大德臨民之象。

君子以教思无窮，容保民无疆。

虞翻曰："君子"，謂二也。震爲言，兌口講習，"學以聚之，問以辯之"，坤爲"思"，剛浸長，故"以教思无窮"。"容"，寬也，二"寬以居之，仁以行之"，坤爲"容"、爲"民"，故"保民无疆"矣。

釋曰 "教思无窮"，如澤之周流无不徧也。"容保民无疆"，如地之載物无疆也。

初九：咸臨，貞吉。

虞翻曰："咸"，感也。得正應四，故"貞吉"也。

釋曰 臨剛在柔下，以陽感陰，與咸同義，故曰"咸臨"。惠氏曰："感，猶應也。卦惟初與四、二與五，二氣感應，故謂之'咸'。初應四，故'咸臨'，得位，故'貞吉'。"案："聖人感人心而天下和平"，以陽亨陰，感而臨之，浸長而大，故"咸臨"。乾元正初，故"貞吉"。感以正，既濟之本也。

《象》曰：咸臨貞吉，志行正也。

荀爽曰：陽始咸升，以剛臨柔，得其正位而居，是吉，故曰"志行正"。

釋曰 "咸升"，當爲"感升"。陽息而升始於初也，初本復初得正，以陽感陰，盛大之本。咸臨貞吉，以正應正，陰陽氣通，息二正三，行中升五，各正性命，皆由此行之，初之志也，與屯初"志行正"同義。

九二：咸臨，吉，无不利。

虞翻曰：得中多譽，兼有四陰，體復初元吉，故"无不利"。

釋曰　乾息至二，以陽臨陰，所感者大，宜升五爲大君，故"咸臨吉"而"无不利"。《象》曰"未順命"，聖人惟行中和、積教思以感天下，雖有君德成既濟，而無幸天命恃天命之心，故"无不利"。

《象》曰：咸臨吉无不利，未順命也。

荀爽曰：陽感至二，當升居五，羣陰相承，故"无不利"也。陽當居五，陰當順從，今尚在二，故曰"未順命也"。

釋曰　二雖爲羣陰所應，未敢遽順天命而臨天下，此一義，言乎其始也。二既升五成既濟，安不忘危，存不忘亡，未敢以爲天命方永而順處之，此又一義，言乎其終也。惟"未順命"，故能集大命，祈天永命，與萃之"順天命"、大有之"順天休命"非有二義。

六三：甘臨，无攸利。既憂之，无咎。《象》曰：甘臨，位不當也。既憂之，咎不長也。

虞翻曰：兌爲口，坤爲土，"土爰稼穡作甘"，兌口銜坤，故曰"甘臨"。失位乘陽，故"无攸利"。言三失位无應，故"憂之"。動而成泰，故"咎不此下朱、盧衍"可"字。長也"。

釋曰　"甘"，説也。三體兌説，德不中正而乘二陽，是據勢位之盛而自喜，耽於勢而怠於德，故"无攸利"。鄭君謂"人之情盛則奢淫，奢淫則亡，故戒以凶"，即"甘臨无攸利"之義。《象》曰"甘臨，位不當也”，三當息泰，以體兑陰失位，故著此戒。“既憂之，无咎”，坤稱“憂”，又三息後，二變體坎爲加憂，故有憂象。三甘臨失德，无以感人，莫之應，下有伏陽可貞，故能憂。既憂之，則知天命之不假易，盛不可保，凶即隨之，乾惕无已，動而息泰，故“无咎”。《象》曰“既憂之，咎不長也”，與“復自道，何其咎”同義。張氏以“甘臨”爲徒以甘辭口説臨人，而不以至誠相感，故“无攸利”，亦通。虞注“故无攸利”以上，經下注，“言三失位”以下，《象傳》注，李删合引之。

六四：至臨，无咎。

虞翻曰：“至”，下也。謂下至初應，當位有實，故“无咎”。

釋曰　《説文》：“至，鳥飛下來也”，故“至”有“下”義。虞以“至臨”爲四應初。臨，謂初，初感而四應，初臨而四至，與謙四“无不利撝謙”，“謙謂三”同例，此陰從陽之義。四得位應陽，故《象》曰“當位實也”。張氏則謂臨坤三爻皆言二之德，“至臨”者，因四之當位應初以明二之下交。得人者昌，知臨之先也，感人者下之，德之至也，此陽感陰之義。“至臨”，謂極盡感道以臨之，亦通。據虞注，則其本《象傳》作“當位實”。

《象》曰：至臨无咎，位當也。朱作“當位實也”。

荀爽曰：四與二同功，欲升二至五，己得承順之，故曰“至臨”也。陽雖未乘，當爲“承”。處位居正，故得“无咎”，是“位當也”。朱作“是當位實也”。

補　“位當”，一作“當位實”。《釋文》。

釋曰 以六居四位當，故"至臨无咎"。荀意謂二當至五臨天下，四當承之，居正以俟二至，故"无咎"，亦陰從陽之義。四下應初，上承五，虞、荀義相兼乃具。"位當"與上傳"當""長"韻，朱氏睦㮮本此傳及荀注皆作"當位實"，音雖不協，義無異也。

六五：知臨，《釋文》：知，音智，又如字。**大君之宜，吉。《象》曰：大君之宜，行中之謂也。**

荀爽曰：五者，帝位。"大君"，謂二也。宜升上居五位吉，故曰"知臨，大君之宜"也。二者處中，行升居五，五亦處中，故曰盧無"曰"字。"行中之謂也"。

補 《乾鑿度》孔子曰："大君"者，君人之盛者也，《易》曰"知臨，大君之宜，吉"。"臨"者，大也。陽氣在內，中和之盛，應于盛位，浸大之化，行于萬民，故言宜處王位施大化爲大君矣，臣民欲被化之詞也。又曰：大君者，與上"與"或當爲"興"，鄭注同。行異也。鄭氏注曰：臨之九二有中和美異之行，應于五位，故百姓欲其與上爲大君。惠曰："皆言二升五之義。"

釋曰 惠氏曰："知，讀爲'智'，坤爲'知'。《中庸》曰'唯天下至聖，爲能聰明睿知，足以有臨'，以乾通坤，故曰'知臨'"。案：四言"至"，五言"知"，上言"敦"，皆以坤象言乾德，明以乾通坤，陰皆從陽，乾德兼坤也。萬善之本皆出乾元，坤及六子之德，皆乾德之分著耳。知屬乾，知覺本乎天，智屬坤，化生成乎地，乾坤一德也。聰明睿知足以臨天下，故"大君之宜"。言二有中德，宜升五爲大君，施大化，成既濟之功，故"吉"，此臨之所以爲大也。《象》曰"大君之宜"，行中之謂，即乾九二《文言》"龍德正中"重言君德之義。有天德而後可居天位，故人君不可不學以成德。經言"知臨"，傳言"行中"，舜之大知，用其中於民，是其義也。

上六：敦臨，吉，无咎。

荀爽曰：上應於三，欲因三升二，過應於陽，敦厚之意，故曰"敦臨，吉，无咎"。

釋曰　荀以陰從陽言，上應在三，三陰失位，二非其應也。上欲三之正，與三合志升二居五，是過應於陽，厚之至也，故"敦臨"。成既濟，故"吉无咎"。張氏以陽亨陰言，則"敦臨"謂敦厚容保慎終如始以臨之，知臨之守也。言"吉"又言"无咎"，"八月有凶"庶乎免矣。

《象》曰：敦臨之吉，志在內也。

《九家易》曰：志在升朱誤"外"。二也。陰以陽爲主，故"志在內"也。

釋曰　二在內，上過應而欲升之。若以"敦臨"據二言，則務厚其德以容保民，無過盛窮大之失，是"志在內"。

觀

《序卦》曰：物大然後可觀也，本篇無"也"字。故受之以觀。

崔憬曰：言德業大者可以觀政於人，故受之以觀也。

釋曰　觀消否至四，而九五陽尚正位在上，四陰亦得正承陽，故別取反臨爲義名曰“觀”，此聖人撥亂反正之志。臨陽在下，反上二居五正位，大君之宜，以中正觀示坤民。陽德盛大，乃可以政教觀示於天下，故臨次以觀。

　　　☲ 坤下巽上　**觀。盥而不薦，有孚顒若。**《釋文》：觀，官喚反，下“大觀在上”、“以觀天下”、“風行地上觀”同。餘不出者，并音官。

　　鄭玄曰：坤爲地、爲衆，巽爲木、爲風。九五天子之爻，互體有艮，艮爲鬼門，又爲宮闕。朱作“闈”，下同。地上有木，而爲鬼門宮闕者，天子宗廟之象也。此下當説宗廟“盥而不薦”之義，李删。

　　王弼曰：王道之可觀者莫盛乎宗廟，宗廟之可觀者莫盛乎盥也。至薦簡略不足復觀，故“觀，盥而不薦”也。

　　馬融曰：“盥”者，進爵灌地以降神也，此是祭祀盛時。及神降薦牲，其禮簡略，不足觀也。“國之大事，唯祀與戎”，王道可觀，在於祭祀。祭祀之盛，莫過初盥降神，故孔子曰朱脱“曰”字。“禘自既灌而往者，吾不欲觀之矣”，此言及薦簡略，則不足觀也。以下觀上，見其至盛之禮，萬民信敬，故云“有孚顒若”。“孚”，信。“顒”，敬也。馬以“孚顒”爲下之信敬，與下引虞義稍異。案：鬼神害盈，禍淫福善，若人君脩周作“修”。德，至誠感神，則“黍稷非馨，明德惟馨”，故觀盥而不觀薦，饗其誠信者也。斯即“東鄰殺朱作“煞”。牛，不如西鄰之禴祭，實受其福”，是其義也。

　　補 鄭康成曰：諸侯貢士於天子，鄉大夫貢士於其君，必以禮賓之。唯主人盥而獻賓，賓盥而酢主人，設薦俎則弟子也，《儀禮·鄉飲酒禮》疏。此別一義，據六四“賓王”爲説。

　　陸希聲曰：盥手酌鬯，祭之始，薦進熟，祭末。灌鬯之時，誠敬內充,齊莊之容外見,則與祭者皆觀感而化矣。羅苹《路史注》。

《洪範五行傳》說曰:《易》地上之木爲觀,其於王事,威儀容貌亦可觀者也。《漢書·五行志》。

《說文》:"地可觀者,莫可觀於木。"

"薦",王又作"虉"。

王肅作"而不觀薦"。並《釋文》。

釋曰 "觀",示也,視也。名卦之義,取五陽觀示坤民,上以中正示下,則下觀示其德而化,二義相因。觀乾五正位,體下坤上巽,坤爲地,巽爲風,風行地上,聖人以德教觀示萬民,所謂"君子之德風"。巽又爲木,"地可觀者,莫可觀於木"。五天子之爻,互艮爲鬼門爲宮闕,地上有木而爲鬼門宮闕,與至尊爻連,"王假有廟"之象,觀民之至大者。"盥而不薦",張氏申鄭義,謂"震《彖》注云:'人君于祭之禮,比牲體薦芭而已,其餘不親爲也。升牢于俎,君比之,臣載之,盥而不薦',義當用此。特牲、少牢、比牲、酌奠皆盥。人君之祭,當盥以酌芭,盥以比牲,至薦牲則卿大夫爲之,故曰'下觀而化'。巽爲鬱草,坎爲酒,五坎爻,上之三亦爲坎。艮手持之,灌獻象也。坎棘爲比,艮手持棘,坤牛在下,比牲象也。巽原誤"坎"。木爲俎,坤牛在下,未升俎,'不薦'象也。"案:張說至精確,盥所以爲觀於下也。"不薦",不親薦,下觀而爲之也。"孚",信,陽在五稱"孚"。五坎爻,上之三,五又體坎爲孚。五德孚於下,所以化也。顒顒,君德齊莊敬順著於威儀,下所觀也。"若",辭也。"廟中"者境內之象。人君盥以灌芭,盥以比牲,齊莊中正之德,誠中形外,不必事事親爲。而卿大夫以下觀感興起,各揚其職,駿奔走,薦牲體,咸孚於其德容之誠敬,《象》曰"下觀而化"。"孚"

故"化","化"故"不薦"。"不薦"者,下觀而爲之,不待親薦。上有好者,下必有甚,王道可觀,莫此爲著。馬注及下引虞注,皆以"灌"説"盥",謂既灌之後不足觀,引《論語》"禘自既灌,吾不欲觀"爲證。然盥不獨施於灌,灌後體節甚繁,不得云"略不足觀"。《彖》以"下觀而化"釋"不薦"之義,其非不欲觀甚明。《論語》之義譏魯失禮,與此無涉。馬、虞説似與兩經并違,當以張申鄭義爲正。鄭又以貢士賓主獻酢之禮言者,此因祭事之盥推及凡禮皆以盥爲重,因爻有賓王之象而云然,其於"下觀而化"之義同也。王肅本"薦"上有"觀"字,蓋讀"觀盥而不觀薦"六字爲句,竊馬義妄增經字耳。《釋文》唯卦名及"大觀"等數字讀"官唤反",餘皆音"官"。愚謂爻辭之"觀",諸家多訓"觀視",據《彖》言"大觀在上",又言"下觀而化",則五上之"觀"當訓"觀示",初二之"觀"當訓"觀視";三辭與五同,據五言,訓"示";四尚賓"下觀而化",訓"視",當爻各分別釋之。

《彖》曰:大觀在上,《釋文》:王肅音官。案:肅音非。

蜀才曰:此本乾卦。　案:柔小浸長,剛大在上,其德可觀,故曰"大觀在上"也。

■釋曰　陰雖浸長,而陽猶正位在上,德可觀示於下,故取反臨二上居五之義。

順而巽,中正以觀天下。《釋文》:徐唯此一字作官音。案:此亦當讀官唤反。

虞翻曰:謂陽息臨二"直方大","臨者,大也",在觀上,故稱"大

觀"。"順",坤也,"中正"謂五。五以天神道觀示天下,咸服其化,賓
於朱作"于"。王庭。

　　釋曰　臨陽反上成觀,言有大德爲民觀在上。體坤順巽入,順理
而善入,以中正之德觀感天下,故名曰"觀"。虞氏謂五以天之神道觀
示天下,此探下文爲義。禮者天下之中正,觀莫大於禮,禮莫重於祭。
聖人專致其精明之德以報本反始,而天下之人惻然自動其仁孝忠敬
之心,此大中至正之道,觀民設教之本。

觀盥而不薦有孚顒若,下觀而化也。

　　虞翻曰:觀反臨也,以五陽觀示坤民,故稱"觀"。"盥",沃盥。
"薦",羞牲也。"孚",信,謂五。顒顒,君德有威容貌。"若",順也。
坎爲水,坤爲器,艮手臨坤,坎水沃之,盥之象也,故"觀盥而不薦"。
孔子曰:"禘自既灌,吾不欲觀之矣。"巽爲進退,容止可觀,進退可度,
則下觀其德而順其化。上之三,五在坎中,故"有朱脫"有"字。孚顒
若,下觀而化"。《詩》曰"顒顒卬卬,如圭如璋",君德之義也。虞以"孚
顒"爲君之德容。

　　釋曰　人君於祭之時,孝敬之心誠中形外,感孚於下,其下觀而
化之,故君盥而臣即爲之薦,上行下效,莫此爲著也。"下觀"之"觀"
讀如字。虞義與馬大同,本經下注,李先引馬,故退在此。

觀天之神道,而四時不忒。

　　虞翻曰:"忒",差也。"神道",謂五。臨震兌爲春秋,三、上易位,
坎冬離夏,日月象正,故"四時不忒"。朱有"也"字。

　　釋曰　張氏説:"乾稱'道',乾陽之信者爲'神',二、五之坤成离日坎月是也。臨體乾二,上正坤五,成始乎艮,絜齊乎巽,乾神,物之始,萬物之始莫不修絜。故曰'神道'。乾道變化,三、上易位,自成坎離。臨體震兌爲春秋,觀變坎離爲冬夏,故'四時不忒'。"案:鬼神無形,然日月運行而四時成,則有目所共見,觀天之神道而鬼神祇之理可知矣。故聖人因之以教民報本反始追養繼孝,故曰"仰以觀於天文,知幽明之故",又曰"夫微之顯,誠不可揜"。此理之至實,夫人而可知者。

聖人以盧、周無"以"字。神道設教,而天下服矣。

　　虞翻曰:"聖人"謂乾,"退藏於密"而"齊於朱作"于"。巽",以神明其德教,故"聖人設教"。坤民順從而"天下服"矣。

　　補　"聖人"下,一本無"以"字。《釋文》。

　　釋曰　張氏曰:"臨教思无窮,反觀神道,故神明其德教,言至誠如神。神妙精明其德教,不賞而勸,不怒而威,篤恭而天下平。"是也。愚謂萬物本乎天,人本乎祖,聖人因天垂象以設教,而人皆知反本復始興孝興仁,無敢逆天道悖人倫,故"天下服",此觀所以取象於祭也。

《象》曰:風行地上,觀。先王以省方觀民設教。

　　《九家易》曰:"先王"謂五,應天順民受命之王也。風行地上,草木必偃,枯槁朽腐,獨不從風,謂應外之爻。天地氣絶,陰陽所去,象不化之民,五刑所加,故以省察四方,觀視民俗而設其教也。言先王德化光被四表,有不賓之民,不從法令,以五刑加之,以齊德教也。

補　鄭眾曰：從俗所爲，順民之疑當爲"立"。教，故君子行禮，不求變俗。《周易口訣義》。

釋曰　"省方"，省視四方，謂巡守也。"觀民"，鄭仲師讀如字，張氏申虞讀如卦名。先王設教，順民之情而示之則，義並通。九家以初爲應外之爻，象不化之民。先王德教光被四表，有不賓之民，則刑加之以齊德教，豈以巡守有削黜不孝不敬討叛之事而云然歟？然觀有禮象，無刑象，疑非傳旨。若移以釋《序卦》噬嗑次觀之義，則可。

初六：童觀，小人无咎，君子吝。

虞翻曰：艮爲"童"，陰"小人"，陽"君子"。初位賤，以小人乘君子，故"无咎"。陽伏陰下，故"君子吝"矣。

補　馬融曰："童"，猶獨也。

鄭康成曰："童"，稚也。並《釋文》。

釋曰　初、二皆明下觀上之義，"觀"皆當讀如字。觀取臨反，實本消卦。臨五、上之陰來居初、二陽位，有陽伏陰下之象，故兩爻辭皆言陰消，明其爲消而後反消爲息之用見，與五、上義正相成。"童觀"者，所見小，如童稚之觀也。初應在四，體艮爲"童"，又臨初之上爲艮，上來居艮童處，故取童象以目初。惠氏曰："以小觀上，故童觀"，觀五也。"小人无咎，君子吝"，"小人"謂初。初位賤，觀消卦，以小人乘君子之時，邪説亂正，是非混淆。上雖有大觀之君，而小人位卑識劣，不能自拔於流俗，一孔之見，不達大體，是其常，無足怪，故"无咎"。"君子"，謂臨初伏陽，陽爲陰弇，故"吝"。《象》曰"初六童觀，小人道也"，觀陰臨陽並在初，初六稱"童觀"，乃小人之道，君子爲之，蔽於小而害於大，則“吝”矣。或曰，虞注“小人乘君子”，“乘”當爲“承”，觀四陰皆承陽，初自臨反，位最處下，以小人承君子，“童觀”足以“无咎”矣。然陰處陽位，陽伏陰下，是乃消象，故“君子吝”。《象》曰“小人道”，著其消，爲陽戒也。

《象》曰：初六童觀，小人道也。

王弼曰：失位處下，最遠朝美，无所鑒見，故曰“童觀”。處大觀之時而爲盧、周無“爲”字。童觀，趣順而已，小人爲之，无可咎責，君子爲之，鄙吝之道。

六二：闚觀，利女貞。

虞翻曰：臨兌爲“女”，竊觀稱“闚”。兌女反成巽。巽四、五得正，故“利女貞”。艮爲宮室，坤爲闔户，小人而應五，故“闚觀”。“女貞”，利不淫視也。

補　“闚”，本又作“窺”。《釋文》。

釋曰　二自臨五反，居二陽故處，亦明消義。“闚”，竊視也。臨兌爲女，反成觀巽亦爲女。二，兌巽女處也。臨五反二居之，故以女指二，觀艮爲宮室，坤爲闔户，女目近户，故“闚觀”，不正之觀也。二以小人應五，故象如此，謂以小人度君子之心，不識大中至正之道也。二得位，五比四，陰陽相承以正，中正觀天下，不私其應。故二利如女之貞，謂利以安靜應五，不以邪心上窺也。二陰弇陽，當消時，亦小人乘君子，又應五，故防其“闚觀”而戒以“利女貞”。始而闚觀，正亦但如女然，是不能利見大人以有所爲，故《象》曰“亦可醜”，明二之爲陰

消與初同也。虞云"巽四、五得正，故利女貞"者，取巽反兑之象以言
"女貞"，二當兑二反正巽五之處，女仍謂二也。

《象》曰：闚觀女貞，亦可醜也。

侯果曰：得位居中，上應於五，闚觀朱誤"視"。朝美，不能大觀。
處大觀之時而爲闚觀，女正則利，君子則醜也。　案：六二離爻，離爲
目，又爲中女。外互體艮，艮爲門闕盧誤"闚"。女目近門，"闚觀"之
象也。

補　"女貞"上，一本有"利"字。《釋文》。

釋曰　李就本卦取象，亦善。二得正，故"女貞"。

六三：觀我生進退。

虞翻曰：坤爲"我"，張曰"三自我"。臨震爲"生"，"生"謂坤生民
也，張曰"震爲坤，故曰生民"。五《象》注云"坤爲民，謂三"。巽爲"進退"，
故"觀我生進退"。臨震進之五，得正居中，二進之五，五退之二。故
《象》曰"未失道"。

釋曰　觀陰消至四，今取反臨，則三、四在臨本陰無消義，故三、
四辭皆善。三"觀我生"，與五同辭。虞以"生"爲"生民"，"我生"謂
三，觀之者五，"觀我生"者，三謂五以中正觀示我民。"進退"，謂臨二
進而五退。張氏曰："五二觀示坤民進退，三欲五二正，上來易己。"案：
變化者進退之象，陰消將至五失道，五以中正觀民，通其變，神其化，反
本復始，示民有常，故"觀我生進退"。經正則庶民興，五正而後三可
正，以馴致乎既濟，故《象》曰"未失道"。此以陽正陰言，觀讀如卦名。

《象》曰：觀我生進退，未失道也。

荀爽曰："我"，謂五也，"生"者，教化生也。教化所由生，京氏言"性行"是也。古"生""性"字通。三欲進觀於五，四既在前而三退，故朱、盧作"故退"。未失道也。

〔釋曰〕荀以"生"爲教化所由生，蓋本京氏讀"生"爲"性"。"觀我生"，謂三觀五之性行。君子之德風，上之所爲民之歸也。"進退"者進觀五，退居三，待上來易。三失位，進觀君德，退而自修以求正，故"未失道"。此以陰承陽言，觀讀如字。

六四：觀國之光，利用賓于王。

虞翻曰：坤爲"國"，臨陽至二，天下文明，是謂"國之光"。反上成觀，進顯天位，故"觀國之光"。謂五觀示以"國之光"，下所以觀而化。"王"謂五陽，陽尊賓坤，坤爲用爲臣，四在王庭，賓事於五，故"利用賓于王"矣。《詩》曰"莫敢不來賓，莫敢不來王"，是其義也。

〔補〕《春秋傳》曰：有山之材而照之以天光，五本乾。於是乎居土上，故曰"觀國之光利用賓于王"。庭實旅百，奉之以玉帛，天地之美具焉，故曰"利用賓于王"。

〔釋曰〕四得位承陽，"觀國之光"，觀當讀如字，謂諸侯來朝，觀視王國之光也。坤爲國，乾爲大明，《春秋傳》"謂天光照土上"。虞謂"臨陽至二，天下文明，反上成觀，進顯天位"，是五觀示以德光，而四觀之。上之三，離日爲光，又天光下被之象。至德之光莫盛於禮，禮莫大於祭。《孝經》說："周公郊祀后稷以配天，宗祀文王於明堂以配上帝。"大孝尊親，光於四海，是觀光之最大者。四海之內各以其職來祭，是“利用賓于王”。“王”，謂五，傳稱“庭實旅百，奉之以玉帛，天地之美具”者。張氏曰：“艮爲庭，坤爲財、爲衆，乾爲百、爲玉，坤爲帛，艮手奉之。”按：此享禮之象。大觀在上，故諸侯利以賓亨於王庭。諸侯，臣也，尊之則爲賓。《易》以陽爲主，陰爲客，陽以主而爲賓則消象不利，陰以臣而爲賓則承陽而利，祭禮賓助執事，“下觀而化”之義。王禮諸侯，再祼而酢，及饗食之等，亦皆“盥而不薦”，大祭大賓禮同也。《象》曰“尚賓”，言上賓于王庭，親承九五，近天子之光，陰承陽之義莫大於是。

《象》曰：觀國之光，尚賓也。

崔憬曰：得位比尊，承於王者。職在搜揚國俊，賓薦王庭，故以進賢爲“尚賓”也。

釋曰　此即鄭卦辭注“貢士”之義。四爲諸侯，應在初，初爲元士。“國之光”，謂賢也。五正，上之三，教化行，初伏陽發，人才出，是謂“國之光”。四觀天子德教所被，賓薦賢才，視玉帛庭實爲尤重。《射義》曰：“諸侯歲獻，貢士於天子，天子試之於射宮，容體比禮節比樂而中多者得與於祭，數與於祭而君有慶。”亦與“朝享助祭”爲一義。“尚”，謂尊尚，古尚、上字通，亦謂用賢人上賓於王所也。

九五：觀我生，君子无咎。

虞翻曰：“我”，身也，謂我當爲五。生。此字衍。“生”，謂生民。三也。震生象反，臨震反。坤爲死喪，應在坤。嫌非生民，故明下脫“言生”二字。而不當爲“象”。言民也。此句盧、周作“故不言民”。陽爲“君子”，在臨二失位，之五得道處中，故“君子无咎”矣。

釋曰　五，觀之主，中正以觀天下者。“觀我生”，虞義謂觀示我身所臨之生民，民謂坤而指三，故與三同辭。《象》曰“觀民也”，謂觀示坤民也。“君子无咎”，陽爲君子，五盡君子之道，以正天下之不正者，脩身則道立，正己而物正，故“无咎”。如荀六三注義，則謂五以中正觀民，而下觀視我之性行，必其中正盡君子之道，乃“无咎”，理互通。虞云“我謂身”者，以身對民言，坤爲身，五自臨反，即自坤息也。云“故明而不言民”也，此朱氏集解本，語有脫誤。詳其意，蓋謂震生象反，坤爲死，嫌非生民，故經明言生而《象傳》言民以足之，明經所云生者，謂生民也。惠校本作“故不言民”，似未是。經但言“生”者，張氏曰：“言生則民見。”

《象》曰：觀我生，觀民也。

王弼曰：“觀我生”，自觀其道也。爲眾觀之主，當宣文化，光于四表，上之化下，猶風之靡草。“百姓有過，在予一人”，君子風著，己乃无咎。欲察己道，當觀民也。

虞翻曰：坤爲“民”，謂三也。坤體成，故“觀民”也。

釋曰　初、二以陰弇陽，象小人，三坤成，故象民。王弼以生爲動出，言觀我所動行之道得失，在觀民風之善否。

上九：觀其生，君子无咎。

虞翻曰：應在三，三體臨震，故“觀其生”。“君子”謂三，之三得正，故“无咎”矣。此謂上當觀示三民。

補 《京房傳》曰:經稱"觀其生",言大臣之義,當觀賢人,知其性行推而貢之。《漢書‧五行志》引。此言上當觀視三之性行。

釋曰 此正五觀民之用。"其生",謂三。虞義謂上以陽德觀示五之生民,必使皆爲君子乃无咎,謂上來之三,三陽德正爲君子,是以其善善民之象。三升上從五,是下觀而化順以從上之象。不云"我生"者,下之事上,雖有庇民之大德,不敢有君民之心,民皆五之民,上爲五觀之也。京氏謂上觀三之性行,三陽位含章,上與之易,即三伏陽發之象。三升而從五,即進賢從上之象。"君子无咎"者,必所薦皆君子之人,君子道長乃无咎。《象》曰"志未平",坎爲志、爲平,上之三體兩坎,君臣同志,三正則初亦正而成既濟,天下平矣。然消卦之成既濟也難,"知人則哲,惟帝其難之","脩己以安百姓,堯舜其猶病諸",況當消時,而敢謂天下已濟乎,故曰"志未平也"。

《象》曰:觀其生,志未平也。

王弼曰:"觀其生",爲人所觀也。最處上極,天下所觀者也。處天下所觀之地,其志未爲平易,不可不慎,故君子德見乃得无咎。"生",猶動出也。

虞翻曰:坎爲"志"、爲"平",上來之三,故"志未平"矣。

釋曰 觀民設教至於天下平,既濟定,君子難之,故"志未平"。王弼以"觀其生"爲下觀上,上必有師表人倫之行,而後足當天下之觀,與虞説兩爻義似互易,當以虞爲正。

噬　嗑

《序卦》曰：可觀而 _{此下本篇有"後"字，是。}有所合，故受之以噬嗑。嗑者，合也。

崔憬曰：言可觀政於人，則有所合於刑矣，故曰"可觀而有所合"。

釋曰　凡天下之事，必可觀可法，而後人心翕然從之。其有不從，乃爲拂人之性，衆所同惡。先王制禮，以養人之欲，給人之求，使天下尊尊親親，相生相養，尚辭讓，去爭奪。凡厥庶民，觀感興起，會歸有極。於此而猶有梗頑不化者，不得已而糾之以刑，俾畏威寡罪，不爲民害。然後四海之内可無一人之獄，故噬嗑次觀。崔說未當。

☳☲ 震下離上　噬嗑。亨，利用獄。

虞翻曰：否五之坤初，坤初之五，剛柔交，故"亨"也。坎爲"獄"，艮爲手，離爲明，四以不正而係於獄。上當之三蔽四成豐，"折獄致刑"，故"利用獄"。坤爲"用"也。　案："頤中有物曰噬嗑"，謂九四也。四互體坎，盧、周作"坎體"。坎爲法律，又爲刑獄，四在頤中，齧而後亨，故"利用獄"也。

釋曰　"噬"，齧也；"嗑"，合也。凡名卦或取重卦，或取生爻。以生爻言，卦自否來，否"天地不交"，四當拔下三陰，使上反初成益。今四不動而五降初，四以不正介其間，體離四惡人，當折而棄之。以重卦言，下震上離，震爲動、爲雷，離爲明、爲電，雷動電明以瘟隱慝，固皆噬嗑之義。然"噬嗑"，食也，噬以口，二者皆無口象，故別取六畫卦體相似之象。《象》特明之曰"頤中有物，曰噬嗑"，"頤"，養也，養之而終不順,乃不得已而刑之,又噬嗑所以取義於頤也。"亨"者,否五之初,乾坤交,所以體頤而成噬嗑。亨者嘉會禮通,出乎禮則入乎刑,上下之情通,而後可以鋤惡除暴,因民之所惡而去之,故噬嗑由乎亨。或謂"頤中有物",噬之乃亨即用獄之利,亦通。"利用獄",五用之,五從初而易,爲乾之用,得中上行,使上反三,折四於坎獄,故"利用獄"。虞云"蔽四成豐","蔽",斷也。噬嗑與賁上下皆體頤,噬嗑四不正,故"利用獄",賁三得正,故"无敢折獄"。先王勸賞而畏刑,利用獄,不足之辭,哀矜勿喜之意也。

《象》曰:頤中有物,曰噬嗑。

虞翻曰:"物"謂四,則所噬乾脯也。頤中无物則口不噬,故先舉"頤中有物,曰噬嗑"也。

釋曰　"乾脯",當爲"乾胏"。"噬嗑",食也。飲食者訟師所由起,故即取食象以名用獄之卦。

噬嗑而亨,

崔憬曰:物在頤中,隔其上下,因齧而合,"乃得其朱無"其"字。亨焉"。以喻人於上下之間有亂羣者,當用刑去之,故言"利用獄"。

釋曰　虞意剛柔交故"亨",噬嗑而云"亨"者,由"剛柔分",否閉得通也。"動而明"以下,釋"利用獄"之義。崔氏則謂"嗑"即"亨"義,"剛柔分動而明"以下,申"亨"義以釋"利用獄",義互通。

剛柔分,動而明,雷電合而章。

盧氏曰:此本否卦。乾之九五,分降坤初,坤之初六,分升乾五,是"剛柔分"也。分則雷動於下,電照於上,合成天威,故曰"雷電合而成章"也。

柔得中而上行,雖不當位,利用獄也。

侯果曰:坤之初六,上升乾五,是"柔得中而上行"。雖則失位,文明以中,斷制枉直,不失情理,故"利用獄"。

釋曰 睽、鼎皆言"柔進而上行,得中而應乎剛",此得中上行與彼同。坤初由乾亨之而升,是得乾五中道而上行,如人臣奉君命,秉先王中道以行天子之法。"不當位",謂柔居五,柔既居五,爲乾之用,則上得之三折四成豐,以正治不正,成既濟,故"利用獄"。言五雖失位,而剛柔條理分析,雷電威明相兼。坤爲乾用而體離,文明以中,於用獄之道得之。凡用獄之道,條理欲分之至於極晰,精神欲合之至於極專。《王制》曰"凡聽五刑之訟,必原父子之親立君臣之義以權之",所謂分也;"悉其聰明致其忠愛以盡之",所謂合也;"意論輕重之序慎測淺深之量以別之",所以得中也。《吕刑》説,威明皆本於德,必擇吉人察于獄之麗,"制百姓于刑之中以教祗德",皆與此傳相表裏。夫然故人心服而不敢欺,恥惡而納乎善,爲反泰之漸,此噬嗑之既濟也。聖人猶以不當位爲不足之辭者,用獄爲王政不得已之事。王位在德元,則大畏民志,而天下可無一人之獄矣,此泰之既濟也。

《象》曰:雷電,噬嗑。

宋衷曰:雷動而威,電動而明,二者合而其道章朱作"彰"。也。用刑之道,威明相兼,若威而不明,恐致淫濫,明而无威,不能伏物,故須雷電竝合而噬嗑備。

補　“雷電”，漢石經作“電雷”。

釋曰　噬嗑、豐《象傳》皆言“雷電”，猶泰、否《象傳》皆言“天地”，通語耳。漢石經作“電雷”，《易》家異文，理實不殊。

先王以明罰勑法。《釋文》：勑，恥力反。此俗字也，《字林》作“𠡠”。

侯果曰：雷所以動物，電所以照物，雷電震照，則萬物不能懷邪，故先王則之。“明罰勑法”以示萬物，欲萬方一心也。

補　鄭康成曰：勑，猶理也。《釋文》。下有“一云整也”四字。呂氏《音訓》引作“敕”。

王符《潛夫論》曰：噬嗑之卦，下動上明，其《象》曰“先王以明罰勑法”。夫積怠之族，賞不隆則善不勸，罰不重則惡不懲，故欲變風改俗者，其行賞罰者也。《三式》。

“勑”，《漢書‧藝文志》引作“飭”。

釋曰　“明罰”，謂昭明刑罰，“勑法”，謂整理法律，此即唐虞“象刑”、《周官》“刑象”之事。五刑之屬三千，論其大較，殺人者死，傷人及盜刑，甚者悖逆人倫弒父與君則焚之殘之，外內亂，鳥獸行，則滅之。皆畫其象書其法以示萬民，使天下家喻戶曉，懍不敢犯。如雷電在上，莫敢懷邪。如是而有明知故犯，自作不典，情真罪當者，乃行誅無赦，故豐“折獄致刑”。“勑”，誤字，音賚，此字當作“敕”，變爲“勑”，又誤爲“勑”。或作“飭”，義相近。

初九：屨校滅趾，无咎。《釋文》：校，爻教反，馬音教。

虞翻朱誤“侯果”。曰：“屨”，貫；“趾”，足也。震爲足，坎爲“校”，震没坎下,故"履校滅趾"。初位得正,故"无咎"。

干寶曰:"趾",足也;"履校",貫械也。初居剛躁之家,體貪狼之性,以震掩巽,强暴之男也。行侵陵之罪,以陷各本作"陷"。"履校"之刑,故曰"履校滅趾"。得位於初,顧震知懼,小懲盧作"微"。大戒,以免刑戮,故曰"无咎"矣。

補 "趾",一本作"止"。《釋文》。

釋曰 卦辭"利用獄",惟取四爲上下之閒,五使上反三噬之,陰陽乃合而正。爻推廣之,以著"明罰敕法"之義,六爻皆所明之罰所敕之法。惠氏曰:"'履',貫,'校',械也,以械爲履,故曰'履校',足没械下,故云'滅止'。止、趾同。"案:卦本否也。否坤小人,以陰消陽,浸長不已則至於五。今五來正初,變坤爲震,震爲足稱"趾"。互與坎連,坎爲水稱"滅","滅",没也。又爲桎梏稱"校",震没坎下,故"履校滅趾",此所敕之法也。初位卑而惡尚微,懲於法而知誡,從陽而正,不敢犯上,則免於刑,《象》曰"履校滅趾,不行也"。初惡未著,違邪歸正,逆節不行,震恐致福,故"无咎"。此以由坤變震言,取象於震,取義於否坤也。干氏則就震取象取義,蓋小懲大戒之一端。震爲躁卦,初庚子水,北方之情,愛行貪狼,噬嗑巽宮五世卦,下體以震男掩巽女,故取象如此。《易》以誨淫誨盜爲大戒,虞説防簒盜,干説止邪淫,皆以刑弼教之義。

《象》曰:履校滅趾,不行也。

虞翻曰:否坤小人,以陰消陽,"其亡其亡"。故五變滅初,否坤朱無"坤"字。殺"不行也"。

干寶曰：不敢遂行强也。

補　"不行"上，或本有"止"字。《釋文》。

釋曰　震爲"行"，滅趾故"不行"。滅趾校下，"不行"之象。否坤變震，"不行"之義。張氏曰："殺，讀曰弒。滅初，變初成趾滅坎下。"

六二：噬膚滅鼻，无咎。

虞翻曰：朱誤"或曰"。"噬"，食也，艮爲"膚"、爲"鼻"，鼻没坎水朱、盧作"水坎"。中，隱藏不見，故"噬膚滅鼻"。乘剛又當爲"也"。得正多譽，故"无咎"。

補　馬融曰：柔脆肥美曰膚。《釋文》。

《漢書》孟康說："噬"，食也，"膚"，膏也，喻爵禄恩澤加之。《董賢傳》注。

釋曰　張氏曰："用獄者乾君，乾五伏陽，所謂先王。六爻皆受法之人。用獄象頤齧物，則言噬者象治獄。中四爻在頤中，各有食象，所噬之物還是當爻之象。朱震云：'爻辭明用刑難易。初位正，又事之初，故小懲大誡而无咎。二位亦正，與初同義，而事深于初，故得滅鼻之刑，亦得无咎。'膚，二也，噬之者乾也。'噬膚'，言其獄易決也。"案："噬膚"，用獄之象也。"滅鼻"，所救之法也。"滅鼻"，劓也，罪之輕者。二在頤中，事深于初，而惡亦尚小，故象"噬膚滅鼻"。《象》曰"乘剛也"，"剛"，謂初，凡柔乘剛皆不利，若賤妨貴、少陵長、小加大、不肖蔽賢皆是。《孝經》注說"劫賊傷人者劓"，以柔乘剛，傷害之漸，故示以滅鼻之法。二得正多譽，鑒於法而知懼，小懲大戒，安分守順，則不麗于刑，故"无咎"，此虞義也。如馬氏、孟康之義，則"噬膚滅鼻”,當謂貪利苟禄以取罪者,蓋依“噬嗑食也”爲説。《太玄》閵次五,“齧骨折齒滿缶”,《測》曰“齧骨折齒,大貪利也”,義本此。二位正而象“滅鼻”者,以其乘剛,如《禮記》所謂“犯齒”、“犯貴”、“受爵不讓”者也。然得正,能懲於法而不犯,故“无咎”,亦初“不行”之義。

《象》曰:噬膚滅鼻,乘剛也。

侯果曰:居中履正,用刑者也。二互體艮,艮爲“鼻”,又爲黔喙,“噬膚滅鼻”之象也。乘剛噬必深,噬過其分,故“滅鼻也”。刑刻雖峻,得所疾也,雖則“滅鼻”而“无咎”矣。

　　釋曰　侯本王弼義,據用刑者言。“噬膚”至於没鼻,是噬過其分,喻用刑之峻。“乘剛”喻治健訟者。“刻”,刻肌膚也。然先王哀矜折獄,無用刑過峻之理,説“乘剛”又不合《易》例。

六三:噬腊_{盧、周作“胉”,注同。} 肉,遇毒,小吝,无咎。

虞翻曰:三在膚裏,故稱“肉”,離日熯之爲“腊”,坎爲“毒”,故“噬腊肉遇毒”,“毒”,謂矢毒也。失位承四,故“小吝”。與上易位,“利用獄”成豐,故“无咎”也。

　　補　馬融曰:晞於陽而煬於火曰腊肉。《釋文》。

　　釋曰　腊乾堅稍難噬。張氏曰:“三不正罪重。‘遇毒’,毒害之刑,謂荆宫也。獄稍難決,如噬腊肉。上來易位得正,則‘小吝无咎’。”案:“噬腊肉”,用獄之象也。“遇毒”,所救之法也。虞以毒爲四“金矢”之毒,蓋謂束矢鈞金之法,取以剛明正直荼毒姦凶之義。三失正,承四惡人,故“遇毒”,“遇毒”猶遇罪。《象》曰“位不當也”,陰柔失位,不能自固,附勢黨惡,因失其親,以陷於罪,故示以遇毒之法。上來易之,違邪歸正,鑒於法而能戒。三體震,亦小懲大誡,恐以致福,不麗於罪,故雖小吝而无咎。悔吝者小疵,无咎者善補過也,凡始失足而後能引身遠罪者皆是。虞云"上來易位,利用獄成豐"者,誅首而免從,解惡人之黨,開自新之路,撥亂之道也。腊、昔同字,"腊"者,"昔"之籀文。

《象》曰:遇毒,位不當也。

荀爽曰:"腊肉",謂四也。三以不正噬取異家,法當遇罪,故曰"遇毒"。爲艮所止,所欲不得,故"小吝"也。所欲不得則免於罪,故"无咎"矣。

釋曰　荀依"噬嗑食也"爲説,以腊肉爲即四之"乾脯"。"乾肺",荀作"脯"。"噬腊肉遇毒",爲貪利而不顧後害,噬取異家,取非其有,法當遇罪。惠氏曰:"坎爲多眚,故爲毒,《周語》單子曰'厚味實腊毒',味厚者爲毒久。"案:利之所在,害之所在也。三陰柔失正,中無所主,爲利所誘,非求即忮,必與毒遇。爲艮所止,所欲不得,猶可易而之正。其"吝"也,乃其所以"无咎"也。據荀云"法當遇罪",以例諸爻,則"滅趾""滅鼻"皆爲所救之法。云"免於罪故无咎",則諸言"无咎"者,皆爲小懲大誡未麗於刑審矣,此初《象傳》"不行"之義。

九四:噬乾肺,得金矢,利艱貞,吉。《象》曰:利艱貞吉,未光也。

陸績曰:肉有骨謂之"肺"。離爲乾肉,又爲兵矢。失位用刑,物亦不服,若噬有骨之乾胏也。"金矢"者,取其剛直也。噬胏雖復艱難,終得申盧、周作"信"。其剛直。雖獲正吉,未爲光大也。

補　馬融曰:有骨謂之"胏"。

鄭康成曰:"胏",簣也。並《釋文》。

王肅曰:四體純當依《御覽》作"離"。陰,當爲"陽"。卦疑當爲"外"。骨之象。骨在乾肉,脯疑當爲"胏"。之象。金矢所以獲野禽,以當依《御覽》作"故"。食之反得金矢。君子於味必思其毒,於利必思《御覽》作"避"。其難。《初學記・脯部》。

《說文》:"●",食所遺也,從肉,仕聲。稱《易》"噬乾●"。"胏",楊雄說"●從朿"。

胏,《子夏傳》作"脯",徐音甫。荀、董同。

"未光",一本作"未光大"。並《釋文》。

釋　四、五兩爻,噬嗑所由成象成卦。諸家說"噬"義多以治獄言。陸云"失位用刑",謂乾降在四,四在頤中爲所噬之物。而云"用刑"者,四本否四體乾,在否爲乾四,在噬嗑則體離四。離四,所噬也;乾四,噬之者也。以四噬四,實以乾噬離四耳。如張申虞義,則噬之者爲乾五伏陽,明罰敕法者。"噬乾胏"、"噬乾肉",用獄之象也。"得金矢"、"得黃金",則示禁民獄訟之法,因以見治獄之道。"胏",馬、陸說"肉有骨"者,《說文》云"食所遺也",禮有"膚"、有"腊"、有"乾肉"而無"胏",蓋食所遺餘骨多肉少者。鄭云"簣也","簣"者牀板,非其義。竊意注文闕佚,當云"肉有骨謂之胏,胏讀如簣也"。胏、簣一聲之轉,蓋讀胏如簣,見其堅鞕不可噬如木板然,以別於荀氏諸家作"脯"耳。陽爲骨,離乾之,胏本難噬而又乾,以象健訟不服獄尤難決者。張氏曰："四、五位不正獄大，象噬乾胏乾肉。'金矢'，束矢。'黃金'，鈞金。凡獄訟直者蓋得不直者之金矢，四、五相易，各象兩造。"案："金矢"、"黃金"，四、五互得，以象剛柔易位各正，此《周禮》禁民獄訟之道。蓋無情健訟之人，己惡誣善，欲以詐力求直取勝，故使之具兩造兩劑以待鈞考本末。又使各入矢若金，以示不直則非惟不勝，且更爲讎家利，庶其自反而息事，各歸於正耳。矢取其直，金取其剛而明，直則無枉，剛則無私，明則不惑。"得金矢"、"得黃金"，以禁獄訟者，即以戒治獄者，使之顧名思義，無或枉橈。"噬乾胏，得金矢"，明治難決之獄，必得剛明正直之道，乃正而吉，猶有艱焉。若枉橈不當，則反受其殃矣。"噬乾胏"，艱之至，"得金矢"，貞之至，治獄皆尚剛明中直。於五言"黃金"，四言"金矢"者，"矢"既取"直"義。又因四體離四失位，見傷害之象，以寓痡瘝之意，三所以云"遇毒"也。"艱"，難也，四、五皆體屯難象，易位各當，成既濟。猶有屯象，聽訟未能使無訟，故四《象》曰"未光也"。王肅依"噬嗑食也"爲説，雖亦有理，然於"得黃金"不可通。噬嗑六爻無甚吉之辭，蓋先王哀矜折獄之意。唐石經"吉"上旁注"大"字，當時誤本有此，未足據。

六五：噬乾肉，得黃金，貞厲，无咎。

虞翻曰：陰稱"肉"，位當離日中烈，故"乾肉"也。乾金黃，故"得黃金"。"貞"，正，"厲"，危也，變而得正，故"无咎"。

王弼曰："乾肉"，堅也。"黃"，中也。朱無"也"字。"金"，剛也。以陰處陽，以柔承當爲"乘"。剛，以噬於物，物亦不服，故曰"噬乾肉也"。然處得尊位而居於中，能行其戮者朱無"者"字。也。履不正而能行其戮,剛勝者也。噬雖朱无"雖"字。不服,得中而勝,故曰"噬乾肉得黃金"也。己雖不正而刑戮得當,故雖"厲"而"无咎"也。

> **釋曰** 陰稱"肉",五位當離中,日烈乾之。"噬乾肉",用獄之象也。陰爻在中稱"黃",乾爲"金",金以黃爲貴,乾尊,故稱"黃金"。《周禮》"鈞金"實銅,銅色亦黃,言"黃金",以明得中之義。張氏曰:"乾陽亦謂四,四失位毒害則爲'金矢',與五易位則爲'黃金'。"案:五得中陽位,下有伏乾,四來易位,乾陽正,皆"黃金"象。"得"者,五不直而四來得之,此以訟獄者言也。以治獄者言,則"黃"取其中,"金"取其堅,中則不偏,堅則不奪。"得黃金",謂得中正堅剛之道。"貞",謂與四易位得正。"厲",危也。"噬乾肉","厲"也。"得黃金","貞"也。動而下,故"无咎"。五位不當,所以"厲",與四易成既濟。體屯象,雖貞而猶存危厲之心,又其所以"无咎"也。陽得位爲吉,故四之五稱"吉"。陰干陽爲咎,故五之四"无咎"。《象》曰"得當也",釋"无咎"之義。王弼以五居尊位,乾肉亦五象,噬之者與所噬者雖不嫌同象,要未知乾五伏陽之義。無瑕者可以戮人,己不正而行刑得當,非所聞也。經言"貞",傳言"得當",而王弼云爾,此不知爻變之失也。

《象》曰:貞厲无咎,得當也。

荀爽曰:謂陰來正居是而厲陽也,以陰厲陽,正居其處而无咎者,以從下升朱、盧作"明"。上,不失其中,所當爲"故"。言"得當"。

> **釋曰** 五本不當位,之四得當,故"貞"而"无咎",此與九四傳互文見義。此以"得當"釋"貞无咎",則彼云"貞吉"亦"得當"也。彼以"未光"釋"艱",則此云"厲"者亦"未光"也。但一據未即反泰言,一據

爻位已正言耳。荀以正居其所釋"貞"，與釋否初"貞吉"同例。坤初之五疑於僭，陽道危，故云"厲陽"。"從下升上"，爲乾用，得中上行以申王法，實非消陽，故云"得當"，此五所以可正，泰所以可反，理亦得通。然傳云"得當"，明與《象傳》"不當位"義別，則"貞"當謂"之正"，"貞厲"謂雖貞猶厲，不宜如荀説。"從下升上"，"升"或作"明"，謂明上之法，亦通。

上九：何校滅耳，凶。《釋文》：何，何可反，又音河。

荀爽曰：爲五所何，故曰"何校"。據五應三，欲盡滅坎，三朱誤"上"。體坎爲耳，故曰"滅耳凶"。上以不正侵欲无已，奪取異家，惡積而不可弇，朱作"掩"。罪大而不可解，故宜凶矣。

鄭玄曰：離爲槁木，坎爲耳，木在耳上，"何校滅耳"之象也。

補　鄭康成曰：臣從君坐之刑。《書·康誥》正義。

"何"，本亦作"荷"。

王肅曰："荷"，擔。並《釋文》。

釋曰　"何"，讀曰"荷"，負也。"校"，枷械也。"滅耳"，滅去其耳也。荀以上爲侵欲無已、爲國斂怨、爭民施奪者，體離與坎連，離爲槁木，坎爲穿木，皆"校"象。上在卦終，憑權藉勢，以不正據五而應三，欲盡滅坎，使陽消體剝。惡積罪大，故因其據五爲五所荷而著"荷校"之象。因其應三欲掩坎而有之，而著"滅耳"之象，然取義稍曲。鄭君則謂離槁木在坎耳上，蓋校旁出耳外，掩沒其耳，故曰"滅耳"。言"滅耳"，亦以示聉刑之象。五刑無聉，鄭云"臣從君坐之刑"，考軍法有"貫耳"，爲行戮之漸。又俘虜不服者，殺而獻其左耳曰馘，蓋以耳表首,以是推之,則刑雖輕而近於大辟。凡逢君之惡以取滅亡,若飛廉之於紂,李斯之於呂政,又或君非亡國之君,臣實亡國之臣,若囊瓦之於楚,李林甫、楊國忠之於唐,皆罪不容誅,滅耳特示之象耳。《象》曰"聰不明也",言所以象"何校滅耳"者,以其聰不明也。"聰不明",則聞善不服,禍至不知,事君無義,進退無禮,言則非先王之道,安危利菑樂其所以亡,雖示之法而不知誡,必至積惡滅身而後已,故"凶"。上所以著此象者,否時小人道長,上當反初益下。今上不反初,致五失位,尚無悛心,是與消陽之甚者。故卦義噬嗑當成豐,明上當反三居正也,消息次以益,明當益下也。

《象》曰:何校滅耳,聰不明也。

《九家易》曰:當據離坎以爲聰明,坎既不正,今欲滅之,故曰朱作"云"。"聰不明也"。

補　馬融曰:耳無所聞。

鄭康成曰:目不明,耳不聰。

王肅曰:言其聰之不明。並《釋文》。

釋曰　坎聽爲"聰",離視爲"明",坎離正則聰明。今坎不正,陽將消,上又欲滅之,故因著"滅耳"之象。坎滅則離亦壞,故"聰不明",鄭謂"目不明耳不聰"是也。"聰",猶聽也,聽不聰猶視不明。"聰不明",在夬時猶无以決陰,況當否時,有不迷亂覆亡者乎,故象滅耳而凶。張氏曰:"上之三折坎則離明。"案:折四成豐,則陰陽各之正成既濟,兩坎兩離正而聰明矣。

賁

《序卦》曰：物不可以苟朱脱"苟"字。**合而已，故受之以賁。賁者，飾也。**

崔憬曰：言物不可苟合於刑，當須以文飾之，"故受之以賁"。

　釋曰　崔意謂苟合於刑，免而無恥，必示之以禮，乃"有恥且格"。但卦序相受之義，所包甚廣，不可滯於一隅。此傳蓋謂凡物相合，不可直情徑行，必以禮飾之，斯羣居和壹耳，不必泥刑言。餘卦相受之例視此。

　☲☶　離下艮上　**賁。亨，**《釋文》：賁，彼偽反，徐甫寄反，李軌府瑟反。

虞翻曰：泰上之乾二，乾二之坤上，柔來文剛，陰陽交，故"亨"也。

　補　鄭康成曰：賁，變也，文飾之貌。

王肅曰："賁"，有文飾，黃白色。符文反。

傅氏曰："賁"，古"斑"字，文章貌。並《釋文》。

《呂氏春秋》：孔子卜得賁，曰："不吉"，子貢曰："夫賁亦好矣，何謂不吉乎？"孔子曰："夫白而白，黑而黑，夫賁又何好乎？"高誘注云："賁，色不純也。"《壹行》文。

　釋曰　道有變動，故物相雜而成文以相飾。賁自泰來，泰下乾上坤，純陰純陽，無文可見。泰成既濟，文各當矣。又未足以盡相雜變動之妙，故以泰二、上相易，明剛柔交，變而各正之義。既濟治定功成，當文之以禮，故消息相次之卦名曰"賁"。"亨"者，乾坤交，二、上剛柔往來相文皆亨，而二得中正，純乎亨道，故《彖》惟據"柔來文剛"

言之。賁觀人文以化成天下，孔子刪定六經垂法萬世之象。曰"不吉"者，傷未能行道以濟當世，此聖人"吉凶與民同患"之心也。

小利有攸往。

虞翻曰："小"謂五，五失正，動得位體離，以剛文柔，故"小利有攸往"。

鄭玄曰：賁，文飾也。鄭注原本當如《釋文》所引，此四字，蓋李氏約文。離爲日，天文也。艮爲石，地文也。天文在下，地文在上，上下交亦相飾之義。天地二文相飾成賁者也。張云："自'離爲日'至此，又見《詩·白駒》正義。'日'下重'日'字，'天文'下無'也'字，'石'下重'石'字，'天地'以下作'天地之文交相而成賁賁然'。"猶人君以剛柔仁義之道飾成其德也。剛柔雜，仁義合，然後嘉會禮通，故"亨"也。卦互體坎艮，艮止於上，坎險於下，夾震在中，故不利大行，小有所之則可矣。

釋曰 此於亨中別出其未盡亨而有待於亨者。荀《彖》注義謂五、四二陰利乾二，上往據之，言其亨也。鄭謂剛上文柔，則體艮止，互坎險，夾震動在中，不利大行，小有所之則可。"往"者，畫變用事，言未盡亨也。虞謂分剛文柔，乾氣至坤，則五利發之正成剛，以文四柔。"往"，謂之正，言有待於亨也。賁次既濟，大經大法，皆已樹立，不容復有更張。惟當曲制威儀以定禮文，去其小不正，故五上"永貞"，則天人之文成，與既濟"亨小"同義。《彖》以"天文""人文"釋"賁"，鄭比合《象傳》"山下有火"之義，故兼地文言。地統乎天，三才之道，約之惟曰"天道"、"人道"，鄭會通傳義，引而申之。唐石經"利"下旁注"貞"字，當時誤本耳。

《彖》曰：賁亨，柔來而文剛，故亨。分剛上而文柔，故小利有攸往，

荀爽曰：此本泰卦。謂陰從上來居乾之中，文飾剛道，交於中和，故"亨"也。分乾之二居坤之上，上飾柔道，兼據二陰，故"小利有攸往"矣。

釋曰 "賁亨"，疊經文以起下，言賁之亨也。以坤上之柔，來居乾二而文乾剛，交於中和，與乾二升坤五下體成離"天下文明"同義，故"亨"。又分乾二之剛，上居坤上而文坤柔，以蠱上振坤稱"元亨"例之，是亦"亨"也。但二之上失正，未盡亨道，由其上而文柔，乾氣至坤，則五伏陽當發而成離，故"小利有攸往"。"賁亨"之"亨"，含剛柔互文之義。故亨之亨，惟據柔來文剛言，以別於分剛文柔之未盡亨而有待於亨。曰"分"者，二之上非乾元交坤之正，特分乾剛以飾坤柔成文耳。五變之正，則亦亨而濟矣。

天文也。

虞翻曰：謂五利變之正成巽體離，艮爲星，離日坎月，巽爲高。五天位，離爲文明，日月星辰高麗於上，故稱天之文也。

補 陸希聲曰：天地以節氣相交，天文也。《漢上圖》。

釋曰 此承"剛柔往來相文"言，言陰陽往來皆乾元之行，所以使日月不過，四時不忒，是天文也。虞氏則以天文爲五，"小利有攸往"，"小"，謂五，"往"，變也。五變天位正，體巽爲高，離爲文明，離日坎月艮星高麗乎天，是天文也。

文明以止，人文也。

虞翻曰："人"謂三，乾爲"人"。"文明"，離。"止"，艮也。震動離明，五變據四，二、五分則止文三，故以三爲人文也。

補 《京氏傳》曰：止於文明。

釋曰 賁生爻剛柔往來，是天文也。重卦離爲"文明"，艮爲"止"，又"人文"也。"文明"者，人心固有之條理，萬事當然之則，爲人君止於仁，爲人臣止於敬，爲人子止於孝，爲人父止於慈，與國人交止於信，此文王所以爲文也。虞氏以人文爲三，謂五變體離，三在兩離之間，五剛二柔分三上屬下屬而成離，重離之文皆止於三，故三爲人文。三，人道，天地之文皆得人而顯，此人文所以經天緯地，所謂天地之經而民是則之也。

觀乎天文，以察時變。

虞翻曰：日月星辰爲"天文"也。泰震春兌秋，賁坎冬離夏。巽爲進退，日月星辰進退盈縮，謂朓朒誤"眺"。側朒也，厤象在天成變，故"以察時變"矣。

補 《説文》：示，天垂象，見吉凶，所以示人也。从二，古文"上"字。三垂，日月星也，"觀乎天文，以察時變"。

釋曰 《張氏》曰："《説文》：晦而月見西方謂之朓，朔而月見東方謂之縮朒側，即朒也。朒，月始升也。"案：月受日光而成晦朔弦望，此有目所共見。晦而月見西方，已侵來月生明之限，月行見爲疾，歷後月也。朔而月見東方，尚未及前月之晦，月行見爲遲，歷先月也。以此課歷疎密，定月大小，置閏成歲，敬授民時，時變人人可察矣。

觀乎人文,以化成天下。

虞翻曰:泰乾爲"人",五上朱误"二"。動,體既濟。賁離象重明麗正,故"以化成天下"也。

干寶曰:四時之變縣朱作"懸"。乎日月,聖人之化成乎文章。觀日月而要其會通,觀文明而化成天下。

釋曰 "人文",人心之知覺條理,聖人因而著之。自伏羲作八卦定人倫,至孔子書六經垂法萬世,皆是也。

《象》曰:山下有火,賁。

王廙曰:"山下有火",文相照也。夫山之爲體,層峰峻嶺,峭巇參差,直置其形,已如雕飾,復加火照,彌見文章,賁之象也。

君子以明庶政,无敢折獄。

虞翻曰:"君子"謂乾,離爲"明",坤爲"庶政",故"明庶政"。坎爲"獄",三在獄得正,故"无敢折獄"。噬嗑四不正,故"利用獄"也。

補 鄭康成曰:"折",斷也。斷,音丁亂反。

"明",蜀才作"命"。並《釋文》。

釋曰 "无敢折獄",尚文德也。刑濫則懼及善人,故君子慎之,不敢自恃其明,以爲果於能斷。

初九:賁其趾,

虞翻曰:應在震,震爲足,故"賁其趾"也。

補　鄭康成曰："趾"，足。

"趾"，一本作"止"。並《釋文》。

釋曰　爻位初爲足，又初九震爻，震爲足，稱"趾"。"賁其趾"者，初自飾其足容，君子不失足於人，非禮弗履也。虞氏則謂四體震爲足，初當行應四，四者初趾之所在，故取四震象以目初。賁之義以柔飾剛，四當飾初趾，"翹翹車乘"，所以賁其趾也。

舍車而徒。

虞翻曰：應在艮，艮爲"舍"，坎爲"車"。"徒"，步行也。位在下，故"舍車而徒"。

補　"車"，鄭、張本作"輿"。《釋文》。

釋曰　車、輿同物，四本泰坤爲輿，又互坎爲車，艮止之，初應在艮，故"舍車而徒"。張氏曰："四在止體，下屬於坎，不堅應初，故初舍之。"案：四爲諸侯，求士者也。"賁其趾"，四當應初，欲見賢人而禮命之也。"舍車而徒"，不致敬盡禮，則不得亟見之。初舍四之車而徒行，不遽應四也。人文化成天下莫大於得賢，故六爻皆取尚賢之義。

《象》曰：舍車而徒，義弗乘也。

崔憬曰：剛柔相交以成飾義者也。今近四，棄於二比，故曰"舍車"。"車"，士大夫所乘，謂二也。四乘於剛，艮止其應，初全其義，故曰"而徒"。"徒"，塵賤之事也。自飾其行，故曰"賁其趾"。"趾"，謂初也。朱脱圈。

王肅曰：在下，故稱"趾"。既舍其車，又飾其趾，是徒步也。

補　或稱鄭本"弗"作"不"。《晁氏易》。

釋曰　"義弗乘"四之車，不枉道而求仕也。崔以車爲二，二爲大夫得乘車，兼言士者，《書傳》稱命士亦得乘飾車也，或者"士"當爲"是"。"近四"，謂應四，初應在四，故"棄二之比"，"舍車"象也。四又乘三剛，體艮止，不堅應初，故初亦不應四，獨行其義，安貧守賤，徒步而已。大旨與虞不殊，但稍迂曲。

六二：賁其須。《象》曰：賁其須，與上興也。

侯果曰：自三至上有頤之象也。二在頤下，"須"之象也。上周作"二"。无其應，三亦无應，若能上承於三，與之同德，雖俱无應，可相與而興起也。

釋曰　侯意"須"，古"鬚"字，禮有"揃須"。"賁其須"者，自飾其口容，非禮勿言，非義不食祿，與三皆正位同德。三守正以正五，則六爻皆正成既濟，二與三皆得其應，故與上俱興。"上"，謂三。張氏則曰："'須'，待也。二无應，待五之正，二則賁之。歸妹六三'歸妹以須'，注云'須，待也'，彼待於四，正與此同。"案：張以歸妹相例，甚當。"賁其須"，賁其所以待上者。《儒行》曰"儒有席上之珍以待聘，夙夜强學以待問，懷忠信以待舉，力行以待取"，多文爲富，非時不見，非義不合，五正乃應，以賁其身者賁其君，故《象》曰"與上興"。"上"，謂五也。

九三：賁如濡如，永貞吉。《象》曰：永貞之吉，終莫之陵也。

盧氏朱誤"虞翻"。曰：有離之文以自飾，故曰"賁如"也。有坎之水以自潤，故曰"濡如"也。體剛履正，故"永貞吉"。與二同德，故"終莫之陵”也。

釋曰 姚氏曰:“三自賁也。‘濡如’,賁貌。三得位,德潤身也。”張氏曰:“上下文之,故‘賁如’。體坎水,故‘濡如’。‘永貞’,謂五正則六爻皆正。三守正以待五上變則‘吉’,與‘元永貞’義近。”案:“永貞”,謂成既濟。三以人文化成天下,則既濟定而泰不反否,故“吉”。《象》曰“終莫之陵也”,上體艮爲“陵”,《中庸》曰“在上位不陵下”。賁在泰後,治平日久,陽在上亢位,或驕慢陵下,則泰將爲否,反致下陵上替。三“賁如濡如”,慎之以禮,格心匡德,章志貞教,則上無悔奪之失,而下絕侵叛之漸,化成而泰貞矣。三、二皆無應,四又乘三,嫌有陵之者。三與二同德,自守以正,而不正者終正,不應者終應。六爻和會,各止其所,故“終莫之陵也”。

六四:賁如皤如,《釋文》:皤,白波反。**白馬翰如,**《釋文》:翰,戶旦反。**匪寇婚媾。**

王弼曰:有應在初,三爲寇難,二志相感,不獲交通。欲靜則失初之應,欲進則懼三之難,故或飾或素,內懷疑懼。鮮絜其馬翰如以待,雖朱脫“雖”字。履正位,未果其志。匪緣寇隔,乃爲婚媾,則“終无尤也”。

陸績曰:震爲“馬”、爲“白”,故曰“白馬翰如”。　案:此上朱不空格。皤,亦白素之貌也。

補《説文》:“皤”,老人白也,《易》曰“賁如皤如”。

董遇曰:馬作足橫行曰“皤”。音槃。

鄭、陸作“蹯”。音煩。並《釋文》。“蹯”,舊作“燔”,兹從盧氏文弨校本。"煩"，《呂氏音訓》作"燔"。鄭曰：六四，巽爻也，有應於初九，欲自飾以適初，既進退未定，故皤當作"蹯"。如也。"白馬翰如"，謂九三位在辰，得巽氣爲白馬。"翰"，猶幹也，見六四適初未定，欲幹而有之。《禮記·檀弓》正義。《釋文》：翰，鄭云白也，亦作寒案反。白，盧校作"幹"，是。"亦作"，當爲"亦音"，謂徑讀"翰如"，幹也。

荀作"波"。

董遇、黃穎曰："翰"，馬舉頭高卬也。

馬、荀云："翰"，高也。並《釋文》。

《禮記·檀弓》曰：殷人尚白，戎事乘翰。鄭氏注曰："翰，白色馬也，稱《易》'白馬翰如'。"

釋曰　王弼釋"皤"、"翰"皆爲白，與《説文》及鄭《禮記注》合。"賁如"，謂飾，"皤如"，謂素，於義可也。惟釋"匪寇婚媾"，於語意未協。陸云"震爲馬爲白"者，據震於馬爲"馵足"、"的顙"也。鄭本"皤"作"蹯"，讀"翰"爲"幹"。"賁如蹯如"者，四與初正應。"賁如"，四自飾以適初也。"蹯如"，"蹯"，當讀爲"蟠"，與"盤"同，謂盤旋進退不定也。六四巽爻，巽爲進退，故"蹯如"。蔡邕《述行賦》"乘馬蹯而不進"，正此義。《釋文》"煩"字，《音訓》引作"燔"，燔、蹯、蟠皆從番聲，古音同。竊疑《釋文》本云"鄭、陸作蹯音燔"，後轉寫"蹯"誤"燔"，"燔"誤"煩"耳。董氏字作"皤"，讀爲"蹯"，故訓作足橫行。荀作"波"，"皤"之疊韻叚借字。陰道從陽，承陽則能行，坤"牝馬行地"是也。乘陽則難行，屯"乘馬般如"是也。四乘三，有難行之義，故"賁如"而又"蹯如"也。"白馬翰如"，三體震坎皆爲馬，爻辰在辰，三月東南，巽位，巽爲白，故象"白馬"。四乘三，"白馬"，四所乘也。

"翰",讀爲"幹",舉也。凡爻相比者或相取,三見四乘白馬適初而未定,欲取而有之使比己,若引爲黨或攘其功者,故"白馬幹如",此疑象也。四當賁初,始疑乘剛歷險而盤旋,既乘馬而疑見幹,實所處之地使然。《象》曰"六四,當位疑也",言雖當位,而位適乘剛可疑也。"匪寇婚媾",三、四皆體坎爲寇,三爲三公,四爲諸侯,初爲元士。賁元士立世,諸侯爲應,四正當應初之位,有好賢之志,而爲附勢內交畏難避嫌之見所惑,則其志分而其行不果,殆於不足與有爲。故初舍其車而弗乘,避之若寇。然四雖處疑地而志終應初,則四非初寇,乃婚媾也。三陽德正,主以人文化成天下,有與人爲善之公,無比黨攘美之私。四乘坎馬,非有險難,則三非四寇,乃所以成其爲婚媾,故《象》曰"終无尤也"。馬、荀、董、黃訓"翰"爲"高",舉頭高仰,有待於行也。

《象》曰:六四,當位疑也。

案:坎爲盜,故"疑"。當位乘三,悖禮難飾,應初遠陽,故曰"當位疑也"。

釋曰 乘剛疑於悖禮,難以成文。應初疑於遠陽,被阻難及,故雖當位而疑也。

匪寇婚媾,終无尤也。

崔憬曰:以其守正待應,故"終无尤也"。

釋曰 四守正待應,三本匪寇,五上正,六爻應,不疑所行,故"終无尤"。

六五：賁于丘園，束帛戔戔，吝，終吉。《釋文》。戔，在干反，又音牋。

虞翻曰：艮爲山，五半山，故稱“丘”。木果曰“園”，故“賁于丘園”也。六五失正，動之“之”字疑當在“艮手持”下。成巽，巽爲“帛”爲繩，艮手持，故“束帛”。以艮斷巽，故“戔戔”。失位无應，故“吝”。變而得正，故“終吉”矣。

〔補〕《子夏傳》曰：五匹爲束，三玄二纁，象陰陽。《釋文》。

賈誼、服虔説：“束帛”，五匹。文瑩《湘山野録》。

馬融曰：“戔戔”，委積貌。《釋文》。

王肅曰：失位无應，隱處丘園，蓋象衡門之人道德彌明，必有束帛之聘也。《文選》陸士衡《演連珠》注。

黃穎曰：“戔戔”，猥積貌，一云顯見貌。

“戔戔”，《子夏》作“殘殘”。

薛虞曰：“戔戔”，禮之多也。並《釋文》。

〔釋曰〕《象》曰“分剛上而文柔，故小利有攸往”，則五當受賁於上，之正成既濟。程《傳》曰：“六五以陰比上九剛陽之賢，受賁于上九。”案：上體艮爲山，半山稱“丘”，又體乾爲木果，艮爲果蓏，園圃毓草木在丘上，賢士隱居之象。五失位，求正於上，故“賁于丘園”，言盛德之士歸之也。下引荀注取艮山震林象，義大同。惟云“賁飾丘園”，則以賁爲上自飾，下云“飾上成功”，又似謂五賁上耳。“束帛戔戔”，所以聘上。虞謂五體艮手持稱“束”，之正成巽爲“帛”。惠氏曰：“坤爲帛，泰坤。其數十。鄭注《聘禮》曰‘凡物十曰束’，故云‘束帛’。”吳薛綜解此《經》云：“古招士必以束帛加璧于上，艮爲多，故‘戔戔’。”薛虞謂禮之多也。姚氏據《子夏傳》"五匹爲束,十端。三玄二纁,象陰陽",謂泰天玄地黃,二之上上之二成賁,故"賁于丘園,束帛戋戋",姚又云:"'山下有火,賁于丘園'之象,謂五以束帛賁上。"皆依下注荀義爲說。虞云"以艮斷巽"者,"艮",謂上,"巽",謂五。上,艮之主,五正則成巽,巽爲齊,故"斷"。程《傳》謂"五受賁於上",受其裁制,如束帛而戋戋,束帛受裁制而成用,猶人君資賢臣輔相匡弼而成德致治,是其義。但《經》云"丘園",云"束帛",明據聘士時言。"賁于丘園",虞義爲正。"束帛戋戋",荀義爲正。五受賁於上,由能尚賢也。五失位无應,故"吝",鄭卦辭注,所謂"不利大行"也。上剛文柔,乾氣至坤,五尊道勤賢,伏陽發之正應二,終以化成天下,故"終吉"。"戋"、"殘"音義同,故《子夏》作"殘殘",薛、虞記仍依"戋戋"爲說。"戋戋",諸家皆謂束帛積多之貌,虞義謂"裁斷而委積之"。"束帛",五象,"戋戋",上正五之象。

《象》曰:六五之吉,有喜也。《釋文》:喜,如字,徐許意反,无妄、大畜卦放此。

荀爽曰:艮山震林,失其正位,在山林之閒,賁飾丘陵,以爲園圃,隱士之象也。五爲王位,體中履和,勤賢之主,尊道之君也,故曰"賁于丘園,束帛戋戋"。君臣失正,故"吝"。能以中和飾上成功,故"終吉"而"有喜也"。

虞翻曰:五變之陽,故"有喜",凡言喜慶皆陽爻。"束帛戋戋",委積之貌。　案:六五離爻,離爲中女。午爲鼈絲,束帛之象。

釋曰　荀意五、上俱失位,五賁上則陰陽各正成既濟。"束帛戋戋”,五賁上之事,此本經下注,合《象傳》釋之。虞意則謂五求賁於上,“束帛戋戋”,上賁五之事,其爲求賢以化成天下則一。

上九:白賁,无咎。

虞翻曰:在巽上,故曰“白賁”。乘五陰,變而得位,故“无咎”矣。

釋曰 五變,上體巽爲白,“白”,素也。惠氏曰:“《考工記》曰‘畫繪之事後素功’,《論語》曰‘繪事後素’。鄭彼注云‘素,白采也,後布之,爲其易漬污’。上者賁之成,功成于素,故曰‘白賁’。”案:“白”者,賁之所以成始而成終。《記》曰“白受采,忠信之人,可以學禮”,賁之始也。《論語》曰“繪事後素”,曰“禮後乎”,道德仁義,非禮不成,賁之終也。終則復始,禮始於質,成於文,反於質。“白賁”者,以白爲賁,所以使五色成文而不亂也,所以使天下棄末而反本,背僞而歸真也。上以白賁五,君臣皆有絜白之德,修禮達義,著誠去僞,以化成天下,則既濟定而泰可保,故“无咎”。虞云“乘五陰變而得位”,“乘”,猶據也,上本以陽據五陰,所謂“剛上文柔”,五受賁於上,之正,則上亦變,成既濟矣。

《象》曰:白賁无咎,上得志也。

干寶曰:“白”,素也。延山林之人,采素士之言,以飾其政,故“上得志”也。

虞翻曰:上之正得位,體成既濟,故曰“得志”,坎爲志也。

釋曰 “上”,謂五,五居尊,故曰“上”,與六二傳“與上興”之“上”同。或曰,虞意“上”即謂上九,言上得行其道濟天下之志。

剥

《序卦》曰：致飾然後通則盡矣，故受之以剥。剥者，剥也。

崔憬曰：以文致飾，則上下情通，故曰"致飾然後通"也。文者
"者"字疑衍。致理極而无救，則盡矣。盡，猶剥也。

〔釋曰〕"亨者嘉之會"，致飾則嘉美盡矣。文勝質衰，泰極反否，
陰長陵陽，故受以剥。"然後通"，本篇作"而後亨"，"然"與"而"傳寫
之異，當從"然"，"通"則"亨"之避諱變易字。李書經文皆書本字不
諱，注則多以訓詁字代之。本篇作"亨"，而此易爲"通"，以此知李冠
《序卦》於每卦首，不過如注中引經，非若王弼變亂舊章也。崔云"文
致理極"，謂飾盡理極耳。

☶ 坤下艮上　剥。不利有攸往。

虞翻曰：陰消乾也，與夬旁通。以柔變剛，"小人道長"，"子弑其
父，臣弑其君"，故"不利有攸往"也。

〔補〕馬融曰："剥"，落也。《釋文》。

《乾鑿度》孔子曰：陽消陰言夬，陰消陽言剥絶句。者，上脱"陽"字。
萬物之祖也，斷制除害，全物爲務，夬之爲言決也。當三月之時，陽盛
息，消夬陰之氣，"夬"，當爲"決"。"之"，衍字。萬物畢生，靡不蒙化，譬
猶王者之崇至德，奉承天命，伐決小人，以安百姓，故謂之決。當爲
"夬"。夫陰，傷害爲行，故剥之爲行剥也。當九月之時，陽炁衰消，而
陰終不能盡陽，小人不能決君子也，謂之剥，言不安而已。

劉向説：《易》五爲天位，爲君位。九月陰氣至五，通於天位，其卦

爲剝，剝落萬物，始大殺矣，明陰從陽命臣受君令而後殺也。《漢書·
五行志》。

釋曰　"剝"，剝落也。坤陰消乾，自否至觀，五猶正位，故取臨陽
反上觀示坤民之義。消觀成剝，則乾五失位，惟上九一陽僅存，故謂
之"剝"。陽爲君子，陰爲小人，陰消至五，小人極盛，故君子"不利有
所往"。下引鄭注訓"往"爲"之"，謂用事，畫變成爻也。小人方長君
子持危扶顛，當靜以鎮之。若失位妄動，則禍至無日，爻變入陰矣。
惠氏曰："上往成坤迷復，故不利有攸往。"張氏曰："上變則乾盡。"姚
氏曰："上失位而動，則陰從之而成坤。"案：諸家皆以"往"爲"變"，與
鄭義相成。虞於陰消卦皆以弑父弑君言者，葢陽爲生，陰爲殺，"天地
之大德曰生"，聖人所以生天下萬世之人而止其相殺者在人倫。君臣
父子，生人之大本，小人道長，惡積罪大，至於弑父與君，則生生之理
絕，而人類相殺之禍不忍言矣。故孔子作《春秋》，撥亂反正自討亂賊
始，而於坤《文言》深塞逆源以明順道，爲遯、否、剝諸卦垂戒之義發凡
提綱。陰陽生殺之機，君子小人善惡之分，分於順逆間而已矣。剝上
不往，所以遏弑禍也。剝陽至五，下陵上小人害君子之象。劉子政獨
以人君用刑言者，易象所包者廣，言非一端。以陰消陽言，則剝爲弑
逆之象，《彖》所謂"柔變剛""小人長也"。以陽用陰言，則春生秋殺，
歲功以成，慶賞刑威，君道以立，陰佐陽成歲，剝、復皆乾元之行，所謂
"君子尚消息盈虛，天行也"。君子觀天行之剝復，以知世運之剝復，
明政刑，正名分，厚德澤，遏絕天下之殺機而遂其生理，是以無亂不
治，雖剝必復，所謂贊天地之化育也。

《彖》曰：剝，剝也，

盧氏曰：此本乾卦。羣陰剝陽，故名朱、盧作"曰"。爲"剝"也。

柔變剛也。

荀爽曰：謂陰外變五。五者至尊，爲陰所變，故曰"剝也"。

釋曰　"外"，當爲"升"，言陰自遘初升，變至於五。

不利有攸往，小人長也。

鄭玄曰：陰氣侵陽，上至於五，萬物需朱作"零"。落，故謂之"剝也"。五陰一陽，小人極盛，君子不可有所之，故"不利有攸往"也。

順而止之，觀象也。

虞翻曰：坤順艮止，謂五消觀成剝，故"觀象"也。

釋曰　此申"不利有攸往"之義。"止"者，不往也。張氏曰："剝雖消，上不變，猶觀示坤民。"案：剝時上不可往，惟順理勢而鎮之以靜，以止小人之剝，使有所畏憚而不敢更肆其逆，則大厦尚有可支之勢，而天下亦未絶其望治之心。小人或因此悔禍，故五變可復成觀，是"觀象"也。

君子尚消息盈虛，天行也。

虞翻曰：乾爲"君子"，乾息爲"盈"，坤消朱作"息"。爲"虛"，故"君子尚消息盈虛，天行也"，則"出入无盧、周作"無"。疾，反復其道"。《易》虧巽消艮，出震息兑，盈乾虛坤，故於是見之耳。

釋曰　君子體乾德，在剝爲上，在坤爲伏陽，在復爲初。“尚”，尊尚也。“消息盈虛”，乾陽之出入，故曰“天行”。君子與時偕行，參贊化育，剝則能止，復則能亨，是以“出入无疾，反復其道”。君子時中，所以體天行也。能消者息，必專者敗，當剝之時，順而止之，以維國家之危，君子知勢之無可强也。碩果不食以待天下之清，君子知理之不可易也。與時消息之義，莫大乎是。

《象》曰：山附於周作“于”。**地，剝。**

陸績曰：艮爲“山”，坤爲“地”。“山附於地”，謂高附於卑，貴附於賤，君不能制臣也。

釋曰　山下附於地，以高附卑，陽被陰剝之象。山附麗於地，以地載山，猶以民載君，又剝而能安之象。

上以厚下安宅。

盧氏朱誤“虞翻”。曰：“上”，君也，“宅”，居也。山高絶於地，今附地者明被盧誤“波”。剝矣。屬地疑當爲“崩陁”。時也，君當厚錫於下，賢當卑降於愚，然後得安其居。

補　魏文侯曰：下不安者，上不可居。《新序·雜事》。

釋曰　陽極於上，故特言“上”，謂君上及君子在上位者。坤爲“厚”，爲“下”，爲“安”，艮爲“宅”。坤體在下，故“厚下”。以坤承艮，上盧不剝，故“安宅”。當剝之時，唯民心未去，可以圖安。爲上者觀山附於地之象，知“貴而无位，高而无民”不可以動，唯以恩德厚施於下以安其居，則小人不敢逞志於君，一陽不爲羣陰所剝。五可正，上

可反三,初陽可復,合之即成既濟。此祈天永命至難之事,而有必可
至之道,在强爲善而已矣。

初六:剥牀以足,蔑貞凶。

虞翻曰:此卦坤變乾也。動初成巽,巽木爲"牀",復震在下爲
"足",故"剥牀以足"。"蔑",无,"貞",正也,失位无應,故"蔑貞凶"。
震在陰下,《象》曰"以滅下也"。

補　馬融曰:"蔑",無也。

鄭康成曰:"蔑",輕慢。

"蔑",荀作"滅"。並《釋文》。

釋曰　坤消乾自遘始,由遘而遯而否而觀以至於剥。故剥初自
遘來,二自遯來,三自否來,四自觀來。自遘至觀皆體巽,巽爲牀,故
諸爻皆取牀象。牀以安人,猶車廬也。就剥時推本始消,故言"剥
牀",陰消陽稱"剥"也。"剥牀以足",言剥牀自足始,初在下稱"足"。
又遘下有復,即剥之反,復震爲足,遘初有牀象而無足象。是牀已剥
去其足,復反爲剥始於此矣。剥取象人身,而初"足"二"辨",則以人
體之名名牀體,去人猶遠,故蔑貞乃凶。至四"剥膚",則由牀及人,其
災切近,故直言凶也。"蔑貞凶","蔑",輕慢也,无也。惠氏曰:"初陽
在下爲'貞',爲坤所滅,无應于上,故'蔑貞凶'。"張氏曰:"消陽无可
貞也,三'无咎'而初'蔑貞'者,三剥成當反,初剥始未能正。"姚氏曰:
"陰消之卦不得之正,故无貞凶。陰消陽,陽上窮於剥,乃反復生於
下。"案:以氣言,則陰消必窮上而後反下,方消之始无可貞也。以人
事言,則正當及其始消而貞之,所以浸消不已者,失在於輕慢而不貞

耳。當遘之時，五陽方盛，初非無應也，陽非不能正陰也。輕蔑於貞，使小人竊柄於內，兆民失職於下，以至於剥，則无應而无可貞矣，故"凶"。言"蔑貞"，見剥足之時本有貞道也，失是而不貞，則剥遂由下而上矣。《象》曰"剥牀以足，以滅下也"，由輕慢於貞而至於無可貞，則陽遂滅矣。荀作"滅"，言貞道滅。

《象》曰：剥牀以足，以滅下也。

盧氏朱误"虞翻"。曰："蔑"，滅也。坤所以載物，牀所以安人。在下故稱"足"。先從下剥，漸及於上，則君政崩滅。故曰"以滅下也"。

釋曰 剥牀自足始以滅其下，本實先撥，所以成剥也。謂之"滅"，以失位而无以貞之也。剥窮上反下，則滅而復出矣，虞氏所謂"滅出復震"也。盧意謂坤載物，"牀"象。陰消陽，又"剥牀"象。初陽已消，故"滅下"。

六二：剥牀以辨，朱作"辯"，注同。蔑貞凶。《釋文》：辨，徐音"辦具"之"辦"，足上也。王肅否勉反。

虞翻曰：指閒稱"辨"。剥，剥二成艮，艮爲指，二在指閒，故"剥牀以辨"。无應在剥，故"蔑貞凶"也。

補 馬融曰："辨"，足上也。

黃穎曰："辨"，牀簀也。

薛虞曰："辨"，膝下也。並《釋文》。

釋曰 "剥牀以辨"，謂剥牀由足及辨，就剥時推本陰消至二成遘言之。下引鄭注及馬氏義謂"足上稱辨"，初爲足，二在其上，故稱

“辨”。又巽爲股，遘二體巽，辨象。二陽消，故“剝辨”。辨於人爲膝之下足之上，在牀則崔氏謂“當在笫足之閒，是牀桯也”。剝牀而及桯，漸近人身矣。虞云“指閒稱辨”，則以爲“釆”之叚借，指閒之辨不可以名牀體，則當謂人足。剝已切身，不待蔑貞而後凶，似不如鄭義之允。“蔑貞凶”，亦謂輕慢於貞則凶。姚氏曰：“陰在二得正，陰消之卦，陰上長消陽，不正居二，故无貞凶。”案：遯時五正居上應二，則二不上消，正居其所，遯“亨小利貞”，由剛當位而應也。輕慢而不貞，則陰遂上消至於剝矣。《象》曰“未有與也”，“與”，猶應。因剝二、五无應而著此義，言當剝辨時，未有應而貞之者，故“凶”。虞云“无應在剝”，无應故莫之貞，在剝故上消不已。“未有與”，言禍至而不知也。

《象》曰：剝牀以辨，未有與也。

鄭玄曰：足上稱“辨”，《釋文》稱鄭云“辨，足上也，符勉反”。謂近膝之下。屈盧、周作“詘”。則相近，申盧、周作“信”。則相遠，故謂之“辨”。辨，分也。

崔憬曰：今以牀言之，則辨當在笫足之閒，是牀桯也。“未有與”者，言至三則應，故二“未有與”也。

> 釋曰　二未有與則凶，言禍至而不知，小人爲亂方烈也。三有應則无咎，言亂中有一息之治機也。

六三：剝此下朱有“之”字。无咎。《象》曰：剝之无咎，失上下也。

荀爽曰：眾皆剝陽，三獨應上，无剝害意，是以“无咎”，故盧、周作

“象”。曰“失上下也”。

補　“剝无咎”,一本“剝”下有“之”字,非。《釋文》。

釋曰　惠氏曰:“五陰皆剝陽,三雖不正,獨與上應,陰陽相應則和,无剝害意,故‘无咎’。《象》曰‘失上下’,‘上’謂四五,‘下’謂初二,剝之所以无咎,由與上下四陰違失故也。”案:陰消陽成剝,小人極盛。上九孤陽僅存,惡直醜正,實繁有徒。然天理不容一日絶於人心,極亂中必有一綫治機,爲君子措手之地。小人中亦必有天良未滅,離其羣而爲君子之藉者,故因三上相應而著其義。陰消陽爲惡,應陽承陽則爲善。三“无咎”言“應”,猶否二之“包承”也。五“无不利”言“承”,猶觀四之“尚賓”也。二“蔑貞凶”,由“未有與”。虞於初二之凶皆曰“无應”,則三“无咎”以有應可知。剝“无咎”猶訟“元吉”,訟不得言“元吉”,當訟時而元吉,聽訟而使無訟者也。剝不得言“无咎”,當剝時而无咎,應上而不剝者也。三應上,則上來貞之,易位成謙,陽不待剝盡而息矣,故“无咎”。此荀義,於經傳文義最合。張氏申虞謂陰剝陽至三成否,否成則反泰,又三與上應,剝窮於上,則陽反三成謙,由三反初成復,失於上,反於下,故“剝无咎”,理互通。

六四:剝牀以膚,凶。

虞翻曰:辨朱作“辯”。上稱“膚”,艮爲“膚”。以陰變陽,至四乾毁,故“剝牀以膚”。臣弑君,子弑父,故“凶”矣。

王肅曰:在下而安人者牀也,在上而處牀者人也。坤以象牀,艮以象人,牀剝盡以及人身,爲敗滋深,害莫甚焉,故曰“剝牀以膚,凶”也。

補　"膚",京作"簠",謂祭器。《釋文》。

釋曰　"剝牀以膚",謂剝牀以及人體肌膚。陰消自遯至觀皆體巽,巽爲"牀"。自遯至剝皆體艮,艮爲"膚",爻位辨上亦爲"膚",但"辨"屬牀、"膚"屬人爲異耳。虞則"辨""膚"皆就人言。乾爲人,四自觀來,巽將盡而乾之上體亦毁,是剝牀以及人膚。由四剝五,則牀象滅而剝人矣,乾上所謂"窮之災也"。四迫近五,小人敗國殄民,肆行惡逆,直逼君位,故"凶",《象》曰"切近災也"。凶不言"蔑貞"者,就剝時推本觀時,由四及五,實逼處此,消不可禦,更無望其正居其所,故直言"凶"也。觀四"利用賓"者,能反臨道,則猶可使陰承陽,不能則遂剝矣。京作"簠",謂"祭器",與足辨不類,其諸"簠"即"膚"之借,"祭器"之説,爲京學者望文生訓歟。

《象》曰:剝牀以膚,切近災也。《釋文》:近,如字,徐巨靳反。

崔憬曰:牀之膚,謂薦席,若獸之有皮毛也。牀以剝盡,次及其膚,剝以當爲"於"。大臣之象,言近身與君也。

補　鄭康成曰:"切近",切急也。《釋文》。

釋曰　崔説"膚"亦據"牀"言,或然。

六五:貫魚,《釋文》:貫,古亂反,徐音官,穿也。**以宮人寵,无不利。**

虞翻曰:剝消觀五,巽爲"魚",爲繩,艮手持繩貫巽,故"貫魚"也。艮爲"宮室","人"謂乾五,以陰代陽,五貫乾爲"寵人",陰得麗之,故"以宮人寵"。動得正成觀,故"无不利"也。

何妥曰：夫剝之爲卦，下比五陰，駢頭相次，似"貫魚"也。魚爲陰物，以喻眾陰也。夫"宮人"者，后夫人嬪妾各有次序，不相瀆亂，此則貴賤有章，寵御有序。六五既爲眾陰之主，能有貫魚之次第，故得"无不利"矣。

補 陸希聲曰：无不利事，非无所不利也。《義海撮要》。

《乾鑿度》孔子曰：剝之六五言盛殺，萬物皆剝墮落，譬猶君子之道衰，小人之道盛，侵害之行興，安全之道廢，陰貫魚而欲承君子也。鄭氏注曰：陽衰之時，若能執柔順以奉承君子，若魚之序，然後能寵无不利也。

釋曰 陰剝陽至五，禍亂已極，勢將棟折榱崩，同歸於盡。民心兒懼，思載其上，小人亦或悔禍而欲承君子，故因五位承上，開小人遷善之門，因禍爲福，易消爲息，所謂"順而止之，觀象也"。"貫魚"，言陰相率而屬於陽如魚之貫也。巽爲魚，爲繩，惠氏曰："剝消觀五，巽成艮，艮手持繩貫巽爲'貫魚'。"案："魚"，陰類，"貫魚"，象陰以次升。虞注遘二云："魚，謂初陰，巽爲魚。"巽陰自初至五而艮手持之，"貫魚"象，五消巽陽，而貫魚則取巽象以言陰。消巽陽者，即巽陰之升也，陰升自巽初始，故言"魚"，凡《易》取象之例皆然。"以宮人寵"，姚氏曰："'以'者，法貫魚之象以爲宮人承事君子之道，則'寵无不利'。"案：觀巽體乾五，乾爲人，五消成艮，艮爲宮室，人在宮中稱"宮人"。又巽爲牀，牀第不逾閾，"宮人"之象。以陰代陽，即"地道代有終"之義。陰至於五，通於天位，故虞云"五貫乾爲寵人"。五以陰進至天位而承上乾，是妃妾進御君所承君之寵者，故"以宮人寵"。不稱"后"者，陰方盛長，不成其爲尊，乾陽在上，無敢敵偶，故稱"宮人"而已。五承乾寵，下逮羣陰，使得次序如貫魚，羣陰皆附麗之以屬於陽，亦否四"疇離祉"之義。"无不利"，宮人法貫魚之象以獲君之寵，小人法貫魚之象，如宮人之承事君子，安分知恩，以獲宮人畜遇之寵。承陽而不剝陽，則五陽復正成觀，上安而下亦全，故无有不利之尤。

《象》曰：以宮人寵，終无尤也。

崔憬曰："魚"與"宮人"皆陰類，以比小人焉。魚大小一貫，若后夫人嬪婦御女，當爲"女御"。小大雖殊，寵御則一，故"終无尤也"。

釋曰 小人承君子，以宮人次序進御之道而獲寵，則陽終復息而陰得麗之，以安民載君。小人庇於君子，故"終无尤也"。

上九：碩果不食。君子德車，朱作"得輿"，《象》同。小人剝廬。

虞翻曰：艮爲"碩果"，謂三已朱作"一墨釘"。復位有頤象，頤中无物，故"不食"也。夬乾爲"君子"，爲"德"，坤爲"車"，爲民，乾在坤，故以德爲車。"小人"謂坤，艮爲"廬"，上變滅艮，坤陰迷亂，故"小人剝廬"也。

補 鄭康成曰：小人傲很，當剝徹廬舍而去。《周禮·地官·遺人》疏。
"德車"，董遇同，京作"德輿"，諸家作"得輿"。《釋文》。

釋曰 "碩果不食"，言上不可變。姚氏曰："'碩'，大也，艮爲'果'，乾陽聚於上，故'碩果'。'食'，讀爲'日有食之'之'食'，陰食陽也，艮以止之，故'不食'。下五陽爲陰所消，唯上碩果，陰不能食，是以剝而復生。"案：剝餘一陽象"碩果不食"。虞釋"不食"取三復位體頤者，剝上入坤則反三。當剝之時，上不可變，而三應上有可貞之道，合之即成艮體頤，頤中无物，有"不食"象。陽生酉仲，消未及盡而息之機已伏，天下雖極亂，有君子以繫人心，則亂猶可及止，此碩果所以不食也。"碩果不食"，則有復生之理。陽剥入坤，即潛孕坤中。入坤出坤，陽未嘗盡。碩果之種入地復生，終古不絶。陽與君子之道不可亡，乾坤所以不息也。"君子德車，小人剥廬"，此言上陽不變，變亦安養坤中，陰非陽則無所附麗。陽爲"君子"，爲"德"，陰爲"小人"，坤爲"車輿"稱"載"，乾以德爲坤所載，是以德爲車，故"德車"。諸家作"德輿"或作"得輿"，義同。艮爲"廬"，上變艮滅，故"剥廬"。《象》曰"君子德車，民所載也"，剥時國危民困，上有君子，望之如歲，君子布德厚下，恤民隱以培元氣，正人心以塞亂源，故爲民所載。虞云"夬乾爲君子爲德"，惠氏謂就旁通取象，蓋取夬乾以言剥上，剥上即夬乾剛長所息。惠云："乾在坤上，乾德坤車，故以德爲車。"此以上不變言，與五貫魚承上爲一義。張氏申虞則謂"上變之坤，剥上就夬五，純坤載乾，故德車民所載。"案：以坤載乾，陽安養坤中，所以復也。輿自下載上，君子得輿民所載，夏之少康、漢之光武皆得民而興也，人師垂世立教以道得民亦然。《象》又曰"小人剥廬，終不可用也"，廬自上覆下，小人貫魚承陽，則安宅庇蔭，或可用爲君子之藉。若傲很明德以亂天常，消陽不已，君子被剥，而小人亦無所容其身，是自剥其廬而已。坤爲"民"，又爲"小人"，"小人剥廬"，消陽入坤，坤《彖》所謂"先迷"也。君子爲民所載而得輿，則自坤出復，"後得主"也。

《象》曰：君子德車，民所載也。小人剥廬，終不可用也。

侯果曰：艮爲"果"，爲"廬"，坤爲"輿"。處剥之上，有剛直之德，羣小人不能傷害也，故果至碩大不被剝食矣。君子居此，萬姓賴安，若得乘其車輿也。小人處之，則庶方无控，被剝其廬舍，故曰"此下朱有"小人"二字。剝廬，終不可用"矣。

　　釋曰　"君子"，謂上陽，厚下安宅，故"爲民所載"。"小人"，謂陰消上者，剝廬入坤，故"終不可用"。侯意謂剝上之位，君子處之則民賴以安，民載於君子之德也，小人處之則陽消入陰大廈垂傾矣。位同而處之者不同，安危存亡，存乎其人而已，與虞義互通。

卷第六

復

《序卦》曰：物不可以終盡，剝窮上反下，故受之以復也。
本篇無"也"字。

崔憬曰：夫《易》窮則有變，物極則反於初，故剝之爲道不可終盡，
而受之於當爲"以"。復也。

> 釋曰　物無終盡之理，陽窮於上，則入坤而反出於震。乾元息初
爲生物之本，故剝受以復。

☷☳ 震下坤上　**復。亨。**

何妥曰："復"者，歸本之名。羣陰剝陽至於朱作"于"。幾盡，一陽
來下，故稱"反復"。陽氣復反而得交通，故云"復亨"也。

> 補　鄭康成曰："復"，反也，還也。陰氣侵陽，陽失其位，剝窮入
坤，六位皆无陽。至此始還反，起于初，故謂之"復"。陽，君象，君失國
而還反，道德更興也。《左傳‧襄二十八年》正義。

> 釋曰　"復"，陽復也。陰氣剝陽，窮上入坤，潛孕坤中，反出於震
而來復，《象》曰"剛反"是也。在人事則撥亂反正，克己復禮，息邪反

經皆是。"亨"者,乾元通坤也。坤時天地閉塞,純陰包陽,至此天行極而還復,陽氣始動地中,剛反交於坤初而息,故"亨"。《彖》曰"剛反動而以順行",虞坤卦注謂"陰極陽生,乾流坤形,坤含光大,凝乾之元,終於坤亥,出乾初子,品物咸亨"是也。惟"亨"故"復",復則其亨益盛。六十四卦消息皆乾坤交通,而復則乾元亨坤之始,故特言"亨",而其下極陳天行消息以明亨義。不言"元"者,復即元,初"不遠復,元吉"是也。

出入无疾,朋來无咎。

虞翻曰:謂出震成乾,入巽成坤。坎朱脱"坎"字。爲"疾",十二消息不見坎象,故"出入无疾"。兑爲"朋",在内稱"來",五陰從初,初陽正,句。息而成兑,故"朋來无咎"矣。

補 "朋",京作"崩",《釋文》。曰:自上下者爲崩。《漢書·五行志》。

釋曰 息卦體震兑乾,消卦體巽艮坤,無坎離象。蓋坎離爲乾坤中氣,藏於中不可見。但離爲日,坎爲月,月受日爲明,陽爻即日光。張氏謂震巽兑艮皆可見離象,坎爲月精,晦朔之交不可見。陽陷陰中爲疾,故惟取不見坎象之義云"无疾"也。陽出震成乾爲息,入巽成坤爲消,消疑於疾矣。實則十二消息,乾元之出入耳,既入坤,即出震,陽未嘗喪也,何疾之有。"朋來无咎",虞云"兑爲朋",蓋二陽爲朋。初陽既正,則息臨體兑,直方而大,德无不利。陽與陽爲朋,自臨至夬皆體兑,至乾"見羣龍",眾陽並息,莫之夭閼,何咎之有。京氏"朋"作"崩",自上而下,消艮入坤,出震得正,故"无咎"。鄭云"君失國而還反,道德更興",亦"崩來无咎"之義。但《易》重"得朋",此"朋"即泰九二三陽爲朋之義。諸家皆作“朋來”，當以“朋”爲正。

反復其道，七日來復。

案：易軌，一歲十二月三百六十五日四分日之一，以坎震離兑四方正卦，卦別六爻，爻主朱、盧作“生”。一氣。其餘六十卦三百六十爻，爻主一日，當周天之數。餘五日四分日之一，以通閏餘者也。剥卦陽氣盡於九月之終，至十月末，純坤用事。坤卦將盡則復陽來，隔坤之一卦六爻爲六日，復來成震一陽爻生爲七日，故言“反復其道，七日來復”，是其義也。天道玄邈，理絕希慕，先儒已論，雖各指於日月，後學尋討，朱誤“計”。猶未測盧誤“側”。其端倪。今舉約文，略陳梗概，以候來悊如積薪者也。

〔補〕　鄭康成曰：建戌之月以陽氣既盡，建亥之月純陰用事，至建子之月陽氣始生。隔此純陰一卦，卦主六日七分，舉其成數言之而云“七日來復”。《正義序》云，鄭引《易緯》之説。

“反復”，劉本同，本又作“覆”。《釋文》。

〔釋曰〕　姚氏曰：“陽自剥反復起於初，其道，謂陽道，所謂德之本也。”案：陽與君子之道不可亡，“道”者，元也，天地之心也。“誠”者，物之終始，不誠無物。剥所以能復，以道存焉耳。乾三“終日乾乾反復道”，則泰不反否，小畜“復自道何其咎”，則消可復息，皆同義。“七日來復”，鄭謂自剥至復隔坤純陰一卦，卦主六日七分，舉成數言之，以一爻爲一日，坤六爻兼復初云“七日來復”。虞氏亦云消乾六爻爲六日，剛來反初七日。“七日來復”，入坤即出震，其復不遠，天之大數七也。惠氏曰：“尋《易緯》之義，坎離震兑各主一方，爻主一氣，二十四爻主二十四氣。其餘六十卦,卦有六爻,爻主一日。凡主三百六十日,餘有五日四分日之一者,以八十分爲日法,五日分爲四百分,四分日之一又分爲二十分,是四百二十分。六十卦分之,六七四十二,卦別各得七分,是每卦六日七分也。"

利有攸往。

虞翻曰:陽息臨成乾,小人道消,朱誤"消坤"。君子道長,故"利有攸往"矣。

釋曰　乾元亨坤无疾无咎爲萬物始如是,故既復則陽必上息,在人事則"利有攸往",《象》曰"剛長也"。復剛始反,至臨則剛浸而長,至泰則"君子道長,小人道消",故虞云"陽息臨成乾",謂成泰也。

《彖》曰:復亨,

虞翻曰:陽息坤,與姤旁通。剛反交初,故"亨"。

釋曰　云"剛反交初故亨",則虞亦兼從舊讀以"剛反"釋"復亨"。此經下注,李移於此。

剛反動而以順行,

虞翻曰:剛從艮入坤,從反震,從坤反震。故曰"反動"也。朱、盧無"也"字。坤順震行,故"而以順行"。陽不從上來反初,故不言"剛自外來",是以明"不遠之復"入坤出震義也。

補　"剛反動而以順行",諸家多以"剛反"絕句。《釋文》。

釋曰　此以生爻合重卦釋"復亨"之義,即以明"出入无疾"以下之義。"剛"，乾元也，乾元從艮入坤，反出震而息坤初，是"反動而以順行"。"反"即"復"，"動以順行"即"亨"。乾元本自坤息震，以至純乾，息極而消，窮剝入坤，復出於震，故曰"反"。"動"，謂震，震初爲乾元，天行不息，故"動"。"順"，謂坤，乾元出坤入坤，以陽通陰，以陰成陽，與時偕行，故"以順行"。乾陽出震，以坤而行，非剝上與初易位，故不言"剛自外來"。蓋自遘至剝，陽消，陰即凝之，至剝上入坤，坤中已包有純乾六陽，初震即應時而出。天行無一息之停，是以經言"出入无疾"以下，明"復亨"之義如是也。虞以"剛反動"三字連讀，諸家讀"剛反"絕句，大義同。

是以出入无疾，朋來无咎。

侯果曰：陽上出，君子道長也。陰下入，小人道消也。動而以下 脱"順"字。 行，故"出入无疾，朋來无咎"矣。

〔釋曰〕 "是以"二字直貫至"剛長"也，皆承"剛反動而以順行"言之，出入皆屬陽，此通論消息大義。侯謂陽出陰入，專據復時言，義似稍隘。

反復其道，七日來復，天行也。

虞翻曰：謂乾成坤，反出於震而來復，朱誤"攻"。 陽爲"道"，故"復 朱脱四字。 其道"。剛爲晝日，消乾六爻爲六日，剛來反初，故"七日來復，天行也"。

侯果曰：五月天行至午，陽復而陰升也。十一月天行至子，陰復而陽升也。天地運當爲"行"。 往，陰陽升復，凡歷七月，故曰"七日來復”，此天之運行也。《豳》詩曰“一之日觱發，二之日栗烈”，“一之日”，周之正月也，“二之日”，周之二月也，則古人呼“月”爲“日”明矣。

釋曰 “天行”之“行”，即“剛反動而以順行”之“行”，此總釋“出入无疾”以下四句。虞注本在經下，引《彖》解經，言乾元運行往來，有出入而無絶息，出則朋來无咎，入則反復不遠，是“天行”也。侯以復爲陰復，本王弼《象傳》注，非是。其訓“七日”爲“七月”，於理可通，然非古義。

利有攸往，剛長也。

荀爽曰：利往居五，剛道浸長也。

釋曰 剛既反而上息，至泰乾成，至夬五正，至乾陽盈，是剛長也。復“利有攸往”，剛長之始。夬“利有攸往”，剛長之終。剝“不利有攸往”，小人長，否之極也。復“利有攸往”，君子道長，小人道消，泰之本也。

復，其見天地之心乎。

虞翻曰：坤爲“復”，朱誤“腹”。謂三復位時，離爲“見”，坎爲“心”，陽息臨成泰，乾天坤地，故“見天地之心”也。

荀爽曰：“復”者，冬至之卦。陽起初九爲天地心，萬物所始，吉凶之先，故曰“見天地之心”矣。

釋曰 天以陽生萬物，以陰輔之。“天地之大德曰生”，“生生之謂易”。六陽消息始於乾元亨坤出震，萬物發生之端，故“見天地之心”。虞氏謂自坤爲“復”，陽先反三成謙，體坎爲“心”，息履體離爲

"見"。復息成泰,乾爲"天",坤爲"地",是天地之心於息復之始見之。"天地之心",元也,初"不遠復元吉",故"見天地之心"。"元者善之長","有不善未嘗不知,知之未嘗復行",我心正而天地之心見矣。

《象》曰:雷在地中,復。先王以至日閉關,商旅不行,后不省方。

虞翻曰:"先王",謂乾初,"至日",冬至之日,坤闔爲"閉關"。巽爲"商旅",爲近利市三倍,姤巽伏初,故"商旅不行"。姤《象》曰"后以施命誥四方",今隱復下,故"后不省方"。復爲陽始,姤則陰始,天地之始陰陽之首,已言"先王",又更言"后","后",君也,六十四卦唯此重耳。

宋衷曰:"商旅不行",自天子至公侯不省四方之事,將以輔遂陽體,成致君道也。制之者王者之事,奉之者爲君之業也,故上言"先王"而下言"后"也。

[補] 鄭康成曰:資貨而行曰商。旅,客也。《釋文》。

《白虎通》曰:冬至所以休兵不舉事,閉關商旅不行何?此日陽氣微弱,王者承天理物,故率天下靜不復行役,扶助微氣,成萬物也。《誅伐》。

[釋曰] "雷",陽氣也,陽氣剝極於上而聚在地中,爲來歲"雷出地奮"之本,故爲"復"。乾元息初,德之本,故稱"先王"。上言"先王"而下言"后",姚氏曰:"'先王以'者,法此爲制。'后不省方',所制典禮也。"案:虞引遘《象》"后以施命誥四方",而曰"復爲陽始,遘則陰始"云云,蓋謂復與遘旁通。陰陽相並俱生,復爲陽始,而遘巽即伏其下,

是陰陽之首天地之始。故既言"先王"而又言"后"以兼遘義,明遘之"施命誥四方",即自此"后不省方"而來。"復見天地之心",陰陽並從此起,故六十四卦唯此重耳。復十一月卦,故稱"至日"。陽初生甚微,安靜而後能長,故先王法之"以至日閉關",止商旅不得行。張氏曰:"震爲大塗,剥艮爲門,伏遘巽爲利市,關象。"案:闔戶謂之坤,坤在上,故"閉關"。巽爲"商旅",遘巽伏震下,故"商旅不行"。遘時陽在上,當發揚以制陰,故"施命誥四方"。復時陽在下,當安靜以養陽,故"后不省方",亦乾初"潛龍勿用"之義。

初九:不遠復,无祗《集解》各本誤作"祗",今從唐石經、宋本《釋文》正。**悔,元吉。**《釋文》:祗,音支。

崔憬曰:從坤反震而變此爻,"不遠復"也。復而有應,故獲"元吉"也。

補　鄭康成曰:"祗",病也。

馬融曰:"祗",辭也。之是反。

韓康伯曰:"祗",大也。祁支反。

陸、王肅作"禔"。時支反。陸績曰:"禔",安也。

《九家》作"㩼"。音支。並《釋文》。

陸希聲曰:"祗",適也。《撮要》。

釋曰　初,復之主也。陽自剥入坤,即由坤出震,七日來復,故不遠復。其在人事,則念慮隱微,差若豪釐,即審其幾而復於正。子曰:"顏氏之子,其殆庶幾乎,有不善未嘗不知,知之未嘗復行。"程《傳》謂"顏子無形顯之過",由其明而剛,故過未形而速改,是"不遠復"。克己復禮,所以脩身也。"无祇悔",鄭讀"祇"爲"疢",病也,即"出入无疾"之義。馬訓"祇"爲"語辭",適也,如《康誥》"適爾"之"適"。"有不善未嘗不知","未嘗復行",故无偶爾之陷於悔,義亦通。"元",始也,大也,乾元正爲萬物始,克己復禮爲聖功始,善莫大焉,故"元吉"。《釋文》"祇"音"支",則字當從"氏"聲,叚"神祇"之"祇"爲之。陸、王肅作"禔"訓"安",古"氏"聲、"是"聲字多通用,"震无咎者存乎悔",无安於悔,"知之未嘗復行也"。韓訓"大",九家作"𢽤","𢽤",多也,多、大義近。或曰古多、祇字通,"𢽤"即"祇"之叚。

《象》曰:不遠之復,以脩周作"修",注同。**身也。**

侯果曰:"祇",大也。往被陰剥,所以有悔。覺非遠當爲"速"。復,故无大咎。以此脩身,顔子之分矣。

釋曰 張氏曰:"坤爲身,剛反通坤,故以脩身。"案:精神之運,心術之動,失未遠而已復,脩身之道莫善乎此,故无病悔。侯訓"祇"爲"大",用韓伯説,若然,則已小有悔矣,非"元吉"之義。

六二:休復,吉。《象》曰:休復之吉,以下仁也。《釋文》:下,如字,徐户嫁反。

王弼曰:得位居中,比初之上而附順之,"下仁"之謂也。既處中位,親仁善鄰,復之休也。

補 王肅曰:下附於仁。《釋文》。

釋曰 鄭否五注云:"休,美也。"《毛詩傳》曰:"休休,樂道之心。"震爲樂,二體震下就初,美初之復而樂之,資其仁以自益,力不勞而學美以復於道,則能爲初朋而息陽矣,故"吉"。復五陰自上六外,得位者以居正體復,失位者以之正爲復,復成既濟,所以息陽。二中正下仁,故體復而能息復。豫六二"知幾",欲四復初,己得休之,正此"休復""下仁"之義。

六三:頻復,厲,无咎。

虞翻曰:"頻",蹙也。三失位,故"頻復厲"。動而之正,故"无咎"也。

補　馬融曰:"頻",憂頻也。

"頻",本又作"嚬"。

鄭作"顰"。並《釋文》。

釋曰　三不中不正,於初非比非應,其復道也難,故象"頻復"。惠氏曰:"頻,古作'顰',《説文》曰:'顰,水厓,人所賓附,顰蹙不前而止。從頁,從涉。'三以陰居陽,失位无應,顰蹙而復,故'厲'。動正,故'无咎'。鄭作'顰',義同。"張氏曰:"三處震終,虩虩畏懼。震爲足,變坎大川,將變而懼,故謂之'頻'。離爲目,目上震懼,頻蹙之象。有苦其身勞其思黜其嗜欲以從道者,'頻復'之謂也。頻而不已,安之矣。厲也,何咎之有。"案:"頻"又作"嚬",俗字。

《象》曰:頻復之厲,義无咎也。

侯果曰:處震之極,以陰居陽,懼其將危,頻蹙而復,履危反道,義亦无咎也。

釋曰　困知勉行,雖愚必明,雖柔必強,故"義无咎"。侯釋"厲"義未允。

六四：中行獨復。《象》曰：中行獨復，以從道也。

虞翻曰："中"謂初，震爲"行"。初一陽爻，故稱"獨"，四得正應初，故曰"中行獨復，以從道也"。俗説以四位在五陰之中而獨應復，非也。四在外體，又"又"字當在下句"不"字上。非内象，不在二五，何得稱"中行"耳？當爲"耶"。

補　鄭康成曰：爻處五陰之中，度中而行，四獨應初。《漢上易傳》。

釋曰　《易》重當位，其次爲應。五陰皆從初而四獨應之，故特著"中行獨復"之文。"中行"，猶中道，謂初也。"獨復"，四獨應初，獨歸於中行，《象》曰"中行獨復，以從道也"。孔氏謂從道而歸，此言深得經旨。四能自得師，獨知所歸，與《春秋傳》説上六"迷復"爲"復歸無所"者正相反。上，初之反，四，初之應也。初爲中行而於四言之者，以四在五陰之中，即全卦之中，能度中而行，知初爲中道而獨行應之，故於四著初之爲中行，即以見四於三才六畫有中義。繫辭之法，因象顯義，彼此互見類然。蓋《易》言"中"有三例：一以二、五爲中，兩體之中也，《彖傳》、《象傳》所謂"剛中""柔中"是也；一以復、姤之初爲中，天地之中也，《彖傳》云"復其見天地之心"是也；一以三、四爲中，全卦若互體之中也，乾《文言》云"中不在人"，《繫》言"中爻"以别初上，下兼舉二與四、三與五是也。泰之中行在二，據兩體之中也。復之中行在四，益之中行在三四，以其爲全卦之中也。剥三復四皆處五陰之中，剥曰"失上下"，復曰"中行"，經傳互證，義正相發。虞以"中行"爲初，鄭以"中行"爲四應初，義本相成，惟虞以"獨復"并指初，則於《象傳》不協。《象》於二曰"休復之吉，以下仁也"，言二所以"休復而吉"者，以下初故，則"休復"謂二也。於四曰"中行獨復，以從道也"，言四所以"中行獨復"者,以從初故,則"獨復"謂四也。惟四有中義,故獨歸於中行。虞又云"俗説以四在五陰之中而獨應復",是漢時通行《易》義説此爻皆如此,鄭注正與之合。虞駁舊説,於《象傳》、《繫辭》、《文言》均察之未詳,訾非其理矣。

六五:敦復无悔。《象》曰:敦復无悔,中以自考也。

侯果曰:坤爲朱誤"謂"。厚載,故曰"敦復"。體柔居剛,无應失位,所以有悔。能自考省,動不失中,故曰"无悔"矣。

〔補〕鄭康成曰:"考",成也。

向秀曰:"考",察也。並《釋文》。

〔釋曰〕復道動而以順行,五居中體順,伏陽在內,以陰養陽,動正即濟,復於是乎成,故稱"敦復"。"敦",厚也,坤爲厚,《繫》曰"安土敦乎仁",據德依仁,持養深固,是復之敦厚者。失位爲"悔",擇乎中庸,存養省察,誠以自成,故"无悔"也,與初"无祇悔"終始相明。惠氏取荀注"敦臨"之義,謂過應于初,故曰"敦復"。初爲卦主,五在復家而非其應,過應敦厚于陽,其好仁也誠,其信道也篤,敦厚崇禮,居安資深,惟敦厚於復,故其復也敦,義相成。"中以自考","考",鄭訓"成",諸家訓"省"訓"察",義相因。凡"敦"者,厚終之義,臨、艮皆於上言"敦",復上別取義,故於五言之。復初至五以君德言,則修身下仁,改過從道,執中敦固,皆撥亂反正之道。

上六:迷復,凶,有災眚。

虞翻曰:坤冥爲"迷",高而无應,故"凶"。五變正時,坎爲"災眚”，故“有災眚”也。

補 “災”，本又作“灾”，鄭作“烖”，曰：異自内生曰眚，自外曰祥，害物曰災。当作“烖”。

《子夏傳》曰：傷害曰“災”，妖祥曰“眚”。並《釋文》。

《春秋傳》曰：欲復其願而棄其本，復歸無所，是謂“迷復”，能無凶乎。

釋曰 剝消艮入坤，“小人剝廬”，與復初息坤出震正相反。復上，即剝消入坤者，所謂“先迷失道”。剝、復猶泰、否，泰自否反，五爻皆言泰，上獨言其否而傾者。復自剝反，五爻皆言復，上獨言其剝而消者。蓋剝之所以能復者，以其道也。經云“反復其道”，得其道則剝窮於上，復反於下，轉危爲安，易亡爲存。失其道則剝在彼而復在此，聖人興而亂人廢矣。“迷復凶”，傳曰“欲復其願而棄其本，復歸無所，是謂迷復”。當“小人剝廬”之時，國破家亡，曷嘗不願復，欲復而棄所以復之本，失道妄行，奚其適歸，是之謂“迷”。本，謂道也；歸，歸於道也。虞氏謂“坤冥爲迷，高而无應，故凶”，“迷復”，剛不反也，“无應”，朋不來也，其所謂忠者不忠，而所謂賢者不賢，小人之使爲國家，菑害並至，故有“烖眚”。虞云“五變坎爲災眚”，此就復象以言迷者之凶。五正坎，復成既濟，於迷者爲災，湯武正位，桀紂之災也。“災”，“灾”之或體。“烖”，籀文“灾”。

用行師，終有大敗，以其國君凶，

虞翻曰：三復位時而體師象，故“用行師”。陰逆不順，坤爲死喪，坎流血，故“終有大敗”。姤乾爲君，滅藏於坤，坤爲異邦，故“國君凶”矣。

荀爽曰：坤爲眾，故“用”朱作“曰”。行師”也。謂上行師而距於初，陽息上升，必消羣陰，故“終有大敗”。“國君”，謂初也，受命復道，當從下升。今上六行師，王誅必加，故“以其國君凶”也。

釋曰 此以下極言迷復之凶。“用行師”，欲復其願也，荀氏謂“坤爲眾”，虞氏謂“三復位體師，故用行師”。初既自坤息，羣陰歸之，三從而之正，師眾皆初之有，上迷失道而用行師以距初，不敗何待。行師當以順，今上六以陰距陽，以迷距明，行逆不順，陽長則陰必消。五正坎，王公設險，行不順而遇險，坤爲死，坎流血，故“終有大敗”。“國君”，虞取象姤乾，剝消自姤始，姤乾爲君，消剝入坤而滅，國君凶之象。以迷行師，師大敗以及其國君凶，左氏謂“楚子將死”，正取此義。曰“其國君”者，復以初爲君，上體坤爲異邦，由復家指“迷”者言，故曰“其國君”，謂陽之滅坤中者也。初復則吉，上迷則凶，正相反。《象》曰“迷復之凶，反君道也”，上反爲君之道，故迷不能復，師敗而受其凶。荀氏以國君爲初，注文不備。以意推之，蓋謂初體震爲國君，受命當王，上與初反，本剝乾消入坤者，是異邦之君，故曰“其國君”。行師犯順，王誅所加，故凶。或可荀注謂“初也”之“初”，當爲“上”，“受命”上脫“初”字，初爲受命王而上距之，故師敗君凶。如此讀正，文義尤明。

至于十年不克征。

虞翻曰：坤爲“至”，爲“十年”。陰逆坎臨，當爲“險”。故“不克征”。謂五變設險，故帥師敗，喪君而无征也。

何妥曰：理國之道，須進善納諫，迷而不復，安可牧民，以此行師，必敗績矣。敗乃思復，失道已遠，雖復十年乃征，无所克矣。　案：坤爲先迷，故曰"迷復"。坤又爲師象，當爲"衆"。故曰"行師"。坤數十，"數"上朱衍"主"字。十年之象也。

　　釋曰　"十年"，數之極。"征"者，上伐下也。上行師，自謂出征，實則君義在初，受命復道，上以逆犯順，非征也，其何能克。"不克"者，"反君道"，義弗克也。以上據《春秋傳》推虞、荀義通合釋之。惠氏申荀，張氏申虞，義各不同，詳《箋釋》。

《象》曰：迷復之凶，反君道也。

虞翻曰：姤乾爲"君"，坤陰滅之，以國君凶，故曰"反君道"也。

　　釋曰　上所以迷不能復師敗君凶者，以反君道也，傳所謂"棄其本也"。然則得君道者，雖剥必復無疑矣，此天地之心昭然可見者。

无　妄

《序卦》曰：復則不妄矣，故受之以无妄。

崔憬曰：物復其本則爲成當爲"誠"。實，故言復則无妄矣。

　　釋曰　"无妄"，古有三讀：一如字，謂心无邪妄，物无災妄，《京氏易傳》及《九家》說也。一讀"妄"爲"望"，以德行言，謂實理自然，動直行正，无所希望而爲之，以治道言，謂時當災厄，物无所望，"先王茂對時育萬物"，乃使物无勤望之憂，鄭卦辭《彖傳》注及《京氏章句》說也。一讀"妄"爲"亡"，虞氏說也。蓋聖人以至誠无妄贊化育，爲天下禦災捍患，當无望之時而卒使物无所亡，故《雜卦》曰"无妄災也"，《序卦》

曰“復則不妄”，義實一貫。

䷘ 震下乾上　无妄。

何妥曰：乾上震下，天威下行，物皆絜齊，不敢虛妄也。

〔補〕《京氏傳》曰：乾剛震動，二氣運轉，天下見雷，行正之道，_{初元}正。剛正陽長，物无妄矣。内互見艮，_{止於純陽}；震爲_{主於内}，動不妄。外互見巽，_{順於陽道}。四可貞由此。天行健而動，動即天行。剛正於物，物則順也。乾元通陰，故“利貞”。

馬融、鄭康成曰：“妄”，猶“望”，謂无所希望也。

王肅同。《釋文》。

〔釋曰〕朱子曰：“无妄，實理自然之謂。《史記》作‘无望’，謂‘无所期望而有得焉’者，其理亦通。”案：妄、望聲近，義亦相因，凡事有所希望而爲之者皆妄也。无所希望，惟知爲所當爲者誠也。卦内震外乾，“天下雷行，物與无妄”，天以陽氣鼓動萬物，物資之以發生，非有期待而自得之，氣性純一，無有虛妄。《中庸》曰：“天地之道可一言而盡也，其爲物不貳，則其生物不測。”“不貳”，至誠无妄也，“不測”，无所希望也。至於禍福之來，亦氣運自然，无可希望而趨避。聖人惟體天地好生之仁，爲民禦災，使各遂其生，无所勤望，以合天命之正，故无妄又爲救災之卦。无妄，天道也，卦名“无妄”，言聖人以至誠體天道，盡性贊化育也，惟然故物无所亡。

元亨利貞。

虞翻曰：朱脱此三字。遯朱作“遁”，下句同。上之初，此所謂四陽二陰,非大壯則遯來也。剛來交朱誤"爻"。初體乾,故"元亨",三四失位,故"利貞"也。

　　釋曰　此言无妄有成既濟之道。遯時陰消陽,上反初,乾元正,以陽通陰,故"元亨"。四可貞,初使四正,則上當與三易位,故"利貞"。

其匪正有眚,不利有攸往。

　　虞翻曰:"非正",謂上也,四已之正,上動成坎,故"有眚"。變而逆乘,天命不右,朱作"祐"。故"不利有攸往"矣。

　　釋曰　无妄利於正,其或非正而行則有眚,故"不利有所往"。虞以"匪正"爲上,據上九爻辭"行有眚无攸利"而言。卦三、四、上皆失位,四應初而正,三從上而易,則各正性命,災害不生,既濟定矣。然遯消之時,三或未能遠與上易,則上不變成益,厚生而後正德,亦所以濟之之道。因時順理,無期必之心,所謂"无妄"也。若上既不能正三,而自以不正妄動,則陽反入陰體屯坎多眚而民受其災。无妄主陽,三之災,上爲之,故"匪正"指上。爻稱"行有眚",《彖》曰"无妄之往何之矣",眚由於行,故"不利有攸往"。上體无妄而未能大正,用靜則益,陽无所亡,用作則妄,人失所望矣。

《彖》曰:无妄,剛自外來而爲主於内。

　　蜀才曰:此本遯卦。案:剛自上降,爲主於初,故"動而健,剛中而應"也。於是乎邪妄之道消,大通以正矣,无妄大亨,乃天道恒命也。

　　釋曰　乾元反初,陽无所亡,中有所主,羣妄自息,靜專動直,不願乎外,无所希望,故名"无妄"。仁義禮知非由外鑠我,云"剛自外來”者，至誠無息，合外内之道。乾元自初至上六畫一體，其發而至上者，即其伏於初者也，與初“剛反”同義，非假於外物之謂。凡生爻之法，皆兩爻剛柔相易，獨无妄、大畜、損、益變其例。張氏謂“无妄依例當遞三之初”，此“上之初”者，消卦之始，特正乾元，與否上成益同義。凡《彖》云“外”“内”，皆指内卦外卦。“剛自外來而爲主於内”，則上之初明矣。蜀才説本虞義，惟讀“妄”如字爲異耳。

動而健，剛中而應。大亨以正，天之命也。此下各本有“其匪正”二句，今移下節首。

虞翻曰：“動”，震也。“健”、“大亨”謂乾。“剛中”謂五，“而應”，句。二。句。“大亨以正”，變四承五。乾爲“天”，巽爲“命”，故曰“大亨以正，天之命也”。

釋曰 此釋“元亨利貞”之義。初體乾元，存諸中者堅定專確，无所安求希望於外，則天下之物无足以撓之，故“動而健”。初，君心也，五，君位也。五以剛居中，心有主則動必以正，剛而不過。二“利有攸往”，爲五之正應，至誠而不動者未之有，故“剛中而應”。夫然故能“大亨以正”，成既濟育萬物，物无災妄亡失之患，勤望之憂，是乃天之正命也。虞以“大亨”爲乾，張氏曰：“‘大亨’，初也，初體乾，故謂乾。初乾使四變，故曰‘以’。”案：四變成益體巽，故虞釋天命取巽象。實則“命”者，陰陽一定之理，初既命四變體巽，則三上自易而成既濟矣。此節末各本皆有“其匪正”二句，以虞注“動震也”云云屬其下。愚謂此二句述經文，下節“无妄之往”云云正釋此文，宜相屬。虞注“動震”云云，惟釋“動而健”以下四句，於此二句無涉。李氏釐析章句不應如此，必後人傳寫之誤，今據傳注文義改定以就其正。

其匪正有眚，不利有攸往。二句原在上節末虞注前，非其次。
无妄之往，何之矣。

虞翻曰：謂四已變，上動體屯坎爲"泣血漣如"，故"何之矣"。

補 鄭康成曰："妄"之言"望"，人所望宜正，行必有所望。行而无所望，是失其正，何可往也。《後漢書·李通傳》注。

釋曰 此以下，引"匪正"二語而釋之。无妄由初而利貞，三上當易，其或三未能從上而易，則上當不動成益，雖未大正，正之道也。若上既不能正三，而自以失位妄動，則不正之失見，而陽將入陰，故別之曰"其匪正"。匪正而往，不足以濟，徒成屯難，使三無所應，災及邑人，故"有眚"而"不利有所往"。"无妄之往，何之矣"，既已无妄，不宜有往。姚氏曰："无妄則不宜妄行，上匪正而動，是處无妄之時而妄者也，故曰'无妄之往'。""之"，之匪正者也，匪正而往，何所之也。鄭以此"无妄"爲"行而无所望"，蓋"无妄"之義，正則己无所幸望也，人无所怨望也，非正則人无所仰望也。經於无妄中別出一義，切指之曰"其匪正"，故鄭知傳"无妄之往"，爲人无所仰望。人无所仰望而往，其將何之，言"攸往"必"不利"也。上失位，懼其亢極妄動以失人望，故戒之。此從"无所希望"中轉出一義。

天命不右，朱作"祐"，注同。**行矣哉。**

虞翻曰："天"，五也，巽爲"命"，"右"，助也。四已變成坤，天道助順，上動逆乘朱誤"服"。巽命，故"天命不右，行矣哉"，言不可行也。

馬君云“天命不右行”，非矣。

補 “右”，本又作“祐”，又作“佑”。

馬融曰：“右”，謂天不右行。

鄭康成曰：“佑”，助也。並《釋文》。

釋曰 “天命不右”，釋“有眚”。“天”，謂乾五，巽爲“命”，四已變成益體坤，二應五，天之所助者順，則利有攸往。上不能易三使陰皆從陽而自妄動，陽消巽滅，逆乘五命，故“天命不右”。“行矣哉”，言不可行，正釋“不利有攸往”之文，“行”，即往也。馬以“右行”連讀，謂天左旋不右行，右行爲反天命，義殊迂曲，且不辭，鄭所不取，虞駁之是也。

《象》曰：天下雷行，物與无妄。

《九家易》曰：天下雷行，陽氣普徧，朱作“遍”。無物不與，故曰“物與”也。物受之以生，无有災妄，故曰“物與无妄”也。

虞翻曰：“與”，謂舉，“妄”，亡也，謂雷以動之，震爲反生，萬物出震，无妄者也，故曰“物與无妄”。《序卦》曰“復則不妄矣，故受之以无妄”，而京氏及俗儒以爲“大旱之卦，萬物皆死，无所復望”，朱誤“妄”。失之遠矣。“有无妄然後可畜”，不死明矣。若物皆死，將何畜聚，以此疑也。

補 《漢書》谷永曰：遭无妄之卦運。應劭曰：天必先雲而後雷，雷而後雨，而今无雲而雷。“无妄”者，无所望也，萬物无所望於天，災異之大者也。

釋曰 虞於此節引京説，蓋《京氏章句》釋“天下雷行，物與无妄”

二句,爲"大旱萬物皆死無所望",與《易傳》讀"妄"如字者不同。凡《象傳》舉兩象下皆直接卦名,此獨云"物與无妄",疑轉一義,故京以"物皆无望"釋之。所謂无望之禍,與諸文直言无妄,謂不安有所希望者殊。"先王以茂對時育萬物",則除去天地之災,出諸死地而生之,使物无所怨望,故云"復則不妄","有无妄然後可畜",不必如虞氏所難也。"天下雷行",依《九家》及虞義,則謂陽氣及物,無有災妄,震爲反生,萬物皆生无所亡失。虞訓"與"爲"舉",皆也。依京義,則謂無雲而雷,大旱之象,物皆无望,谷永、應劭正用京義。

先王以茂對時育萬物。

虞翻曰:"先王"謂乾,乾盈爲"茂",艮爲"對時",體頤養象,萬物出震,故"以茂對時育萬物"。言物皆死,違此甚矣。

侯果曰:雷震天下,物不敢妄,威震驚洽,无物不與,故"先王以茂養萬物",乃對時而育矣。時泰則威之以无妄,時否則利之以嘉遯,是對時而化育也。

補 馬融曰:"茂",勉也。"對",配也。《釋文》。

釋曰 順時布令,害至爲備,自强不息,德施普博,是无妄之既濟也。

初九:无妄,往吉。

虞翻曰:謂應四也。釋"往"義。四失位,故命變之正,四變得位承五應初,故"往吉"。此下朱有"矣"字。在外稱"往"也。四在外,初往應之。

　　釋曰　初以剛爲主於内，立誠行正，動與天合，不願乎外，"无妄"者也。應在四，四失位，初命變之正，所謂"大亨以正"。四變得位承五，爲初正應，初往則吉，故"往吉"。"誠"者，非自成己而已也，所以成物也。正己而物自正，物所由无亡也。

《象》曰：无妄之往，得志也。

　　虞翻曰：四變應初，夫妻體正，故"往得志"矣。

　　釋曰　誠無不動，无望而志自得。虞云"夫妻體正"，震巽爲夫妻，陰陽之義猶男女，乾元亨坤，嘉會禮通，類萬物之情，由益而濟矣。

六二：不耕穫，不菑畬，《釋文》：畬，音餘，《字林》弋恕反。則利有攸往。

　　虞翻曰：有益耕象，无坤田，故"不耨"。當爲"耕"。震爲禾稼，艮爲手，禾在手中，故稱"穫"。田在初，一歲曰"菑"，在二，二朱誤"三"。歲曰"畬"，初爻非坤，故不菑而畬也。得位應五，利四變之益，則坤體成，有耒耨之利，故"利有攸往"，往應五也。

　　補　馬融曰："菑"，田一歲也。"畬"，田三歲也。《釋文》。

　　鄭康成曰：一歲曰菑，二歲曰新田，三歲曰畬。《詩·采芑》正義。

　　董遇曰："菑"，反草也。悉耨曰畬。《釋文》。

　　《禮·坊記》：子云：禮之先幣帛也，欲民之先事而後祿也，《易》曰"不耕穫，不菑畬，凶"，以此坊民，民猶貴祿而賤行。鄭氏曰：言必先種之乃得穫，若先菑乃得畬也，安有無事而取利者乎？田一歲曰菑，二歲曰畬，三歲曰新田。行，猶事也，言務得其祿不務其事。

《吕覽》説："不耕而穫"。《賁因》文。

{釋曰}　"不耕穫，不菑畬"，以《禮記》引《易》推之，蓋先難後獲之義，《記》云"先事而後禄"。引《易》此文下有"凶"字，耕菑以喻事，穫畬以喻禄，"不耕穫，不菑畬"，是不務其事而務其禄，故"凶"。"凶"字或古《易》異文，或記者申成《易》義以證明夫子之言。如《記》義，則經云"不耕穫"者，謂不耕而望有穫。无妄體益耕象，四未變，無坤田，故"不耕"。震爲稼，互與艮手連，稼在手，故"穫"。"不菑畬"者，謂不菑而望成畬。田一歲曰菑，初非坤，故"不菑"。二歲曰新田，三歲曰畬，二、三皆坤爻，故"畬"。虞及鄭《禮記注》作"二歲曰畬"，蓋所據《爾雅》有別本，要於《易》義皆通。穫必由耕，畬必先菑，四未變成坤，無田可耕菑，安有穫畬。卦名"无妄"，"妄"者，望也，《象》曰"未富"，則"穫畬"乃望之之辭。鄭《記》注云"不務其事務得其禄"，《淮南・説林》云"不能耕而欲黍粱"，是其義。不耕望穫不菑望畬，當无妄之時，憂勞百姓非不切也，然徒望無益，臨淵羨魚，不如退而結網，故繼之曰"則利有攸往"。既望穫畬，則利有所往而務其事，"往"，謂往應五。初已使四變成益體坤，有耒耨之利，二應五，上下合志，利用大作，對時育物，故"利有攸往"。《象》曰"不耕穫，未富也"，富而後教，不耕望穫是猶"未富"。二往應五，勤民恤功，盡力耕菑，則无所希望於穫而自穫，无所希望於畬而自畬，民富而濟，不妄求而自无亡矣。人臣事君，敬其事而後其食，君子立身，正誼不謀利，明道不計功，皆此義。張氏、姚氏則謂不耕而自穫不菑而成畬，故"利有所往"，即"學也禄在其中"、"不習无不利"之義，與《吕覽》述《易》文合。姚氏又引《禮記》通合説之，《象》曰"未富"，謂非以穫畬爲富而始耕菑，喻君子經德不回，非以干禄。夫然，故禄不求而自至，猶不耕而穫，理亦互通。

《象》曰：不耕穫，未富也。

虞翻曰：四動坤虛，故"未富也"。

〔釋曰〕　不耕望穫，四未動，无坤田，即動，坤田猶虛，故"未富"，二應五，利用大作，耒耨之利以益民，乃所以富之。坤虛得陽則實，二應五益民，三上終易，當而濟矣。張、姚則謂非望穫畲之富而耕菑，自然得之。

六三：无妄之災，或繫之牛。行人之得，邑人之災。《象》曰：行人得牛，邑人災也。

虞翻曰：上動體坎，朱誤"體道終坎"。故稱"災"也。盧、周無"也"字。四動之正，坤爲"牛"，艮爲鼻、爲止，巽爲桑、爲繩，繫朱作"係"。牛鼻而止桑下，故"或繫之牛"也。乾爲"行人"，坤爲"邑人"，乾四據三，故"行人之得"，三係於四，故"邑人之災"。或説以四變則牛應初震，坤爲死喪，故曰"行人得牛，邑人災也"。

〔補〕　阮籍《通易論》曰：有國而不收其民，有眾而不脩其器，行人得之，不亦災乎。

〔釋曰〕　无妄四已正，三當與上易成既濟。其或三繫於四，不能遽與上易，則上當不動成益。大亂初平，人心思靜，休養生息，以漸濟之可也。若三不變而上獨變，則成屯，上體坎眚，而三无應受其災。无妄之災，以人事言，則行无所望，失正妄動以取災。虞讀"妄"爲"亡"，謂既无亡，可益而不益，不足以濟，適以僨事，義相近。以天運言，則大旱之卦萬物皆死無所望之災。《九家》讀如字,謂厄運無可如何,義同。"或繫之牛"以下,言災之可懼,當對時育物以濟之。三承四,四變,三體坤爲"牛",四體巽爲繩稱"繫",坤繫於巽,故"或繫之牛"。四本體乾爲"人",據三牛,三本坤爻。四變人行,坤牛與連體,象行人牽牛以去,故"行人之得"。三坤爲"牛",又爲"邑人",牛本邑人之有,三係於四不變,上動成屯,莫益之,或擊之,象喪牛而災,故"邑人之災"。《象》曰"行人得牛,邑人災也",明經以"行人"與"邑人"對言,就災象而極言之以著深戒。牛以喻民,邑以喻國。自古國家亂亡,多因凶年萬民離散,不能勞來安集,爲敵國外患草澤嘯聚之資,國亡無日,是乃災矣。姚氏曰:"《詩》曰'中原有菽,庶民采之。螟蛉有子,蜾蠃負之',有民而不能治,則能治者得之,此其所以災也。"虞引"或説"以四變體坤爲牛,應初震,震爲行人,三體坤爲死喪稱災,四牛爲初行人所得,則三邑人失之受其災,義亦大同。但不見上變成屯之象有未備耳。

九四:可貞,无咎。

虞翻曰:動得朱作"則"。正,故"可貞"。承五應初,故"无咎"也。

釋曰 四失位,動得正,故"可貞"。初乾元爲主於内,四與合志,動而應之,以上承九五成益,承上益下,物无所亡,爲既濟之本,故"无咎"。

《象》曰:可貞无咎,固有之也。

虞翻曰:動陰承陽,故"固有之也"。

釋曰　四體乾而處陰位，爻本巽世，伏陰在下，動則成巽互坤，健而順理，以陰承陽，合於天命之正，非妄有所希望而然，是固有之也。惟固有之，故"可貞"。聖人之正天下，非強人以所難行，亦因其固有者而導之耳。四"可貞"，正也，上不可往，權而後歸乎正也。

九盧誤"六"。五：无妄之疾，勿藥有喜。

虞翻曰：謂盧、周無"謂"字。四已朱誤"以"。之正，上動體坎，坎爲"疾，此下朱有"病"字。故曰"无妄之疾"也。巽爲木，艮爲石，故稱"藥"。此下朱有"矣"字。坎爲多眚，藥不可試，故"勿藥有喜"。"康子饋藥，丘未達，故不嘗"，此之謂也。

釋曰　五剛健中正，至誠无妄，以初元之氣贊化育者。"无妄之疾"，鄭讀"妄"爲"望"，與《九家》讀如字爲一義。蓋有妄之疾，喜怒哀樂之過節，寒暑飲食之不時，皆可候望而知其疾之將至，扁鵲視齊桓侯是也。若清明在躬，血氣和平，無端而偶觸疾，疾非由妄而致，不能望氣而豫知，是謂"无望之疾"，猶云"不虞之疾"也。惠氏謂无望時之疾，阨運自然，張氏謂雖无亡不能必其无疾，即所謂"无妄之災"，理皆相通。坎爲疾，四已正，三不變而上變成屯體坎，使三受其災以爲五疾，天時人事不可億度，是"无妄之疾"。百姓之災，君之疾也。"勿藥有喜"，五體巽木艮石有藥象。"无妄之疾"，邪無留滯，無庸施藥攻治。陽稱"喜"，謂疾愈，善治身者不攻疾而務養氣，氣實則病去，善治國者不恃智力以弭患，務敬天勤民，率常居正，以厚國本而繫人心，則患自消弭於無形。五正己以正物，三終變，成既濟。巽艮不見而坎離交，各正性命，保合大和，故勿藥而有喜。

《象》曰：无妄之藥，不可試也。

侯果曰：位正居尊，爲无妄貴主。"百姓有過，在予一人"，三、四妄處，五乃憂疾。"疾"字疑當重。非乖攝，則藥不可試。若下皆不妄，則不治自愈，故曰"勿藥有喜"也。

釋曰　"无妄之疾"本無庸藥，若不達疾本而遽藥之，豈能望其必效，是无望之藥也，其可試乎。本无妄而藥之，作聰明，亂舊章，疾乃不可治矣。侯以三、四失位爲五之疾，四既正而三不與上易，則上行有眚，三受其災，乃五疾也。

上九：无妄，句。**行有眚，无攸利。**

虞翻曰：動而成坎，故"行有眚"。乘剛逆命，故"无攸利"。"天命不右，朱作"祐"。行矣哉。"

釋曰　張氏曰："无妄矣而行，是求眚也，何利之有。无妄之匪正，非上過也，上之往，非不正也，易惡而眚之，何也？上者，主乎无妄者也，不能正人，又不能益人，孑孑焉惟恐人之以我爲不正也而去之，于以災天下而不之卹也，是天命不右也焉爾。"案：如張義，則後世君子之過，心雖無他，而剛愎自用，貽誤天下者皆是。

《象》曰：无妄之行，窮之災也。

崔憬曰：居无妄之中，或當爲"終"。有妄者也。妄而應三，上下非正，窮而反妄，故爲災也。

釋曰　陽窮於上，亢極失正，動反入陰，乘五陽，逆巽命，使三无應成屯難，无妄所以爲災也。崔以三、上失位相應爲非正，與虞異，恐非此卦時用。云"窮而反妄",其亦謂陽消入陰與。

大 畜

《序卦》曰:有无妄然後可畜,此下朱有"也"字。故受之以大畜。

崔憬曰:有誠實則可以中心藏之,故言有无妄然後可畜也。

釋曰 實理自然,至誠无妄,畜德之本,禦災捍患,物无勤望,畜民之本,故大畜次无妄。

☰乾下艮上 大畜。利貞。

虞翻曰:大壯初之上,其德剛上也,與萃旁通。二、五失位,故"利貞"。此萃五之復二成臨,"臨者,大也"。至上有頤養之象,故名"大畜"也。

補 "畜",本又作"蓄"。《釋文》。

釋曰 卦有小畜、大畜。小畜義主陰,其稱名也以生爻,《彖》曰"柔得位而上下應之,曰小畜",以陰畜陽,以財聚人也。大畜義主陽,其稱名也以重卦。《彖》曰"大畜,剛健篤實,輝光日新",至誠无息,充實而有光輝之謂大,乾自畜積其德以畜坤民也。小畜、大畜,於消息皆乾元以坤陰畜陽,所以一主陰一主陽者。小畜通豫,諸陽皆豫四降坤初所息,以一陰畜復陽,所畜者少,故義主陰。大畜通萃,諸陽皆萃五降臨二所息,以二陰畜臨陽,陽之所施者盛,陰之所凝者多,故義主陽。於爻例大壯初之上,剛上據坤成艮,山嶽配天,上下皆陽,畜聚乾氣。艮賢人爲民望，乾君尚而養之，皆乾陽畜德以及民之象。山麗乎地，地秉陰，竅於山川，天在山中，艮陰凝聚乾陽，又以陰畜陽之象。陽施陰受，蘊養相資，合則同功。大畜者，乾大畜積其德，坤所畜者大也。小畜以財養人，故取需來，大畜以德養民，故取頤象。小畜由豫四降爲復，大畜由萃五降成臨者，此夬遘闓消息。地道始二，故坤之消息兼取臨，詳小畜卦。"利貞"，言大畜則能成既濟，利二、五易位各正也。

不家食吉，利涉大川。

虞翻曰：二稱"家"，謂二、五易位成家人。家人體噬嗑食，下有脫文。故"利涉大川，應乎天也"。

補　鄭康成曰：自九三至上九有頤象，居外，是不家食吉而養賢。《禮記·表記》正義。

又《禮記注》曰：君有大畜積，不與家食之而已，必以祿賢者。

釋曰　"不家食吉"，二稱"家"，"家人，內也"。鄭謂三至上體頤養，頤象在外，是"不家食吉"而養賢。虞謂二、五易位成家人，體噬嗑食，是爲家食。今體頤，頤有養賢象，變當成既濟，不但成家人，是"不家食吉"。惠氏曰："言人君有大畜積，不但與家人食之而已，當與賢者共之，故得'吉'。"案：《彖》曰"養賢也"，聖人積眾賢以自强，大畜利貞必得人共濟，故不家食則吉。"利涉大川"，言畜極而亨，成既濟也。《彖》曰"應乎天"，張氏曰："二爲天德，五應而變，張意謂五應二乾元。二、五既正，上變既濟，重坎相承，故曰'涉大川'。"案：畜德盛大，而又得天下之賢人，故能濟天下之大難，"應乎天而時行"。二天德，五天位，二升五，以天德居天位乘天時，故曰"應乎天"也。

《象》曰：大畜，剛健篤實，煇_{朱作"輝"，注同。}光日新。《釋文》：煇，音揮。

虞翻曰："剛健"謂乾，"篤實"謂艮。二已之五，"利涉大川"。互體離坎，離爲"日"，故"煇光日新"也。

〔補〕管輅曰：朝旦爲煇，日中爲光。《魏志》本傳。

虞以"日新"絶句，"其德"屬下句，同鄭讀。諸家或以"煇光"絶句，"日新其德"爲句。《釋文》。

"煇"，今本作"輝"。

〔釋曰〕惠氏曰："'剛健篤實'，謂兩象也，'煇光日新'，謂二、五易也。離爲日，爲光。"案：大畜義主陽，乾自畜其德，由中達外。乾體剛健，艮陽即乾上，成終成始，故"篤實"。"剛健"，畜之本，"篤實"，畜之事，"煇光日新"，畜之效。以剛健之性，用篤實之功，故能畜德深厚，下學上達，由誠意正心以至明明德於天下，光明盛大，日新不已，此卦之所以爲大畜也。

其德剛上而尚賢。

蜀才曰：此本大壯卦。案：剛自初升，爲主於外。剛陽居上，尊尚賢也。

〔釋曰〕其德直承上文而言，謂卦德，與大有"其德剛健而文明"同例。大壯初升上，故"剛上"。艮爲賢人，乾以初剛居上體艮而陰承之，故"尚賢"，與大有"尚賢"，頤、鼎"養賢"同義。大壯四陽爲二陰所弇，初之上，以剛據柔，陰莫能乘，此敬勝怠義勝欲之象。所謂天德莫之能先，然猶不敢自是，求天下之賢人而尚之，至健而能屈己以下人，至實而能虛心以納善。"剛上",乾性之發,"尚賢",艮實之資,夫然故能健以止,乾元大居正而天下濟。蜀才説本虞義,云"爲主於外"者,謂上爲成卦之主也。

能健止,朱誤"止健"。大正也。

虞翻曰:"健",乾,"止",艮也,二、五易位,故"大正"。舊讀言"能止健",誤也。

釋曰 依《象》例説重卦自下而上,固以虞讀爲正,但舊讀義亦無異。"止健"者,止其所而莊敬日強。"健止"者,至誠無息而止於至善,確乎不拔,兩讀並通。舊讀之意,或以上文"剛健篤實",重卦之例已明,故此從文便,非如俗説止乾,使不得進也。或以"止健"爲畜聚乾德,使盛極而亨,亦通。

不家食吉,養賢也。

虞翻曰:二、五易位成家人,今體頤養象,故"不家食吉,養賢也"。

案:乾爲賢人,此下朱衍"也"字。艮爲宫闕也,今賢人居於闕下,"不家食"之象。

釋曰 李以"不家食"就賢者言,賢人居闕下,"不家食"之象。體頤,養之之象,乾以坤陰承上陽,尚之之象,義互相備。

利涉大川,應乎天也。

京房曰:謂二變五體坎,故"利涉大川"。五天位,故曰"應乎天"。

釋曰 此葢《京氏章句》文,與虞爻變義同。

《象》曰：天在山中，大畜。

向秀曰：止莫若山，大莫若天，天在山中，大畜之象。天爲大器，山則極止，能止大器，故名"大畜"也。

釋曰 張氏曰："陽光皆天也，山畜天陽，故能生萬物，是大畜之義。"向説未當。

君子以多志朱作"識"。前言往行，以畜其德。

虞翻曰："君子"謂乾，乾爲"言"，震爲"行"，坎爲"志"。此下朱衍"識"字。乾知大始，震在乾前，故"志朱作'識'。前言往行"。有頤養象，故"以畜其德"矣。

補 "志"，劉本同，諸家作"識"。如字，又音試。《釋文》。

釋曰 "志"，古文"識"，記也。艮爲"多"，坎爲"志"，二坎爻應艮，升五居艮處，上變又體坎，故"多志"。體乾互震，乾爲"言"，《繫》曰"乾知大始"，故稱"前言"。惠氏曰："乾爲古，《説文》古'從十口，識前言者也'。震爲行，震初即乾初，在乾前，故稱'往行'。'前言往行'，古聖賢之法言德行布在方策者。人之蘊畜由學而大，君子法大畜之象以博稽古聖賢之言行，默存諸心，實體諸身，以積累養成其德。大畜爲學，'尚賢'學於今也，'多識前言往行'，學於古也。"

初九：有厲，利已。《釋文》：已，夷止反，或音紀。

王弼曰：四乃畜已，已、己刊本多不別，此人己之己。未可犯也。進則災危，有厲則止，故此下盧、周有"能"字，據注疏本誤增。"利已"。已，止也。

補 "已"，姚音紀。《釋文》。

釋曰 "厲"，危也。初應在四，二、五易後，四體坎，坎，險也，二、五正則利涉。在初則爲險難，畜民之始，或梗化未能應，犯之成災，故"有厲"。"已"，止也，乾在艮下，初體復陽微，當畜德待時，故"利已"。已，初自上也，王弼謂四上初，非是。姚音"紀"，謂利正己，不求於人，然不如訓"止"爲當。

《象》曰：有厲利已，不犯災也。

虞翻曰：謂二變正，四體坎，故稱"災也"。

釋曰 四有坎體，稱"災"。初時利已不犯之，至三德成，乃利有攸往。

九二：輿依注當作"車"。說腹。朱作"輹"。

虞翻曰：萃坤爲車，爲腹，朱作"輹"。坤消乾成，故"車說腹"。"腹"，或作"輹"也。

補 馬融曰："説"，解也。

"輿"，或作"轝"。音同。"腹"，諸家作"輹"，音服，又音福。蜀才本同，或作"輻"。一云：車旁作復，音服；作畐，音福。並《釋文》。

釋曰 此言二未貞五，畜道未亨也。"輿"，虞本蓋作"車"，車、輿同物。坤爲車，爲腹，虞意合車腹象爲"輹"，輹之言"腹"，"腹"者"輹"之借，故引或本以明其同字。張氏曰："説，讀如'脫'。二爲萃息之主，故特取此象。"案：陽始息二，大畜未成，畜積猶匱，震艮交於天衢猶未亨，故"車說輹"，與小畜同義。二得中，畜德養賢，化民有道，終升五成既濟,故《象》曰"中无尤也"。或以乾爲車,艮爲止,二當升五,時舍於二,車止未行故"說輹",亦通。此"腹"字諸家皆作"輹",義同。蜀才本傳寫有作"輻"者,非也。

《象》曰:輿説腹,_{朱作"輹"。}**中无尤也。**

盧氏曰:乾爲"輿"。乾爲"車",車、輿同物。　　案:輹,車之鉤心夾軸之物。處失其正,上應於五,五居畜盛,止不我升,故且說朱作"脫"。輹停留,待時而進_{"進"字當重。}退得正,故"无尤"也。

釋曰　二得中,時舍說輹,終升五,故"无尤"。盧謂五止二,未是。

九三:良馬逐,_{《釋文》:逐,如字,一音胄。}**利艱貞。**_{此下盧、周有"吉"字。}**日閑輿衛,**

虞翻曰:乾爲"良馬",震爲驚走,故稱"逐"也。謂二已變,三在坎中,故"利艱貞吉"。離爲日,二至五體師象,坎爲閑習,坤爲車輿,乾人在上,震爲驚衛,講武閑兵,故曰"日閑輿衛"也。

補　馬融曰:"閑",習。

"逐",鄭作"逐逐",曰:逐逐,兩馬走也。"閑",習。

姚信曰:"逐逐",疾並驅之貌。

"日",鄭本同,人實反。曰:日習車徒,或作"曰"。_{音越。}劉氏曰:"曰",獨言也。_{並《釋文》。}

《京氏傳》曰:經曰"良馬逐",逐,進也,言大臣得賢者謀,當顯進其人。《漢書·五行志》。

釋曰 三體乾互震，乾爲"良馬"，震爲驚走稱"逐"。息至三，畜德成，陽氣達於上，當及時而進以濟天下。二升五，初應四，三與上合志，衆陽並進，故"良馬逐"。"逐"，進也，鄭作"逐逐"，並進之貌，京氏謂"大臣進賢"，正三與上合志之義。"利艱貞"，時雖當進，利艱難審慎以處正。二變，三體坎險，故"艱"，得正，故"貞"。虞注述經"貞"下有"吉"字，於理協，然虞不釋"吉"字之義，疑未敢定。"日閑輿衛"，二之五體離爲"日"，坎爲習，"閑"，習也；"輿"，車也；"衛"，徒也，《春秋傳》曰"多與之徒衛"。萃坤爲"輿"，坤息成乾，人在輿上，四、五體坤爲"輿"，乾人與坤連，亦人在車之象。震震驚百里爲驚衛，"驚"同"警"，警衛，謂兵備。"閑輿衛"者，習車徒，講武治兵，張氏謂"雖尚文德，必有武備"，是也。虞云"二至五體師象"者，葢二動視五虛位有師象，陽征陰之義。姚氏曰："閑，闌也，防也，'日閑輿衛'，申誓禁也。兵易擾民，故閑之乃利有攸往。"案：講武閑兵莫先節制，防閑正閑習之事。九三言大畜成既濟，"良馬逐"，言德已成賢已萃，乃及時濟衆，健行並進也。"利艱貞"，臨事而懼也。"日閑輿衛"，無日不討軍實而申儆之也，如是乃"利有攸往"。

利有攸往。《象》曰：利有攸往，上合志也。

虞翻曰：謂上應也。五已變正，上動成坎，坎爲"志"，故"利有攸往，與上合志也"。

釋曰 "往"，謂應上而濟。二升五降，上變應三，三、上皆體坎爲志，上賢與乾合志，故進而貞，貞而濟，而畜者亨矣。

六四：童牛之牿，盧、周作"告"，注同。**元吉。**

虞翻曰：艮爲"童"，五已之正，萃坤爲"牛"，"牿"謂以木楅其角。大畜畜物之家，惡其觸害。艮爲手，爲小木，巽爲繩，繩縛小木，橫著牛角，故曰"童牛之牿"。得位承五，故元吉而喜，喜，謂五也。

　　補　"牿"，鄭作"梏"，曰：巽爲木，互體震，震爲牛之足，足在艮體之中，艮爲手，持木以就足，是施梏。《周禮·大司寇》疏。

　　《鄭志》荅泠剛，謂牛前足施梏。

　　《九家》"牿"作"告"。《釋文》。

　　"童"，《爾雅》作"犝"。

　　《說文》作"僮"，"牿"作"告"，曰：告，牛觸人，角箸橫木，所以告人也，《易》曰"僮牛之告"。

　　劉表曰："童"，妄也，牿之言角也。

　　陸績曰："牿"，當作"角"。《釋文》。

　　釋曰　四、五言民被化從上，陰受陽施而凝陽之事，陰陽和既濟定，大畜所以應乎天而亨也。"童牛之牿"，"童"，《爾雅》作"犝"，《說文》作"僮"。"僮"，正字，"童"，叚借字，"犝"，後出字。"牿"，虞讀同《說文》之"告"，張氏申之謂"萃坤爲'牛'，在艮萃艮。曰'童牛'，大畜艮爲手爲小木。五之正，四體巽爲繩，艮巽在萃坤上，繩縛小木橫著牛角，楅之象，故曰'童牛之牿'。《周禮疏》引鄭注述經'牿'作'梏'，蓋鄭本作'梏'。或鄭讀'牿'爲'梏'，其義蓋謂四體坤陰爲牛，在艮稱童牛。互震爲足，在上卦爲前足。四巽爻，巽爲木，艮爲手，手持木以就牛前足，如人之施梏於手，故曰'童牛之梏'。"案：如許、虞說則牿施於角，防其觸，如鄭說則梏施於足，防其蹏。大畜畜物之家，養物者必去其害，於童牛施之者,防之早則制之易。《釋名》:"牛之無角者曰童,告本著牛角。"童牛無角,施於前足以豫擾習之,是"童牛之告"乃"梏"也,許、鄭、虞字訓異義相通。凡事禁於未發之謂豫,"童牛之告",則無觝觸奔踶之患,而騂角繭栗養成肥牷,以供天地宗廟社稷之祀。后王降德於眾兆民,《曲禮》《內則》《少儀》之事諭教有素,則犯上作亂之禍消,而孝弟忠順之德成。此乾元施坤,坤元承乾,教之始,善之大,故"元吉"。姚氏讀"牿"如字,曰:"牿,牛馬牢也。禮:祀天之牛角繭栗,繫於牢,芻之三月,故'童牛之牿'。馨聞於天,天祐之,故'元吉'。陸云'牿當爲角',劉云'牿之言角',其即'騂且角'之意與?"案:姚説亦善。劉訓"童"爲"妾",或以爲"畜牝牛"之義,然不可深考,容字誤。

《象》曰:六四元吉,有喜也。

侯果曰:坤爲輿,故有牛矣。"牿",福也,以木爲之,橫施於角,止其觝之威也。初欲上進而四牿之,角既被牿,則不能觸四,是四童初之角也。四能牿初,與无角同,所以"元吉"而"有喜"矣。"童牛",无角之牛也。《封人》職曰"設其福衡",注云"福設於角,衡設於鼻",止其觝觸也。

釋曰 六四所以"元吉"者,以承五而凝元有喜也,此童牛既牿之效。侯以童牛爲初,非是。

六五:豶豕之牙,吉。《釋文》:牙,徐五加反。

虞翻曰:二變時,坎爲"豕",劇豕稱"豶",朱誤"亦"。令不害物。三至上體頤象,五變之剛,巽爲白,震爲出,剛白從頤中出,牙之象也。

動而得位，“豶豕之牙吉”。

補　鄭康成曰：“牙”，讀爲“互”。

劉表曰：豕去勢曰豶。並《釋文》。

陸希聲同。《攝要》。

《爾雅》：豕子，豬、豶、豶、幺，幼。

釋曰　四，畜之始。五，畜之成。“豶豕之牙”，虞讀“牙”如字，訓“豶”爲“劇豕”。張氏曰：“豕去雄稱劇，大畜息陽，至五而反於坤，故取豶豕之象。”案：二變，四體坎爲豕，五反坤陰，與四同體，象“豶豕”。二之五，陽出頤中，象豕既豶而生牙。豕既豶則性和，生牙不害物，畜民化成之象，故“吉”。程《傳》曰：“物有總攝，事有機會，聖人操得其要，則視億兆之心猶一心。道之斯行，止之則戢，故不勞而治，其用若‘豶豕之牙’也。”“豕”，剛躁之物，若强制其牙，則用力勞而不能止，若豶去其勢，則牙雖存而剛躁自止。君子法豶豕之義，知天下之惡不可以力制也，則察其機，持其要，塞絶其本原，故不假刑法嚴峻而惡自止也，是其義。鄭讀“牙”爲“互”，謂祭時陳牲之器，則“豶豕”無取“劇”義。姚氏曰：“《周禮》牛人，凡祭祀，共其牛牲之互，豶豕之互，亦謂祭也。豶，幼豕也。牛用童牛，故豕用幼豕。畜之莫大過於祭，所謂博碩肥腯者也。牙，互，形之誤。”案：二、五易位，四體坎陰爲豕，豶豕，張氏以爲亦謂四，是也。五正位，巽爲木。互，懸肉格，蓋以木爲之。坎豕在巽木，陰稱肉，互象。《詩·楚茨》“或肆或將”，傳曰“或陳于互”，與此同義。人君畜民有道，年豐物多，以民力普存升中於天，備物致孝於鬼神，祭則受福，故“吉”。《象》曰“有慶”，民和物阜，喜慶歸於君，“慶”，喜之盛者也。

《象》曰：六五之吉，有慶也。

虞翻曰：五變得正，故“有慶也”。

崔憬曰：《説文》“豶，劇豕”，今俗猶呼劇豬，是也。然以豕本剛突，劇乃性和，雖有其牙，不足害物，是制於人也。以喻九二之剛健失位，若豕之劇，不足畏也，而六五應止之易，故“吉有慶”矣。　案：“案”上盧不空格。九二坎爻，坎爲豕也。以陽居陰而失其位，若豕被劇之象也。

〔釋曰〕陽正位成既濟，故“有慶”。崔以“豶豕”爲五應二止之，李增成其象，非也。若以二坎爻爲豕，升五體巽木，象人君臨祭時奉牲以陳于互，將薦之神明，則可。

上九：何天之衢，亨。《釋文》：何，梁武帝音賀。

虞翻曰：“何”，當也，“衢”，四交道，乾爲天，震艮爲道，以震交艮，故“何天之衢，亨”。上變坎爲“亨”也。

王弼曰：處畜之極，畜極則亨。“何”，音河。辭也，猶云何畜，朱作“可畜也”。乃天之衢亨，道大行也。

〔補〕馬融曰：四達謂之衢。《釋文》。

鄭康成曰：艮爲手，手上，肩也。乾爲首，首肩之閒，荷物處。乾爲天，艮爲徑路。天衢象也。《後漢書·崔駰傳》注。

〔釋曰〕上，成卦之主，所謂剛上而尚賢者。“何天之衢”，鄭、虞皆讀“何”爲“負荷”之“荷”。艮上即乾上，上本大壯乾爲首，爻位上又爲首，艮爲手，手上，肩也。上兼有乾首艮肩之象，是首肩之閒荷物處，故稱“何”。“衢”，交道也，乾爲天，艮爲徑路，震爲大塗，震艮交乾上，是“天之衢”。惠氏曰：“衢者，九交之道。天有九道，天衢之象。”案：

震艮交乾上之象，由上自大壯初升而成，故上稱"何天之衢"。鄭《象》注謂人君在上位負荷天之大道，天衢即天道。上本大壯初乾元，與下乾一體。"何天之衢"，取象於上以言乾君之德，所謂其德剛上，并以見二當居上治下、正位於五之義，非以上爲君位也。"何天之衢"，天敘有典，天秩有禮，命德討罪，庶績咸熙，天工人代，《象》曰"道大行也"，故"亨"。謂二升五，上變坎惟心亨，成既濟，《象》所謂"涉大川""應乎天"也。張氏以尚賢言，曰："聖王之道四達而不悖，天衢。當其成者，其惟賢乎。上當之。亨也者，上下應也。既濟定。"案：乾君尚上賢，所以負荷天道。王弼讀"何"如字，不辭殊甚。

《象》曰：何天之衢，道大行也。

虞翻曰：謂上據二陰，乾爲天道，震爲行，故"道大行"矣。

補　鄭康成曰：人君在上位，負荷天之大道。《文選》王文考《魯靈光殿賦》注。

釋曰　"何天之衢"，其象爲大壯初升上，二、五未正之象，其事爲二居天位成既濟之事。"道大行"，故亨而濟。

頤

《序卦》曰：物畜然後可養，此下朱有"也"字。故受之以頤。頤者，養也。

崔憬曰：大畜剛健，煇朱作"輝"。光日新，可以觀其所養，故言"物畜然後可養"。

　　釋曰　物畜積然後可養，大畜不家食養賢，正取頤象，故頤次大畜。

　　䷚震下艮上　頤。貞吉。

　　虞翻曰：晉四之初，與大過旁通。"養正則吉"，謂三此下朱衍"爻"字之正，五上易位，故"頤貞吉"。反復朱作"覆"。不衰，與乾、坤、坎、離、大過、小過、中孚同義，故不從臨、觀四陰二陽之例。或以臨二之上，兌爲口，故有"口實"也。

　　補　陸希聲曰：頤、大過與諸卦不同，大過從頤來，六爻皆相變，故卦有反合，爻有升降，所以明天人之理焉，故徵象會意必本於此。《漢上圖》。

　　釋曰　"頤"，古文作"𦣲"，顄也，象形。"頤"，篆文。鄭云："頤，口車輔之名。"卦上下二陽而中四陰，外實內虛，頤口之象。體震動艮止，口車動於下，因輔嚼物，而其上止，飲食之象。"頤"者，所用飲食自養，故引申之義爲養。卦名"頤"者，取頤口之象以明養義。姚氏曰："上下二陽包養四陰，互體坤，萬物致養，陽以陰養物也。"案：乾初上之坤成頤，大小畜之盛，乾元亨坤以育物，陰麗陽而生，天包乎地，故頤以陽包陰。陰受陽施則能息陽，萬物資始於乾元而致養於坤，故三、五得養則息而正。頤通大過，反巽爲震，震爲反生，大過象陽死，不養則不可動。頤以生之，又頤兼體剝復，剝上未入坤而復初已出震，亦頤通大過之義。聖人養賢以及萬民，產萬物者聖，天生聖人，所以生養天下也，此卦所以名"頤"之義。"貞吉"，三、五、上失位，上來易五,三之正,六爻皆正,成既濟定,故"貞吉"。《象》曰"頤貞吉",養正則吉也。頤自大過來,爻多凶,養而正則皆吉。養賢及民,則措正施行,以道自養,則無大過矣。虞氏謂頤取晉來,詳下。陸說雖未精詳,頗見大意。

觀頤,

虞翻曰:離爲目,故"觀頤",觀其所養也。

釋曰 頤積離,二、五離爻,離爲目,觀象。頤陽養陰,而二陽又以初爲主,初爲聖人,上爲賢,四陰爲民,以初養上,羣陰由此而頤。養賢及民,所養得其當,故正吉。若養不肖以殃民,則失正凶矣,故當觀其所養。虞氏謂晉離爲目稱觀,張氏曰:"晉離四之初,上成艮爲賢人,是以離目下觀養賢。"案:虞意謂頤反復不衰之卦,消息之合,故不從臨觀四陰二陽之例,專言息,或專言消,別取乾遊魂卦爲義,又載或說臨二之上。愚謂文王觀象繫辭,所取者博,既有典常,又唯變所適。頤當兼取臨、觀,觀五之初成頤,以貴下賤,尚賢得民,故觀其所養。

自求口實。

虞翻曰:此下朱衍"則口"二字。或以大過兌爲"口",或以臨兌爲"口"。坤爲"自",朱、盧誤"目"。艮爲"求","口實",頤中物,謂其自養。

鄭玄曰:頤者,"者"字盧作"中",周無。口車輔朱脫"輔"字。之名也。震動於下,艮止於上,口車動而上,《漢上易》引作"止"。因輔嚼物以養人,故謂之"頤"。"頤",養也,能行養,則其幹事故吉矣。二、五離爻,皆得中,離爲目,觀象也,"觀頤",觀其養賢與不肖也。頤中有物曰"口實",自二至五有二坤,坤載養物,而人所食之物皆存焉。觀其求可食之物,則貪廉之情可別也。

補 荀爽曰:飲食失宜,患之所起。《口訣義》。

釋曰 "自求口實",亦蒙、觀文。《象》曰"觀其自養也",坤爲"自",艮爲"求",頤中有物曰"口實",謂坤中有伏陽也。虞義與鄭同,故於臨、兑、大過兑爲口之象並云"或"。張氏曰:"'自養',謂三之正,五上易位。坤虛,正則實。"案:自養得正,則飽乎仁義。仕不苟禄,伊吕之耕釣,孔顏之疏水簞瓢,養於内不求於外,頤之貞吉是也。若失正妄求,則噬嗑諸爻貪以觸罪,非自養乃自賊也。荀氏以節飲食言,亦自養之要道。

《象》曰:頤貞吉,養正則吉也。

姚信曰:以陽養陰,動於下,止於上,各得其正則吉也。

宋衷曰:"頤"者,所由飲食自養也,"君子割不正不食",況非其食乎。是故所養必得賢明,"自求口實"必得體宜,是謂"養正"也。

釋曰 頤下動上止,動而止,"養"義。動而得所止,"養正"之義,故於文,"正"從一止。爻不正以歸於正,謂之"養正"。頤以陽養陰,以正養不正。初,正者也;上,能自正以正人者也。初養上賢,三、五由此得養而正,與蒙二包養四陰《象》稱"養正"同義。凡正無不吉,不正無不凶。初、二之凶,防失正也,五、上之吉,言之正也。

觀頤,觀其所養也。

侯果曰:王者所養,養賢則吉也。

釋曰　觀五之初養上，而三、五由此以頤，故"觀其所養"，養賢以及萬民也。

自求口實，觀其自養也。

侯果曰：此本觀卦。初六升五，九五降初，則成頤也，是"自求口實"，"觀其自養"。　　案："口實"，謂頤口中下似脱"實"字。也。實事可言，震聲也，實物可食，艮其成也。

釋曰　卦象頤口，中四爻坤虚，三變，五從上易，則虚者實，由坤艮動，是"自求口實"。"自養也"，蒙上觀文，故"觀其自養"。飲食思禮，非其食不食，無以飢渴之害爲心害，是自養之事。侯以由觀成頤口象，故"自求口實，觀其自養"。"口實"，主謂飲食，李兼言語言，亦可。

天地養萬物，

翟玄曰："天"，上，"地"，初也，"萬物"，衆陰也。天地以元氣養萬物，聖人以正道養賢及萬民，此其聖當爲"理"。也。

釋曰　翟據三才之位言，"元氣"、"正道"二語甚精。愚又謂乾初上之坤成頤，乾天坤地，萬物本乎天而致養乎地。故"天地養萬物"。姚氏曰："'天'，謂陽，'地'，謂陰。天資始，地資生，天包乎地，物無不養。"是也。

聖人養賢以及萬民。

虞翻曰：乾爲"聖人"，艮爲"賢人"，頤下養上，故"聖人養賢"。坤陰爲“民”，皆在震上，“以貴下賤大得民”，故“以及萬民”。

補　《潛夫論》：《易》曰“聖人養賢以及萬民”，君以臣爲基，然後高能可崇也，馬肥，然後遠能可致也。《班禄》篇。

釋曰　張氏謂“大過體復一爻，故爲‘聖人’，謂初也。上艮爲‘賢’，坤陰爲‘萬民’，皆在初震上。初本晉四貴，而下於坤陰之賤，養艮賢以及坤民，‘以貴下賤大得民’。”案：觀五降初，亦以貴下賤之象。聖人仁無不愛，急親賢之爲務，故“養賢以及萬民”。

頤之時大矣哉。

天地養物，聖人養賢以及萬民，人非頤不生，故“大矣”。

釋曰　頤大過，陰陽爭，死生分。大過者，危急存亡撥亂反正，且繼世承祀之時也；頤者，元氣初復休養生息之時也，故皆歎其時之大。此注不言何人，葢李氏語，脱“案”字耳。

《象》曰：山下有雷，頤。

劉表曰：山止於上，雷動於下，頤之象也。

釋曰　下動上止。頤口之象。雷動未發蘊藏山下，頤養之義。

君子以慎言語，節飲食。

荀爽曰：雷爲號令，今在山下朱、盧作“中”。閉藏，故“慎言語”。雷動於上，以陽食陰，艮以止之，故“節飲食”也。言出乎身加乎民，故“慎言語”，所以養人也。飲食不節，殘賊羣生，故“節飲食”以養物。

補　先儒云：禍從口出，患從口入，故於所養而慎節也。《正義》。

　　釋曰　雷喻號令時然後發，故“慎言語”。雷以陽散陰，有食義，艮以止之，故“節飲食”。“慎言語”，則心氣定而尤悔不生，“節飲食”，則嗜欲寡而疾病不作，皆自養之事。而言無傷害，食無暴殄，亦可以“觀其所養”矣。

初九：舍爾靈龜，觀我朵頤，凶。

　　虞翻曰：晉離爲龜，四之初，故“舍爾靈龜”。坤朱誤“艮”。爲“我”，震爲動，謂四失離入坤，遠應多懼，故“凶”矣。

　　補　鄭康成曰：“朵”，動也。

　　“朵”，京作“揣”。並《釋文》。“揣”，通志堂本作“楒”，从木，盧據宋本改。“揣”，或作“端”，劉亦作“端”。《晁氏易》音訓。

　　釋曰　初，養賢以及民者，頤之主也。養人者先自養，未有失己而能正人者。自養則吉，求養則凶。“舍爾靈龜，觀我朵頤”，虞氏謂晉四體離爲“龜”，四與初易，離成坤，故“舍爾靈龜”，謂頤四失離入坤也。四應初，求初養，故“觀我朵頤”，“我”，謂初也。頤初本坤爲“我”，四多懼，應初遠，舍自養之近而遠求於人，故凶不足貴。此蓋因四本離位，取象於四以言初，四陰民，求養固其所，初若如此，則失自養之道，故於初言之，且四“吉”而初“凶”也，義似迂回。愚謂頤，離象，離爲“龜”，龜養於內，食氣者神明而壽，故能爲萬物先，爲禍福正，謂之“靈”。初本剛明得正，無求於外，如靈龜咽息不食，內含明知。“舍爾靈龜”，謂不能清心寡欲，而自失其剛明之德，艮爲“舍”，“爾”，謂初也。“觀我朵頤”，離爲目，“觀”象，又初自觀來，故稱“觀”。“我”，謂上，觀五降初，上不變則成頤，故設爲上戒初之辭。“朵”，動也,李氏曰"頤動下垂之貌",惠氏曰:"上'由頤',故'觀我朵頤'。求養于上,震爲動,'觀我朵頤',動于欲也。龜養于内者,初舍之而求養于上,失自養之義,故凶。或曰,'朵頤',謂初,初觀上而動其頤,欲食之貌。"案:初當自養以養賢及民,今反求養於上,上在外體,是奪於外物之誘也。初本得正,龜舍頤朵,則動而失正,人君施仁義而亂以多欲,學者志道而不能絶當世之紛華,其於養天下養德卒無所濟,故"凶"。京氏"朵"作"揣",晁、吕及丁氏《集韻》皆作"端"。《玉篇》:"端,垂貌。"《集韻》:"端,動也。一曰垂兒。""端"與"朵"音義同,葢宋本《釋文》本作"端",轉寫作"揣",今本又誤作"㪜"耳。

《象》曰:觀我朵頤,亦不足貴也。

侯果曰:初本五也,五互體艮,艮爲山龜,自五降初則爲頤矣。是"舍爾靈龜"之德,來"觀朵頤"之饌,貪禄致凶,故"不足貴"。　案:朵,頤垂下動之貌也。

▣**釋曰**　惠氏曰:"陽爲貴,飲食之人則人賤之矣,故不足貴。"侯説龜象未確,而於變動之理得之。

六二:顛頤,拂經,于丘頤,征凶。《釋文》:拂,符弗反,一音敷弗反。

王肅曰:養下曰"顛","拂",違也,"經",常也,"丘",小山,謂六五也。二宜應五,反下養初,豈非"顛頤"違常於五也,故曰"拂經于丘"矣。拂丘雖阻常理,養下故謂養賢,上既无應,征必凶矣,故曰"征凶"。

補 薛氏曰："拂"，違也。

《子夏》"拂"作"弗"，曰：弗，輔弼也。並《釋文》。

釋曰 王肅以二下養初爲"顛頤"，讀"拂經于丘"絶句，謂二不應五。"頤"一字爲句，謂下養初賢。"征凶"，謂五與二无應而往就之則凶。王弼説與大同，皆非也。夫陰得陽而養，頤中四陰多言求口實之道，君子非所求勿求，二乘剛无應，故戒以不可妄求。"顛頤"以虞六四注推之，當謂顛躓其頤，求之困而得之難。"顛"，馬蹶也，晉四之初，震爲馬，二乘初，與屯二乘震馬同義。陰承陽則順，乘陽則逆，二逆乘初，初剛養賢，而二以非所當求瀆之。君子非其義一介不以與人，彼言義而浼以貪利，顛倒求養，勢必不行，如乘馬而馬蹶然，故"顛頤"。"拂經于丘頤征凶"，"顛頤"既不得養於初則將求五。"拂經"，反常也。五正體坎爲"經"，失位，故"拂經"。五順以從上，如丘在半山，失位尚賢自輔，于丘園之上是養，猶賁五承上"賁于丘園"，故"于丘頤"。二以五爲應，五承上不能應二，二往无與，故"征凶"。五君位當養賢以及萬民，不以利禄私其所應，二不能量而後入，上不荅而諂之，失身取辱，故"凶"，《象》曰"行失類也"。二中正而云"征凶"者，以五陰非應也，君子非其應不行，樂天知命，靜而自正，雖窮餓可也。"拂"，《子夏傳》作"弗"，訓"輔弼"，蓋謂五失正反常，宜匡弼以經常之道。薛虞字訓仍與諸家同。

《象》曰：六二征凶，行失類也。

侯果曰：征朱、盧誤"正"。則失養之類。

釋曰 二、五相應各從其類，五未正而二行就之求養，失類而動，祇取辱耳,故二雖得正而戒以"征凶"。

六三:拂頤,貞凶。十年勿用,无攸利。

虞翻曰:三失位體剝,不正相應,弑父弑君,故"貞凶"。坤爲"十年",動无所應,故"十年勿用,无攸利"也。

釋曰　陰皆求養於陽,而三不中不正體剝膚象,又以不正應上,是處拂經之時,而逆理悖道以要利於上者,故曰"拂頤",言拂逆頤道,虞以"弑父弑君"極言"拂頤"之惡。蓋亂臣賊子逆節之萌,始於懷利自私之一念,浸淫不已,好貨財,私妻子,不顧父母之養,專禄周旋,患得患失,則其惡無所不至矣。人非養不生,聖人作爲父子君臣以爲紀綱,使人人親其親長其長,老有所終,壯有所用,幼有所長,窮民有所養,所謂"頤"也。亂人反其道而逆行之,陷天下生民於獸蹄鳥迹,磨牙吮血,弱肉强食,亂生不已,卒歸殄殲,所謂"拂頤"也。"拂頤"非一朝一夕之故,人心之利端一開,邪説暴行,反易天常,如火燎原,不可撲滅,雖欲貞之,其將何及,故"貞凶",言雖正猶凶。"十年勿用,无攸利",坤爲"十年",言雖至十年之久,猶不可施行。无所利,明撥亂之難,《象》曰"道大悖也",此頤爻所以多凶也。虞云上无所應者,三動雖得正,而五上未易,上无所應。君子在下位不獲乎上,无可藉手以行其道而解天下之悖,必五上正而後三伏陽出,乃成既濟,陰陽應。時行則行,時止則止,非時不動,所以"養正而吉"也。

《象》曰:十年勿用,道大悖也。

虞翻曰:弑父弑君,故大悖也。

釋曰 養道大拂，故十年猶不可用。

六四：顛頤吉。虎視盧、周作"旽"，注同。**眈眈，**朱作"耽"，注同。
其欲逐逐，无咎。《釋文》：視，徐市志反，又常止反。耽，丁南反，一音大
南反。逐，如字。

王弼曰：履得其位而應於初，以上養下，得頤之義，故曰"顛頤
吉"。下交近瀆，則"咎"矣。故"虎視眈眈"，威而不猛，此下盧、周有
"故"字。"其欲逐逐"而尚敦實，脩周作"修"。此二者，乃得全其吉而
"无咎"矣。觀其自養則養正，察其所養則養陽，盧、周作"賢"。頤爻之
貴，斯爲盛矣。

補 馬融曰：兌爲虎。《漢上易》。"眈眈"，虎下視貌。

薛氏曰："逐逐"，速也。

"逐逐"，《子夏》作"攸攸"。《志林》云："攸"，當爲"逐"。蘇林
音迪。

荀作"悠悠"。

劉作"筬筬"，曰：筬筬，遠也。並《釋文》。

《漢書·敘傳》稱"其欲浟浟"。顏師古曰："浟浟"，欲利之貌浟，
音滌。

釋曰 "虎視眈眈"二語非美辭，王弼説非也。四應初，言民求養
而得其欲。"顛頤"者，四乘震爲馬，體艮止不行，有顛蹶象，與屯四
"乘馬班如"同義。頤通大過，民之待養急，而上之普施難，故"顛頤"。
初養賢及民，得人而濟，五、上易，三正，四得養而應初，故"吉"。"虎
視眈眈，其欲逐逐"，"眈眈"，視之專，視初也。"逐逐"，心煩貌，言欲

初養之之甚也。顛頤之時,民之求養如此。民求君養,固其所也,所欲與之聚之,得位得應,故"无咎"。民求君養而象虎視者,凡有血氣,皆有爭心,見利必趨,唯力是視。①若外本內末,則爭民施奪,舉國皆虎矣。民賤而不可犯,先王愛民若保赤子,而臨民如履虎尾。"虎視眈眈",民具爾瞻,"其欲逐逐",一夫受之飢寒,則亂之本也,故上施光而吉乃无咎。太平之代,虎不咥人矣。馬云"兌爲虎",二至四互坤,坤上,兌也。"逐逐",諸家或作"攸",或作"悠",或作"跾",《漢書》作"浟"。攸、滌聲通,滌、逐聲通,字隨音變,義不相背。貪利則心煩欲速,見小而所求遠大,凡民之情類然。虞喜《志林》以"逐"爲正。"浟","攸"之俗。

《象》曰:顛頤之吉,上施光也。

虞翻曰:晉四之初,謂三已變,故"顛朱脫"顛"字。頤",與屯四乘坎馬同義。坤爲"虎",離爲目,"眈眈",下視朱本誤"眩"。貌盧、周作"䫉",下同。"逐逐",心煩貌,朱誤"類"。坤爲吝嗇,坎水爲"欲",故"其欲逐逐"。得位應初,故"无咎"。謂上已反,三成離,故"上施光也"。

釋曰 五正成既濟,坎爲雨施,離爲光,上之德施光大,故"吉",此初養賢以及萬民之效。虞注"故无咎"以上,本在經下,李合引之。虞謂三變體坎爲馬,四乘剛,故"顛頤",與屯四乘坎馬同。既濟定,陰陽應,則不以乘剛爲難,故雖顛而吉。云"上已反"者,謂與五易,三伏陽出則體離也。

---

① 點校案:"唯力是視"疑當爲"唯利是視"。

六五：拂經，居貞吉，不可涉大川。

虞翻曰：失位，故“拂經”。无應順上，故“居貞吉”，艮爲“居”也。涉上成坎，乘朱誤“承”。陽无應，故“不可涉大川”矣。

釋曰　頤通大過，四陽變陰，而五爲天位，以陰居之，故特曰“拂經”。五正成既濟，則體坎爲經矣。“居貞吉”，張氏曰：“居則正而吉，義在養賢。”案：上爲賢人，拂經之時，不可妄動，安所止而尚賢，資其善以自養，則正而吉，所謂養正聖功也。“不可涉大川”，申“居貞”之義，五與上易則成坎，坎爲大川。張氏曰：“自我往曰涉，五宜變，當從上反，不可自五往，亦養賢之義。”惠氏曰：“養道成于上，故不可涉大川。”案：五、上易位，以陰陽言，則上陽反五，五陰往上。以君臣之位言，則五養賢順上，上養正正五，上既正五而自正，則六爻應而成既濟，即蒙二、五“利貞”之義。若五不待上來正己而自往，涉險乘陽无應，不用賢而自用，動於上不應於下，拂經无由濟也，故“不可涉大川”。頤以陽養陰，五陰柔，資陽剛之賢以自養養民，上所以稱“由頤”也。

《象》曰：居貞之吉，順以從上也。

王弼曰：以陰居陽，拂頤之義也。无應於下，而比盧誤“此”。於上，故宜居貞，順而從上則吉。

釋曰　養賢而順從其道，自正以正天下，故“吉”，與蒙五“童蒙之吉，順以巽也”同義。

上九：由頤，厲吉。

虞翻曰：“由”，自，從也。體剝居上，衆陰順承，故“由頤”。失位，故“厲”。以坤艮自輔，故“吉”也。

補 馬融、王肅曰：“厲”，危。《釋文》。

釋曰 頤兼取臨觀，臨二之上成頤，故“由頤”，與豫四稱“由豫”同義。上體艮爲賢人，養天下者非得人不濟。初養上賢，羣陰由此以頤。虞云“體剝居上，眾陰順承”者，頤自大過來，侵害之行興，安全之道廢，陰求陽養，與剝貫魚承上君子得輿同義，故“由頤”。上失位，居五之上，任養天下之責，故“厲”。上體艮而互坤，兼體艮之堅固，坤之厚順，以道得民，艮坤羣陰從而輔之。惠氏謂四陰互兩坤，有致養之義，而主之者上。上陽養陰，陰被其施而輔之，五正，三伏陽亦發，君正莫不正，既濟定，萬物育，故“吉”。

利涉大川。《象》曰：由頤厲吉，大有慶也。

虞翻曰：失位，故“厲”。朱作“厲危”。之五得正成坎，坎爲“大川”，故“利涉大川”。變陽得位，故“大有慶”也。

補 鄭康成曰：君以得人爲慶。《漢上易》、《撮要》。

釋曰 上陽之五，五變陽得位，則上亦正成坎，坎爲“大川”。既濟由上，養道至是成，故“利”。此人君得人之效，慶莫大焉。

大　過

《序卦》曰：不養則不可動，故受之以大過。

崔憬曰：養則可動，動則過厚，故受之以大過也。

釋曰　大過反頤，頤，養也。不養則不可動，陽道或幾乎息矣，故大過次頤，而初取以陰凝陽，養道也。養乃可動，養賢過厚，則大過有與濟而亨矣。

☰　巽下兌上　**大過。棟橈。**《釋文》：過，古卧反，罪過也，超過也。王肅音戈。

虞翻曰：大壯五之初，朱誤"三"。或兌朱誤"說"。三之初。朱誤"五"。"棟橈"謂三，巽爲長木稱"棟"。初上陰柔，本末弱，故"棟橈"也。

補　鄭康成曰：陽爻過也。《漢上易》。

釋曰　陽稱"大"，"大過"，陽爻過也。頤、大過爲夬、遘閒消息，陽息夬終乾，天道虧盈，"亢龍有悔"，"亢"，過也。陽過盛而陰生，坤初上之乾，中四爻互兩乾而上下皆陰，即乾盈而上動入陰，遘又生下之象，故大者過。卦有大過、小過，大過四陽在中，小過則四陰在外。陽至夬、遘閒極盛而衰，始稱過。陰在泰、否閒詘外將反，已稱過，此聖人扶陽抑陰之義。易道主陽，陽窮陷入陰中，是過之大，陽將反陰，猶過之小，故大過、小過又爲過失大小之義。大過之異於小過者在二、五，以爻位言，則二失位爲過。大過積坎，坎二失位，故四陽爻皆過而虞獨主二言。虞云"大壯五之初，或兌三之初"，張氏曰："四陽二陰之卦，例由大壯來。或兌三之初者，坤盡於夬，至大過而生遘，夬兌下成巽，坤之始終也。"愚謂大過旁通頤，頤兼取臨觀，大過當兼取大壯、遘。大壯五之初，故初過應五。遘二之上，故二過應上。過以相與，亦卦名"大過"之義。"棟橈"，巽爲長木稱"棟"，風橈萬物稱"橈"。《象》曰"本末弱也"，初爲"本"，上爲"末"，初上陰柔，本末俱弱，故"棟橈"。虞以"棟橈"爲三，張氏曰:"橈,下屈也,兌反巽也,反觀之亦異。兩巽相承,故全卦象棟而本末弱。橈獨在三者,下巽本體任重,三居上下之際,故不勝而橈也。上巽反承,在三爲下橈,在四則爲上隆,下橈必傾,上隆猶可任。"案:"棟"以喻陽德,《魯語》曰:"不厚其棟,不能任重。重莫如國,棟莫如德。""棟橈"者,陽德衰,剛氣失則反爲弱也。全卦象棟而本末弱,三辭獨稱"棟橈"者,棟在屋之中,三、四在全卦之中,正棟處。三體巽任重,巽木下橈,三實當之。四反巽,巽木體乾剛而反承上,別取反橈爲隆之義,聖人撥亂反正之志也。棟以任屋,亦大臣任國之象,三、四大臣之位,故稱"棟"。

利有攸往,亨。

虞翻曰:謂二也。"剛過而中",失位无應,利變應五。之外稱"往",故"利有攸往"乃"亨"也。

釋曰 棟橈宜急起救之,大過乃得亨。"往",謂二變應五,二失位,與五无應,利變之正。往應五成咸,陰陽相感乃亨。不言"利貞",二已變,初、四易,成既濟,亨然後貞也。

《彖》曰:大過,大者過也。

虞翻曰:陽稱"大",謂二也。二失位,故"大者過也"。

棟橈,本末弱也。

向秀曰:棟橈則屋壞,主弱則國荒。所以橈,由於初、上兩陰爻也,初爲善始,末是令終,始終皆弱,所以"棟橈"。

王弼曰:初爲本而上爲末也。朱脱圈。

侯果曰："本"，君也，"末"，臣也，君臣俱弱，"棟橈"者也。

[補]　"弱"，本亦作"溺"。並依字讀。《釋文》。

[釋曰]　全卦象棟，初、上象本末兩端，本末弱則棟下橈且折而大廈傾，故曰"大過顛也"。"弱"或作"溺"者，謂初、上皆沒於陰，所謂"澤滅木"，巽象反觀之亦兌也。

剛過而中，巽而説行，利有攸往，乃亨。

虞翻曰："剛過而中"，謂二。"説"，兌也，故"利有攸往"。大壯震五之初，故"亨"，與遯二朱作"遜而"。同義。

[釋曰]　大過陽陷陰中，於人事爲國家顛危上下不交土崩瓦解之象。二雖剛過而得中，體巽而以説行之，變而應五，然後陰陽通上下交而亨。"巽"，入也，順也，"巽以行權"，"權"者，道之至精，聖人之大用，非入理至深者不能行。二與五正應，以大過人之才道濟天下，審時順理，深見吉凶之幾，而開誠布公，説以先民，説以犯難。夫如是，則以變濟變以正應正，尊主隆民，上下合志，而大過可濟。大過不養則不可動，"利有攸往"者，動而用事，以陽通陰，使正而應上也。"亨"者。二、五應，則初、四易成既濟也。剛中巽説，所以養天下厭亂向治去逆效順之善機。惟剛中巽説，故利有攸往，利有攸往乃能亨。凡過則失中，云"剛過而中"者，拯大過之難，非至剛不濟。處非常之時，立非常之功，以常人常事視之，或疑於過，而實則君子之時中。諸葛孔明之相蜀，其輔主也疑於過專，而將以至敬，其治民也疑於過嚴，而歸於至惠。體剛而用柔，至健而以理之至順行之，所謂"剛過而中"也。虞此注文有脱譌，當讀正云。"説"，兌也，大壯震爲行，五之初，故"巽

而說行"。二失位,利變應五,故"利有攸往,乃亨"。"遯二",朱本"二"作"而",疑"而"下脫"亨"字。大過初至五體遯,遘二動成遯應五利貞,陽遯而得亨。大過二變,陽動而陰應五,故與遯而亨同義。

大過之時,大矣哉。

虞翻曰:國之大事,在祀與戎。藉朱作"籍"。用白茅,女妻有子,繼世承祀,故"大矣哉"。

〖釋曰〗拯國家傾危天下陷溺之時,故"大",虞氏謂"繼世承祀"。惠氏謂"喪事取諸大過,送死當大事"。案:禮莫重於喪祭,大喪繼世之際,尤國家安危之本,孝子忠臣所以竭情盡力於君親者在是,故曰"大矣哉"。

《象》曰:澤滅木,大過。

案:兌,澤也。巽,木,滅,朱、盧无"滅"字。漫也。凡木生近水者楊也,遇澤太過,木則漫滅焉,二、五"枯楊",是其義。

〖釋曰〗"滅",沒也。"澤滅木",陽陷陰中之義。

君子以獨立不懼,遯世无悶。

虞翻曰:"君子",謂乾初。陽伏巽中,體復一爻,潛龍之德,故稱"獨立不懼"。憂則違之,乾初同朱誤"因"。義,故"遯世无悶"也。

〖補〗"遯",本又作"遁"。《釋文》。

〖釋曰〗"澤滅木",洪水橫流,滔滔者天下皆是也。陽伏陰下,小人道長,君子道消,世亂方未有已。初稱"獨",體復一爻,立天地心。龍德而隱,天下非之而不顧,故"獨立不懼",舉世不見知而不悔,故

“遯世无悶”。夫如是則守死善道樂天知命，依乎中庸，範圍天地之化而不過，知進退存亡而不失其正，聖人所謂無大過者蓋如此，此學《易》之要也。大過遭陰始萌，而復震已在下，天地之道，陰消陽即凝陽，陽道无絶也。君子“獨立不懼”，當無父無君之時，而己獨立孝焉立忠焉，不懼亂臣賊子之害也。“遯世无悶”，惡直醜正，實繁有徒，而心廣體胖，不改其樂，信斯道之在天下無中絶之時也。

初六：藉朱誤“籍”。用白茅，无咎。

虞翻曰：位在下稱“藉”，巽柔白爲“茅”，故“藉用白茅”。失位，咎也，承二，過四應五士夫，故“无咎”矣。

補　馬融曰：在下曰藉。《釋文》。

《周禮·鄉師》“大祭祀共茅菹”，鄭大夫讀“菹”爲“藉”，謂：祭前藉也，《易》曰“藉用白茅，无咎”。

《漢書》曰：《易》“藉用白茅，无咎”，言臣子之道，改過自新，絜己以承上，然後免於咎也。《宣元六王傳》。

釋曰　大過陽陷陰中，卦稱“棟橈”，爻則取以陰輔陽，所以濟大過也。初陰藉陽，復震生下，有長子繼世之道，故取白茅承祀之象。“藉用白茅”，即《周禮》之“茅菹”，《士虞禮》之“苴”。巽柔爻爲草稱“茅”，又爲“白”，茅柔白以藉祭，喻初體巽柔在下藉陽。“无咎”者，初失位爲咎，以陰藉陽，反消爲息，既濟之本，故“无咎”。《易》家舊説惟以“藉”爲承二，初女妻承二老夫，虞則兼過應五言。張氏曰：“承二應五，所謂藉也。”案：“藉”言乎其慎也。茅絜白可貴，以歆神明昭至敬，喻人臣以精白乃心爲旋乾轉坤之基。惠氏謂“與四易位故无咎”，此成既濟,慎之效。"藉用白茅",子道也,臣道也,《漢書》説亦爻象中一義。

《象》曰:藉用白茅,柔在下也。

侯果曰:以柔處下,履非其正,咎也。苟能絜誠,肅恭不怠,雖置羞於地,可以薦奉,況藉用白茅,重慎之至,何咎之有矣。

釋曰　凡飲食之祭,置諸豆閒之地而可矣。大祭祀藉之以茅,慎之至。

九二:枯楊生稊,《釋文》:枯,如字。稊,徒稽反,楊之秀也。老夫得其女妻,无不利。

虞翻曰:"稊",稺也,楊葉未舒稱"稊"。巽爲"楊",乾爲"老",老楊,故"枯"。陽朱誤"楊"。在二也,十二月時,周之二月,兑爲雨澤,枯楊得澤復生稊。二體乾老,故稱"老夫"。"女妻"謂上兑,兑爲少女,故曰"女妻"。大過之家過以相與,老夫得其女妻,故"无不利"。

補　鄭讀"枯"爲"姑","稊"作"荑",音夷。曰:"枯",謂無姑山榆。榆,羊朱反。"荑",木更生,謂山榆之實。《釋文》。

釋曰　二、五皆言以陽用陰以陰輔陽之事。二,大者過也,陽過時而嬗陰,明繼世承祀之義。"枯楊生稊",巽剛爻爲木稱"楊"。"枯",槁也,體乾老,故"枯"。"稊",後出字,《夏小正》"柳稊"字從木,"稊",發芽也,與"荑"聲義皆近。大過陽老嬗陰,生氣伏下,故象枯楊復生稊。九五"生華",亦生氣之發,但華非可久之物,取義殊耳。虞以陽在二當十二月、在五當三月者,大過本乾,初、上陽没入坤,二本臨十二月,根荄始萌動於下,五本夬三月,華發於上。舊說二比初,故

“生稊”，五承上，故“生華”。虞意則謂二過應上，生稊於下，復震繼世也，五過應初，華生於上。上，初氣之發也。鄭讀“枯”爲“姑”，“稊”作“荑”，與《爾雅》“無姑其實荑”之文合。如鄭義，則“枯”與“楊”爲二木，“枯”之言“楛”也，<small>枯槁。</small>“楊”之言“陽”也，取其名以見義。“荑”者，木更生，在枯則爲實，碩果之種也，在楊則爲萌芽，顛木之蘖也。“老夫得其女妻，无不利”，枯楊喻陽過，生稊則枯而復榮，如老夫得女妻而有子。“老夫”，謂二，“女妻”，舊說謂初，虞謂上。惠氏曰：“二體乾，故老夫謂二，巽爲長女而生稊，故爲女妻。<small>稊象得女妻而有子，楊少則稊而老則華，生稊見少義，故爲女妻。</small>二與初比而得初，故云‘老夫得其女妻’，謂得初也。大過之家過以相與，女妻有子繼世承祀，故‘无不利’。虞氏謂大過之爻得過其應，以兌上爲少女，故曰‘女妻’，二過五應上而取上之女妻，義亦通。”案：遯乾，故“老夫”，遯上之二而得初，又過應得上，皆於得女妻之象有合，《象》曰“過以相與”，虞說似勝。陰陽之義，君臣夫妻一也。老夫喻大過之君，得其女妻，得人以濟大過。若漢高帝識周勃之安劉氏，武帝任霍光以輔昭宣，昭烈任諸葛亮以輔後主，託孤寄命，臨大節而不可奪，故“无不利”。君子創業垂統爲可繼也，是以爲國，務在得人，人師傳道亦然。

《象》曰：老夫女妻，過以相與也。

虞翻曰：謂二過初與五，五過上與二。獨大過之爻得過其應，故“過以相與也”。

釋曰　“過以相與”，如舊說，謂老夫女妻以年過相與，虞則謂過其正應以相與。張氏曰：“初比二而二使之過與五，上比五而五使之過與二。初本應四，四不橈乎下，故過與五。上本應三，三不可有輔，故過與二。"

九三：棟橈，凶。《象》曰：棟橈之凶，不可以有輔也。

虞翻曰：本末弱，故"橈"，輔之益橈，故"不可以有輔"。陽以陰爲輔也。

補 《漢書·敘傳》曰：大過之困，實橈實凶。

釋曰 惠氏曰："應在上，末弱，過上應初，本弱，《傳》曰'本末弱'，正指三所應之爻。所應皆弱，輔之益橈，故'凶'。"姚氏曰："陰柔不能輔陽，三化失位體困，輔之益橈。"案：如惠、姚義，則以棟喻國勢君德。棟在屋之中，三、四居全卦之中，而三正位，正當大過之時，故特言"棟橈"與卦辭同，而其占"凶"。國勢衰，君德薄，如棟不能任重，而又小人之使爲國家，是速其橈也。故《漢書》以説哀帝之用董賢爲輔，且取大過之困三變失位，是橈且折也，何凶如之。棟又爲大臣之象，《春秋傳》曰"子於鄭國，棟也"。三，三公位，陽位而所應皆陰，亦小人當重任之象，與"鼎折足"同意。初、二、五、上皆言以陰輔陽，此獨云陰柔"不可有輔"者，陰本陽之輔，坤"柔順利貞，德合无疆"是也。在"棟橈"之象，則取柔弱不勝任之義。陰陽剛柔各有善惡，言非一端也。張氏則謂大臣任國之重，而當其凶。棟橈之凶，本末俱弱，時勢爲之，不可有輔，當審幾度勢，以爲後圖，義亦通。

九四：棟隆，吉。有它，朱作"他"，注同。吝。

虞翻曰："隆"，上也，應在於初，已與五，意在於上，故"棟隆，吉"。

失位,動入險而陷朱作"陷"。於井,故"有它,吝"。

　　釋曰　三正位,正言大過之事,四失位,當與初易以濟大過,故反"棟橈"言"棟隆",明持危扶顛撥乱反正之義。四體兑,反復視之,兑亦巽,巽爲高,乾爲動直,二至四乾成,巽木居高,體乾剛而直,故"隆"。又兩象分觀,三巽本體任重,柔在下,其基不固,四反巽,柔在上,以剛承之,象能勝任,故三下橈而四上隆。棟隆則大厦可支,危乱可濟,故"吉"。《象》曰"不橈乎下",虞氏謂四應在初,而其位遠初近上,四既比五,意在於上,故"不橈乎下"而隆也。張氏謂四反比上爲巽,不可與初,葢四與五比上,以剛任柔,故隆。若又應初,初在下亦柔,則仍象本末弱而橈,是"橈乎下"也。惟堅定審固以處危疑之地,不爲應與所牽,俟君德已著,國勢粗安,而後區畫庶事,剛柔上下各就其正,初、四易,既濟定,邦基固矣,是"不橈乎下也"。"有它,吝",虞以"它"爲"變",四失位當變。然當棟之任,變則橈,大過成井,與《漢書》说"三變成困"同義,故戒以"吝"。張氏以"它"爲"應初",初固四之應,然既隆而又下應,是仍橈乎下,且失位相應謂之失義,故曰"它",吝道也。明執義一,用心固,然後大過可濟。

《象》曰:棟隆之吉,不橈乎下也。

　　虞翻曰:乾爲動直,遠初近上,故"不橈下也"。

九五:枯楊生華,《釋文》:華,徐音花。老婦得其士夫,无咎无譽。《釋文》:譽,音預,又音餘。

　　虞翻曰:陽在五也,夬三月時,周之五月。枯楊得澤,故"生華"

矣。“老婦”謂初，巽爲“婦”，乾爲“老”，故稱“老婦”也。“士夫”謂五，大壯震爲“夫”，兌爲少，故稱“士夫”。五過二使應上，二過五使取初，五得位，故“无咎”。陰在二多譽，今退伏初，故“无譽”。體姤淫女，故“過以相與”使應少夫，《象》曰“亦可醜也”。舊説以初爲“女妻”，上爲“老婦”，誤矣，馬君亦然。荀公以初陰失正當變數六爲“女妻”，二陽失正數九爲“老夫”，以五陽得正位不變數七爲“士夫”，上陰得正數八爲“老婦”，此何異俗説也。悲夫，學之難。而以初本爲小，反以上末爲老，後之達者詳其義焉。

【補】鄭康成曰：以丈夫年過娶二十之女，老婦年過嫁於三十之男，皆得其子。《詩·桃夭》正義。

或稱鄭本“華”亦作“荂”。《晁氏易》。

【釋曰】五，大者壯也，陽過盛而傷，陷陰中，取濡迹救時之義。“枯楊生華”，兌反巽五稱“枯楊”，猶四稱“棟”。“生華”亦乾陽遘陰發生之象，故鄭亦云“有子”。變“稊”言“華”，又象“老婦得其士夫”。與二相反者，五比上，上本乾上亢龍，變入陰，陽陷而顛。存亡繼絶，非一人一日之功，雖暫有所濟而未可恃。華非可久之物，猶以老婦年過得其士夫，雖幸有生育，而失從一之義。且偕老代終，長養子孫，必待之繼起之人，老婦以喻大過之臣也。“得其士夫”，欲輔其君以濟大過，而功業之就不就未可知，故无咎亦无譽。人臣當大過之時，不得已而降志辱身，遲回審顧以求有濟。若荀慈明應董卓之召以圖興漢室，狄梁公立僞周之朝以求復唐祚，其心至絜，而其迹近汙，事或未成，而身不及待。貞黷之界至危至微，一或不慎，陷於失節，故經與其“得士夫”而醜其爲“老婦”，許以“无咎”而又曰“无譽”。《象》曰

“枯楊生華,何可久也”,危之也,“老婦士夫,亦可醜也”,戒之也。臣道猶妻道,婦無改嫁之義,老婦士夫,誠可醜也。臣有權濟之道,雖體白茅之絜,而猶以老婦无譽爲戒,必其能濟而後免於醜,可無慎乎。虞云“體遘淫女”可醜,顯經稱“老婦”深戒失身之意,言權之難也。馬氏取卦始終之義,以初爲“女妻”,上爲“老婦”。荀氏借陰陽得正失正,當變不變七八九六之數,喻人年數多寡爲老少。虞氏駁之,要各有義據。《晁氏易》謂“華”,鄭亦作“黃”,與《象》及韻皆不合,必傳説之譌。

《象》曰:枯楊生華,何可久也。老婦士夫,亦可醜也。

虞翻曰:乾爲“久”,枯而生華,故不可久也。婦體姤朱作“遘”。淫,故“可醜”也。

上六:過涉滅頂,凶,无咎。

虞翻曰:大壯震爲足,兌爲水澤,震足没水,故“過涉”也。“頂”,首也,乾爲“頂”,頂没兌水中,故“滅頂凶”。乘剛,咎也,得位,故“无咎”,與“滅耳”同義也。

補　趙溫曰:一爲過,踰其分。再爲涉,涉於危。三而弗改,滅其頂凶。《後漢書·趙典傳》。

釋曰　上本由乾上變,乾上“亢龍有悔”。“亢”,過也,知進忘退,陽窮入陰,體兌爲澤,遘陰生下成大過,故稱“過涉”。又大壯震爲足,初之五,震足没兌水中,亦“過涉”象。“過涉”,涉者過也。乾爲首稱“頂”,乾陽没兌陰中,故“滅頂”。“頂”,顛也,顛於人身爲最高處,凡

高者危地，因以爲居高隕越之稱。"過涉滅頂"，所謂"大過顛也"，故
"凶"。卦名"大過"，而六爻惟上言"過"，明陽過入陰。上當其位，云
"无咎"者，陽終無絶道，乾没於陰，仍由陰息，枯楊生荑生華，故雖凶
无咎。凡柔乘剛爲咎，上得位輔陽，非乘剛也，故"无咎"。《象》曰
"過涉之凶，不可咎也"，張氏謂大過宜凶，非陰之咎。此爻之旨，取
陽滅入陰之象，以明陰輔陽忘身事君之義，《九家》謂若比干諫而死，
惠氏謂喻伏節死義之臣，是也。虞云"與滅耳同義"者，彼亦取坎水
没象。趙温説此爲過而不改，與《九家》後一説近，亦陽窮不反之義。

《象》曰：過涉之凶，不可咎也。

《九家易》曰：君子以禮義爲法，小人以畏慎爲宜。至於大過之
世，不復遵常，故君子犯義，小人犯刑，而家家有誅絶之罪，不可咎也。
大過之世，君子遯逃不行禮義，謂當不義則爭之，若比干諫而死是也。
桀紂之民可比屋而誅，上化致然，亦不可咎。曾子曰"上失其道，民散
久矣，如得其情，則哀矜而勿喜"，是其義也。

釋曰　得正而凶，誰得而咎。《九家》注"不可咎也"以上，疑經下
注，"謂當不義"上，脱"過涉之凶"四字。《易》含萬象，如《九家》説，則
"過涉之凶"，賢者當之，若比干是也，不肖者當之，若桀紂之民是也。
末引曾子之言以明"不可咎"之義，蓋大過之世，當責己以勤民。民無
恒産，因無恒心，放辟邪侈無所不爲，民不畏死，不可以死懼之，在反
其本而已。意固周匝，但此處兼備二義，而經下注惟舉後一義，疑傳
寫有脱文。

習　坎

《序卦》曰：物不可以終過，故受之以坎。坎者，陷_{朱作}

"陷"，下同。也。

崔憬曰：大過不可以極，極則"過涉滅頂"，故曰"物不可以終過，

故受之以坎"也。

釋曰　凡事過則必陷於險，利有攸往亨，所以濟之，既坎二"行有

尚"之義，故坎次大過。

坎下坎上　習坎。有孚，《釋文》：坎，徐苦感反。

虞翻曰：乾二、五之坤，與離旁通。於盧、周作"于"。爻，觀上之

二。"習"，常也，"孚"，信，謂二、五。水行往來，朝宗于海，不失其時，

如月行天，故習坎爲孚也。

補　劉氏曰：水流行不休，故曰"習"。

坎，本亦作"埳"，京劉作"欿"。並《釋文》。

釋曰　伏羲畫卦，乾坤中爻相之成坎離，因而重之，則爲二、五

相之。坎離象水火，又象日月，天地以日月戰陰陽，日月相推，水火

不相射，射，厭也。故坎離旁通，消息在剥復閒。虞於爻例坎取觀，離

取遯，張氏謂大過之後，復觀乾五。蓋虞以頤、大過爲由夬而遘之消

息，故取自息卦來，坎離爲由剥而復之消息，故取自消卦來。若以反

復不衰渾圓之象言，則坎離亦兼取臨、大壯。坎"習教事"，即臨兑

"朋友講習"、"教思无窮"之義，是也。坎象水，"天一生水"，乾流坤

形，息復出震之本。謂之"坎"者，剛柔始交而難生。"坎"，險也，陷

也，水之性深陷而勢險。於文，坎從土，水流動，土以制限之，水由地中行。"坎"者，其流行深陷之處，是險象也。凡天下之事，各有正理定分以制之，使千舉萬變而必止於其中，皆陷義。尊卑上下，不可相干，以致顛倒錯亂，防萌杜漸，安不忘危，皆險義。八卦皆一字爲名，經於坎獨加"習"者，文王序卦，八卦分置上下篇，乾坤而下，坎離爲先，而坎又在離前。天行不息，地勢高下，雖見重意，其體一而已，故於坎特加"習"爲重卦舉例。"習"，重也，亦常也，行習也。作《易》者有憂患，其辭危，於"坎"特加"習"以示重險之戒。明人當更歷艱難，操心危，慮患深，極天下之至變而不失其常，進德脩業，如川流不舍晝夜。"孚"，信也，陽在二、五稱"孚"。水流坎中，千回萬折，行險必達，放乎四海。坎在地爲水，在天爲月，水之潮汐，與月相應，不失其信，水德有常，是有孚也。"坎"，正字，"埳"，俗字，"欿"，叚借字。

維心亨，

虞翻曰：坎爲"心"，乾二、五旁行流坤，陰陽會合，故"亨"也。

釋曰　坎所以"有孚"者，維其心之亨。陽在中爲心，《說卦》曰"坎爲極心"，二、五以剛居中，乾元交坤，故象"心亨"。維"剛中"，乃能以己心之誠孚於人心。人心變詐，深不可測，其險有甚於水，然人同此心，至誠而不動者未之有，盡其性以盡人之性，則無險不孚矣。虞云"乾二、五旁行流坤"者，乾流坤形，中氣交成坎，六十四卦，皆乾元旁行周流坤中而成，則皆坎之心亨也。屯"動乎險中"，復"見天地之心"，心亨之最著者。

行有尚。

虞翻曰："行"謂二，"尚"謂五也，二體朱误"位"。震爲行，動得正應五，故"行有尚，往有功也"。

〔釋曰〕　二動得正，往應五。"尚"，上也，嘉尚也，五多功，二上應五，則有功可嘉尚。張氏曰："重險則陷，故二宜之正。"案：二之正則成比，"維心亨"故能孚險。五正二變，而上下應，羣陰比，成其德教，行其政令，所往有功，無險不濟，君子所尚乎習坎者此也。姚氏以"行有尚"爲行之離上，下坎失正，升離上成既濟，故有功，亦通。

《象》曰：習坎，重險也。

虞翻曰：兩象也，天險地險，故曰"重險也"。

〔釋曰〕　兩象，重卦也。乾二、五之坤成坎爲險，五天位，二地位。

水流而不盈，

荀爽曰：陽動陰中，故"流"。陽陷陰中，故"不盈"也。朱脱圈。

陸績曰：水性趨下，不盈溢崖岸也。月者水精，月在天滿則虧，不盈溢之義也。

〔釋曰〕　"水流"二句，釋"有孚"之義。坎爲水，"水流而不盈"，謂五。"天一生水"，陽氣流動，深入坤中，所謂"乾流坤形"。水由地中行，重習相隨，盈則進而放乎海，不泛溢妄行，其性有常，故"流而不盈"，九五"坎不盈"是也。月者水精，陸氏以月盈則虧爲不盈之義，然則水與月對，上坎爲月，下坎爲水矣。

行險而不失其信。

荀爽曰：謂陽來爲險而不失中，中稱“信”也。

虞翻曰：“信”，謂二也，震爲“行”，水性有常，消息與月相應，故“不失其信”矣。

釋曰　“行險而不失其信”，謂二。九二“坎有險”，乾二之坤二，陽來爲險而在中，故稱“信”。信必由中，惠氏謂卦有中孚，孚信在中也。水萬折必東流，潮汐與月消息相應，是“不失其信”。

維心亨，乃以剛中也。

侯果曰：二、五剛而居中，則“心亨”也。

釋曰　信必由中，坎象險而能孚，乃以二、五剛中，以心之至誠通天下之志，故曰“維心亨”也。

行有尚，往有功也。

虞翻曰：“功”，謂五，二動應五，故“往有功也”。

釋曰　心亨則當止而止，當行而行，正己而物正，動己而物從。二、五一德，五正二變，上下應，羣陰比，所往有功。出險而濟，是行有可尚，葢德行教事之可尊可法也。

天險不可升也，

虞翻曰：謂五在天位，五從乾來，體屯難，故“天險不可升也”。

釋曰　此以下廣明坎險之用，孚險之道。即於險乎取之，天地皆有險象,聖人法天地自然之險以濟天下之險,使内順治外無敵,故用大。乾五之坤成上坎,五天位,二至上有屯難象,震爲足艮爲止,故"天險不可升"。

地險山川丘陵也。

虞翻曰:坤爲地,乾二之坤,故曰"地險"。艮爲"山",坎爲"川",半山稱"丘",丘下稱"陵",故曰"地險山川丘陵也"。

〖釋曰〗乾二之坤成下坎,二地位。山川丘陵皆地之險也。

王公設險以守其邦,朱作"國"。

虞翻曰:"王公",大人,謂乾五。坤爲"邦",乾二之坤成坎險,震爲"守",有屯難象,故"王公設險以守其邦",朱作"國"。離言"王用出征以正邦",是也。　案:九五,王也,六三,三公也,艮爲山城,坎爲水也,當爲"池"。"王公設險"之象也。

〖補〗"邦",今本作"國"。

〖釋曰〗虞以五爲王公,二象設險守邦。李據爻位,五爲王,三爲公,互艮體坎象設險,並通。"邦"、"國"字《易》中並見,蓋各家所據本異,非漢人避諱改之。

險之時用大矣哉。

王肅曰:守險以德,據險以時,成功大矣。

〖釋曰〗不曰"時義"曰"時用"者,"時義",謂每卦當名之義,"時用"則不直取其義,而因其時以致其用。"時"者,卦時,險之義在人爲危難,疑非吉德,而當險之時,設險守國,使天下無蠻夷寇賊弱肉强食之患,其用豈不大哉。睽、蹇言"時用",意同此。不曰"坎"之時用曰"險"者,承"設險"言之。

《象》曰:水洊至,《釋文》:洊,在薦反,徐在閒反,舊又在本反。**習坎。君子以常德行,習教事。**

陸績曰:"洊",再,"習",重朱誤"倒"。也。水再至而益,盧、周作"溢"。通流不舍朱作"捨"。晝夜,重朱、盧複一"重"字。習相隨以爲常,有似於習,故君子象之。以常下脫"德行"二字。習教事,如水不息也。

虞翻曰:"君子"謂乾五,在乾稱大人,在坎爲君子。坎爲"習"、爲"常",乾爲"德",震爲行,巽爲教令,坤爲"事",故"以常德行習教事"也。

補　陸績《京氏易傳注》曰:坎水能深陷於物,處坎之險,不可不習,故曰"習坎"。

莊氏曰:雖處危難之時,道教豈可忘哉。《口訣義》。

"洊",京作"臻",干作"荐"。《釋文》。錢本、雅雨本《釋文》"荐"作"薦"。

郭璞《爾雅·釋言》注引作"荐"。

釋曰　《說文》:"瀳,水至也,讀若尊。""洊"者,"瀳"之異文,"荐"同"洊",許讀"瀳"若尊,舊音"洊"在本反,與"臻"聲近義大同。"薦"者,瀳之省借,經傳多與"洊"、"荐"通用。"洊",再也,水再至益盛大,通流坎中,相續不絕以爲常,成重險之勢。"洊至",習也,重險又不可不習。"常德行習教事",象水之習以習險而孚也。虞云"巽爲教令",葢取觀巽。

初六：習坎，入于坎窞，朱作"窨"，下同。凶。《釋文》：窞，徒坎反，王肅又作徒感反。

干寶曰："窞"，坎朱誤"倒"。之深者也。江河淮濟百川之流行乎地中，水之正也。及其爲災，則泛溢平地而入于坎窞，是水失其道也。刑獄之用，必當于理，刑之正也。及其不平，則枉濫无辜，是法失其道也，故曰"入于坎窞，凶"矣。

[補] 王肅曰："窞"，坎底也。《釋文》。

[釋曰] 爻明處險之道。初陰失位无應，最在坎下。"習坎，入于坎窞"，依下引虞注義，則"習坎"，謂當積坎之險。"入于坎窞"，謂不能常德行習教事處困而亨，而失道以入于坎中之坎，陷不能出。蓋小人窮斯濫，行險徼幸以自取戾，故"凶"。干氏取坎爲法律之義，謂"習坎"，水之常，法之平也。"入于坎窞"，則以非法陷民，如水泛溢平地，無穴不入，失道之甚，故"凶"。姚氏以"習"爲"習教事"之"習"，曰："入于坎窞則不能行，失道凶，不得之正也。'君子常德行習教事'，習坎以濟坎者也。'習坎入坎'，則非所以濟坎，乃愈以入坎，以非賢爲賢，以非法爲法，入之愈深出之愈難矣。或説，此講刑名以法陷人者也，卒自離焉，故入坎，曾子曰'出乎爾者，反乎爾者也'。"案：或説與干義近。

《象》曰：習坎入坎，失道凶也。

虞翻曰："習"，積也，位下，故"習"。坎爲"入"，坎中小穴稱"窞"。上无其應，初、二失正，故曰"失道凶"矣。

[釋曰] 習坎能行，則有功可尚。習坎而入坎，以失道故凶也。虞注"小穴稱窞"以上，本經下注，李删合引之。初與四敵應，虞言初失

位兼及二者，二陽陷陰中據初，所以成坎。坎下三爻皆失位，初、三陰迷故入坎，二陽失位，故亦未出，然剛中心亨，則有出險之道矣。

九二：坎有險，求小得。

虞翻曰：陽陷朱作"窞"。陰中，故"有險"。據陰有實，故"求小得"也。

釋曰 乾二、五之坤成坎險。爻於二獨稱"險"者，五在坎上，有出險之義。正位，爲濟險之主，故曰"坎不盈祇既平"，謂雖處坎而不險。二在坎下，又失位，未能出險中，故在坎中而有險，《彖傳》稱二"行險"以此。"求小得"，二據初，初陰稱"小"，二剛中有實，以陽據陰，故求有得。失位，未能出險宏濟艱難，故但"小得"而已。《象》曰"未出中"，明變應五乃出險有尚。

《象》曰：求小得，未出中也。

荀爽曰：處中而比初朱誤"物"。三，未足爲援，雖"求小得"，未出於險中。

釋曰 "得"，謂得初，荀兼三言者。二爲下坎之主，初、三皆比之。然陰柔失道，不足爲出險之助，必陽動用事，二變應五，羣陰比之，然後濟。

六三：來之坎坎，險且枕。《釋文》：枕，徐針鴆反，王肅針甚反。入于坎窞，勿用。

虞翻曰：坎衍字。在內稱"來"，在坎終坎，故"來之坎坎"。"枕"，止也，艮爲止，三失位，乘二則險，承五隔四，故"險且枕"。入于坎窞，體師三"輿尸"，朱、盧脫"尸"字。故"勿用"。

補　陸績曰："枕"，閑礙險害之皃。

"險"，古文及鄭向本作"檢"。鄭曰：木在手曰檢，木在首曰枕。

"枕"，古文作"沈"。沈，直林反。

《九家》作"玷"。並《釋文》。

釋曰　三陰柔不中正，在重坎閒。"來之坎坎"，在內稱"來"，謂畫動用事。"坎坎"，以坎接坎，三在上坎之下而終下坎，故"來之坎坎"。乾三稱"乾乾"，坎三稱"坎坎"，皆明重卦之義。"坎"，險也，"坎坎"，言重險也。"坎"，勞卦也，"坎坎"，亦重勞也。"來之坎坎"，言其來之險難勞困也。"險且枕"，"枕"，虞訓"止"，三乘二則險，二坎有險也，承五則隔四而體艮止，人臥以枕薦首則止，故枕爲止也。古文及鄭本"險"作"檢"，鄭云"木在手曰檢，在首曰枕"，三體艮爲小木，爲手，五在艮上，自乾來，乾爲首。"木在手曰檢"，梏也。"在首曰枕"，噬嗑所謂"何校"也。"檢且枕"，謂既檢且枕，與睽"天且劓"文例同。檢枕以喻險，與蒙初以桎梏喻愚蒙意同。三不中正處重險，動輒得咎，比二則乘剛不能行，如檢然，承五則隔四而止，如枕然，與虞字訓異，大意同。"枕"，古文作"沈"，謂沈溺，《九家》作"玷"。葢墊之借，昏墊與沈溺同義。"入于坎窞"，既險且枕，非惟不能出險，且陷入深險之中。三在兩坎閒陰爲小，亦坎窞象，三才弱德劣，輕舉妄動，適陷深禍，體師三"輿尸大无功"，故"勿用"。惟靜以自守，待時而出則可。

《象》曰：來之坎坎，終无功也。

干寶曰：坎，十一月卦也。又失其位，喻殷之執法者失中之象也。"來之坎坎"朱、盧脫一"坎"字。者，斥周人觀釁於殷也。"枕"，安也，"險且枕"者，言安忍以暴政加民，而无哀矜之心，淫刑濫罰，百姓无所措手足，故曰"來之坎坎，終无功也"。

釋曰 言徒勞无功。干氏以"險且枕"爲"安忍以暴政加民"，"入于坎窞"爲"淫刑濫罰"，如水橫溢坎窞，或古有此義。惟以"來之坎坎"爲"周人來觀釁於殷"，則非，當謂非法陷民之吏，其來甚險耳。"勿用"，謂棄德教而任刑罰，"終无功也"。坎十一月天氣閉塞，三又失位失中，故爲執法失中之象。

六四：樽盧、周作"尊"，注同。酒簋，貳用缶。《釋文》舊讀"樽酒簋"絶句，"貳用缶"一句。

虞翻曰：震主祭器，故有"樽簋"。坎爲"酒"，"簋"，黍稷器，三當爲"二"。至五有頤口象，震獻在中，故爲"簋"。坎爲木，"坎"當從姚氏改爲"巽"，觀巽也。震爲足，坎酒在上，"樽酒"之象。"貳"，副也，坤爲"缶"，禮有副樽，故"貳用缶"耳。

補 "樽"，鄭本作"尊"，曰：六四上承九五，又互體在震上。《禮記·禮器》正義。爻辰在丑，丑上值斗，可以斟之象。斗上有建星，弁星之形似"簋"，"貳"，副也。建星上有弁星，建星之形又如缶，天子大臣以王命出會諸侯，主國尊于簋，副設玄酒以缶。《詩·宛丘》正義。自"天子"至末又見《禮器》正義，無"主國"二字，以"缶"作"而"，用缶也。

釋曰 六四柔得位承九五剛，乾坤交際，明上下神人至誠相孚亨險而濟之義。“樽酒簋貳用缶”，“樽”，俗字，古作“尊”。此爻之義，虞以祭禮言，鄭以賓禮言，此二句之解，則鄭、虞當同。禮，置酒曰尊，鄭云“尊於簋”，謂置酒於簋中，用簋爲尊也。“貳”，副也，尊有玄酒，教民不忘本，副設玄酒以缶，用缶爲副尊也。考《燕禮》，“公尊瓦大兩”，即《禮器》所謂“君尊瓦甒”，則尊酒當用甒。簋乃黍稷器，非酒器。禮之通例，酒尊與玄酒之尊用器同，故《燕經》云“瓦大兩”，不當副尊別用他器。據《禮器》“缶設門外”，又不得爲堂上副尊，而此經云然者，竊疑此“尊”與“貳”，皆即指瓦甒。曰“簋”曰“缶”，假他器以顯其形制與質，且互文見義耳。簋形圜與甒相似，“尊酒簋”，顯其制也。缶以瓦爲之，與甒同，“貳用缶”，著其質也。副尊與正尊用器同，於“尊”言“簋”，則副尊之制亦如簋可知，於“貳”言“缶”，則正尊之質亦同缶可知。所以必取象於簋缶者，鄭據爻辰直宿，斗上有建星弁星，與簋缶形相似。又坤爲土，四巽爻巽爲木，乾爲圜，簋用木亦用瓦，見《周禮·旅人》，缶形亦圜。易者象也，以制器者尚其象觀簋缶之文，而瓦甒之象可見矣，簋缶皆瓦器而圜。所以於“尊”言“簋”、於“貳”言“缶”者，“簋”，器之貴重者，尊酒以獻賓，言“簋”，示敬也；“缶”，器之樸素者，貳尊盛玄酒爲重古，言“缶”，示誠也。“簋”，黍稷器，虞云“二至五有頤口象，震獻在中，故稱簋”，“獻”，疑當爲“稼”，“口”，簋口也。簋盛黍稷，故稼在口中。虞又云“巽爲木，從姚讀。震爲足，坎酒在上，尊酒之象”，木器有足，“簋”也，酒在其上，是用簋爲尊盛酒之象。簋本黍稷器而用爲酒器，故曰“尊酒簋”，是虞解與鄭同。巽爲木，簋之本象，尊酒之簋，葢用瓦，與貳尊同，“貳用缶”亦謂副設玄酒用缶。尊簋貳缶，虞謂祭禮，五體觀乾爲先王，二至四體震爲長子主器，坤爲順，四以柔際剛，震體坤順以接乾神也。鄭以爲天子大臣出會諸侯，主國待之之禮，四承九五，天子大臣之象。九二互體震爲諸侯，王人位諸侯之上，震動坎聚，故四象出會諸侯，主國待之隆禮極敬，尊王之義也。敬則用祭器，信必由中，乃可薦鬼神羞王公。鄭、虞説於象義並協，皆有孚心亨之道。或曰"尊酒簋"，謂尊酒而又設簋，《詩》所謂"釃酒有藇""陳饋八簋"也。"貳用缶"，謂更有玄酒之尊副之俱用缶也。

納盧、周作"内"，注同。**約自牖，終无咎。**

虞翻曰：坎爲"納"也四陰小，故"約"，艮爲"牖"，坤爲户，艮小光照户牖之象。貳用缶，故"納約自牖"，得位承五，故"无咎"。

崔憬曰：於重險之時，居多懼之地，近三而得位，比五而承陽，脩周作"修"。其絜誠，進其朱誤"共"。忠信，則雖祭祀省薄，明德惟馨，故曰"尊酒簋，貳用缶"。"納約"，文王於紂時行此道，從羑里納約卒免於難，故曰"自牖，終无咎"也。

補　"牖"，陸作"誘"。《釋文》。

釋曰　四陰小，故稱"約"。坤爲"户"，艮陽在坤上，小光照户，"牖"之象。《説文》"牖，穿壁以木爲交窗也，所以見日"，是其義。"納約自牖"，葢謂祭末陽厭之禮。《有司徹》云："納一尊于室中，司宮闔牖户。"注云："陽厭殺，無玄酒，約即殺義，謂省約。"虞云："貳用缶，故納約自牖。"葢祭時禮盛，尊兩壺于房户之閒，所謂"貳用缶"，至陽厭禮殺，省約納之，止一尊，故曰"納約"。"納約"則闔牖户，而牖爲交窗，仍通小光，納尊室中，葢在北墉下當户，爲牖光所及之處。主人齊敬之誠，陶陶遂遂，自牖望室中，若神之厭飫然，故曰"自牖"。納省約之禮以致其心之精誠,自牖而通於神明,所謂"相在爾室,尚不愧於屋漏",此虞義也。鄭以賓禮言,則"約",謂約信。禮,賓席户牖閒,尊簋貳缶,隆禮竭誠,自牖前獻賓達其明信,故"納約自牖"。春秋列國相會饗,每於行禮敬怠,決其盟誓之信否,國家之安危。"納約自牖",結信以禮,不在壇上載書之時,而在席前獻賓之際也。賓祭之禮誠敬如是,則何險不孚,故"終无咎"。陸氏"牖"作"誘","誘",道也,謂以禮自道達誠意。崔氏謂"尊酒用簋,副尊用缶",皆質樸省約,文王於羑里行此道,牖、羑古字通,别一義。"納約,卒免於難","納約"二字,似當在下句"故曰"下。

《象》曰:樽酒簋貳,盧、周無"貳"字。剛柔際也。

虞翻曰:乾剛坤柔,震爲交,故曰"剛柔際也"。

補　一本無"貳"字。《釋文》。

釋曰　姚氏曰:"際,交際也,四上承五,薦鬼神,羞王公,故剛柔際。"案:此傳,《釋文》本無"貳"字,云一本有。有"貳"字,則謂尊酒於簋,而又設玄酒爲貳尊,剛柔相接以誠也,納約之義在其中矣。無"貳"字,則舉首句以包下文,剛柔相接,故舉尊酒簋之禮,以至誠孚神人也。

九五:坎不盈,祗盧、周作"禔",注同。既平,《釋文》:祇,音支,又祁支反。无咎。

虞翻曰:"盈",溢也,艮爲止,謂水流而不盈。坎爲"平","祗",安也,艮止坤安,故"祗既平"。得位正中,故"无咎"。

補 鄭康成曰："祇"，當爲"坻"，小丘也。雅雨本"坻"誤"祇"。
"祇"，京氏作"褆"。音支，又上支反。並《釋文》。

《説文》："褆"，安也，《易》曰"褆既平"。

釋曰 五剛中正，濟險之主，備言坎德。"坎不盈"，水泛溢爲盈，坎所以止水之泛溢。水由地中行，盈則進而放乎海，不溢出坎外，故"坎不盈"。盈虛者，《易》之大義。乾息爲盈，坤消爲虛，坎剛柔始際，陽息尚微，雷雨之動未能滿盈。在水則以不盈爲德，故《象》曰"水流而不盈"。水行有常，安流潤下，所謂"習坎有孚"。不盈則水陷坎中，爲陽陷陰中未盛大之象，爻因水德以著消息，故《象》曰"坎不盈，中未大也"。"祇既平"，"祇"本"神祇"之"祇"，从示，氏聲。虞訓"安"，則以爲"褆"之叚借，氏、是聲同，古多通用。"平"者，安之至，坤德安，水性平，乾元交坤成坎，故"祇既平"，言水行順軌不上溢安流既平也。君子有盛教若愚，自視欿然，安志平心，素位而行，物我一體，蓋取諸此。鄭以言平則安義自見，故破字爲"坻"，坻从氏聲，音義皆別，故云"當爲"。姚氏曰："《爾雅》'小沚曰坻'，謂水中小丘可居者。坎水艮山，陽陷陰中，故不言山而言坻。五在艮上，故'既平'，謂不險也。"案："平"，如"東原底平""蔡蒙旅平"之"平"，水盈溢出坎，則懷山襄陵，"坎不盈"，則高下各得其宜，水中小丘亦平安可居。二在坎下，故"坎有險"，五在坎上，故"坻既平"。坎險爲咎，五得位正中，有不盈安平之德，險由此濟，故"无咎"。

《象》曰：坎不盈，中未大盧、周作"光大"。**也。**

虞翻曰：體屯五中，故"未光大也"。

釋曰 經以不盈言水德，即以見陽息未盈之象。坎五正中，大之始而猶未大也。傳云"中未大"，虞引屯五兼言"光大"，增成其義，或虞本此傳有"光"字，以不見《釋文》，未敢增。

上六：係用徽纆，寘于叢棘，三歲不得，凶。

虞翻曰："徽纆"，黑索也，觀巽爲繩，艮爲手，上變入坎，故"係用徽纆"。朱誤"繩"。"寘"，置也。坎多心，故"叢棘"，獄外種九棘，故稱"叢棘"。二變則五體剝，剝傷坤殺，故"寘于叢棘"也。"不得"，謂不得出獄，艮止坎獄。乾爲"歲"，五從乾來，三非其應，故曰"三歲不得，凶"矣。

補 "係"，鄭作"繫"，曰："繫"，拘也。爻辰在巳，巳爲蛇，蛇之蟠屈似徽纆也。三、五互體艮，又與震同體，艮爲門闕，于木爲多節，震之所爲有叢拘之類。門闕之內，有叢木多節之木，是天子外朝左右九棘之象也。外朝者，所以詢事之處也。左嘉石，平罷民焉，右肺石，達窮民焉。罷民，邪惡之民也。上六乘陽，有邪惡之罪，故縛約徽纆置于叢棘，而後公卿以下議之。自"上六乘陽"至此，又見《詩·正月》正義，"上六"無"六"字，"約"作"以"，"後"作"使"。其害人者，置之圜土而施職事焉，以明刑恥之。能復者，上罪三年而赦，中罪二年而赦，下罪一年而赦。不得者，不自思以得正道，終不自改而出圜土者殺，故凶。《公羊傳·宣元年》疏。

劉表曰："徽纆"，索名，所以禁囚。《唐律疏》表注。

虞翻曰：以置九棘，取改過自新。《口訣義》。

"寘"，劉作"示"，曰："示"，言眾議於九棘之下也。

《子夏傳》作"湜"。

姚作"寔",曰:"寔",置也。

張作"置"。並《釋文》。

《周禮·朝士》注引作"係"作"示"。

釋曰　坎爲法律,所以正名分,明順逆,陰承陽爲順,乘陽爲逆。上六乘陽,又二變體比"後夫",故著圜土收教罷民之法。"係用徽纆",縛罪人以黑索也。上爻辰在巳爲蛇,蛇蟠屈似徽纆,又觀巽爲繩,艮爲手,上變手持繩動臨坎獄,故象係縛罪人。"寔",置也。坎於木爲堅多心,互體震艮,震春草木叢生稽拘。艮爲門闕,又於木爲堅多節。門闕之内有叢拘多心多節之木,外朝九棘之象。外朝爲詢事之處,公卿以下平罷民於此,《王制》所謂"聽之棘木之下"。"寔于叢棘",議其罪也。古寔、示字通,劉作"示",義大同。《子夏》作"湜",寔之借字。"寔",置也。棘樹於外朝,虞云"獄外種九棘",未知何據,或以將入圜土,謂之獄外耳。凡罷民,以明刑恥之,書其罪於大方版,著其背,罪輕者坐諸嘉石而役之,以朞年九月以下爲期。其害人者,寔諸圜土而役之,以三年二年一年爲期,此稱"三歲不得",則是將入圜土者。"圜土",獄象也,"三歲不得"者,坎爲陷,上體三爻至上而窮,乘陽无應,故"三歲不得"。虞氏則謂五體乾爲歲,上乘五而應在三,三敵應,故"三歲不得"。圜土之法,本冀其動心忍性、改過自新而出之。至三歲之久,猶不自思以得正道,則是怙惡不悛,非眚惟終,於法不得出,出則殺,如後世嚴懲越獄之比。先王視民如傷,有不率教而麗於法者,若己推而納諸坎窞之中,"三歲不得",君子以爲德教之不行也,故"凶"。

《象》曰：上六失道，凶三歲也。

《九家易》曰：坎爲叢棘，又爲法律。案《周禮》：王之外朝，左九棘，右九棘，面三槐，司寇公卿議獄於盧、周作"于"。其下。害人者加盧、周誤"如"。明刑，任之以事。上罪三年而朱、盧脱"而"字。舍，中罪二年而舍，下罪一年而舍也。　案：坎於木堅而多心，"叢棘"之象也。坎下巽爻，巽爲繩直，"係用徽纆"也。馬融云："徽纆，索也。"劉表云："三股爲徽，兩股爲纆，《釋文》引劉注兩"爲"字作"曰"。皆索名，以繫縛其罪人矣。"

　　<u>釋曰</u>　乘陽故失道，凶在三年之後，故云"凶三歲"。失道至三歲而後決其凶，此先王不忍棄其民之仁也。天下不祥少年皆收教之，驅之爲善，其桀惡不可化者，不過千萬中之一二。又與眾棄之，使流賊亂黨無自而起，此先王保民之仁也。初失位稱"失道"，上得位亦稱"失道"者，甚乘陽之罪，各自爲義。

離

《序卦》曰：陷朱作"陷"，注同。必有所麗，故受之以離。盧、周作"离"，下同。離者，麗也。

崔憬曰：物極則反，坎雖陷於地，必有所麗於天，而當爲"故"。受之以離也。

　　<u>釋曰</u>　乾元入坤，陽陷陰中，則陰附麗於陽以生物，此陷則彼麗也。物不可以終陷，必有所附麗而起，先陷而後麗也。

☰ _{離下離上} **離。利貞，亨。**

虞翻曰：坤二、五之乾，與坎旁通，於爻，遯初之五，柔麗中正，故"利貞，亨"。

補 "離"，宋本《乾鑿度》作"离"。《廣韻》："离，卦名。"

畜牝牛吉。《釋文》：牝，頻忍反，徐又扶死反。

虞翻曰：畜，養也。坤爲牝牛。乾二、五之坤成坎，體頤養象，故"畜牝牛吉"。俗説皆以離爲牝牛，失之矣。

釋曰 "離"，麗也，陰麗陽也，象火。"地二生火"，所受天陽，凝於中而發於外，其精爲日，乾陽照坤，坤含之以生萬物，皆麗義。乾二、五之坤成坎，則坤二、五之乾成離。離下有伏坎，坎五爲乾元正位，重離麗乎乾元之正，上體利變正成既濟，故"利貞"。重明麗正，五爲麗乾出坎之主，柔麗中正，陽由此出，坎離通，故"亨"。陽必由坤而亨，是以"畜牝牛吉"。成既濟，上離爲坎，消息之義，乾盡歸離而出於坎。五正則二體皆由離變坎，復震於是乎息，皆"亨"也。"畜牝牛"，舊説據由坎成離，坎陽爲離陰所附麗，故"畜牝牛"。虞據離當變坎，取坎象以説離義，所畜牝牛，即坤二、五。張氏曰："坤者，乾之牝、離之陰麗乎坎之陽也。唯坎中正，故能麗坤。出坎由五，五中正爲坤所附麗。"象雖異，理實一，坎麗離即乾畜坤，離，坤之中氣也。"離"，宋本《易緯》作"离"，《廣韻》疑即本緯文，惠氏、張氏皆據之。《釋文》不載諸家經本異字，今仍其舊。

《象》曰：離，麗也。

荀爽曰：陰麗於陽，相附麗也。亦爲別離，以陰隔陽也。"離"者，火也,託於木,是其附麗也。煙燄各本並誤"燄"飛升,炭灰降滯,是其別離也。

　　釋曰　別離之説,據九四言之,非《象》義。

日月麗乎天。

虞翻曰:乾五之坤,成坎爲月,離爲日,日月麗天也。

　　釋曰　離爲日,乾五之坤,乾成離則坤成坎,故兼月言。月受日光,皆乾元亨坤所爲,故日月麗乎天。

百穀草木麗乎土。盧、周作"地",注同。

虞翻曰:震爲"百穀",巽爲"草木",坤爲土。宋誤"二",脱一筆。乾二、五之坤成坎震體屯,"屯者盈也,盈天地之閒者唯萬物",萬物出震,故"百穀草木麗乎土"。

　　補　"麗乎土",《説文》作"䕻於地"。

王肅亦作"地"。《釋文》。

　　釋曰　虞注"五"葢衍字,此與釋坎"天險""地險"同例。乾二之坤,坤下體成坎互震,乾下體成離互巽,乾五已之坤,坎二至上體屯,萬物出震,皆坤元受乾亨而成,故"百穀草木麗乎土",土即地。據《説文》,則古本有作"地"者,麗、䕻義同,趙鈔宋本《説文》及《繫傳》作"麗"。

重明以麗乎正,乃化成天下。

虞翻曰:兩象,故"重明","正",謂五陽。陽變之坤,"坤"字當重。來化乾,以成萬物,謂離日"化成天下"也。

　　釋曰　離爲明，兩象皆離，故“重明”。離下有伏坎，坎五爲乾元正位，乾二、五之坤成坎，則坤二、五之乾成離，以重明麗乎乾元之正，上體乃由離變坎，成既濟，故“化成天下”。此乾陽照坤，日繞地而行，地受天陽，附麗而化育之，以成萬物之象。由重明而成既濟，故離日化成天下。天秉陽垂日以照地，月受日光，時行物生，皆日之爲也，此指説“利貞”。

柔麗乎中正，故亨。

　　虞翻曰：“柔”，謂五陰，“中正”，謂五伏陽。出在坤中畜牝牛，故下當脱“柔麗”二字。“中正”而“亨”也。

　　釋曰　伏陽出五，貞即亨也。五正則二體皆變成坎，貞而亨也。離下伏坎，坎五中正爲坤所麗，是謂“畜牝牛”。於離既變坎，陽出在坤中體頤見其象，五陽畜坤，故柔麗中正而亨，此據張説申虞義。或曰，乾坤交索，先坎後離，消息雖由離變坎。此注不必如張説，直謂乾二、五出之坤“畜牝牛”，故柔麗乾元中正，而陽由此亨耳。

是以畜牝牛吉也。

　　荀爽曰：“牛”者土也，生土於火。離者陰卦，牝者陰性，故曰“畜牝牛吉”矣。

　　釋曰　離中陰，坤之中氣。乾動成離，以麗坤中氣，是“畜牝牛”，所以亨也。此條蓋經下注，李移於此。

《象》曰：明兩作，離。

　　虞翻曰：“兩”，謂日與月也。乾五之坤成坎，坤二之乾成離，離坎，日月之象，故“明兩作，離”。“作”，成也，日月在天，動成萬物，故稱“作”矣。或以日與火爲“明兩作”也。

補　荀爽曰：“作”，用也。《釋文》。

釋曰　虞以日光被月，故云“兩謂日與月”。然《彖》、《象》言“明”皆專指離，“明兩作”，謂明出地上，日日相繼而起，是附麗之義，故爲離。荀訓“作”爲“用”者，“離”，日也，火也，在天者用其精，在地者用其形，故“兩作”。

大人以繼明照于四方。

虞翻曰：陽氣稱“大人”，則乾五“大人”也。乾二、五之光繼日之明。坤爲“方”，二、五之坤，震東，兑西，離南，坎北，故曰“照于四方”。

補　鄭康成曰：“作”，起也。《釋文》。“明兩”者，取君明，上下以明德相承，其於天下之事無不見也。《文選》謝宣遠《張子房詩》注。明明相繼而起，大人重光之象，堯、舜、禹、文、武之盛也。《漢上易》。

釋曰　虞以繼明爲月繼日之明，變坎出震之義。鄭以爲兩離相繼，君明臣良，父作子述，堯、舜、禹、文、武重光之象。重明以麗乎正，成既濟，體兩離，嚮明而治，萬物皆相見，是“照於四方”。

初九：履錯然，敬之无咎。

荀爽曰：火性炎上，故初欲“履錯”於二。朱誤“三”。二爲三所據，故“敬之”則“无咎”矣。

補　“錯”，鄭、徐七各反，馬七路反。《釋文》。《周禮·弓人》注引《易》“履錯然”，李云“鄭且苦反”。《周禮》。《釋文》。

釋曰　荀意初欲比二，有所措施，二爲三所據，或未能比初，故初必敬慎審處，以辟上干躁進之咎。惠氏曰：“‘履者禮也’，有上下然後禮義有所炎。初得正，履有所錯，故‘履錯然’。乾爲敬，初、四敵應，四‘炎如其來如’，與初相犯，故‘敬之无咎’。”似較荀爲長。此讀“錯”爲“措施”之“措”，與馬及《周禮》鄭注同。鄭《易注》讀七各反，蓋訓“錯”爲“雜”。初以四爲正應，四失正惡人，與初敵，初處之難，故“錯然”。疑於應，疑於毋應也，敬以辟之，則“无咎”，謂守正不應四。

《象》曰：履錯之敬，以辟咎也。

王弼曰：“錯然”，敬慎之貌也。處離之始，將進其盛，“其”注疏本作“而”，此下有“未在既濟”四字。故宜慎所履，以敬爲務，辟其咎也。

釋曰　此經下注。焦氏曰：“王讀如‘錯愕’之‘錯’。”案：王云“未在既濟”，則亦以爲離上未變，初、四敵應也。惠氏曰：“四來犯初，咎，謂四。”

六二：黃離，元吉。《象》曰：黃離元吉，得中道也。

侯果曰：此本坤爻，故云“黃離”。來得中道，所以“元吉”也。

補　鄭康成曰：離，南方之卦，離爲火，土託《御覽》作“寄”。位焉。土色黃，火之子，喻子有明德，能附麗於《初學記》。《御覽》“於”下有“其”字。父之道，文王之《御覽》作“太”。子發旦《御覽》無“旦”字。是也。《文選》注止此，《初學記》無此句。慎成其業，故吉矣。《文選》顏延年《應詔讌曲水作詩》注。《初學記·皇太子部》。《御覽》一百四十六。

釋曰　地色黃。土者，地之質，火之子。坤元麗乾以息復，復震體坤以承乾，皆"黃離"之義。"元"，坤元凝乾元也，大人繼明出震由此，故"元吉"。"黃"者，中也，二得中正，《象》曰"得中道"，明坤元正位在下中。"離"者，麗也。重明麗正，二、五皆麗乎乾元，而五以乾元出坎爲義，二以坤元凝乾爲義，故《彖》言"柔麗中正"主五，而爻繫"黃離元吉"在二。

九三：日昃之離，盧、周作"昊"，注同。

荀爽曰：初爲日出，二爲日中，三爲日昃，以喻君道衰也。

補 《説文》"昃"作"厢"，曰：日在西方時側也，《易》曰"日厢之離"。"昃"者，"厢"之變。"昊"，俗字。

王嗣宗作"仄"。《釋文》。

不鼓缶而歌，則大耋朱作"耊"，注同。**之嗟，**盧、周作"差"。案：《釋文》但言荀作"差"，《九家》不必同。《集解》此條引《九家》，似仍當作"嗟"。**凶。**《釋文》：耋，田節反，王肅又他結反。嗟，如字，王肅又遭哥反。

《九家易》曰："鼓缶"者，以目下視，離爲大腹，瓦缶之象，謂不取二也。"歌"者，口仰向上，謂兌爲口而向上，取五也。"日昃"者，向下也，今不取二而上取五，則上九耊之。陽稱"大"也，"嗟"者，謂上被三奪五，憂嗟窮凶也。火性炎上，故三欲取五也。

補 鄭康成曰：艮爻也，位近丑，丑上值弁星，弁星《爾雅·釋器》疏引"弁星"二字不重。似缶。《詩》云"坎其擊缶"，則樂器亦有缶。《詩·宛丘》正義。"大耋"，謂三字依姚氏補。年踰七十。《詩·車鄰》正義。《禮記·射義》正義"踰"作"餘"，末有"也"字。

馬融曰：七十曰耋。

王肅曰：八十曰耋。

“鼓”，鄭作“擊”。

“耋”，京作“絰”，蜀才作“咥”。

“嗟”，荀作“差”。“嗟”下，古文及鄭無“凶”字。並《釋文》。

釋曰 《九家》釋“缶”象是也，其分“鼓缶”與“歌”爲二，疑非也。“鼓缶而歌”，猶云取瑟而歌耳。上九耋之，蓋以“耋”爲“咥”之叚借，訓“齧”。讀經則“大耋之”爲句，“嗟凶”爲句，謂日昃當下，但可據二，若不度德而上取五，奪上所據，則上九必來齧之，三變成噬嗑也。“嗟凶”者，上因三奪五而憂嗟窮凶，所以咥也，義似迂曲，且不辭。古人以作樂喻勤政，《詩》曰“既見君子，竝坐鼓瑟，今者不樂，逝者其耋”。日昃之離，雖麗於天，其明不久，苟不能自强於政治，如善歌者使人繼其聲，則垂暮無成，衰亂可悲矣，故“凶”。三艮爻，又坎艮伏下，艮手稱擊，兌爲口、爲説，伏震爲笑言，三得位，有“鼓缶而歌”之象。不如是，則乾老爲耋，體大過死，亦其時也，故以爲戒。京作“絰”，喪服也，所謂“苴絰大搹”。蜀才作“咥”，蓋訓“覺悔”，義見訟卦。“差”，古文“嗟”。鄭無“凶”字，“大耋之嗟”則凶矣，義同。

《象》曰：日昃之離，何可久也。

《九家易》曰：日昃當降，何可久長。三當據二以爲鼓缶，而今與四同取於五，故曰“不鼓缶而歌”也。

釋曰 《九家》謂日昃難久，不可更勤遠略，有是理也，而未必爻義也。“何可久”，謂當及時勉行以善其後耳。

九四：突盧、周作"炎"，注同。**如其來如。焚如，死如，棄如。**
《釋文》：突，徒忽反，王肅唐屑反，舊又湯骨反。

荀爽曰：陽升居五，光炎宣揚，故"突如"也。陰退居四，灰炭降墜，故"其來如"也。陰以不正居尊乘陽，歷盡數終，天命所誅，位喪民畔，下離所害，故"焚如"也。以離入坎，故"死如"也。火息灰損，當爲"捐"。故"棄如"也。

補　鄭康成曰：震爲長子，爻失正，又互體兌，兌爲附決，今《周禮》本"子"上誤多"注"字。子居明法之家而無正，何以自斷當爲"繼"。其君父不當爲"之"。志也。"突如"，震之失正，不知其所如，又爲巽，互巽。巽爲進退，不知所從。不孝之罪，五刑莫大焉。得用議貴之辟刑之，若當爲"各"。如所犯之罪："焚如"，殺其親之刑；"死如"，殺人之刑也；"棄如"，流宥之刑。《周禮·秋官·掌戮》疏。

或稱"突"，京、鄭作"炎"。《晁氏易》。

《説文》：𠬛，不順忽出也，從倒子，《易》曰"突如其來如"，不孝子突出不容於内也。"𠬛"，即《易》"突"字也。"炎"，或從倒古文子。此依小徐本，大徐此下有"即《易》𠬛字"一語，豈《易》舊本有作"炎"者，鼎臣所見與晁氏所稱鄭《易》同，加此四字，謂《易》之𠬛字如是作歟？《釋文》不云"《説文》作炎"，許、鄭皆以"突如"爲不孝子，蓋此爻正義，虞亦然。

《鹽鐵論》曰：《易》曰"焚如棄如"，處非其位，行非其道，果隕其姓以及厥宗。《雜論篇》。

釋曰　荀以陽升陰降言，與大壯之需四升五降同義。"突如其來如"，以火喻，謂光突然炎上而灰來降下，所謂別離也。據二、五爻辭皆吉，柔麗中正，成既濟變坎由此。而上以乾出征坤折坤二、五爲義，則《易》取象非一，荀說葢有所受之。《鹽鐵論》說正與荀合，但以"突如"屬四，"其來如"屬五，文義似未協。此爻之義，當以許、鄭爲正。"突"者，"去"之借，不孝子悖逆無禮，出入飄忽，其狀突如，故造文者從倒子而謂之"去"。"突"與"去"音同義亦近，《易》之"突如"，即"倒子"之"去"也。四震爻，震爲長子，爻失正，體兌爲附決，父子骨肉相附麗而至於決去，由不孝悖逆也。震爲動，動失正，不知其所往，故"突如"，不容於內，故人驚愕見"其來如"。不孝之罪五刑莫大，雖世子，得以議貴之辟刑之。"焚如，死如，棄如"，各如其所犯輕重擬其刑。程迥《古占法》稱隋煬帝來江都，筮《易》遇此爻，後果爲宇文化及所弒，此天誅不孝之子，因《易》以聲其罪也。

《象》曰：突如其來如，无所容也。

《九家易》曰：在五見奪，在四見棄，故"无所容也"。

釋曰 張氏曰："四惡人无所容，故焚死棄。"《九家》申荀義，謂五陰在五見奪，在四見棄，惟沱嗟來下猶可耳。

六五：出涕沱若，《釋文》：出，如字，徐尺遂反，王嗣宗勑類反。涕，徐他米反，又音弟。沱，徒河反。

荀爽曰：六五陰柔，退居於四，出離爲坎，故"出涕沱嗟"周作"若"。而下，以順陰衍字。陽也。

補 鄭康成曰：自目出曰涕。《漢上易》。

"沱"，荀作"池"，一作"沲"。

"若"，古文作"端"。並《釋文》。

戚嗟盧、周作"差"。案：李引虞注，則經不當作"差"。**若，吉。**《釋文》：戚，千寂反。

虞翻曰：坎爲心，震爲聲，兌爲口，故"戚嗟若"。動而得正，尊麗陽，故"吉"也。

補　"戚"，《子夏》作"嘁"，子六反。曰：咨憋也。

"嗟"，荀作"差"。並《釋文》。

釋曰　李以荀義爲主，引虞葢斷章取之。"尊麗陽"，謂五降居四，尊陽而附麗之，實則此爻當以虞義爲正。五麗中正，伏陽出，張氏曰："離爲目，由離出坎，象水出目，故'出涕沱若'。五非正，懼而正，若大甲之思庸也。"案：虞云"尊麗陽"，謂五居尊而麗伏陽，故陽出而正。"若"，詞也，荀訓"順"。"沱"，荀作"池"，字體之變，如"蛇"亦作"虵"，"沲"，俗字。荀本經作"池差"，讀爲"沱嗟"，或李依所據經字改之。"啻"，"叕"之籀文，與"若"同音。

《象》曰：六五之吉，離王公也。《釋文》：離，音麗，梁武力智反。王嗣宗同。

《九家易》曰：戚嗟順陽，附麗於五，故曰"離王公也"。陽當居五，陰退還四，五當爲王，三則三公也。朱本"公"上無"三"字。四處其中，附上下矣。

補　"離"，鄭作"麗"。

王肅曰："麗"，王者之後爲公。並《釋文》。

釋曰　《九家》謂五降居四，以王者之後爲諸侯，附麗王與三公之間，王肅說亦大同，而於文義殊不安。虞注謂"尊麗陽"，則王公謂乾五伏陽，五麗之，陽出之正，故"吉"，當爲此傳正義。

上九：王用出征，有嘉折首，獲匪其醜，无咎。

虞翻曰："王"，謂乾，乾二、五之坤成坎，體師象，震爲"出"，故"王用出征"。"首"，謂坤二、五來折乾，故"有嘉折首"。"醜"，類也，乾征得坤陰類，乾陽物，故"獲非其醜，无咎"矣。

補　劉向上疏曰：言美誅首惡之人，而諸不順者皆來從也。

釋曰　虞云"首，謂坤二、五來折乾"，張氏曰："离之二、五也，伏陽出，先折二、五，故曰'折首'。二、五曾折乾者，故謂之'首'。"案：兌爲毀折，乾爲首，此取乾象以言坤。"首"，謂首惡，坤二、五也，坤二、五麗乾，而上象如此者，陰陽合則同功，離則異氣。諸爻言陰麗陽，言乎其合也，此言陽征陰，言乎其離也，此繼治繼亂之異，故"離"訓"麗"，又有別離之義。此卦六爻，李氏惟上九引虞，餘多引荀、《九家》，蓋以爲初當敬守，二得中，三當據二，若妄動取五，則上與敵應來咥之。四與五易，則上亦變，成既濟，乾陽征坤，誅除首惡，五既正位，陰皆從陽矣。今取鄭、虞義補之。

《象》曰：王用出征，以正邦也。

虞翻曰：乾五出征坤，故"正邦也"。

補　王肅本此下有"獲匪其醜，大有功也"二句。《釋文》。

釋曰　此肅妄增。

曹元弼 著

吳小鋒 整理

周易集解補釋

（下冊）

上海人民出版社

卷第七

周易下經、彖下傳、象下傳

此題今補。

咸

《序卦》曰：有天地，然後有萬物。有萬物，然後有男女。有男女，然後有夫婦。有夫婦，然後有父子。有父子，然後有君臣。有君臣，然後有上下。有上下，然後禮義有所錯。

韓康伯曰：言咸卦之義也。咸"柔上而剛下"，"感應以相與"，夫婦之象莫美乎斯。人倫之道莫大夫婦，故夫子慇勲作"殷"。慇深述其義，以崇人倫之始，而不係之於盧、周無"於"字。離盧、周作"离"，後同。也。先儒以乾至離爲上經，天道也；咸至未濟爲下經，人事也。夫《易》六畫成卦，三材必備，錯綜天人，以効變化，豈有天道人事偏於上下哉。斯蓋守文而不求義，失之遠矣。

補　孔穎達曰：上經不專天道，下經不專人事。但孔子序卦不以咸繫離，《繫辭》云"二篇之策"，則是六十四卦舊分上下。乾坤象天地，咸恆明夫婦，乾坤乃造化之本，夫婦寔人倫之原，因而擬之，何爲不可。天地各卦，夫婦共卦者，乾坤明天地初闢，至屯乃剛柔始交，故以純陽象天，純陰象地。則咸以明人事，人物既生，共相感應，若二氣不交，則不成於相感。自然天地各一，夫婦共卦。

釋曰　《易》每卦每爻，皆本天道以訓人事，一卦六爻，又分三才。上下篇建首，及泰、否、坎、離、損、益、既未濟之等，又略以天道人事分，言豈一端，韓伯之説固矣。

䷞ 艮下兌上 咸。亨利貞，取女吉。

虞翻曰："咸，感也"，坤三之上成女，乾上之三成男，乾坤氣交以相與，"止而説，男下女"，故"通利貞，娶盧、周作"取"，下同。女吉"。

鄭玄曰："咸，感也"，艮爲山，兌爲澤，山氣下，澤氣上，二氣通而相應以生萬物，故曰"咸"也。其於人也，嘉會禮通，和順於義，幹事能正，三十之男有此三德，以下二十之女，正而相親説，娶之則吉也。

補　《荀子》曰：《易》之咸見夫婦，夫婦之道不可不正也，君臣父子之本也。咸，感也，以高下下，以男下女，柔上而剛下，聘士之義，親迎之道，重始也。《大略》文。

取，亦作"娶"。《釋文》。

釋曰　張氏曰："貞，謂初、四易位，少男下少女，親迎之義。初、四正，則中男正乎外，中女正乎内，故'取女吉'。"案："娶"，正字，"取"，叚借字。朱本注"取"字皆作"娶"，或注以"娶"釋"取"，所謂古今字。

《彖》曰：咸，感也。柔上而剛下，二氣感應以相與。

蜀才曰：此本否卦。案：六三升上，上九降三，是"柔上而剛下，二氣交感以相與也"。

[補] 鄭康成曰："與"，猶親也。《釋文》。

止而說，男下女，是以亨利貞，取朱作"娶"。**女吉也。**

王肅曰：山澤以氣通，男女以禮感。男而下女，初婚之所以爲禮也。通義正，娶盧、周作"娶"。女之所以爲吉也。

[釋曰] 惠氏曰："'止'，艮，'說'，兌，艮男、兌女。男先於女，故'男下女'。"案：感應相與，"亨"也。"止而說"，"利貞"也。"男下女"，"取女吉"也。"止"者，止於正，凡嘉會禮通，必各止於正而後相親說。故男女無媒不交，無幣不相見，敬慎重正而後親之。男必下女，而後夫婦之禮行，室家之道正。卦名"咸"，取乾坤交感相通，而有止而說之德，男下女之象，是以云"亨利貞，取女吉也"。王肅說大旨不謬，而文義未甚協，故釋之。

天地感而萬物化生，

荀爽曰：乾下感坤，故萬物化生於山澤。

陸績曰：天地因山澤孔竅以通其氣，化生萬物也。

[釋曰] 天地交感，山澤通氣，則雲行雨施，品物流形，此咸反泰成既濟之事。

聖人感人心而天下和平。

虞翻曰：乾爲"聖人"，初、四易位成既濟，坎爲"心"、爲"平"，故"聖人感人心而天下和平"。此保合大虞、周作"太"。和，品物流形也。

釋曰　"保合大和"，天下和平也，"品物流形"，萬物化生也，極言咸之亨而利貞。

觀其所感，而天地萬物之情可見矣。

虞翻曰：謂四之初，以離日見天，坎月見地，縣象著明，萬物見離，故"天地萬物之情可見"也。

《象》曰：山上有澤，咸。

崔憬曰：山高而降，澤下而升，山澤通氣，咸之象也。

君子以虛受人。

虞翻曰："君子"謂否乾，乾爲"人"，坤爲"虛"，謂坤虛三受上，故"以虛受人"。艮山在地下爲謙，在澤下爲虛。

釋曰　乾以坤受陽施，君子有乾德，而體坤虛以受人，所以天下之善感之而至。

初六：咸其拇。虞、周作"母"，注同。《象》曰：咸其拇，志在外也。

虞翻曰："拇"，足大指也，艮爲指，坤爲"母"，朱作"拇"，誤。故"咸其拇"。失位遠應，之四得正，故"志在外"，謂四也。

補　馬、鄭、薛皆曰："拇"，足大指也。

荀爽"拇"作"母"，曰：陰位之尊。子夏作"踇"。並《釋文》。

釋曰　初志在四，以取女言，則女子許嫁繫纓，有從人之端也。以感人心言，則臣民繫心於君，望治之義也。四感初，初動應四，易位各正，則咸成既濟矣。荀作"母"，"拇"之叚借，"拇"者足大指，指之母。"拇"之名取義於"母"，"母"，陰位之尊者，四陰位而在上體當之。四感初，初爲足，不曰"咸其趾"而曰"咸其母"，明初當之四也。"踇"，"拇"之別體。

六二：咸其腓，凶，居吉。《象》曰：雖凶居吉，順不害也。

崔憬曰："腓"，腳膊諸家並誤"膞"，惟周本作"膊"，是，今從之。次於拇盧、周作"母"。上，二之象也。得位居中，於五有應，若感應相與，失艮止之禮，故"凶"。居而承比於三，順止而隨於當禮，周作"禮當"。故"吉"也。

補　鄭康成曰："腓"，膞腸也。膞，市臠反。

荀爽"腓"作"肥"，曰：謂五也，尊盛，故稱"肥"。

王廙曰："腓"，腓腸也。並《釋文》。

《京氏傳》曰：六二待聘，九五見召，二氣交感，夫婦之道體斯合也。

釋曰　據鄭上六注義，則諸爻言"咸"者，謂動而感人，崔注葢本鄭義。"咸其腓"，謂動其腓以感五。京氏謂六二待聘，則二必待五感而後應。今五比上志末，感未及二，而二動其腓以感之，是女自獻其身，仕不由其道，故"凶"。居中守正，惟其感之當禮者是從，則"吉"。

崔以"順"爲順三,六爻分象取女,惠曰:五取上,三取二,初、四易,初取四。二當承三也。京氏謂二、五體合,初、四正,成既濟,六爻和會,五終應二。男既下女,女正位乎内,男正位乎外,全卦利貞之義也。二有正應,而在咸家慮其躁動,然得位居中,能靜而正,非遭"女壯"之比,故"雖凶居吉,順不害也"。"腓",即《禮經》腓胳字,"腨"之叚借,《説文》"腨,腓腸也"。荀氏作"肥",五尊盛而二感之,是懷利而慕君者,故戒以凶。

九三:咸其股,執其隨,往吝。盧誤"咎"。

崔憬曰:股脛而^{衍字}。次於腓上,三之象也。剛而得位,^{盧誤"中"。}雖欲感上,^{釋"咸其股"。}以居艮極,止而不前,二隨於己,志在所隨,故"執其隨"。下比二也,而當爲"如"。遂感上,則失其止^{盧、周作"正"。}義,故"往吝"窮也。

釋曰 崔説"咸其股"蓋鄭義,謂動其股以感上,説"執其隨"則同虞義。姚氏曰:"與上相感也。隨,謂初二,陰從陽,故稱'隨',此男下女之爻也。男已下女,女當正内,男當正外,三居陽位而執柔順之道以從上,是亦從婦者也,故'往吝'。"案:姚説甚當。

《象》曰:咸其股,亦不處也。志在隨人,所執下也。

虞翻曰:巽爲"股",謂二也,巽爲隨,艮爲手,故稱"執"。三應於上,初、四已變,歷險,故"往吝"。巽爲處女也,男已下女,以艮陽入兑陰,故"不處也"。凡士與女未用皆稱"處"矣。志在於二,故"所執下也"。

【釋曰】"故往吝"以上，經下注，李氏合之。虞云"股謂二"，張氏曰："三與二俱爲股，三、二相感，非謂二獨爲股，三當執守於二，二乃隨之。往，謂之上。應上。"又曰："當咸之時，已有男下女之象，故三、二同在巽體亦不處也。二女，三士。"案：虞意謂男已下女，三、二相感稱"咸其股"，女已從男，故"不處"。咸股有動象，三應在上，有往而感之之義，故"亦不處也"。然三志當在隨人者，謂二也，二隨三。所執者下於人之道，往就上則吝，謂三當守職以庇其下，不可侵官而願乎外也。然傳文語意似不如此，"亦不處"者，初、二皆有動義，三"咸其股"，是"亦不處也"。志在隨上六，不能特立守正，是所執卑下，故"吝"。

九四：貞吉悔亡。憧憧往來，朋從爾思。《釋文》：憧，昌容反，徐又音童，又音鐘。

虞翻曰：失位，"悔"也，應初動得正，故"貞吉"而"悔亡"矣。"憧憧"，懷思慮也，之内爲"來"，之外爲往，欲感上隔五，感初隔三，故"憧憧往來"矣。兌爲"朋"，朱誤"明"。少女也，艮初變之四，坎心爲思，故曰"朋從爾思"也。

【補】馬融曰："憧憧"，行貌。

王肅曰："憧憧"，往來不絶貌。

劉瓛曰：意未定也。

京作"𢤱"，《字林》云：遲也。丈冢反。 並《釋文》。

【釋曰】爻位四爲心，咸之主，心正則能正己以正人，使天下無不正之害，故"貞吉"而"悔亡"矣。"憧憧往來"，感初感上，未正而求正，正不在人而在己,感人者當反其所以感。四感初而易,正也,四來初往,則上不待感而自從。坎心爲思,兌爲朋,謂上也,四感初,初之四成坎,則上亦體坎,故"朋從爾思"。正己而物正,感人心而天下和平,如日月無私照,萬物皆相見,是謂"光大",此咸之大義。虞每云二陽爲朋,惟此朋指兌上,與艮同氣相求者,即艮所下之少女。張氏曰:"四與上非男女之感,故轉兌爲朋象。"京作"惲",遲難以求正。

《象》曰:貞吉悔亡,未感害也。

虞翻曰:坤爲害也,今未感坤,初體遯弑父,故曰"未感害"也。

釋曰　虞讀"未感"略逗,張氏曰:"未感則害,必貞吉乃悔亡。"

憧憧往來,未光大也。

虞翻曰:未動之離,故未光大也。

釋曰　"憧憧往來",所以求光大。

九五:咸其脢,《釋文》:脢,武悲反,又音每,王肅又音灰。无悔。

虞翻曰:"脢",夾脊肉也,謂四已變,坎爲脊,故"咸其脢"。得正,故"无悔"。

補　《子夏傳》曰:在背曰脢。

馬融曰:"脢",背也。並《正義》。

鄭康成曰:"脢",背脊肉也。《釋文》。

王肅曰:脢在背而夾脊。《正義》。

《説文》曰:"脢",背肉也,《易》曰"咸其脢"。

釋曰 張氏、姚氏之義，以四變，五陽正中體坎爲脊，四與上二陰夾之，象夾脊之肉，是謂"脢"，"脢"，背也。三爻通象脢，五當比上，上亦脢也。"咸其脢"，謂五感上。《象》曰"志末"，爻位初爲本，上爲末，人身心體爲本，四支爲末。脢不動，五、上俱體脢，非能相感。"咸其脢"者，五又體坎爲心，五藏皆附於背，而心爲之君，心正則順氣流通，由脢而達於四支，仁義禮智生於心，盎於背施於四體也。"咸其脢"，志在正末，本正而末從，心之用也。脢不動，見五不應二，嫌有悔，心正而氣自達於末，則六爻終應，故"无悔"。鄭義則當以"脢"專象五，"咸其脢"，謂動其脢以感上。脢在身之後，人所不見，"咸其脢"，迴顧其後也。上爲末在五後，故曰"志末"，言克勤小物，不遺微末，故"无悔"。

《象》曰：咸其脢，志末也。

案："末"，猶上也，四感於初，三隨其二，五比於上，故"咸其脢"。"志末"者，謂五志感於上也。

釋曰 三隨其二，謂隨其所據之二。"隨"，謂使之隨己。

上六：咸其輔頰舌。

虞翻曰：耳目之間稱"輔頰"，四變下脫"離"字。爲目，坎爲耳，兌爲"口舌"，故曰"咸其輔頰舌"。

補 馬融曰："輔"，上頷也。

虞作"酺"。並《釋文》。

《説文》曰："酺"，頰也。

"頮",孟喜作"俠"。《釋文》。

　[釋曰]　三感上,上比五,不得應三,徒送口説,虚辭相感而已,是"咸其輔頮舌"。上體坎而互與離連,坎爲耳,離爲目,是耳目之閒,又體兑爲口舌,輔頮舌者所以言。累三物爲象者,狀其言之多以見其無實也。張氏以三在離坎二體之閒爲輔頮,上體兑爲舌,三、上相感,取象亦通。鄭義則謂動其輔頮舌以感三,口惠而實不至,怨蕾及其身。上處咸末,咸道極薄,故著有辭無誠之戒。此爻大義,虞當與鄭同。"輔"者,"酺"之借,虞作"酺",《集解》經作"輔",因改注從經。輔在頮前,析言則異,許、虞皆以其相近統言之。"頮",孟作"俠",假借字。

《象》曰:咸其輔頮舌, 滕朱作"騰",注同。**口説也。**《釋文》:説,如字。

　虞翻曰:"滕",送也。不得之三,山澤通氣,故"滕口説也"。

　[補]　鄭康成曰:"滕",送也。咸道極薄,徒送口舌言語相感而已,不復有志於其閒。《正義》。

　"滕",《九家》作"乘",今本作"滕"。説,徐音脱,又始鋭反。《釋文》。

　[釋曰]　上不得應三,以山澤通氣,故有送口説之象。滕口説而無其志,是咸道極薄。上者,咸之所以成卦,然本否三小人,故以爲戒,明咸道主誠。鄭、虞皆作"滕",見《釋文》、《正義》,李氏引虞注訓"送",則經、注字皆當作"滕"。朱本作"騰"者,《禮經》"騰"爲"滕"之今文,今本作"滕",蓋"騰"之假借,"騰",猶揚也。豈舊本有作"騰"者,李氏斟酌古今而從之,并改注從經歟?然"騰"與"送"義雖相近,

究不可合爲一訓，故鄭注"公食大夫"禮云："騰，當作媵。媵，送也。"媵、騰形近，刊本易譌，當以惠校作媵爲是。"説"，讀如字，徐音脱，見其言之易，猶今人云"脱口而出"。又始鋭反，讀"遊説"之"説"。

恒

《序卦》曰：夫婦之道不可不久也，"可"下本篇有"以"字。**故受之以恒。恒者，久也。**

鄭玄曰：言夫婦當有終身之義。夫婦之道，謂咸者也。"者"字疑衍。

☴巽下震上恒。亨，无咎，利貞。

虞翻曰："恒，久也"，與益旁通。乾初之坤四，剛柔皆應，故"通，无咎，利貞"矣。

鄭玄曰："恒，久也"。巽爲風，震爲雷，雷風相須而養物，猶長女承長男，夫婦同心而成家，久長之道也。夫婦以嘉會禮通，故"无咎"。其能和順幹事，所行而善矣。

釋曰　恒自泰來，泰乾交坤，故"亨"。失位，"咎"也，剛柔皆應，長女承長男，嘉會禮通，夫婦道正，故"无咎"。"利貞"，謂恒當變成益，三陽德正獨不變，上應之，成既濟定。男正位乎外，女正位乎内，和義幹正，久於其道，如是則所行而善。上成孝敬，中和室家，下宜子孫，終始不厭，繼繼承承，勿替引之，其益无方矣，所謂"利有攸往"也。通故貞，貞而後往，天地之道、聖人之化所以恒久皆如是。

利有攸往。

虞翻曰：初利往之四，終變成益，則初、四、二、五皆得其正，終則有始，故"利有攸往"也。

釋曰 恒既正既濟而後成益，貞而後往，故利而可久。若不正而變，非徒無益，而又害之，其能久乎？恒乾通益坤，終變成益，所謂終則有始。

《彖》曰：恒，久也。剛上而柔下。朱脫"而"字。

王弼曰：剛尊柔卑，得其序也。

雷風相與，巽而動，

蜀才曰：此本泰卦。案：六四降初，初九升四，是"剛上而柔下"也。分乾與坤，雷也；分坤與乾，風也，是"雷風相與，巽而動"也。

釋曰 惠氏曰："震雷巽風，同聲相應，相應猶相與。與，猶親也。"姚氏曰："雷動風行，六爻皆應，故相與，言並起也。"

剛柔皆應恒。

《九家易》曰：初、四、二、五雖不正，而剛柔皆應，故"通无咎"矣。

釋曰 此經下注，李移於此。剛上柔下，尊卑得序，雷動之時，風行長養，相須成物，猶長女承長男同心成家。"巽"，入也，順也，入理而順動，初、四、二、五雖不正，而剛柔皆應，有易而各正之道，皆恒義。

恒，亨，无咎，利貞，久於其道也。

荀爽曰："恒"，震世也，巽來乘之，陰陽合會，故"通，无咎"。長男在上，長女在下，夫婦道正，故"利貞，久於其道也"。

[釋曰]　惠氏曰："恒，震宮三世卦，一世豫，二世解，三世而下體巽，故云'巽來乘原誤"承"。之'。"案：荀以震巽合爲亨，震下體變成巽，以承上震，陰陽合，剛柔應，故"亨，无咎"。由其亨无咎，則可貞，故"利貞"。長女承長男，夫婦道正，貞之義，故爻利變而之正，男正位乎外，女正位乎内也，"恒，亨，无咎，利貞"。失位者以之正爲貞，得位者以不易爲貞，初、四、二、五變之益，三不易方，上應之，成既濟。"一陰一陽之謂道"，久於其道，所以爲恒也。荀氏此條亦經下注，李以虞義爲主，故移於此。荀、虞取象異而義得相成，故通合解之。

天地之道，恒久而不已也。

虞翻曰：泰乾坤爲天地，謂終則復始，有親則可久也。

[釋曰]　所謂"恒"者，久於可久之道。天下之久者莫如道，道之大原出於天，天地之道，本恒久不已。"一陰一陽之謂道"，乾元之正，陽往則陰來，陰往則陽來。乾元之行，終始往復，無非一陰一陽。聖人法天地，立人倫，乾坤生六子，正也。消息之義，復震息至泰，又成乾，遘巽消至否，又成坤。泰乾下坤上爲天地交，初之四成恒，又體震巽，恒通益，互艮兑，六位正，成坎離。乾坤又歷生六子，故夫婦父子之道，終而始，始而終。伏羲别男女以爲夫婦而人道定，父子有親，人類相傳，永永不絶。類族辨物，而家道可久，君臣上下禮義皆由此起。天子至庶人，各思永保其祖父所傳之天下國家、身體髮膚，君仁臣忠，

上惠下順，而天下可久，此天之經地之義也。

利有攸往，終則有始也。

荀爽曰：謂乾氣下終，始復升上居四也。坤氣上終，始復降下居初者也。

釋曰 天地之道，恒久不已，至正而至變，至變而實至正，始而終，終而又始，所以不已。恒“利貞”，又云“利有攸往”者，終則又始也。謂否坤終則泰乾始，益正否坤，則恒息泰乾，恒終變成益，則乾元又始於初。惟正故能變，窮則變，變則通，通則久，以其正也。若不正而變，則攸往不利，其道窮而無以爲萬物始矣，此引伸虞義。荀氏則以乾升坤降言，謂乾始升，坤始降，泰本自復震息成乾，初之四又成震，是終則又始，與虞説“恒久不已”理互通。

日月得天而能久照，

虞翻曰：動初成乾爲“天”，至二離爲“日”，至三坎爲“月”，故“日月得天而能久照”也。

釋曰 虞就變益取象耳。日月麗乎天，皆乾元之行。一陰一陽之謂道，久於其道之義也。久照則日月往來，終則有始之義在其中矣。

四時變化而能久成。

虞翻曰：春夏爲“變”，秋冬爲“化”，變至二離夏，至三兌秋，至四震春，至五坎冬至，周删“至”字。故“四時變化而能久成”，謂乾坤朱本此下有“化”字。成物也。

釋曰 此注有譌，張曰："應云'變至二离夏兌秋，至三震春，至五坎冬'。"案：寒暑往來，變化消息，終則有始，既成萬物，皆日月之行，亦惟久於其道故然。

聖人久於其道而天下化成。

虞翻曰："聖人"謂乾，乾爲"道"。初、二已正，四、五復位，成既濟定。"乾道變化，各正性命"，有兩離象，重明麗正，故"化成天下"。朱有"矣"字。

釋曰 "久於其道"，如日月之得天而久照。"天下化成"，如四時之變化而久成。此"利貞"既濟之事，而"利有攸往"在其中矣。

觀其所恒，而天地萬物之情可見矣。

虞翻曰：以離日照乾，坎月照坤，萬物出震，故"天地萬物之情可見矣"，與咸同義也。

釋曰 恒體震，既濟，大極之象出震之本，成益則震初正乾元，萬物出震可見。

《象》曰：雷風，恒。

宋衷曰："雷以動之，風以散之"，二者常相薄而爲萬物用，故君子象之，以立身守節而不易道也。

君子以立不易方。

虞翻曰："君子"，謂乾三也，乾爲"易"、爲"立"，坤爲"方"。乾初之坤四,三正不動,故"立不易方"也。

> 釋曰　泰乾初之坤四爲恒,乾爻惟三得正不動,則初、四、二、五正而成既濟,故"立不易方"。

初六:浚恒,貞凶,无攸利。

侯果曰:"浚",深,"恒",久也。初本六四,自四居初,始求深厚之位者也。位既非正,求乃涉邪,以此爲正,凶之道也,故曰"浚恒,貞凶,无攸利"矣。

> 補　"浚",鄭作"濬"。《釋文》。

> 釋曰　侯意四居乾初之位,求深厚之地以自處而非其正,懷安以爲常,狡兔三窟以爲固,於君子利用安身之正道爲凶,无所往而利也。愚謂"浚"者,穿鑿以爲深。陽爲深,四之初,非深而求深,故"浚"。以此爲恒,道在邇而求諸遠,事在易而求諸難,雖正猶凶无攸利。凡應接事物,求望過深,盡歡竭忠,皆其象。"濬"與"浚"通。

《象》曰:浚恒之凶,始求深也。

虞翻曰:"浚",深也,初下稱"浚",故曰"浚恒"。乾初爲淵,故"深"矣。失位變之正,乾爲始,故曰"始求深也"。

> 釋曰　此條蓋删取經傳注合之。初自四下,遽欲變乾初,知小而謀大,欲速則不達,始而求深,故"凶"。初欲之正,故虞取"乾爲始"之象,或曰:當作"初爲始"。

九二:悔亡。

虞翻曰:失位,"悔"也。動而得正,處中多譽,故"悔亡"也。

【釋曰】動而得正，謂變之正也。姚氏則以爲動而之五得正，五處上中，本體二多譽。若然，則與荀同義。

《象》曰：九二悔亡，能久中也。

荀爽曰：乾爲"久"也，能久行中和，以陽據陰，故曰"能久中也"。

【釋曰】二得中，據初陰，升五定既濟，據四陰，是久行中和以陽據陰也。擇乎中庸，得一善，則拳拳服膺而弗失之，是能久行中和者。

九三：不恒其德，或承之羞，貞吝。

荀爽曰：與初同象，欲據初隔二，與五爲兌，欲説朱作"悦"。之隔四，意无所定，故"不恒其德"。與上相應，欲往承之，爲陰所乘，故"或承之羞"也。"貞吝"者，謂正居其所，不與陰通也，无居自容，故"貞吝"矣。

【補】鄭康成曰：得正，互體爲乾，乾有剛健之德。體在巽，巽爲進退，是"不恒其德"也。又互體爲兌，兌爲毀折，是將有羞辱也。《禮記·緇衣》正義。自"巽爲進退"以下，又見《後漢書·馬廖傳》注，"是不恒其德也"，作"不恒其德之象"；"爲兌"，無"爲"字；"是將"，作"後或"。張氏曰：《緇衣》正義不言此爲注文，證之《後漢書》注，則爲注無疑。《正義》或脱"注云"字耳。或，鄭作"咸"。《釋文》。

【釋曰】三得正，立不易方之君子也。爻乃以"不恒"爲戒者，恒爻多失正，三處其間，易於進退失據。如鄭、荀所言，處三之位，非定識定力之君子，未有不動而易方者。張氏曰："卦變成益，三、上失位，三宜立不易方，則上亦不變而既濟定，所謂聖人久於其道而天下化成也。乾爲德，坤爲恥，三不守乾，則二、四與爲坤，故‘或承之羞’。至承羞而後貞，雖正猶吝。”案：鄭、荀據本象，言其始；張據虞義推變，要其終。

《象》曰：不恒其德，无所容也。

《九家易》曰：言三取初隔二，應上見乘，是“无所容”。无居自容，故“貞吝”。

释曰　不恒其德，與人不壹，則人莫之與而傷之者至，故“无所容”。及其究也，且變而失正。惠氏曰：“諸爻皆正，三獨失位，故‘无所容’。”案：諸爻皆正，三獨以失正而不能濟，非益之道，衆咎之所歸也，故“无所容”，聖人之戒不恒深矣。

九四：田无禽。《象》曰：久非其位，安得禽也。

虞翻曰：“田”，謂盧誤“爲”，下“謂五”同。二也，地上稱田。“无禽”，謂五也。九四失位，利二朱誤“也”。上之五，己己，己四也，作“巳”者誤。變承之，故曰“田无朱誤“無”。禽”。言二、五皆非其位，故《象》曰“久非其位，安得禽也”。

释曰　“田”，獵也，“禽”，獲也。陽出征陰，二升五，則“田有禽”，今二、五皆非其位，二未獲五，故“田无禽”。明四利二上之五，己變而承之。張氏曰：“凡二、五易位者，四多利五變。”虞義如此。愚謂恒自泰來，泰二、五失位，二正五則田有禽。今二不之五而初出之四爲恒，求可久而非二、五各正之位，不能得陰而定既濟，如田而无禽然。君子藏器於身，待時而動，正己以正人，則出而有獲。二升五，得禽而貞,四復初,陰承陽,六爻正矣。

六五:恒其德,貞婦人吉,夫子凶。

虞翻曰:動正成乾,故"恒其德"。"婦人",謂初,巽爲婦,終變成益,震四復初,婦得歸陽,從一而終,故"貞婦人吉"也。震,乾之子而爲巽夫,故曰"夫子",終變成益,震四從巽,死於坤中,故"夫子凶"也。

補　鄭康成曰:以陰爻而處尊位,是天子之女,又互體兑,兑爲和說。至尊主當爲"王"。家之女,以和說幹其家事,問正於人,故爲"吉"也。應在九二,又男子之象,體在巽,巽爲進退,是无所定而婦言是從,故言"夫子凶"也。《禮記·緇衣》正義,此條亦不言注文。

貞,《禮記·緇衣》作"偵",注曰:問正爲偵。

釋曰　此爻亦鄭據本象言其始,虞推變要其終。鄭意婦人以柔順爲常德,六五陰爻居尊,體兑和說而應二,志在承陽,故能之正降二而吉。夫子則以剛健爲常德,若亦執六五柔順之道,不升五而處下應五,則是從婦,凶道也。虞意五正體乾五爲"恒其德","貞",謂五正初、四。張氏曰:"初上爲四,從震而吉,四下爲初,從巽死坤中,此浚恒所以凶也。故三'立不易方',乃各正性命也。使初、四正者乾五,故言之。"案:五不正三,而遽變益使震巽相從,婦人之義從一而終,巽從震可也。夫子當以義爲制,震從巽則是從婦,懷安昏惰以没世者,其道凶矣。易方而遽求益,適見夫子凶之象。陽道衰矣,其何能正否而反泰乎,此浚恒所以凶。《禮記》"貞"作"偵",問正也,順從之意。問正,所以求之正也。

《象》曰:婦人貞吉,從一而終也。

虞翻曰:"一",謂初,終變成益,以巽應初震,故"從一而終也"。

夫子制義,從婦凶也。

虞翻曰:震没從巽入坤,故"從婦凶"矣。

釋曰 如鄭義,則"從一"謂二升五爲乾元,五降從之也。"制義"者,二升五,以乾制坤,坤爲義,二不升而應五陰,則是不能制義而從婦,故凶。如虞義,則"從一"謂從震初,"從婦"謂從巽四。三正成既濟,以陽制陰,爲"制義"。三易方,震從巽,則没坤下而凶。婦人從一,夫子制義,夫爲妻綱,此伏羲畫卦定人倫,文王、周公作《易》制禮之精義,至孔子而其旨大明,萬世不易之常道,所謂恒也。

上六:震恒,凶。《象》曰:震恒在上,大无功也。震,朱作"振",據虞注則《經》當作"震"。《釋文》:振,張作"震"。"張"上或脱"虞"字。

虞翻曰:在震上,故"震恒"。五動乘陽,故"凶"。終在益上,五遠應,故"无功也"。

補 "震",諸家多作"振"。馬融曰:"振",動也。鄭康成曰:"振",搖落也。張作"震"。《釋文》。

《説文》:偏《易》作"楈恒"。

釋曰 上在震之上。震,動也,五不正三而動之益,以動爲恒。上得正而在益上未變,有乘陽之象。易方而變,民弗從也,臣之守正者,徒見孤危拂戾不能得君,同歸於无功,使陰長而已。張氏曰:"不變在益上,故'凶'。三正既濟,則非乘陽也。五應二不比上,上不得五,故'无功'。"案:鄭作"振"訓"搖落"者,初"濬恒"如揠苗助長,故至上而搖落,安危怙終,猶以爲時數之常,故凶。馬訓"動"者,上體震陰躁動,五正則乘陽不敬,與張中虞義異。妄動要功,必大无功,故凶。動而失位,則體益上"或擊之,立心勿恒,凶"矣。《説文》作"搢"者,惠氏曰:"古文震、振、祇三字同物同音,祇有耆音,故《説文》作'搢'。"然則"搢"者"振"之叚借字。

遯

《序卦》曰:物不可以久居其所,故受之以遯。

韓康伯曰:夫婦之道,以恒爲貴,而物之所居不可以恒,宜與世升降,有時而遯者也。

釋曰　物不能久而不變,盛久則衰退,合久則離去,故遯次恒。聖人遯而能亨,撥亂反正,然後可久。

艮下乾上　遯。亨。

虞翻曰:陰消姤二也。艮爲山,巽爲入,乾爲遠,遠山入藏,故"遯"。以陰消陽,子弑其父,小人道長,避之乃通,故遯而通。則當位而應,與時行也。"行"下朱衍"之"字。

小利貞。

虞翻曰:"小",陰,謂二。得位,浸長以柔變剛,故"小利貞"。

鄭玄曰："遯",逃去之名也。艮爲門闕,乾有健德,互體有巽,巽爲進退,君子出門,行有進退,逃去之象。二、朱誤"曰"。五得位而有應,是用正道得禮見召聘,"亨"也。始仕朱誤"任"。他國,當尚謙謙,小其和順之道。小行其和義之道,謂"利"也。居小官,幹小事,謂"貞"。其進以漸,則遠妨忌之害,昔陳敬仲奔齊辭卿是也。

補　"遯",或作"遂",或作"遁"。《釋文》。

釋曰　虞以"小利貞"爲二,陰稱"小",二得位,當正居其所應五,時陰方浸長,故以二守正爲利。鄭以"小利貞"爲小事利貞,由小以漸及其大,則遯而亨之道。虞主陰,鄭主陽,二陰得正,陽從而貞之。遯雖有弑逆之象,而亂之初生,臣民之心尚知尊親君父,因其未離於正而貞之。陽貞陰,陰稱小,小者利貞,即小事利貞之義,鄭、虞義互通。《説文》:"遯,逃也","遁,遷也",義近,《漢書・匈奴傳敘傳》顔注並云。"遂",古"遁"字。

《象》曰:遯亨,遯而亨也。

侯果曰:此本乾卦。陰長剛殞,君子遯避,遯則通也。

剛當位而應,與時行也。

虞翻曰:"剛",謂五,而應二,艮爲"時",故"與時行"矣。

補　鄭康成曰:正道見聘,始仕他國,亦遯而後亨也。《漢上易》。

張曰:此或即約卦注,姑存以備考。

釋曰　"剛當位而應",遯尚有可亨之道,故君子藏器待時,與時偕行也。得禮見聘,始仕他國,亦遯而亨之一端,鄭君舉隅耳。

小利貞，浸而長也。

荀爽曰：陰稱"小"，浸而長，則將消陽，故利正居二，朱誤"是"。與五相應也。

<kbd>釋曰</kbd> 陰利居正，陽利正陰。小人浸長，撥亂反正當以漸圖之，不可操之太蹙以速禍亂，此亨遯之本。

遯之時義大矣哉。

陸績曰：謂陽氣退，陰氣將害，隨時遯避，其義大矣哉。周無"哉"字。

宋衷曰：太公遯殷，四皓遯秦之時也。

《象》曰：天下有山，遯。

崔憬曰：天喻君子，山比小人，小人浸長，若山之侵天，君子遯避，若天之遠山，故言"天下有山，遯"也。

<kbd>補</kbd> 《京氏傳》曰：積陽爲天，積陰爲地。山在原誤"所"，今以意讀正。地高峻，逼近原誤"通"。於天，是陰長陽消。

<kbd>釋曰</kbd> 崔說本京。愚謂"天下有山"，山高遠，峻極於天，尊嚴不可攀躋之象。張氏則曰："弑亂之時，天下无邦，唯山可遯。"

君子以遠小人，不惡而嚴。

虞翻曰："君子"，謂乾，乾爲"遠"、爲"嚴"。"小人"謂陰，坤爲"惡"，爲"小人"，故"以遠小人，不惡而嚴"也。

侯果曰：羣小浸盛，剛德殞削，故君子避之。高尚林野，但矜嚴於外,亦不憎惡於内,所謂吾家耄朱、盧作"耄"。遯於荒也。

> **釋曰** 以陽正陰,其道如是,君子所以處遯而亨也。姚氏曰:"人而不仁,疾之已甚,亂也。不使不仁者加乎其身。"

初六:遯尾,厲,勿用有攸往。

陸績曰:陰氣已至於二,而初在其後,故曰"遯尾"也。避難當在前而在後,故"厲"。往則與災難會,故"勿用有攸往"。

> **釋曰** 此以處遯之道言,李意以此説爲正。

《象》曰:遯尾之厲,不往何災也。

虞翻曰:艮爲尾也。初失位,動而得正,故"遯尾",句。"厲",句。之應成坎爲災。句。在艮宜靜,若不往於四,則无災矣。

> **釋曰** 此以濟遯之道言。陽已遯,初在後爲尾,初動則遯去其尾。"遯"者,變去之義。初陽動後,是操其尾,初動則四亦變,是陰之四陽之初。陰之四成坎爲災,故"厲"。張氏曰:"譬如捕鹿,角之踦之尾非所用制也,遯矣。往而操其尾,危道也,故'勿用有攸往'。"

六二:執之用黄牛之革,莫之勝説。《釋文》:説,吐活反。

虞翻曰:艮爲手稱"執",否坤爲"黄牛",艮爲皮。四變之初,則坎水濡皮,離日乾之,故"執之用黄牛之革"。"莫",无也,"勝",能,"説",解也。乾爲堅剛,巽爲繩,艮爲手,持革縛三在坎中,故"莫之勝説"也。

> **補** "説",王肅如字,曰:解説也。徐吐活反,又始鋭反。《釋文》。

> **釋曰** 虞義三消成否,上反三,二執之,四乃與初易位,成既濟,

遯於是乎亨。"説"，讀如"脱"，王肅云"解説"，謂無能以言解其束縛，於義稍隔。徐又"始鋭反"，如"税駕"之"税"，亦"脱"義。

《象》曰：執用黄牛，固志也。

侯果曰：六二離爻，離爲"黄牛"。體艮履正，上應貴主，志在輔時，不隨物遯，獨守中直，堅如革束，執此之志，莫之勝説。殷之父師當此爻矣。

釋曰　侯以二執志應五，則亦執三使遯不成否矣，所謂"利貞"也。二執三使不遯，即遯而上來反三，仍執之以圖濟，虞、侯二説義相成也。

九三：係遯，有疾厲。畜臣妾吉。

虞翻曰："厲"，危也。巽爲脱"繩稱係"三字。四變時，九三體坎，坎爲"疾"，故"有疾厲"。遯陰剥陽，三消成坤，與上易位，坤爲"臣"，兑爲妾，上來之三，據坤應兑，故"畜臣妾吉"也。

補　許氏《五經異義》，謹案：《易》曰"係遯，有疾厲，畜臣妾吉"，知諸侯無去國之義。《禮記·曲禮》正義。

"係"，本或作"繋"。《釋文》。

釋曰　陰係於陽，君子爲人心所係，諸侯爲社稷民人所係。欲遯而有係，則不能遯，"有疾厲"，言濟遯之難。"畜臣妾吉"，三權變受上，上來之三，陽仍不遯而濟。濟遯未可遽爾大有作爲，故"畜臣妾吉"，但惠養其下而已。君子之於小人，亦不可遽求大正，以臣妾畜之可也。張氏申虞以"係遯"爲三遯而有係於上，故上來反三。許、虞義皆以濟遯言。

《象》曰:係遯之厲,有疾憊也。

王肅曰:三下各本皆誤"上",此從周本。係于二而獲遯,故曰"係遯"。病此係執而獲危懼,故曰"有疾憊"當本作"斃",李依經改。也。此當爲"比"。於六二,"畜臣妾"之象,足以畜其臣妾,不可施爲大事也。

補 鄭康成曰:"憊",困也。荀作"備"。王肅作"斃"。並《釋文》。

釋曰 陰係于陽,三欲遯而累於二陰之係,故"係遯"。肅言不合《易》例。"備","憊"之叚借字,憊不至於斃,肅本非。

畜臣妾吉,不可大事也。

虞翻曰:三動入坤,坤爲"事",故"不可大事也"。

荀爽曰:"大事",謂與五同任天下之政。潛遯之世,但可居家畜養臣妾,不可治國之大事。

釋曰 荀以處遯之道言。陽稱"大",坤爲"事",遯時而作大事,適以速禍消入否耳,故"不可"。

九四,好遯,君子吉,小人否。《釋文》:否,方有反。

虞翻曰:否乾爲"好"、爲"君子",陰稱"小人"。動之初,故"君子吉",陰在四多懼,故"小人否",得位承五,故无凶咎矣。

補 馬融曰:"好遯,君子吉",言雖身在外,乃心在王室,此之謂也。小人則不然,身外,心必怨也。《太平御覽》卷五百一。

鄭康成曰:"否",塞也。備鄙反。

王肅同。《釋文》。

釋曰 "好遯",遯而能愛好。四動之初,以陽亨陰,貞而濟,反泰之道，故"君子吉"。君子道長，則小人道消，故"小人否"。鄭讀"否泰"之"否"，最當。虞讀"然否"之"否"，不也，陰在四多懼，故不吉。然以陰從陽，小人將化爲君子，故言"否"而不言"凶"。馬以"好遯"爲遯而能好君，君子如是，故能與時行，易初而吉，小人不然，則消入陰耳。虞云四動之初，今據以推馬、鄭義。

《象》曰：君子好遯，小人否也。

侯果曰：不處其位而遯於外，"好遯"者也。然有應在初，情未能棄，君子剛斷，故能舍之，小人係戀，必不能矣，故"君子吉，小人否"盧、周誤"凶"。矣。

〔釋曰〕 侯以四本象言，釋"好遯"爲好隱遯，本王弼義。李意以虞爲正。

九五：嘉遯，貞吉。

虞翻曰：乾爲"嘉"，剛當位應二，故"貞吉"。謂三已變，上來之三成坎，《象》曰"以正志也"。

〔釋曰〕 "嘉遯"，遯而能嘉美。五剛當位應二，亨遯成既濟，"亨者嘉之會"，故"嘉遯"。五得正坎爻，上反三，四易初，成既濟。又體坎爲志，五正志以通天下之志，撥亂世，反諸正。遯爻多變，惟五不動應二，故"貞吉"。

《象》曰：嘉遯貞吉，以正志也。

侯果曰：時否德剛，雖遯中正，"嘉遯"者也，故曰"貞吉"。遯而得正,則羣小應命,所謂紐已紊之綱,朱、盧"已"作"以","綱"作"剛",誤,今從周校。正羣小之志,則殷之高宗當此爻矣。

釋曰　侯以"正志"爲正羣小之志,使陰應陽而不上消,蓋所以嘉會禮通而濟。

上九:肥遯,无不利。

虞翻曰:乾盈爲"肥",二不及上,故"肥遯,无不利",故盧、周無此字。《象》曰:"无所疑也。"

補　《子夏傳》曰:"肥",饒裕也。《釋文》、《正義》。

《淮南九師道訓》"肥"作"飛",曰:遯而能飛,吉孰大焉。《文選》張平子《思玄賦》注。

釋曰　二本不及上,上之三,二乃執之共固其志。上在外,陰消不及,始无所係累,而終有與共濟,與時偕行,進退優裕,故遯而能肥无不利也。虞注"故《象》曰"之上,似脫"上之三坎爲疑"一語。成既濟,故"无所疑",此以濟遯言。《淮南》作"飛"者,喻无所拘係,遯世无悶也。

《象》曰:肥遯无不利,无所疑也。

侯果曰:最處外極,无應於內,心无疑戀,超世朱作"然"。高舉,果行育德,安時无悶,遯之肥也,故曰"肥遯,无不利",則穎濱、巢許當此爻矣。

釋曰　此以處遯言。

大　壯

《序卦》曰：物不可以_{朱脱"以"字}終遯，故受之以大壯。

韓康伯曰：遯"君子以遠小人"，遯而後通，何可終耶。陽盛陰消，君子道勝也。

釋曰　遯而亨反泰，泰息大壯，陽盛。陰雖傷之，止而不退，故大壯次遯。

☳ _{乾下震上}　**大壯。利貞。**

虞翻曰：陽息泰也。"壯"，傷也，"大"，謂四，失位爲陰所乘。兌爲毀折，傷"傷"上疑脱"故"字。與五易位乃得正，故"利貞"也。

補　馬融曰："壯"，傷也。

鄭康成曰："壯"，氣力浸强之名。

王肅曰："壯"，盛也。並《釋文》。

釋曰　大壯息泰，陽氣壯盛。四失位，爲陰所掯，過盛失正則爲物所傷。《襍卦》曰"大壯則止"，盛故止而不遯，傷故止而未進。鄭、虞義相成，利正之五成需，養德以孚陰，正己而物正，然後成既濟息夬。六爻皆因其壯以戒其傷，李意葢以虞義爲主。

《彖》曰：大壯，大者壯也。

侯果曰：此卦本坤。陰柔消弱，剛大長壯，故曰"大壯"也。

釋曰　此以壯盛爲義。

剛以動，故壯。

荀爽曰：乾剛震動，陽從下升，陽氣大動，"故壯"也。

補　《京氏傳》曰：大壯内外二象健而動，原誤作"動而健"。陽勝陰而爲壯。

釋曰　如虞義，則"剛以動"，動而過剛也，故傷。

大壯利貞，大者正也。

虞翻曰：謂四進之五乃得正，故"大者正也"。

正大而天地之情可見矣。

虞翻曰："正大"，謂四之五成需，以離日見天，坎月見地，故"天地之情可見"也矣。

釋曰　陽正位乎五，大人正己而物正，與天地合德也。天無私覆，地無私載，人心正大，事無不可對人言，則戴天履地而無愧怍矣。此孔子所謂"剛"者，勇於義而果於德，壯之至也，孰能傷之。

《象》曰：雷在天上，大壯。

崔憬曰：乾下震上，朱本"乾""震"誤倒。故曰朱作"言"。"雷在天上"。一曰："雷"，陽氣也，陽至於朱作"于"。上卦，能助於天威，大壯之象也。

補　《春秋傳》曰：雷乘乾曰大壯。

釋曰　崔氏前一説即《左傳》義，與虞訓傷合。震上有二陰，天陽發動，與陰相薄而成聲，有傷義。"雷乘乾"，據卦二象言之，實即陰乘陽耳。後一説則鄭、荀義，陽氣震動，陰慝消除，故君子法之以克己復禮。

君子以非禮弗履。

陸績曰：天尊雷卑，君子見卑乘尊，終必消除，故象以爲戒，"非禮不履"。

釋曰 "卑乘尊終必消除"，謂大壯終當息夬決陰，陰邪爲盛陽所消除，故象以爲戒。張氏申虞則曰："陽失位而傷，非禮弗履之義。"

初九：壯于趾，征凶，有孚。

虞翻曰："趾"，謂四，"征"，行也，震足爲"趾"、爲"征"，盧誤"正"。初得位，四不征之五，故"凶"。坎爲"孚"，謂四上之五成坎，己得應四，故"有孚"。

釋曰 "四不征之五故凶"，字有誤倒，當爲"四不之五，故征凶"。初得位應在四，而四爲陰所傷，未能即之五。①初无應，故行而之四則凶，當待其孚而往，此虞義。鄭訓"壯"爲"强"，則"壯于趾"，謂果於行。初陽行至四成大壯，故"壯于趾"。四失位而初无應，當用靜以需時，若又征而之四，則无應而孚窮，故"凶"，"凶"亦"傷"義。

《象》曰：壯于趾，其孚窮也。

虞翻曰：應在乾終，故"其孚窮也"。

釋曰 過剛體乾上窮亢，未即之五，故初"孚窮"。

---

① 點校案："未能即之五"，原文作"末能即之五"，"末"字當爲"未"字。

九二：貞吉。《象》曰：九二貞吉，以中也。

虞翻曰：變得位，故“貞吉”。動體離，故“以中也”。

釋曰　二失位以得中，故能以柔濟剛，體“黃離元吉”。四升五成坎，二變成離，中正相應，既濟定矣。

九三：小人用壯，君子用罔，貞厲。

虞翻曰：應在震也。上體震爲藩。三陽“君子”，“小人”謂上。上逆，故“用壯”，謂二已變離，“謂”上似脱“罔”字。離爲“罔”，三乘二，猶言據二。故“君子用罔”。體乾夕惕，故“貞厲”也。

補　馬融、王肅曰：“罔”，无也。《釋文》。

《京氏傳》曰：壯不可極，極則敗，物不可極，極則反，故曰“君子用罔，小人用壯”。

釋曰　張氏曰：“陰逆乘，傷陽，不應三。‘用壯’者，小人之道也。‘罔’，羅也，用罔非君子之道，以羅小人而自離之，故‘危’。君子與小人角，鮮不傷矣。”此虞義。京、馬皆訓“罔”爲“无”，小人在上，怙勢用強以陵君子，君子當守正惕厲，孚之以德而決之以時，不可與之爭，尤而效之，故《象》曰“小人用壯，君子罔也”。

羝朱作“羒”。羊觸藩，羸其角。

荀爽曰：三與五同功爲兑，故曰“羊”。終始陽位，故曰“羝”。“藩”，謂四也。三欲觸四而危之，四反羸其角，“角”，謂五也。

補　《京氏傳》曰：“羝羊觸藩，羸其角”，進退難也。

馬融曰：“藩”，籬落也。羸，大索也。

“羸”，鄭、虞作“纍”。王肅作“縲”。蜀才作“累”。張作“虆”。並
《釋文》。

釋曰　虞義當以藩爲上。張氏曰：“‘羝羊’，牡羊也。‘藩’，籬
也。‘纍’，綴繫也。三體兌，兌爲羊，在乾，故曰‘羝’。震爲竹木，謂
上二陰在陽前爲‘藩’。乾爲首，三乾上，故爲‘角’。兌爲剛鹵，三欲
觸上，反見纍，謂二已變，體巽爲繩也。”又曰：“苟以三觸四而危之，三
爲君子，明不觸四。”案：苟以四象藩，謂三銳進決陰，非其時，不由其
道耳，非謂三、四君子自相攻也。姚氏曰：“藩非出入之所。‘觸藩’，
以喻急於進，失其正路而用壯者。”據此，則苟、虞取象雖異，大義不
殊，故李氏合之。“纍”，正字，“羸”，叚借字，“縲”、“虆”別體字，“累”
者，“絫”之俗，於義亦叚借。

《象》曰：小人用壯，君子罔也。

侯果曰：“藩”，謂四也，九四體震爲竹葦，故稱“藩”也。三互乾
兌，乾壯疑當爲“牡”。兌羊，故曰“羝羊”。四藩未決，三宜勿往，用壯
觸藩，求應於上，故角被拘羸矣。　　案：自三至五體兌爲羊，四既是
藩，五爲羊角，即“羝羊觸藩，羸其角”之象也。

釋曰　四升五折坤，則藩決，上自應三。

九四：貞吉，悔亡。藩決不羸，壯于大輿盧作“轝”周作“舉”。
之輹。盧、周作“腹”。**《象》曰：藩決不羸，尚往也。**

虞翻曰：失位，悔也，之五盧作“正”。得中，似當依需注作“得位正
中”。故“貞吉”而“悔亡”矣。體夬象，故“藩決”，震四上處五，則藩毁

壞，故"藩決不羸"。坤爲"大輿"、朱作"車"，盧作"軬"，周作"轝"，今依經文改，下同。爲"腹"，四之五折坤，故"壯於大輿之輹"。盧作"腹"。而《象》曰"尚往者"，謂上之五。

補 "輹"，本又作"輻"。《釋文》。

釋曰 "輿"即"車"，"輹"之言"腹"，伏兔在輿下，當車之腹，虞意合車腹象爲"輹"。大畜虞本作"腹"者，叚借字，此經自用正字作"輹"。"輿"或作"轝"，見大畜《釋文》。作轝从二車者俗字。輿所以行，經稱"壯于大輿"，而《象》曰"尚往"者，四之五乃有是象也。以陽決陰，其象如是者，君子志在有孚於小人，不得已而決之，若自傷其所以載者然，厚之至，慎之至也，故"尚往"而仍需。"尚"與"上"通，此虞義也。鄭義則謂强固于大輿之輹，以陰載陽，以民載君，所以能上往也。

六五：喪羊于易，无悔。《釋文》：易，以豉反，鄭音亦。案：虞義當音亦。

虞翻曰：四動成泰，坤爲"喪"也，乾爲"易"。四上之五，兌還屬乾，故"喪羊于易"。動各得正而處中和，故"无悔"矣。

補 鄭康成曰："易"，謂佼易也。音亦。

陸績"易"作"場"，謂疆場也。並《釋文》。

釋曰 四動體坤爲喪，動之五成坎。坎五即乾五，乾爲易，五本互兌爲羊，降之四，兌屬乾，故"喪羊于易"。小人喪其很戾凶德，在君子之變易之。鄭訓"佼易"者，以易簡之德化小人之陰賊險很也。但訓"佼易"不當音亦，或"佼"當爲"交"，鄭、虞義同。陸作"場"者，"場"之言"易"，此疆彼界，交易之處，亦陰陽相易之意也。

《象》曰：喪羊于易，位不當也。

案：謂四、五陰陽失正。陰陽失正，故曰“位不當”也。朱无“也”字。

上六：羝羊觸藩，不能退，不能遂，无攸利，艱則吉。

虞翻曰：應在三，故“羝羊觸藩”。“遂”，進也，謂四已之五體坎。上能“能”衍字。變之巽，巽爲進退，故“不能退，不能遂”。進盧、周作“退”，誤。則失位，上“上”字上有脫文，當云“退在坎上”。則乘剛，故“无攸利”。坎爲“艱”，得位應三利上，當爲“利三應上”。故“艱則吉”。

釋曰 上應在三，小人用壯不應三，故三觸上。“羝羊觸藩”，謂三觸上欲變之。“不能退，不能遂，无攸利，艱則吉”，因上被觸而示以自處之道。上得位不可變，變則五既正成巽。巽爲進退，上進而爲陽，則失位，退復爲陰而在坎上，則見爲乘剛。進則非其任，退則與陽戾，故“无攸利”。惟靜而自正，四、五既易，體坎爲艱，則終得三應而利，故“艱則吉”。大壯陽未能至上，上變則成巽，徒見失位乘剛進退失據之象。“小人用壯”固不可，妄動亦非宜，惟靜以待陽則吉，此虞義。陰變陽爲進，陽反陰爲退。注“進則失位”，盧本“進”作“退”，蓋誤字。京氏以“不能退不能遂”爲“羸其角”之義，蓋遯則退。“不能退”，見大壯反遯也，大壯則止。“不能遂”，見止而未能息夬也。“觸藩羸角”，進退不能，非息乾之道，故《象》曰“不祥也”。三得位，四與五易，三體坎爲艱，艱貞自守，則成既濟而有孚於小人，上來應三，故“吉”。藩決難解，“咎不長也”。經文“不能退”以下，直承“羝羊觸藩”言之，《京傳》似較虞義爲允。

《象》曰：不能退不能遂，不詳朱作“祥”，注同。也。

虞翻曰：乾善爲“詳”，不得三應故“不詳也”。

<u>補</u>　“詳”，鄭、王肅作“祥”，曰：善也。《釋文》。

艱則吉，咎不長也。

虞翻曰：巽爲“長”，動失位爲“咎”。不變之巽，故“咎不長也”。

<u>釋曰</u>　上用壯，不得三應，故不善而有進退兩難動无所利之象。艱貞自守，則終得應而吉矣，此虞義，以“不能退不能遂”據上被觸而設戒。京義則不能退遂，謂三見羸未能息乾，故“不祥”。成既濟，三體坎，則“咎不長”，義較直截。詳、祥通，虞以“詳”爲“祥”之借。

晉

《序卦》曰：物不可以終壯，故受之以晉。晉者，進也。

崔憬曰：不可以終壯於陽盛，自取觸藩，當宜柔進而上行，受兹錫馬。

<u>釋曰</u>　大壯則止，陽無終止不進之理，故受以晉。崔氏謂過剛則觸藩而止，以柔濟之乃能進，君子用罔，所以藩決尚往也，於文不甚協而理可通。

䷢ 坤下離上　晉。康侯用錫馬蕃庶，晝日三接。《釋文》：三，徐息暫反。

虞翻曰：觀四之五。“晉”，進也，坤爲“康”，“康”，安也，初動體屯，朱誤“也”。震爲“侯”，故曰“康侯”。震爲“馬”，坤爲“用”，故“用錫馬”。艮爲多，坤爲衆，故“繁當爲“蕃”。庶”。離日在上，故“晝日”，三陰在下，故“三接”矣。

補　馬融曰：“康”，安也。《釋文》。

鄭康成曰：“康”，尊也，廣也。“蕃庶”，謂蕃遮禽也。蕃，發袁反。庶，止奢反。“接”，勝也。音捷。《釋文》。

《禮記》鄭氏注曰：“康”，猶褒大也，《易·晉卦》曰“康侯用錫馬”。

陸績曰：“康”，安也，樂也。《釋文》。

《說文》“晉”作“瑨”，曰：進也，日出萬物進，从日臸。臸，到也，人質切。《易》曰“明出地上，瑨”。

孟氏“晉”作“齊”。子西反。《釋文》。

釋曰　虞以“康侯”爲安國之侯，猶云“寧侯”。柔進上行，諸侯朝王之象，初動成屯，則侯象正也。姚氏曰：“‘錫馬’，賜之車馬。‘蕃庶’，重賜無數。覲禮侯氏一日凡三接見天子，故‘晝日三接’。”鄭以“康”爲《祭統》“康周公”之“康”，“蕃庶”讀爲“藩遮”，謂虞人驅禽入圍，藩而遮之以待發。“藩遮”，以目田獵也。“接”，讀爲《詩》“一月三捷”之“捷”。“三捷”，三殺也。言天子褒廣諸侯，用其進而來朝，錫之乘馬，與之田獵，一晝之間有三勝之功，是能禦亂敵王所愾者，故廣之，明天子當錫命有功諸侯。六五“矢得勿恤，往有慶”，是其義。張氏曰：“艮爲止，爲黔喙之獸，故‘蕃遮’。離爲矢，貫艮三爻，故‘三捷’。”“晉”，說文作“瑨”，今作“晉”者，隸省變。孟氏作“齊”，讀爲“躋”，躋，升也，義同，然不如作“晉”訓“進”爲本字本義。許、虞皆傳孟氏《易》而字作“晉”，疑作“齊”者爲孟《易》別本，後師異讀。

《彖》曰：晉，進也。明出地上，順而麗乎大明。

崔憬曰：渾天之義，日從地出而升于天，故曰“明出地上”。坤，臣道也，日，君德也，臣以功進，君以恩接，是以“順而麗乎大明”。雖一周誤“以”。卦名晉，而五爻爲主，故言“柔進而上行”也。

釋曰 “明”者，日光陽氣也，不曰“日出”而曰“明”，對“明入地中”言之。日繞地而行，日見地面爲晝，則陽氣發揚於地上。日繞地背爲夜，則地上一日所受之陽氣收入地中，故曰“明出地上”、“明入地中”。“明”，謂陽氣，非即指日也。坤爲柔順，坤陰由觀四進之五，麗乾元伏陽。

柔進而上行，

蜀才曰：此本觀卦。案：九五降四，六四朱脫“四”字。進五，是柔進而上行。三字盧本脫。

是以康侯用錫馬蕃庶，

荀爽曰：陰進居五，處用事之位，陽中之陰，侯之象也，陰性安靜，故曰“康侯”。“馬”，“馬”上似脫“錫”字。謂四也，五以下羣陰錫四也。坤爲衆，故曰“蕃庶”矣。

釋曰 五，天子之位，今陰自四進居五，諸侯用事輔王之象。四則侯本位，體坎爲馬，與坤三陰連體，用事有功，王錫之車馬蕃庶之象。侯復四位，則四、五陰陽當各正，而初動體屯建侯矣。荀說與鄭、虞互通，但文不備，或有脫誤，爲申補之。

晝日三接也。

侯果曰:"康",美也,四爲諸侯,五爲天子,坤爲眾,坎爲馬。天子至明於上,公侯謙順於下,美其治物有功,故蕃錫車馬,一晝三覲也。《采菽》刺幽王侮諸侯詩曰"雖无與之,路車乘馬",《大行人》職曰"諸公三饗三問三勞,諸侯三饗再問再勞,子男三饗一問一勞",即天子三接諸侯之禮也。

釋曰 此與荀云"五錫四"義同。

《象》曰:明出地上,晉。君子以自昭盧、周作"照"。**明德。**

鄭玄曰:地雖生萬物,日出於上,其功乃著,故君子法之,而"以明自昭盧、周作"照"。其德"。

虞翻曰:"君子",謂觀乾,乾爲"德",坤爲"自",朱脫"自"字。離爲"明"。乾五動,以離日自照,故"以自昭盧、周作"照"。明德"也。

釋曰 如鄭義,則日出於地,進而照地,萬物化光,故君子法之以本心之明自明其明德。"君子",謂體坤元順而麗乎大明者。"自昭",即自明也。或曰,鄭讀"昭"爲"照",以明自照其德,明善以誠身也。如虞義,則乾爲德,乾五動,以離日自照。"君子",謂體乾元大明之德者。"昭"讀爲"照",義相引申,《春秋傳》曰"君人者,將昭德以臨照百官"。"離日自照",謂照耀其盛德也。晉,觀四之五,就陽言爲乾五動。

初六:晉如摧如,貞吉。罔孚,裕无咎。

虞翻曰:"晉",進,"摧",憂愁也,應在四,故"晉如",失位,故"摧如”，動得位，故“貞吉”。應離爲“罔”，四虞誤“日”。坎稱“孚”，坤弱爲“裕”，欲四之五成巽，初受其命，故“无咎”也。

補　鄭康成曰：“摧”，讀如“南山崔崔”之“崔”。《釋文》。

何妥曰：“摧”，退也。裕，寬也。如，辭也。《正義》。

“罔孚”，《説文》引作“有孚”。

釋曰　虞訓“摧”爲“憂愁”，蓋摧折之義。初應在四，四本觀五天子，初應之，故“晉如”。四又體離四爲小人，蔽君明，害君子，故“摧如”，使初失位也。“貞吉”，初獨行正終得吉，動正位爲康侯也。“罔孚”，小人設網以陷君子，君子終能孚於主也。初孚則五伏陽出而四貞，互坤體巽，坤爲裕。君子能容小人，則小人之勢緩。巽爲命，初受五命，故“无咎”。必裕乃无咎者，君子初未爲君所信用，故小人得而摧之。獨行其正，體順積誠以寤君心，而不與小人爭，乃可以脱罔而有孚。但“罔”當訓“无”，與萃“匪孚”同義。鄭讀“摧”爲“崔”，謂以至正屹然特立於羣邪之閒。何訓“退”者，王弼所謂進明退順不失其正也。《説文》作“有孚”，字之誤。

《象》曰：晉如摧如，獨行正也。

虞翻曰：初動震爲“行”，初一稱“獨”也。

釋曰　“獨行正”故吉。

裕无咎，未受命也。

虞翻曰：五未之巽，故“未受命也”。

釋曰　“未受命”，釋“罔孚”之義，“罔”當訓“无”明矣。

六二:晉如愁如,貞吉。

虞翻曰:坎虐、周作"震"。爲下似脱"加憂"二字。應在坎上,故"愁如",得位處中,故"貞吉"也。

補　鄭康成曰:"愁",變色貌。子小反。《釋文》。

釋曰　虞讀"愁"如字,五在坎上未正,二无應,故"愁如",亦"罔孚"之義。守正,待五正而應,故"吉"。鄭讀"愁"爲"愀然作色"之"愀",進受君命,戰栗變動之意,敬之至也。

受兹介福,于其王母。

虞翻曰:乾爲"介福",艮爲手,坤爲虛,故稱"受"。"介",大也,謂五已正中,乾爲"王",坤爲"母",故"受兹介福于其王母"。

補　馬融曰:"介",大也。《釋文》。

釋曰　此葢文王受圭瓚秬鬯,歸而享先妣之事。五正君位,又象王母者,《易》象非一,各自爲義。

《象》曰:受兹介福,以中正也。

《九家易》曰:五動得正中,故二受大福矣。大福,謂馬與蕃庶之物是也。

釋曰　《九家》葢以王母喻柔中順德之君。五動得正中,則二受福。五正四變,與坤連體,亦王母象。

六三:衆允,悔亡。

虞翻曰:坤爲"衆","允",信也,土性"信",故"衆允"。三失正,與上易位則"悔亡",故《象》曰"上行也"。此則成小過,小過故有飛鳥之象焉。臼杵之利,見甌盧、周作"碩"。鼠出入坎穴,蓋取諸此也。

　　釋曰 三眾允,康侯之信著也。姚氏曰:"三欲之上。'眾允',謂无有摧之者。"案:三、上易,成既濟。虞云"震爲行",但就兩爻互易取象,不論他爻,故遂釋九四甌鼠由三、上易位,《易》觀象之例有如此者。

《象》曰:眾允之,志上行也。

虞翻曰:坎爲"志",三之上成震,故曰"上行也"。

九四:晉如甌盧、周作"碩",注及下同。鼠,貞厲。

《九家易》曰:"甌鼠"喻貪,謂四也。體離欲升,體坎欲降,游不度瀆,不出坎也;飛不上屋,不至上也;緣不極木,不出離也;穴不掩身,五坤薄也;走不先足,外震在下也;五伎皆劣,四爻當之,故曰"晉如甌鼠"也。

　　補 鄭康成曰:《詩》云"碩鼠碩鼠,无食我黍",謂大鼠也。《正義》。末句疑《正義》申釋語。

　　《說文》:"甌",五技鼠也,從鼠,石聲。

　　"甌",《子夏》作"碩"。《釋文》。

　　釋曰 艮爲石、爲鼠。"甌鼠",以喻小人。四不中不正,位近君,進承五而潛據下陰,初行正而欲摧之,竊位妨賢,諂上害下,可鄙惡如鼠然。諸家字皆作"甌",謂五技鼠。《九家》云"緣不極木"、"不出離"、"走不先足"、"外震在下",此就晉反明夷取象。明夷離互震,震東方爲木，出離上，今在晉，不能出離及震，故"不極木"。又震爲足，明夷震在外，今反成晉，外震在下，故"不先足"，謂足不能先人也。云"五坤薄"者，六五一陰坤土薄也。鄭讀"鼫"爲"碩"，謂大鼠，《子夏傳》葢取鄭義。

《象》曰：鼫鼠貞厲，位不當也。

翟玄曰：鼫鼠晝伏夜行，貪狠无已，謂雖進承五，然潛據下陰，久居不正之位，盧、周作"地"。故有危厲也。

釋曰　翟義似同鄭。

六五：悔亡，矢得勿恤，往吉无不利。

荀爽曰：五從坤動而來爲離，離者射朱作"躲"。出，周作"也"。故曰"矢得"。陰居尊位，故有悔也。以中盛明，光照四海，故"悔亡勿恤，吉无不利"也。

補　馬融、王肅曰：離爲矢。《釋文》。

"矢"，諸家或作"失"。孟、馬、鄭、虞本作"矢"。《釋文》。荀、王肅亦然。

釋曰　離火動而上，光芒射出，故象"矢"，荀氏謂五得中盛明。在康侯，則明光上下，勤施四方，敵愾禦亂，輔共主以正天下也。在天子，則中興當陽，光被四表，車攻吉日之事是也。五正二應，故"往吉无不利"。竊謂"矢得勿恤"，文王受弓矢得專征伐之象。"矢"或作"失"者，求福不回，得之自是，不得自是，至誠无不孚，故"吉无不利"。

《象》曰：矢得勿恤，往有慶也。

虞翻曰：動之乾，乾爲"慶"也。"矢"，古"誓"字，"誓"，信也。"勿"，无，"卹"，憂也。五變得正，坎象不見，故"誓得勿卹，往有慶也"。

〔釋曰〕虞訓"往"爲"變"。康侯之信得於上，則正四之五，體巽受命，二進應五，上下同慶矣，文王固望紂爲大明之君也。虞注作"卹"者，恤、卹音義同。

上九：晉其角，

虞翻曰：五已朱誤"以"。變之乾爲"首"，位在首上此下朱衍"故"字。稱"角"，故"晉其角"也。

維盧、周作"惟"，《象》同。用伐邑，厲吉无咎，貞吝。

虞翻曰：坤爲"邑"，動成震而體師象，坎爲心，故"維用伐邑"。得位乘朱誤"承"。五，故"厲吉无咎"而"貞吝"矣。

〔釋曰〕虞讀"維"爲"惟"訓"思"，謂思由上伐邑反三成既濟也。愚謂"維"，詞也，此紂遣文王伐崇之象，但用康侯伐邑而不能用其道。上之三，雖由厲而"吉无咎"。三之上，徒見爲乘五，非能定既濟也，故雖貞猶吝。上動體師，但就一爻取象。

《象》曰：維用伐邑，道未光也。

荀爽曰：陽雖在上，動入冥豫，朱作"遂"。故"道未光"也。

〔釋曰〕維用伐邑而不用其道，終歸於不明晦而已，康侯以爲致君之道未光也。動入冥豫,甚言其咨,亦就一爻動取象。

明　夷

《序卦》曰:進必有所傷,故受之以明夷。夷者,傷也。

《九家易》曰:日在坤下,其明傷也,言進極當降,復入于地,故曰
"明夷"也。

> 釋曰　萬物之進,必有夭閼摧挫之患,與大壯陽盛而傷同義。

䷣ _{離下坤上} **明夷。**

虞翻曰:"夷",傷也。臨二之三而反晉也,"明入地中",故"傷"矣。

利艱貞。

虞翻曰:謂五也。五失位,變出成坎爲"艱",故"利艱貞"矣。

鄭玄曰:"夷",傷也。日出《漢上易》引作"在"。地上,其明乃光,至
其入地,朱作"也",王氏應麟集鄭注及《漢上易》、《義海撮要》並同。明則《漢
上》作"乃"。傷矣,故謂之"明夷"。《義海撮要》作"故曰明夷",又無下句。
日之明傷,猶聖人君子有明德而遭亂世,抑在下位,則宜自艱,无幹事
政,《義海撮要》無"政"字。以避小人之害也。《義海撮要》無"之害"字。

> 釋曰　自艱无幹事政,晦其明也。晦其明而後可以漸貞,其貞至
艱,此箕子之事,文王之志。文王明夷,利箕子能貞之,殷之明或可以
不息,此明夷之既濟也。九三曰"不可疾貞",卦曰"利艱貞",明夷不

以三升五爲濟,以五正爲濟,文王所以爲至德。

《象》曰:明入地中,明夷。

蜀才曰:此本臨卦也。案:"夷",滅也。九二升三,六三降二,"明入地中"也。"明入地中",則明滅也。

　釋曰　臨二之三,則成離在坤下,故明入地中,此以消息言也。以《序卦》言,則取反晉,坎爲"入"。

内文明而外柔順,以蒙大難,

荀爽曰:明在地下,爲坤所蔽,"大難"之象。"大難",文王君臣相事,故言"大難"也。

　補　鄭康成曰:"蒙",猶遭也。

一云:"蒙",冒也。並《釋文》。

　釋曰　"大難文王君臣相事",語有誤,當云"明夷文王羑里之事"。

文王以之。

虞翻曰:"以",用也,三喻文王。"大難",謂坤,坤爲弑父,迷亂荒淫,若紂殺比干。三幽坎中,象文王之拘羑里,震爲諸侯,喻從文王者,紂懼出之,故"以蒙大難",得身全矣。

　補　"以之",鄭、荀、向作"似之",下亦然。

王肅曰:惟文王能用之。並《釋文》。

　釋曰　"大難",謂坤上。三爲三公,體明得正而應上,爲上所揜,在坎獄中,似文王之拘羑里。内蘊文明之德,深明天人之故,君臣之義,撥亂反正,持危扶顛之道。而外以柔順行之,危行言孫,因時而惕,有君民之大德,有事君之小心。合外内之道,是以遭處大難而得全。《左傳》説"紂囚文王,諸侯皆從之囚,紂懼歸之",實文明柔順之德,有以孚上下耳。

利艱貞,晦其明也。内難而能正其志,箕子以之。

虞翻曰:箕子,紂諸父,故稱"内難"。五乾天位,今化爲坤,箕子之象。坤爲"晦",箕子正之,出五成坎,體離重明麗正。坎爲"志",故"正其志,箕子以之"而紂奴之矣。

[釋曰] 虞義葢謂五出坎爲艱,得正成既濟,艱而克濟,晦其可明也。鄭義則謂,不但曰"利貞"而曰"利艱貞"者,晦其明,不顯然矯拂以觸禍,惟自正其志,積誠以漸寤暴君,其貞至艱,艱而後利,義並通。"内難",謂家難,"家人内也"。六五本坤元凝乾之位,故象箕子,坤爲難,在坤體,與上切比,故"内難"。箕子明洪範九疇,德足濟天下,處剥膚之災,覩宗社將覆,能正其志,欲以柔化暴,以至正勝羣邪,使伏陽出而復濟。文王明夷,利箕子能正之,曰"利艱貞",意在箕子也,故曰"箕子以之"。虞作"以",謂用其道,六十四象所謂"君子以""先王以"也。鄭、荀作"似",謂其行事與卦象合。

《象》曰:明入地中,明夷。君子以莅衆,用晦而明。

虞翻曰:"而",如也。"君子",謂三,體師象,以坎莅坤。坤爲"衆"、爲"晦",離爲"明",故"用晦如明"也。

[補] 孔穎達曰:冕旒垂目,黈纊塞耳,無爲清靜,民化不欺。若運

其聰明，顯其智慧，民即逃其密網，姦詐愈生，豈非藏明用晦，反得其明也。

釋曰　陽氣收入地中，其象爲夷，而實發生之本，通乎晝夜之道而知。明入地中，則復出地上，故明夷於《序卦》反晉，於消息爲臨息卦，《象傳》明臨息之義。"莅"，《説文》作"隶"，臨也。三自臨二升，體師象。"師，眾也"，故以"莅眾"。以坎莅坤，師眾之象。虞讀"而"爲"如"，雖在晦猶如明，内文明而外柔順，所以爲法於天下。君子知微知彰，知柔知剛，萬夫之望，風雨如晦，不改其度，是用晦如明也。惠氏以三當升五臨坤爲由晦而明，姚氏以明夷當反成晉爲由晦而明。操心危，慮患深，所以當大任而濟眾，即晉之"眾允"也。孔氏所言，法明夷之象爲莅眾之道，皆讀"而"如字。

初九：明夷于飛，垂其翼。君子于行，三日不食。

荀爽曰：火性炎上，離爲飛鳥，故曰"于飛"。爲坤朱誤"坎"。所抑，故曰"垂其翼"。陽爲"君子"，"三"者，陽德成也。"日"以喻君，"不食"者，不得食君禄朱作"君禄食"也。陽未居五，陰暗在上，初朱作"陽"。有明德，恥食其禄，故曰"君子于行，三日不食"也。

補　《春秋傳》説明夷之謙初變。曰：明夷日也，日之數十，故有十時。一晝夜分十時。日上其中，日中。食日爲二，食時。旦日爲三，平旦。明夷之謙，明而未融，其當旦乎。日之謙當鳥，故曰"明夷于飛"。明之未融，故曰"垂其翼"。象日之動，故曰"君子于行"。當三在旦，故曰"三日不食"。又曰：飛不翔，垂不峻，翼不廣。

釋曰　明夷，有明德而抑在下位者。"飛"，以喻行也。"垂其翼"，夷之意也。"三日不食"，困已甚也。離爲日，三爻，故"三日"。荀云"三者陽德成"，"日喻君"，此因象託義之例。《傳》以當三在旦非食時推"三日不食"，此參互求象之法。明夷陽升而未光，即始旦之象。離本象飛鳥，皆不必取謙，筮占家合兩象求之，推廣其義。

有攸往，主人有言。

《九家易》曰：四者初應，眾陰在上爲主人也。初欲上居五，當爲"四"。則眾陰"有言"，"言"，謂震也。四、五體震爲雷聲，故曰"有攸往，主人有言"也。

〔補〕《京氏傳》曰：諸侯在世，四。元士爲應，初。君暗臣明，不可止。明於内，暗於外，當世出處，爲眾所疑，《易》曰"三日不食，主人有言"。

〔釋曰〕初欲上居五，五當爲四。六二注謂初取象小過飛鳥，四降居初爲垂翼，初上居四，則仍爲小過，言飛而之外也。然明夷四諸侯在世，初元士爲應，既象君暗臣明，不可止而苟禄，而外暗内明，又眾濁獨清眾醉獨醒之象。君子之所爲，眾人固不識也，故"有攸往"則"主人有言"。"言"，疑怪之言也。但初居四失位，惠氏謂初應四故"有攸往"，四互震而在坤體，躁人之辭多，故"主人有言"，義似較長，此二老居海濱遯世不見知之象。張氏以主人爲三陽，初應在震，三體震，故"主人有言"，謂諮訪之言，則二老歸周之象。

《象》曰：君子于行，義不食也。

荀爽曰：暗昧在上，有明德者義不食禄也。

六二：明夷_{疑脫一"夷"字}。<small>疑脫一"夷"字。</small>**于左股，用拯馬壯，吉。**

《九家易》曰："左股"，謂初，爲二_{當爲"四"}。所夷也。離爲飛鳥，蓋取小過之義，鳥飛舒翼而行。"夷者，傷也"，今初傷垂翼在下，故曰"明<small>此字疑衍</small>。夷于左股"矣。九三體坎，坎爲馬也，二應於盧、周誤"與"。五，三與五同功，二以中和應天，<small>應天二字疑衍</small>。合衆，欲升上三以壯於五，故曰"用拯馬壯，吉"。　案：初爲足，二居足上，"股"也。二互體坎，坎主左方，"左股"之象也。

補　"明夷于左股"，諸家重"夷"字。下"夷"，鄭、陸作"睇"，《子夏傳》同，京作"眱"。《釋文》。

鄭康成曰：旁視爲睇。<small>此句見《釋文》，"爲"作"曰"。</small>六二辰在酉，酉在西方，又下體離爲目。九三體在震，震東方，九三又在辰，辰得巽氣爲股。此謂六二有明德，欲承九三，故云"睇于左股"。<small>《禮記·内則》正義。</small>拯，承也。《釋文》。

"拯"，《子夏》作"抍"。《釋文》。《説文》："抍，上舉也，從手，升聲。《易》曰'抍馬壯吉'。"《釋文》引《説文》作"拯"，云"舉也"。

"左股"，馬、王肅作"般"，云："旋也，日隨天左旋也。"姚作"右槃"，云："自辰右旋入丑。"《釋文》。

釋曰　《九家》云"左股謂初爲二所夷"，二與初同體離，有明德，無傷初義。"二"，當爲"四"，字之誤。初自小過四降，小過有飛鳥之象，初陰升而四陽降，陽爲陰抑，如鳥飛垂翼。鳥之垂翼，如人傷股，故曰"爲四所夷"。既云"爲四所夷"，則下文故曰"明夷于左股"，非"明"字衍即"夷"字當重，而經文于上脱"夷"字審矣。《釋文》不言《九家》無下"夷"字，李所見本當與陸同，晁氏據誤本《集解》增列異文，恐非。“用拯馬壯”，“拯”之言“升”，三體坎爲馬，“壯”，傷也，謂折坤。五虛无君，二欲升三居五以壯于坤，象舉馬健行，利有攸往，以濟生民之難，故“吉”。“夷于左股”，夷也，羑里之難也。“用拯馬壯”，由夷而明，諸侯以文王爲受命之君，出之大難，欲從之以濟天下也。若然，此爻必周公之辭。鄭本“夷”作“睇”，訓“拯”爲“承”者，二視三之夷，急欲出三於難，從之以宣力王室，惟三馬首是瞻。“壯”訓“强”，“馬壯”，即晉“用錫馬蕃遮三捷”之義。《象》曰“順以則”，謂順三以盡君臣之天則也。文王率殷之叛國以事紂，諸侯皆從之，是謂“順以則”。至武王時，則應天救民乃其則矣。京作“睤”，蓋“睇”之異體。馬氏“股”作“般”，姚氏“左股”作“右槃”，皆字形近，師讀異。日隨天左旋而明傷，猶聖人順天行道而蒙難。云“自辰右旋入丑”者，張氏曰：“明夷臨二之三，臨九二坎爻，于納甲爲戊辰，變爲六二離爻，于納甲己丑，故曰‘自辰入丑’，此用納甲例也。”案：辰，日向中，明也。丑，夜未旦，夷也。以下爻“左腹”例之，馬、姚本恐非是。“拯”，《釋文》引許書“舉也”，《字林》作“抍”。陸以《字林》之“抍”別於《說文》之“拯”，豈今本《說文》，後人依《字林》改歟？李云“坎主左方”，蓋以乾坎艮震陽卦主左也。

《象》曰：六二之吉，順以則也。

《九家易》曰：二欲上三居五爲天子。坎爲法律，君有法，則眾陰當順從之矣。

釋曰　三升五，二順應之以合於則，凡爻當位爲則。三升五，濟天下之難，則六爻皆正，陰皆從陽矣。鄭訓“拯”爲“承”，則謂二承三，體順以合君臣之則。

九三：明夷于南狩，得其大首，不可疾貞。

《九家易》曰：歲終田獵名曰"狩"也。"南"者，九五，大陽之位，故稱"南"也。暗昧道終，三可升上而獵於五，得據大陽首位，故曰"明夷于南狩，得其大首"。自暗復明，當以漸次，不可卒正，故曰"不可疾貞"也。

補　"狩"，本亦作"守"。《釋文》。

釋曰　言狩以見暗昧道終，數窮理極，天人交迫，而後行師除暴，四海之內皆曰非富天下，故南狩之志乃大得也。先儒皆以武王伐紂言之，愚竊疑伐紂師北出，《經》言"南狩"，或指伐崇。"得其大首"，誅首惡也，"不可疾貞"，志在以德服之。故三旬不降，則退而修教，大難既免，用晦而明，故"志大得也"。

《象》曰：南狩之志，乃大得也。

案：冬獵曰狩也。三互離坎，離南坎北，北主於冬，故曰"南狩"。五居暗主，三處明終，履正順時，拯難興衰者也，以臣伐君，故假言狩。既獲五上朱誤"三"。之大首，而三志"乃大得也"。

六四：入于左腹，獲明夷之心，于出門庭。

荀爽曰：陽稱"左"，謂九三也。"腹"者，謂五居坤，坤爲"腹"也。四得位比三，處盧、周誤"應"。於順首，欲上三朱作"三上"。居五，以陽爲腹心也，故曰"入于左腹，獲明夷之心"。言三"三"下朱衍"明"字。當出門庭升五君位。

干寶曰：一爲室，二爲户，三爲庭，四爲門，故曰"于出"出"下朱衍"於"字。門庭"矣。

釋曰　合三震五坤象左腹，"左腹"，腹之左偏，明三未升五正中。坎爲"心"，諸侯感孚文王之德，如入其腹而見其心，于是欲其出門庭升五濟天下。晉艮爲"門庭"，反成明夷。震爲出，出門庭，未即升五也。文王不敢有君民之心，諸侯實共見之，故不斥言升五，曰"出門庭"而已。愚又謂"出門庭"，謂大難既免，出門與諸侯相交，諸侯於此益見其至公無私仁敬純一之心，如入於其腹而得之者然，所以中心悦而誠服，率之以事暴主而皆順其則。

《象》曰：入于左腹，獲心意也。

《九家易》曰：四欲上朱誤"外"，蓋本作"升"。三居五爲坎，坎爲"心"，四以坤爻爲"腹"，故曰"入于左腹，獲心意也"。

釋曰　《九家》以四象腹，四欲升三而承之，如腹之承心然，故象入于左腹，言深得其心之意，中心悦而誠服也。

六五：箕子之明夷，利貞。

馬融曰：箕子，紂之諸父，明於天道洪範之九疇，德可以王，故以當五。知紂之惡，無可奈何，同姓恩深，不忍棄去，被髮佯狂，以明爲暗，故曰"箕子之明夷"。卒以全身爲武王師，名傳無窮，故曰"利貞"矣。

補　趙賓説：箕子者，萬物方荄兹"兹"同"滋"。也。《漢書》。劉向云：今《易》下當脱“説”字。箕子爲荄滋。荀爽訓“箕”爲“荄”，詁“子”爲“滋”。

蜀才“箕”作“其”。並《釋文》。

釋曰 馬以箕子爲奴釋“明夷”，以陳洪範爲武王師釋“利貞”，此非箕子之利，乃天下萬世之利耳。愚謂箕子道不行，見殷命將傾，即明夷。文王明夷，猶利箕子能貞之。《象》曰“明不可息”，文王不忍殷之亡也。雖箕子囚奴之後，苟紂能悔禍，猶可不亡。箕子一日能貞，即殷之明一日不息。曰“利貞”者，武王周公不忍殷亡，猶文王之心也。六五坤元凝乾之位，又切比上六之晦，故象箕子。趙賓説“箕子爲荄兹”者，蓋謂《經》言箕子，殷之父師，而即以託萬物方荄滋之義。“箕”與“荄”、“子”與“滋”聲通，猶帝乙爲成湯而見震坤象，高宗爲武丁而見乾象耳。箕子能貞，殷之明猶有萌蘖之生，故取荄滋之義。若竟破“箕子”爲“荄滋”，則謬戾甚矣，趙賓不若是之愚，諸儒亦無不能難之理。

《象》曰：箕子之貞，明不可息也。

侯果曰：體柔履中，内明外暗，羣陰共掩以夷其明。然以正下似脱“志”字。爲明而不可息，以爻取象，箕子當之，故曰“箕子之貞，明不可息也”。

上六：不明晦，初登于天，後入于地。

虞翻曰：應在三，離滅坤下，故“不明晦。”晉時在上麗乾，故“登于天照四國。”今反在下，故“後入于地，失其則。”

補　應劭曰："初登于天"者,初爲天子,以善聞于天也。"後入于地"者,傷害賢仁,佞惡在朝,必以惡終,入于地也。《漢書·杜鄴傳》注。

杜鄴説:日食明傷,爲陰所臨,坤卦乘離,明夷之象。

釋曰　上應三,三有明德而上掩之,五有伏陽,可正而不正,是自喪其明,不明而晦也。"日"者,君象。"明入地中",在聖賢爲蒙難之象,在人君爲滅亡之象。"初登于天",紂之始,有文王及三仁輔之,尺地一民莫非其有,故照四國也。"後入于地",昏亂失道,賊害聖賢,而大命傾矣。杜鄴以日食爲説,亦一義。

《象》曰:初登于天,照四國也。後入于地,失則也。

侯果曰:最遠于朱作"於"。陽,故曰"不明晦"也。"初登于天",謂明出地上,下照于坤,坤爲衆國,故曰"照于四國也",喻陽疑當爲"湯"。之初興也。"後入于地",謂明入地中,晝變爲夜,暗晦之甚,故曰"失則也",況紂之亂世也。此之二象,言晉與明夷往復不已,故疑當爲"欲"。見暗則伐當爲"明"。取之,亂則治取之,聖人因象設誡朱盧本誤"試"。也。

釋曰　侯氏以殷一代興亡言之。"失則"者,三爲正應,五有伏陽,其則不遠,上自失之。

卷第八

家　人

《序卦》曰：傷於外者_{朱脱“者”字}。必反於家，故受之以家人。

韓康伯曰：傷於外者，朱脱“者”字。必反諸内也。

釋曰 行有不得於外，必反求諸内，不獲乎上不信乎友，必其事親弗悦反身不誠也。三代之衰，網紀法度之壞自内始，撥亂反正莫先正家，故明夷繼以家人。

☲ _{離下巽上} 家人。利女貞。

虞翻曰：遯初之四也。女，謂離巽，二、四得正，故“利女貞”也。

馬融曰：家人以女爲奥主。長女中女各得其正，故特曰“利女貞”矣。

釋曰 家人之道，利使女得其正。正者女，正之者男。遯乾以陰輔陽，以陽正陰，初、四易位，離二巽四各得其正，故“利女貞”。女得地，坤元之位以二爲主，二正應五，三變上反成既濟，坎離皆正，故《彖傳》兼言男女正以達經意。

《象》曰：家人，女正位乎内，男正位乎外。

王弼曰：謂二、五也。家人之義，以内爲本者也，故先説女矣。

男女正，天地之大義也。

虞翻曰：遯乾爲“天”，三動，坤爲“地”。男得天，正於五，女得地，正於二，故“天地之大義也”。

家人有嚴君焉，父母之謂也。

荀爽曰：離巽之中有乾坤，故曰“父母之謂也”。朱本脱圈。

王肅曰：凡男女所以能各得其正者，由家人有嚴君也。家人有嚴君，故父子夫婦各得其正。家家咸正，而天下之治大定矣。　案：“案”上周本有圈。二、五相應，爲卦之主。五陽在外，二陰在内，父母之謂也。

【釋曰】荀意葢謂坤二、四之乾成家人，實則十二消息皆乾坤，遯陽即乾，陰即坤也。

父父子子，兄兄弟弟，

虞翻曰：遯乾爲“父”，艮爲“子”，三、五位正，故“父父子子”。三動時，震爲“兄”，艮爲“弟”，初位正，故“兄兄弟弟”。

【釋曰】五父三子，父尊子卑也。初位正，“初”下葢脱“五”字，初震兄五艮弟，兄先弟後也。

夫夫婦婦，

虞翻曰：三動時，震爲"夫"，巽四爲"婦"，初、四位正，故"夫夫婦婦"也。

釋曰 夫内成，婦外成也。

而家道正，正家而天下定矣。

荀爽曰：父，謂五；子，謂四；兄，謂三；弟，謂初；夫，謂五；婦，謂二也。各得其正，故"天下定矣"。

陸績曰：聖人教先從家始，家正則盧、周作"而"。天下化之，"脩己以安百姓"者也。

釋曰 荀云"父謂五子謂四"者，子承父也；"兄謂三弟謂初"者，三陽之成爲長，初陽之始爲少也；"夫謂五婦謂二"者，正位内外也，義亦通。此傳明人倫大義爲王道之本，《孝經》曰："親生之膝下以養父母日嚴，聖人因嚴以教敬，因親以教愛。"人類相生，由於愛敬，愛敬之本，出於子之親嚴其父母。伏羲別男女，定夫婦，正父子，夫婦者，所以正天下之父子也。父母爲家之嚴君，因父子立君臣，君臣者，所以保全天下之父子也。有父子則有兄弟，家有嚴君而後一家之父子兄弟夫婦正，國有嚴君而後天下之爲父子兄弟夫婦者無不正，故"正家而天下定矣"。

《象》曰：風自火出，家人。

馬融曰：木生火，火以木爲家，故曰"家人"。火生於木，得風而盛，猶夫婦之道相須而成。

釋曰 木生火，火附於木而風出焉，火得風而益盛，猶夫婦相須而成家，此舊説也。愚謂陽氣鬱蒸，散而爲風，故"風自火出"。家人五月卦，火氣用事，風以散之，布宣陽德，發育萬物，猶夫婦和順以長子孫。"風自火出"，長養之風也，故爲家人之象。若北風其涼，則爲肅殺之氣，非其義矣。又風，土氣也，木生火，火生土，而風出焉，其所自來遠矣，故君子法之，以反身慎言行爲正家之本。

君子以言有物而行有恒。

荀爽曰：風火相與，必附於物，物大火大，物小火小。君子之言必因其位，位大言大，位小言小。"不在其位，不謀其政"，故"言有物"也。大暑爍金，火不增其烈，大寒凝冰，火不損其熱，故曰"行有恒"矣。

釋曰 荀以火象説物恒，明風化之所自。

初九：閑有家，悔亡。《象》曰：閑有家，志未變也。

荀爽曰：初在潛位，未干國政，閑習家事而已，未得治官，故"悔"。居家理治，可移於官，守之以正，故"悔亡"。而此字疑衍。未變從國之事，故曰"志未變也"。

補 馬融曰："閑"，闌也，防也。

鄭康成曰："閑"，習也。並《釋文》。

釋曰 卦自遯來，潛遯之世，未能道濟天下，"悔"也。"孝乎惟孝，友于兄弟"，居家理治，是亦爲政，故"悔亡"。"不願乎外"，故"志未變"，此荀義也。馬、鄭之義，則謂防範閑習其家以禮，及其志未變而正之,故"悔亡"。初應四,四體坎爲閑、爲志,遯初失位,四剛來閑初,遯未變成否而閑之,故"悔亡"。

六二:无攸遂,在中饋,貞吉。

荀爽曰:六二處和得正,得正有應,有應有實,陰道之至美者也。坤道順從,故无所得遂。"供肴朱作"饇"。中饋,酒食是議",故曰此下似脱"在"字。"中饋"。居中守正,永貞其志則吉,故曰"貞吉"也。

補　鄭康成曰:二爲陰爻,得正于內;五,陽爻也,得正于外,猶婦人自修正于內,丈夫修正于外。"无攸遂",言婦人无敢自遂也。爻體離,又互體坎,火位在下,水在上,飪之象也。"饋",食也,此句又見《後漢書・王符傳》注,作"中饋,酒食也"。案:"饋"字當重。故曰"在中饋"也。《後漢書・楊震傳》注。

魏徵曰:從子從夫,无所遂志。《撮要》。

《大戴記・本命》曰:婦人者,伏於人也。是故無專制之義,有三從之道。無所敢自遂也,故令不出閨門,事在饋食之閒而已。

谷永曰:三代所以隕社稷喪宗廟者,皆由婦人與羣惡,《易》曰"在中饋,無攸遂",言婦人不得與事也。

釋曰　婦人無專用之道,職在供養祭祀而已。二中正,順巽於五,永貞此道,故"吉"。

《象》曰:六二之吉,順以巽也。

《九家易》曰:謂二居貞,巽順於五,則吉矣。

釋曰　順從而卑巽。《論語》"巽與之言",馬曰"巽,恭也",謂恭遜謹敬之言。

九三：家人嗃嗃，悔厲吉。婦子嘻嘻，終吝。

王弼曰：以陽居陽，剛嚴者也。處下體之極，爲一家之長。行，與其慢也，寧過乎恭。家，與其瀆也，寧過乎嚴。是以家雖"嗃嗃"，悔厲猶得吉也，"婦子嘻嘻"，失家節也。

侯果曰："嗃嗃"，嚴也，"嘻嘻"，笑也。

補 馬融曰："嗃嗃"，悦樂自得貌。"嘻嘻"，笑聲。

鄭康成曰："嗃嗃"，苦熱之意。"嘻嘻"，驕佚喜笑之意。

"嗃嗃"，荀作"確確"，劉作"熇熇"。"嘻嘻"，陸作"喜喜"，張作"嬉嬉"。並《釋文》。

釋曰 王弼從鄭義。荀作"確"者，剛堅之貌，義大同。嚴未失正，故雖悔厲而吉。程《傳》謂法度立，倫理正，乃恩義之所存也。三動，巽爲婦，震爲子，震笑言，故"婦子嘻嘻"。三動上不即反，則非權濟，乃失正，故終吝。喜樂无節，法度廢而倫理亂，敗家之禍必由此始，故"吝"也。"熇"者，"嗃"之正字。"嘻"，讀爲"嬉"。馬氏訓"嗃嗃"爲"喜樂自得"，蓋讀爲"皓皓"。三動震爲樂，失位，故"悔厲"，動以待上反，故"吉"。三變受上，權而濟也。上不反則終吝，樂不可過節也，義亦通。

《象》曰：家人嗃嗃，未失也。婦子嘻嘻，失家節也。

《九家易》曰：別體異家，陰陽相據，喜樂過節也。別體異家，謂三、五也。陰陽相據，三、五各相據陰，故言婦子也。

釋曰 "嗃嗃"、"嘻嘻"義相反，三在上下二體之間，故設爲異家之辭。三、五各得據陰,男女相得,故"婦子嘻嘻"。未成既濟,樂不中節,故"吝"。取象雖異,大意與鄭同。

六四:富家大吉。《象》曰:富家大吉,順在位也。

虞翻曰:三變體艮,艮爲篤實,坤爲大業。得位,應初順五乘三,比據三陽,故曰"富家大吉,順在位也",謂順於五矣。

釋曰 遯初失位,消陽不順。初之四順五得位,故能應初比三,有實而富,女貞之利莫此爲大。"富"者,福也,"福"者,備也,百順之名也。"富家大吉",順於舅姑,和於室人,而后當於夫,以審守其家,婦順備也。

九五:王假有家,勿恤吉。

陸績曰:"假",大也。《釋文》:徐古雅反,正此義。五得尊位,據四應二,以天下爲家,故曰"王大有家"。天下正之,故无所憂則吉。

補 馬融曰:"假",大也。

鄭康成曰:"假",登也。並《釋文》。《釋文》:假,更白反,鄭讀同。

先儒云:猶如舜能治家,處于嬀汭,即是歸讓至焉。《口訣義》。

釋曰 馬、陸訓"假"爲"大",與"嘏"同義。張氏曰:"父子兄弟夫婦相愛,謂之家之大。王者以天下爲家,君臣上下如父子兄弟夫婦之相愛,謂之大有家。"案:坎爲恤,成既濟,六爻和會,故"勿恤吉"。鄭讀"假"爲"格",訓"登",與萃注訓"至"義同,"假""格"皆"假"之借字。古者登堂直曰"登",《春秋傳》曰"公登亦登",王登有家,謂登家之堂而與族人燕食,與"王假有廟"文例同。親親則諸父昆弟不怨,民德歸厚,百姓親,五品遜,故"勿恤吉"。史氏引先儒説歸讓至,義不分明,

"歸讓"或當爲"德化",此訓"假"爲"至"。王者德化,至於家道爲天下所取正,人人親親長長,而天下盡保有其家,故"勿恤吉"。

《象》曰:王假有家,交相愛也。

虞翻曰:乾爲"愛"也,二稱"家"。三動成震,五得交二,初得交四,故"交相愛"。震爲"交"此下朱衍"之"字。也。

釋曰　三動而上反,則三亦交上。"交相愛",故大有家而勿恤。

上九:有孚威如,終吉。

虞翻曰:謂三已變,與上易位成坎,坎爲孚,故"有孚"。乾爲威如,自上之坤,故"威如"。易則得位,故"終吉"也。

釋曰　惟孚故威,以德服人,大畏民志也,不正者終皆正,不應者終皆應。反求諸己,身正而天下歸之,而況於家乎,故"吉"。

《象》曰:威如之吉,反身之謂也。

虞翻曰:謂三動,坤爲"身",上之三成既濟定,故"反身之謂"。此家道正,正家而天下定矣。

釋曰　反身所以孚。

睽

《序卦》曰:家道窮必乖,故受之以睽。睽者,乖也。

崔憬曰:婦子嘻嘻,過在失節,失節則窮,窮則乖,故曰"家道窮必乖”。

[釋曰] 治家之道，不能反身以立家節，則倫理亂而恩義廢，家道窮必致乖離。睽者，家人之反也。

[兌下離上] **睽。小事吉。**睽，馬、鄭、王肅、徐並音圭。《釋文》。

虞翻曰：大壯上之三，在《繫》“蓋取”，无妄二之五也。“小”，謂五，陰稱小，得中應剛，故“吉”。

鄭玄曰：“睽”，乖也。火欲上，澤欲下，猶人同居而志異盧作“異志”。也，故謂之“睽”。二、五相應，君陰臣陽，君而應臣，故“小事吉”。

[釋曰] 張氏曰：“‘《繫》蓋取’者，《繫》‘弧矢之利，以威天下，蓋取諸睽’，此《象》云‘柔進而上行’，故知與‘蓋取’同義。”案：據《象傳》，則當與革兩象易，聖人觀象繫辭非一端也。“得中應剛”，鄭謂“六五應九二”，資剛賢之臣，以漸通睽，故“小事吉”，與蒙五應二同義。虞謂五陰應蹇五伏陽，坤元凝乾，始睽終同，故“小事吉”，與鼎五應屯五同義，並通。

《象》曰：睽，火動而上，澤動而下。

虞翻曰：離火炎上，澤水潤下也。

[釋曰] 此謂與革兩象易也。革離火本在下，今動而上，兌澤本在上，今動而下。火炎上，澤潤下，不相交，有未濟象，故睽。革易爲睽，則離二居五，故下云“柔進而上行”。惠氏以无妄二、五易體離兌，爲動而上下，亦通。

二女同居，其志不同行。《釋文》：行，如字，王肅逷孟反。

虞翻曰：“二女”，離兌也。坎爲“志”，離上兌下，无妄震爲“行”，巽爲“同”，艮爲“居”，二、五易位，震巽象壞，故“二女同居，其志不同行也”。

釋曰 二女雖同在一卦，本體巽艮爲“同居”，而一上一下，非復震巽合象，故“志不同行”。女同居異出，睽象也。推而廣之，凡同居異志者皆是。

說而麗乎明，柔進而上行，得中而應乎剛，

虞翻曰：“說”，兌，“麗”，離也，“明”，謂乾，當言大明以麗於晉。“柔”，謂五，无妄巽爲朱誤“爲巽”。“進”，從二之五，故“上行”。“剛”，謂應乾五伏陽，非應二也，與鼎五同義也。

釋曰 “麗於晉”，張云：“‘麗’疑當爲‘例’，晉言‘麗乎大明’，此亦當然，脫字也。”愚謂乾五動成離，天之明以日顯，天日同明，言“麗乎明”而乾五伏陽在其中。離爲明，乾亦得直稱明，《孝經》曰“則天之明”，旅亦云“止而麗乎明”，不必增字。“說而麗明”，明恕而行。“柔得中應剛”，虛中下賢，內有宗主而外無操切，皆通睽之道。“小事吉”，濟睽必以漸也。五在本卦應二，在消息應蹇五，虞、鄭義並通。虞以應二爲非，則睽、鼎二、五有應，《象》皆云“應乎剛”，旅二、五无應，即變其文曰“順乎剛”，何邪？《易》道屢遷，旁通曲中，未可偏據一義也。

是以小事吉。

荀爽曰：“小事”者，臣事也，百官異體，四民殊業，故睽而不同。“剛”者，君也，柔得其中而進於君，故言“小事吉”也。

釋曰 荀義與虞近，柔得中而進於君，即晉柔進上行之義。

天地睽而其事同也，

王肅曰：高卑雖異，同育萬物。

虞翻曰：五動乾爲"天"，四動坤爲"地"，故"天地睽"。坤爲"事"也，五動體同人，故"事朱誤"事故"。同矣"。

釋曰 於睽見天地象，故"天地睽"。"天地睽而其事同"，伏陽出而睽通矣。

男女睽而其志通也，

侯果曰：出處雖殊，情通志合。

虞翻曰：四動艮爲"男"，兌爲"女"，故"男女睽"。坎爲"志"、爲"通"，故"其志通也"。

萬物睽而其事類也，

崔憬曰：萬物雖睽於形色，而生性事類，"事類"，當爲"行事相類"，句有脫字。言當爲"類"。亦同也。

虞翻曰：四動萬物出乎震，區以別矣，故"萬物睽"。坤爲"事"、爲"類"，故"其事類也"。

睽之時用大矣哉。

《九家易》曰：乖離之卦，於義不大，而天地事同，共生萬物，故曰

"用大"。朱誤"矣"。

盧氏曰:不言"義"而言"用"者,明用睽之義至大矣。

釋曰 聖人用睽以爲同,使萬物各從其類,乃所以"類萬物之
情"也。

《象》曰:上火下澤,睽。

荀爽曰:火性炎上,澤性潤下,故曰"睽"也。

君子以同而異。

荀爽曰:大歸雖同,小事當異。百家殊職,四民異業,文武並用,
威德相反,共歸於治,故曰"君子以同而異"也。

初九:悔亡。喪馬勿逐,自復。見惡人,无咎。《象》曰:見惡人,以避咎也。

虞翻曰:无應,悔也,四動得位,故"悔亡"。應在於盧、周作"于"。
坎,坎爲"馬",四而衍字。失位,之正入坤,坤爲"喪",坎象不見,故"喪
馬"。震爲"逐",艮爲止,故"勿逐"。坤爲"自",二朱誤"一"。至五體
復象,故"自盧、周誤"曰"。復"。四動震馬來,故"勿逐自復"也。離爲
"見","惡人"謂四,動入坤,初、四復正,故"見惡人,以避咎矣"。

釋曰 虞云"二至五體復"者,但據四變,不論五已正也。《易》觀
變之例,有諸爻合觀者,有每爻分觀者。張氏則謂五正四乃變,當云
"二變四至初體復",四動則二亦變,震馬來也。"見惡人",據四未變

體離四，與下體爲離就初，而初見之。初見惡人，則四遇元夫，化之正應初矣，故"无咎"。"喪馬勿逐，自復"，往者不追也，"見惡人，无咎"，來者不拒也。初應在四，於禮不得不見，不見則爲惡人所害，故見以避咎，若孔子見陽虎、見南子是也。

九二：遇主于巷，无咎。

虞翻曰：二動體震，震爲"主"、爲大塗，艮爲徑路，大道而有徑路，故稱"巷"。變而得正，故"无咎"而"未失道也"。

釋曰 虞以"遇主"爲二遇初，張氏曰："二變就初，得其所主。二本體兌之震，震兌爲朋，禮有主友。"則是也。"巷"者，大道之徑路，二應五爲正，比初爲"巷"。"于巷"者，于道近矣，故《象》曰"未失道"。鄭義當以"遇主"爲遇五，五君位，故稱"主"。"主"，對臣之稱，坤"先迷後得主"，《文言》曰"臣道也"。《曲禮》"凡執主器"，兼天子國君言，又曰"主佩倚，臣佩垂"。二遇主，則五伏陽發，二亦變正，與蒙二、五"利貞"同義，睽由是濟，故"无咎"。《象》曰"未失道"，巷所以達於道也。

《象》曰：遇主于巷，未失道也。

虞翻曰：動得正，故"未失道"。

崔憬曰：處睽之時，與五有應，男女雖隔，其志終通，而三比焉，近不相得。"遇"者，不期而會；"主"者，三爲下卦之 ~~誤~~ "者"。主；"巷"者，出門近遇之象，言二遇三，明非背五，未爲失道也。

釋曰 崔以三爲下卦之主，與《九家》說履三義近。二雖遇三而不背五，故"无咎"。但如此，則此遇主非善辭，與"遇元夫交孚，遇雨吉"不例矣，恐非也。

六朱誤"九"。**三：見輿曳，其牛掣。**惠校改"觢"，而盧氏刊本誤"觢"，周作"觢"，注同。《釋文》：掣，昌逝反。

虞翻曰：離爲"見"，坎爲車、爲"曳"，故"見輿曳"。四動坤爲"牛"、爲類，張曰"未詳"。牛角一低一仰，故稱"掣"。離上而坎下，故盧、周無"故"字。"其牛掣也"。

補　"掣"，鄭作"挈"，徐市制反。曰：牛角皆踊曰挈。《釋文》。

《説文》作"觢"，云：一段云"當爲二"。角仰也，陸引作"角一俯一仰"，之世反。從角，韧聲。《易》曰"其牛觢"。

《子夏》作"契"，云：一角仰也。

苟作"觭"。

劉本從《説文》，解依鄭。並《釋文》。

釋曰　《爾雅》"角一俯一仰，觭，皆踊，觢"，許、鄭皆本之。《爾雅・釋文》"觢，或作挈"，則"挈"即"觢"之異體。《説文》"一角仰"，段氏謂"一"當爲"二"，致確。但其誤已久，故陸氏所引義同今本。《子夏》作"契"，即"觢"之段借，而訓"一角仰"，蓋六朝人據誤本《説文》爲之。苟作"觭"，虞同其義而字作"掣"。"觭"，正字，"掣"，借字。劉本從許義從鄭，實則許、鄭同義。"二角仰"，所謂"皆踊"也，"皆踊"象離炎上，一俯一仰象離上坎下，皆非牛角之正。"輿曳""牛掣"，象四不正也。見之者三，三失位，懼其從四，故著見不賢之象以爲戒。

其人天且劓，无初有終。

虞翻曰："其人"，謂四惡人也。黥額爲"天"，割鼻爲"劓"。无妄乾爲"天"，震二之乾五，以陰墨其天，乾五之震二，毀艮，割其鼻也，兌爲刑人，故"其人天且劓"。失位，動得正成乾，故"无初有終"，《象》曰"遇剛"，是其義也。

補　馬融曰：剠鑿其額曰天。《釋文》。

《說文》"劓"作"自劓"，曰：刑鼻也，从刀，臬聲。劓，劓或从鼻。

王肅"劓"作"臲"。魚一反。《釋文》。

釋曰　三見四輿牛人之狀而能戒，固守以待上來易位，見惡務去，以剛自克，故"无初有終"。爻變之次，至三、上易則成既濟。虞云"動正成乾"者，但論兩爻相易，不論餘爻也。

《象》曰：見輿曳，位不當也。无初有終，遇剛也。

虞翻曰：動正成乾，故"遇剛"。

九四：睽孤。遇元夫，交孚，厲，无咎。

虞翻曰："孤"，顧也，在兩陰閒，睽五顧三，故曰"睽孤"。震爲"元夫"，謂二已變，動而應震。故"遇元夫"也。震爲"交"，坎爲"孚"，動而得正，故"交孚，厲，无咎"矣。

釋曰　虞讀"孤"爲"顧"，四不承五而欲取三，非所據而據，此其所以爲睽也。五正，四變應初元夫，從善而自易其惡，故雖危无咎。諸家當讀"孤"如字，乖戾失正，物莫之與。變而從初，則睽者孚，孤者有應矣，故雖危无咎。

《象》曰：交孚无咎，志行也。

虞翻曰：坎動成震，故"志行也"。

釋曰 得應，故"志行"。

六五：悔亡，厥宗噬膚，往何咎。

虞翻曰：往得位，"悔亡"也。動而之乾，乾爲"宗"。二動體噬嗑，①故曰"噬"。四變時，艮爲"膚"，故曰"厥宗噬膚"也。變得正成乾，乾爲"慶"，故往无咎而有慶矣。

釋曰 二至上體噬嗑象，變則成噬嗑。五陽自噬嗑中出而正四，故"厥宗噬膚"。乾元正而惡人去，二變應五，君臣各正，睽无不合，故"往何咎"。虞以"往"爲五變正，惠氏以"往"爲二往應五，義相成。姚氏以宗子祭畢燕私之禮當之，合族以食，所以親親合和睽離也，似於象尤合。

《象》曰：厥宗噬膚，往有慶也。

王弼曰：非位，悔也，有應，故"悔亡"。"厥宗"，謂二也。"噬膚"者，嚙柔也。三雖比二，二之所噬，非妨己應者也，以斯而往，何咎之有，往必見合，故"有慶也"。　案：二兌爲口，五爻陰柔，"噬膚"之象也。

釋曰 王以"噬膚"爲噬三，非也。李以爲噬五，程《傳》謂五君二臣，五應剛，二正君，入之深，故象"噬膚"。"厥宗"，其所親任也。以

---

① 點校案：刻本作"二體噬嗑"，當作"二動體噬嗑"，今補。

道事君而能深入，故濟睽而有慶，義與之合。然"噬膚"之象，自以虞
說噬四爲正。

上九：睽孤，見豕負塗，載鬼一車。

虞翻曰：睽三顧五，故曰朱誤"也"。"睽孤"也。離爲"見"，坎爲
"豕"、爲雨。四變時，坤爲土，土得雨爲泥塗。四動，艮爲背，豕背有
泥，故"見豕負塗"矣。坤爲"鬼"，坎爲"車"，變在坎上，四變。故"載鬼
一車"也。

釋曰　姚氏曰："'見'，上見四，四爲惡人，三、四互坎，故因四疑
三。"案：虞據四變言，則姚説是也。五未正而四變，非能之正，乃躁動
耳。因四疑三，構虛成象，此上所以睽三也。顧五，五未正，分理未
明，是非不辨，故上疑三。諸家當讀"孤"如字，多疑少可，應不相應，
故"睽孤"。

先張之弧，後説之壺，説，始税反。

虞翻曰：謂五已變，乾爲"先"。應在三，坎爲"弧"，《周易述》改"弓"。
離爲"矢"，"矢"字朱誤"大腹"二字。張弓《易述》改"弧"。之象也，故"先張
之弧"。四動，震爲"後"，"説"，猶置也。兑爲口，離爲大腹，坤爲器，大
腹有口，坎酒在中，壺之象也。之應歷險以與兑，故"後説之壺"矣。

補　《春秋傳》曰：寇張之弧。

"説壺"，今本亦作"弧"，讀，説吐活反。京、馬、鄭、下當脱"虞"字。
王肅、翟子玄作"壺"。《釋文》。

陸績曰："弧"作"壺"是。《會通》。

释曰 五正則分理明而疑釋。上知三爲己應,先之見爲張弧而爲寇者,後則與爲婚媾而設壺以禮之矣。上之應,不憚歷險以與兑,則説壺者上説之。

匪寇,婚媾,往遇雨則吉。

虞翻曰:“匪”,非,坎爲“寇”,之三歷坎,故“匪寇”。陰陽相應,故“婚媾”。三在坎下,故“遇雨”。與上易位,坎象不見,各得其正,故“則吉”也。

释曰 之三歷坎,故疑爲寇,三實己應則非寇乃婚媾也。然不正相應,非濟暌之道,故三往與上易,成既濟雲行雨施,坎象之不正者不見,則“吉”。

《象》曰:遇雨之吉,羣疑亡也。

虞翻曰:物三稱“羣”,坎爲“疑”,三變坎敗,故“羣疑亡”矣。

释曰 三物,謂“見豕”、“載鬼”、“張弧”也,皆坎象之不正者。三、上易各正,故“羣疑亡”。

蹇

《序卦》曰:乖必有難,故受之以蹇。蹇者,難也。

崔憬曰:二女同居,其志乖而難生,故曰“乖必有難”也。

释曰 乖離不和,則積嫌交惡而難作。

☷☶ 艮下坎上 **蹇。利西南，**

虞翻曰：觀上反三也。坤西南卦，五在坤中，坎爲月，月生西南，故“利西南，往得中”，謂“西南得朋”也。

釋曰 虞注坤卦說西南東北惟據納甲，此則以八卦用事之位爲主，而兼及納甲之象。以《象》云“利西南，往得中”，明謂陽往居坤五得中，則西南謂坤，東北謂艮也。西南坤位，而陽往據之成坎，坎月正生西南。西南者，得朋之地，蹇五所以使三之復二成睽，息初爲震，至二爲兌也。虞取觀上反三，而以五在坎中釋“往得中”者。六爻定位，凡陽在五者，皆乾二往居坤五，荀氏《象》注與虞同義。惠氏以“利西南”爲升二之五，以睽取无妄例之，良是。《易》取類非一，觀上反三爲蹇，升二之五亦爲蹇，升以陰升陽，故“利西南”，乾坤合，得朋蹇可濟也。觀乾陽將窮剝，故“不利東北”，終而未及始，喪朋蹇未可濟，宜待也。

不利東北。

虞翻曰：謂三也。艮東北之卦，月消於艮，喪乙滅癸，故“不利東北，其道窮也”，則“東北喪朋”矣。

釋曰 東北，艮方，月消於艮喪乙滅癸，正當其位。東北者，喪朋之地，蹇所以爲陽老將嬗坤陰也。

利見大人，

虞翻曰：離爲“見”，“大人”，謂五。二得位應五，故“利見大人，往有功也”。

貞吉。

虞翻曰：謂五當位正邦，故"貞吉"也。

釋曰　"貞"，謂五正位以正坤，初正既濟定，故"吉"。

《象》曰：蹇，難也，險在前也。見險而能止，知矣哉。

虞翻曰：離"見"，坎"險"，艮爲"止"。觀乾爲"知"，朱作"智"。故"知矣哉"。

釋曰　乾爲知，坤爲智。乾知大始，神明之德藏於坤中，智也。三體觀乾知險，通坤知阻，故智矣哉。

蹇利西南，往得中也。《釋文》：中，如字。

荀爽曰："西南"，謂坤。乾動往居坤五，故"得中也"。

補　鄭康成曰："中"，和也。

王肅曰："中"，適也。並《釋文》。《釋文》：中，又張仲反，肅讀當同。

釋曰　二、五爲中無待訓，鄭訓"中"爲"和"者，據王肅訓"中"爲"適"。肅雖妄，於《易》之通例未必忽改。疑漢師於蹇、解"得中"之文，舊有異讀異義，故鄭辨之，謂此"中"字猶是"中和"之"中"，無異義也。升二之五，故"往得中"。又六爻定位，凡陽在五者皆乾二往居坤五，荀、虞義同。

不利東北，其道窮也。

荀爽曰："東北"，艮也。艮在坎下，見險而止，故"其道窮也"。

釋曰　觀上反三，陽將窮剝。

利見大人，往有功也。

虞翻曰："大人"，謂五。二往應五，五多功，故"往有功也"。

當位貞吉，以正邦也。

荀爽曰：謂五當尊位，正居是。句。羣陰順從，故能"正邦國"。

補　荀、陸"邦"作"國"。《釋文》。

釋曰　五正則能正初成既濟。初體坤爲邦，故"正邦"。荀、陸本作"國"，葢承前漢經師舊本，後漢實不復諱高祖，故注中仍有"邦"字。"邦"與"功"、"中"韻，改讀不協。

蹇之時用大矣哉。

虞翻曰：謂坎月生西南而終東北，震象出庚，兌象見丁，朱誤"下"，乾象盈甲，巽象退辛，艮象消丙，坤象窮乙，喪滅於癸，終則復始，以生萬物，故"用大矣"。

釋曰　虞謂蹇有終始萬物之象與坤同，以陽通陰，以陰成陽，終則復始，無蹇不濟，故其用大。

《象》曰：山上有水，蹇。

崔憬曰：山上至險，加之以水，蹇之象也。

補　陸績曰：水在山上，失流通之性，故曰蹇。通水流下，今在山上,不得下流,蹇之象。《正義》。

> 釋曰 如崔説,則水爲人之蹇也,即《象傳》"險在前"之義。如陸説,則山爲水之蹇也,《象傳》別取義。

君子以反身脩周作"修",注同。**德。**

> 虞翻曰:"君子",謂觀乾,坤爲"身",觀上反三,故"反身"。陽在三進德脩業,故"以反身脩德"。孔子曰:"德之不脩,是吾憂也。"

> 補 陸績曰:水本應當爲"在"。山下,今在山上,終應反下,故曰"反身"。處難之時,不可以行,只可反自省察修己德,用乃除難。君子通達道暢之時,並濟天下,處窮之時,則獨善其身也。《正義》。

> 釋曰 虞以觀上反三言,陸以與蒙兩象易言。

初六:往蹇,來譽。

> 虞翻曰:"譽",謂二,二多譽也。失位應陰,往歷坎險,故"往蹇"。變而得位,以陽承二,故來而譽矣。

> 釋曰 君子藏器於身,待時而動,得正比賢,濟蹇之道。

《象》曰:往蹇來譽,宜待時也。朱無"時"字。

> 虞翻曰:艮爲時,朱誤"大"。謂變之正以待四也。

> 補:"待時",鄭本同,諸家無"時"字,張無"待"字。《釋文》。

> 釋曰 待四應。

六二：王臣蹇蹇，匪躬之故。

虞翻曰：觀乾爲“王”，坤爲“臣”、爲“躬”，坎爲“蹇”也。之應涉坤，當爲“坎”。二五俱坎，當爲“蹇”。故“王臣蹇蹇”。觀上之三，折坤之體，臣道得正，故“匪躬之故”，《象》曰“終无尤也”。

釋曰　匪躬之故，言公耳忘私。①

《象》曰：王臣蹇蹇，終无尤也。

侯果曰：處艮之二，上應於五，五在坎中，險而又險。志在匡弼，匪惜其躬，故曰“王臣蹇蹇，匪躬之故”。輔君盧、周作“臣”。以此，“終无尤也”。

九三：往蹇，來反。

虞翻曰：應正疑當爲“上”。歷險，故“往蹇”。反身據二，故“來反”也。

釋曰　“往蹇”，託文王蒙難也。“來反”，託文王反國也。“據二”，靖其内以待時。

《象》曰：往蹇來反，内喜之也。

虞翻曰：“内”，朱有“喜”字。謂二陰也。

釋曰　三據六二之陰，故“内喜之”。喻周之臣民及諸侯喜文王來反，人心親戴之至也，此所以率之事暴主而惟命。

---

① 　點校案：“耳”似當爲“而”，或原文借“耳”爲“而”。

六四：往蹇，來連。

虞翻曰："連"，輦，蹇難也。《釋文》：連，力善反，虞讀同。在兩坎間，進則无應，故"往蹇"，退初介三，故"來連"也。

補　馬融曰："連"，亦難也。

鄭康成曰：連，遲久之意。連，如字。並《釋文》。

釋曰　虞讀"連"爲"輦"，訓"蹇難"。來連雖難，初正終得應，遲久而已，靜以待時可也。

《象》曰：往蹇來連，當位實也。

荀爽曰：蹇難之世，不安其所，欲往之三，不得承陽，故曰"往蹇"也。來還承五，則與至尊相連，故曰"來連"也。處正承陽，故曰"當位實也"。

釋曰　荀以此往爲動而用事。四動用事據三，乘剛據險，故"蹇"。來還與五相連，靜而自正，則承陽有實，初應而濟矣。此條并合經下注。

九五：大蹇，朋來。

虞翻曰：當位正邦，故"大蹇"。睽兌爲朋，故"朋來"也。

釋曰　五有中和之德，居尊位，當天下大難之衝，爲天下得人以濟之，時行則行，往得中，故《象》曰"以中節也"。虞以消息言，謂五正使三下息睽，兌爲朋，若以本卦言，則羣陰應五，陰從陽，則爲陽之朋，與豫"朋盍簪"同義。少康得靡而復夏，高宗得傅說而興殷，朋來以濟大蹇者也。文王欲以其朋濟殷之大蹇，而其事至難，彌縫匡救，曲中其節，所以正邦有功，蹇有可濟則必濟之也。

《象》曰：大蹇朋來，以中節也。

干寶曰：在險之中而當王位，故曰"大蹇"，此蓋以託文王爲紂所囚也。承上據四應二，朱誤"三"。眾陰並至，此蓋以託四臣能以權智相救也，故曰"以中節也"。

〔釋曰〕 此條亦經下注。干意周公繫爻，以文王有王德，欲濟天下之蹇而蒙大難，四臣相救，權而得中，是謂"中節"。於此託義，是矣而未盡也。文不自當王，匪躬之故，而天下之憂，大蹇朋來，欲以其朋濟殷之蹇，冀紂之能悛，而殷命可永，生民遂濟也。姚氏曰："諸侯歸周，臣於周也。謂之爲朋，不敢臣也。以服事殷，是爲中節。"得其旨矣。

上六：往蹇，來碩吉，利見大人。

虞翻曰：陰在險上，變失位，故"往蹇"。"碩"，謂三，艮爲"碩"，退來之三，故"來碩"。得位有應，故"吉"也。離爲"見"，"大人"，謂五，故"利見大人"矣。

〔釋曰〕 上動失位，適以僨事，故"蹇"。來而應三，陰從陽合志，則能濟蹇，息陽滋大，故來碩而吉。五爲濟蹇之主，應三所以輔五，故"利見大人"。

《象》曰：往蹇來碩，志在內也。利見大人，以從貴也。

侯果曰：處蹇之極，體猶在坎，水无所之，故曰"往蹇"。來而復位，下應於三，三德碩大，故曰"來碩"。三爲內主，五爲大人，若志在内，心附朱作"竭"。案："心附"或當作"以附"。於周作"于"。五，則"利見大人"也。　案：三互體離，離爲明目，五爲大人，"利見大人"之象也。

解

《序卦》曰：物不可以終難，故受之以解。解者，緩也。

崔憬曰：蹇終則"來碩吉，利見大人"，故言"物不可以終難，故受之以解"。

〔釋曰〕"解"者，寬緩也，解散舒泰之意。難久必解，蹇上來碩，陽息滋大，即解義。

≡坎下震上**解。利西南，**

虞翻曰：臨初之四。坤西南卦，初之四得坤眾，故"利西南，往得眾也"。

〔釋曰〕以陽通陰，陰凝解散而從陽，故"利西南"。西南有得朋之道，四既解難，則二升五，朋至而孚矣。先儒讀"解"有二音：一佳買反，謂解難；一諧買反，謂難已紓，一義引申耳。

无所往，其來復吉。

虞翻曰：謂四本從初之四，失位於外而无所應，故"无所往"。四字朱在"宜來反初"下。宜來反初，復得正位，故"其來復吉"也。二往之五，四來之初，成屯體復象，故稱"來復吉"矣。

釋曰 臨初之四，爲二升五導耳，雖往得眾而非其位，進无所應，故"无所往"。當俟五升而復之初，故"來復吉"。二升五得中，四乃可復初，故《象》曰"其來復吉，乃得中也"。四復初，正二得中之用，四復則二已升，下文所謂"夙"。"解利西南"，得眾未得中，至四來復乃得中，天下之難非一時所能濟也。

有攸往，夙吉。

虞翻曰：謂二也。"夙"，早也，離爲日、爲甲，日出甲上，故早也。九二失正，早往之五則"吉"，故"有攸往夙吉，往有功也"。

釋曰 明二當早升五成解難之功，天下倒懸急當救也。"无所往而來復"，文王之守臣節也。"有攸往夙吉"，文王所深望於紂也。

《象》曰：解，險以動，動而免乎險，解。

虞翻曰："險"，坎，"動"，震。解二月，雷以動之，雨以潤之，物咸孚甲，萬物生震，震出險上，故"免乎險"也。

解利西南，往得眾也。

荀爽曰：乾動之坤而得眾。"西南"，眾之象也。

釋曰 乾初之坤四成豫，荀注乾《文言》"行而未成"，謂乾初行之坤四，是也。"西南"，萬物致養之地，以乾通坤，眾陰歸之，故"往得眾"。虞謂臨初之四，臨初即乾初，義同也。

无所往，

荀爽曰：陰處尊位，陽无所往也。

補　今本《象傳》無此三字。

釋曰　四既通坤，則乾二當之坤五成萃。若以陰尚在上，陽未可往，則來復居二成解，動不達時，乃得中也。今本《象傳》無此三字，《釋文》亦不言諸家文有異同，豈荀本獨有此三字，李氏據之而陸遺之歟？抑諸家皆有而今本脱歟？然此及下節荀注，疑本皆在經下而李移於此，李意"无所往""來復""得中"之訓以虞爲主也。

其來復吉，乃得中也。

荀爽曰：來復居二，處中成險，故曰"復吉"也。

釋曰　"成險"，當爲"成解"，下云"動而成解"，可證。荀以"來復得中"屬二，虞則以四之初爲"來復"，二之五爲"得中"。惠氏曰："二已之五得中，故四來成復也。"

有攸往夙吉，往有功也。

荀爽曰：五位无君，二陽又卑，往居之者則吉。據五解難，故"有功也"。

釋曰　五虛无君，陰迷在上，二升五，乃能解天下之難，成既濟之功。救民倒懸不可以緩，故"夙吉，往有功"，時當往則夙爲貴。紂能用文王之道，退小人，進君子，則天下之難立解，否則大命既至，必有不能須暇者矣，此文之所深懼也。无所往而復，有攸往而夙，皆解之時也。

天地解而雷雨作，

荀爽曰：謂乾坤交通，動而成解，卦坎下震上，故“雷雨作”也。

雷雨作而百果草木皆甲坼。盧、周“坼”作“宅”。

荀爽曰：解者，震世也。震宮二世卦。仲春之月，草木萌牙，雷以動之，雨以潤之，日以烜之，故“甲坼”也。

〔補〕“坼”，馬、陸作“宅”，云：根也。《釋文》。鄭康成亦作“宅”，曰：木實曰果。“皆”，讀如人倦之解，“解”，謂坼今《文選注》誤作“拆”。呼。皮曰“甲”，根曰“宅”，“宅”，居也。《文選》左太沖《蜀都賦》注，又云：呼火亞切。

〔釋曰〕“甲坼”，孚甲解裂，華葉出也。荀本自作“坼”，與馬、鄭、陸不同。李引荀注，則《經》、注皆當作“坼”，盧本改作“宅”，失之。馬、陸作“皆甲宅”者，謂草木皆戴孚甲，長新根也。鄭讀“皆”爲人倦而欠悟解氣之解，注“讀如”，當作“讀爲”。“解甲”，謂華葉昌裂孚甲而出，“解宅”，謂新條從根出也，義大同。惠以“坼”爲“宅”之壞字，古文“宅”作“宆”，因誤爲“坼”，未必然。

解之時大矣哉。

王弼曰：无所而不釋也。難解之時，非治難時也，故不言“用”也。體盡於解之名，无有幽隱，故不曰“義”也。

〔釋曰〕“天地變化，草木蕃”，君子有解，小人退，故“大”。解之時，陽出震時也，言“時”而“義”與“用”在其中矣。

《象》曰：雷雨作，解。君子以赦過宥罪。

虞翻曰："君子"，謂三伏陽，出成大過，坎爲"罪"，入則大過象壞，故"以赦過"。二、四失位，皆在坎獄中，三出體乾，兩朱誤"雨"。坎不見，震喜兌説，朱作"悦"。罪人皆出，故"以宥罪"。謂三入則赦過，出則宥罪，"公用射隼，以解悖"，是其義也。

補 "宥"，京作"尤"。叚借字。《釋文》。

釋曰 "公用射隼"，元惡既除，則餘皆在所赦宥矣。

初六：无咎。

虞翻曰：與四易位，體震得正，故"无咎"也。

釋曰 屯易爲解，震出險上，陽升陰降，以解否塞之難耳。剛柔相摩，本非定位，難既解，則二、五正而四來復初，仍如屯象，萬物出震矣，故"无咎"。

《象》曰：剛柔之際，義无咎也。

虞翻曰：體屯初震，剛柔始交，故"无咎"也。

釋曰 剛柔相摩之際，初非定象，難既解則復正，故其義无咎也。

九二：田獲三狐，得黄矢，貞吉。

虞翻曰：二稱"田"，"田"，獵也。變之正，艮爲"狐"，坎爲"弓"，離爲黄矢。矢貫狐體，二之五歷三爻，故"田獲三狐，得朱脱"得"字。黄矢"。之正得中，故"貞吉"。

釋曰 艮爲狐，二離矢貫狐體，獲狐象。二之五歷三爻，"三狐"，謂五降二體艮，三在艮體，初之四又體艮也。三狐皆艮陰，喻陰邪小人。二體乾二在田，又體坎弓離矢，故象"獵"，"獵"，爲田除害也。二本離"黃矢"，升五又體離，五降二，離爲正應，故"得黃矢"。

《象》曰：九二貞吉，得中道也。

虞翻曰：動得正，故"得中道"。

六三：負且乘，《釋文》：乘，如字，王肅繩證反。

虞翻曰："負"，倍也。二變時，艮爲背，謂三以四艮倍五也。五來寇三時，坤爲車，三在坤上，故"負且乘"。小人而乘君子之器，故《象》曰"亦可醜也"。

釋曰 臨初之四成解，萃五之二亦成解。"二變"，謂二當升五成萃。"三以四艮背五"，背君也。"五來寇三"，謂萃五來之二成解。此則但取五自外來，不以君位論，五正位象君，之二失正則象寇，《易》以位辨上下也。五命三伏陽出，則討罪而解難矣。

致寇至，貞吝。

虞翻曰：五之二朱誤"三"。成朱誤"减"。坎，坎爲寇盜。上位當爲"倍"。慢五，下暴於二，慢藏悔朱誤"誨"。盜，故"致寇至，貞吝"，《象》曰"自我致戎，又誰咎也。"

釋曰 上慢君政，下暴蔑賢人。小人在位，必啟戎心，寇至而貞之，亦無及矣，故"吝"。貞猶吝，不貞則凶矣，此文王深爲紂懼也。

《象》曰：負且乘，亦可醜也。自我致戎，又誰咎也。

虞翻曰：臨坤爲"醜"也。坤爲"自我"，以離兵伐三，故轉寇爲戎，艮手招盜，故"誰咎也"。

補　"致戎"，本又作"致寇"。《釋文》。

九四：解而拇，盧、周"拇"皆作"母"，虞注同。**朋至斯孚。**

虞翻曰：二動時艮爲指，四變之坤爲"母"，故"解而拇"。臨兑爲"朋"，坎爲"孚"，四陽從初，故"朋至斯孚"矣。

補　陸績曰："拇"，足大指。

王肅曰："拇"，手大指。

荀作"母"。並《釋文》。

釋曰　二動，四體艮爲指，四與初易，坤爲母，指母合象稱"拇"。"解而拇"，臨初解陰而成拇象。"拇"，動之端，孚之漸。"解而拇"，四之所爲，"孚"，非四之所爲也。二升五，四乃復初而五坎爲孚耳，小人之孚非一朝一夕之故也。"拇，足大指"，諸家義同，四體震爲足也。王肅獨以爲"手大指"，蓋以在上體故，不合卦義，非也。荀作"母"，叚借字。

《象》曰：解而拇，未當位也。

王弼曰：失位不正而比於三，故三得附之爲其拇也。三爲之拇，則失初之應，故"解其拇"，然後"朋至斯孚"而信矣。　案：九四體震，震爲足，三在足下，拇之象。

釋曰　王弼以三爲拇。"解而拇"，因四失位比三而爲戒，明不當以三爲拇。去小人，則君子之朋至矣，亦一義。

六五：君子惟朱作"維",注同。**有解,吉。有孚于小人。**

虞翻曰:"君子",謂二之五,得正成坎,坎爲心,故"君子惟有解,吉"。"小人",謂五,陰爲小人。君子升位,則小人退在二,故"有孚于小人"。坎爲"孚""孚",朱本作"小人"。也。

釋曰 君子思有解,厲精圖治,開誠布公,舉直錯枉,則小人革面而從君矣。思而後動,動無不中,故小人惟我之解之而無不孚也。今本"惟"作"維","維",辭也。非去小人不能解天下之難,君子維有所解,散小人之黨而革其邪心,故"吉"。

《象》曰:君子有解,小人退也。

虞翻曰:二陽上之五,五陰小人退之二也。

上六：公用射朱作"躲",下同。**隼于高墉**盧、周作"庸"。**之上,獲之无不利。**

虞翻曰:上應在三。句。"公",謂三伏陽也。離爲"隼",三失位,動出成乾,貫隼入七字朱作"變體"二字。大過死象,故"公用射隼于高墉之上,獲之无不利"也。　案:二變時體艮,艮爲山、爲宮闕,三在山半,"高墉"之象也。

補 馬融曰:"墉",城也。《釋文》。

釋曰 惠氏曰:"三失位,當變之正。上應在三,故發其義于上。坎弓離矢,三動成乾貫離隼。'庸',墻也。三動,下體成巽,巽爲'高'爲'庸',故'公用射隼于高庸之上'。"案:射隼高墉,取二未升時象,本其初言之。伏陽出實在二升五、四復初之後,君子之道伸,小人之黨散，而後上奉君命，下順民心，聲罪致討，與眾棄之。"用"者，用此時也。三出成既濟，故"獲之无不利"。

《象》曰：公用射隼，以解悖也。

虞翻曰：坎爲"悖"，三出成乾而坎象壞，故"解悖也"。

《九家易》曰："隼"，鷙鳥也，今捕食雀者，其性疾害，喻暴君也。陰盜陽位，萬事悖亂，今射去之，故曰"以解悖也。"

釋曰　"暴君"，謂邦君暴民者，若崇侯虎是也。"陰盜陽位"，謂六居三。《九家》此注，合經傳釋之。

損

《序卦》曰：緩必有所失，故受之以損。

崔憬曰：宥罪緩死，失之於僥倖，有損於政刑，故言"緩必有所失，故受之以損"者也。

釋曰　難既解則人心解緩，漸至廢弛，惟禮可以救其失。爲政之道，當嚴而不刻，寬而不從。二語得之吾故友梁文忠公鼎芬。善人在上，國無幸民，民之多幸，國之不幸也。崔說亦一義。"君子赦過宥罪"，略迹原心，非姑息養奸廢亂典刑之謂。

䷨ 兌下艮上 **損**。

鄭玄曰：艮爲山，兌爲澤，互體坤，坤爲地。山在地上，澤在地下，澤以自損增山之高也，猶諸侯損其國之富以貢獻於天子，故謂之損矣。

　　補　京房曰：義在六三，人臣奉君立誠，《易》云"損下益上"。

　　陸贄曰：人情者，聖王之田。時之否泰，事之損益，萬化所繫，必因人情。上約己而裕於人，人必悦而奉上矣，豈不謂之益乎。上蔑人而肆諸己，人必怨而叛上矣，豈不謂之損乎。自損者人益，自益者人損，情之得失，豈容易哉。《文集》。

　　釋曰　損自泰來，初之上，或三之上，皆失位。泰極將反否，衰之始也。名卦之義，損下益上，百姓不足，君孰與足，故曰損，《繫辭》則言"下自損以益上"。奉職貢，效忠誠，致孝鬼神，懲忿窒欲，皆損所當損，此文王觀象變通引伸之大用。澤象諸侯，山象天子，鄭《繫》注云："君臣尊卑之貴賤，猶山澤之有高卑也。"

有孚，元吉，无咎。可貞，利有攸往。

　　虞翻曰：泰初之上，損下益上，以據二陰，故"有朱誤"可"。孚，元吉，无咎"。艮男居上，兑女在下，男女位正，故"可貞，利有攸往"矣。

　　釋曰　張氏曰："自初之上，自上之三，坎爲孚，泰初乾元，損成既濟由上，故'元吉'。失位宜咎，元吉故'无咎'，皆泰初原脱"初"字。之上一爻當之。"愚案：男女位正，取《繫辭傳》"男女構精，萬物化生"之義。男上女下，男女位正，所以爻可貞也。張氏又曰："'可貞'，謂二、五，二貞五成益，萬物化生，則上益三而亦正。'利有攸往'謂三，與上爻辭同義。"損家損下，故二益五自二往。上益三則自三往，此以上虞義。損而能孚，則上下辯，民志定，元吉无咎，益而濟矣。惠氏以"有孚"爲二，二坎爻，故"孚"。姚氏以"元吉"爲二益五，六五稱"元吉"，是也。"可貞"，蓋兼二益五、上益三言,二稱"利貞"上稱"貞吉"是也。下自損以益上,能竭其忠誠,則上下交孚,大吉无咎而貞利矣,文王以之,鄭義葢如是。

曷之用？二簋可用享。《釋文》：享,香兩反。

崔憬曰:"曷",何也,言其道上行將何所用,可用二簋而享也。以喻損下益上惟在乎心,何必竭於不足而補有餘者也。

補 鄭康成說:四以簋進黍稷于神也。初張曰"當爲三"。與二直,其四與五承上,故"用二簋"。四,巽爻也,巽爲木。五,離爻也,離爲日。日體圜,木器而圜,簋象也。《考工記·㮚人》疏不云注文。又《少牢饋食禮》疏云:"離爲日,日圓,巽爲木,木器象。"《詩·權輿》正義云:"離爲日,日體圓,巽爲木,木器圓,簋象。"三疏皆約義也。

"簋",蜀才作"軌"。《釋文》。

釋曰 損之義孚吉貞利如是,於何用之乎？舉一端明之,二簋之約可用享祀矣。姚氏曰:"苟有明信,澗谿沼沚之毛,可薦鬼神,可羞王公。二簋可用享,言不在多儀也。享,獻也,上下交孚,二簋可獻。所謂損先難而後易者,故文王不以事紂爲難,終盡臣節,望其感孚耳。"案:《周禮疏》引鄭注多譌字。竊疑"四以簋進黍稷","四",當爲"三"。"初與二直",當爲"三與上直","直",當也,謂應。"其四與五承上","其",當爲"以"。京氏謂"義主六三",三與上應,故以四、五二陰承上,象用二簋進黍稷於神。上爲宗廟,艮爲鬼門宮闕,又爲手,震爲長子主祭,坤爲器,長子入廟執器享神,故"用享"。禮,天子祭八簋,降損至士而二敦,同姓則二簋。三爲三公,下體之君,而用二簋者,明損義。言苟有孚誠,雖二簋可享,與"禴祭受福"同義。惟然,故"元吉,无咎,可貞,利往"也。惠氏推虞義,謂二升五成益,以二簋享上,耒耜之利薦諸宗廟,由是上之三成既濟。張氏謂二升五享上,天子之祭,而稱士禮"二簋"者,禮自天子達而始于士,"用享"者五之事,而禮依于初。初爲元士。葢"二簋"者損之極,二簋可用享,明禮之所重在誠,而自上而下降殺之差即於此見。禮別尊卑,尊尊之等,親親之殺,損之所以成既濟也。蜀才作"軌"者,古文"簋"作"匭",省借也。"享"宋本《釋文》作"亨",葢諸家皆作"亨"而讀爲"享",蜀才則如字,謂精誠通於神明。

《彖》曰:損,損下益上,其道上行。

蜀才曰:此本泰卦。案:坤之上六朱、盧誤"九"。下處乾三,乾之九三上升坤六,損下益上者也。陽德上行,故曰"其道上行"矣。周作"也"。

〔釋曰〕 蜀才説泰三之上,本荀義,亦通。李意葢以虞義爲主。乾道上行,損所當損,所以孚吉貞利可用。

損而有孚,

荀爽曰:謂損乾之三,居上孚二陰也。

〔釋曰〕 荀以陽據陰承爲孚,與虞同,但不必取坎象。

元吉无咎。

荀爽曰:居上據陰,故"元吉无咎",以未得位,嫌於咎也。

可貞,

荀爽曰:少男在上,朱、盧誤"下"。少女雖年尚幼,必當相承,故曰

"可貞"。

〔釋曰〕 "少女"下似脱"在下"二字，由男上女下位正，故爻可貞。二、五易，則坎陽正外、離陰正内相承矣。

利有攸往。

荀爽曰：謂陽利往居上。"損"者，損下益上，故利往居上。

〔釋曰〕 損之義孚吉貞利如是，故泰三以之上爲利，此説與虞異。

曷之用二簋可用享，

荀爽曰："二簋"，謂上體二陰也。上爲宗廟，"簋"者，宗廟之器，故可享獻也。

〔釋曰〕 此同鄭義。以上荀注，皆本在經下，李氏移之。

二簋應有時，《釋文》：舊"應對"之"應"。

虞翻曰："時"，謂春秋也。損二之五，震二月，益正月，春也。損七月，兌八月，秋也。謂春秋祭祀以時思之。艮爲"時"，震爲"應"，故"應有時"也。

〔釋曰〕 損本剥民奉君之稱，百姓不足君孰與足。而文王繫辭稱"孚"、"吉"、"貞"、"利"，且明其用曰"二簋可用享"者，二簋應損之義自有其時，損所當損，下自盡以奉上，抑浮末而致精誠。及禮別尊卑，降殺有差，以定民志，則二簋用享之義也。鄭、荀、虞説二簋象異而義則同。

損剛益柔有時，

虞翻曰：謂冬夏也。二、五已易成益，坤爲"柔"，謂損益上之三成既濟,坎冬離夏,故"損剛益柔有時"。

釋曰 當損而損,則益而濟之道,故"損剛益柔有時"。當其可之謂時,損之義有時可用,若剝民奉君,則不可也。

損益盈虛,與時偕行。

虞翻曰:乾爲"盈",坤爲"虛",損剛益柔,故"損益盈虛"。謂泰初之上,損二之五,益上之三,朱誤"時"。變通趨時,故"與時偕行"。

釋曰 損衰之始,泰將反否而爲坤虛,損所當損,則成益而濟,可保泰而爲乾盈。能消者息,故"損益盈虛,與時偕行",此其所以孚吉貞利也。

《象》曰:山下有澤,損。君子以徵朱作"懲",注同。忿窒欲。

虞翻曰:"君子",泰乾。乾陽剛武爲"忿",坤陰吝嗇爲"欲",損乾之初成兌説,故"徵忿"。初上據坤,艮爲山,山以止之。故"窒欲也"。

補 鄭康成曰:"徵",猶清也。劉作"澂",云:清也。

蜀才作"澄"。並《釋文》。晁氏引《釋文》"澄"作"登",云:古文"澄"。

今本作"懲"。

"窒",孟作"恎"。

鄭、劉作"懫",曰:"懫",止也。

陸作"眷"。

"欲",孟作"浴"。並《釋文》。晁氏引作"谷",云:古文"欲"。

釋曰 鄭讀"徵"爲"澂",劉、蜀才義同。虞云"損乾之初成兌説",説則心平而忿戾之氣消,葢亦讀爲"澂",與鄭同。《釋文》云"止也”,則讀“懲”爲“懲”,今本直作“懲”。孔子曰“忿思難”,懲義亦通。古“懲”字多作“徵”,李引虞注,則作“徵”讀“澂”爲是。李氏富孫曰：“‘憒’、‘怪’與‘窒’並音之轉。‘睿’,古文‘慎’,《釋詁》訓‘靜’,與‘澂’義近。”案：“窒”,塞止也。“浴”者,“欲”之借,“谷”者,“欲”之省。“徵忿窒欲”,脩德遠害之道,用損之至當者,六四所謂“損其疾”也。

初九：祀事遄往,无咎,酌損之。

虞翻曰：“祀”,祭祀,坤爲“事”,謂二也,“遄”,速,“酌”,取也。二失正,初利二速往,合志於五,盧誤“正”。得正无咎,二字疑衍。已得之應,故“遄往,无咎,酌損之”,此下朱有“故”字。《象》曰“上合志也”。“祀”,舊作“已”也。

補 《說文》：“遄”,往來數也,偁《易》“目事遄往”。

“遄”荀作“顓”。《釋文》。

釋曰 張氏説：“二簋用亨,故舉祀事。用亨者二,故‘遄往’謂二。二往合志於五,初得應四,故‘无咎’。”惠氏曰：“二居五,酌上之剛以益三,故酌損之。”案：“祀事遄往”,執豆籩駿奔走,敬之至也。二升五,酌損上以益三,成既濟,則自上而下,禮達分定矣,此虞義。《說文》作“目”,古“以”字,“已”、“以”通。姚氏曰：“‘已’,以也,‘事’,職也。‘以事’,以初之職事,喻文之事紂也。初得位,故‘以事遄往’,以正往應四也,故‘无咎’。‘酌’,斟酌也,《周語》曰‘耆艾修之而王斟酌焉’。酌損之,喻文益紂,欲其斟酌而用之也,故《象》曰‘尚合志’。”愚謂“已事”承解言之,謂悖已解也。“遄往”,不有其功,速往應四,歸功於上也。“酌損”,自卑約以遠害也,或者酌取其泰者而去之,以漸益上也，若文王獻地除刑之類。荀作"頴"者，專謹而往。

《象》曰：祀事遄往，尚_{盧、周作"上"}。合志也。

虞翻曰：終成既濟，謂二上合志於五也。

釋曰　"尚"、"上"通。"二合志於五"，謂二以益天下之志上合於五之位，聖人在天位制作也。二升五，初得應四，五酌上益三，則六爻正而禮達於下，故初利其遄往，此虞義也。如許君及諸家義，則謂初與四合志，自損以益上之義。

九二：利貞，征凶，弗損，益之。

虞翻曰：失位當之正，故"利貞"。"征"，行也，震爲"征"，失正毀折，故"不征"之五則凶。當爲"不之五則征凶"，張氏曰"征，當爲貞"，亦通。二之五成益，小損大益，故"弗損益之"矣。

釋曰　"利貞"，二利之五得正，以道益上，與蒙二養五同義。"征凶"，不貞而征，不正相應謂之失義，故"凶"。"弗損益之"，二之五亦損下，損而不已則益。損得其正，非損也，乃益也，此人臣以道事君，不枉己求合曲學阿世之事。文王獻地除刑，救民命以延殷祚，非苟免求容也，以道益之而已。張氏以"利貞"爲制禮大居正之事，"征凶"爲苟簡隨俗之治，弗自貶損謙讓未遑，乃可以益天下，亦通。

《象》曰：九二利貞，中以爲志也。

虞翻曰：動體離中，故下似脫"中以"二字，或"故"當爲"坎"。"爲志也"。

釋曰 中不必取離，二有中德。中無不正，"中以爲志"，故"利貞"。

六三：三人行，則損一人。

虞翻曰：泰乾三爻爲"三人"，震爲"行"，故"三人行"。損初之上，故"則損一人"。

一人行，則得其友。

虞翻曰："一人"，謂泰初之上損剛益柔，故"一人行"。兑爲"友"，初之上據坤應兑，故"則得其友"，言致一也。

釋曰 "天下之動貞夫一"，禮以一治之，故"一人行，則得其友"。若三人並行，不定一尊，則衆無所適從而疑矣，此損之大用，所以統同而別異也。損剛益柔，初之上，其始也；上反三，其成也。

《象》曰：一人行，三則疑也。

虞翻曰：坎爲"疑"，上益三成坎，故"三則疑"。

荀爽曰：一陽在上，則教令行；三陽在下，則民衆疑也。

釋曰 損上本泰三，泰三有坎體，坎未成既濟，民志未定，故爲疑。虞舉上已反三之象，以明初未之上之義，似迂曲。傳不必字字有象，如荀説可也。

六四：損其疾，使遄有喜，无咎。

虞翻曰：四謂二也。四得位，遠應初，二疾上五，己得承之。謂二之五,三上復,坎朱誤"欲"。爲"疾"也,陽在五稱"喜",故"損其疾,使遄有喜"。二上體觀,得正承五,故"无咎"矣。

釋曰　四欲二速上五,已得承之,故虞云"四謂二"。二坎爻,成既濟復體坎,二有坎體未得正爲疾。速上益五,得正而濟,坎不爲害,故"損其疾,使遄有喜"。四得正承五,故"无咎"。此徵忿窒欲遠害之事,在文王則以至誠孚紂,損其貪暴之疾,冀其克念作聖也。虞注"二疾上五","疾",速也,張氏以"二疾"連讀,謂二有坎體稱疾,與上稱孚同義。或曰,"二疾上五","二"上脫"欲"字,"疾"字失處,當在下謂二之五上,四應初遠,欲二上五,近得承之。損,損下益上,故四以承五爲義,五既正,既濟定,則六爻應矣。

《象》曰:損其疾,亦可喜也。

蜀才曰:四當承上,而有初應,必上之所疑矣。初,四之疾也,宜損去其初,使上遄喜。

虞翻曰:二上之五體大觀象,故"可喜也"。

釋曰　李意"損其疾"以虞義爲正,附蜀才説於此。以初爲疾者,四諸侯爻,文王率諸侯以事紂,欲其一心事上,不私諸己,以教忠釋疑忌也,理或然。虞謂五正體大觀,正陽在上,既濟之道,故"可喜"。出入无疾,上也,疾而能損,亦"可喜也"。

六五:或益之,十朋之龜弗克違,元吉。

虞翻曰:謂二、五已變成益,故"或益之"。坤數"十","數十"朱誤爲"正"。兌爲"朋"。三上失位,三動,離爲"龜"。"十",謂神靈攝寶文筮山澤水火之龜也,故"十朋之龜"。三、上易位成既濟,故"弗克違,元吉"矣。

補　馬、鄭皆案《爾雅》云:"十朋之龜"者,一曰神龜,二曰靈龜,三曰攝龜,四曰寶龜,五曰文龜,六曰筮龜,七曰山龜,八曰澤龜,九曰水龜,十曰火龜。《正義》。

《漢書·食貨志》曰:貝二枚爲一朋,元龜直大貝十朋。

釋曰　"或益之",二益五也。在損而曰"益",故云"或"。二益五,損反爲益,忠言嘉謨,格心匡德,蒙反爲聖,上下各正,故自天祐之。上之三既濟定,十類之龜習吉弗違,乾元正,故"元吉",此文王益上之心所深望也。或讀"或益之十朋之龜"爲句,喻忠言嘉謨益上之多,其理至正,如龜兆之不可違,損反益而濟,"自上祐之",故"元吉"。張氏以"或益"指上,損損下益上,不可言上益之,故云"或"。"十朋之龜",上益三之象。二既益五,上益三以右之,制作大行,禮決嫌疑,別同異,明是非,以迪民哲,自天祐之,禎祥昭見,莫之能違,義亦通。馬、鄭釋"十朋"據《爾雅》者,惠云"《爾雅》此文,正以釋《易》也"。《漢書》說龜直十朋,崔義所本。損益皆積離象,並稱"龜",與頤初象靈龜同義。

《象》曰:六五元吉,自上祐盧、周作"右",注同。**也。**

侯果曰:内柔外剛,龜之象也。又體兌艮,互有坤震,兌爲澤龜,艮爲山龜,坤爲地龜,震爲木龜。坤數又十,故曰"十朋","朋",類也。六五處尊,損己奉上,人謀允叶,龜墨不違,故能延上九之祐,而來十朋之益,所以大吉也。

崔憬曰："或之者,疑之也",故用元龜價直二十大貝,龜之最神貴者,以決之,不能違其益之義,故獲"元吉"。雙貝曰朋也。

釋曰　此皆經下注,李移於此。損己奉上,即二簋用享之義。惠氏謂二升五以二簋享上,侯則據未升時言,五虛己奉上,所以來二之益而濟。"木龜",經傳無文,李氏道平疑即《周禮》之"柬龜",震東方木也,或然。六五失位而得元吉者,以二之五,損反成益,自天右之,龜協人謀也。

上九:弗損,益之,无咎貞吉。

虞翻曰:損上益三也。上失正,之三得位,故"弗損,益之,无咎貞吉"。動成既濟,故"大得志"。

釋曰　損而不已必益,始而損下益上,終則損上益下,損所當損,所以益而濟也。損下者上之損,損上者上之益。上反三,在上疑於損,然上本失位,之三得正成既濟,則非損也,乃益也,故"弗損益之",張氏曰:"弗損而益三也。"失位,"咎",之正,故"无咎貞吉"。

利有攸往,得臣无家。

虞翻曰:謂三往之上,故"利有攸往"。二、五已動成益,坤爲"臣",三變據坤成家人,故曰"得臣"。動而應三成既濟,則家人壞,故曰"无家"。

王肅曰:處損之極,損極則益,故曰"不周作"弗"。損益之"。非位盧、周誤"无"。咎也,爲下所益,故"无咎"。據五應三,三陰上附,外內相應,上下交接,正之吉也,故"利有攸往"矣。剛陽居上,羣下共臣,故曰"得臣"矣。得臣則萬方一軌,故"无家"也。

　　補　谷永曰:《易》稱"得臣无家",言王者臣天下,无私家也。《漢書·食貨志》。

　　釋曰　三之上,陰從陽得所歸往,六爻得位,措正施行,故"利有攸往"。二、五已正成益,三體坤爲臣,三變則得臣而成家人。今上來之三,上下相應既濟定,則家人壞,故"得臣无家"。"率土之濱,莫非王臣",天下一統也。肅云"非位",即失位,説"无咎貞吉,利有攸往",於荀義猶近,然不知成既濟之義。

《象》曰:弗損益之,大得志也。

　　虞翻曰:謂二、五已變,上下益三,成既濟定,離坎體正,故"大得志"。

　　釋曰　弗損下而益之,所以措正施行,天下一統,是大得志,上之益也。

益

《序卦》曰:損而不已必益,故受之以益。

　　崔憬曰:損終則弗損益之,故言"損而不已必益"也。

　　釋曰　程《傳》曰:"盛衰損益如循環,損極必益,理之自然。"案:損所當損,則益之道。

☲　震下巽上　**益。利有攸往，**

虞翻曰：否上之初也。損上益下，“其道大光”。二利往坎應五，故“利有攸往，中正有慶”也。

釋曰　益成既濟，五體坎，故二利往坎應五。

利涉大川。

虞翻曰：謂三失正，動成坎體渙，坎爲“大川”，故“利涉大川”。渙舟楫朱作“檝”，下同。象，“木道乃行”也。

鄭玄曰：陰陽之義，陽稱爲君，陰稱爲臣。今震一陽二陰，臣多於君矣，而四體巽之下諸本誤“不”，惟周本作“下”，蓋據惠校原本依《義海撮要》改，是也。應初，是天子損其所有以下諸侯也。人君之道，以益下爲德，故謂之益也。震爲雷，巽爲風，雷動風行，二者相成，猶人君出教令，臣奉行之，故“利有攸往”。坎爲“大川”，故五字朱本無。“利涉大川”矣。

補　宋衷曰：明君之德，必須損己而利人，則下盡益矣。《口訣義》。

向秀曰：明王之道，志在惠下，故取下謂之損，與下謂之益。《正義》。

釋曰　虞此注謂否上之初，否終則傾，下反於初成益。《繫》注則謂否四之初，其爲損上益下則同，以貴下賤大得民，由是濟而反泰，故曰益。益則動而日進，君臣合志，以圖大事而濟大難，故“利有攸往，利涉大川”，及時濟天下，所以爲益也。取渙舟楫象者，上益三，使三伏陽出體渙，舟楫所以濟，明當成既濟也。鄭意益上卦本乾變巽，下卦本坤變震，震一陽在二陰下，陽下於陰，臣多於君，益下之象。又震爲諸侯，五本乾五天子，而四變體巽應初，是天子自損以益諸侯，厚往而薄來之義。子庶民，懷諸侯，益之大者，此文王所望於殷也。

《彖》曰：益，損上益下，民説无疆。盧本重出"民説无疆"四字，别爲一節，以"虞翻曰"以下屬之。周本此處无"民説无疆"四字，餘與盧本同。

蜀才曰：此本否卦。案：朱脱"案"字。乾之上九下處坤初，坤之初六上升乾四，損上益下者也。

虞翻曰：自"之上九"至此朱本脱。上之初，坤爲"无疆"，震爲喜笑，以貴下賤大得民，故"説无疆"矣。

釋曰　"乾之上九"，當爲"九四"，與虞《繫》注同，故下云"坤初升乾四"，以損注例之亦可見。此節《傳》、注各本多誤，今審定如此。

自上下下，《釋文》：下下，上遐嫁反，下如字。其道大光。

虞翻曰：乾爲大明，以乾照坤，故"其道大光"。或以上之三，離爲"大光"矣。

釋曰　此以上釋益名義。

利有攸往，中正有慶。

虞翻曰："中正"，謂五，而二應之。乾爲"慶"也。

利涉大川，木道乃行。

虞翻曰：謂三動成涣，涣舟楫象。巽木得水，故"木道乃行"也。

釋曰 巽木得水，舟楫之象，所以濟也。又震巽於五行皆木，木，生氣，益萬物者。涉川成既濟，生養之道備，故"木道乃行"。此以上釋卦辭。

益動而巽，日進无疆。

虞翻曰：震三動爲離，離爲"日"，巽爲"進"，坤爲"疆"，日與巽俱進，故"日朱誤"曰"。進无疆"也。

釋曰 姚氏曰："生物之氣不疾速，故動而巽，遂物性也。"案：不疾而速，雷動風行，萬物盛長，故"日進无疆"。王者之民皥皥如也，日遷善而不知爲之者，君子日新其德以自益亦如之。三動，震成離，離爲"日"，巽爲"進"，離與巽連體，是日與巽俱體進象，故"日進"。坤爲"疆"，"疆"上疑脫"无"字，坤地廣厚，故"无疆"。此申"有往""利涉"之義。

天施地生，其益无方。

虞翻曰：乾下之坤，震爲出生，萬物出震，故"天施地生"。陽在坤初朱誤"初坤"。爲"无方"，日進无疆，故"其益无方"也。

釋曰 天地生物不測，其益不限於方所，"日進无疆""其益无方"，所以普施利物，各正性命成既濟也，此極言益之義。

凡益之道，與時偕行。

虞翻曰：上來益三，四時象正。艮爲"時"，震爲"行"，與損同義，故"與時偕行"也。

[釋曰] 姚氏曰："出震齊巽，相見乎離，故'與時偕行'。"此自强不息之義。損二之五成益，益上之三成既濟，與損同義，在泰則損二之五，在否則乾上之初。益通恒，恒又成益，損成益而定既濟，益正既濟而後反泰，此變通趣時之義，所謂"與時偕行"也。聖人益民之道不一，因時制宜，歸於正而已。

《象》曰：風雷 朱誤"雷風"。**益。君子以見善則遷，有過則改。**

虞翻曰："君子"，謂乾也。上之三，離爲"見"，乾爲"善"，坤爲"過"，坤三進之乾四，故"見善則遷"。乾上之坤初改坤之過體復象，復以自知，故"有過則改"也。

[補] 孟喜曰：雷以動之，風以散之，萬物皆益。

《子夏傳》同。《正義》。

孔穎達曰：六子並益物，猶取"雷風"者，何晏云"取其最長，可久之義也"。

[釋曰] 雷動風行，二者相益，猶乾坤交陰陽各正。又東風解凍，雷乃發聲，風雷並行，去肅殺而就長養，故君子法之以遷善改過。"則"者，決辭，見善即當遷，有過必速改，如風雷之疾，所以益也。孔疏引何晏説，謂震巽於六子最長，年長有久義，故雷風相與爲恒，明益道當恒也。然卦義但取風雷相益，不必如何説。"猶取"，"猶"當爲"獨"。

初九：利用爲大作，元吉无咎。

虞翻曰："大作"，謂耕播，耒耨之利，葢取諸此也。坤爲"用"，乾爲"大",震爲"作",故"利用爲大作"。體復初得正,朋來无咎,故"元吉无咎"。震二諸本誤"三",惟周作"二",蓋據惠校原本改,今從之。月卦,日中星鳥,敬授民時,故以耕播也。

釋曰 益民之道莫若農。否上之初得正,體復初"元吉,朋來无咎",所以反泰。否時陰消陽,咎也,反初益下,勤民恤功,陽復息,故"元吉无咎"。

《象》曰:元吉无咎,下不厚事也。

侯果曰:"大作",謂耕植也。處益之始,居震之初,震爲稼穡,又爲大"大"字疑衍。作。益之大者莫大耕植,故初九之利,"利爲大作"。若能不厚勞於下民,不奪時於農畯,則"大吉无咎"矣。

釋曰 "厚",如"厚斂"之"厚","厚事",謂重勞以事。不違農時,王道之始,故"元吉无咎"。

六二:或益之,十朋之龜弗克違,永貞吉。

虞翻曰:謂上從外來益也,故"或益之"。二得正遠應,利三之正,己得承之。坤數"十",損兑爲"朋",謂三變離爲"龜",故"十朋之龜"。坤爲"永",上之三得正,故"永貞吉"。

釋曰 惠申虞義以"或益之"爲否上從外來益初,卦所以成益。否上益初,則初進居二得位,上有九五正應。但二與五遠,陰利承陽,益上之三成既濟,與損二之五上反三同象,故"十朋之龜弗克違"與損五辭同。既濟定,二承三應五,六爻正,故"永貞吉"。張氏則兼初與三言,曰:"以反泰則上下益初,以爻定既濟則上來益三。"案:否上之初成益,二得位,益上之三成既濟,二得承陽,皆所以益二。益上正三,使伏陽出成既濟,乃反初成損,損上復反初成泰,皆益自外來消息之用。"十朋之龜",上益三之象,事爲之制,曲爲之防,成天下之亹亹,故"弗違永貞"。以上就虞義引申之,愚謂損反成益。"或益之",蒙、損五之文,二自損五來,由失位而之正,故或之。損五之二得正,五自上益之,君臣各正,上德下施,利用厚生,錫福庶民,皆其事,故以朋龜卜之而弗克違,亦"自上祐"之義。"或益之"二句,諸家異讀與損同。

王用享《釋文》:享,香兩反,王虞許庚反。**于帝,吉。**

虞翻曰:震稱"帝","王",謂五,否乾爲"王"。體觀象,艮爲宗廟,三變朱誤"乾"。折坤牛,體噬嗑食,故"王用享于帝"。得位,故"吉"。

干寶曰:聖王先成其民而後致力于朱作"於"。神,故"王用享于帝"。在巽之宮,處震之象,是則蒼朱作"倉"。精之帝,同始祖矣。

補 孔子曰:益之六二"或益之,十朋之龜弗克違,永貞吉。王用享于帝,吉"。益者,正月之卦也。天氣下施,萬物皆益,言王者之法天地,施政教,而天下被陽德,蒙教化,如美寶莫能違害,永貞其道,咸受吉化,德施四海,能繼天道也。"王用享于帝"者,言祭天也。三王之郊,一用夏正。天道三微而成一著,三著而成一體。方此之時,天地交,萬物通,故泰、益之卦皆夏之正也。此四時之正,不易之道也,故三王之郊一用夏正,所以順四時,法天地之通道也。

釋曰 "王用享于帝",用益道以致禋祀,則克當天心。自文王言之,則謂夏、殷之王也。自周公言之,則以追尊文王亦可。《緯》引孔子説,蓋引申《象傳》七十子所傳微言,就朋龜之象以明益道。

《象》曰:或益之,自外來也。

虞翻曰:乾上稱"外",來益三也。

[釋曰]　"三",或當爲"初",或據成既濟言。

六三:益之用凶事,无咎。

虞翻曰:坤爲"事",三多"凶",上來益三得正,故"益用凶事,无咎"。

[釋曰]　凶固有益之之道,故舉凶事之益以明之。"凶事",惠、張申虞以爲喪事,姚酌取干義以爲征伐之事。弔死恤孤以厚民德,除暴取殘以救民生,皆凶事之益。上用此道以益三,何凶不益,故"无咎"。

有孚中行,告公用圭。

虞翻曰:"公",謂三伏陽也,三動體坎,故"有孚"。震爲"中行"、爲"告",位在中,故曰朱誤"告"。"中行"。三,公位,乾爲"圭",乾之三,朱誤"二"。故"告公用圭"。"圭",桓圭也。

《九家易》曰:天子以尺二寸玄圭事天,以九寸事地也。上公執桓圭九寸,諸侯執信圭七寸,諸伯執躬圭七寸,諸子執穀璧五寸,諸男執蒲璧五寸,五等諸侯各執之以朝見天子也。

[補]　"用圭",王肅作"用桓圭"。《釋文》。

[釋曰]　此凶事之益也。"有孚",誠也,"中行",禮也。禮以制中,損之益之,皆用其中於民。哭死而哀,非爲生者,喪有四制,有恩、有

理、有節、有權，此喪之"有孚中行"也。行險而順，天下信之，尊主隆民，除暴禁亂，此師之"有孚中行"也。三、四在全卦之中，體復震象，虞注三、四並云"震爲中行，位在中，故曰中行"，意或如此。蓋顧《文言》"中不在人"之文，以彌縫復六四注之闕。要之復初乾元，中行也。益初至四體復，三與初同體，中有伏陽，四正應初，皆與初同德，故因其位在全卦之中，著"中行"之文，與復四"度中而行"義同。張氏則以"中行"爲初，連"告公用圭"讀之，則虞云"位在中"者，"中"，猶內也。"公"，謂三伏陽，上益三，三動之正，則上下益初成泰，故取三伏陽出之象。"用圭"，惠、張以《雜記》"含者執璧將命"、"賵者執圭將命"當之。若以征伐言，則諸侯咸來賓從，隨三公奉圭朝王，擯者謁諸天子也，此蓋文王率叛國事紂之象。周之衰也，桓文雖假仁，猶用其義。虞訓"圭"爲"桓圭"，蓋舉尊以統卑，張氏以爲"賵圭"或依命數，王肅輒增"桓"字，安矣。

《象》曰：益用凶事，固有之矣。

虞翻曰：三上失正當變，是"固有之"。

干寶曰："固有"如桓文之徒，罪近篡弑，功實濟世。六三失位而體姦朱作"奸"。邪，處震之動，懷巽之權，是矯命之士，爭奪之臣，桓文之爻也，故曰"益之用凶事"。在益之家而居坤中，能保社稷，愛撫人民，故曰"无咎"。既乃中行近仁，故曰"有孚中行"。然後俯列盟會，仰致錫命，故曰"告公用圭"。

補 "矣"，石經及各本皆作"也"。

釋曰 凶固有益之之道。三陽位，中有伏陽，上動之則伏陽出，

是"固有之",與无妄四同義。"矣",各本作"也",《釋文》不出異文,疑
《集解》傳寫誤。干注"六三"以下,蓋經下注,李刪合之。云"體姦邪"
者,震納庚子,子行姦邪。

六四:中行,告公從,

虞翻曰:"中行",謂震,位在"中",震爲"行"、爲"從",故曰"中
行"。"公",謂三,三、上失位,四利三之正,己得以爲實,故曰"告公
從"矣。

【釋曰】四在全卦之中,體復震象,應初,與初同德,故亦稱"中
行"。四爲諸侯,陰虛得陽而實,有所適從。"告公從",告而從之以勤
王也。惠氏以"從"爲從初,初震爲方伯,謂告公以從方伯勤王。

利用爲依遷邦。朱作"國",據注則作"邦"是。

虞翻曰:坤爲"邦","遷",徙朱、盧作"從",误。此依周校,下同。也。
三動坤徙,故"利用爲依遷邦"朱作"國"。也。

【補】"邦",諸家皆作"國"。

【釋曰】"依",五依之也。諸侯從之,故利依以遷邦,此中興之象。

《象》曰:告公從,以益志也。

虞翻曰:坎爲"志",三之上有兩坎象,故"以益志也"。

崔憬曰:益其勤王之志也。居益之時,履當其位,與五近比,而四
上公,得藩屏之寄,爲依從之國,若周平王之東遷,晉、鄭是從也。五
爲天子,益其忠志以勅朱、盧作"勑"。之,故言"中行,告公從,利用爲

依遷國"矣。

釋曰 坎爲"志",虞以兩坎爲"益志",同心共濟之義。崔云"益其忠志",則"告"者,五告之,崔注蓋合經、傳釋之。"而四上公","四",或當爲"同",字之誤。四能輔五,同於三之上公也。

九五：有孚惠心，勿問元吉。

虞翻曰：謂三上也。震爲"問",三、上易位,三、五體坎,已成既濟,坎爲"心",故"有孚惠心,勿問元吉",此下朱有"故"字。《象》曰"勿問之矣"。

釋曰 五爲卦主,使三、上易,成既濟,故爻辭據三上已易言。坎爲"孚"、爲"心",震爲"問",成既濟,坎心交孚,震問不見,皆三、上已易之象,故虞云"謂三上也"。或"上"下脱"易"字。姚氏曰："'有孚惠心',入人深也。《呂覽》曰：'聖人南面而立,以愛利民爲心,號令未出,而天下皆延頸舉踵矣,則精通乎民也。'《精通》文。《書》曰：'故一人有事於四方,若卜筮,罔不是孚。'此上之有以孚下也。"

有孚惠我德。

虞翻曰：坤爲"我",乾爲"德",三之上體坎爲"孚",故"惠我德",《象》曰"大得志"。

釋曰 三之上,則上之三體下坎,二在坎體應五,故"有孚惠我德",下以上之德爲惠也。或曰,此"惠"當訓"順","惠心",上益下也,"惠我德",下順上也。姚氏曰："'我',我五,上孚下,則下亦孚上,故'有孚惠我德'。感德而歸,是惠德也,謂成既濟,衆爻皆順五也。"

《象》曰：有孚惠心，勿問之矣。惠我德，大得志也。

崔憬曰：居中履尊，當位有應。而損上之時，自一以損己爲念，雖有孚于國，惠心及下，終不言以彰己功，故曰"有孚惠心，勿問"，"問"，猶言也。如是則獲"元吉"，且爲下所信而懷己德，故曰"有孚惠我德"。君雖不言，人惠其德，則我"大得志也"。

釋曰　"有孚惠心"，則不待問而元吉，民懷其德，是益下之志大得也。崔讀"有孚惠心勿問"爲句，葢"善世不伐"之義，亦通。

上九：莫益之，

虞翻曰："莫"，无也，自非上无益初朱作"三"。者，唯上當无應，故"莫益之"矣。

釋曰　上當益三以益初。唯三、上失位，不得相應。三體剝凶，上處乾亢，有不能益下之象。上不益下則民不與，故"莫益之"。

或擊之，

虞翻曰：謂上不益初，朱作"三"。則以剝滅乾，艮爲手，故"或擊之"。

釋曰　上不益下則消成剝。

立心勿恒，凶。

虞翻曰：上體巽爲進退，故"勿恒"。動成坎心，以陰乘陽，故"立心勿恒，凶"矣。

<u>釋曰</u>　上不益下，亢極失位，進退无恒，與恒三"易方不恒其德"同象。動則入陰乘陽，立心如是，自取擊奪，故"凶"。

《象》曰：莫益之，徧辭也。

虞翻曰："徧"，周帀朱作"匜"。也。三體剛凶，故至上應乃益之矣。

<u>補</u>　孟喜曰："徧"，周帀也。《釋文》。

"徧"，諸家作"偏"。

<u>釋曰</u>　眾莫之與，故曰"徧辭"。張氏謂三體剥凶，必上來易之，六爻徧正相應，乃益初，故先有不益之戒。"剛凶"，"剛"，當爲"剥"。諸家作"偏"者，戒其偏私不能益人之辭也。

或擊之，自外來也。

虞翻曰："外"，謂上，上來之三，故曰"自外來也"。

<u>釋曰</u>　張氏曰："不來則或擊。"案：傳意當謂擊者自外來，所謂傷之者至。上在外，剥艮正當其處。

卷第九

夬

《序卦》曰：益而不已必決，故受之以夬。夬者，決也。

韓康伯曰：益而不已則盈，故必決矣。

釋曰 張氏曰："謂益道不已，必能盡去羣陰，故決小人也。韓康伯乃以爲益盈而決，謬哉。"

☰乾下兌上 夬。揚于王庭。

虞翻曰：陽決陰，息卦也。剛決柔，與剝旁通，乾爲"揚"、朱誤"陽"。爲"王"，剝艮爲"庭"，故"揚于王庭"矣。

鄭玄曰："夬"，決也。陽氣浸長至於朱作"于"。五，五，尊位也，而陰先之，是猶聖人積德，說朱作"悅"。天下以漸，消去小人，至於受命爲天子，故謂之夬。朱、盧作"決"。"揚"，越也。五互體乾，乾爲君，又居尊位，"王庭"之象也。陰爻越其上，小人乘君子，罪惡上聞於聖人之朝，故曰"夬，朱誤"決"。揚于王庭"也。

補 李翱曰：自古小人在上，最爲難去，蓋得位得權而勢不能搖奪，以四凶，尚歷堯至舜而後能去。嘗玩《易》之夬，夬一陰在上，五陽並進，以剛決柔，宜若易然，然爻辭俱險而不肆。蓋小人在上，故繇曰"剛長乃終"是也。王得臣《塵史》。

許氏《説文解字序》曰：夬"揚于王庭"，言文者，宣教明化于王者朝廷，君子所以施禄及下，居德則忌也。

釋曰 鄭、虞義同，許斷章取義，據《象傳》"施禄及下"爲説。決小人則經正民興，天下文明，故爲宣教明化書契之象，義亦相因。

孚號有厲。

虞翻曰：陽在二、五稱"孚"，"孚"，謂五也。二失位，動體巽，巽爲"號"，離爲"光"，不變則危，故"孚號有厲，其危乃光也"。

釋曰 五坎體爲"孚"，二動巽爲"號"，誠信以發號令也。然夬當決上成乾，不可即變。二動用事，雖視本體有離象，未爲光，當以失位爲危懼，故孚號而有厲。臨事而懼，好謀而成，乃能決上終乾，陽道光明，是夬之既濟，故曰"其危乃光"。

告自邑，不利即戎。

虞翻曰：陽息動復，剛長成夬，震爲"告"，坤爲"自邑"。夬從復升，朱誤"外"。坤逆在上，民眾消滅。二變時，離爲"戎"，故"不利即戎，所尚乃窮也"。

釋曰 張氏曰："二孚號體離，似尚即戎，故戒以所尚在兵乃困窮也。言君子之去小人，當以陽德漸散其民眾，則去之決，不當尚兵戎與之爭也。"案：張以"邑"爲小人之邑，愚謂"告自邑"者，發號施令，大戒於國，有備无患也。"不利即戎"，俟陽德至盛而後往決之，以德服人,不用力也。

利有攸往。

虞翻曰:陽息陰消,君子道長,故"利有攸往,剛長乃終"。

《彖》曰:夬,決也,剛決柔也。

虞翻曰:乾決坤也。

健而説,決而和。

虞翻曰:"健",乾,"説",兑也,以乾陽獲陰之和,故"決而和"也。

釋曰　兑爲和説。

揚于王庭,柔乘五剛也。

王弼曰:剛德齊朱、盧作"浸"。長,一柔爲逆,衆所同誅而无忌者也,故可"揚于王庭"。

孚號有厲,其危乃光也。

荀爽曰:信其號令於下,衆陽危去上六,陽乃光明也。

干寶曰:夬九五則"飛龍在天"之爻也,應天順民以發號令,故曰"孚號"。以剛決柔,朱誤"以柔決剛"。以臣伐君,君子危之,故曰"有厲"。德大而朱盧作"即"。心小,功高而意下,故曰"其危乃光也"。

釋曰　荀以"厲"爲危去,取亂侮亡之義,然與全經"厲"字不例。

干以武王伐紂當之,與虞《襍卦》注同。

告自邑,

翟玄曰:坤稱"邑"也。

干寶曰:殷民告周以紂无道。

釋曰 或曰虞義與干同。小人已失民而猶不利即戎,須暇之義。聖人無富天下之心,所以往則決,人心大服,焉用戰,凡去小人之道皆然。

不利即戎,所尚乃窮也。

荀爽曰:"不利"即尚兵戎而與陽爭,必困窮。

釋曰 荀説與虞異,李蓋以虞義爲正。

利有攸往,剛長乃終也。

虞翻曰:乾體大成,以決小人終乾之剛,故乃以終也。

《象》曰:澤上於天,夬。

陸績曰:水氣上天,決降成雨。故曰"夬"。

釋曰 張氏曰:"澤氣上天,陰也,陽決之則降而爲雨。"

君子以施禄及下,居德則忌。

虞翻曰:"君子",謂乾,乾爲"施禄"。"下",謂剥坤,坤爲衆臣,以

乾應坤,故"施禄及下"。乾爲"德",艮爲"居",故"居德則忌"。陽極
陰生,謂陽忌陰。

〔釋曰〕澤上於天,時雨將降,故法之以施禄及下,此以上六一陰
爲陽之用。然卦義取陽決陰,有一陰在上,乾猶未純,故居德則忌必
盡去陰邪,陽德乃大成也。陽極陰生,夬反爲遘,猶有懼也,故君
子慎始而敬終。夬書契象,百官以治,故"施禄及下",萬民以察。
察知禁忌,徙善遠罪,故"居德則忌"。許君《説文序》引此傳,意蓋
如此。

初九:壯于前趾,往不勝爲咎。

虞翻曰:夬變大壯,大壯震爲"趾",位在前,故"壯于前"。剛以應
剛,不能克之,往如失位,故"往不勝爲咎"。

〔補〕"趾",荀作"止"。《釋文》。

〔釋曰〕陽息上行,變大壯爲夬,震趾向前,故曰"前趾"。陰猶弇
陽,五雖息,四失位,體兑毀折,故"壯","壯",傷也,此虞義。鄭訓
"壯"爲"强",則"壯于前趾",果於行也。"往",謂往之四,陽自初息至
四而又前,宜可往而決陰。然四失位,初无應,以剛應剛,不能和衷協
謀以克陰,故不勝爲咎。"動如失位","如",讀爲"而",四不應初,初
欲應四,則動而失位,枉己倖功,陷入大過,故"咎"。

《象》曰:不勝而往,咎也。

虞翻曰:往失位應陽,故"咎"矣。

〔釋曰〕應四陽,皆失位。

九二：惕號户羔反，鄭、王庾音号。《釋文》。莫夜，莫，音暮，鄭如字。《釋文》。有戎勿恤。

虞翻曰："惕"，懼也，二失位，故"惕"，變成巽，故"號"。剥坤爲"莫夜"。二動成離，離爲"戎"，變而得正，故"有戎"。四變成坎，坎爲憂，坎又得正，故"勿恤"，謂成既濟定也。

補　"惕"，荀、翟作"錫"，曰：賜也。鄭康成曰："莫"，無也。無夜，非一夜。並《釋文》。

釋曰　"惕號"，惕懼相號戒。鄭訓"號令"，二以五之令，申儆於下也。"惕號莫夜"，戒不虞也。鄭訓"莫"爲"無"，言警戒之豫，非一朝夕也。"有戎勿恤"，有備无患也。取坎離象者，由既濟中正之道以決陰息乾，非動而陷入陰也。故有戎而勿恤，與"不利即戎"義相成。張氏曰："有戎而不即也，有厲而勿恤也，故曰'決而和'。"荀作"錫"者，謂頒錫教令以相號戒。

《象》曰：有戎勿恤，得中道也。

虞翻曰：動得正應五，故"得中道"。

九三：壯于頄，有凶。《釋文》：頄，求龜反，又音求，又邱倫反，王肅音龜，江氏音琴威反。

翟玄曰："頄"，面也，謂上，處乾首之前稱"頄"。"頄"，頰閒骨。三往壯上，故"有凶"也。

補　"頄"，鄭作"頯"，曰："頯"，夾面也。蜀才作"仇"。並《釋文》。

釋曰　"頄"後出字，"頯"，正字，《說文》"權也"，與鄭、翟義同。

“仇”，叚借字。云“三往壯上”者，謂三往應上而使上壯，君子不決小
人而反應之，則小人之勢益甚。葢爲小人巧言令色所惑，當斷不斷，
必受其亂，故“有凶”。張氏謂翟意當訓“壯”爲“傷”，與虞同，“壯于
頄”謂見傷於上，爲小人飾僞所惑，則傷矣。愚謂“壯于頄”，《書》所謂
“象恭滔天”，《詩》所謂“顏之厚”，小人欺君子，陽之忌也，故“有凶”。
“君子夬夬”，不爲所惑，乃“无咎”。

君子夬夬，獨行遇雨。

荀爽曰：九三體乾，乾爲“君子”。三、五同功，二爻俱欲決上，故
曰“君子夬夬”也。“獨行”，謂一爻獨上，與陰相應，爲陰所施，故“遇
雨”也。

若濡有慍，无咎。

荀爽曰：雖爲陰所濡，能慍不說，朱作“悅”。得“无咎”也。

釋曰　一爻獨上與陰相應，非與小人有私也，視其罪狀以爲決之
之方耳。“遇雨”，小人欲以私恩結人也。“若濡”，覺其浼己也。“有
慍”，不爲利疢，不爲情累，有定識定力也，故“无咎”。

《象》曰：君子夬夬，終无咎也。

王弼曰：“頄”，面顴也，謂上六矣。最處體上，故曰“頄”也。剝之
六三以應陽爲善。夫剛長則君子道興，陰盛則小人道長，然則處陰長
而助陽則善，處剛長而助柔則凶矣。而三獨應上助小人，是以凶也。君
子處之，必能棄夫情累，決之不疑，故曰“夬夬”也。若不與陽爲羣，而獨

行殊志，應於小人，則受其困焉。“遇雨若濡，有愠”而終无所咎也。

[釋曰]　王弼以“遇雨若濡”爲遇困，義較淺。

九四：臀无膚，其行趑趄。 盧、周作“次且”，注及下同。

虞翻曰：二、四已變，坎爲“臀”，剥艮爲“膚”，毀滅不見，故“臀无膚”。大壯震爲“行”，坎爲破、爲曳，故“其行趑趄”也。盧、周無“也”字。

[補]　“趑”，或作“趀”，或作“跂”，或作“次”，《説文》及鄭作“趀”。同七私反。“趄”，或作“跙”，或作“且”。同七餘反。

馬融曰：“次”，卻行不前也。“且”，語助也。

王肅曰：“趑趄”，行止之礙也。並《釋文》。

[釋曰]　“臀无膚”，居不安也。“其行趑趄”，行不遂也。四體坎之位而无陰，震爻失正，故其象如此。虞以“趑趄”爲變坎象，則謂四位不當，故行宜趑趄不前進。據《説文》，則“趀跙”正字，“跂跙”俗字，“次且”叚借字。“趀”亦“趑”之叚，“趑”者“趀”之別。

牽羊悔亡，聞言不信。

虞翻曰：兌爲“羊”，二變，巽爲繩，剥艮手持繩，故“牽羊”。謂四之正得位承五，故“悔亡”。震爲“言”，坎爲耳，震坎象不正，故“聞言不信”也。

[補]　“牽”，子夏作“掔”。《釋文》。

[釋曰]　四失位而躁進，猶是羝羊之觸藩，牽制之使不與陰角，靜而正。眾陽同心，然後可以決小人，故“悔亡”，但恐其“聞言不信”耳。虞云“震坎象不正”，謂四體震不正，又不變坎。“掔”者，“牽”之固也。

《象》曰：其行趑趄，位不當也。聞言不信，聰不明也。

虞翻曰：坎耳離目，折入於兌，故“聰不明”矣。　案：兌爲“羊”，四、五體兌故也。凡卦，初爲足，二爲腓，三爲股，四爲臀，當陰柔，今反剛陽，故曰“臀无膚”。九四震爻，震爲足，足既不正，故“行趑趄”矣。“趑”，盧、周作“趀”。

九五：朱誤“初九”。**莧陸**《釋文》：莧，閑辮反，又胡練反。陸，如字。**夬夬，**

荀爽曰：“莧”，謂五，“陸”，謂三，兩爻決上，故曰“夬夬”也。“莧”者，葉柔而根堅且赤，以言陰在上六也。“陸”，亦取此下朱有“上”字。葉柔根堅也。去陰遠，故曰盧、周作“言”。“陸”，言差堅於莧。莧根小，陸根大。五體兌柔居上，“莧”也。三體乾剛在下，根深，故謂之“陸”也。

[補] 馬融、鄭康成曰：“莧陸”，商陸也。《釋文》。《正義》作“莧陸，一名商陸”。

王肅同。

宋衷曰：“莧”，莧菜也，“陸”，商陸也。並《釋文》。

董遇曰：“莧”，人莧也，“陸”，商陸也。《正義》。又曰：前人以“莧陸”爲一，陸之爲葉差堅於莧，莧根小，陸根大。《輯聞》。

《子夏傳》曰：“莧”，木根草莖，剛下柔上也。《正義》。

[釋曰] 五主決陰而三與同功，故皆言“夬夬”。自五視上陰近，若莧根淺，自三視上陰遠，若陸根深，其實皆言陰在上六也。“莧陸”葉柔根堅，象柔乘剛，感陰氣之多者，故以目上。柔脆易折，故“夬夬”，言決陰當如去草然。馬、鄭以“莧陸”爲一，“夬夬”當指五，五既決大

壯五，又當決夬上也。

中行无咎。

虞翻曰："莧"，說也，"莧"，讀"夫子莧朱作"莞"。爾而笑"之"莧"，"陸"，朱作"睦"。和睦也。震爲笑言，五得正位，兌爲説，故"莧陸夬夬"。大壯震爲行，五在上中，動而得正，故"中行无咎"。舊讀言"莧陸"，字之誤也，馬君、荀氏皆從俗言"莧陸"，非也。

[補] "莧"，一本作"莞"。華板反。"陸"，蜀才作"睦"，曰：親也，通也。《釋文》。

孟喜曰："莧陸"，獸名。夬有兌，兌爲羊也。《路史注》。

[釋曰] 李蓋以荀義爲正，如荀説，則上六孤陰乘陽，決之易，除惡莫如盡，故"夬夬"。剛而得中，不失之暴，故"无咎"。虞讀"莧"如"莧爾而笑"之"莧"，今《論語》作"莞"，蓋虞本《易》、《論語》皆作"莧"，非從艸見聲之"莧"，"莧"與"莞"音近相叚。作"莧"者，虞以爲形近而譌也。"陸"，虞讀爲"睦"，古字通。"莧睦夬夬"，所謂"決而和"，君德正，臣心同，故"中行无咎"。不大聲色而決去小人，由是可以剛長而光矣。孟云"莧陸獸名"，"陸"，疑衍字，"莧"本山羊細角之名，蓋謂經叚"莧"爲和以見兌象。蜀才作"睦"，從虞義。

《象》曰：中行无咎，中未光也。

虞翻曰：在坎陰中，故"未光"也。

王弼曰："莧"，草之柔脆者也，夬之至易，故曰"夬夬"也。夬之爲義，以剛決柔，以君子除小人也。而五處尊位，最比小人，躬自決者也。夫以至尊而敵於至賤,雖其克勝,未足多也。處中而行,足以免咎而已,未爲光益也。

釋曰 陰尚待決,故“中未光”,言乾未純也。虞從變坎取象,夬當終乾,不徒以爻正爲濟也。王弼説“中未光”未當。

上六:无號,終有凶。

虞翻曰:應在於三,三當爲“二”。動時體巽,巽爲號令。四已變坎,之應歷險,巽象不見,故“无號”。位極乘陽,故“終有凶矣”。

釋曰 虞就夬成既濟取象,夬以息乾爲濟,夬之濟,陰之凶也。位極乘陽,明必當決之。三不應上,上欲應三,歷險,无可號呼。惡積罪大,終必凶而已矣。虞云“巽爲號令”,引申爲號呼,若以“號令”言,則上六乘陽。“无號”者,在君爲號令反常,在臣爲放棄君命。桀紂之君,共驩之臣,自取決滅而已。

《象》曰:无號之凶,終不可長也。

虞翻曰:陰道消滅,故“不可長也”。

姤

《序卦》曰:決必有遇,故受之以姤。姤者,遇也。

崔憬曰:“君子夬夬,獨行遇雨”,故言“決必有遇”也。

釋曰 決則必有所至,與物相遇。故姤次夬。

☰ 巽下乾上　**姤。女壯，**

虞翻曰：消卦也，與復旁通。巽長女，"女壯"，傷也。陰傷陽，柔消剛，故"女壯"也。

補　"姤"，古文作"遘"，鄭同。《釋文》。

釋曰　"柔遇剛"，陽將被傷，故象"女壯"。苟相遇，不以義交，亂之本也。"遘"，正字；"姤"，後出字。

勿用取女。

虞翻曰：陰息剝陽，以柔變剛，故"勿用取朱作"娶"。女，不可與長"也。

釋曰　積姤成剝，當防之於始。張氏曰："巽爲長，初當變之四。"

《彖》曰：姤，遇也，柔遇剛也。勿用取朱作"娶"。**女，**

鄭玄曰："姤"，遇也。一陰承五陽，一女當五男，苟相遇耳，非禮之正，故謂之"姤"。女壯如是，壯健以淫，故不可娶，婦人以婉娩爲其德也。

補　陸績《京氏易傳注》曰：一陰初生，陽氣猶盛，陰未爲敵。

釋曰　此經下注，李移之。鄭訓"壯"爲"强"，女强壯專恣，則乘夫亂家，是傷也，與虞義相成。據《釋文》，則鄭注"姤"字當爲"遘"。

不可與長也。

王肅曰：女不可取朱作"娶"。以其不正，不可與長久也。

天地相遇，品物咸章也。

荀爽曰：謂乾成於巽而舍於離，坤出於離，與乾相遇。南方夏位，萬物章明也。

《九家易》曰：謂陽起子，運行至四月，六爻成乾，巽位在巳，故言乾成於巽。既成，轉舍於離，萬物皆盛大，坤此“坤”字朱誤在“萬物”上。從離出，與乾相遇，故言天地遇也。

釋曰 聖人爲戒於方盛，防小人之道，在遇所當遇。“天地相遇”，遇之正也。《九家》説申荀義。

剛遇中正，天下大行也。

翟玄曰：“剛”，謂九五，遇中處正，教化大行於天下也。

釋曰 如翟説，則是五以剛德遇中正之位，所謂“位乎天德”。在姤家，故曰“遇”。《象》曰“九五含章，中正也”，則中正即指五。姚氏曰：“‘剛’，謂陽；‘中正’，謂陰；‘風行天下’，故大行。坤出於離，一陰初生，即離象也。陰生天地之中，正位於二，陽正位於五，故‘剛遇中正’。‘女壯’言其消陽，‘中正’言其成離，‘復見天地之心’，謂陽在極中也。”案：姚説本荀義申之，似於遇義尤合。以剛遇柔，君臣相遇以正既濟之道，故“天下大行”。

姤之時義大矣哉。

陸績曰：天地相遇，萬物亦然，故其義大也。

釋曰 消長治亂之機，視遇之正不正。陰陽爭，死生分，在此時也，故其義大。

《象》曰：天下有風，姤。

翟玄曰："天下有風"，風无不周布，故君以施令告化四方之民矣。

釋曰 "天下有風"，令自上下之象。風行无所不遇，故爲"遘"。

后以施命誥四方。

虞翻曰："后"，繼體之君，姤陰在下，故稱"后"，與泰稱"后"同義也。乾爲"施"，巽爲"命"、爲"誥"。復震二月東方。姤五月南方，巽八月西方，復十一月北方，皆總在初，故以"誥四方"也。孔子"行夏之時"，經用周家之月，夫子傳《彖》、《象》以下皆用夏家月，是故復爲十一月，姤爲五月矣。

補 《說文》用《易》文說"后"字，作"施令以告四方"。

"誥"，鄭作"詰"，起一反。曰："詰"，止也。

王肅同。《釋文》。

魯恭曰：言君以夏至之日，施命令止四方行者，所以助微陰也。《後漢書》本傳。

釋曰 惠氏曰："復'閉關不省方'，所以助微陽之息。遘'施命誥四方'，所以布盛陽之德。"案：鄭作"詰"訓"止"者，葢施教令以曉告四方，詰止姦慝，懼陰惡之干盛陽，即卦辭戒女壯之義。魯恭說本《月令》義，葢據天地相遇以陰輔陽而言。《易》道以陰成陽而防其消，陰陽爭死生分之際，君子慎之。古三正通用，故文王演易首乾用天正，周公作《七月》詩皆夏正，孔子傳《易》論卦氣以兑爲正秋。惟禮書史志必用當王之正，故《周禮》以建子朔爲正月之吉，《春秋》書正月皆周正，此立言之體當辯者。且時以作事，夏正得時之正，殷周改月不改令,觀《周禮》、《春秋》可見。孔子説"行夏之時",亦周制魯禮也。

初六:繫于金柅,《釋文》:柅,乃履反,又女紀反。**貞吉。**

虞翻曰:"柅",謂二也。巽爲繩,故"繫柅"。乾爲"金",巽木入金,柅之象也。初、四失正,易位乃吉,故"貞吉"矣。

補 馬融曰:"柅"者,在車之下,所以止輪令不動者也。《正義》。

《説文》作"檷",云:絡絲趺同"跗"。也,讀若昵。

《子夏》作"鑈"。《釋文》。

王肅作"柅",云:織績之器,婦人所用。《正義》。

蜀才作"尼",曰:止也。《釋文》。

釋曰 《説文》:"屚簨柄也。""柅",或體字,簨收絲者也。"檷",絡絲趺也。"柅"與"檷"聲近,用相因,其爲物以木入金,故字或从金。《子夏傳》之"鑈"即《説文》之"檷",故陸云"《説文》作'檷'"。"柅",婦人所用,以託戒,絲繫于柅,猶女繫於男,明初陰繫二陽則能得正。馬云"柅所以止輪",亦喻陽制陰。

有攸往,見凶。

《九家易》曰:絲繫於柅,猶女繫於男,故以喻初宜繫二也。若能專心順二則吉,故曰"貞吉"。今既爲二所據,不可往應四,往則有凶,故曰"有攸往,見凶"也。

釋曰 婦人以貞一爲德,非禮不行。初、四雖正應而皆失位,不正相應,謂之失義,消道也。故初承二則吉,應四則凶。

羸豕孚蹢躅。 盧、周作“蹢躅”，注同。《釋文》：羸，鄭力追反，王肅劣隨反。蹢，直戟反，徐治益反。躅，直録反。

虞翻曰：以陰消陽。“往”，謂成坤，遯子弑父，否臣弑君。夬時三動，離爲“見”，故“有攸往，見凶”矣。三，夬之四，在夬動而體坎，坎爲“豕”、爲“孚”，巽繩操之，故稱“羸”也。巽爲“舞”、爲進退，操而舞，故“羸豕孚蹢躅”，以喻姤女望於五陽，如豕蹢躅也。

宋衷曰：“羸”，大索，所以繫豕者也。巽爲股，又爲進退，股而進退，則“蹢躅”也。初應於四，爲二所據，不得從應，故不安矣。體巽爲風，動搖之貌也。

補　“羸”，陸讀爲“累”。“蹢躅”，古文作“蹄踤”，一本作“躑躅”。《釋文》。

釋曰　虞以“往”爲上消，陰繫陽，則得正而吉，專行有所往，則上消而凶。云“夬時三動”者，三據遯言，遯三在夬時爲四，動而體離爲見。天下之生，一治一亂，夬必有遯，遯消之凶，於夬時已可見，羸豕象是也。遯之三，夬之四，夬四動體坎爲“豕”。倒夬爲遯，初陰有坎體，故稱“豕”。巽繩操之，故“羸”。初繫於二，故“孚”。消時陰不能專靜，或失義相從，故“蹢躅”。虞云“姤女望於五陽”，宋云“不得從應故不安”，明陰之難馴也。陸讀“羸”爲“累”，係累之義。“蹄”者，“蹄”之隸變。“踤”者，“躅”之巽體。“躑躅”，後出字。

《象》曰：繫于金柅，柔道牽也。

虞翻曰：陰道柔，巽爲繩，牽於二也。

釋曰　柔道當繫制於剛。“牽”，猶制也。

九二：包有魚，无咎，不利賓。《釋文》：包，鄭百交反，本亦作"庖"，白交反，下同。

虞翻曰：巽爲白茅，在中稱"包"，《詩》曰盧、周作"云"。"白茅包之"。"魚"，謂初陰，巽爲"魚"，二雖失位，陰陽相承，故"包有魚，无咎"。"賓"，謂四，乾尊稱"賓"，二據四應，故"不利賓"。或以"包"爲庖厨也。

補 《參同契》曰：午爲蕤賓，賓服於陰，陰爲主人。

"包"，或作"庖"。

荀作"胞"。並《釋文》。

釋曰 《易》以陽爲主，陽而稱賓，或取尊賢之義，或以陽將消，主反爲賓。虞云"乾尊稱賓"，蓋小人進則君子消，故二包初，使不得起而閒四，懼其不利賓也。初、四易位，自四正初則可，以初代四則不可。禮，三牲之俎歸於賓館，魚不與，故因以託義。《參同契》說陰爲主，陽爲賓，遘時初陰爲成卦之主，內小人外君子之勢已成，故包以防之，義不可使及賓也。姚氏以"包有魚"爲二據初得民，"不利賓"爲四遠初失民，"失民，故不爲之主而曰賓。初本四應，今爲二據，民屬於他，則主反爲賓矣，故'不利'。"似於傳義密合。荀作"胞"者，"包"之借。

《象》曰：包有魚，義不及賓也。

王弼曰：初陰而窮下，故稱"魚"也。不正之陰，處遇之始，不能逆近者也。初自樂來應己之厨，非爲犯應，故"无咎"也。擅人之物以爲己惠，義所不爲，故"不及賓"。

釋曰 王弼正讀"包"爲"庖"。初來順二，故"无咎"。然非正，不可以爲禮也。

九三：臀无膚，其行趑趄，盧、周作"次且"，《象》同。厲，无大咎。

虞翻曰：夬時動之坎爲"臀"，艮爲"膚"，二折艮體，故"臀无膚"。復震爲"行"，其象不正，故"其行趑趄"。盧、周作"次且"。三得正位，雖則危厲，故"无大咎"矣。　案：巽爲股，三居上"臀"也。爻非柔，"无膚"，行趑盧、周作"趄"。趄也。

補 "趑趄"，或作"次且"。詳上卦。

釋曰 三在夬時爲四，動之坎爲"臀"。夬反爲遯，由初消二，則成艮爲"膚"。今二未變，折艮體，故"臀无膚"。二本夬五，體兌毀折也。復震爲"行"，伏遯巽下，其象不正，故"其行趑趄"。夬四躁動，在夬无以決陰，在遯則息陽而反致陰生，故其象同。"臀无膚"，剛而不中，居不安也。"其行趑趄"，行不遂也。陰陽爭，故"厲"，得正，故"无大咎"。

《象》曰：其行趑趄，行未牽也。

虞翻曰：在夬失位，故牽羊。在姤得正，故"未牽也"。

釋曰 不爲陰所牽。陰陽爭，陽未失正，故"无大咎"。君子之過，見爲行不遂而已，其心无他，非小人所得牽率而從於邪也。夬"其行趑趄"，所以未息成乾也。遯"其行趑趄"，猶未消而爲否也。

九四：包无魚，起凶。

王弼曰：二有其魚，四故失之也。无民而動，失應而作，是以凶矣。

釋曰　姚氏曰：“四不得初應，故‘包无魚’，莫之與也。四本失位，自遠其民，民爲邦本，遠民，凶所由起。莫之與，則傷之者至矣，言陰不應而消陽也。”案：姚説與《傳》義密合。張氏以爲四新進之士，不任去邪之責，故“包无魚”。二不包初，則初起而代四，以小人代君子，舉錯不即民心，故凶，亦一義。

《象》曰：无魚之凶，遠民也。

崔憬曰：雖與初應而失其位，二有其魚而賓不及，若起於競，涉遠必難，終不遂心，故曰“无魚之凶，遠民也”，謂初六矣。

九五：以杞包盧、周作“苞”，注同。瓜，含章。《釋文》：包，馬、鄭百交反。

虞翻曰：“杞”，杞柳，木名也。巽爲“杞”、爲“包”，乾圓稱“瓜”，故“以杞包瓜”矣。“含章”，謂五也，五欲使初、四易位，以陰含陽，已得乘之，故曰“含章”。初之四體兑口，故稱“含”也。

干寶曰：初、二體巽爲草木，二又爲田，田中之果柔而蔓者，瓜之象也。

補　鄭康成曰：“杞”，柳也。

馬融曰：“杞”，大木也。

張氏曰：“杞”，苟杞也。並《釋文》。

“包”，《子夏傳》作“苞”，《釋文》。曰：作杞匏瓜。薛虞曰：“杞”，杞柳也，杞性柔韌宜屈橈，似匏瓜。《正義》。

有隕自天。

虞翻曰："隕"，落也。乾爲"天"，謂四隕之初，初上承五，故"有隕自天"矣。

釋曰 張氏曰："'苞'，蔓也，謂四變，五乾體巽，瓜蔓於杞。"此虞義。乾爲木果，故艮體乾上爲果蓏。瓜蔓於杞而實，以陰成陽，"含章"之象。干氏以巽初柔爻爲草，二剛爻爲木。二爲田，又瓜所在，是瓜蔓於杞，陰繫於陽。瓜實則乾之果，陰繫於陽而乾生物之功成，亦"含章"之義。坤陰包陽爲"含章"，諸爻言防陰，五中正，能以陰成陽，故獨云"含章"。積誠畜德則天誘其衷，使與賢人相遇，陰陽正而既濟可成，故"有隕自天"。初之四承五，"含章"也。四降初正陰，"有隕自天"也。《子夏》作"苞"讀"匏"，與王弼同，而義更迂曲，以是知此書六朝人所爲，非韓太傅原本也。

《象》曰：九五含章，中正也。有隕自天，志不舍命也。

虞翻曰：巽爲"命"也。欲初之四承己，故"不舍命"矣。

釋曰 志在祈天永命而不敢舍。

上九：姤其角，吝，无咎。

虞翻曰：乾爲首，位在首上，故稱"角"。動而得正，故"无咎"。

釋曰 上失位窮亢，无應於下，以角觸邪，吝而已，之正乃无咎。

《象》曰：姤其角，上窮吝也。

王弼曰：進之於極，无所復遇，遇角而已，故曰"姤其角"也。進而无遇,獨恨而已,不與物牽,故曰"上窮吝也。"

〔釋曰〕 王弼以"角"爲邊隅窮盡之處。

萃

《序卦》曰:物相遇而後聚,故受之以萃。萃者,聚也。

崔憬曰:天地相遇,品物咸章,故言"物相遇而後聚"。

〔釋曰〕《程傳》曰:"物相會遇則成羣。"

☰ 坤下兌上 萃。亨,盧、周無"亨"字。**王假有廟。**

虞翻曰:觀上之四也。觀乾爲"王","假",至也,艮爲"廟"。體觀享祀,此下朱有"故通"二字。上之四,故"假有廟,致孝享"矣。

〔補〕 馬、鄭、陸、虞並無"亨"字,王肅、王弼本有。《釋文》。

周弘正曰:鬼神享德,不在食也。《口訣義》。

〔釋曰〕 觀上之四,又體觀享祀,艮爲"廟",巽爲入,故"王假有廟"。卦辭例不再言"亨",《彖》不釋此"亨"字,蓋衍文。虞注"享祀"下舊有"故通"二字,於義不合,惠删之,是也。周氏謂人心既萃,乃能上安宗廟,使祖考來格,神享德不在食也。

利見大人,亨,利貞。

虞翻曰:"大人",謂五。三、四失位,利之正變成離,離爲"見",故"利見大人,亨,利貞",聚以正也。

釋曰 "亨",謂以陽通陰,亨則貞矣。五使四正三,易位各正,是"聚以正"。不言初者,消息萃次豫,蹇次萃,萃當成蹇也。愚謂三、四正則初亦正,"亨",謂二、五陰陽應,"利貞",謂六爻正。萃則上下情通,能使剛柔各正,故"聚以正"也。王者得萬國之歡心,以事其先王愛敬盡於事親,而德教加於百姓,形於四海,發號施令而民説,一出於正也。

用大牲吉,利有攸往。

虞翻曰:坤爲牛,故曰"大牲"。四之三折坤得正,故"用大牲吉"。三往之四,故"利有攸往,順天命也"。

鄭玄曰:"萃",聚也。坤爲"順",兑爲説,朱作"悦",下同。臣下以順道承事其君,説德居上待之,上下相應,有事而和通,故曰"萃亨"也。"假",至也。互有艮巽,巽爲木,艮爲闕,木在闕上,宮室之象也。四本震爻,震爲長子,五本坎爻,坎爲隱伏,居尊而隱伏,鬼神之象。長子入闕升堂祭祖禰之禮也,故曰"王假有廟"。二本離爻也,離爲目,居正應五,故"利見大人"矣。"大牲",牛也,言大人有嘉會,時可幹事,必殺牛而盟,既盟則可以往,朱脱"往"字。故曰"利往"。 案:坤爲"牛",巽木下剋坤土,盧誤"上"。殺牛之象也。

釋曰 "用大牲",虞以爲即祭祀,故注《象》"孝享"曰"謂享坤牛",注六二"用禴"曰"四之三故用大牲",與鄭以爲盟牲者異。張氏曰:"經'用大牲'在'利見大人'下,與'假廟'不屬,取象又殊,鄭義是。"又曰:"物有主而後萃。王者,天下之主也,故萬方萃焉。孝子者,鬼神之主也,故祖考萃焉。大人者,衆正之主也,故萬物利見焉。王者能萃天下,然後可以事宗廟,能事宗廟,然後可以正諸侯,能正諸侯,然後可以發大役用大眾。眾之亂,亂于不信也。不信之亂,亂于不正也。'亨利貞',正之也;'用大牲',信之也,如是可以順天命討不庭矣。"案:虞以"往"爲三之四承五,據爻初三皆云"往无咎",則謂成既濟。鄭云"有事而和通",葢探下"亨利貞"之義,以釋卦之所以爲萃,述經"萃亨"之"亨"葢衍。五爲王位,假廟又取四震長子象,君在廟,全乎臣全乎子也。

《彖》曰:萃,聚也。順以説,剛中而應,故聚也。

荀爽曰:謂五以剛居中,羣陰順説而從之,故能聚眾也。

釋曰 鄭謂下順以從上,上以説道使之。荀則順説皆屬下言,並通。

王假有廟,

陸績曰:"王",五,"廟",上也。王者聚百物以祭其先,諸侯助祭於盧、周作"于"。廟中。"假",大也,言五親奉上矣。

釋曰 陸訓"假"爲"大",謂有天下者事七世,積厚者流澤光也。《乾鑿度》曰:"上爲宗廟。"此經下注。

致孝享也。

虞翻曰:"享",享祀也。五至初有觀象,謂享坤牛,故"致孝享"矣。

釋曰 惟孝子爲能享親,故"致孝享",此萃之本也。

利見大人亨,聚以正也。

虞翻曰:坤爲"聚",坤三之朱誤"之三"。四,故"聚以正"也。

補 "聚"，荀作"取"。《釋文》。

釋曰 "取"，壞字耳。"利見大人亨"，上下交，陰陽應，五正已而物正，聚以正也。"聚以正"，正釋"利貞"之義。

利貞。

《九家易》曰：五以正聚陽，故曰"利貞"。

釋曰 此節傳及注可疑，竊意"利貞"字當在上節"亨"字下，《九家》注當在虞注下，寫者脱之，補缺失其處，别爲一節耳。據虞經注"亨利貞"下引《象》曰"聚以正也"，則虞本《象傳》當有"利貞"二字。然《釋文》不載，謹從葢闕。《九家》云"以正聚陽"，"陽"，當爲"陰"。

用大牲吉，利有攸往，順天命也。

虞翻曰：坤爲"順"，巽爲"命"，三往之四，故"順天命也"。朱作"矣"。

釋曰 "命"者，陰陽一定之理，一陰一陽之謂道也。聚以正，則天命集而人心應，往无不利。

觀其所聚，而天地萬物之情可見矣。

虞翻曰：三、四易位成離坎，坎月離日，日以見天，月以見地，故"天地之情可見矣"，與大壯、咸、恒同義也。

釋曰 虞注脱"萬物"二字。成既濟，離日坎月，縣象著明，萬物見離。

《象》曰：澤上於地，萃。

荀爽曰：澤者卑下，流潦歸之，萬物生焉，故謂之萃也。

〖釋曰〗 澤氣上升爲雨而流於地，復萃於澤。又澤水盈溢地上，當以隄防萃之，皆萃義。

君子以除戎器，戒不虞。

虞翻曰：“君子”，謂五，“除”，脩，周作“修”。“戎”，兵也，《詩》曰“脩爾車馬，弓矢戎兵”。陽在三、四爲“脩”，坤爲“器”，三、四之正，離爲戎兵甲胄飛矢，坎爲弓弧，巽爲繩，艮爲石，謂救未誤“類”，盧作“救”。甲胄鍛厲矛矢，故“除戎器”也。坎爲寇，坤爲亂，故“戒不虞”也。

〖補〗 鄭康成曰：“除”，去也。

蜀才曰：除去戎器，脩行文德也。

王肅、姚信、陸績曰：“除”，猶脩治。

“除”，本又作“儲”，又作“治”，荀作“慮”。並《釋文》。

〖釋曰〗 人心順説，故去戎器尚文德。初、三失正，乃亂乃萃，故戒備不虞，此鄭義。虞以“除戎器戒不虞”爲一義。

初六：有孚不終，乃亂乃萃。

虞翻曰：“孚”，謂五也，初、四易位，五坎中，故“有孚”。失正當變，坤爲“終”，故“不終”。“萃”，聚也，坤爲“亂”、爲“聚”，朱脱“亂爲”二字。故“乃亂乃萃”。失位不變，則相聚爲亂，故《象》曰“其志亂”也。

〖釋曰〗 萃羣陰皆應五，故“有孚”。五坎體爲孚，初與四易，五在

坎中，初居四承之，體比象，則孚終。坤代終，陰承陽也。今初失位不
變，故"不終"。王道成於信，孚不終，則離貳叛亂之患作矣。

若號，《釋文》：馬、鄭、王肅、王廙戶羔反。**一握爲笑，勿恤，往
无咎。**

虞翻曰：巽爲"號"。艮爲手，初稱"一"，故"一握"。初動成震，震
爲"笑"，四動成坎，坎爲"恤"，故"若號，一握爲笑，勿恤"。初之四得
正，故"往无咎"矣。

補 鄭康成曰："握"，當讀爲"夫三爲屋"之"屋"。

蜀才同。

傅氏作"渥"。並《釋文》。

釋曰 四體巽爲"號"，五使四易三，號呼於初，則一反手閒而亂
者正。三、四既變，初體艮手爲"一握"。三本與初爲坤，初變成震爲
"笑"，以初與三之變分觀而合其象，是"一握爲笑"。亂由志之不終
孚，至誠呼號，憫其陷於逆亂而告教之，則一轉移閒而順説矣，言聚以
正之易也。君子以人治人，改而止，來則安之。初正，往應四，既濟
成，故"勿恤往无咎"。鄭讀"夫三爲屋"之"屋"者，坤三爻爲"一屋"。
"一屋爲笑"，言坤成震，衆皆説順也。"渥"者，"握"之借。

《象》曰：乃亂乃萃，其志亂也。

虞翻曰：坎爲"志"，初之四，其"志亂也"。

釋曰 張氏曰："'初之四'當脱'不'字，初之四承五，則志正而孚
終。不之四，故志不正孚不終而亂。"

六二：引吉，无咎。

虞翻曰：應巽爲繩，艮爲手，故“引吉”，得正應五，故“无咎”。利引四之初，使避己，己得之五也。

〔補〕王肅曰：六二與九五相應，俱履貞正。“引”，由猶“通”。迎也，爲吉所迎，何咎之有。《舊唐書》一百卷王志愔《應正論》。

〔釋曰〕二欲引四正初亂，言“避己”者，以四位不當，在二、五之閒相隔，故云然耳。四之三，初從而正，成既濟，則二正應五，故“吉无咎”。張氏曰：“聖人在上，能使天下相引以歸於天子。”此虞義也。愚謂“引”者，五引二，初、三失位，二獨居中未變，故五引之而孚。王肅轉“引”爲“迎”，殊可不必。

孚，乃利用禴。

虞翻曰：“孚”，謂五。“禴”，夏祭也，體觀象，故“利用禴”。四之三，故“用大牲”。離爲夏，故“禴祭”，《詩》曰“禴祠盧、周作“祭”。蒸《詩》作“烝”。嘗”是其義。

〔補〕馬融、王肅曰：“禴”，殷春祭名。

鄭康成曰：“禴”，夏祭名。

蜀才作“躍”。

劉作“爚”。並《釋文》。

〔釋曰〕虞以“用禴”即卦辭“用大牲”。張氏謂二欲引四正初，是南方諸侯來會助祭，五以孚接之，四海之內各以其職來祭，孚之至也。“禴”，物未成之祭也，孚不待物之成也。愚謂既濟以“禴”與“殺牛”對言，則“禴”，薄祭也。禴於殷爲春祭，於周爲夏祭，皆物未成，故引伸之爲凡薄祭之名。鄭注《禮記》謂“禴祭用豕”，蓋士禮，與損稱“二簋”同義。五有孚德，引二而二應之，上下皆有嘉德，可以薦信於神明。“用”者，用此孚也。苟有明信，雖薄祭實受其福，況大牲乎。爻辭周公作，故鄭、虞以禴爲夏祭，虞引《詩》“禴祠”並言，明其爲夏祭也。盧本作“禴祭”，恐非。《禘祫志》，周公制禮，乃改禴爲夏，《小雅·文王》詩，亦容有周公定樂章時追述者，與《易》爻出周公正同。“躍”，借字，“爚”，俗字。

《象》曰：引吉无咎，中未變也。

虞翻曰：二得正，故不變也。

王弼曰：居萃之時，體柔當位，處坤之中，己獨履正，與朱脱“與”字。眾相殊，異操而聚。民之多僻，獨正者危，未能變體以遠於害，故必待五引，然後乃吉而无咎。“禴”，殷春祭名，四時之祭省者也。居聚之時，處於中正而行以忠信，可以省薄下脱“薦”字，注疏本有。於鬼神矣。

釋曰　“未變”，謂未失萃道之正，故五引而孚之，王弼説未當。

六三：萃如嗟如，无攸利，往无咎，小吝。

虞翻曰：坤爲“萃”，故“萃如”。巽爲號，故“嗟如”。失正，故“无攸利”。動得位，故“往无咎，小吝”，謂往之四。

釋曰　三失位，萃非其正，乃亂乃萃，禍斯及矣。君子之棄，小人之歸，名辱而身危矣，故“嗟无攸利”。動之四承五得正，去逆效順，違邪歸正，故“无咎”。雖失於始，小吝而已，君子予人自新也。

《象》曰：往无咎，上巽也。

虞翻曰：動之四，故"上巽"。

[釋曰] 巽順於五。

九四：大吉无咎。《象》曰：大吉无咎，位不當也。

虞翻曰：以陽居陰，故"位不當"。動而得正，承五應初，故"大吉"
而"无咎"矣。

[釋曰] 四位不當，故必大吉乃无咎。四輔五以萃羣陰，卦之所以
爲萃。四正則六爻皆正，動之三使三承五應初，萃之所以濟，是爲"大
吉"，所以无失位之咎。

九五：萃有位，无咎。匪孚，元永貞，悔亡。

虞翻曰：得位居中，故"有位无咎"。"匪孚"，謂四也，四變之正則
五體皆朱誤"比"。正，故"元永貞"，與比《象》同義。四動之初，故
"悔亡"。

[釋曰] 五得正得中，羣陰萃之，人心聚則能保有天位。"聖人之
大寶曰位"，惟皇作極，眾之所萃也，故"有位无咎"。四失位未成坎，
故"匪孚"，初云"有孚不終"，萃所以異於比。四本豫四，息五成萃，豫
四本復初乾元，既成萃則四即五之德。君德莫大乎用人，五使四正
三，則六爻皆正，人心永萃，君位永保，故"元永貞，悔亡"。虞云"四動
之初"，謂應初。

《象》曰：萃有位，志未光也。

虞翻曰：陽在坎中，故"志未光"，與屯五同義。

補　"志未光"，一本無"志"字。《釋文》。

釋曰　虞以四之三成蹇，或之初成屯，五在坎中，未成既濟，故"志未光"。愚謂五坎爻爲志，有位而未盡乎，故"志未光"，必元永貞乃悔亡。

上六：齎資涕洟，无咎。《釋文》：齎，徐將池反，王肅將啼反。洟，徐音體。

虞翻曰："齎"，持，"資"，賻也，貨財喪稱賻。自目曰"涕"，自鼻稱"洟"。坤爲財，巽爲進，故"齎資"也。三之四體離坎，艮爲鼻，涕淚流鼻目，故"涕洟"。得位應三，故"无咎"。上體大過死象，故有"齎資涕洟"之哀。

補　"資"，諸家皆作"咨"。馬融曰："齎咨"，悲聲此字疑衍。怨聲。

鄭康成曰："齎咨"，嗟歎之辭也。自目曰"涕"，自鼻曰"洟"。並《釋文》。

陸希聲作"資"，曰：財也。《晁氏易》。

釋曰　上在五後乘剛，三正應又遠，是不得與會同，未能自安。然上本觀四承陽者，非比"後夫"之比，故象居喪不得行，天子以賻禮恤之。"齎資涕洟"，以貨財助喪而哀之也。天子加恩厚，鄰國畢至，得正有應，故"无咎"。聚人以財，盡之於禮，喪，禮之大者也，此虞義。諸家"資"作"咨"。上居萃終，懼人心離散，側身脩政，不敢自安，至於太息流涕,知懼如是,斯不亡矣,故“无咎”。文王望紂自悔,庶散可復聚也。

《象》曰:齎資涕洟,未安上也。

虞翻曰:乘剛遠應,故“未安上也”。

荀爽曰:此本朱脱“本”字。否卦。上九陽爻見滅遷移,以喻夏桀殷紂,以上六陰爻代之,若夏之後封東婁朱作“樓”。公於杞,殷之後封微子於宋。去其骨肉,臣服異姓,受人封土,未安居位,故曰“齎資當爲“咨”。涕洟,未安上也”。

釋曰 荀合經、傳爲解,據萃已散言,與注離“出涕沱若,戚嗟若”同義。悲痛畏慎,故“无咎”。天命靡常,後王之殷鑒也。

升

《序卦》曰:聚而上者謂之升,故受之以升也。本篇無“也”字。

崔憬曰:用大牲而致孝享,故順天子當爲“命”。而升爲王矣,故言“聚而上者謂之升”也。

釋曰 眾聚而上之則升爲王。

䷭ 巽下坤上 升。

鄭玄曰:“升”,上也。坤地巽木,木生地中,日朱誤“曰”。長而上,猶聖人在諸侯之中,明德日益高大也,故謂之“升”。“升”,進益之象矣。

補 “升”,鄭作“昇”。

馬融曰："升",高也。並《釋文》。

【釋曰】 木生地中,日長而上,則巽木當升坤上。初柔待時而升,故《象》曰"柔以時升"。鄭義當與荀同。初升則二陽俱升,二居五,故"剛中大亨"。孔氏謂六五以柔升尊位,虞氏謂五使二升。柔以時升剛,六五本坤元凝乾之位,五由是以升,則乾元亨坤矣。升之義主陽,而陽由陰息,柔升所以升剛,鄭、荀、虞觀象異而理則一。經義所包者廣,師説各舉一端。"升",鄭作"昇",注中"升"字,葢李氏改之。鄭《易》多古文,然《説文》無"昇"字,"上""進"之字,經傳多叚"升"爲之。

元亨。

虞翻曰:臨初之三,又有臨朱誤"巽"。象,剛中而應,故"元亨"也。

【補】 褚氏曰:猶人日思善道,進而不已,其德日新,故能亨也。《口訣義》。

【釋曰】 剛中而應五,故柔爲之階而升,與鄭義可合,"剛中",明德也。褚訓"元"爲"善"。

用見大人,勿恤。

虞翻曰:謂二當之五爲"大人"。離爲"見",坎爲恤,二之五得正,故"用見大人勿恤,有慶也"。

【補】 "用",或作"利"。《釋文》。

南征吉。

虞翻曰:離南方卦,二之五成離,故"南征吉,志行也"。

釋曰 由柔升剛，故“用見大人”，用升道也。明德日高大，天下聚而上之，故“用見大人”。“南”，明陽之地，“征”，行也，南征嚮明，既濟之道，故“吉”。在文王則正二使升五，天子失位而正之，“用見大人”也。典治南國諸侯，“南征吉”也。

《彖》曰：柔以時升，

虞翻曰：“柔”，謂五坤也，“升”，謂二。坤邑无君，二當升五虛。震兌爲春秋，二升，坎離爲冬夏，四時象正，故“柔以時升”也。

補 孔穎達曰：升之爲義，自下升高，故就六五居尊以釋名升之意。

釋曰 如虞説，則是柔以時升剛。然《彖》此文實但言“柔升”，下“剛中大亨”，乃謂由柔升剛耳，故取孔氏説以補虞義。卦自臨來，非柔爻上升，而《彖》云然者，以六畫定位言。陽當升五，陰當降二，今柔而升五，時也。“柔以時升”，所以爲剛升之階。居坤元之位，有乾元之德，當五虛无君之時，盡巽順之道，不敢有君民之心，而天下人心歸其明德，當順天命而濟生民，是以大亨。“柔升”，升之始。“大亨”，升之成。“柔以時升”，與晉“柔進上行”同義。天子失位，諸侯有明德者輔之，茍君能用之，則大亨爲天子中興之象，否則王者受命之象，其爲柔升以升剛則一。荀義巽當升坤上，蓋以柔爲初，初爲巽主，待時而升，初升則二陽俱升，柔以時升，即以升剛也。或曰，蹇取升二之五，升亦當取蹇二之五，故曰“柔以時升”。觀象繫辭，唯變所適也，或然。

巽而順，剛中而應，是以大亨。

荀爽曰：謂二以剛居中而來應五，故能“大亨”上居尊位也。

釋曰 "剛中"，乾元之德也。"應"者，天下民心歸之也。柔升而得大亨者，無欲升之心，有當升之德，天下望其慶而共升之，是以其亨大。

用見大人勿恤，有慶也。

荀爽曰："大人"，天盧誤"夫"。子，謂升居五見爲大人，羣陰有主，无所復憂而有慶也。

釋曰 見爲大人，如"見龍在田"之"見"，謂見居尊位也。愚謂陽升由陰，用此道以見大人，羣陰得主，故"有慶"。

南征吉，志行也。

虞翻曰：二之五，坎爲"志"，震爲"行"。

釋曰 嚮明而治，大人濟天下之志行也。文王受弓矢之錫，以王命伐崇，是亦有慶而志行。

《象》曰：地中生木，升。

荀爽曰："地"，謂坤。"木"，謂巽。地中生木，以微至著，升之象也。

君子以慎朱作"順"。德，積小以成高大。

虞翻曰："君子"，謂三。"小"，謂陽息復時。復小爲德之本。至二成臨，臨者大也。臨初之三，巽爲"高"，二之五，艮爲"慎"，朱誤

“順”，下同。坤爲“積”，故“慎德，積小成高大”。

補　“慎”，本又作“順”，王肅同。“德”，姚作“得”。“成高大”，本或無“成”字。並《釋文》。史徵作“成高大”。

鄭康成《禮記·中庸》注曰：天所以爲天，文王所以爲文，皆由行之無已，爲之不止，《易》曰“君子以慎德，《釋文》一作“順”。積小以毛本此下有“成”字高大”。

何妥曰：君子謹習爲先，修習道德，積甚疑當爲“其”。微小以至高大。《口訣義》。

釋曰　“順德”，深造自得，居安資深也。“慎德”，戒慎恐懼，須臾不離也，皆所以積小成高大。姚作“得”，叚借字。

初六：允升，大吉。

荀爽曰：謂一體相隨，允然俱升。初欲與巽一體升居坤上，位尊得正，故“大吉”也。

補　施讎“允”作“𠃔”，曰：進也。《漢上易傳》。

《説文》曰：𠃔，進也，从夲，从中，允聲。《易》曰“𠃔升大吉”。

釋曰　如荀義，則“允”當爲“𠃔”之叚借，“𠃔然”，前進貌。初與巽一體俱升，二升五正位，初居四承之，若湯之伊尹，文王之四友，位尊得正，與上合志以濟天下，故“大吉”。張氏以二升五言，曰：“晉三‘衆允’，‘允’，信也，坤土爲信。初居坤，與羣陰共升二於五而承之，王者之升，升於衆之允也，故‘大吉’。”義並通。“𠃔”从夲，“夲”，進趣也，讀若滔，从中，亦進意。施《易》久亡，朱氏蓋從他書轉引。

《象》曰：允升大吉，上合志也。

《九家易》曰：謂初失正，乃與二陽允然合志俱升五位，故曰盧、周無此二字。"上合志也"。

[釋曰]　"五位"，當爲"正位"，初與二陽一體俱升，則初升四正位也。以爻言，則初與羣陰俱升二於五，五既升，初正應四，同心承五，故"上合志"。

九二：孚，乃利用禴，无咎。

虞翻曰："禴"，夏祭也。"孚"，謂二之五成坎爲孚。離爲夏，故"乃利用禴，无咎"矣。

[釋曰]　"用"者，用此孚也。苟有明信，祭雖薄，神享其德，德孚於民，如祭之不待備物而精誠通於神明，天下大悦而共升之，故"无咎"。

《象》曰：九二之孚，有喜也。

虞翻曰：升五得位，故"有喜"。

干寶曰：剛中而應，故"孚"也。又言"乃利用禴"，於春時也，非時而祭曰"禴"。然則文王儉以恤民，四時之祭皆以禴禮，神享德與信，不求備也，故既濟九五曰"東鄰殺牛，不如西鄰之禴祭，實受其福"。九五坎，坎爲豕，然則禴祭以豕而已，不奢盈於禮，故曰"有喜"矣。

[釋曰]　干注"於春時也"二句有脱誤，當云"禴於殷春時也，萃、升皆非春時而祭曰禴"，文義乃協，蓋干以禴爲殷春祭。萃八月卦，升十二月卦，皆非春時，而其祭皆曰禴。然則文王之祭四時皆用禴禮，禴祭用豕，儉以恤民，故"有喜"。然文王之祭，恐無用豕之理，禴本物未

成之祭,因以爲薄祭之通稱,用豕者士禮。"利用禴",言雖至薄,神享其誠,猶損之"二簋用享"耳。此亦經下注,李移并於此。

九三:升虛邑。《釋文》:虛,如字,徐去餘反。

荀爽曰:坤稱"邑"也。五虛无君,利二上居之,故曰"升虛邑,无所疑也"。

[補]《春秋繁露》曰:天地人,萬物之本也。天生之,地養之,人成之,天生之以孝悌,地養之以衣食,人成之以禮樂,三者相爲手足,合以成體,不可一無也。無孝悌,則亡其所以生;無衣食,則亡其所以養;無禮樂,則亡其所以成也。三者皆亡,則民如麋鹿,各從其欲,家自爲俗,父不能使子,君不能使臣,雖有城郭,名曰虛邑。《立元神》文。

馬融曰:"虛",丘也。《釋文》。

[釋曰] 張氏曰:"君无道,如无君焉。國无君,如無人焉。王者之征,非敵百姓也,升虛邑焉爾。"案:馬以"虛"爲"邱墟",義大同。

《象》曰:升虛邑,无所疑也。

虞翻曰:坎爲"疑",上得中,故"无所疑也"。

[釋曰] 姚氏曰:"虛邑可升,故无所疑。《孟子》曰'不信仁賢則國空虛',此亦'闚其无人'者,葢喻紂不自悔則成虛邑,有德者將來居之。"

六四:王用亨朱、盧作"享"下同。**于岐山,吉,无咎。**

荀爽曰:此本升卦也。巽升坤上,據三成艮,巽爲"岐",艮爲"山","王",謂五也。通有兩體,位正眾服,故"吉"也。四能與眾陰退避當升者，故"无咎"也。

補　孔子曰：昇者，十二月之卦也。陽氣升上，陰氣欲承，萬物始進，譬猶文王之修積道德，宏開基業，始即昇平之路，當此時也。鄰國被化，岐民和洽，是以六四蒙澤而承吉。九三當爲"二"。可處王位，亨于岐山，爲報德也。明陰以顯陽之化，民臣之順德也，故"吉无咎"。

馬融曰："亨"，祭也。

鄭康成曰："亨"，獻也。亨，馬、鄭、陸、王肅並許兩反。《釋文》。

陸希聲曰：升之六四，柔以時升，太王之德，隨之上六，天下悦隨，文王之德。太王在岐，直曰"岐山"，武王在鎬，故曰"西山"。《撮要》。

釋曰　巽升坤上，二升五爲王，體觀享祀。上巽爲岐，下艮爲山，剛中得正，通有兩體，羣陰順事，諸侯歸化，百姓和洽，德通神明，王者用是享於岐山，告功美報，故"吉"。四本鄰國，退而臣附，蒙澤承吉，故"无咎"，此荀義也。虞義謂二一爻升五，五正而四承之，故"吉无咎"。隨體兑，故稱"西山"，升體巽，故稱"岐山"，凡王者巡守柴望有事於此山者，皆應此象。孔子以文王之事明之，然曰"譬猶"，則經非指實之辭。曰"可處王位"，明"王"爲汎辭，在文王則爲追稱之辭。故後儒又以太王之事擬之，蓋亦《易》家舊説。陸意謂升之六四，升以漸也。

《象》曰：王用亨于岐山，順事也。

崔憬曰：爲順之初，在升當位，近比於五，乘剛於三，宜以進德，不可脩朱、周作"修"。守。此象太王爲狄所逼，徙居岐山之下，一年成邑，二年成都，三年五倍其初，通而王矣，故曰"王用亨于岐山"。以其用通避於狄難，順於時事，故"吉无咎"。

釋曰　崔讀"亨"許庚反,以"順事"爲順於時事。張氏曰"坤爲順事",謂承五,本《乾鑿度》義。四順事五,諸侯歸化,百姓和洽,故王用之以享於神明。

六五:貞吉,升階。

虞翻曰:二之五,故"貞吉"。巽爲高,坤爲土,震升高,故"升階"也。

釋曰　二本臨震,亨坤升巽上,是歷階升高。張氏曰:"升者必有階,虞夏以天子,其階崇;殷周以民,其階廣。无其階而妄升者,亂而已,終必顛。"

《象》曰:貞吉升階,大得志也。

荀爽曰:陰正居中,爲陽作階,使升居五,己下降二,與陽相應,故"吉而得志"。

釋曰　所謂"用見大人,勿恤有慶",陽志行,陰合志,故"大得志",乾元正而天下治也。

上六:冥升,利于不息之貞。

荀爽曰:坤性暗昧,今升在上,故曰"冥升"也。陰用事爲消,陽用事爲息,陰正未誤"五"。在上,陽道不息,陰之所利,故曰"利于不息之貞"。

釋曰　姚氏曰:"上陰得位,一體俱陰,故'利于不息之貞'。繼世以有天下,天之所廢,必若桀紂者也。故益伊尹周公不有天下,此喻紂稍能自改,亦可暫安。乃紂不用文,既自困,且又困文,而文之道終不行,商之天下終莫挽。文王徒心惻耳,故受之以困井。"案:姚以"不息"爲陽不上息而升,愚謂荀云"陽道不息,陰之所利",此"息"字與上句"消息"之"息"異,謂不息滅,即所謂陽用事爲息也。"利于不息之貞",與明夷六五"明不可息"同義。紂昏德在上,殷之明將息矣,然五本有伏陽,苟能悔悟用文,則五伏陽出正位,猶可以濟,故"利不息之貞"。尺地皆其有,一民皆其臣,明不息而正,固臣民之所深望,此文王服事之至情也。惠、張以"不息"爲陽德日盛,自强不息,陰消失實,人心思治,利陽上升也。

《象》曰:冥升在上,消不富也。

荀爽曰:陰升失實,故"消不富也"。

▣釋曰　百姓困窮,在上者當降矣,故"利不息之貞",庶天命人心猶可挽也。以陽升言,則陰虚失實,利陽上息。

困

《序卦》曰:升而不已必困,故受之以困。

崔憬曰:冥升在上,以消不富,則窮,故言"升而不已必困"也。

▣釋曰　亢則有悔,冥升所以戒消,進必有傷,康侯所以蒙難,故困次升。

　☲ 坎下兑上　困。亨。

鄭玄曰:坎爲月,互體離,離爲日,兑爲暗昧,日所入也。今上掩當爲“擖”,盧、周作“弅”。日月之明,猶君子處亂代,當爲“世”,此避唐諱。爲小人所不容,故謂之“困”也。君子雖困,居險能説,朱作“悦”。是以通而无咎也。

虞翻曰:否二之上,乾坤交,故通也。

釋曰　兑爻主上,否二之上,則上成兑而下體坎互離,兑陰擖日月之明,正剛擖之象。鄭據卦,虞據爻,義同。二之上則上之二,困在此,亨困即在此。

貞大人吉,无咎。

虞翻曰:“貞大人吉”,謂五也。在困无應,宜靜則无咎,故“貞大人吉,无咎”。

釋曰　正守其剛中之德,正己而物正,故“吉”。困不爲咎,此所以亨困之道。

有言不信。

虞翻曰:震爲“言”,折入兑,故“有言不信,尚口乃窮”。

補　《説苑》引孔子曰:困之爲道,猶寒之及煖,煖之及寒也,唯賢者獨知而難言之也。《易》曰“困,亨,貞大人吉,无咎,有言不信”,聖人所與人難言信也。

釋曰　乾爲“信”,兑象折震而毀乾,故“有言不信”。困時言不見信於人,君子不尚口辯而務中直,乃徐有説而亨。《説苑》引孔子説,謂困不失亨之道,雖言之而人不能信,與《彖傳》微異,蓋引申義。

《象》曰：困，剛揜也。盧、周作"弇"，注同。

荀爽曰：謂二、五爲陰所揜也。

補　"揜"，本又作"掩"。於檢反，李於範反。虞作"弇"。《釋文》。

釋曰　否二上揜五陽，上之二陷坎中，三乘其上，故二、五皆爲陰所揜。"弇"，古文"揜"，"掩"，通假字。

險以説，

荀爽曰：此本否卦。陽降爲"險"，陰升爲"説"朱作"悦"。也。

困而不失其所亨，其唯君子乎？

荀爽曰：謂二雖揜陰陷險，猶不失中，與正陰合，故通也。喻君子雖陷險中，不失中和之行也。

釋曰　"正陰"，謂六二。否上之二得中，二本正，之上仍得正。二、上易，是陽與正陰合，有中正之德，此亨之始也。

貞大人吉，以剛中也。

荀爽曰：謂五雖揜於陰，近无所據，遠无所應，體剛得中，正居五位，則"吉无咎"也。

釋曰　五雖被揜，且无據无應，而正守其剛中之德，誠至而物自動，故"吉无咎"，此亨之正也。

有言不信，尚口乃窮也。

虞翻曰：兑爲"口"，上變口滅，故"尚口乃窮"。

荀爽曰：陰從二升上六，成兌爲"有言"，失中爲"不信"。動而乘陽，故曰"尚口乃窮也"。

〔釋曰〕　張氏曰："'滅'下脱'乾'字，否上變成兌口而滅乾，乾爲'信'，故'有言不信'。困非口舌所能辯，故'尚口乃窮'。"

《象》曰：澤无水，困。

王弼曰："澤无水"，則水在澤下也，水在澤下，困之象也。處困而屈其志者，小人也，君子固窮，道可忘乎？

〔釋曰〕　水趨下流，澤成枯瀆，困之象。

君子以致命遂志。

虞翻曰："君子"，謂三伏陽也。否坤爲"致"，巽爲"命"，坎爲"志"，三入陰中，故"致命遂志"也。

〔釋曰〕　三陽陷陰中，蒙難之象。知其不可奈何而安之若素，委之命而已。身可危也，志不可奪，故"致命遂志"。

初六：臀困于株木。

《九家易》曰："臀"，謂四，"株木"，三也。三體爲木，澤中无水，兌金傷木，故枯爲株也。初者四應，欲進之四，四困於盧、周作"于"。三，故曰"臀困于株木"。

干寶曰：兌爲孔穴，坎爲隱伏，隱伏在下而漏孔穴，臀之象也。

〔補〕　陸希聲曰：坎於木爲堅多心，株木之象。《會通》。

〔釋曰〕　《九家》據爻位以臀爲四，初應在四，四困於三，不安其居未能來與初,初不得之四,故陷深困。"三體爲木","體"下脱"巽"字。
干以臀爲初,坎穴爲臀,初困於三,位最在下,坐困株木之下,枯槁之
甚,困之深也,故"入于幽谷"。陸以坎亦有木象,"株",木根也。"莞
彼桑柔,其下侯旬",臀困于株木,無所庇蔭,坐困枯根閒而已。

入于幽谷,徐古木反。三歲不覿。

《九家易》曰:"幽谷",二也。此本否卦,謂陽來入坎,與初同體,
故曰"入幽谷"。"三"者,陽數,謂陽陷險中,爲陰所揜,終不得見,故
曰"三歲不覿"也。

[釋曰] "幽谷二也"上,疑脱"入于"二字。二陽陷陰中,故"入幽
谷"。初承二,在幽谷者也。陽數三,"三歲不覿",陽爲陰揜,終三歲
不得見,困之久也,此正言困象。君子處之,則藏器待時,困極自有亨
道,二"朱紱方來"是也。小人處之,則困其自取,下喬木而入幽谷,日
究汙下,窮斯濫而已,三既辱且危,其尤甚者。或曰:困,兑世也,兑初
變坎爲臀,在巽下,故"臀困于株木"。初體坎初坎窞,陽伏陰下,故
"入于幽谷";下三爻皆失正,坎爲三歲,故"三歲不覿"。五正既濟,乃
體離爲覿也,此以初陽爲陰揜明困義。

《象》曰:入于幽谷,幽不明也。

荀爽曰:爲陰所揜,故"不明"矣。盧、周無"矣"字。

九二:困于酒食,朱紱方來,

案:二本陰位,中饋之職,坎爲酒食,上爲宗廟。今二陰升上,則

酒食入廟，故"困于酒食"也。上九降二，故"朱紱方來"。"朱紱"，宗廟之服，乾爲大赤，朱紱之象也。

〔補〕《乾鑿度》孔子曰："紱"者，所以別尊卑、彰有德也。朱赤者，盛色也，南方陽盛之時，是以聖人法以爲紱服。困九二周將王，故言"朱紱方來"。又曰：天子三公九卿朱紱，諸侯赤紱。困之九二有中和，居亂世，交于小人。又"困于酒食"者，困于祿也。"朱紱"者，賜大夫之服也。文王方困而有九二大人之行，將錫之朱紱也。其位在二，故以大夫言之。此條緯文前後重出多誤，張氏《周易鄭氏義》節引頗得其正，今據之。

"紱"，《禮疏》引作"韍"。蓋據鄭本，引《易緯》亦同。

鄭康成曰：二據初辰在未，未爲土，此二爲大夫有地之象。未上值天厨，酒食象。"困于酒食"者，采地薄，不足己用也。二與日當爲"四"。爲體，當爲"離"。離爲鎮霍，爻四爲諸侯，有明德受命當王者。離爲火，火色赤，四爻辰在午，時離氣赤又朱，張曰："以下王誤連引'是也文王將王天子制用朱紱'十二字。"《士冠禮》疏。朱深云赤。"云"當爲"于"。《詩·斯干》正義。

〔釋曰〕李説與下文荀注甚似，或約荀義。否二、上相易，上爲宗廟，二體坎爲酒食，二與正陰合，則酒食入廟，故二於困象酒食享祀。上有大澤，惠必及下，困時小人揜君子，雖酒食入廟，而澤未能遠施，故"困于酒食"。鄭據爻辰取大夫有地之象，困言文王與紂之事，二大夫爻。"困于酒食"，以凡困者言，則大夫采地薄不足己用，《詩·北門》"仕不得志"之義。以文王言，則酒食者施惠之象，困時惠不能周普，小畜所謂"施未行也"。"朱紱方來"，坤爲紱，乾爲大赤，二自上降，故"朱紱方來"。二既降，則與四體離。離，方伯之卦，於山鎮爲霍山南嶽，文王爲方伯之象。離火色赤，四爻辰在午，得離氣又爲赤。
赤之深者爲朱，文王以諸侯有明德受命當王，四諸侯本位，故鄭説朱、
赤皆取四象。二、五爲亨困之主，故二言"朱紱"，五言"赤紱"。天子
三公九卿大夫朱紱，諸侯赤紱，文王爲諸侯，本服赤紱，入王朝爲三
公，故服朱紱。朱紱本天子祭服，而下及大夫亦服之，文王道不行，受
朱紱之錫，在天命已示侯興當王之兆，而文則自同大夫而已。二有中
德，體乾九二大人，而其位則大夫也。"朱紱方來"，受錫命，所謂有慶。
"酒食"，祭具也，"朱紱"，祭服也。《禮疏》引鄭本經、注及《易緯》皆作
"紱"，"紱"者，篆文"市"，"紱"，俗字，《詩》作"芾"，或作"茀"，皆叚借。
惠氏、張氏以"朱紱"爲五，五來應二，二當之正，故"朱紱方來"，亦通。

利用享祀，征凶，无咎。

荀爽曰：二升在廟，五親奉之，故此下朱衍"奉"字。"利用享祀"。
陰動而上，失中乘陽，陽下而陷，爲陰所掩，當爲"搚"。故曰"征凶"。
陽降來周作"來降"。二，雖位不正，得中有實。陰雖去中，上得居正，
而皆免咎，故曰"无咎"也。

　釋曰　荀通合二、五兩爻爲説，二象酒食，象朱紱，而服朱紱奉酒
食以享上宗廟者五，故享祭之象二、五同。二、上易成困，故"征凶"。
二得中，上得正，困所由亨，故"无咎"。惠氏則謂二變體觀享祀，二、
五敵應，在困，故"征凶"。二變應五，上下交，故"无咎"。

《象》曰：困于酒食，中有慶也。

翟玄曰：陽從上來，居得中盧、周誤倒。位，富有二陰，故"中有慶也"。

釋曰 翟言其始,二陽爲慶也。朱紱既來,二正應五,利用享祀,則又受五之慶也。

六三:困于石,據于蒺藜,

虞翻曰:二變正時,三在艮山下,故"困于石"。"蒺藜",木名。坎爲"蒺藜",二變艮手據坎,故"據蒺藜"者也。

補《春秋傳》曰:"困于石",往不濟也;"據于蒺藜",所恃傷也。

釋曰 "石",謂四,四在否時體艮爲石。否上之二成困,三在困家,承四不見納,故"困于石"。三乘二剛,揜伏陽。又本困四,小人之尤。及罪惡眾著,乃欲乞憐於在上近比之君子,四剛堅確如石,不爲所惑,故"困于石"。三乘剛,怙惡害賢,自以爲所處至安,而不知其至危如藉刺然,故"據蒺藜"。三在否本體艮手爲據,在困體坎,是"據蒺藜"也。虞取艮象皆以二動言,正與否時象同。

入于其宮,不見其妻,凶。

虞翻曰:巽爲"入",二動,艮爲"宮",兌爲"妻",謂上无應也。三在陰下,離象毀壞,隱在坤中,死其朱作"期"。將至,故"不見其妻凶"也。

補《春秋傳》曰:無所歸也。

《韓詩外傳》曰:《易》曰"困于石,據于蒺藜。入于其宮,不見其妻,凶",此言困而不見據賢人者也。昔者秦穆公困于殽,疾據五羖大夫、蹇叔、公孫支而小霸;晉文公困于驪氏,疾據咎犯、趙衰、介子推而遂爲君;越王句踐困于會稽,疾據范蠡、大夫種而霸南國;齊桓公困于長勺,疾據管仲、甯戚、隰朋而匡天下,此皆困而知疾據賢人者也。夫困而不知疾據賢人而不亡者，未嘗有也。

　　釋曰　"入宮不見其妻"，死亡之禍，所謂積惡滅身者也。三伏陽出，體解射隼，以乾滅坤，故"凶"，爲小人示深戒也。虞注"三在陰下"云云，蓋借伏陽之象以言三陰之凶，善惡不嫌同象也。或曰，"三在陰下"，當爲"三陰在下"，言與上敵應也。"死其將至"，或作"期"，《繫辭》陸注不釋"期"字，孔疏亦然，疑當以作"其"爲正，盧、周皆據《釋文》作"其"。《左傳疏》則以"時"釋"期"，義並通。《韓詩外傳》屢言"疾據"，疑其本作"疾據于蔾"，然引經與今本同，未敢定爲異文。

　　《象》曰：據于蒺蔾，乘剛也。

　　案：三居坎上，坎爲叢棘而木多心，蒺蔾之象。

　　入于其宮不見其妻，不祥盧、周作"詳"，注同。**也。**

　　《九家易》曰：此本否卦。二、四同功爲艮，艮爲門闕，宮之象也。六三居困而位不正，上困於民，內无仁恩，親戚叛逆，誅將加身，入宮無妻，非常之困，故曰"不祥也"。

　　釋曰　"上困於民"，言上以虐政困苦於民，不推恩，無以保妻子，眾叛親離，不祥莫大焉。否二、四體艮爲宮，此條蓋經下注，合傳釋之，李置於此。

　　九四：來徐徐，盧周作"荼荼"，注同。**困于金車，**盧、周作"轝"，注同。**吝，有終。**

　　虞翻曰：來欲之初。"徐徐"，舒遲也。見險，故"來徐徐"。否乾爲“金”，坤爲朱脫三字。“車”之應歷險，故“險故”二字，朱作一“坎”字。“困于金車”。各盧、周無“各”字。易位得正，故“吝有終”矣。

補　馬融曰：“徐徐”，安行貌。

《子夏》作“荼荼”，曰：内不定之意。翟玄同。荼，音圖。

王肅作“余余”。並《釋文》。

何氏曰：九二以剛德勝，故曰“金車”也。《正義》。

“車”，本亦作“輿”。《釋文》。

釋曰　四與初正應，初爲元士，在潛位，又體否坤爲民。四諸侯，欲來之初，振困窮之士，佐百姓之急，在困不當位，未能遽濟，故“徐徐”。“金車”，以金飾車，蓋若周之金路，諸侯所乘。“困于金車”，行未能遂也，“位不當”，故“吝”，有應，易位各正，故“有終”。四正初，則體屯建侯得民，困而亨矣。“荼”者，“舒”之借，當讀爲“舒”。翟音“圖”者，聲之轉。“徐”、“荼”、“余”皆訓“舒”，音近字變，義不殊也。云“内不定”者，失位疑之，未能遽遂之意。

《象》曰：來徐徐，志在下也。

王弼曰：“下”，謂初。

雖不當位，有與也。

崔憬曰：位雖衍字。不當，故“吝”也。有與於當爲“相”。援，故“有終”也。

釋曰　“不當”，故其來也徐。雖不當而有與相援，剛柔應，故終來易位各正，與未濟“雖不當位，剛柔應也”同義。

九五：劓刖，困于赤紱，《釋文》：劓，徐魚器反，刖，徐五刮反，又音月。

虞翻曰：割鼻曰“劓”，斷足曰“刖”。四動時震爲足，艮爲鼻，離爲兵，兌爲刑，故“劓刖”也。“赤紱”，謂二，否乾爲朱，故“赤”，坤爲“紱”，二未變應五，故“困于赤紱”也。

補　孔子曰：“劓刖”，不安也。文王在諸侯之位，上困於紂，故曰“劓刖，困于赤紱”。夫執中和，順時變，以一作“所以”。全王德，通至美矣，一作“也”。故曰“乃徐有説”。

鄭康成曰：“劓刖”，當爲“倪仉”。

荀、陸、王肅作“臲卼”，曰：“臲卼”，不安貌。

京作“劓劊”。並《釋文》。

陸希聲曰：五以剛中處位，能去小人以救困者也。上六，鼻之象，六三，足之象，皆掩剛者，故刑而去之。《會通》。

釋曰　“劓刖”，小刑，謂誅六三，京作“劓劊”，義大同。五剛中，濟困之主，張氏曰：“困時君貞于上，臣輔之于下，可以有亨。五未得二，雖足以刑小人而不免于困，二應乃有説，言君以求賢爲急。”案：“赤紱”，謂二。禮：天子朱紱，諸侯入仕王朝亦朱紱，諸侯之大夫則赤紱。“困于赤紱”，二未應也，“朱紱方來”，五求之也。此以上虞義。《乾鑿度》云“劓刖，不安也”，則爲叚借字，鄭、荀讀皆與緯合。李氏富孫曰：“倪仉、臲卼聲相近，即《書》‘阢陧’之倒文，與上爻義同。”案：依《説文》，則正字當作“槷黜”，不安也。“困于赤紱”，四體離爲“赤”，據坤爲“紱”。“赤紱”，諸侯祭服，文王在諸侯之位，上困於紂，故倪仉不安，未得遂其輔殷濟天下重困之志也。以剛中之德積久上孚，乃徐有説，所謂“險以説”也。此申《易緯》及鄭義。

乃徐有説，

虞翻曰：兑爲“説”，坤爲“徐”，二動應己，朱誤“已”。故“乃徐有説”也。

釋曰 鄭義當謂五德中直誠無不動，故“乃徐有説”。

利用祭祀。

崔憬曰：“劓刖”，刑之小者也。於困之時，不崇柔德，以剛遇剛，雖行其小刑而失其大柄，故言“劓刖”也。“赤紱”，天子祭服之飾，所以稱“困”者，被奪其政，唯得祭祀，若《春秋傳》曰“政由甯氏，祭則寡人”，故曰“困于赤紱”。居中以直，在困思通，初雖暫窮，終則必喜，故曰“乃徐有説”。所以險而能説，朱作“悦”。窮而能通者，在“困于赤紱”乎？故曰“利用祭祀”也。　案：五應在二，二互體離，離爲文明，赤紱之象也。

補 “祭”，一作“享”。《釋文》。

釋曰 “利用祭祀”，謂積誠以亨困受福也。二變應五，體觀祭享，故兩爻同象。崔説別一義。

《象》曰：劓刖，志未得也。

陸績曰：无據无應，故“志未得”也。二言“朱紱”，此言“赤紱”，二言“享祀”，此言“祭祀”，《傳》互言耳，无他義也。謂二困五、三困四、五，初困上，斯乃迭困之義也。

釋曰 困剛揜，上困五，三困二。困已成卦，初、四、上皆困於三，三困于石，又爲四所困，二未應五，五亦困於二，是六爻迭困。陸説字

句有誤，"傳互言耳"，"傳"當爲"經"。或曰："三困四、五"，"五"上脱
"上困"二字。"初困上"者，困，兑世，初變入陰，至上而成困，所謂初
辭擬之卒成之終也。

乃徐有説，以中直也。

崔憬曰：以其居中當位，故"有説"。朱作"悦"。

▉釋曰　"中直"，故能上孚而亨困。張氏則謂二、五體乾，故能相
應，乾爲"直"。

利用祭祀，受福也。

荀爽曰：謂五爻合同，據國當位而主祭祀，故"受福也"。

▉釋曰　"合同"上似脱"與上"二字，謂五奉上宗廟也。"據國當
位"，所謂得志行乎中國。

上六：困于葛藟，于臲卼。《釋文》：臲，五結反，王肅妍詰反。卼，五骨反，又音月。

虞翻曰：巽爲草莽稱葛藟，謂三也。兑爲刑人。故"困于葛藟，于
臲卼"也。

▉補　"藟"亦作"虆"。《釋文》。

《釋文》引《説文》"臲"作"劓"，牛列反。薛同；"卼"作"鼿"，薛又作
"杌"。今《説文》作"槷黜"，曰：不安也。《易》曰"槷黜"，《繫傳》作"劓
黜"，引《易》多"困于赤芾"四字。

▉釋曰　如虞義，則"臲卼"乃"劓刖"之叚借。"葛藟臲卼"，謂三

也，上雖得位而无應，不得從君子而牽引於小人，故陷於乘剛之悔。愚謂"臲卼"，不安也，此就上《象》以明君子困極而亨之事。上雖當位而无應，故困于葛藟而不安。依許、鄭義，則"槷䏔"正字，"劓"“劓"二字，"槷"之借，"臲卼"後出字。荀九五作"臲㐳"，此亦當同，"臲卼"字體變耳。

曰動悔有悔，征吉。

虞翻曰：乘陽，故"動悔"。變而失正，故"有悔"。三已變正，己得應之，故"征吉"也。

補　向秀曰："曰"，言其無不然。《釋文》。

釋曰　"曰"，戒詞也。上自否二動，乘陽无應，又動則失位，是悔而又有悔，待三伏陽出而行應之則吉。小人當待君子正之，君子則靜以待時也。

《象》曰：困于葛藟，未當也。

虞翻曰：謂三未變當位應上故也。

動悔有悔，吉行也。

虞翻曰："行"，謂三變乃得當位之應，故"吉行"者也。

釋曰　知動之有悔而不妄動，則其行也吉矣。虞注"當位"二字宜在"乃得"字上。

卷第十

井

《序卦》曰：困乎朱作"于"。上本篇有"者"字。**必反下，故受之以井。**

崔憬曰：困極於盧、周作"于"。劓刖，則反下以求安，故言"困乎上必反下"也。

釋曰 "劓刖"，或本改作"巍尯"，似是。困而不失其所亨，反身修德。上求王明，下勞民勸相，所謂井德之地也。

☰ 巽下坎上 **井。**《釋文》：精領反，《字林》子挺反。

鄭玄曰：坎，水也；巽，木，桔槔也；互體離兌，離外堅中虛，瓶也；兌爲暗澤，泉口也，言桔槔引瓶下入泉口汲水而出，井之象也。井以汲當爲"養"。人，水无空竭，猶人君以政教養天下，惠澤无窮也。

補 鄭康成曰："井"，法也。

《周書》云"黃帝穿井"。《世本》云"化益作井"，宋衷云"化益，伯益也，堯臣"。並《釋文》。

《説文》作"丼"，曰：八家一井，象構韓形。·，罋象也。古者伯益初作井。

　　周氏曰：井以不變更爲義。《釋文》。

　　先儒曰：井以絜清爲義。《口訣義》。

　　釋曰　巽木與離兌連體而坎水在上，是桔橰引瓶入泉口汲水而出之象，所謂巽乎水而上水，故爲井。井之字象井構之形，井田之法放於此，八家成一井，而公田之中有井焉，此先王養民莫大之法，故井爲法。井之制遠矣，益佐禹平洪水，正庶土，其利始溥於天下，故曰"伯益初作井"。云"構韓"者，"韓"，井上木闌也。

改邑不改井，

　　虞翻曰：泰初之五也。坤爲"邑"，乾初之五折坤，故"改邑"。初爲舊井，四應瓷之，故"不改井"。

　　補　《京氏傳》曰："改邑不改井"，德不可渝也。

　　釋曰　姚氏以"改邑不改井"皆指五，"泰五失正，初上改坤，是'改邑'，初之五以剛居中得正成井不變，'是不改井'，故傳曰'改邑不改井，乃以剛中也'。"案：五剛中，故改所當改，不改所不當改。泰初之五得正成井不可變，"不改井"也。五之初失位，初陽仍在下當正，是舊井修之不改。五自初來，由五中正，故能不失舊體，亦"不改井"之義。"改邑不改井"，所謂居其所而遷，姚説於傳最密合，虞義亦通。大經大法，百世不易，故"不改井"。《周禮》四井爲邑，邑有分合，大小或不同，而井之經界不變，是其實象。

无喪无得，往來井井。

　　虞翻曰："无喪"，泰初之五，坤朱誤"坎"。象毀壞，故"无喪"。五來之初，失位无應，故“无得”。坎爲通，故“往來井井”。“往”，謂之五，“來”，謂之初也。

補　《京氏傳》曰：“往來井井”，見功也。陸績注曰：井道以澄清見用爲功。

釋曰　井者，泰將成既濟而猶未也，故无喪而亦无得，初、二正乃有得也。“往來井井”，言修舊法而作新之，往來不窮，歷代典章，先王成憲，布在方策，人存政舉，其效昭昭可覩，此虞義也。京、陸之義，當謂井無盈涸，往來皆得其用，法無新舊，大本皆同，而因時損益，通變宜民。道若循環，與“改邑不改井”相承爲一義。

汔至亦未繘井，汔，徐許訖反，王肅音其乞反。繘，音橘，徐又居密反，又其律反，又音述。

虞翻曰：巽繩爲“繘”。“汔”，幾也，謂二也。幾至初，改當爲“故”。未繘井，未有功也。

補　鄭康成曰：“繘”，綆也。《釋文》。

釋曰　張讀“幾至初改”爲句，似不辭，“改”當爲“故”，屬下讀。“幾至”，謂二，“至”，至泉也。初在地道之下，淵泉所出，下與初易則成既濟。今在二，幾至初而未至，猶汲井者未用綆於井，故曰“亦未繘井”。二動，體艮爲手，手持繘，乃與初易而二應五，五多功，今未繘，故《象》曰“未有功也”。

羸其瓶，凶。羸，律悲反，徐力追反。

虞翻曰：“羸”，鉤羅也。艮爲手，巽爲“繘”，離爲“瓶”，手繘折其中，故"羸其瓶"。體兑毀缺，瓶缺漏，故"凶"矣。

干寶曰：水，殷德也；木，周德也。夫井，德之地也，所以養民性命，而此下似脱"爲"字。清絜朱作"潔"。之主者也。自震化行至於朱作"于"。五世，改殷紂比屋之亂俗，而不易成湯昭假之法度也，故曰"改邑不改井"。二代之制，各因時宜，損益雖異，括囊則同，故曰"无喪无得，往來井井"也。當殷之末，井道之窮，故曰"汔至"。周德雖興，未及革正，故曰"亦未繘井"。井泥爲穢，百姓無聊，比者周作"屋"。之閒，交受塗炭，故曰"羸其瓶，凶"矣。

補　鄭康成曰："羸"，讀曰"虆"。

蜀才作"累"。並《釋文》。

釋曰　"鉤羅"，拘繆也。二動則成艮，初與二易則成離，二有伏艮，初有離體。在巽，體兑毀折，象手持繘引瓶毀折井中，不善持瓶而拘累於井口，水覆瓶毀，故"凶"。"汔至亦未繘井"，掘井而不及泉猶爲棄井，"未有功也"。"羸其瓶"，則妄作聰明以亂舊章，非徒無益而又害之矣。干氏訓"汔至"與荀同，訓"羸"爲"羸病"之"羸"，謂毀敗其瓶，亦通。其以"未繘井"爲周未革正，恐非文王所忍言，以論百世興亡可也。

《彖》曰：巽乎水而上水，井。

荀爽曰："巽乎水"，謂陰下爲巽也。"而上水"，謂陽上爲坎也。木入水出，井之象也。

井養而不窮也。養，如字，徐以上反。

虞翻曰：兑口飲水，坎爲通，往來井井，故"養不窮也"。

釋曰 "井養不窮"，檃括"无喪无得，往來井井"之義。卦所以名井，取其養不窮也。

改邑不改井，乃以剛中也。

荀爽曰：剛得中，故爲"改邑"。柔不得中，故爲"不改井"也。

釋曰 "井養不窮"，有變通趣時之義。云"改邑不改井"者，乃以五剛得中不變故也。"剛中"，法之本，往來不窮，法之用。荀云"柔不得中，故不改井"，明初當正，舊井可修不可改也，與虞同義。

无喪无得。

荀爽曰：陰來居初，有實爲"无喪"，失中爲"无得"也。

釋曰 荀專據初言之，不如虞義之允。"有實"，謂承陽，且下有伏陽。

往來井井，

荀爽曰：此本泰卦。陽往居五得坎爲井，陰來在下亦爲井，故曰"往來井井"也。

補 今本《彖傳》無"无喪无得"二句。

釋曰 《集解》此二句下引荀注，豈諸家皆無而荀獨有，《釋文》遺之與？然所引仍經下注。如荀義，則傳意謂時雖可濟，法雖具在，苟非其人，道不虛行。

汔至亦未繘,朱、周有"井"字。

荀爽曰:"汔至"者,陰來居初下至,"汔",竟也。"繘"者,所以出水通井道也。今乃在初,未得應五,朱誤"下"。故朱誤"欲"。"未繘"也。繘者綆,汲之具也。

〔釋曰〕 荀讀"繘"字絕句,"井"字屬下,《釋文》亦漏略。荀以泰五當之二,今乃竟盡下至初,未得應五,故"未繘,未有功也"。

未有功也。

虞翻曰:謂二未變應五,故此下周有"曰"字。"未有功也"。

井羸其瓶,是以凶也。周無"井"字。

荀爽曰:"井",謂二,"瓶",謂初。初欲應五,今爲二所拘羸,故"凶"也。

孔穎達曰:計覆一瓶之水,何足言凶? 但此周作"取"。喻人德行不恒,不能善始令終,故就人言之,"凶"也。

〔釋曰〕《集解》多載諸家異義,"汔至"二句,葢經從虞讀,傳從荀讀。

《象》曰:木上有水,井。

王弼曰:"木上有水",上水之象也。水以養而不窮也。

君子以勞民勸相。相,息亮反,王肅如字。

虞翻曰:"君子",謂泰乾也,坤爲"民",初上成坎爲"勸",故"勞民勸相”。“相”，助也，謂以陽助坤矣。

補　周弘正曰：勸助民人，使功日濟。《口訣義》。

釋曰　勞來其民，勸之相助，莫著於井田之法。

初六：井泥不食，舊井无朱誤“無”，注同。禽。

干寶曰：在井之下，體本土爻，故曰“泥”也。井而爲泥，則不可食，故曰“不食”，此託紂之穢政不可以養民也。“舊井”，謂殷之未喪師也，亦皆清絜，朱作“潔”。无水禽之穢，又況泥土乎，故“舊井无禽”矣。

釋曰　如干義，則《象》云“下”者，謂初失位在下，故象井泥汙下也。“時舍”，謂當時棄先王之法。姚氏曰：“泰坤爲土，來之井下，爲水所溼，故稱‘泥’。‘舊井’，謂泰乾，泰初得位，今已易位，故曰‘舊井’。井泥固不食，无禽則非泥矣，言可食也，喻殷之舊章也。泰五之初，成巽爲魚，互離爲鼈蟹，初未之五，未有離巽，故‘舊井无禽’。《魯語》‘登川禽’，注云‘川禽，鼈蜃之屬’。”案：巽初辛丑，丑爲土，故曰“土爻”。

《象》曰：井泥不食，下也。舊井无朱誤“無”，注“无禽”字同。禽，時舍也。

虞翻曰：“食”，用也，初下稱“泥”，巽爲木果，无噬嗑食象，下而多泥，故“不食”也。乾爲“舊”，位在陰下，故“舊井无禽，時舍也”。謂時舍於初，非其位也，與乾二同義。

崔憬曰：處井之下，无應於上，則是所用之井不汲，以其多塗；久廢之井不獲，以其時舍，故曰"井泥不食，舊井无禽"。"禽"，古"擒"字，"禽"，猶"獲"也。

　　釋曰　初自坤來，在坎下，故稱"泥"。古者井旁樹木果，舊井不脩，无木果，故禽不至。"巽为木果"，"巽"疑當爲"乾"，乾初之五，無木果象。初、二易，成離爲飛鳥，今未變，故"无禽"。井本可食，不甃，故泥淤而不食。張氏以爲喻賢人在下，蓋辱在泥塗而不用也。"舊井無禽"，舊法不脩也。"時舍"，干義謂時舍棄之，虞氏則謂初當與二易，時暫舍於初，故著"舊井无禽"之象，明當甃之使正也。注文"時舍也"以上，當在經下，李意以干義爲正，故移并於此。崔訓"禽"爲"獲"，謂無所得水，恐非。

　　九二：井谷射鮒，甕敝漏。《釋文》：谷，古木反，又音浴。射，食亦反，徐食夜反，鄭、王肅皆音亦。甕，屋送反，李於鐘反，鄭作"甕"，《説文》作"甕"。敝，婢世反，王肅、徐扶滅反。案：盧本《釋文》出經文"甕"字作"雍"。

　　虞翻曰：巽爲"谷"、爲"鮒"，"鮒"，小鮮也。離爲"甕"，甕瓶毀缺，朱作"缺"。羸其瓶凶，故"甕敝漏"也。

　　補　鄭康成曰：九二坎爻也。坎爲水，下直巽，此下疑脱"巽爲魚"三字。生一二字誤，當爲"九三"。艮爻也。艮爲山，山下有井，必因谷水，所生魚無大魚，但多鮒魚耳，言微小也。盧氏文弨以爲此下迻劉淵林語，非鄭注。玩其辭氣，或然。夫感動天地，此魚之至大，射鮒井谷，此魚之至小。故以相況。《文選》左太沖《吳都賦》注。"射"，厭也，"甕"，停水器也。《釋文》。

　　"射"，荀作"耶"。

王肅曰："射"，厭也。並《釋文》。"鮒"，小魚也。《御覽》。

《子夏傳》曰："鮒"，謂蝦蟇。《釋文》。

[釋曰] 二汔至未及泉，以陽剛，故別取井谷之象。井水止於下，待人而上，澗谷之水則旁出而就下。"井谷"者，井之泉源通於谷，則非泥而有水可養人矣。然二无應於五而下據初，仍如谷水下注於鮒而已，以汲者不善，甕敝而水漏，是有法而人棄之也。鄭訓"射"爲"厭"，"厭"，猶多也。中孚"信及豚魚"，言德之所孚者大，此"井谷射鮒"，言先王流風善政之所存者微。荀作"耶"者，"邪"之變體。呂氏音訓作"邪"，"邪"者，"餘"之叚借字，與厭同義。"甕"，《説文》作"罋"，云"汲缾也"。

《象》曰：井谷射鮒，无與也。

崔憬曰：唯得於鮒，无與於人也。井之爲道，上汲者也，今與五非應，與初比，則是若谷水不當爲"下"。注，唯及於魚，故曰"井谷射鮒"也。"甕敝漏"者，取其水下注，不汲之義也。　　案："魚"，陰蟲也，初處井下，體又陰爻，魚之象也。

九三：井渫盧從唐石經作"渫"。**不食，爲我心惻。**《釋文》：渫，息列反，徐又食列反。

荀爽曰："渫"，去穢濁，清絜朱作"潔"，後同。之意也。三者得正，故曰"井渫"。不得據陰，喻不得用，故曰"不食"。道既不行，故"我心惻"。

[補] 鄭康成曰：謂已浚渫也，猶臣修正其身以事君也。《文選》王仲宣《登樓賦》注。

向秀曰："渫"者，浚治去泥濁也。《史記集解》。

黃穎曰：渫，治也。《釋文》。

張璠曰：可爲惻然傷道未行也。《史記集解》。

釋曰　三得正，故"渫"。初、二未變，无噬嗑象，三不得據陰，未能行道澤民，故"不食"。二變坎爲心，二折坎心，故"惻"。紂不用文王，无以養天下，危亡將至，故"爲我心惻"也。

可用汲，王明，並受其福。

荀爽曰：謂五可用汲三，則王道明而天下並受其福。

補　京房曰：言我道可汲而用也。《史記集解》。

《史記·屈原列傳》"渫"作"泄"，"用"作"以"，曰：人君無愚知賢不肖，莫不欲求忠以自爲，舉賢以自佐。然亡國破家相隨屬，而聖君治國累世而不見者，其所謂忠者不忠，而其所謂賢者不賢也。《易》曰"井泄不食，爲我心惻。可以汲，王明，並受其福"，王之不明，豈足福哉。

《潛夫論》曰：君子夙夜箴規塞塞非懈者，憂君之危亡，哀民之亂離也。故君子推其仁義之心，愛君猶父母，愛民猶子弟，父母將臨顛隕之患，子弟將有陷溺之禍，豈能默乎哉？《易》曰"王明，並受其福"，是以次室倚立而歎嘯，楚女揭幡而激王，忠愛之情，固能已乎？《釋難》。

釋曰　五乾爲"王"、爲"福"，離爲"明"。五正初二，三體艮手持繘，有汲象。成既濟，故"並受其福"。紂有昏德而文王求其明，故就井五體離取象。《孟子》曰："王如用予，則豈徒齊民安，天下之民舉安，王庶幾改之，予日望之。"與此爻義同。《史記》"渫"作"泄"，省借字，"用"作"以"，義同。

《象》曰：井渫不食，行惻也。求王明，受福也。

干寶曰：此託殷之公侯時有賢者，獨守成湯之法度而不見任，謂微箕之倫也，故曰"井渫不食，爲我心惻"，"惻"，傷悼也。民乃外附，故曰"可用汲"。周德來被，故曰"王明"。王得其民，民得其主，盧、周作"王"。故曰"求王明，受福也"。

釋曰　"井渫不食"，行道之人猶惻之，而況於當養天下之任者乎。"可用汲"以下，干説與漢師古義不同，蓋非經意，以論百代興亡之故則可。

六四：井甃无咎。

荀爽曰：坎性下降，嫌於從三，能自脩周作"修"。正以甃輔五，故"无咎"也。

補　馬融曰："甃"，爲瓦裏下達上也。

干寶曰：以甎壘井曰甃。

《子夏傳》曰："甃"，脩治也。並《釋文》。《正義》引《子夏傳》作"亦治"也。

釋曰　從三則逆乘陽，體兑毀折，井壁傾圮之象，咎也。四得位，能自脩正，甃初以輔五，使諸爻皆受五福，猶人臣各矢忠貞，脩法度以成君功，初正應四，故"无咎"。甃者累瓦甎以成井四壁，裏下達上，水上出而有功矣。

《象》曰：井甃无咎，脩周作"修"，注同。井也。

虞翻曰："脩"，治也，以瓦甓壘井稱甃。坤爲土，初之五成離，離火燒土爲瓦，治象，故曰"井甃无咎，脩井也"。

釋曰 離火燒土爲瓦,脩治之象。張氏曰:"初舊井,四應初甃之則初正。"

九五:井洌朱、盧作"冽",注同。**寒泉食。**《釋文》:洌,音列,王肅音例。

虞翻曰:泉自下出稱"井"。周七月,夏之五月,陰氣在下,二已變,坎十一月爲"寒泉"。初、二已變,體噬嗑食,故"洌寒泉食"矣。

補《參同契》曰:井底寒泉。

《説文》:洌,水清也。

釋曰 "寒泉",虞取二變坎象,實即初下伏陽。井五月卦,陽伏陰下爲井底寒泉,五月井水寒也。井已至五,二與初易,二應五,水出在上,故"食",喻養民有道也。"洌",《釋文》、石經字皆從水,《釋文》不出異文,則諸家字同。虞訓當與下崔注同,李略未引耳。

《象》曰:寒泉之食,中正也。

崔憬曰:"洌",清絜也。居中得正而比於上,則是井渫水清,既寒且絜,汲上可食於人者也。

上六:井收勿幕,有孚元吉。《釋文》:收,徐詩救反,又如字。

虞翻曰:"幕",葢也,"收",謂以轆轤收繘也。坎爲車,應巽繩、爲"繘",故"井收勿幕"。"有孚",謂五坎,坎爲"孚",故"元吉"也。

補 馬融曰:"收",汲也。

陸績曰:"收",井幹也。

荀氏"收"作"氋"。

干氏"勿"作"网"。並《釋文》。

釋曰 轆轤車類，上體坎而在井上，故取轆轤象。三體巽繩應上，是已汲而以轆轤收縮上水，故"井收"。上在五上，疑撝陽爲幕，成既濟，陰陽應，故"勿幕"，言井養不窮也。五坎爲"孚"，初、二易，六爻正，井功成，五之孚也。乾元正，故"元吉"。陸訓"井幹"，即"韓"也，荀作"氋"，井已治而供人用，故"勿幕"。"勿"，干作"网"，即"罔"字，无也，義同。

《象》曰：元吉在上，大成也。

虞翻曰：謂初、二已變，成既濟定，故"大成也"。○朱作空格。

干寶曰：處井上位，在瓶之水也，故曰"井收"。"幕"，覆也。井以養生，政以養德，无覆水泉而不惠民，无蘊朱、周作"蘊"。典禮而不興教，故曰"井收勿盧作"冈"，周作"网"。幕"。"勿幕"則教信於民，民服教則大化成也。

釋曰 干注當作"网幕"，此文或李依經改。

革

《序卦》曰：井道不可不革也，本篇無"也"字。故受之以革。

韓康伯曰：井久則濁穢，宜革易其故也。

釋曰 法久不能無弊，弊則革之。"改邑不改井"，其所因也。

“井道不可不革”，其所損益也。

☲ 離下兑上 革。

鄭玄曰：“革”，改也。水火相息而更用事，猶王者受命改正朔，易服色，故謂之革也。

補　馬融曰：“革”，改也。《釋文》。

釋曰　水火相克而代興。鄭薈讀“水火相息”之“息”爲“熄”，與馬同義。

已日乃孚，元亨利貞，悔亡。

虞翻曰：遯上之初，與蒙旁通。“悔亡”，謂四也，四失正，動得位，故“悔亡”。離爲“日”，“孚”，謂坎，四動體離，五在坎中，故“已日乃孚”，以成既濟。乾道變化，各正性命，保合大盧、周作“太”。和，乃利貞，故“元亨利貞，悔亡”矣，與乾《彖》同義也。

補　宋衷曰：人心習常，不説改易，及變之後，樂其所成，故即日不孚，“已日乃孚”矣。《口訣義》。

釋曰　“革”者，聖人萬不得已而爲之。人倫順逆生民安危所繫，必至天命已至之日，救民水火，萬無可緩乃革，而天下信之。以乾元至善之德，通天下之志行大義，以美利利天下，撥亂世反諸正，革而至當，其悔乃亡。虞取遯來者，聖人以救遯爲心，遯無可亨，則至於革矣。革爻惟四失正，以喻桀紂，天下之所謂悔也。必革之而後成既濟，湯武之所引爲悔也。李氏説乾上九“有悔”以桀放南巢、湯有慙德，是也。然其心至公，四海之内皆曰非富天下，故其悔可亡。後師讀"已"爲"戊己"之"己",己則將過中,遲之又久矣,義大同。宋氏據凡改作者言,人情可與樂成,難與圖始,固有是理,然與六二"已日乃革"之義似不協,當謂事勢已至之日乃革而孚耳。

《彖》曰:革,水火相息,

虞翻曰:"息",長也。離爲"火",兌爲"水",《繫》曰"潤之以風雨","風",巽,"雨",兌也。四革之正坎見,故獨於此稱水也。

補　馬融曰:息,滅也。《釋文》。

《說文》作"熄"。

釋曰　虞訓"息"爲"長",張氏謂"陰陽相爲消息"。案:"息"訓"生息",亦訓"止息"。天地之化,終始循環,水火精相生,形相克。《彖》釋"革"義,則馬訓"滅"尤協。《說文》"熄,畜火也",亦曰滅火,經傳"熄"字皆訓"滅"。兌爲澤,傳變言水,正見與火相克。虞以水即澤之實,故引《繫辭》兌象雨與坎同爲例,兌亦得稱水,四革兌即成坎也。

二女同居,其志不相得,曰革。

虞翻曰:"二女",離、兌,體同人象,蒙艮爲居,故"二女同居"。四變體兩坎象,二女下似脫"各"字。有志,離火志上,兌水志下,故"其志不相得",坎爲志也。

釋曰　四變則坎互離,離互坎,其志通,男女正外内,既濟定。今未變,兌伏坎體,離伏互坎,志不相通,故二女各有志而不相得,爲革象。

已日乃孚，革而信之。

干寶曰：天命已至之日也。"乃孚"，大信著也。武王陳兵孟津之上，諸侯不期而會者八百國，皆曰紂可伐矣。武王曰：爾未知天命，未可也。還歸二年，紂殺比干，囚箕子，爾乃伐之，所謂"已日乃孚，革而信"也。

補　一本無"之"字。《釋文》。干本疑同。

釋曰　此葢經下注，合《象傳》釋之。

文明以説，大亨以正，革而當，其悔乃亡。

虞翻曰："文明"，謂離，"説"，兌也，"大亨"，謂乾。四動成既濟定，故"大亨以正，革而當位，故悔乃亡"也。

釋曰　"文明"則明乎天道，察乎人倫，行事皆協乎天理人情之至，爲人心所説服，故能"大亨以正，革而至當，其悔乃亡"。如是而僅曰"悔亡"，明革而不當，必大凶矣。虞云"大亨謂乾"，乾元通坤也。

天地革而四時成，

虞翻曰：謂五位成乾爲"天"，蒙坤爲"地"，震春兌秋。四之正，坎冬離夏，則四時具坤革而成乾，故"天地革而四時成"也。

釋曰　蒙坤變成革乾，又革四而成既濟，四時象具，皆乾元亨坤所爲，故"天地革而四時成"。四時之成，前者之氣既究，而後者之德足以繼之，聖王撥亂代興亦猶是也。

湯武革命,順乎天而應乎人,

虞翻曰:"湯武",謂乾,乾爲聖人。"天",謂五,"人",謂三,四動順五應三,故"順天應人"。巽爲"命"也。

釋曰　乾爲君、爲聖人,故象湯、武。桀、紂逆天暴民,君義久絶,天乃命湯、武爲天下君以誅獨夫,必如湯、武之順天應人,乃爲革命。若君非桀、紂之暴,臣非湯、武之聖,而下敢犯上,則逆天理,悖人倫,謂之作亂而已矣。孔子論革,舉湯、武以立之大防,與《春秋》討亂賊義同。五革四則六爻應,四順五,上應三,是順天應人之象。

革之時大矣哉。

干寶朱作"虞翻",誤。曰:革天地,成四時,誅二叔,除民害,天下定,武功成,故"大矣哉"也。

釋曰　"二叔",謂夏殷叔世。《傳》曰"弔二叔之不咸"。

《象》曰:澤中有火,革。

崔憬曰:火就燥,澤資溼,朱作"濕"。二物不相得,終宜易之,故曰"澤中有火,革"也。

釋曰　深山大澤,夜時有光,澤中有火,陰陽倚伏相代之象見矣。

君子以治歷朱作"當",敬避字,注同。明時。

虞翻曰:"君子",遯乾也,歷象,謂日月星辰也。離爲明,坎爲月,離爲日,蒙艮爲星,四動成坎離,日月得正,天地革而朱脱"而"字。四時成,故"君子以治歷明時"也。

補　賈逵曰:《易》金火相革之卦,《象》曰"君子以治歷明時",又曰"湯武革命,順乎天而應乎人",言聖人必厤象日月星辰。《續漢書·律厤志》。

釋曰　王者受命,必改正朔,一統於天下。

初九:鞏用黄牛之革。

干寶曰:"鞏",固也。離爲牝牛,離爻本坤,黄牛之象也。在革之初而无應據,未可以動,故曰"鞏用黄牛之革"。此喻文王雖有聖德,天下歸周三分有二,而服事殷,其義也。

補　馬融曰:"鞏",固也。《釋文》。

釋曰　言體中順以固亡主之命,謹守臣節也。

《象》曰:鞏用黄牛,不可以有爲也。

虞翻曰:得位无應,動而必凶,故"不可以有爲也"。

釋曰　初无應,動則失位,革而未當,其凶大矣。三猶"征凶",況在初乎,故"不可有爲"。"革"者,聖人所至難至慎也。

六二:已日乃革之,征吉,无咎。

荀爽曰:"日"以喻君也,謂五已居位爲君,二乃革意去三應五,故曰"已日乃革之"。上行應五,去卑事尊,故曰"征吉,无咎"也。

釋曰　荀意五已正君位革四,二乃革意去三應五。蓋二爲大夫,三爲三公,皆四之臣,二承三從其長,禮之常也。五受天命革四,則三與二皆當順五，惟五之命之。二五正應，去卑事尊，得聖主而奉之，故"征吉无咎，行有嘉也"。虞義則謂四變體離爲日，天命已至之日，五乃革四而二行應五，故"吉无咎"，義較長。後師讀"已"爲"己"，亦可。

《象》曰：已日革之，行有嘉也。

崔憬曰：得位以正，居中有應，則是湯武行善，桀紂行惡，各終其日，然後革之，故曰"已日乃革之，行此有嘉"。

虞翻曰："嘉"，謂五，乾爲"嘉"，四動承五，故"行有嘉"矣。

釋曰 崔義與虞同，合經、傳釋之。四革承五，二得正應，陰陽相應，嘉之會也。

九三，征凶，貞厲。

荀爽曰：三應於上，欲往應之，爲陰所乘，故曰"征凶"。若正居三而據二陰，則五來危之，故曰"貞厲"也。

釋曰 荀意謂三行應上，則四失正未變，不得相應，適見爲陰所乘。小人在上，不可有行，故"征凶"。正居三而據二，則尸位苟祿，無以異乎小人，將爲五所危去，故"貞厲"。當俟革言已成無可復挽，然後順天命而就五，則仁至義盡，協乎人心之所同安，故"有孚"，蓋若微子歸周之類。《象》曰"又何之矣"，言至此無可他適也。張申虞義，則謂三欲行應上，協力輔五以革四，時猶未至，故"征凶"。革命之際，雖正猶危。蒙震爲"言"，三至五三爻，故"革言三就"，"就"，成也。四變五三皆體坎，故"有孚"，聖人之革命，非聖人意也，天下言之也，言之至於三，可以就矣，孚故也，義似較長。

革言三就,有孚。

翟玄曰:言三就上二陽下似脫"爲"字。乾,得共有信,據於二陰,故曰"革言三就",有孚於二矣。

釋曰 張氏曰:"'就上二陽乾'者,謂四不變,三就成乾,乾爲言,故'革言三就'也。'得共有信,據於二陰'者,謂四變,三與五共有坎體,坎爲孚也。五與三據有二陰,三據二爲坎,故有孚於二矣。"案:翟意三就上乾,則能體坎據二有孚,得正而庇其下,與荀義近。

《象》曰:革言三就,又何之矣。

崔憬曰:雖得位以正,而未可頓革,故以言就之。夫安者,有其危也,故受命之君,雖誅元惡,未改其命者。以即行改命,習俗不安,故曰"征凶"。猶以正自危,故曰"貞厲"。是以武王克朱作"尅"。紂,不即行周命,乃反商政,一就也;釋箕子囚,封比干墓,式商容閭,二就也;散鹿臺之財,發鉅朱作"巨"。橋之粟,大賚于盧、周作"於"。四海,三就也。故曰"革言三就"。

虞翻曰:四動成既濟定,故"又何之矣"。

釋曰 崔以"革言三就"爲革命後布令之事,恐未然。"革言三就",天下望之若大旱望雨,雖欲無王,不可得已,故"又何之矣"。

九四:悔亡,有孚改命,吉。

虞翻曰:革而當,其悔乃亡。"孚",謂五也,巽爲"命",四動,五坎改巽,故"改命吉"。四乾爲君,進退无恒,在離焚棄,體大過死,傳以比桀紂。湯武革命,順天應人,故"改命吉"也。

釋曰 四失位，悔也，五正而革之，故"悔亡"。革之異於既濟者，四爲之梗，天下之所謂悔也，革之則"悔亡"矣。濟天下而必待於革，聖人之所謂悔也。然革而當，天人共信其至公無私，則"悔亡"矣。"有孚改命"，至誠救民之志信於天下而後改命，故"吉"。四氣究而五革之，成既濟，故先言"悔亡"。四本乾四，在離上則體離四，離四惡人，進退无恒，則反常而棄其命矣。四變坎成巽壞，五以坎改巽，故"改命"。

《象》曰：改命之吉，信志也。

虞翻曰：四動成坎，故"信志也"。

干寶曰：爻入上象，喻紂之郊也，以逆取而四海順之，動凶器而前歌後舞，故曰"悔亡"也。中流而白魚入舟，天命信矣，故曰"有孚"。甲子夜陳，朱作"陣"。雨甚至，水德賓服之祥也，故曰"改命之吉，信志也"。

釋曰 天下信其至公之志，故改命而吉。干云"以逆取""動凶器"，此聖人之所謂悔也；"四海順之"、"前歌後舞"，故悔亡也。然"逆取順守"，戰國秦漢閒語，傳云"順乎天"，則非逆取明矣。

九五：大人虎變，未占有孚。

虞翻曰：乾爲"大人"，謂五也，蒙坤爲"虎變"，《傳》論湯武以坤臣爲君。"占"，視也，離爲"占"。四未之正，五未在坎，故"未占有孚"也。

馬融曰："大人虎變"，虎變威德折衝萬里，望風而信。以喻舜舞干羽而有苗自服，周公脩周作"修"。文德，越裳獻雉，故曰"未占有孚”矣。

補 鄭康成説：“大人”，天子，君子，諸侯。《儀禮・士相見禮》疏。
《禮記・禮運》正義。

《法言》：敢問質。曰：羊質而虎皮，見草而説，見豺而戰，忘其皮
之虎矣。聖人虎別，其文炳也；君子豹別，其文蔚也；辯人貍別，其文
萃也。此讀“變”爲“辨”。貍變則豹，豹變則虎。此讀“變”依字。

釋曰 “雲從龍，風從虎，聖人作而萬物覩”，“虎”亦大人之象。
“變”，謂希革而毛毨。“大人虎變”，言大人撥亂反正，與天下更新，如
虎文變易而益鮮明也。坤爲虎，由坤變，故取虎象，喻湯武本坤臣而
受天命爲君也。“未占有孚”，言不待占而天下信之。虞云“五未在
坎”，“未”，疑當爲“已”，四未變離，五已有坎體也。未占有孚而必已
日乃革，所以革而信之，至公無私救民水火之心，誠如天下所望也。
《法言》擬《易》“變”作“別”，蓋讀“變”爲“辨”，言質美則文盛，赫然殊
觀也。又云“貍變則豹，豹變則虎”，仍依字讀，謂進德脩業則質變而
美，蓋《易》師古訓而子雲引申之。“未占有孚”，有其質也，順天應人，
一誠而已。周衰，邪説興，諸子雜史或以權謀誣湯武，遂開後世以詐
偽盜竊神器之漸。聖人演《易》，蓋已豫燭其奸，大爲之坊矣。子雲
“羊質虎皮”之言，亦似爲王莽言之，惜乎其不善自處耳。

《象》曰：大人虎變，其文炳也。

宋衷曰：陽稱“大”，五以陽居中，故曰“大人”。兑爲白虎，九者變
爻，故曰“大人虎變，其文炳也”。

虞翻曰：乾爲大明，四未脱“四”字。動成離，故“其文炳也”。

釋曰 天下孚之久，革而當，人倫正，王道行，成既濟定，天下文明，故“其文炳也”。“九者變爻”，謂畫變成爻，七變之九。

上六：君子豹變，

虞翻曰：蒙艮爲“君子”、爲“豹”，從乾而更，故“君子豹變”也。

釋曰 由艮變，故取豹象。上本陽爻五自坤變乾，故上從之而變，非陷入陰也，故稱“君子豹變”。言佐命之臣從聖王撥亂，條理庶事，如豹文之變易而茂密也。

小人革面。征凶，居朱脫“居”字。貞吉。

虞翻曰：陰稱“小人”也。“面”，謂四，革爲離以順承五，故“小人革面”。乘陽失正，故“征凶”。得位，故“居貞吉”，蒙艮爲“居”也。

釋曰 四變陰稱“小人”，謂助暴君爲惡者，在乾首中，故稱“面”。變爲離，視五而順從之，故“革面”，言悔禍自新也。“征”，謂行應三以討餘惡。革道既終，當安靜以與民休息，過動則侵權生事，乘陽失居正之道，故“征凶，居貞吉”。

《象》曰：君子豹變，其文蔚也。

陸績曰：兌之陽爻稱“虎”，陰爻稱“豹”，“豹”，虎類而小者也。君子小於大人，故曰“豹變，其文蔚也”。○朱脫。

虞翻曰：“蔚”，蒇也。兌小，故“其文蔚也”。

補 《説文》“蔚”作“斐”，曰：分別文也，从又，非聲。《易》曰“君子豹變，其文斐也”。

　　釋曰　"蔚""薾"皆繁縟之貌，"斐""蔚"聲通義近。陸就本卦取象，本經下注，李移之。

小人革面，順以從君也。

　　虞翻曰：乾君，謂五也。四變順五，故"順以從君也"。

　　干寶曰："君子"，大賢次聖之人，謂若大朱作"太"。公周召朱作"邵"。之徒也。"豹"，虎之屬，"蔚"，炳之次也。君聖臣賢，殷之頑民皆改志從化，故曰"小人革面"。天下既定，必倒載干戈包之以虎皮，將率諸本誤"卒"，此從周校。之士使爲諸侯，故曰"征凶，居貞吉"。得正有應，君子之象也。　　案：兌爲口，乾爲首，今口在首上，"面"之象也。乾爲"大人虎變"也，兌爲"小人革面"也。

　　釋曰　李以君子小人皆指上，陰得正爲君子，又兌陰爲小人也。五主乾，上主兌，乾"大人虎變"，則兌"小人革面"矣。

鼎

《序卦》曰：革物者莫若鼎，故受之以鼎。

　　韓康伯曰："革去故，鼎取新"，以去故，則宜制器立法以治新也。"鼎"所下脱"以"字。和齊生物，成新之器也，故取象焉。

　　䷱　巽下離上　鼎。

　　鄭玄曰："鼎"，象也，卦有木盧誤"水"。火之用。互體乾兌，乾爲

金,兑爲澤,澤鍾金而含盧作"舍"。水,爨以木火,鼎亨孰物之象。朱
脱此句。鼎亨朱作"烹",盧作"烹"。孰朱、盧作"熟"。以養人,猶聖君興
仁義之道以教天下也,故謂之鼎矣。

補《京氏傳》曰:木能巽火,巽入也、順也。故鼎之象亨飪見新供
祭。陰陽得應,居中履順,五。三公之義繼於君。三。陰穴見火,初應
離。順於上也,中虛見納,受辛當爲"變新"。於內也。金玉之鉉在乎陽,
饗新亨飪在乎陰。陸氏注曰:木火相資,下穴爲足,中虛見納,飪熟之義。

《説文》:鼎,三足兩耳和五味之寶器也。昔禹收九牧之金,鑄鼎
荆山之下,入山林川澤,螭魅蝄蜽,莫能逢之,以協承天休。《易》卦巽
木於下疑當爲"火"。者爲鼎,象析木以炊也。

釋曰　以制器者尚其象,未有是器,先有是象。伏羲時未有鼎器,
而其象已見於下巽上離之卦。烹熟養人,猶聖君興仁義以養天下,其
用莫大於承大祭享大賓。重卦以來,葢已著此義,積古相傳,故黃帝制
鼎器,倉頡制鼎字,皆取木火卦象。大禹鑄鼎以協承天休,爲有天下之
重寶。凡亨飪之法,煮於鑊,升於鼎而陳之。鼎者,火化之成功,賓祭
之重器。文字既興,後聖據上古相傳卦畫音讀與其大義而謂之鼎,所
以著卦義之大。亨不於鼎,鄭云"鼎亨孰"者,亨孰之功至升鼎而成,釜
鬵之屬統之矣。"澤鍾金"者,金生沙水中,鼎之材也,金中含水,鼎之實
也。巽下虛象足閒之穴,離中虛象鼎中容物。上九陽在上象鉉,變成既
濟,則三貫鼎兩耳爲鉉,或陽出五坎爲金鉉,陽在上待反三爲玉鉉。

元吉亨。

虞翻曰:大壯上之初,與屯旁通。天地交,柔進上行,得中應乾五

剛,故“元吉朱衍“是”字。亨”也。

釋曰　革取遯來,故鼎取大壯。大壯上之初云“柔進上行”者,張氏曰:“葢以屯二居五爲進,取旁通之義。”愚謂據《彖傳》,則當取巽四之五。“元”,坤元凝乾,與坤五“元吉”同義。“亨”,乾元出,六爻正,天地交,萬物通,六五所以利貞也。鼎與大有義大同,惟初位不當,疑乾元失位非吉,故特稱“元吉”。又對睽“小事吉”而言,柔進得中應剛同,而時義不同也,“吉”非衍字。六十四卦卦象无同者,辭亦然,《彖》約之曰“是以元亨”,明大義與大有同耳。傳述經以意逆志,不必字字如經本文,諸卦此例多矣。

《彖》曰:鼎,象也。以木巽火,亨飪也。

《釋文》:亨,本又作亯。飪,入甚反,徐而鴆反。

荀爽曰:巽朱、盧誤“震”。入離下,中有乾象,木火在外,金在其內,鼎鑊亨飪之象也。

虞翻曰:六十四卦皆觀象各本無“象”字,此依周校補。繫辭,而獨於鼎言“象”,何也? 象事知器,故獨言“象”也。

《九家易》曰:鼎言“象”者,卦也。木朱誤“水”。火互有乾兌,乾金兌澤。澤者,水也,爨以木火,是鼎鑊亨朱作“烹”,盧作“烹”。飪之象。亦象三公之位,上則調和陰陽,下而撫毓百姓,鼎能孰朱作“熟”。物養人,故云“象也”。牛鼎受一斛,天子飾以黃金,諸侯白金,三足以象三台,足上皆作鼻目爲飾也;羊鼎五斗,天子飾以黃金,諸侯白金,大夫以銅;豕鼎三斗,天子飾以黃金,諸侯白金,大夫銅,士鐵,三鼎形同。亨朱脱“亨”字。飪煮肉,上離陰爻爲肉也。

釋曰 伏羲時未有鼎器，卦名鼎者，本其象也。“巽”，入也。“亨”，煮於鑊也。“飪”，熟也。“以木入火”，是亨物而熟之之象。“鼎”者，亨既熟而升之以供祭祀賓客之器，故以名木火之卦，互有乾兑，不言者，以木火本象爲主。火之用有燔有亨，燔不用器，言“亨”則乾金兑水之象在其中矣。荀、《九家》兼言“鑊”者，鼎鑊相須，亨於鑊，既飪乃升於鼎，故傳不但曰“亨”而曰“亨飪”以顯鼎象。《易》六十四卦皆觀象而繫之辭，卦无非象，而鼎爲後聖所作之器，象事知器，以制器者尚其象，莫此爲著，故獨言“象”。鼎言聖君興仁義之道以養人，有養賢之義，故又爲三公之象。《九家》云“上離陰爻爲肉”，京氏所謂“中虚納物”也。《説文》引《易》“亨飪”作“𩰫飪”，或疑易説，非傳本文。

聖人亨以享上帝，而大亨以養聖賢。

虞翻曰：“聖人”，謂乾。初、四易位體大畜，震爲帝，在乾天上，故曰“上帝”。體頤象，三動噬嗑食，故“以享上帝”也。“大亨”，謂天地養萬物、聖人養賢以及萬民，賢之能者稱聖人矣。

釋曰 此極言鼎之大用，以見“元吉亨”之意。聖人之制器，非爲飲食也，以大報本反始，養賢以及萬民也。“以”，以鼎也。亨既飪，升於鼎而陳之庭，以奉大祭大賓，故“以享上帝養聖賢”。鼎惟三正位，享帝養賢皆主三。初、四易，成大畜體頤，頤者，養也。震爲帝，在乾上，五含乾元，三承之，又三權變成未濟，有噬嗑食象，故“享上帝”。“聖賢”，謂上，張氏謂“三動應上，故養聖”。“賢聖”者，賢之盛者也。《郊特牲》“用犢”，貴誠也，饗食賓客太牢，備物也，故享帝但曰“亨”，而養聖賢曰“大亨”。

巽而耳目聰明，

虞翻曰：謂三也。三在巽上動成坎離，有兩坎兩離象乃稱“聰明”。日月相推而明生焉，故“巽而耳目聰明”。“眇而未作“能”。視不足以有明”，“聞言不信聰不明”，皆有一離一坎象故也。

釋曰 虞以此爲申成三享帝養賢之義，耳目聰明，故能養聖賢而格于上帝也。愚謂此與下“柔進上行，得中應剛”相屬爲一義，蓋言卦自巽來，以釋“元亨”之由。巽四之五成離，應屯五坎離爲目爲明，坎爲耳爲聰。又鼎正位在三，三權變，成未濟兩坎離。五伏陽出，三受上，諸爻皆正，成既濟兩坎離，故“巽而耳目聰明”。虛中順理，翕受眾善，明目達聰，君德之盛也。由巽成離，故柔進上行，耳目聰明，故“得中應剛”，而乾元由坤息，是以“元亨”。在人臣則大臣有聖明之德，養成君德，若周公輔成王是也。

柔進而上行，得中而應乎剛，是以元亨。

虞翻曰：“柔”，謂五，得上中，應乾五剛。巽爲“進”，震爲“行”。非謂應二剛，與睽五同義也。

釋曰 “柔進上行”，體坤元也。“得中應剛”，在本卦則應九二剛，虛中下賢也。在旁通則應屯五剛，體順道以畜乾德也。以人臣言，則皆大臣輔成君德之象。在二則使升，在五則使正，致君堯舜以養天下，其爲坤元凝乾、乾元息坤而亨之象則一。虞云“巽爲進震爲行”，張氏曰：“蓋以屯二居五爲進，以巽通震。”然則屯五居二，應屯五與應二理互相通。五伏陽出成既濟，三變坎升離降亦成既濟，其義一也。易道周流，同歸殊塗，當觀其會通，互詳睽卦。

《象》曰：木上有火，鼎。

荀爽曰：木火相因，金在其閒，調和五味，所以養人，鼎之象也。

君子以正位凝命。

虞翻曰："君子"，謂三也。鼎五爻失正，獨三得位，故"以正位"。"凝"，成也，體姤謂陰始凝初，巽爲"命"，故"君子以正位凝命"也。

〔補〕鄭康成曰："凝"，成也。

"凝"，翟作"擬"，曰：度也。並《釋文》。

〔釋曰〕克配上帝，養賢及民，則可以"正位凝命"矣。虞注"體姤謂陰始凝初"，"謂"字當在"體姤"上。翟作"擬"訓"度"者，謂審度天命，不敢違錯。

初六：鼎顛趾。

虞翻曰："趾"，足也，應在四，大壯震爲足，折入大過，大過顛也，故"鼎顛趾"也。

〔釋曰〕四本大壯四，體震爲足稱趾。大壯上之初成鼎，四折入大過，故"鼎顛趾"。

利出否，得妾以其子，无咎。《釋文》：出，徐尺遂反，或如字。

虞翻曰：初陰在下，故"否"。利出之四，故曰"利出"。兌爲朱衍"妻"字。妾，四變得正成震，震爲長子，繼世守宗廟而爲祭主，故"得妾以其子，无咎"矣。

補　鄭康成曰：“顚”，踣也，“趾”，足也。無事曰趾，陳設曰足。二句又見《詩‧七月》正義。爻體巽爲股，初爻在股之下，足象也，足所以承正鼎也。初陰爻而柔，與乾同體，以否當爲“不”。正承乾。《御覽》誤“正承”爲“趾象”。乾爲君，以喻君夫人事君，若失正禮，踣其爲足之道。情無怨，則當以和義出之。然如讀爲“而”。“否”者，嫁于天子，雖失禮，无出道，廢遠之而已。若其无子，不廢遠之，后尊如故。其犯六出，則廢之自“嫁于天子”至此，又見《禮記‧內則》正義，“廢遠之而已”無“之”字，“如故”無“故”字。又見《儀禮‧士昏禮》疏，不言注文。又《詩‧河廣》正義有“嫁于天子”至“而已”。自“若其无子”以下十九字，《御覽》無。遠之。子廢，坤爲順，又爲子母牛。惠增“今”字。在后妃之旁側，妾之列王作“例”。也。有順德，子必賢，賢而立爲世子，又何咎也。《御覽》一百四十六。

釋曰　虞讀“否”爲“否泰”之“否”。陰在下體否初，“否”，閉也。初利之四，出於否閉之中。初之四體兌爲妾，使三成震爲長子，繼世守宗廟爲祭主，故“得妾以其子，无咎”。初、四易，“享上帝”之象，故虞及守宗廟祭祀，復初出震，由此也。張氏曰：“大壯震長子顚入大過，長子死也。鼎正位享上帝者三，而三之成震由初出之四，是三爲初之子。而初由大壯震來，爲長子之妾。明長子死，雖無適孫，猶立妾子，不立世子之弟也，此周道也。”鄭君讀“否”爲“然否”之“否”，后夫人事君失禮象“顚趾”。鼎時陽盛，能正其家，未至怨忿悖理凶橫，《象》曰“未悖也”。於理當以和義出之，謂如《褓記》所云“以禮歸之”。然而否者，王后雖失禮，已配至尊，无出道，《象》曰“從貴”，當廢遠之而已。若其无子，則不廢，后尊如故。嫁娶以生育爲重，无子亦顚趾象，然非失禮，則固未悖也。“得妾以其子”，“犯六出”者子從母廢，立妾之賢者以奉宗廟。子以母貴，立爲世子，若无子不廢則立妾子之賢者爲世子，即嫡之子，《象》曰“以從貴”，言體君而從乎君母也。宗廟祭祀有主，故“无咎”，傳“未悖”，亦隳括“无咎”之義。細繹鄭注，蓋以无子一義爲主。

《象》曰：鼎顛趾，未悖也。

荀爽曰：以陰承陽，故“未悖也”。

▪釋曰　陰承陽，雖失正而未至悖亂，在妾則爲有順德，可之四而成震。鄭云“无子”，虞云“震長子折入大過死”，皆顛趾而未悖之事。

利出否，以從貴也。

虞翻曰：出初之四，承乾五，故“以從貴也”。

▪釋曰　初出之四，五正成既濟，三以震上承乾五而比坤二，故以“從貴”。若據失禮廢遠言，則“從貴”，謂嘗配至尊有廢无出也。

九二：鼎有實，我仇有疾，不我能即，吉。

虞翻曰：二爲“實”，故“鼎有實”也。坤爲“我”，謂四也。二據四婦，故相與爲仇，謂三變時四體坎，坎爲“疾”，故“我仇有疾”。四之二歷險，二動得正，故“不我能即，吉”。

▪補　鄭康成曰：怨耦曰仇。《釋文》。《漢上易叢説》云：鄭以九四爲九二仇。

▪釋曰　“鼎有實”，喻國有樹子也。“我”，我二也，“我仇”，謂四，

四“覆公餗”，敗君美道，君之仇也。養世子之道，當放遠邪人，不使得
近。四罪疾已著，誅將加身，不能即二蔽其聰明，故“吉”，此鄭義。
《象》曰“慎所之也”，謂二當之五，與伏陽出同義。虞云“二之正”，則
以二承三爲師保大臣。二據四應，故相與爲仇，云“據四婦”者，以顯
仇象耳。初陰當應四陽而二據之，四害二如據其婦之相仇，非竟以鼎
初爲四婦而二據之也。云“坤爲我”者，下伏屯坤，二本陰位也，謂
“四”上當脫“仇”字。四惡人，人心服二而惡四，二自正以正君，使伏
陽出而應之，非小人所能陷，故仇有疾而不能即我，所以吉也。張氏
謂“得妾以其子，故鼎有實”。“仇”，謂初，初之四體兌爲妾。《詩》“君
子好逑”，鄭讀“逑”爲“仇”，謂衆妾之怨者，與此同義。后夫人无子，
立妾子爲世子，不得尊其母，故“我仇有疾，不我能即”。后正位如故，
故“吉”，“有疾”，謂居賤位，義亦通。

《象》曰：鼎有實，慎所之也。

虞翻曰：二變之正，艮爲“慎”。朱誤“順”。

釋曰　虞據一爻動言。“之”，謂之正。如鄭義，則“之”謂之五，
與伏陽出同義。世子當繼世爲君，養之不可不慎也。

我仇有疾，終无尤也。

虞翻曰：“不我能即，吉”，故“終无尤也”。

九三：鼎耳革，其行塞，雉膏不食。

虞翻曰：動成兩坎，坎爲“耳”，而革在乾，故“鼎耳革”。初、四變

時,震爲"行",鼎以耳行,伏坎震折而入乾,故"其行塞"。離爲"雉",坎爲"膏",初、四已變,三動體頤,頤中无物,離象不見,故"雉膏不食"。

【補】鄭康成曰:"雉膏",食之美者。《釋文》。

【釋曰】三權變成兩坎,坎爲耳,耳當虛以受鉉,而變革其制在乾實,是鼎耳無孔,不能受鉉,失耳之義矣。初、四易,三體震爲行,今未變,伏坎震象皆爲兌所折而入乾,過剛失中,非"巽而耳目聰明"之義,故"其行塞"。張氏則謂三不變而初、四變,伏坎爲震所折而入乾,蓋鼎以耳行,耳失其制,則雖有行象而塞矣,言三不可不變也。然三與初、四俱變則伏坎與離象俱不見,而頤中无物,又爲"雉膏不食"之象,非養賢而得其美道也,故下言三獨變。

方雨虧朱、周作"虧"。**悔,終吉。**

虞翻曰:謂四已變,三動成坤,坤爲"方",坎爲"雨",故曰"方雨"。三動虧乾而失位,"悔"也,終復之正,故"方雨虧悔,終吉"也。

【釋曰】初、四已易,三動則體坤爲方,三獨變則體坎爲雨,取象似迂曲。鼎通屯,三下有伏坤爲方,三動坎爲雨,故"方雨"。虧乾失位,悔也,由是而復正成既濟,故"終吉"。鼎以耳行,耳革則鼎不能行,雖有雉膏在內而不得食,喻人君耳目不聰明,則無以措正施行,賢者雖有美道而不見用也。此君聽爲小人所蔽,陰陽不能和通之象。雨自上下者也,"方",非一方也,蔽解志通旁求賢人,自上下下,虧其尊而自見其失,"震无咎者存乎悔",故"終吉"。"方雨",或當如"朱紱方來"之"方",謂將沛然如雨,悔悟其失而改之。

《象》曰：鼎耳革，失其義也。

虞翻曰：鼎以耳行，耳革行塞，故"失其義也"。

九四：鼎折足，覆公餗，其刑朱作"形"，注同。**渥，凶。**

虞翻曰：謂四變時震爲"足"，足折入兌，故"鼎折足"。兌爲"刑"，"渥"，大刑也。鼎足折則公餗覆，言不勝任，象入大過死凶，故"鼎折足，朱、盧作"足折"。覆公餗，其刑渥，凶"。

《九家易》曰："鼎"者三足一體，猶三公承天子也，三公謂調陰陽，鼎謂調五味。足折餗覆，猶三公不勝其任，傾敗天子之美，故曰"覆餗"也。　案："餗"者，雉膏之屬，"公"者，四爲諸侯，上公之位，故曰"公餗"。

補　馬融曰："餗"，鍵也。鍵，音之然反。《釋文》。又曰："餗"，謂糜也《穀梁疏》。

"渥"，鄭作"剭"，音屋。《釋文》。《漢上易》云"鄭作'刑剭'"。曰：糝謂之餗，震爲竹，竹萌曰筍，筍者，餗之爲菜當作"爲餗之菜"，或"爲"字衍。也。此句見《釋文》，云"餗菜也"。是八珍之食臣下曠官，失君之美道，當刑之于屋中。《天官·醢人》疏。又《秋官·司烜氏》疏引鄭義以爲餗美饌。鼎三足，三公象，若三公傾覆王之美道，屋中刑之。又《詩·韓奕》正義云：餗作蔌，鄭注以蔌爲八珍所用。

虞翻曰："餗"，八珍之具也。《釋文》。

《春秋繁露》曰：以所任賢，謂之主尊國安，所任非其人，謂之主卑國危，萬世必然，無所疑也，其在《易》曰"鼎折足，覆公餗"。夫"鼎折足"者，任非其人也，"覆公餗"者，國家傾也，是故任非其人而國家不傾者，自古至今未嘗聞也。《精華文》。

今本"刑"作"形",或説《九家》、京、荀、虞、一行、陸希聲作"刑"。京房、《九家》、一行、陸希聲"渥"作"劇",薛云:古文作"渥"。《晁氏易》。又説虞作"劇"。《漢上易》。案:此恐誤。

"餗",《説文》作"䊂",曰:鼎實惟葦或當爲"筍"。及蒲,陳留謂鍵爲䊂,从弼,速聲。"餗",或从食,束聲。

釋曰 "渥"訓厚,故爲大刑。鄭作"劇",《周禮》所謂"屋誅",彼注云"屋,讀如其刑劇之劇",或作"形"者,"刑"之借。王弼作"形渥",依字解之,非也。"餗"者,以菜和肉爲之,"筍"者,爲餗之菜也。"餗",珍饌,"公餗",喻君之美道。李氏則謂"公",三公也,"公餗",養賢之具,喻美道。"覆餗"則不能食天禄,而天討加之矣。四失位,體離四惡人,故其象如此。

《象》曰:覆公餗,信如何也。

《九家易》曰:渥者厚大,言辠重也。既覆公餗,信有大辠,刑罰當加,无可如何也。

釋曰 言不勝其任,果如何乎,有凶而已。

六五:鼎黃耳,金鉉,利貞。《釋文》:鉉,玄典反,徐又古玄反,又古冥反,一音古螢反。

虞翻曰:離爲"黃",三變坎爲"耳",故"鼎黃耳"。"鉉",謂三貫鼎兩耳,乾爲"金",故"金鉉"。動而得正,故"利貞"。

干寶曰:凡舉鼎者鉉也,尚三公者王也。金喻可貴,中之美也,故曰"金鉉"。鉉鼎得其物,施令得其道,故曰"利貞"也。

補　馬融曰：“鉉”，扛鼎而舉之也。當爲“者”。《釋文》。

鄭康成曰：“金鉉”，喻明道，能舉君之官職也。《文選》潘安仁《西征賦》注。潘正叔《贈河陽詩》注。王元長《三月三日曲水詩序》注。王仲寶《褚淵碑文》注。王元亮《唐律名例一疏議》。

《説文》：“鉉”，舉鼎具也。《易》謂之“鉉”，《禮》謂之“鼏”。字誤，當爲“鼏”。

釋曰　三權變未濟，兩坎象鼎耳。然後五正而三復出爲鉉，在既濟兩坎間，貫鼎兩耳。五體乾陽爲金，五正而三之功成，象以金飾鉉，故“金鉉”，動得正，故“利貞”。“鼎黃耳”，虛中以受鉉，則鼎行不塞而實可用享。人君耳目聰明，則養賢而乾元正位，天下之事舉，既濟成矣。鄭以“金”喻明道，“鉉”喻舉君之官職，大臣有明德，爲君所任，所以能舉其職而正君位，義相成。但“耳”與“鉉”皆當象伏坎耳，姚氏曰：“伏坎爲耳，離得坤中氣，故‘黃耳’。發而成乾爲金，坎一體俱發。離降在下，成既濟，鼎耳在上，以金鉉舉鼎，其行不塞，故‘利貞’。”干以“鉉”指君言，與虞同。鉉鼎得其物，“鉉”，謂飾鉉也。許云“禮謂之鼏”，“鼏”，當爲“鼏”字之誤，今《禮》作“扃”，叚借字。

《象》曰：鼎黃耳，中以爲實也。

陸績曰：得中承陽，故曰“中以爲實”。

宋衷曰：五當耳，中色黃，故曰“鼎黃耳”。兌爲金，又正秋，故曰“金鉉”，公侯謂五也。當爲“謂五公侯”，或“公侯”係“金鉉”之誤。上尊故玉，下卑故金，金和良可柔屈，喻諸侯順天子。朱脱“子”字。

釋曰　姚氏曰：“陽伏五中，發而當位，故中以爲實。”宋、陸則以鼎爻至上愈吉，既濟之功至上乃成。五之“利貞”，即上之“大吉无不利”。五以陰承陽，猶諸侯順天子而舉其職，故五稱“金鉉”，上稱“玉鉉”。陰得陽乃實，五居中承陽有實，故“中以爲實”。陰陽相承，然後能正位成既濟，陰皆從陽也。宋注蓋本在經下，李移之。

上九：鼎玉鉉，大吉无不利。

虞翻曰：“鉉”，謂三，乾爲“玉鉉”，體大有上九“自天右朱作‘祐’。之”。位貴據五，三動承上，故“大吉无不利”。謂三虧悔應上成未濟，雖不當位，六位相應，故“剛柔節”。《象》曰“巽耳目聰明”，爲此九三發也。

干寶曰：玉又貴於金者。凡亨朱作“烹”，下同。飪之事，自鑊升於鼎，載於俎，自俎入於口，馨香上達，動而彌貴，故鼎之義上爻愈吉也。鼎主亨飪，不失其和，金玉鉉之，不失其所，公卿仁賢天王聖明之象也。君臣相臨，剛柔得節，故曰“吉无不利”也。

釋曰　上體乾爲“玉”，三變上在兩坎耳上象“鉉”。虞以“鉉”爲三，上反三貫兩坎爲“鉉”，今在上，故《象》曰“玉鉉在上”。“玉鉉”，以玉飾鉉，亦黃耳所受。玉又貴於金，象聖賢。五體坤元含伏陽而承上，聖賢之臣爲君所尊尚，所以君德正，仁義道興，天命成，既濟定，故“大吉无不利”，與大有上九“自天右之，吉无不利”同義。虞云“乾爲玉鉉”，“鉉”上似脱“故玉”二字。三爲鉉，上乾當之三，故象“玉鉉”。三變應之，成未濟，有耳目聰明之象，雖不當位，剛柔應，所以五正終受上而成既濟，故“大吉无不利”。但此注未及既濟，義不備。張氏曰：“金玉鉉皆當謂三自未濟復出，三出則諸爻皆正，故五‘利貞’，上‘大吉无不利’。”“剛柔節”，謂既濟定，未濟不得大吉。干以“鉉”爲君，金玉鉉象以清明純粹之德用天下之賢人，君聖臣賢，故"吉无不利"。但云"君臣相臨，剛柔得節"，又似因五柔承上剛，兼取宋、陸義。

《象》曰：玉鉉在上，剛柔節也。

宋衷曰：以金承玉，君臣之節。上體乾爲"玉"，故曰"玉鉉"。雖非其位，陰陽相承，剛柔之節也。

[釋曰] 宋以五柔爲臣，上剛爲君，惟鼎爻至上愈吉則然。君臣相承，亦既濟之道。

震

《序卦》曰：主器者莫若長子，故受之以震。震者，動也。

崔憬曰：鼎所以亨朱作"亯"。餁享於朱作"于"。上帝，主此器者莫若冢適，朱作"嫡"。以爲其祭主也，故言"主器者莫若長子"也。

[釋曰] 震爲長子，繼世守宗廟爲祭主，重器之所歸，故次鼎。

䷲ 震下震上 震。亨。

鄭玄曰：震爲雷，雷，動物之氣也。雷之發聲，猶人君出政教以動中國《詩‧殷其靁》正義引作"國中"，是。之人也，故謂之震。人君有善聲教，則嘉會之禮通矣。

[釋曰] "震"，動也，動萬物者莫疾乎雷。乾陽發育萬物，猶人君以政教鼓動國中之人，嘉會之禮所由通也，故"亨"。

震來虩虩，

虞翻曰：臨二之四，天地交，故"通"。"虩虩"，謂四也，來應初，初未不重"初"字。命四變而來應已。四失位多懼，故"虩虩"。之内曰"來"也。

補　馬融、鄭康成曰："虩虩"，恐懼貌。《釋文》。

陸希聲曰："虩"，蠅虎，始在穴中，跳躍而出，象人心之恐動也。《撮要》。

"虩虩"，荀作"愬愬"。《釋文》。

釋曰　六子皆以乾坤二五相索，其在六十四卦，又從爻變消息，張義。故震取臨二之四。陽息至二，動出地上，天地交，萬物通，故"亨"。"震來"，動來也，四失位，動來復正應初，虩虩然恐懼，懼其失而反則也。雷動，物皆驚懼。懼者，人心之動，所以使不正者正，故卦爻辭皆取動而懼之義。

笑言啞啞。

虞翻曰："啞啞"，笑且言，謂初也。得正有則，故"笑言啞啞，後有則也"。

補　馬融曰："啞啞"，笑聲。

鄭康成曰："啞啞"，樂也。

"言"，亦作語。並《釋文》。

《説文》："啞"，笑也，《易》曰"笑言啞啞"。

釋曰　初得正，四變有應，故"笑言啞啞"。震之道，惟動來虩虩然恐懼，其後乃笑言啞啞然而樂。震雷出地，萬物震驚，生幾乃遂。人君發號施令，臨事而懼，則始於憂勤，終於逸樂，是震之亨也。

震驚百里，不喪匕鬯。

虞翻曰：謂陽，句。從臨二。陰爲百二十，舉其大數，故當震百里也。坎爲棘匕，上震爲“鬯”，坤爲“喪”，二上之坤成震體坎，得其匕鬯，故“不喪匕鬯”也。

鄭玄曰：雷發聲聞于盧、周作“於”。百里，古者諸侯之象。諸侯出教令，能警戒其國内，則守其宗廟社稷爲之祭主，不亡匕與鬯也。人君於祭之禮，匕牲體薦鬯而已，其餘不親也。升牢於俎，君匕之，臣載之。“鬯”，秬酒，芬芳條朱作“修”，盧作“脩”。鬯，因名焉。

<u>補</u>　鄭康成曰：“驚”之言“警”，戒也。《詩正義》。

陸績曰：匕者棘匕，橈鼎之器。

先儒云：雷之發聲，聞乎百里，故古帝王制國，公侯地方百里，故以象焉。又云：匕形似畢，但不兩岐耳，以棘木爲之，長二尺，刊柄與末，《詩》云“有捄棘匕”是也。用棘者，取其赤心之義。並《正義》。

後漢酈炎對問，問者曰：古者聖人封建諸侯皆百里，取象於雷，何取也？炎對曰：《易》震爲雷，亦爲諸侯，雷震驚百里。曰：何以知之？炎曰：以其數知之。夫陽動爲九，其數三十六，陰靜爲八，其數三十二，震一陽動，二陰靜，故曰百里。

《說文》：鬯，以秬釀鬱屮，芬芳攸服當爲“條暢”。以降神也。從凵，凵，器也，中象米，匕所以扱之。《易》曰“不喪匕鬯”。

<u>釋</u>　臨陽方息時，復坤有五陰，陰爻二十四，五爻故百二十，舉大數，故“百里”。以陽震陰，坤方爲里，張義。酈說據三畫卦言，《彖》注所謂“震爲百也”。諸侯有善聲教，能警戒其國境之内，所謂“大畏民志”，如是則可以守宗廟社稷爲祭主而大无喪矣，此亨之成也。張

氏曰："震來虩虩，以恐致福，乃可以震驚百里而守匕鬯。"

《象》曰：震亨。震來虩虩，恐致福也。

虞翻曰：懼變承五應初，故"恐致福也"。

釋曰 "震亨"，言震則有亨道，如下文所云也。陽爲"福"，四既懼變復正，則五陽動出，四承五而應初，陽功將濟矣，故"恐致福"。先王之明德無不懼也，是以動則有成。

笑言啞啞，後有則也。

虞翻曰："則"，法也，坎爲"則"也。

釋曰 張氏曰："坎則，謂四。'後'，謂初。四應初，故初'笑言'。"案："則"，如"乃見天則"之"則"。初正四應，既濟之道有則，即所致之福。臨事而懼，動无不中，則順帝之則，鮮不爲則矣。

震驚百里，驚遠而懼邇也。

虞翻曰："遠"，謂四，"近"，謂初，震爲"百"。謂四出驚遠，初應朱作"動"。懼朱衍"之"字。近也。

釋曰 雷震百里，遠近皆聞。人君出教令善，遠者被其警戒，近者畏服尤深，德威惟畏，誠無不動也。陽出之四，驚遠也。在初得應，懼邇也。朱本作"初動"，謂初息時，驚遠懼邇，重卦之義。

出可以守宗廟社稷以爲祭主也。

虞翻曰：謂朱、盧作"爲"。五出之正，震爲"守"，艮爲"宗廟社稷"，長子朱脫"子"字。主祭器,故此下朱衍"以祭主器故"五字。"以爲祭主也"。

干寶曰:周木德,震之正象也,爲殷諸侯。殷諸侯之制,其地百里,是以文王小心翼翼,昭事上帝,聿懷多福,厥德不回,以受方國,故此字似衍。以百里而臣諸侯也。爲諸侯,故主社稷,爲長子而似當爲"故"。爲祭主也。祭禮薦陳甚多,而經獨言"不喪匕鬯"者,匕朱誤"上"。牲體,薦鬯酒,人君所自親也。

補 王肅曰:在有靈而尊者,莫若於天;有靈而貴者,莫若於王;有聲而威者,莫若於雷;有政而嚴者,莫若於侯。是以天子當乾,諸侯用震,地不過一同,雷不過百里。政行百里,則匕鬯亦不喪。祭祀,國家大事,不喪,宗廟安矣。處則諸侯執其政,出則長子掌其祀。《御覽》。

釋曰 "出",如"帝出乎震"之"出",四變應初則五出而震將濟矣。"守宗廟社稷爲祭主",正釋"不喪匕鬯"之義。王肅以"出"屬諸侯,"爲祭主"屬長子。姚氏曰:"'出',出疆之政,謂四。'守宗廟社稷爲祭主',謂初也。《易》卦初爲元士,四爲諸侯,震四,諸侯也,初則諸侯世子也。天下无生而貴者,故世子亦居士位,此與乾五天子二爲世子同義。世子,君之貳,君行則守。此云'出可以守宗廟社稷以爲祭主',則諸侯出疆,或缺一時之祭,世子主之矣。"案:姚說有理,然與"震驚百里"二句不甚貫,殆非也。

《象》曰:洊雷,震。君子以恐懼脩周作"修",注同。省。《釋文》:洊,在薦反,徐又在悶反。

虞翻曰:"君子",謂臨二,二出之坤四,體以脩身,坤爲"身"。二之四,以陽照坤,故"以恐懼脩省"。老子曰:脩之身,德乃真也。

釋曰 "洊",重也,雷聲相續不已,驚遠懼邇,天威震動也。畏天之威,于時保之,君子法洊雷之象,常存敬畏,故"以恐懼脩省"。臨二之四,體復初以脩身,又以失正動來虩虩也。

初九:震來虩虩,後笑言啞啞,吉。

虞翻曰:"虩虩",謂四也。初位在下,故"後笑言朱誤"言後笑"。啞啞",得位,故"吉"朱誤"吉故"。也。

干寶曰:得震之正,首震之象者。"震來虩虩",羑里之厄也;"笑言啞啞",後受方國也。

釋曰 初,震之主,舉全卦之義,故辭與卦同。《易》逆數,自下向上,上爲前,下爲後,故初,始也,而其位在後。震之道,震來虩虩,其後乃笑言啞啞。初得正,諸爻皆由此以正,故"吉"。

《象》曰:震來虩虩,恐致福也。

虞翻曰:陽稱"福"。

笑言啞啞,後有則也。

虞翻曰:得正,故"有則也"。

釋曰 《經》云"後笑言啞啞",故《彖》、《象傳》皆云"後有則"。得正,故四來應而諸爻各正,協乎天則。

六二:震來厲,億喪貝,《釋文》:億,於其反。喪,息浪反。躋于盧、周作"於"。九陵,勿逐,七日得。

虞翻曰:"厲",危也,乘剛故"厲"。"億",惜辭也。坤爲"喪",三

動離爲嬴蚌,故稱"貝"。在艮山下,故稱"陵"。震爲足,足乘初九,故
"躋于盧、周作"於"。九陵"。震爲"逐",謂四已體復象,故"喪貝勿
逐"。三動時,離爲日,震數七,故"七日得者"也。

補　"億",本又作"噎"。

鄭康成曰:十万曰億。於力反。

"躋",本又作"隮"。

荀讀"喪"如字,"貝"音敗。並《釋文》。

釋曰　二得位,在震懼家,故取乘剛先喪後得之義。震來厲,言
動來危厲,發號出令,不可不慎也。"億喪貝,躋于九陵",虞讀"億"爲
"噎","貝"喻財用,"九陵"言遠,勞費已多而去成功遠,故歎惜也。
"勿逐,七日得",無欲速,無見小利,臨大震懼,務持其正,始雖喪,終
必復也。鄭云"十万曰億",數之大者,故六五傳曰"大无喪",以"大"
訓"億",猶"万"爲"大"名也。荀讀"喪"如字,"貝"音敗,葢謂動來危
厲,歎恨死喪敗北之禍。履於危地,能安靜自正,則不遠而復,義亦
通。但喪得兩文,上下相應,此爻與既濟六二辭極相似,則諸家讀
爲是。

《象》曰:震來厲,乘剛也。

干寶曰:六二木爻,震之身也。得位无朱作"旡"。應而以乘剛爲
危,此託文王積德累功,以被囚爲禍也,故曰"震來厲"。"億",歎辭
也。"貝",寶貨也,産乎東方,行乎大塗也。此以喻紂拘文王,閎夭之
徒乃於江淮之浦求盈箱之貝而以賂紂也,故曰"億喪貝"。貝水物而
方升於朱作"于"。九陵,今雖喪之,猶外府也,故曰"勿逐,七日得"。

"七日得"者,七年之日也,故《書》曰"誕保文武受命惟七年",是也。

{釋曰} 此經下注,李移於此以備一義。震東方木,六二庚寅,寅爲木,是卦之本身。周木德,故以文王事言之。然以閎夭所求江淮閒"盈箱之貝"當經之"貝",以"行乎大塗"釋"躋九陵",既近附會。云"今雖喪之,猶外府",則尤失文王至誠事殷爲臣止敬之意矣。爻辭雖出周公,聖人立言垂教,必不如此。文王受命,七年而崩,去克商尚遠,何云"七日得"?且既濟"婦喪其茀,七日得",又何以解之乎?令升此言,實爲百慮之一失,違經乖義,不敢不辯。傳曰"乘剛"者,二乘剛,故曰"震來厲",先喪而後能得也。

六三:震蘇蘇,震行无眚。《象》曰:震蘇蘇,位不當也。

虞翻曰:死而復生稱"蘇",三死坤中,動出得正,震爲生,故"蘇蘇"。坎爲"眚",三出得正,坎象不見,故"无眚"。《春秋傳》曰:"晉獲秦諜,盧作"諜"。六日而蘇也。"

{補} 馬融曰:"蘇蘇",尸禄素餐貌。

鄭康成曰:"蘇蘇",不安也。

王肅曰:"蘇蘇",躁動貌。並《釋文》。

{釋曰} 震爲反生,三失位,震動不自安而反諸正,如物死而復生,蟄而得蘇,動行无災眚矣。馬云"尸禄素餐",謂動之而委靡不動者,必震道行乃无眚,謂振靡警惰也。

九四:震遂泥。《釋文》:泥,苟音乃低反。案:虞亦然。

虞翻曰:坤土得雨爲泥,位在坎中,故"遂泥"也。

補　“遂”，荀作“隊”。《釋文》。

李奇曰：“震遂泥”者，泥溺於水，不能自拔。《漢書·五行志》注。

釋曰　姚氏曰：“遂，進也。本在坎中，進之五亦體坎，陽爲陰揜，故《象》曰‘未光’，此雲雷屯而未能即發者也。”案：陽初出地，仍有屯象，故動而進在泥。雷始發聲時，猶雨雪載塗，經綸艱難，非一日可濟也。荀作“隊”者，謂陰墜。物初發生，每有夭閼墮落之慮，故以動墜泥爲懼。

《象》曰：震遂泥，未光也。

虞翻曰：在坎陰中，與屯五同義，故“未光也”。

六五：震往來厲，

虞翻曰：“往”，謂乘陽，“來”，謂應陰，失位乘剛，故“往來厲”也。

釋曰　五失位，往在外則乘剛，來而之内則无應涉險，故動行往來皆厲。天下事將濟未濟之時，跋前躓後，動皆危境也。

億无喪有事。

虞翻曰：坤爲“喪”也。“事”，謂祭祀之事。出而體隨，王享于西山，則可以守宗廟社稷爲祭主，故“无喪有事”也。

釋曰　坤爲喪，虞讀“億”爲“噫”，懼其喪之詞也。惟懼其喪，故能无喪。五雖失位履危，而行事得中，兢兢業業，思保守其宗廟社稷，故陽出正位而无喪。坤爲“事”，五體坤得中，陽從坤出，坤爲陽所有，故“有事”，謂保有其事業也。五出則成隨，由是四變三正成既濟，鄭訓“億”爲“大”，大无喪，既濟六爻皆得也。

《象》曰：震往來厲，危行也。

虞翻曰：乘剛山頂，故"危行也"。

釋曰 乘剛與二同，五惟失位乘剛，故无應。

其事在中，大无喪也。

虞翻曰：動出得正，故"无喪"。

上六：震索索，視矍矍，《釋文》：視，如字，徐市志反。矍，俱縛反，徐許縛反。

虞翻曰：上謂四也。欲之三隔坎，故"震索索"。三已動，應在離，故"矍矍"者也。

補 馬融曰："索索"，內不安貌。"矍矍"，中未得之貌。

鄭康成曰："索索"，猶縮縮，足不正也。"矍矍"，目不正。並《釋文》。

釋曰 上以四未之五得中，之三則歷四坎，且无應，故動而足不能正行索索然。三已動則體離，三、上應相視，今四未之五、三未動，離象未成，故視不能正矍矍然，皆恐懼貌。馬云"中未得之貌"，謂中心未得。四之五正中體坎心，上與同體，則中得矣。

征凶。震不于其躬，于其鄰，无咎。婚媾有言。

虞翻曰：上得位，震爲"征"，故"征凶"。四變時，坤爲"躬"。"鄰"，謂五也，四上之五，震東兌西，故稱"鄰"。之五得正，故"不于其躬，于其鄰"。句。"无咎"，謂三已變，上應三。震爲言，故"婚媾有言"。

　　釋曰　上得位，震性動行，四未之五，三未動，上之三則應未得而反見失正，故"征凶"。四變，上體坤爲"躬"，上本得位，故"震不于其躬"。四上之五，在隨兌位，又本自臨兌成震，震東兌西稱"鄰"。五既正，上以乘剛爲懼，故"于其鄰"。畏鄰而戒懼如是，故"无咎"。終得三應，陰陽得正爲"婚媾"，"言"，謂相親之言，此虞義也。愚謂四當之五成既濟，日東月西稱"鄰"，"鄰"，謂四也。四未之五，震未能濟，故上震索索，凶不由上而由四也。畏鄰之失正多懼而戒，靜以自正，待時而濟，故"无咎"。

《象》曰：震索索，中未得也。

　　虞翻曰：四未之五，故"中未得也"。

雖凶无咎，畏鄰戒也。

　　虞翻曰：謂五正位，己乘之逆，"畏鄰戒也"。

艮

《序卦》曰：物不可以終動，朱衍"動必"二字。止之，故受之以艮。艮者，止也。

　　崔憬曰：震極則"征凶，婚媾有言"，當須止之，故言"物不可以終動止之"矣。

【釋曰】崔本王弼義，以"婚媾有言"爲相疑之言。愚謂動靜相須，震卦爻辭皆有恐懼之意，則能以靜制動而不失所止矣。動極必止，物理自然，故艮次震。

☶ 艮下艮上 **艮其背**，《釋文》：背，必内反，徐甫載反。

鄭玄曰：艮爲山，山立峙各於其所，无相順之時，猶君在上，臣在下，恩敬不相與通，故謂之艮也。

【補】鄭康成曰：艮之言很也。《釋文》。

【釋曰】《説文》："𥃩，隸變作"艮"。很也，從匕目。""匕"者，相比，言人張目相比較，不相順下，乖很固止一偏之意。卦象山，其德爲止，兩山各峙其所，上下不相應，故名艮。取"很"義以顯止象，其意則惟在於止。"艮其背"，背在身之後，止於所不見也。艮從匕目，目相向不相下，故"很"。"艮其背"，則各止所止而無很矣，故"不獲其身"，謂忘我也，即"行其庭亦不見其人"，謂忘物也。動靜皆止，止得其所故也。

不獲其身，行其庭，不見其人，无咎。

虞翻曰：觀五之三也。艮爲多節，故稱"背"。觀坤爲"身"，觀五之三折坤爲"背"，故"艮其背"。坤象不見，故"不獲其身"。震爲行人，艮爲"庭"，坎爲隱伏，故"行其庭，不見其人"。三得正，故"无咎"。案：艮爲門闕，今純艮重其門闕，兩門之間，庭中之象也。

【釋曰】程《傳》曰："人之所以不能安其止者，動于欲也，故艮之道當艮其背，所見在前而背乃背之。止于所不見，則无欲以動其心而止乃安。'不獲其身'，謂忘我也，'行其庭，不見其人'，謂不交于物也。"朱子曰："艮其背而不獲其身者,止而止也。行其庭而不見其人者,行而止也。"

《彖》曰:艮,止也。

虞翻曰:位窮於上,故"止也"。

釋曰 乾陽交坤,至上而極,故其德爲止。

時止則止,時行則行,

虞翻曰:"時止",謂上,陽窮上,朱、盧作"止"。故"止"。"時行",謂三,體處或當爲"震",讀謂"三體震"句。震爲"行"也。

釋曰 止非徒止而已,當止則止,當行則行,惟其時,時者,中也。君子時中,仕止久速,各當其可,止於至善,惟聖者能之。"艮",止也,而曰"時止時行"。"恒",久也,而曰"利有攸往"。此君子之立不易方,思不出位,所以異乎執一廢百者也。

動靜不失其時,其道光明。

虞翻曰:"動",謂三,"靜",謂上,艮止則止,震行則行,故"不失時"。五動,成離,故"其道光明"。

釋曰 "動靜不失其時",無私己逐物之蔽,體乾德靜專而動直,故"其道光明"。張氏曰:"五動,時行也。"

艮其止,止其所也。

虞翻曰:謂兩象各止其所。

补　孔穎達曰：易背爲止，以明背者，無見之物，即是可止之所也。“艮其止”，是止其所止也。

釋曰　“艮其背”，艮之道也，所以“不獲其身，行其庭而不見其人”，皆由之。艮爲背、爲止，背在後，己所不見，不見則止，故傳即以“止”釋“背”。兩象皆艮，是各止其所。張氏曰：“明背是三才卦象，非九三一爻。”案：觀上之三，則上下皆艮，艮爲背，兩象相背，上下敵應，各止其所矣。

上下敵應，不相與也。

虞翻曰：“艮其背”，背也，兩象相背，故“不相與也”。

釋曰　“艮其背”，相違背，故上下敵應八純所同，而傳獨於艮著之，此以重卦申“艮其背”之義。

是以不獲其身，行其庭不見其人，无咎也。

案：其義已見繇失、周作“繇”。辭也。

《象》曰：兼山，艮。君子以思不出其位。

虞翻曰：“君子”，謂三也，三，君子位。震爲“出”，坎爲隱伏、爲“思”，故“以思不出其位”也。

釋曰　“思”，心之動也，不出其位則動各止其所，无動非静也。《孝經》言“思可道，行思可樂，進思盡忠，退思補過”，《論語》“君子九思”，皆是。

初六:艮其趾,无咎,利永貞。

虞翻曰:震爲"趾",故"艮其趾"矣。失位變得正,故"无咎永貞"也。

補 "趾",荀作"止"。《釋文》。

釋曰 姚氏曰:"震反成艮,故'艮其趾'。"案:"艮其趾",止於動之初也,未至失所而止之,故不至以失位爲咎而能永貞。

《象》曰:艮其趾,未失正也。

虞翻曰:動而得正,故"未失正也"。

六二:艮其腓,不拯其隨,其心不快。

虞翻曰:巽長爲股,艮小爲腓,"拯",取也,"隨",謂下二陰。艮爲止,震爲動,故"不拯其隨"。坎爲"心",故"其心不快"。

補 "腓",本又作"肥"。《釋文》。

"拯",《釋文》作"承"。音拯救之拯。

馬融曰:"承",舉也。《釋文》。

或本"拯"作"抍"。《漢上易》。

釋曰 三坎爲心,初趾二腓,皆隨心而動止者。君子黃中通理,暢於四支,發於事業,則耳目手足之欲,不待止而自退聽。或行或止,惟所取之,無不隨而得正。天君泰然,百體從令,何快如之。三艮限裂賣强制其心以止其體,不能取其隨以時行,故"其心不快"。"腓"或作"肥"者,謂五失位,二止未應。

《象》曰：不拯其隨，未違聽也。

虞翻曰：坎爲耳，故"未違聽也"。

補　"違"，諸家《易》本皆作"退"。

釋曰　《釋文》不出諸家異文，《集解》"違"字或傳寫之誤。"未退聽"，未能使四體不言而喻也。或曰，需《象傳》曰"順以聽"，"違聽"即順聽之反。體本隨心，未嘗"違聽"，心自不能運用各當，動靜無失耳。

九三：艮其限，裂其夤，朱作"夤"，从夕，非。厲熏心。《釋文》：夤，引真反，徐又音胤。

虞翻曰："限"，要朱作"脊"。帶處也，坎爲"要"，五來之三，故"艮其限"。"夤"，脊肉，艮爲背，坎爲脊，艮爲手，震起艮止，故"裂其夤"。坎爲"心"，"厲"，危也，艮爲"閽"，"閽"，守門人，坎盜動門，故"厲閽心"。古"閽"作"熏"字，馬因言"熏灼其心"，未聞《易》道以坎水熏灼人也。荀氏以"熏"爲"動"，讀朱本作"或誤"二字。作"動"，皆非也。

補　馬融曰："限"，要也。"夤"，夾脊肉也。《釋文》。

鄭康成、荀爽曰："限"，要也。《釋文》。

"裂"，今本作"列"，或説孟、一行作"裂"。《晁氏易》。

"夤"，鄭作"臏"，荀作"臀"，曰：互體有坎，坎爲臀。《釋文》。或説孟、京、一行作"胂"。《晁氏易》。

"閽"，諸家作"薰"，馬、荀作"熏"。荀以"熏"爲"動"，讀作"動"，虞注。曰：互體有震，震爲動。《釋文》。或説孟、京、王作"熏"，《子夏》作"薰"。王肅曰：熏灼其心。《漢上易》。

《韓詩外傳》"夤"作"腜"，"厲"作"危"，曰：孔子曰："口欲味，心欲佚,教之以仁。心欲兵,身惡勞,教之以恭。好辨論而畏懼,鼓之以勇。目好色,耳好聲,教之以義。《易》曰'艮其限,列其夤,危薰心',《詩》曰'吁嗟女兮,無與士耽',皆防邪禁佚,調和心志。"

《説文》:艮,很也,从匕目。匕目,猶目相匕,不相下也。《易》曰"艮其限"。

釋曰　張氏曰:"三當時行,猶人之要限,《内經》謂之天樞。人身上下之氣所交,于此而止焉,猶下起而上掣之,'裂其夤'矣。'行庭不見其人'者,内外各得也。三止則外固拒而内不安,猶盜在門而闇心危矣,此告子之不動心也。"案:限無可艮之道而艮之,如人有戾疾,上下氣隔不通,張脈僨興,故"裂其夤"。"裂",如"張目裂眥"之"裂",張滿分背,如手裂物然。故《説文》以"很"訓"艮",不引"艮其背"而引"艮其限",止失其宜則至於很也。諸家作"列",古今字。"夤"從肉,①非從夕之"夤",鄭作"臏",實一字,蓋《説文》"胂"字異體也,或叚朋爲之。荀作"臀"者,氣塞下陷,臀如裂然。止非所止,其乖很如是,心之危常如盜在門然,故危闇心。古"薰"、"闇"字通,如光禄勳主公門,勳之言"闇"。諸家作"薰",馬作"熏",訓"熏灼"。姚氏曰:"《内經》有'君火''相火'之稱。初之正,體離在坎下,水中之火也,故'薰心'。虞以馬爲非,似失之。乾坤以日月戰陰陽,水火竝居,水之中未嘗无火。'列',分解也,艮限列臏,故'厲薰心',《詩》云'憂心如薰'。"荀轉"熏"爲"勳",以爲"動"之誤字。諸家字訓不同,皆以止失其所言,《韓詩》説則以爲止得其所。"艮其限",蓋謂堅束其帶也。"列其臏",

①　點校案:"從肉"之"從",當作"从"。

"列",猶岅也,謂竦立其脊也,皆矜嚴自止之貌。"厲薰心","厲"作"危",以嗜欲之薰心爲危而戒之也,別一義。

《象》曰:艮其限,危薰心也。

虞翻曰:坎爲心,坎盜動門,故"危薰心也"。

六四:艮其身,无咎。

虞翻曰:"身",腹也,觀坤爲"身",故"艮其身",得位承五,故"无咎"。或謂妊朱作"姙"。身也,五動則四體離婦,離爲大腹,孕之象也,故"艮其身"。得正承五而受陽施,故"无咎"。《詩》曰:"大任有身,生此文王也。"

釋曰　"艮其身",非禮勿動,思不出位也。得正,五出承之,故"无咎"。姚氏曰:"四本得位,故'无咎',《象》曰'止諸躬,不願乎外也'。"虞以"身"爲"腹",學問道德蘊蓄於中者深厚也。或説"妊身",五正乾元,四坤凝之,故"止諸躬",君子虛中受善凝道於身亦然。

《象》曰:艮其身,止諸躬也。

虞翻曰:艮爲"止",五動乘四則妊朱作"任"。身,故"止諸躬也"。

釋曰　"乘四",據四也。陽在陰上曰"據",陰在陽上曰"乘",散文或通稱。

六五:艮其輔,言有孚,悔亡。

虞翻曰:"輔",面頰骨上頰車者也。三至上體頤象,艮爲止,在坎車上,故"艮其輔"。謂輔車相依。震爲"言",五失位,"悔"也,動得正,故"言有孚,悔亡"也。

補　"孚",諸家作"序"。

釋曰　《説文》"輔,人頰車也",故取車象。《左傳》"輔車相依",則謂䩉與頰車相依。"輔"、"䩉"古通用,"䩉",面旁也。"䩉有車",是謂輔。"艮其輔",慎言也。虞作"孚",陽在二、五稱孚,言必忠信也。諸家作"序",言有條理也,義並通。君子所居而安者,《易》之序也,卦爻陰陽各有次序,褢而不越。五失位,之正當理,故"言有序"。

《象》曰:艮其輔,以中正也。

虞翻曰:五動之中,故"以正中也"。

釋曰　"之中",當爲"之正"。虞注"中正"作"正中",疑虞本《傳》文如是,與"躬""終"韻協。庸言之謹,以正其中也。

上九:敦艮,吉。

虞翻曰:无應靜止,下據二陰,故"敦艮吉"也。

釋曰　"敦",厚也。艮道陽止於上,上陽據陰,體坤德之厚。无應靜止,物莫能動,故"敦艮"。《書》曰"安汝止",《詩》曰"敬止",皆"敦艮"之義。止之極,則天地位而萬物各正,既濟之道,故"吉"。

《象》曰:敦艮之吉,以厚終也。

虞翻曰:坤爲厚,陽上據坤,故"以厚終也"。

釋曰　止難於有終,敦艮之吉,以能厚於終也。

卷第十一

漸

《序卦》曰：物不可以終止，故受之以漸。漸者，進也。

崔憬曰：終止雖獲敦艮，時行須漸進行，故曰"物不可終止，故受之以漸。漸者，進也"。

〔釋曰〕止久必行，靜極則動，故漸次艮。

☰☷ 艮下巽上 漸。女歸吉，利貞。

虞翻曰：否三之四。"女"，謂四，"歸"，嫁也。坤三之四承五，進得位往有功，反成歸妹，兌女歸吉。初、上失位，故"利貞"，可以正邦也。

〔補〕《京氏傳》曰：巽下見艮，陰長陽消，柔道將進。上木下土，風入艮象，漸進之象也。互體見離，主中文明，九五得位，原有衍誤字，今正。進道明也。

〔釋曰〕"漸"，進也，由漸而進，義莫著於女歸，男先於女，六禮備乃行。四體離爲女，否三之四承五，實五使之與三易位。《襟卦》曰"女歸待男行"，是漸義，女歸以漸，則得位陰陽道正，故"吉"。此反消爲息反否爲泰之始，由是初正成家人，三權變受上成既濟，家道正可以正邦，故"利貞"。虞以漸者女歸之始，反成歸妹，巽成兌，兌女待艮男體震行乃歸。所謂漸，由漸而成歸妹，如漸之義，得正承陽則吉。女歸取歸妹，吉仍主漸言。京云"陰長陽消，柔道將進"，漸本否消卦也。風入山，土長木，漸進之義。九五得位，使陰進承陽，則反消爲息之道，《彖》曰"其位剛得中"，謂五也。

《彖》曰：漸之進也，女歸吉也。

虞翻曰：三進四得位，陰陽體正，故吉也。

補　"女歸吉也"，王肅本作"女歸吉，利貞"。《釋文》。

釋曰　漸與晉皆進，而所以爲進者異，故言"漸之進"以別於晉之直言"進"。由漸而進，是女歸之吉也。王肅本憑臆妄改，大失傳旨，謬甚。

進得位，往有功也。

虞翻曰："功"，謂五，四進承五，故"往有功"。巽爲"進"也。

進以正，可以正邦也。其位，剛得中也。

虞翻曰：謂初已變爲家人，四進已正而上不正，三動成坤爲"邦"，上來反三。故"進以正，可以正邦，其位剛得中"，與家人道正同義。三在外體之中，故稱"得中"，乾《文言》曰"中不在人"，謂三也，此可謂上變朱脫"上變"二字。既濟定者也。

釋曰　四進以正，陰陽相承，家道正則可以正邦。初正成家人，三權變坤爲邦,上之三正坤,故"可以正邦"。此九五之用,正倫理以端化原,舉賢才以成治道,惟剛中正履尊位者能之,故曰"其位剛得中也"。塞《象》曰"當位貞吉,以正邦也",與此同義。虞以"剛得中"爲三,引乾《文言》爲證。然《文言》"中不在人","中"兼三、四言,猶上兼五上,下兼初二,"中"對上下之稱,非以在外體之内而謂之中。且《象》言"中"者皆謂二、五,節、中孚《象》皆云"剛得中",足以明之矣,虞義似失之。張氏曰:"乾三體復初乾元,故稱'中'。"此君子行權得乾三之中。故稱"中",非在内體即稱中,然終與《象》例不合。

止而巽,動不窮也。

虞翻曰:"止",艮也。三變震爲動,上之三二字朱誤倒。據坤動震成坎,坎爲通,故"動不窮"。往來不窮謂之通。

[釋曰]　"止而巽",其入以漸,故"動不窮"。漸民以仁,摩民以義,節民以禮,五之所以正邦在此。三之居賢德善俗,四之進以正,皆此道。

《象》曰:山上有木,漸。君子以居賢德善俗。

虞翻曰:"君子",謂否乾,乾爲"賢德",坤陰小人柔弱爲"俗"。乾四之坤,爲衍字。艮爲"居",以陽善陰,故"以居賢德善俗"也。

[補]　侯果曰:賢者德成之名,德是資賢之實也。《口訣義》。

"善俗",王肅作"善風俗"。《釋文》。

《法言》:或問"進",曰:水。或曰:爲其不舍晝夜與?曰:有是哉!滿而後漸者,其水乎! 或問"鴻漸",曰:非其往不往,非其居不居,漸猶水乎！請問"木漸"，曰：止於下而漸於上者，其木也哉！亦猶水而已矣。《學問》文。

> 釋曰 木止於下而浸長於上，因山而益高，故爲漸。"賢德"，《繫》所謂"賢人之德"，寬以居之，深造之以道，自得之，居之安，資之深，此居賢德以漸也。君子居是國，其子弟從之，則孝弟忠信，薰其德而善良焉，此善俗以漸也。王肅本有"風"字，亦妄增。

初六：鴻漸于干，小子厲，有言无咎。

虞翻曰："鴻"，大雁朱、盧作"雁"。也，離五"鴻"。"漸"，進也，小水從山流下稱"干"，艮朱脫"艮"字。爲山、爲小徑，坎水流下山，故"鴻漸于干"也。艮爲小子，初失位，故"厲"。變得正，三動受上二字疑衍。成震，震爲"言"，故"小子厲，有言无咎"也。

> 補 鄭康成曰："干"，謂大水之旁故停水處。《詩·斯干》正義。

荀爽曰："干"，山閒澗水也。

王肅同。

陸績曰：水畔稱"干"。

翟玄曰："干"，涯也。並《釋文》。

> 釋曰 "鴻漸于干"，喻士始進。"小子"，謂始進年少者，《詩》曰"小子有造"。失位，故"厲"。初正三變，震爲言，"初得正"，故雖有言而无咎。士進身之始，寧靜淡泊，無懷利躁進之心，動必以正，則讒謗自息，可進而有爲矣。虞云"離五鴻"者，張氏曰："鴻，飛不獨，行有次列者也。"五爲鴻，與五爻並漸也，或"離五鴻"，當作"離爲鴻"。

《象》曰：小子之厲，義无咎也。

虞翻曰：動而得正，故"義无咎也"。

■釋曰 始進者之遭疑沮，乃事勢之常。自正無躁進之失，則言自息危自安矣，故"義无咎也"。

六二：鴻漸于磐，飲食衎衎，吉。

虞翻曰：艮爲山石，坎爲聚，聚石稱"磐"。初已之正，體噬嗑食，坎水陽物，並在頤中，故"飲食衎衎"。得正應五，故"吉"。

■補 馬融曰：山中石磐紆，故稱"磐"也。《正義》。"衎衎"，饒衍。《釋文》。

王肅曰："衎衎"，寬饒之貌。《文選》左太沖《魏都賦》注。

■釋曰 初山下稱"干"，二山中稱"磐"，二在初上，鴻飛漸高，故"進于磐"。二爲大夫，中正有應，服官政，行道以稱其祿位，故"飲食衎衎，吉"。虞云"坎水陽物"者，三體坎爲水，陽爲物，在初與五之間，頤中有物，故象"飲食"也。"衎"，樂也，《詩》曰："嘉賓式燕以衎"。

《象》曰：飲食衎衎，不素飽也。

虞翻曰："素"，空也，承三應五，故"不素飽"。

■釋曰 姚氏曰："《詩》曰'彼君子分，不素餐分'，言有功乃食祿也。素飽則不安，貪而畏人，《詩》所謂'碩鼠'者矣。"

九三：鴻漸于陸，

虞翻曰：高平稱"陸"，謂初已變，坎水爲平，三動之坤，故"鴻漸于陸"。

補 馬融曰:山上高平曰"陸"。《正義》。

釋曰 三體艮山爲高,坎水爲平,變坤爲土,土高而平稱陸。虞據已變言,謂平原也。馬據未變言,三在艮山上也。鴻由磐而出之陸,人居高位動而用事之象。

夫征不復,

虞翻曰:謂初已之正,三動成震,震爲"征"、爲"夫",而體復象。坎陽死坤中,坎象不見,故"夫征不復"也。

補 鄭康成説:九三上與九五互體爲離,離爲大腹,孕之象也。又互體爲坎,坎爲丈夫,坎爲水,水流而去,是"夫征不復"也。夫既不復,則婦人之道顛覆,故孕而不育。《禮記·郊特牲》正義,不言鄭注文,然必是鄭義。

釋曰 三坎爲夫,四離爲婦,四乘剛,消道,故著陽消陰无所麗之象。"夫征不復",三動失正,上未即反也。鄭君説"坎水流去",與虞云三變義同。

婦孕不育,凶。

虞翻曰:"孕",妊朱作"姙"。娠也,"育",生也。巽爲婦,離爲孕,三動成坤,離毀失朱誤"夫"。位,故"婦孕不育,凶"。

補 鄭康成曰:"孕",猶娠也。

"孕",荀作"乘"。並《釋文》。

釋曰 荀作"乘"者,言婦乘夫,不能正家而長育子孫,故"凶"。

利 “利”下盧、周有“用”字。禦寇。

虞翻曰：“禦”，當也，坤爲“用”，巽爲高，艮爲山，離爲戈兵甲胄，坎爲寇。此下朱本有“震”字。寇自上禦下，三動坤順，坎象不見，故“利用禦寇，順相保”，保大也。

補 史徵本“利”下有“用”字。

釋曰 陽消失止，陰迷无主，其凶如是，寇之所乘。然漸自否來，實五以陽正陰，使陰承陽。三互坎體艮，坎爲寇，艮止爲禦，寇在此，禦寇即在此。五用三艮禦坎寇，使坎變成坤爲順，故“利禦寇”。此轉消爲息正邦之漸，故虞引《左傳》“保大定功”以證“順相保”之義。

《象》曰：夫征不復，離羣醜也。

虞翻曰：坤三爻爲“醜”，物三稱“羣”也。

補 鄭康成曰：“離”，猶去也。《釋文》。

釋曰 陽爲陰所宗，三在坤三爻之中，“夫征不復”。動失位，離去其羣類，言失眾无以庇羣陰也。或讀“離”爲“麗”，言三變坤入陰類。

婦孕不育，失其道也。

虞翻曰：三動朱誤重一“動”字。離毀，陽隕坤中，故“失其道也”。

利用禦寇，順相保也。

虞翻曰：三動坤順，坎象不見，故以“順相保也”。

六四：鴻漸于木，或得其桷，无咎。

虞翻曰：巽爲木，“桷”，椽也，方者謂之桷。巽爲交，爲長木，艮爲小木，坎爲脊，離爲麗，小木麗長木，巽繩束之，象脊之形，椽桷象也，故“或得其桷”。得位順五，故“无咎”。四已承五，又顧得三，故“或得其桷”也矣。

〔補〕　馬融、陸績曰：“桷”，榱也。

翟玄曰：方曰桷，“桷”，椽也。並《釋文》。

〔釋曰〕　山上有木爲漸，五體巽木，在山上居高，漸之所在。四承五，鳥則擇木，故“鴻漸于木”，女歸士仕之象。“桷”，孔氏謂木枝易直堪爲桷者，蓋平柯也。艮小木麗巽長木，體坎有脊形，是屋椽桷之象。鴻之性不木止，或得平柯而棲之則安。四已承五，又顧得三，故著得桷之象。“桷”，謂三，喻得所也。四承五則自據三，巽而得止，高而不危，故“无咎”。四順五則不以乘剛爲咎也，此與九三以三四坎離象夫婦義不相蒙，故言“或”。蓋以三、五兩爻分言，則與四各有夫婦之象而吉凶異。專以五言，則四惟承五爲夫婦，而據三象得所。《易》諸爻義各有主取象不同類如此。

《象》曰：或得其桷，順以巽也。

虞翻曰：坤爲“順”，以巽順五。　案：四居巽，木爻陰位，正直桷朱誤“角直”。之象也。自二至五體有離坎，離爲飛鳥而居坎水，鴻之象也。鴻，隨陽鳥，喻女從夫。卦明漸義，爻皆稱焉。

〔釋曰〕　四巽順於五，故據三取得桷之象。李以得桷爲居四，居四則據三，義大同。四體巽，巽爲木，木爻而居陰位，正當桷之象。桷，木之細者也。

九五：鴻漸于陵，婦三歲不孕，

虞翻曰："陵"，丘，"婦"，謂四也。三動受上二字疑衍。時而此字亦疑衍。四體半艮山，故稱"陵"。巽爲"婦"，離爲"孕"，坎爲"歲"，三動離壞，故"婦三歲不孕"。

[補] 陸績曰：陵陸俱是高處，然陵卑於陸也。《口訣義》。

[釋曰] "鴻漸于陵"，丘陵半山之高，當四位，於五言之，明五據四。由"干"而"磐"而"陸"而至於"陵"，其進以漸。陵最高，亦居高臨下之義。陸云"陵卑於陸"者，蓋以上九之陸爲山上高平，與九三平原稱陸異也。張氏曰："自三至上三爻，故三歲，上三易位則婦孕。"

終莫之勝，吉。

虞翻曰："莫"，无，朱作"無"。"勝"，陵也。得正居中，故"莫之勝吉"。上終變之三，成既濟定，坎爲心，故《象》曰"得所願也"。

[釋曰] "婦三歲不孕"，雖不能受陽施，而守正以待五。五仗大順以禦寇，三變坤順，上反正邦，陰陽和，上下交，故"終莫之勝"，婦孕而育，如泰"以祉元吉"矣。四得婦於五而孕，民得臣於上而被其澤，濟否以漸，三歲不爲久也。四承五則夫婦之道順，乘三則逆，夫征而婦孕不育則已矣。"婦三歲不孕，終莫之勝"，則三歲之後固孕而育，故"吉"。

《象》曰：終莫之勝吉，得所願也。

虞翻曰：上之三既濟定，故"得所願也"。

上九：鴻漸于陸，

虞翻曰："陸"，謂三也。三坎爲平，變而成坤，故稱"陸"也。

釋曰 上之三，故與三同象。自陵反陸云"漸"者，鴻飛所向即爲前進。

其羽可用爲儀，吉。

虞翻曰：謂三變受下脫"上"字。成既濟，與家人《象》同義。上之三朱誤"二"。得正，離爲鳥，故"其羽可用爲儀，吉"。三動失位，坤朱誤"坎"。爲亂，乾四止坤，《象》曰"不可亂"，《象》曰"進以正邦"，爲此爻發也。三已得位，又變受上，權也。孔子曰"可與適道，未可與權"，宜无怪焉。

補 《大玄》翕次四："翕其羽，利用舉。"《測》曰："翕其羽，朋友助也。"次六："黄心鴻翼，翕於天。"《測》曰："黄心鴻翼，利得輔也"。準此爻義。

班固連珠云：鸞鳳養六翮以凌雲，帝王乘英雄以濟民。引此以證。

釋曰 鴻之漸以羽，順時往來，飛不離羣，行不亂次。君子進退可度，動必以正，行權得中，變化云爲，一可以爲法則，亦如之，故"其羽可用爲儀，吉"。三權變受上，上之三易位，六爻正，天則見，成既濟定不可亂，故"吉"也。此三與上易，君子行權正邦之事，與家人三變受上家道正同義。巽以行權，家人、漸皆體巽也。虞云"乾四止坤"者，張氏曰："乾四，三也。上來即三出，故曰'乾四'。'止'字當爲'正'。"揚、班以羽喻輔佐，鳥之飛以羽，君之翼以臣。三變上反，皆五之用也。

《象》曰：其羽可用爲儀吉，不可亂也。

虞翻曰：坤爲亂，上來正坤，六爻得位，成既濟定，故"不可亂也"。

干寶曰：處漸高位，斷漸之進，順艮之言，謹巽之全，履坎之通，據離之耀。婦德既終，母教又明，有德而可受，有儀而可象，故曰"其羽可以爲儀，不可亂也。"

釋曰 三權變，上即反正邦，權而得中，動而各正，物莫能傾，故"不可亂"。上居卦終，有臣致事婦代終之象。干云"斷漸之進"，謂進極當反，動不過則也。"順艮"、"履坎"、"據離"似皆反三之象，以此知古《易》師說同源也。"謹巽之全"，謂巽順道備，或"全"當爲"權"，聲之誤。"有德可受"，母道主慈，人受其德惠也。"有儀可象"，母儀足法也。坤以大終，家道正，不可亂，魯敬姜當之矣。

歸　妹

《序卦》曰：進必有所歸，故受之以歸妹。

崔憬曰："鴻漸于磐，飲食衎衎"，言六二朱、盧无"二"字。比三，女漸歸夫之象也，故云"進必有所朱誤"歸"。歸"也。

釋曰 漸四進得位承五象女歸吉，凡進者必有所止，如女之歸於夫家，故歸妹次漸。崔以歸妹三乘二反例之，故云漸二比三。

☳ 兌下震上 歸妹。

虞翻曰："歸"，嫁也。兌爲妹，泰三之四，坎月離日，俱歸妹象。陰陽之義配日月，則天地交而萬物通，故以嫁娶也。

釋曰 張氏謂卦具三象：泰三之四乾坤交，一也；坎月離日，夫婦之義,二也;震兄嫁兌妹,三也。

征凶,

虞翻曰:謂四也。震為"征",三之四不當位,故"征凶"也。

无攸利。

虞翻曰:謂三也。四之三失正无應,以柔乘剛,故"无攸利"也。

釋曰 張氏曰:"天地交宜亨,否之始,故戒之。"案:歸妹於消息陽道已衰,泰將反否,三、四失位柔乘剛,消道也。《彖》曰"歸妹,天地之大義",妃匹之際,生民之本,王化之基,一或不慎,亡國敗家相隨屬矣,故因爻象託深戒。歸妹非凶,歸而妄行失婦順則凶无攸利。上六"无攸利",為三發也。三未當,四有待而行,明當易位各正。

《象》曰:歸妹,天地之大義也。

虞翻曰:乾天坤地,三之四天地交,以離日坎月戰陰陽,陰陽之義配日月,則萬物興,故"天地之大義"。乾主壬,坤主癸,日月會北,震為玄黄,天地之雜,震東兌西,離南坎北。六十四卦,此象最備四時正卦,故"天地之大義也"。

釋曰 天地以離坎戰陰陽而萬物出震,日月會於壬癸而震陽出庚。其象也,萬物出乎震,見乎兌,泰三之四,乾坤一交而備坎離震兌四象,六十四卦惟此為然。昏禮為人倫王道之本,蓋取諸此,故為"天地之大義"。

天地不交而萬物不興。

虞翻曰：乾三之坤四，震爲“興”。天地以離坎交陰陽，故“天地不交則萬物不興”矣。

王肅曰：男女交而後人民蕃，天地交然後萬物興，故歸妹以及天地交之義也。

歸妹，人之終始也。

虞翻曰：人始生乾而終於坤，故“人之終始”。《雜卦》曰“歸妹女之終”，謂陰終坤癸，則乾始震庚也。

干寶曰：“歸妹”者，衰落之女也。父既没矣，兄主其禮，子續父業，人道所以相終始也。

[釋曰] 姚氏曰：“女終於嫁，從一而終。歸妹，女之終也，夫婦人倫之始。《郊特牲》曰：‘天地合而後萬物興焉’，夫昏禮，萬世之始也。”案：女無父而兄嫁妹，子續父業，亦人道終始之事。

説以動，所歸妹也。

虞翻曰：“説”，兑，“動”，震也。謂震嫁兑，所歸必妹也。

[補] “所歸妹也”，本或作“所以歸妹”。《釋文》。

[釋曰] 父道尊嚴，兄則尚親，思念父母，篤友同氣，相攸得宜，論教有素，殷勤告戒而後行之，卦象“説以動”，是所歸必妹也。

征凶，位不當也。

崔憬曰：中四爻皆失位，以象歸妹非正嫡，故“征凶”也。

　　釋曰　"征凶无攸利"，因三、四失位乘剛而設戒耳。崔説沿王弼之誤，李氏取備一説，要非經旨。

无攸利，柔乘剛也。

　　王肅曰：以征朱誤"正"。則有不正之凶，以處則有乘剛之進一本改作"逆"，是。也，故"无所利"矣。

《象》曰：澤上有雷，歸妹。

　　干寶曰：雷薄於朱作"于"。澤，八月九月將藏之時也。君子象之，故不敢恃當今之虞同"娛"。而慮將來禍也。

　　補　劉向曰：雷以二月出，其卦曰豫，言萬物隨雷出地皆逸豫也。以八月入，其卦曰歸妹"，言雷復歸入地，則孕毓根核，保藏蟄蟲，避盛陰之害。《漢書·五行志》。

　　釋曰　張氏曰："陽功既成，雷歸於澤，退保蟄蟲。雷出奮陽，雷入成陰，故曰歸妹。"

君子以永終知敝。《釋文》作"弊"。

　　虞翻曰："君子"，謂乾也。坤爲"永終"、爲"敝"，乾爲"知"。三之四爲"永終"，四之三兑爲毀折，故"以永終知敝"。

　　崔憬曰：歸妹人之始終也，始則征凶，終則无攸利，故君子以"永終知敝"爲戒者也。

　　釋曰　泰三之四，以乾交坤，使陰歸陽，坤以大終，震所由出，故以"永終"。"永終"，猶言保終續終，乾元不亡也。四之三，坤來成兑毀折爲敝，由乾三易坤四，故"知敝"。"知敝"則能救敝，泰可長保也。澤上有雷，陽有出入而无絕息，"永終"之義。雷未藏而知其將收，天地盈虚，與時消息，"知敝"之義。歸妹女之終，終之實難而敝甚易，卦所以戒"征凶无攸利"也。

初九：歸妹以娣，跛能盧、周作"而"，下同。**履，征吉。**

虞翻曰：震爲兄，故嫁妹，謂三也。初在三下，動而應四，故稱"娣"。"履"，禮也。初九應變成坎，朱誤"二"。坎爲曳，故"跛而履"。應在震爲"征"，初爲"娣"，變爲陰，故"征吉"也。

補 虞翻曰："九女"者，貴其男女繼嗣，宗享不絕也。《口訣義》。"能"，虞注述經作"而"。

釋曰 三爲兌之主，震四嫁三妹，初與三同體兌而在其下，"娣"象。動而應四，歸妹而以娣從，兄實主之。所以必有娣者，絕嫉妒，廣繼嗣，以恒夫婦之道。初得正，故著此義。既爲娣則當變爲陰，應四以承二。"跛能履"，初震爻爲足，變體坎爲曳稱跛，本震爻得正，故"能履"，言處妾賤之位而能盡禮。初變承二，有陰承陽賤承貴之義，從嫡以事君子也。"征"，行也，初應四，震兄行之則行，娣從嫡事君子，以禮義相承，則家道正，故行而吉。史氏引虞注逸文在卦下，今以爲宜在此。"九女"，諸侯禮也，嫡夫人及左右媵各有姪娣，凡九人。

《象》曰：歸妹以娣，以恒也。跛能履吉，相承也。

虞翻曰：陽得正，故"以恒"。恒動初承二，故"吉相承也"。

釋曰 "恒動初承二"，"恒"字蓋衍文。

九二：眇能視，利幽人之貞。

虞翻曰："視"，應五也。震上兌下，離目不正，故"眇而朱作"能"。視"。"幽人"，謂二，"二"下朱衍"之"字。初動二在坎中，故稱"幽人"。變得正，震喜兌說，故"利幽人之貞"，與履二同義也。

釋曰　"眇能視"，二雖失位離象不正，而得中承三應五，說而體明，未變陰道靜正之常，由其未變常，故"利幽人之貞"。"幽人"，幽閒之人，二伏陰發，五來易位，皆幽人之貞也。二"眇能視"，亦三之娣，初動二體坎升五，五降二，則象夫婦，坎離正位，非復眇跛矣。《易》取象非一，義相引伸也。虞以"幽人"爲幽繫之人，則與歸妹別一義。二"眇能視"，有用晦而明之象，故"利幽人之貞"。二升五，則自幽向明矣。虞初九注及履卦注述經"能"皆作"而"，此注當同，古"能"、"而"字通。

《象》曰：利幽人之貞，未變常也。

虞翻曰："常"，恒也。乘初未之五，故"未變常也"。

釋曰　虞葢以變常爲變正，張氏曰："初變二成坎，故'幽人'，之五正位則爲常。今謂'未變'常猶未失常，與需同義。"二雖以陽居陰，未失陰道靜正之常，由其未變常，故"利幽人之貞"也。

六三：歸妹以須，反歸以娣。

虞翻曰："須"，需也，初至五體需象，故"歸妹以須"。"娣"，謂初也，震爲"反"，反馬，"歸"也。三失位，四反得正，兌進在四，見初進之，初在兌後，故"反歸以娣"。

補　鄭康成曰："須"，有《周禮疏》無"有"字。才智之稱。句又見《釋文》。天文有須女,屈原之姊,宋本《詩疏》作"姊",今本多誤。名女須。
《詩·桑扈》正義。《周禮·天官·序官》疏。

"須",荀、陸績作"嬬",陸云:"嬬",妾也。《釋文》。

陸希聲曰:在天文,織女爲貴,須女爲賤。《撮要》。

釋曰　三,所歸之主,自泰四來,位未當,須四反三,三反四,二、五
升降,坎離爻各當,夫婦道乃正,故"歸妹以須"。四之三象震兄送女,
送女不下堂,禮不參。四已之三,不可復象震兄,震爲馬。禮大夫以上
嫁女,自以車送之,皆留車反馬。婦入三月祭行,婦道成,乃行反馬禮,
故以四之三象女家之馬,三之四反之,是謂"反歸"。虞云"反馬歸也",
或當爲"反歸,反馬也"。反馬後乃進其娣見於君子,故"反歸以娣"。
三、四既反,二、五正,初亦正應四,從四承五,是其象,此虞義也。鄭義
薈讀"須"爲"嬃",姚氏曰:"《說文》賈侍中說'楚人謂姊爲嬃','須'薈
'嬃'之假借,又通'胥'。互離中女,兑之姊,兑少女,離之妹,女子自爲
姊妹,故歸妹得以姊也。'歸妹以須',嫡也,謂三;原作"二",今易。'反
歸以娣',媵也,謂初。"案:"歸妹以須",始嫁時也,憂不當君子,未敢自
安,三失位,《象》曰"未當也"。"反歸以娣",則三月祭行成婦之後,坎
離各正矣。荀、陸"須"作"嬬",荀意或以"嬬"爲"須"之借,陸訓"妾",則
謂歸妹以妾偕行,反歸乃以娣承事君子。"娣",妾之貴者也,天文須
女,鄭引以證"須"爲女之稱,陸則引以證"賤"義,當以鄭、虞義爲正。

《象》曰:歸妹以須,未當也。盧、周"未"上有"位"字。

虞翻曰:三未變之陽,故"位未當"。

釋曰　張氏曰:"須四反正位"。

九四：歸妹愆期，遲歸有時。《釋文》：遲，雉夷反，一音直冀反。

虞翻曰："愆"，過也，謂二變。三動之正，體大過象，坎月離日爲"期"，三變日月不見，故"愆期"。坎爲曳，震爲行，行曳，故"遲"也。"歸"，謂反三，震春兌秋，坎冬離夏，四時體正，故"歸有時"也。此以女歸待男行言。

補　馬融曰："愆"，過也。

陸績曰："遲"，待也。並《釋文》。

許氏《五經異義》曰：姪娣年十五以上能共事君子，可以往，二十而御，《易》曰"歸妹愆期，遲歸有時"。《穀梁·隱七年》集解。此以媵待年言。

釋曰　四體震則象兄，互坎當下三則象夫。今坎在離上，男未下女，爻失位，日月象不正，故"歸妹愆期"。六禮不備，貞女不行，待四降三，三乃從之而易，二升五降，日月相望，四時象正，故"遲歸有時"。虞取大過象者，二、三不待四而動，則非其時，是"愆期"，故三必待四而"遲歸"也。云"歸謂反三"者，當連下讀，謂四反三則四時由此正而歸有時。張氏則曰："在兌爲嫁，在震爲反"，然則歸兼四反三、三從之而易言。許君以"愆期"爲"待年"，謂四失位，坎離不正，初无應也。三、四易，二、五正，初乃得應四，故"遲歸有時"。

《象》曰：愆期之志，有待而行也。

虞翻曰：待男行矣。

補　"待"，一本作"時"。《釋文》。

六五：帝乙歸妹，其君之袂不如其娣之袂良。

虞翻曰：三、四已正，震爲“帝”，坤爲“乙”，故曰“帝乙”。泰乾爲“良”、爲“君”，乾在下爲小君，則妹也。“袂”，朱誤“被”。口，袂當爲“衣”。之飾也。兑爲口，乾爲衣，故稱“袂”，謂三失位无應。“娣袂”，謂二得中應五，三動成乾爲“良”，故“其君之袂不如其娣之袂良”，故《象》曰“以貴行也”矣。

補 孔子曰：歸妹，八月卦也，陽氣歸下，陰氣方盛，故以見湯妹之嫁。以天子貴妹而能自卑，順從變節而欲承陽者，以執湯之戒。

釋曰 五陰居尊，與震同體，帝妹之位，下應二，下嫁之象。卦本以三爲妹，二在其下則娣也。五爲小君，失位，降居二娣處乃得位，故云“其君之袂不如其娣之袂良”，言不如處二之爲安也。乾爲衣，兑爲口，稱“袂”。五體震與乾兑連，“君袂”象也。二體乾兑，“娣袂”象也。三動，二在乾中，故“良”。服以表位，禮：王女下嫁，車服不繫其夫，下王后一等，娣則降矣。五能自卑，欲降而承陽。二在兑象娣，在乾中體坎則象夫。卦无夫象，故因娣託義。明五欲居二，使二陽上升，夫婦道正，由其成乾爲良，則陽在乾中當升也。虞氏以乾爲君，三爲震妹，居泰乾三之位，在下乾爲小君，失位无應，不如二得中應五之善。蓋三在乾，其象也，五居尊，其位也。虞義似亦謂小君當居二位娣處，使陽升五而應之。五妹即三，就三象以明五之當降，然義稍迂曲。

月幾望，吉。《釋文》：幾，音機，又音祈。

虞翻曰：“幾”，其也。坎月離日，兑西震東，日月象對，故曰“幾望”。二之五，四復三，得正，故“吉”也，與小畜、中孚“月幾望”同義也。

補　"幾"，荀作"既"。《釋文》。

釋曰　"幾"，近也。五欲降，二欲升，三、四坎離爻正，故"幾望"，成既濟，故"吉"。張氏曰："此以三、四得正，三居兌四居震泰三四。爲'幾望'，非以五坎二离爲'望'，故與小畜、中孚同義。"荀作"既"者，據既濟已定言。

《象》曰：帝乙歸妹，不如其娣之袂良也，

虞翻曰：三、四復正，乾爲良。

釋曰　此述經文，當作一句讀。"也"者，起下之辭。

其位在中，以貴行也。

虞翻曰：三、四復，二之五成既濟，五貴，故"以貴行也"。

釋曰　娣位二。凡陽在二者當升五，陽貴陰賤，二在中位，當以陽行正上中象夫，而五降二當娣處，故云"不如其娣之袂良也"。或曰："其位"，謂五，五有中德，欲以陽上升而已降居二，故謂"不如其娣之袂良"。

上六：女承筐无實，

虞翻曰："女"，謂應三兌也。自下受上稱"承"，震爲"筐"，以陰應陰，三、四復位，坤朱誤"坎"。爲虛，故"无實"，《象》曰"承虛筐也"。

補　"筐"，鄭作"匡"。《釋文》。此依盧校，他本或"筐""匡"互易。曰：宗廟之禮，主婦奉筐當爲"匡"。米《儀禮·特牲饋食禮》疏。《士昏禮》云："婦入三月而後祭行。"《詩·葛屨》正義。

釋曰　上在卦終，與三正應，故三失位乘剛之咎於上著之。三无

應,三、四復正,象女嫁將祭行成婦。二、五不正,坤虛失實,故"承筐无實",謂失婦順,无以奉宗廟粢盛也。"匡",正字,"筐",或體字。

士刲羊无血,无攸利。《釋文》:刲,苦圭反,一音工惠反。

虞翻曰:"刲",刺也,震爲"士",兑爲"羊",離爲刀,故"士刲羊"。三、四復位成泰,坎象不見,故"无血"。三柔承剛,故"无攸利"也。

補　馬融曰:"刲",刺也。《釋文》。

《春秋傳》曰:"士刲羊",亦無衁也,"女承筐",亦無貺也。

釋曰　女已嫁,故以震象士,坎爲血,二不之五,坎象不見,故"无血"。祭必夫婦親之,失婦順,不得行祭禰成婦之禮,故雖刲羊而无血,謂不得以血臀薦也。"刲",刺也,"刺"亦"刺"字。"三柔承剛","承"當爲"乘",由三乘剛,故不成既濟而无實无血,是无所利也。《春秋傳》引爻辭變其文,"衁",血也,"貺",賜也,無賜與之者,故"无實"。

《象》曰:上六无實,承虛筐也。

虞翻曰:泰坤爲虛,故"承虛筐也"。

釋曰　張氏曰:"二之五則坤實"。

豐

《序卦》曰:得其所歸者必大,故受之以豐。豐者,大也。

崔憬曰:歸妹者,姪娣媵,國三人,凡九女,爲大援,故言"得其所歸者必大"也。

> 釋曰　物得所歸，則聚而盛大，故豐次歸妹。崔説似未當。

☳☲　離下震上　豐。亨。

虞翻曰：此卦三陰三陽之例，當從泰二之四。而豐三從噬嗑上來之三，折四於坎朱誤"五"。獄中而成豐，故"君子以折獄致刑"。陰陽交，故"通"。噬嗑所謂"利用獄"者，此卦之謂也。

> 補　鄭康成曰：豐之言腆，充滿意也。《釋文》。

> 釋曰　泰二之四成豐，陽進而上，將成既濟，卦辭所謂"王假之"。噬嗑上之三亦成豐，《象傳》所謂"折獄致刑"。義各有當，不相蒙也。虞氏專據噬嗑來，以三、上易陰陽交爲亨，然説"王假"似仍與"折獄"劃分兩義。愚謂"亨"當以明動成既濟爲主，"折獄"去小人蔽君明者，其一端也。豐本訓豆豐滿，引申爲凡腆厚盛大之稱。

王假之，《釋文》：假，庚白反。

虞翻曰：乾爲"王"，"假"，至也，謂四宜上至五，動之正成乾，故"王假之，尚大也"。

> 補　馬融曰："假"，大也。古雅反。《釋文》。

> 釋曰　豐大之道，惟王者能至之。四之五成既濟，明以動，動而愈明，光照天下，盛德大業於是乎至，故"王假之"，《象》曰"尚大"。以上治下，其道大光，所謂"亨"也。虞氏則謂四宜上息至五成乾，五正四乃變，成既濟，居上大正也。馬訓"假"爲"大"，謂豐之道尚其大，惟王者能大之。

勿憂，宜日中。

虞翻曰：五動之正，則四變成離，離日中當五，句。在坎中，坎爲"憂"，故"勿憂宜日中"。體兩離象，照天下也。日中則昃，盧、周作"昊"。月盈則食，朱作"蝕"。天地盈虛，與時消息。

干寶曰：豐，坎宮陰，世在五，以其宜中而憂其側周作"昃"。也。坎爲夜，離爲晝，以離變坎，至於朱作"于"。天位，日中之象也。殷水德，坎象盡朱、盧、周皆誤"晝"，此從別本校改。敗而離居之，周伐殷居王位之象也。聖人德大而心小，既居天位而戒懼不息。"勿憂"者，勸勉之言也，猶《詩》曰"上帝臨女，朱、盧作"爾"。无貳爾心"，言周德當天人之心，宜居王位，故"宜日中"。

補　《京氏傳》曰：上木下火，氣稟純陽，陰生於內。

釋曰　天下之生，一治一亂，盛者衰所伏。豐於候當六月，陽氣盛行而積陰已至遯二。四、五失位，在下離已成之後，有日昃象。可憂之道，五正四變成坎，坎爲憂。互體兩離，離爲日，日上其中，離上當五位，日中象。重明麗正，光照天下，故"勿憂，宜日中"。言徒憂無益，當日新其德，自強不息，常如日中，則豐可長保。言"勿憂"者，明持盈保泰之必有道也。虞引《象傳》"日中則昃"四語，疑下有脫文，蓋謂豐所以可憂，而戒以宜常明如日中也。張氏則曰："泰初，故明消息。見否可反泰，而既濟又未可恃也。"干氏謂豐者坎宮五世卦，以離變坎至於天位，將成重離，故爲豐。然五陰居陽失位，有日昃象，聖人德大心小，故於其將中而憂其側，是也。至謂卦辭有伐殷之象，則大失文王之旨。若云坎夜離晝，暗主在上，明德代興，百世通義，斯得之矣。

《象》曰:豐,大也。明以動,故豐。

崔憬曰:離下震上,明以動之象。明則見微,動則成務,故能大矣。

王假之,尚大也。

姚信曰:四體震王,"假",大也。四宜盧、周作"上"。之五,得其盛位,謂之"大"。

■釋曰 四體震爲王。姚氏曰:"四尚之五,故尚大。"案:"四宜之五","宜"或作"上",則"尚大",謂上居五盛位大正也。"尚",上也。"假"訓"大"訓"至"並通,故李於經傳分著之。

勿憂宜日中,

《九家易》曰:震動而上,故"勿憂"也。日者君,中者五,君宜居五也,謂陰處五日中之位當傾艮盧、周作"昃"。矣。

■釋曰 震動而上,明以動,動而愈明。四動之五,體離日,居正中,明明德於天下,大君之宜,故"勿憂宜日中"。五本陰爻失正,宜傾艮降居四,憂象也。四升之五,易暗爲明,故"勿憂"。殷鑒不遠,在夏后之世,聖人以失道爲鑒,自強不息,緝熙光明,則無憂矣。"勿憂"者,明持盈保泰祈天永命之必有道,顧力行何如耳。

宜照天下也。

虞翻曰:五動成乾,乾爲"天"。四動成兩離,重明麗正,故"宜照天下",謂化成天下也。

釋曰 兩離相繼，盛明不衰，常如日中之象。

日中則昃，盧、周作"昊"，注同。

荀爽曰：豐者至盛，故"日"朱誤"曰"。中"。下居四，日昃之象也。

補 "昃"，孟作"稷"。《釋文》。

釋曰 陽下居四非正中，又五陰失位當降四，皆"日昃"象。此豐所以可憂而必宜日中，使四升五成既濟也。張氏以四之五重離爲日中，上變成家人陽過體巽入爲日昃，亦通。孟作"稷"者，叚借字，如《春秋·定十五年》經"日下昃"、《穀梁》作"稷"之比。

月盈則食。朱作"蝕"。

虞翻曰：月之行生震，見兌，盈於乾甲，五動成乾，故"月盈"。四變體噬嗑食，故"則食"，此"豐其屋""蔀其家"也。

補 鄭康成曰：言皆有休已，无常盛。《公羊傳·定十五年》疏。

"食"，或作"蝕"。《釋文》。

釋曰 既濟體噬嗑食，此方息而消象已見，變成家人，巽象退辛，月盈而虧矣。"食"，謂虧缺也。由昃食之象，其極至於"豐其屋"、"蔀其家"，則家人壞而豐成明夷矣。姚氏謂："成既濟日月貞明，四未之五，坎月爲兌口所食，四化成明夷，月食象。月食必於望，故盈則食。"案：豐有日昃月食之象，故可憂而戒以宜日中。

天地盈虛，與時消息，而況於人乎，況於鬼神乎。

虞翻曰：五息成乾爲"盈"，四消入坤爲"虛"，故"天地盈虛"也。

豐之既濟，四時象具，乾爲神人，坤爲鬼，鬼神與人亦隨時消息。謂人謀鬼謀，百姓與能，與時消息。

〔釋曰〕 張氏曰："豐震春兌秋，既濟坎冬離夏。'人'，謂三，乾由上之三爲'神'，'鬼'，謂上。坤變之巽，皆與時消息。"案：人有盛衰治亂好惡去就之殊，鬼神有屈申往來禍福吉凶之變，皆隨時消息，豐至盛而衰象已見。三，三公爻，而有股肱无輔之象。上，宗廟爻，而有闚戶无人之凶。惟聖人與天地合德，至誠無息常如日中，則物無不懷仁，鬼神饗德，"一人有慶，兆民賴之"，而豐可長保矣。此聖人之與時消息，所謂贊天地之化育也。

《象》曰：雷電皆至，豐。

荀爽曰：豐者，陰據不正，奪陽之位，而行以豐，故"折獄致刑"以討除之也。

〔釋曰〕 "雷電"，陽威之大。雷電皆至，明以動，天威大震，故以"折獄致刑"，審之明則斷之決也。荀以五陰盜陽位而行以豐，豐屋蔀家，窮大失居，四當之五討除之。兌爲折爲刑，四本體兌折，之五成坎爲獄，上"三歲不覿"，與坎上"三歲不得凶"同象，故以"折獄致刑"。"君子"，謂四，據自泰來也。

君子以折獄致刑。

虞翻曰："君子"，謂三。噬嗑四失正，繫朱作"係"。在坎獄中，故此字疑衍。上之三折四入大過死象，故"以折獄致刑"。兌下似脫"爲"字。折爲刑，賁三得正，故"无敢折獄"也。

補 孔穎達曰：斷決獄訟，須得虛實之情，致用刑罰，必得輕重之中。若動而不明，則淫濫斯及，故君子象於此卦而折獄致刑。

釋曰 虞據自噬嗑來，"君子"，謂三。師說不同，李竝存之。

初九，遇其配周作"妃"，注"配主"同。**主，**

虞翻曰：妃嬪，謂四也。四失位在震爲主，五動體姤遇，故"遇其配主"也。

補 "配"，鄭作"妃"，曰：嘉耦曰妃。《釋文》。

釋曰 虞注"妃嬪"，非以嬪釋妃，蓋虞本作"配"，而讀爲"妃嬪"之"妃"，與鄭訓嘉耦義同，句有脫字耳。四失位，當變應初，陰陽相耦爲妃，今在震爲主，五動體姤遇，故遇其妃主。豐有得其所歸之義，故初稱"遇配主"，四稱"遇夷主"也。

雖旬无咎，往有尚。《釋文》：旬，如字，王肅尚純反，音脣。

虞翻曰：謂四失位，變成坤應初，坤數十，四上此下朱衍"而"字。之五成離，離爲日。

補 鄭康成曰：初脩禮上朝四，四以匹敵恩厚待之，雖留十日不爲咎。正以十日宋本《詩正義》作"旬日"。者，朝聘之禮，止于主國以爲限，聘禮畢，歸大禮曰旬而稍，旬之外爲稍，久留非常。《詩·有客》正義。

"旬"，荀作"均"，劉昞作"鈞"。《釋文》。

釋曰 四非上息五而變，即動而之五。四動成坤，坤數十，之五體離，離爲日，十日爲旬，數之盈，豐之義也。四之五成既濟，初應四以承五,故"往有尚",蓋即"尚大"之意。豐懼其過盛,雖旬无咎,明過此即不免於咎。既濟未可恃,上豐屋蔀家,則窮大失居,過而災矣。虞注文不備,以意申之如此。鄭義四象諸侯有明德當王者,初脩禮朝之,四謹守侯度,待以匹敵之禮,故"遇其配主"。諸侯相朝聘之禮,賓行事既畢,主人歸大禮後,賓請歸,主人留之,約一旬餘,足以容饗食燕之禮,則可以歸矣。或有事未即歸,則主人致稍以供客飲食。豐五失位,象王者不明,初朝四久留,或觸暗主之忌,故以旬爲限如常禮,則"无咎"。"往有尚",四輔五使伏陽發而四變,或五伏陽終不能發而四升五,初皆得應,故往而有尚。初體離,離爲日,日數十,故稱"旬"。荀作"均"者,四動坤爲"均",四之五成既濟,陰陽和均相應,中而不過,故"无咎"。"均"、"鈞"同義。

《象》曰:雖旬无咎,過旬災也。

虞翻曰:體大過,朱脫"過"字。故"過旬災"。四上之五,坎爲"災"也。

釋曰 得中則五動爲遇,四之五爲濟。過中則五動體大過,四之五坎爲災。易道屢遷,取象不一也。言"雖旬无咎",則過旬有咎矣,此"宜日中"之意。

六二:豐其蔀,《釋文》:蔀,音部,王廙同,蒲户反,王肅普苟反。日中見斗,往得疑疾。

虞翻曰:日蔽雲中稱"蔀","蔀",小,謂四也。二利四之五,故"豐其蔀"。噬嗑離爲"見",象在上爲"日中",艮爲"斗","斗",七或當爲

“大”。星也。噬嗑艮爲星、爲止，坎爲北中，巽爲高舞，星止朱误“上”。於中而舞者，北斗之象也。離上之三，隱坎雲下，故“日中見斗”。四往之五得正成坎，坎爲“疑疾”，故“往得疑疾”也。

【補】馬融曰：“蔀”，小也。

“蔀”，鄭作“菩”，曰：“菩”，小席。

薛虞同。並《釋文》。

陸希聲曰：“蔀”，茂盛周匝之義。《漢上易》。

“斗”，孟作“主”。《釋文》。

【釋曰】《説文》：“菩，草也。”鄭訓“小席”，引申義。《廣韻》云：“蔀，小席。”則“蔀”即“菩”之後出字。席所以障蔽，故“日蔽雲中稱蔀”。蔽則光小，四當之五體重離照天下，今失正在噬嗑坎位，離日蔽不見，故爲“蔀”。“豐其蔀”，二利四之五，大其明之小者也。鄭則謂豐大其障蔽，五陰在上，伏陽未發也。陸云“茂盛周匝”，亦謂草盛蔽物。“日中見斗”，北斗七星，形似舞，運乎中央，臨制四方。豐與噬嗑兩象易，噬嗑離在上爲日中，四體艮爲星、爲止，坎爲北方之中，上之三成豐，巽爲高、爲舞，星止於中而舞，北斗象。上之三日隱坎雲下，有昏暗象，昏暗之甚莫如日食，離隱而艮爻見坎位，是“日中見斗”，日食象。“日”喻君，“斗”喻諸侯，四又體震爲侯，五陰四陽，離日在下，日不明而斗見，天子不明，而天下人心所瞻仰在諸侯矣。“往得疑疾”，四欲往之五，以陽德正之，息五成乾，變成既濟。五不明，反體坎疑疾之，若湯、文爲桀、紂所困也。姚氏以“往”爲二往應五，“疑疾”爲五疑二，二應五與四輔五，其義一也。此爻之義，虞雖取噬嗑象，實不以“折獄致刑”言，故云“四上之五”，不云“四變成明夷”，蓋本先儒舊說，今酌取姚氏義申之。張氏則謂“豐其蔀”者，欲去四之蔽。“日中見斗”，四蔽之，四往之五，疑正而非正，故“往得疑疾”，然與下注“四發之五成坎孚”不合。“斗”，孟作“主”，音近叚借。

有孚發若，吉。

虞翻曰：坎爲“孚”，四發之五成坎孚，動而得位，故“有孚發若，吉”也。

釋曰　五雖疑疾四，四以至誠感悟之，發其本心之明。五下有伏陽，四進之五以誠信發之，則成既濟體坎孚，五正二應，故“吉”，此湯、文竭忠事闇主之心也。姚氏以爲二以至誠孚五而發之，義亦同。“若”，辭也。張氏則以虞此注爲非，以“有孚發若”爲五伏陽自發成坎，訓“若”爲“順”，謂二順五陽。

《象》曰：有孚發若，信以發志也。

虞翻曰：四發之五，坎爲“志”也。

《九家易》曰：信著於五，然後乃可發其順志。

釋曰　《九家》謂二信著於五，乃可自發其順志而正君，信而後諫。“若”，訓“順”也。

九三：豐其沛，日中見沫。《釋文》：沛，本或作斾，又普貝反。王廙豐蓋反，又補賴反，徐普蓋反。沫，徐武蓋反，又亡對反，王肅音妹。　案：“沫”，盧作“沫”。

虞翻曰：日在雲下稱“沛”，“沛”，不明也。“沫”，小星也，噬嗑離爲日，艮爲"沫"，故"日中見沫"。上之三，日入坎雲下，故"見沫"也。

《九家易》曰：大暗謂之"沛"。"沫"，斗杓後小星也。

[補] 姚信曰："沛"，滂沛也。

"沛"，鄭、干作"芾"，曰：祭祀之蔽膝。

《子夏傳》曰："芾"，小也。

或本"沛"作"旆"。

"沫"，鄭作"昧"。

馬融曰："昧"，星之小者。

《子夏傳》同。薛云：輔星也。並《釋文》。

陸希聲曰："沫"者，斗槷，謂斗之輔星。斗以象大臣，槷以象家臣。《撮要》。

[釋曰] 此"豐其沛"，及下"豐其蔀"，細繹虞意，與六二注不同。"豐其沛"，直謂大其蔽暗耳。"沛"，大暗不明，謂四也。虞此注專據噬嗑來，以爲四蔽君明，三自上來折之。"日中見沫"，"沫"，小星也，日食甚則大星見，又甚則小星亦見。所謂"沛"也，姚元直云"滂沛"，謂大雨，故日中而晦也。鄭、干作"芾"，"芾"，蔽膝，因以爲凡蔽之稱。必取象芾者，鄭以"豐其芾"指三，三爲三公，天子三公朱芾，三在噬嗑，否坤爲芾，兩象易爲豐，體離爲朱，巽爲股，故稱"芾"。芾大小有定制，"豐其芾"，象臣強專僭，足以蔽君明也。"日中見昧"，日食晝晦，亦以喻君弱臣強。或本"沛"作"旆"，謂幡幔蔽物者。姚氏以"沫"喻諸侯之臣，王朝昏暗棄賢任小人，而人所瞻仰在諸侯之賢臣也。陸謂"斗"喻大臣、"沫"喻家臣，則"見沫"且爲陪臣執國命之象矣。

折其右肱，无咎。

虞翻曰：兌爲“折”、爲“右”，噬嗑艮爲“肱”，上來之三，折艮入兌，故“折其右肱”。之三得正，故“无咎”也。

補 鄭康成曰：三艮爻。艮爲手，互體爲巽，巽又爲進退，手而便于進退，“右肱”也。猶大臣用事于君，君能誅之，故“无咎”。《儀禮·覲禮》疏。

《漢書·五行志》説日食曰：於《易》在豐之震，曰：“豐其沛，日中見昧，折其右肱，亡咎”，明小人乘君子，陰侵陽之原也。服虔曰：“日中而昏也。”

《京氏傳》曰：夏至積陰生豐，臣强君弱，爲亂世之始。

《覲禮》“侯氏右肉袒告聽事”，鄭氏注曰：“刑宜施於右也，《易》曰‘折其右肱，无咎’。”

“肱”，姚作“股”。《釋文》。

釋曰 虞以三得正，折四去蔽君明之惡人，故“无咎”。鄭則謂豐與噬嗑兩象易，三本噬嗑上惡積罪大者，在豐不能正君使明，而專恣自用，若《詩》所刺皇父卿士及齊陳、魯季之流。伏陽發，審知其罪而誅之，更用賢人，則“无咎”，《漢書》義同。但漢世或以日食歸咎大臣，不惟側身罪己之義，而使小人得以緣隙誣陷正直，則大失經文取喻垂戒之旨。《覲禮》注所云，別一義。蓋“日中見斗”“見沬”，若夏商之季，人心別有所歸，湯、文率諸侯盡臣服之禮，故“无咎”。然不能大明如日中，則諸侯終不用命。“无咎”者，望之之辭云爾。

《象》曰：豐其沛，不可大事也。

虞翻曰：利四之陰，故“不可大事”。

釋曰 謂四不可與共國之大事,利其能悔禍,退而之陰也,此與二利四之五截然兩義。鄭則謂三"豐其芾",非安宗廟社稷之臣,故"不可大事"。

折其右肱,終不可用也。

虞翻曰:四死大過,故"終不可用"。

釋曰 四不變則折入大過死,終不可用為善也。鄭則謂三專恣蔽君明,不可用,故去之。

九四,豐其蔀,

虞翻曰:"蔀",蔽也,噬嗑離日之坎雲中,故"豐其蔀",《象》曰"位不當也"。

釋曰 此更訓"蔀"為"蔽",則"豐其蔀"謂大其蔽耳,虞據噬嗑來,謂四也。姚氏則謂五陰居陽位不當,故"豐其蔀",小人竊國柄蔽君明也。

日中見斗,

虞翻曰:噬嗑日在上為"中",上之三為巽,巽為入,日入坎雲下,幽伏不明,故"日中見斗"。《象》曰"幽不明",是其義也。

釋曰 "日中見斗",幽暗之甚,所謂"蔀",象於此釋之。二、三爻同義,故虞云"是其義也"。豐之義在大明而象多取幽,欲其撥亂反正,易暗為明,常明不昏也。姚氏以為日暗不明,故日中而見斗,天下人心歸諸侯之象。

遇其夷主，吉。

虞翻曰：震爲“主”，四行之正成明夷，則三體震爲夷主，故“遇其夷主，吉”也。　　案：四處上卦之下，以陽居陰，履非其位而比於五，故曰“遇”也。“夷”者，傷也，“主”者，五也，謂四不期相遇而能上行傷五，則“吉”，故曰“遇其夷主，吉行也”。

釋曰　張氏以爲“夷”，傷也，三傷四，折獄致刑，則四正而大臣得人，故吉道行。愚謂虞云“四行之正成明夷”，則是四自變，悔禍復正，五无蔽而三不必致刑，故“吉”。九三注所謂三“利四之陰”，致刑非君子所得已也。李氏謂四上傷五陰而居五爲主，則據自泰來，泰三之四入上體，在乾四或躍之位，竭忠孚五，五伏陽發則變成既濟。若五陽終不發，則四升而五降，與明夷九三“南狩”同，故“遇其夷主”，天下得其所歸，故行而吉也。

《象》曰：豐其蔀，位不當也。日中見斗，幽不明也。

虞翻曰：離上變入坎雲下，故“幽不明”。坎，“幽”也。

遇其夷主，吉行也。

虞翻曰：動體明夷，震爲行，故曰“吉行”。

六五：來章有慶譽，吉。

虞翻曰：在内稱“來”，“章”，顯也。“慶”，謂五，陽出稱“慶”也。“譽”，謂二，二多譽。五發得正，則來應二，故“來章有慶譽，吉”也。

釋曰　"章"，顯也，美也，陽稱"顯"、稱"美"。陰含陽爲"含章"，陽自陰發爲"來章"。陽既發則來應二，重明麗正，修先王之法，使禮達於下，綱紀文章復明如日中，則"一人有慶，兆民賴之"，而畜有譽於天下矣，故"吉"。若五陽不能發，則四升之五應二，撥亂反正，天下文明，其"來章有慶譽"同，而其所自來者不同矣。

《象》曰：六五之吉，有慶也。

虞翻曰：動而成乾，乾爲"慶"。

釋曰　動成乾，變既濟，或四之五成既濟，皆五正陽位。乾陽稱"慶"也。

上六：豐其屋，蔀其家。

虞翻曰："豐"，大，"蔀"，小也，三至上，體大壯屋象，故"豐其屋"。謂四、五已變，上動成家人，大屋見則家人壞，朱誤"懷"。故"蔀其家"。與泰二同義，故《象》曰"天際盧、周作"降"。祥"，明以大壯爲屋象故也。

補　《説文》：寷，大屋也，從宀，豐聲，《易》曰"寷其屋"。

釋曰　虞注"謂四、五已變"，"謂"上疑脱"家"字。虞意謂四、五已正，上當權變成家人，以戾爲戒，否未反泰，不敢自謂已濟也。若五失位不變，如豐本象體大壯，則上體與家人反，大壯上棟下宇有屋象，大屋見則家人壞，故"豐其屋，蔀其家"。巽爲長木，大壯反巽象棟，震動起，在乾天上，故《象》曰"天際翔"，言屋之高大如天際飛翔也。以大壯屋象釋天際翔，引傳"祥"字蓋當爲翔。虞雖治孟《易》，不必一如孟義。李書之例，博存異義，前後字亦不必同也。"與泰二同義"，

周易集解補釋

“二”，疑當爲“上”，五已正既濟，上仍據本象體大壯言，正與泰五已正既濟，上仍據本象言否反同例。愚謂聖人以失道爲戒，四之五日中照天下，則五當降而傾艮，此正言其幽不明而至於艮者。家人五陽正，王假有家，豐上體與相反，故取以爲義。虞云“變成家人”，象適相符。《説文》引《易》作“寷”，段氏以爲許本作“豐其屋”，引《易》説會意，甚是。但《釋文》引許書已同今本，或《易》此處獨作“寷”，字有錯出歟？

闚其户，闚朱作“闐”，周作“閴”。**其无人。三歲不覿，凶。**《釋文》：闚，苦鶏反，徐苦鶏反，一音苦鵙反。

虞翻曰：謂從外闚三應，“闚”，空也。四動時坤爲闔户，闔故“闚其户”。坤爲空虛，三隱伏坎中，故“闚其无朱、盧作“無”。人”，《象》曰“自藏也”。四、五易位，噬嗑離目爲“闚”，闚人者言皆不見。坎爲“三歲”，坤冥在上，離象不見，故“三歲不覿，凶”。

干寶曰：在豐之家，居乾之位，乾爲屋宇，故曰“豐其屋”，此蓋記紂之侈，造爲璿室玉臺也。“蔀其家”者，以記紂多傾宫盧、周作“國”。之女也。社稷既亡，宮室虛曠，故曰“闚其户，闚其无朱作“無”。人”，“閴”，无朱作“無”。人貌也。“三”者，天地人之數也，凡國於天地，有興亡焉，故王者之亡其家也，必天示其祥，地出其妖，人反其常，非斯三者，亦弗之亡也，故曰“三歲不覿，凶”。然則璿室之成，三年而後亡國矣。　案：上應於三，三互離，巽爲户，離爲目，目而近户，闚之象也。既屋豐家蔀，若闚其朱、盧誤“地”。户，闚寂无朱作“無”。人，震木數三，故三歲致凶於災。

補 馬融、鄭康成曰：“闚”，无人貌。《釋文》。

《淮南子》曰:《易》曰"豐其屋,蔀其家,無其户,闚其无人",非無衆庶也,言無聖人以統理之也。《泰族訓》。

《公羊傳》"上無天子,下無方伯",何休曰:有而無益於治曰無,《易》曰"闚其無人"。

《左傳》鄭公子曼滿與王子伯廖語:欲爲卿。伯廖告人曰:無德而貪,其在《周易》豐之離,弗過之矣。閒一歲,鄭人殺之。

"闚",孟作"窒",姚作"閴"。《釋文》。

釋曰 虞以爲上闚三應,四動三體坎隱伏自藏,不應上,天地閉,賢人隱,故"闚其无人"。"四五易位"以下十七字,張氏謂有錯誤,當云"四、五易位,离目爲覿,今无人,故不見"。案:張謂此數語釋"三歲不覿"之"覿",然未釋闚象。或"噬嗑離目爲闚"句不誤,謂上以伏離闚三,餘數句則有誤倒耳。姚氏曰:"坤陰爲闚户,離目在下,故'闚其户'。"案:如姚説則四動成明夷,上體无陽,故"闚其无人"。窮泰極侈,以人從欲,任用羣小,放棄忠良,社稷將亡,宮室虛曠,罪惡貫盈,豈復能長生久視,故"三歲不覿,凶"。或曰,"覿",如"吾鬮龍不吾覿"之"覿",天降大祥,至於三年而不省,怙惡不悛,故"凶",所謂自戕也。干氏云"居乾之位",謂五也,乾天覆上,故爲屋宇。"記紂之侈""記多傾宮之女","記"皆當爲"託",因象託義也。"國於天地,有興亡焉","興亡"疑當爲"與立",王者天之所大命,豈易亡哉。昏暴自恣,謂天變不足畏,祖宗不足法,民怨不足恤,積惡日久,自取之耳,此歎息痛恨於晉之失道也。李氏據四未變取象,"三互離","離"下當重一"巽"字。"致凶於災",當爲"致凶災矣"。《淮南子》、《公羊》注所言,失道棄賢之戒也。《左傳》所言,無德貪位之災也。"闚",孟作"窒",闚户虛空之意，姚作"閱"，音近假借字。

《象》曰：豐其屋，天際朱作"降"。祥也。

孟喜曰：天降下惡祥也。

補　鄭康成曰："際"，當爲"瘵"，"瘵"，病也。

王肅亦作"祥"。並《釋文》。諸家作"翔"。

釋曰　李不引虞而遠引孟，葢虞本此《傳》與孟異也。鄭讀爲"瘵"者，所謂天方薦瘥，言病而災之。

闚其戶閴其无人，自藏也。

虞翻曰：謂三隱伏坎中，故"自藏"者也。

補　"藏"，眾家作"戕"。慈羊反。

馬融曰："戕"，殘也。

王肅同。

鄭康成曰："戕"，傷也。並《釋文》。

釋曰　作"戕"義較長。

旅

《序卦》曰：窮大者必失其居，故受之以旅。

崔憬朱誤"虞翻"。曰：諺云"作者不居"，況窮大甚而能久處乎？故必獲罪去邦，羈旅於外矣。

釋曰 崔以人臣言，人君亦然。日中則昃，天命靡常，豐屋蔀家，則四海爲家者反爲羇旅矣。

艮下離上 **旅。小亨，旅貞吉。**

虞翻曰：賁初之四，否三之五，非乾坤往來也，與噬嗑之豐同義。"小"，謂柔，得貴位而順剛，麗乎大明，故"旅，小亨，旅貞吉"。再言"旅"者，謂四凶惡，進退无朱作"無"。恒，無所容處，故再言"旅"，惡而愍之。

補 《京氏傳》曰：仲尼旅人，國可知矣。

王肅曰："旅"，軍旅也。《釋文》。

釋曰 "旅"，失所居而行於外也。據自賁來，則初之四失位，體離四惡人无所容，小人在上，泰將成否，乾寄坤家，有似羇旅。據自否來，則三之五以陰居陽，五之三失尊位，五陰承上陽，陽不在五而亢極在上，皆旅義。賁自泰來而旅從否，猶噬嗑否來而豐從泰，否泰相接也。虞意以自賁來爲主，謂《彖》雖云"柔得中乎外而順乎剛"，實與小畜、履、同人、大有、乾、坤往來之卦以一爻爲主者異，故云"非乾坤往來"。或曰，以豐注推之，虞似專據賁來，"非"字當在"否"上，謂非否三之五乾坤交也，若乾坤交，則非寄旅矣，義或然。"小"，謂五柔。五得中而順乎伏陽，象臣以中順之道事君，止於正而麗乾陽，陰與陽通，使陽出正位，泰不遽反否，而否亦可暫濟，故"小亨，旅貞吉"，此濟旅之道。再言"旅"者，亨雖小，旅亦可貞而吉矣。五已正成遯，則初、四易成家人，小人悔禍在此時也。若以否三之五言，則"旅貞吉"，謂小亨是旅之貞吉。文王朝聘於紂，彌縫其闕，孔子咨禮行誼，示兆足以行，是也。王肅云"軍旅"，蓋因得其齊斧而云，舉一廢百，殊失卦義。

《彖》曰：旅小亨。

姚信曰：此本否卦。三、五交易，去其本體，故曰客旅。

荀爽曰：謂陰升居五與陽通者也。

釋曰 此以否三之五爲旅，與"小亨"一義，在旅而小亨也。虞則以賁初之四爲旅，"小亨"，謂五，小亨所以濟旅也。

柔得中乎外而順乎剛，止而麗乎明，是以小亨旅貞吉也。

蜀才曰：否三升五，"柔得中於外，上順於剛"。九五降三，降不失正，"止而麗乎明"，所以"小亨，旅貞吉"也。

釋曰 在"外"，旅象，"得中"，故能亨。蜀才以"剛"爲上九，君位不在五而在上，亢陽失正，亦旅義。虞意當以"剛"爲伏陽，張氏曰"謂五順乾剛"，是也。艮爲"止"，離爲"麗"、爲"明"，三陽正，得所止之象，上體離，故"麗乎明"。五爲全卦之主，止而麗明，皆五之德。人臣以中順之道事君，止得其正而麗乎君心之明，因其所明而通之使正，則五伏陽發，旅可漸濟，是以"小亨，旅貞吉"也。虞以"明"爲大明，謂離麗乾五，天之明以日顯，山澤通氣，地氣麗乎日以升乎天，其義一也。天日同明，皆君象。若以凡在旅者言，柔而得中，內含剛德，進退以義，因不失親，雖道未大行，得正而吉矣。

旅之時義大矣哉。

虞翻曰：以離日麗天，縣象著明莫大日月，故義大也。

王弼曰："旅"者，物失其所居之時也。物失所居，則咸願有附，豈非智者有爲之時，故曰"旅之時義大矣哉"。

釋曰 離日麗天,君德明之象。柔麗大明,所以息陽行乾元,使泰不反否,否可漸濟也,故義大。王弼謂"智者有爲之時",與上交語意不協,且功利之見,非聖人所謂義。

《象》曰:山上有火,旅。

侯果曰:火在山上,勢非長久,旅之象也。

釋曰 山上有火,野燒逐草而行,勢不久畱,故爲旅。

君子以明慎用刑而不留獄。

虞翻曰:"君子",謂三。離爲"明",艮爲"慎",兌爲"刑",坎爲"獄"。賁初之四,獄象不見,故"以明慎用刑而不留獄",與豐"折獄"同義者也。

釋曰 三體艮爲賢人,故稱"君子"。火焚殺物,用刑之義,離明艮止,故"明慎用刑"。在旅不久,故"不留獄"。既明且慎而無怠緩,斷決以時,開釋無辜,小大之獄,察必以情,亦亨旅之要道也。

初六:旅瑣瑣,斯其所取災。

陸績曰:"瑣瑣",小也,艮爲小石,故曰"旅瑣瑣"也。履非其正,應離之始,離爲火,艮爲山,以應火,災焚自取也,故曰:"斯其所取災"也。

補 鄭康成曰:"瑣瑣",猶小小也。王有"也"字。此句又見《釋文》,云:瑣瑣,小小也。爻互體艮,艮小石,小小之象。三爲聘客,初與二其介也,介當以篤實之人爲之,而用小人瑣瑣然。客主人爲言,不能辭曰非禮,不能對曰非禮,毎者不能以禮行之,則其所以得罪。《儀禮·聘禮記》疏。

馬融曰:"瑣瑣",疲弊貌。

王肅曰:"瑣瑣",細小貌。

"瑣",本又作"璅"。並《釋文》。

釋曰 "以應火","以"下似脱"山"字。初失所止而應於離四,志意窮促,不達義命之正,失正附勢,猶山草爲焚燒之資,取災必矣。鄭以聘禮言,不達禮而出辭妄應,身得罪而國辱,其災大矣。旅有文王朝聘於紂之義,故著聘象。"瑣""璅"字義各別,作"璅"者音近叚借,後人或合爲一字,故陸氏以爲非。

《象》曰:旅瑣瑣,志窮災也。

虞翻曰:"瑣瑣",最蔽之貌也。失位遠應,之正介坎,坎爲災眚,艮手爲取,謂三動應坎,坎爲"志",坤稱"窮",朱誤"災"。故曰"志窮災也"。

釋曰 張氏曰:"'最蔽',蓋猥襍也。艮爲居,巽爲伏,爲草莽,伏居草下,故'最蔽'也"。案:初之四則介三坎,若三動而應四,則四體坎艮。坎爲災,艮手爲取,初志在四而四不與同志,初體坤窮,取坎災,以旅在下,而煩襍瑣瑣然交於小人以求正,災必及矣。明初當靜以待時,義與鄭、陸異,李意蓋以陸爲正。

六二:旅即次,懷其資,得僮僕,貞。

《九家易》曰:"即",就,"次",舍,"資",財也。以陰居二,即就其

舍,故"旅即次"。朱無此四字。承陽有實,故"懷其資"。此下朱有"故曰
旅即次懷其資也"九字。初者卑賤,二得履之,故"得僮僕"。處和得位,
此下朱衍"故"字。正居是,故曰"得僮僕,貞"矣。

〔補〕　"懷其資",本或作"懷其資斧",非。《釋文》。

"僮",亦作"童"。

〔釋曰〕　艮爲舍,二正位在艮中,故"即次"。陰得陽乃實,二承三,
五正得應,巽爲藏,故"懷其資"。二履初,初應四則爲瑣瑣取災,承二
則居下之道,二正位承三應五,則初、四亦易而貞矣。"僮",叚借字,
"童",正字。"斧",衍字。

《象》曰:得僮僕貞,終无尤也。

虞翻曰:艮爲"僮僕",得正承三,故"得僮僕貞而終无尤也"。
案:六二履正體艮,艮爲閽寺,"僮僕貞"之象也。

〔釋曰〕　二執三則初在艮,二居正履之,故"得僮僕貞"。"僮僕",
虞意亦當謂初,張云謂三,似失之,李意葢謂僮僕之象即在二。

九三:旅焚其次,喪其僮僕,貞厲。

虞翻曰:離爲火,艮爲"僮僕",三動艮壞,故"焚其次"。坤爲
"喪",三動艮滅入坤,故"喪其僮僕"。動而失正,故"貞厲"矣。

〔釋曰〕　泰將反否,陽如寄旅,三不可動,動則艮壞應離,故"焚其
次"。艮滅入坤,故"喪其僮僕"。當正於危,以待五正而初、四易,故
"貞厲",此虞義也。愚謂否五之三,失尊位,動輒得凶,故著此戒,雖
貞猶厲。三多凶,剛而不中,又在旅,用作必凶,用靜猶可。

《象》曰：旅焚其次，亦以傷矣。

虞翻曰：三動體剥，故傷也。

釋曰 "以"，已也，言甚傷。

以旅與下，其義喪也。

虞翻曰：三變成坤，坤爲"下"、爲"喪"，故"其義喪也"。

釋曰 虞意以旅而動，亡失其陽，就下入坤，其義喪也。愚謂此與以旅在上對，陽不在五而在三，失尊位，以旅與下處，其義固至於喪也，是以雖貞猶厲。

九四：旅于處，得其資斧，我心不快。

虞翻曰：巽爲"處"，四焚棄惡人，失位遠應，故"旅于處"，言无朱作"無"。所從也。離爲"資斧"，故"得其資斧"。三動，四坎爲"心"，其位未至，周作"正"。故"我心不快"也。

補 "資"，衆家及《子夏傳》並作"齊"。

張軌曰："齊斧"，蓋黃鉞斧也。

張晏曰："齊"，整齊也。

應劭曰："齊"，利也。

虞喜《志林》曰："齊"，當作"齋"，齋戒入廟而受斧。並《釋文》。

釋曰 虞以四失位，應又遠，體離四惡人无所容，若寄處人家者然，故"旅于處"。四本賁初，今失位，窮大失居，迷失所止，故《象》曰"未得位也"。注"无所從"，"從"疑當爲"容"。"得其資斧"，虞本蓋作"齊斧"，"資"、"齊"聲通字借，故李從今本。"齊斧"，蓋黃鉞之屬，喻兵權。四近君貴盛擅權,故“得其資斧”。三動,四體坎心,今三不變,位未至,故四之心不快,小人必消君子而後快也。張氏則以“得其資斧”屬三,三體巽爲齊,與離連,以齊斧斷斬惡人,今四未變,故心不快,取虞義而變通之。若以荀義推之,則離四雖惡人,不必所在皆惡。四本否四“疇離祉”者,今五失位,故“旅于處”,言君子在亂世,孤危甚也。得資斧而心不快,蓋文王爲西伯專征伐而被讒言之象,君子不以苟得權位爲快,而以宏濟艱難爲快。五正四易初,則上亦變,體坎心快矣。

《象》曰:旅于處,未得位也。得其資斧,心未快也。

王弼曰:斧所以斫除荆棘,盧、周作“棘”。以安其舍者也。雖處上體之下,不先於物,然而不得其位,不獲平坦之地者也。客子所處不得其次,而得其資斧之地,故其“心不快”。　案:九四失位而居艮上,艮爲山,山非平坦之地也。四體兌巽,巽爲木,兌爲金,木貫於金,即資斧斫除荆棘之象者也。

〘釋曰〙此説“資斧”據凡在旅者言,與古義異。

六五:射朱作“躲”,注同。雉一矢亡,

虞翻曰:三變坎爲弓,離爲“矢”,故“射雉”。五動體乾,朱、盧作“變乾體”。矢動雉飛,雉象不見,故“一矢亡”矣。

〘釋曰〙張云:“四惡人未去,故‘射雉一矢亡’。”愚謂伏陽發而猶象一矢亡者,旅與晉“矢得勿恤”異,言文明之德未遽孚也。然五動二應,上下交孚必由是,故“終以譽命”。

終以譽命。

虞翻曰:"譽",謂二,巽爲"命",五終變成乾,則二來應己,故"終以譽命"也。盧、周無"也"字。

釋曰 五正二應,則二執三,初、四易,而既濟將成,上有慶譽而下被錫命,旅亨貞而有親矣。此順剛麗明之成,故曰"上逮也"。或曰,"譽命",謂令聞著而天命永,下親附上,泰不反否也,虞義當如此。

《象》曰:終以譽命,上逮也。

虞翻曰:"逮",及也,謂二上及也。

干寶曰:此下朱衍"逮"字。離爲"雉"、爲"矢",巽爲木,爲進退,艮爲手,兌爲決。有木在手,進退其體,矢決於朱作"于"。外,"射"之象也。一陰升乾,故曰"一矢"。履非其位,下又无朱作"無"。應,雖復射雉,終亦失之,故曰"一矢亡也"。"一矢亡"者,喻有損而小也,此託朱、盧作"託"。禄父爲王者後,雖小叛擾,終逮安周室,故曰"終以譽命"矣。

釋曰 干以"一矢亡"爲五失位无應,則"終以譽命",謂五正二應,有慶譽固天命也。"終亦失之","終"當爲"始",始雖亡矢失雉,而終得譽命,喻武庚雖小叛亂,終逮安周室。張云:"訓'逮'爲'安','上逮',謂上安也。"此以武庚爲旅,舉一事擬之耳,爻義當以前説爲正。"逮"有安和之義,見《禮記・孔子閒居》注。或曰,干亦訓"逮"爲"及",謂雖有武庚之亂,終及安周室。"上逮",謂五正上位,始雖失而終及之,《書》曰"王及天基命定命"。

上九：鳥焚其巢，旅人先笑後號咷。

虞翻曰：離爲"鳥"、爲火，巽爲木、爲高，四失位，變震爲"筐"，"巢"之象也。今巢象不見，故"鳥焚其巢"。震爲"笑"，震在前，故"先笑"。應在巽，巽爲"號咷"，巽象在後，故"後號咷"。

釋曰 四變體震即賁時，旅自賁來，故震在先。今成旅，故巽在後。

喪牛于易，凶。《釋文》：易，以豉反。

虞翻曰：謂三動時坤爲"牛"，五動成乾，乾爲"易"，上失三，五動應二，故"喪牛于易"。失位无應，故"凶也"。五動成遯，六二"執之用黃牛之革"，則旅家所喪牛也。

補 漢成帝報許皇后詔曰：五月庚子，鳥焚其巢太山之域，《易》曰"鳥焚其巢，旅人先咲古"笑"字。後號咷，喪牛于易，凶"，言王者處民上，如鳥之處巢也。不顧恤百姓，百姓畔而去之，若鳥之自焚也。雖先快意說咲，後必號咷而无及也。百姓喪其君，若牛亡其毛也，故稱"凶"。《漢書·外戚傳》。

阮籍《通易論》曰：同人先號，思其終也。旅上之笑，樂其窮也。是以失荆者嚴而不檢，喪德者高而不尊。

"易"，王肅音亦。《釋文》。

釋曰 上應在三，三變坤爲牛，今不變，上无應，故"喪牛"。五動成遯，乾爲易，五應二，二執三用黃牛之革，是旅上喪牛而遯五得之，二賴其用以固三濟遯。牛有中順之德，五得之以佼易，陽從中出而獲應，上失之以輕易，孤獨將亡而莫與，如五則譽命而如上則凶。

《漢書》云“若牛亡其毛”，言人心離叛，輕去其君之甚也。王肅音亦，言天命人心變易也。肅不知變，此讀或舊音而肅襲之。姚氏曰：“‘牛’，謂五，離得坤中氣，所畜牝牛也。五發成乾，牛爲乾所得，故‘喪牛于易’。坎一體俱發，終必及上，故‘凶’。《象》曰‘終莫之聞’，言其不以五失位見奪爲戒而急化之正，則凶必及之。”案：姚說亦善。

《象》曰：以旅在上，其義焚也。

虞翻曰：離火焚巢，故“其義焚也”。

補 馬融曰：“義”，宜也。

“其義”，一本作“宜其”。並《釋文》。

釋曰 亢極失道。宜其致焚。

喪牛于易，盧、周作“之凶”。終莫之聞也。

虞翻曰：坎耳入兌，故“終莫之聞”。

侯果曰：離爲鳥、爲火，巽爲木、爲風，鳥居木上，“巢”之象也。旅而膽資，物之所惡也。喪牛甚易，求之也難。雖有智者，莫之吉也。

補 “于易”，一本作“之凶”。《釋文》。

釋曰 上號咷於三，三不應，故“莫之聞”。姚氏則謂終莫聞其過，故喪。侯據凡在旅者言，“智”，疑當爲“知”，“吉”，疑當爲“告”。

巽

《序卦》曰：旅此下本篇有“而”字。**无所容，故受之以巽。**朱作“巺”。**巽者，入也。**

崔憬曰：旅寄在盧、周作“於”。外而无所容，則必入矣，故曰“旅无所容，受之以巽”。

釋曰 旅无所容，則反而入内，猶傷於外者必反其家也。次以巽，言順理而入。

☴巽下巽上巽。小亨，利有攸往，利見大人。

虞翻曰：遯二之四，柔得位而順五剛，故“小亨”也。“大人”，謂五，離目爲“見”，二失位，利正朱作“在”。往應五，故“利有攸往，利見大人”矣。

補《説文》：顨，巽也，从丌讀若箕。从頭，士戀切。此《易》顨卦爲長女爲風者。巺，具也。从丌，𢀩大徐云：士戀切。聲。𢁉，古文巽。从幵，幵，古賢切。巽，篆文巽。段氏改“巽”爲“巺”，謂“篆”當作“籒”，今姑依徐本。

釋曰 “顨”爲卦名古字，“巺”爲周時通行之字，音義皆同。孔子以“巺”釋“顨”，“巺”之義爲順而入，當文自明，故曰“巽乎水”，曰“以木巽火”，皆入也。卦名之字作“顨”，卦德之字作“巺”，或作“𢁉”，所謂古今字，篆作“巽”，隸體大同。後世以隸寫經，卦名卦德字皆作“巽”，惟“巽爲木爲風爲長女”之“巽”猶作“顨”，此古字僅存者。“顨”訓“巺”，“巺”訓“具”。陽入坤爲巽，出坤爲震，乾坤一索，乾成巽，坤成震，哭與震齊,故曰"具"。陽入陰而陰順陽,萬物於是絜齊。"具"者,陽入陰之所爲,從頁从卪皆具意。許説字形,故曰"具",《易》明消息,故曰"入",義相因也。陽入陰而制齊之,陰皆順陽,故"小亨"。亦以巽爲消始,陽猶盛,申命行事,小有變更而已亨也。初之二得正應五,故"利有攸往"。體離爲見,故"利見大人"。"大人",謂乾五剛中正也。

《彖》曰:重巽以申命,

陸績曰:巽爲命令,重命令者,欲丁寧也。

釋曰　"重"故"申",全卦皆"申命"之義。

剛巽乎中正而志行,

陸績曰:二得中,五得正,體兩巽,故曰"剛巽乎中正"也。皆據陰,故"志行"也。

虞翻曰:"剛中正",謂五也。二失位,動成坎,坎爲"志",終變成震,震爲"行"也。

釋曰　"巽",順也,入也,處也。剛順乎中正之道,入處乎中正之位,而志行於柔,巽變爲震反消爲息由此,正位成既濟亦由此。特變成震,即巽之既濟也。五中正,二亦得中,皆據陰。初、二易位,二往應五,體坎爲志,終變震爲行。上以中正之道布命於下,是以令順民心而事无不行。

柔皆順乎剛,是以小亨。

陸績曰:陰爲卦主,故"小亨"。

釋曰　初、四皆承陽，初之二又應五，巽陰卦，陽命行乎陰而陰順陽，是以"小亨，利有攸往，利見大人"也。"是以"以下十二字本一句，①李氏附注析之，取文相近，非遂於此絕句也，全書多此例。

利有攸往，利見大人。

案：其義已見蠱朱、周作"繇"辭。

《象》曰：隨風，巽。君子以申命行事。

虞翻曰："君子"，謂遯乾也。巽爲"命"，重象，故"申命"。變至三，坤爲"事"，震爲"行"，故"行事"也。

荀爽曰：巽爲號令，兩巽相隨，故"申命"也。法教百端，令行爲上，貴其必從，故曰"行事"也。

釋曰　風行相隨以撓萬物，順而善入，故君子法之以申命行事。初、四體坤爲事，五中正柔皆順剛，陽命行乎陰也。

初六：進退，利武人之貞。

虞翻曰：巽爲"進退"，乾爲"武人"，初失位，利之正爲乾，故"利武人之貞"矣。

釋曰　初欲之四承五，則四已爲陰无所往，欲承二，則爻皆失位，故疑而進退不果。"利武人之貞"，伏陽出成乾，以正自治，剛斷不疑，當進而進，當退而退，反消爲息巽變爲震即此爻，二來易成既濟亦即

---

① 點校案："十二字"，當爲"十字"。

此爻。乾元用九而天下治,克己復禮,撥亂反正,故曰"志治也"。

《象》曰:進退,志疑也。

荀爽曰:風性動,此處似脫"故"字。"進退"。欲承五,爲二所據,故志以疑也。

利武人之貞,志治也。

虞翻曰:動而成乾,乾爲大明,故"志治"。乾元用九天下治,是其義也。

九二:巽在牀下,

宋衷曰:巽爲木,二陽在上,初陰在下,牀之象也。二无應於上,退而據初,心在於下,故曰"巽在牀下"也。

荀爽曰:"牀下",以喻近也。二者軍帥,三者號令,故言"牀下",以明將之所專不過軍中事也。

[釋曰] 宋云"心在於下",欲之初也。荀云"牀下喻近",謂軍中也。下三爻一體,二居中象軍帥,三體巽命兑口象號令,初在下象軍中,"巽在牀下",入在軍中而制命。二據陰,入而正之,"巽在牀下"之象。

用史巫紛若,吉,无咎。

荀爽曰:史以書勳,巫以告廟,"紛",變,"若",順也。謂二以陽應陽,君所不臣,軍帥之象。征伐既畢,書勳告廟,當變而順五則"吉",故曰"用史巫紛若,吉,无咎"矣。

〔釋曰〕 二動之初,則本位爲陰而應五,故"紛若吉无咎"。愚又謂乾元入坤隱初爲巽,所謂巽稱而隱。二得中,當之初正乾元,特著其義。"巽在牀下",退藏於密也。"用史巫紛若",齊戒以神明其德也。《記》曰"王前巫而後史",卜筮瞽侑皆在左右,王中心無爲也,以守至正,故"吉无咎"。"紛",盛貌,"若",辭也。二"巽在牀下",退藏以自修也,"得中"故也。上"巽在牀下",懷安以失柄也,"上窮"故也。

《象》曰:紛若之吉,得中也。

荀爽曰:謂二以處中和,故能變。

九三:頻巽,吝。

虞翻曰:"頻",顣也,謂二已變,三體坎艮,坎爲憂,艮爲鼻,故"頻巽"。无朱作"無"。應在險,故"吝"也。

〔補〕 鄭康成曰:頻顣。千寂反,又子六反,王弼依此義。《釋文》。

〔釋曰〕 "顣也"上當脫"蹙"字。三剛而不中,不得據陰,令不行於下,故取二變在險之象,頻蹙而入,發號出令,志不得行,故"吝"。凡事非順理自然而入者皆然。虞云"二變體艮"者,但就一爻變取象。

《象》曰:頻巽之吝,志窮也。

荀爽曰:乘陽无據,爲陰所乘,號令不行,故"志窮也"。

〔釋曰〕 "志窮"正"志行"之反。

六四：悔亡，田獲三品。

虞翻曰："田"，謂二也，地中疑當爲"上"。稱"田"。初朱、盧无"初"字。失位无應，"悔"也。欲二之初，已得應之，故"悔亡"。二動得正處中應五，五多功，故《象》曰"有功也"。二動艮爲手，故稱"獲"，謂艮爲狼，坎爲豕，艮衍字。二之初離爲雉，故"獲三品"矣。

翟玄曰："田獲三品"，下三爻也，謂初巽朱誤"兌"。爲雞，二兌爲羊，三離雉也。　案：《穀梁傳》曰：春獵曰田，夏曰苗，秋曰蒐，冬曰狩。田獲三品，一爲乾豆，二爲賓客，三爲充君之庖。注云：上殺中心，乾之爲豆實；次殺中髀骼，以供賓客；下殺中腹，充君之庖廚，尊神敬客之義也。

釋曰　四自遯二進順五，與二同功，與初正應，是大臣能以順正之道承上，而協和將帥以成功者，故著二之功於四。"三品"，李説是。四至初三爻，故"獲三品"。

《象》曰：田獲三品，有功也。

王弼曰：得位承五而依尊履正，以斯行命，必能獲强暴遠不仁者也。獲而有益，莫若三品，故曰"有功也"。

釋曰　順五而與二同功，比賢從上，若子皮之任子産，鮑叔之薦管仲，其功大矣。

九五：貞吉，悔亡，无不利，无初有終。

虞翻曰：得位處中，故"貞吉，悔亡，无不利"也。震巽相薄，雷風无形，當變之震矣。巽究爲躁卦，故"无初有終"也。

釋曰 五正中，故"貞吉"。无應，"悔"也。二易初應五，故"悔亡"。剛巽乎中正而志行，利有攸往，利見大人，故"无不利"。巽，消之始，初失位，故"无初"，五正中，終使巽變爲震，故"有終"。張氏曰："正位與之震皆中正之道。"

先庚三日，後庚三日，吉。

虞翻曰：震，"庚"也，謂變初至二成離，至三成震，震主庚。離爲日，震三爻在前，故"先庚三日"，謂益時也。動四至五成離，終上成震，震爻在後，故"後庚三日"也。巽初失正，終變成震得位，故"无初有終，吉"。震究爲蕃鮮白，謂巽白。朱作"也"。巽究爲躁卦，"躁卦"，謂震也。與蠱"先甲三日、後甲三日"同義，五動成蠱，乾成於盧、周皆作"于"。甲，震成於庚，陰陽天地之始終，故經舉"甲""庚"於蠱《彖》、巽五也。

釋曰 "庚"者，賡續變更之令，所謂"申命"。震主庚，"先庚三日"，益時，"後庚三日"，則純震矣。益民而動，故"吉"。朱子曰："'先庚三日'，丁也；'後庚三日'，癸也。丁所以丁寧於其變之前，癸所以揆度於其變之後。"

《象》曰：九五之吉，位正中也。

虞翻曰：居中得正，故"吉"也。朱作"矣"。

上九：巽在牀下，

虞翻曰："牀下"，謂朱誤"爲"。初也，窮上反下成震，故"巽在牀下”。《象》曰“上窮也”，明當變，窮上而復初者朱無“者”字。也。

《九家易》曰：上爲宗廟。禮：封賞出軍，皆先告廟，然後受行。三軍之命，將之所專，故曰“巽在牀下”也。

〖釋曰〗虞以“巽在牀下”爲上反初，張氏曰：“巽上復震，猶否上復泰。”《九家》謂出軍必告廟，故於宗廟爻復繫“巽在牀下”之辭。軍中之事，將之所專，即二之“巽在牀下”也。《象》曰“上窮”者，征伐既畢，師還告廟。至上則事已窮盡，當守臣節，无敢專行也。

喪其齊朱作“資”。**斧，貞凶。**朱誤“吉”。

虞翻曰：變至三時，離毀入坤，坤爲“喪”，巽爲“齊”，朱脫此三字。離爲“斧”，故“喪其齊斧”。三變失位，故“貞凶”。

荀爽曰：軍罷師旋，亦告於廟，還斧於君，故“喪齊斧”。正如其故，不執臣節，則“凶”，故曰“喪其齊斧，貞凶”。

〖補〗《漢書》說：王莽司徒王尋初發，亡其黄鉞，其士房揚曰此經所謂“喪其齊斧”者也。應劭曰：“齊”，利也，亡其利斧，言无以復斷斬也。此説與虞、荀異。

“齊”，王弼本作“資”。

〖釋曰〗虞意“巽在牀下”，明上反初成震，“喪其齊斧”，兼明三變受上成既濟。上應在三，上既反初，變至三，離巽象壞入坤，故“喪其齊斧”，謂成益，甲兵不用也。三變失位象凶，上之三貞之，兵凶事，權以濟之，是其正，爻失位乃可貞。“喪其齊斧”，以凶而正，故曰“正乎凶也”。荀以“喪其齊斧”爲還斧於君，上宗廟爻，且兵事畢，當變陰，若正如其故仍爲陽則凶。《象》曰“正乎凶”，謂正如是乎則凶也。愚謂"巽在牀下",伏陰在巽下,上變入陰,故入在牀下。窮亢驕惰,懷安取敗,故"喪其齊斧"。巽互離之象壞,言失權也,雖得正猶凶。自古人君无大失德,而宴安以失魁柄致禍亂者多矣,《象》曰"正乎凶",言必凶也。"喪其齊斧",謂失權,故房揚以爲亡失黄鉞之證。

《象》曰:巽在牀下,上窮也。

虞翻曰:陽窮上反下,故曰"上窮也"。

喪其齊斧,正乎凶也。

虞翻曰:上應於三,三動失正,故曰"正乎凶也"。

釋曰　三權變失位以受上正,三之震本當變,上陽宜反初,且正三也,與益上益三以益初同,此虞義。然經傳辭氣,似愚後説爲近之。

兑

《序卦》曰:入而後説之,故受之以兑。兑者,説也。

崔憬曰:巽以申命行事,入於刑者也。入刑而後説之,所謂人忘其勞死也。

釋曰　順理而入則人心説,深造以道,真積力久而入,則己心説,故兑次巽。崔説未當。

☱ _{兌下兌上} **兌。亨,利貞。**

虞翻曰:大壯五之三也。剛中而柔外,_{二朱誤"而"}。失正,動應五承三,故"亨,利貞"也。

補 《説文》:兌,説也,從儿,_{古文奇字"人"}。台聲。_{段曰:合音}。

釋曰 "説萬物者莫説乎澤",説則亨矣,謂陰陽交,天人應也。説之道必利於正,二、三、四失位,五剛中正使諸爻皆正,二應五承三,則"順乎天而應乎人",故"利貞"。自大壯來當三之五,云"五之三"者,兌於消息陽而卦本陰也。

《象》曰:兌,説也。

虞翻曰:兌口,故"説"也。

釋曰 "説"、"悦"同,"口説"之"説"與"心説"之"説",一義引申。

剛中而柔外,説以利貞,

虞翻曰:"剛中",謂二、五,"柔外",謂三、上也。二、三、四利之正,故"説以利貞"也。

釋曰 "剛中"則正己以立本,"柔外"則正人而利導,故能説天下以歸於和正。上在外卦,三於内卦諸爻爲外。

是以順乎天而應乎人。

虞翻曰:大壯乾爲"天",謂五也,"人",謂三矣。二變順五承三,故"順乎天應乎人"。坤爲"順"也。

釋曰　說以利民而歸於正，是以順乎天道應乎人心。"順""應"互文，謂六爻和會成既濟，五、三皆得承應，所謂亨也。

說以先民，民忘其勞。《釋文》：先，西薦反，又如字。

虞翻曰：謂二、四已變成屯，坎朱誤"故"。爲"勞"，震喜兌說，坤爲"民"，坎爲心，民心喜說，有順比象，故"忘其勞"也。

釋曰　五居尊率下，故"先民"。

說以犯難，民忘其死。

虞翻曰：體屯，故"難"也。三至上體大過死，變成屯，民說无朱作"無"。疆，故"民忘其死"。坎心爲"忘"，或以坤爲"死"也。

補　《詩序》曰：君子之於人，序其情而閔其勞，所以說也。說以使民，民忘其死，其唯東山乎。

《漢書・五行志》曰：動靜應誼，說以犯難，如此則金得其性矣。師古曰：言以和悅使人，雖犯危難，不顧其生也。

釋曰　虞義如此。愚謂再言"說"者，明重卦之義。初爲說始，故"先民"。二坎爻，坎爲勞，孚兌悔亡成既濟，故"忘其勞"。兌西方金秋殺，故"犯難"，有死象。五能孚于剥，"介疾有喜"，故"忘其死"，此亨而貞之至也。

說之大，民勸矣哉。

虞翻曰：體比順象，故勞而不怨。震爲喜笑，故人勸也。

《象》曰：麗澤，兑。君子以朋友講習。

虞翻曰："君子"，大壯乾也。陽息見兑，學以聚之，問以辯之，兑二陽同類爲"朋"，伏艮爲"友"，坎爲"習"，震爲"講"，兑兩口對，故"朋友講習"也。

補　鄭眾曰：樂耽於酒，則有沈酗之凶，志累於樂，則有傷性之患。所以君子樂之美者，莫過於尚《詩》《書》，敦習道義，教之盛矣，樂在斯焉。《口訣義》。

"麗"，鄭康成作"離"，曰："離"，猶併也。《釋文》。

先儒云：同處師門曰"朋"，共執一志曰"友"，"友"，猶黨也。《口訣義》。

釋曰　兩澤相附麗合併，相説之義。姚氏曰："麗，相麗也。上爲雨澤，下爲藪澤，藪澤之氣，升爲雨澤，雨澤之降，歸於藪澤，故'麗澤兑'。兑爲口，上下相麗，故以'朋友講習'。合志同方，營道同術，竝立則樂，相下不厭者也。"

初九：和兑，吉。

虞翻曰：得位，四變應己，故"和兑，吉"矣。

釋曰　"發而皆中節謂之和"，初得正，四變而應，正己物正，故"和兑吉"。以和爲説，當理自然，非有偏私，利貞之本。

《象》曰：和兑之吉，行未疑也。

虞翻曰：四變應初，震爲"行"，坎爲"疑"，故"行未疑"。

釋曰　二變震爲行，四變體坎，有疑象，應初，故"未疑"。初得正,不疑所行,人亦不疑而應之。疑則有閒,行未疑,故"和"。

九二:孚兌,吉,悔亡。

虞翻曰:"孚",謂五也,四已變,五在坎中稱"孚"。二動得位應之,故"孚兌,吉,悔亡"矣。

[釋曰] 五中正。四變體坎,德孚於下,二變應之,上下交孚各正,民説无疆,以成既濟,故吉而悔亡。二本坎爻,陽息見兌,本有孚象。失位爲悔,至五正位,二乃變,陰陽應,上下交,成王之孚,其悔乃亡。

《象》曰:孚兌之吉,信志也。

虞翻曰:二變應五,謂四已變,坎爲"志",故"信志也"。

[釋曰] 信由中而孚於下,天下信其澤民之志,相説以正,故孚吉而悔亡。

六三:來兌,凶。

虞翻曰:從大壯來失位,故"來兌凶"矣。

[釋曰] 坤三來之乾,生爻則大壯五之三,事是君則爲容悦,失大臣之義,故"凶"。

《象》曰:來兌之凶,位不當也。

案:以陰居陽,故"位不當",諸朱、盧作"諂"。邪求悦,所以必凶。

九四：商兑未寧，介疾有喜。

虞翻曰：巽爲近利市三倍，故稱“商兑”。變之坎，水性流，震爲行，謂二已變體比象，故“未寧”，與比“不寧方來”同義也。坎爲“疾”，故“介疾”，得位承五，故“有喜”。

〔補〕 鄭康成曰：“商”，隱度也。

馬融曰：“介”，大也。並《釋文》。

〔釋曰〕 張氏謂：“商賈能隱度財利，故取互巽象。‘介’，纖也，體艮爲小，陽爲‘喜’。”案：四失位，商度所以說民者，謂動應初，和衷共濟也。“未寧”，重勞民犯難也。用一夫之力，瀕一人於危，君子視若疾痛切身，慎之於纖微，勞以佚之，難以生之，民忘其勞忘其死。四變承五，成既濟，坎不爲疾，故“介疾有喜”。馬訓“介”爲“大”，亦重視民勞民死之意。或曰，四商度所說而未安，謂據三失正，欲動之正，說之不以道，不說也。之正承五應初，成既濟，在兩坎間，既濟定，坎不爲疾，故介乎疾疢之間而有喜。“疾”者，借坎象以目三。

《象》曰：九四之喜，有慶也。

虞翻曰：陽爲“慶”，謂五也。

〔釋曰〕 四變陰而稱“喜”者，承五有慶也。

九五：孚于剥，有厲。

虞翻曰：“孚”，謂五也。二、四變，體剥象，故“孚于剥”。在坎未光，“有厲”也。

〔釋曰〕 “孚于剥”，則小人可決，民忘其勞忘其死矣。三未變體離,說道未光,故惕屬以求其濟。兌有夬象,艮兌旁通,猶夬剝旁通。
"孚于剝",陰從陽,民說上也。"有屬",與履五貞屬同義。

《象》曰:孚于剝,位正當也。

案:以陽居尊位,應二比四,孚剝有屬,"位正當也"。

[釋曰]　陰應而比,故"孚于剝"。三未正,故取剝象而有屬。"位
正當",明天下生民休戚在一人也。

上六:引兌。

虞翻曰:无應乘陽,動而之巽爲繩,艮爲手,應在三,三未之正。
故"引兌"也。

[釋曰]　"引"者,五引之。五互巽繩,四變艮爲手,二、四已變,三
不能正,上體屯上,无應乘陽。五在坎陰中,未成既濟體離光,故必引
上使爲陽,與三易位,乃各正。張氏謂艮、兌之卦皆主上,上有伏艮,
故得位而引之使變,說道乃濟。或曰,"引"者,五引三,使伏陽出,去
小人,用君子,然後民說无疆,其道大光。上應在三,故於上言之。

《象》曰:上六引兌,未光也。

虞翻曰:二、四已變而體屯上,三未爲離,故"未光也"。

卷第十二

涣

《序卦》曰：説而後散之，故受之以涣。涣者，離也。

崔憬曰：人説忘其勞死，而後可散之以朱无"以"字。征役，離之以家邦，故曰"説而後散之，故受之以朱、盧无"以"字。涣。涣者，離也"。

<u>釋曰</u> 人心説則氣舒散，涣以陽散陰，民心説而後可散布政教，決小人而離其黨，故涣次兑。陰涣而從陽，故涣之用在合。

坎下巽上 涣。亨。

虞翻曰：否四之二成坎巽，朱作"震"。天地交，故"亨"也。

<u>補</u>《京氏傳》曰：水上見木，疑當爲"風"。焕然而合，言散而合。陰陽二象資而益也。亨。風行水上，處險非溺也。利涉大川。九五履正王居正位。思順，"思"上似脱"六四"二字。非偪也。四五得位，所以利貞。

<u>釋曰</u> 否天地閉塞，四之二以陽散陰，天地復交，涣斯亨矣，亨故能合。

王假有廟。《釋文》：假，庚白反，梁武帝音賈。

虞翻曰：乾爲“王”，“假”，至也。否體觀，艮爲宗廟，乾四之坤二，故“王假有廟，王乃在中也”。

釋曰 張氏曰：“乾入艮中，中，謂二。”案：王在下中，入廟全乎臣全乎子也。“王假有廟”，致孝鬼神，則祖考來格，而天下曉然於臣子之義，四海之內各以其職來祭矣，此合離聚散之本也。張氏又以“假廟”爲嗣王受册命於廟，於渙而聚之象甚合。

利涉大川，利貞。

虞翻曰：坎爲“大川”，“渙”，舟楫朱本作“檝”。象，故“涉大川”。乘木有功，二失正，變應五，故“利貞”也。

釋曰 用賢以濟難，猶乘舟楫以涉川，高宗命傅說曰“若濟水，用汝作舟”，康王任召公、畢公以宏濟于艱難，是也。“利貞”，謂成既濟，所謂“乘木有功也”。虞惟云“二變”，取“下觀而化”之義，二、五正則諸爻皆正矣。

《象》曰：渙亨，剛來而不窮，柔得位乎外而上同。《釋文》：上，如字，又時掌反。

盧氏曰：此本否卦。乾之九四來居坤中，剛來成坎，水流而不窮也。坤之六二上升乾四，柔得位乎外，上承貴王，與上同也。

補 先儒云：“剛來不窮”釋“亨”德，“柔得位乎外”釋“利貞”。《正義》。

釋曰 “貴王”，“王”當爲“主”，見遯六二《象傳》注。“貴主”，謂王也。"剛來"二句,並承"渙亨"言,"不窮"、"上同"皆謂"亨"。先儒以下句爲釋"利貞",非其義。

王假有廟,王朱脱"王"字。乃在中也。

荀爽曰:謂陽來居二,在坤之中,爲立廟。"假",大也,言受命之王,居五大位,上體之中,上享天帝,下立宗廟也。

〔釋曰〕 王位在五,而假廟則退在下中,體震長子主祭,故曰"王乃在中",所謂"剛來"也。荀氏謂王位在五上體之中,當天位,上享天帝,又下來之二,立廟地上。"假"訓"大",王者以祖配天,又立廟以事祖,是大有廟。然"王假有廟",萃、渙同文,當以五象廟神,荀説似未當。《象》云"享帝立廟",天祖同位,皆至尊也,若以祖配天,則五爲帝位,上從五象廟神配食,可也。

利涉大川,乘木有功也。

虞翻曰:巽爲"木",坎爲"水",故言"乘木有功也"。

〔補〕 先儒云:此卦坎下巽上,乘木水上,涉川之象,故"乘木有功"。《正義》。

〔釋曰〕 五乾人乘巽木,在坎大川上,舟楫之象,故"乘木有功",謂成既濟之功。傳驪括"利貞"釋之。

《象》曰:風行水上,渙。先王以享于帝立廟。

荀爽朱誤"虞翻"。曰:謂受命之王收集散民,上享天帝,下立宗廟也。陰上至四承五爲享帝,陽下至二爲立廟也。離日上爲宗廟,而謂天帝,宗廟之神所配食者,王者所奉,故繼於上。至於宗廟,其實在地,地者陰中之陽,有似廟中之神。○朱作空格。

虞翻曰:否乾爲"先王","享",祭也。震爲"帝"、爲祭,艮爲"廟",四之二殺坤大牲,故以"享帝立廟",謂成既濟有噬嗑食象故也。

釋曰　風行水上,水動而散,故爲渙。然隨散隨合,先王觀象知散之可合,故以"享帝立廟"正其本。經但言"假廟",傳兼言"享帝"者,尊者尊統上,天子及其始祖之所自出也。二震爲帝,五艮爲廟,廟親而先帝也。荀云"陰上至四承五爲享帝",謂否二之四體震爲祭主承五,體陰承陽,以卑承尊,"享帝"之象。又云"離日上爲宗廟而謂天帝",此文恐有誤脱,當云"上爲宗廟而五在離日上謂天帝",言爻位上爲宗廟。而渙爲離五世卦,五尊在離日之上,故謂"天帝",是宗廟之神所配食者,王者所尊奉,故在五王位而繼於上。五、上相繼,上從五,配位相近也,此郊祭以廟神配之象。至於宗廟,位雖在五王位之上,廟神麗乎天,而廟之立實在地,以廟對帝,則又以二在下中。地上所尊,陰中之陽,象廟神,故上享帝而下立廟也。大旨如此,然義稍迂曲。

初六:用拯馬壯,吉。

虞翻曰:坎爲"馬",初失此下朱衍"位"字。正,動體大壯得位,故"拯馬壯,吉",悔亡之矣。四字衍。

補　馬融曰:"拯",舉也。

子夏作"抍",曰:"抍",取也。

王肅曰:"拯",拔也。

伏曼容曰:"拯",濟也。並《釋文》。

釋曰 “拯”，承也。“壯”，强健也。二亨否，散陰使合於陽。初順二，惟二馬首是瞻，由是從陽而正，體大壯陽息，故“用承馬壯，吉”。馬壯，所以急濟渙也。《釋文》訓“拯”爲“救”，用馬壯以拯渙也。虞訓“壯”爲“傷”，子夏“拯”作“抍”，訓“取”。張氏曰：“初應在四，四拯於初，初動，馬壯而吉，謂四取初承二，使從陽而正。初與二體坎，動體大壯，馬雖傷而吉，謂渙可合也。”馬訓“舉”，《説文》“抍，上舉也”，亦上承之意。姚氏以四艮爲手，舉二居五，初之四順五得位，故“吉”，與明夷《九家》義同。

《象》曰：初六之吉，順也。

虞翻曰：承二，故“順”也。

九二：渙奔其机，悔亡。

虞翻曰：震爲“奔”，坎爲棘、爲矯輮，震爲足。輮棘朱誤“來”。有足，艮肱據之，憑机之象也。渙宗廟中，故設机。二失位，變得正，故“渙奔其机，悔亡”也。

釋曰 二體坎震承艮爲“机”，二動初已正，體震爲“奔”。“王假有廟”，天下諸侯渙然如水之流，執豆籩駿奔走於神几之下，故“渙奔其几”。二失位在渙，“悔”也，渙而亨，陰從陽，得正而益。下觀而化，得萬國之歡心以事其先王，故得願而悔亡。若以嗣王即位言，則册命時設几依神，嗣王奔就神几受命，臣民之心不可一日無君，渙而有奔其机者，繼體有主，渙由此濟，天下之願也，故“悔亡”。姚氏以巽木爲机，二升五，故“奔其机”，正位，故“悔亡”，亦通。

《象》曰:涣奔其机,得愿也。

虞翻曰:動而得位,故"得願也"。

六三:涣其躬,无悔。

荀爽曰:體中曰"躬",謂涣三使承上,爲志在外,故"无悔"。

〔釋曰〕"體中曰躬",實即身也。二變,三體坤爲身,涣三承上,從上而易,故"涣其躬"。"王臣蹇蹇,匪躬之故",不自有其身,從王事以成即濟也。三失位,"悔"也,之上得正,故"无悔"。

《象》曰:涣其躬,志在朱誤"其"。外也。

王弼曰:涣之爲義,内險而外安者也。散躬志外,不固所守,與剛合志,故得无咎。

〔釋曰〕志在外,謂升上,終王事,濟天下也。王弼所言,亦涣之一端。

六四:涣其羣,元吉。

虞翻曰:謂二已變成坤,坤三爻稱"羣",得位順五,故"元吉"也。

〔補〕《吕氏春秋》曰:"涣"者,賢也,"羣"者,衆也,"元"者,吉之始也。"涣其羣,元吉",其佐多賢也。《召類》文。

《大玄》準涣以文。

〔釋曰〕初、二已變,四體坤羣,三、上易,故"涣其羣"。風行水上,涣然成文。涣爲文章,賢能之象。"涣其羣",散布羣賢於天下,大臣以人事君,使公卿至於百執事,四方親民之吏,罔非賢人,天下涣而復

聚由此始,故"元吉",以坤元輔乾元也。姚氏以四升五爲"渙其羣",
體坤元含宏光大,故"元吉",亦通。

渙有丘,匪夷所思。

虞翻曰:位半艮山,故稱"丘"。"匪",非也,"夷",謂震,四應在
初,三變坎爲"思",故"匪夷所思"也。○朱無圈,空三格。

盧氏曰:自二居四,離其羣侣,"渙其羣"也。得位承尊,故"元吉"也。
互體有艮,艮爲山丘,渙羣雖則光大,有丘則非平易,故有匪夷之思也。

〔補〕"丘",姚作"近"。

"夷",荀作"弟"。並《釋文》。

〔釋曰〕"丘",高地,人所仰。當渙之時,有高德爲人所仰望,使離
者合,散者聚,德業盛大,非常人意計所及。"夷",平常也,初、二變,
震爲大塗平易稱"夷",三正坎爲"思",震變,故"匪夷所思"。盧意似
以"丘"爲險,"匪夷所思"爲備豫不虞,恐非。姚氏以"有丘"喻四本得
位,"匪夷所思"喻陰升五非常,非坤元不足以當之,亦通。姚作"近",
葢字之誤。荀作"弟",《釋詁》"夷,弟,易也",義相近,或亦字誤。

《象》曰:渙其羣元吉,光大也。

虞翻曰:謂三已變成離,故四"光大也"。

九五:渙汗其大號。

《九家易》曰:謂五建二爲諸侯,使下君國,故宣布號令,百姓被
澤,若汗之出身不還反也。此本否卦,體乾爲首,來下處二成坎水,汗

之象也。陽稱“大”，故曰“涣汗其大號”也。

[補]　鄭康成曰：“號”，令也。《文選》張平子《東京賦》注。

王肅曰：王者出令不可復反，喻如身中汗出不可反也。《北堂書鈔》一百三。

劉向上封事曰：《易》曰“涣汗其大號”，言號令如汗，汗，出而不反者也。今出善令，未能踰時而反，是反汗也。

[釋曰]　張氏曰：“巽爲號令，五乾稱大，否坤爲身，四之二成坎爲水，水出於身，汗也。汗出而不反，以比號令。”案：汗出自首始而周於身，令順民心，淪肌浹髓，故以汗喻。《九家》以建侯言，號令之大者。

涣王居，无咎。

荀爽曰：布其德教，王居其所，故“无咎”矣。

[釋曰]　張氏曰：“五爲‘王’，艮爲‘居’。當涣之時，王居正位。二變應，故‘无咎’。”又以“王居正位”爲嗣王踰年稱王即位之禮。

《象》曰：王居无咎，正位也。

虞翻曰：五爲“王”，艮爲“居”，正位居五，四陰順命，故“王居无咎，正位也”。

上九：涣其血去逖出，无咎。

虞翻曰：應在三，坎爲“血”、爲“逖”，“逖”，憂也。二變爲觀，坎象不見，故“其血去逖出，无咎。”

[釋曰]　“血”，傷害象。“逖”，憂也。“血逖”，取坎象以喻否消之

害,言渙未合也。渙其血而去之,逖而出之,五正二應,君臣一德,下觀而化,則渙者合,既濟成,否可反泰矣,故"无咎"。"逖"者,"惕"之借。張氏以爲喪除即吉之象。

《象》曰:渙其血,遠害也。

虞翻曰:乾爲"遠",坤爲"害",體遯上,故"遠害"也。

［釋曰］ 不言"逖"者,言"血"足以包見之。"去"與"出",皆渙之所爲也。體遯上有"遠害"之象,成觀渙將濟,遠否消之害。

節

《序卦》曰:物不可以終離,故受之以節。

崔憬曰:離散之道不可終行,當宜節止之,故言"物不可以終離,受之以節"。

［釋曰］ 陰既離散,則當使之合於陽而得所止。"節"者,以陽節陰也。

☲ 兌下坎上 節。亨。

虞翻曰:泰三之五,天地交也。五當位以節,中正以通,故"節亨"也。

［補］《京氏傳》曰:水居澤上,澤能積水,陽止於陰,故爲節。"節"者,止也。

［釋曰］ "節"者,物之分限當止之處。泰三之五,剛柔分而剛得中,分則成節,得中則中節,節則亨矣。剛柔分,天地交,剛得中,以陽

通陰，以中正通天下之志，故"亨"。節貞泰，使不反否，陽止於陰，水止於澤，止所當止也。

苦節不可貞。

虞翻曰：謂上也。應在三，三變成離，火炎上作苦，位在火上，故"苦節"。雖得位乘陽，故"不可貞"。

〔釋曰〕 此於即成既濟中別出一義。儉不中禮，刻苦過甚，或爲人所不堪而不可以爲常，又伏節死義之臣，其節至貞，實道窮不得已而然，非節之常。文王此辭，其諸悲鬼侯、鄂侯之苦節，嘉其貞而閔其道之窮，欲以柔順行權濟殷歟？獻珍異崇朝貢之禮以免難，獻地以除炮烙之刑，盍知直言極諫之不可復行也。

《彖》曰：節亨，剛柔分而剛得中。

盧氏曰：此本泰卦。分乾九朱誤"上"。三升坤五，分坤六五下處乾三，是"剛柔分而剛得中"也。

苦節不可貞，其道窮也。

虞翻曰：位極於上，乘陽，故"窮"也。

〔釋曰〕 因上位窮乘陽，別取三變在離火上"苦"象。

説以行險，

虞翻曰：兑"説"，坎"險"，震爲"行"，故"説以行險"也。

當位以節，中正以通。

虞翻曰：“中正”，謂五，坎爲“通”也。

[釋曰]　“苦節不可貞”，惟體說道以行乎險，則能濟險而不苦。“當位以節，中正以通”，則不窮而可貞。此言五之德以申“節亨”之義。

天地節而四時成。

虞翻曰：泰乾“天”坤“地”。震春兌秋坎冬，三動離爲夏，故“天地節而四時成”也。

[釋曰]　此以下極言節道，既濟之事。

節以制度，不傷財，不害民。

虞翻曰：艮手稱“制”，坤數十爲“度”，坤又爲“害”、爲“民”、爲“財”。二動體剥，剥爲“傷”。三出復位，成既濟定，坤剥不見，故“節以制度，不傷財，不害民”。

[補]　鄭康成曰：空府藏則傷財，力役繁則害民，二者奢泰之所致。《後漢書•王符傳》注。

[釋曰]　《論語》曰“節用而愛人，使民以時”，此與泰“財成天地之道，輔相天地之宜，以左右民”同意，節之亨而貞也。

《象》曰：澤上有水，節。

侯果曰：澤上有水，以隄朱作“堤”。防爲節。

[補]　“上”，或作“中”。《釋文》。

釋曰　眾水並流，匯於澤中而見於澤上，澤以節水，防以節澤。作“中”義可通而非《象》例，故《釋文》不用。

君子以制數度，議德行。

虞翻曰：“君子”，泰乾也。艮止爲“制”，坤爲“度”，震爲“議”、爲“行”，乾爲“德”，故“以制數度，議德行”。乾三之五爲“制數度”，坤五之乾爲“議德行”也。

釋曰　“制數度”，用財之節。“議德行”，律己用人之節。

初九：不出户庭，无咎。

虞翻曰：泰坤爲“户”，艮爲“庭”，震爲“出”，初得位應四，故“不出户庭，无咎”矣。

釋曰　“户庭”，室户外堂下之庭。初應在四，四本泰坤爲户，又在艮門闕之內，體艮爲庭，自初在內言之，故稱“户庭”。二動，初體屯，若動出之應，則失位而反无應，體剥傷害，“咎”也。盤桓居貞，慎密不出，三動成既濟，初自得應，故“无咎”。出處語默，節之大者，非時妄動，則失身而害及天下，其咎大矣，故於初著此深戒。

《象》曰：不出户庭，知通塞也。

虞翻曰：坎爲“通”，二變坤土壅初爲“塞”。

崔憬曰：爲節之始，有應於四，四爲坎險，不通之象。以節崇塞，雖不通，可謂“知通塞矣”。“户庭”，室庭也，慎密守節，故“不出”焉而“无咎”也。　案：初九應四，四互坎艮，艮爲門闕，四居艮中，是爲內戶，"戶庭"之象也。

　　釋曰　時有通塞，初當塞時，故"不出"，時止則止也。坤土壅爲"塞"，故體屯盤桓居貞。崔以坎險在前爲塞，"崇塞"二字不甚明，"崇"，疑當爲"從"。"節"，止也，以節從塞，道塞則從而塞，故爲"知通塞"。

九二：不出門庭，凶。

　　虞翻曰：變而之坤，艮爲"門庭"。二失位，不變出門應五則凶，故言"不出門庭，凶"矣。

　　釋曰　動而之坤，體震爲出，應五艮門庭。二失位，變則應五往有尚，時行則行也，不出則失時自廢，故"凶"。

《象》曰：不出門庭凶，失時極也。

　　虞翻曰："極"，中也。未變之正，故盧、周無"故"字。"失時極"矣。

　　釋曰　二得中，然中者隨時，一以不出爲節，則失時中矣。或曰，"極"，如"與時偕極"之"極"，當出不出，坐失事機以誤天下蒼生，故"失時極"。執中無權，猶執一也，豈節之亨乎？

六三：不節若，則嗟盧、周作"差"，《象》同。若，无咎。

　　虞翻曰：三，節家君子也，失位，故"節若"。"嗟"，哀號聲，震爲音聲、爲出，三動得正而體離坎，涕流出目，故"則嗟若"。得位乘二，故"无咎"也。

　　補　《京氏傳》曰：失節則嗟。

[釋曰] 三失位,故以失節爲戒。虞云"失位故節若","故"下當脱"不"字。三下有伏陽,體乾三君子,懼失節而嗟。動之正,震聲出,體坎水離目,流涕太息,故"不節若,則嗟若"。"震无咎者存乎悔",得位據二,陰陽各當其節,故"无咎"。過而能改,善莫大焉,故《象》曰"不節之嗟,又誰咎也"。

《象》曰:不節之嗟,又誰咎也。

王弼曰:"若",辭也。以陰處陽,以柔乘剛,違節之道,以至哀嗟,自己朱、盧作"已"。所致,盧、周作"至"。无所怨咎,故曰"又誰咎"矣。

[釋曰] 如王弼説,此"无咎",與諸卦爻言"无咎"通例皆異,蓋因解三《象傳》而云然。然彼經實不言无咎,傳自爲文,非解經也。此傳"又誰咎",當與同人初同義,謂誰得而咎之。但虞云"三節家君子",似漢時已有此説,而虞微破之,故李以虞爲正而附存王説於後。

六四:安節,亨。

虞翻曰:二已變艮止坤安,得正承五,有應於初,故"安節亨"。

[釋曰] 五剛中正以通,四柔得位正承之,節亨之義莫著於此。陰受陽亨,下承上道,君臣合志,式禮中節也。互艮爲止,二動又體坤安,四本中節,故安而亨。二動而應節,故"往有尚"。三變則六爻胥安,剛柔節矣。

《象》曰:安節之亨,承上道也。

《九家易》曰:言四得正奉五,上通於君,故曰"承上道也"。

釋曰 "上",謂五陽,四當位承陽,故"安節亨"。上雖當位而乘陽,故別取苦節之象。"亨"者,陽通陰,陰承陽也。

九五:甘節,吉。往有尚。

虞翻曰:得正居中,坎爲美,故"甘節吉"。"往",謂二,二失正,變往應五,故"往有尚"也。

釋曰 泰三互兑口,與坤連,土稼穡作甘,之五正中,坎水清洌味甘,發而中節,有中和之德,樂循天理,故"甘節吉"。禮達於下,二變往應之,剛柔正,君臣合德,節道濟,泰可久,故"往有尚"。

《象》曰:甘節之吉,居位中也。

虞翻曰:艮爲"居",五爲"中",故"居位中也"。

釋曰 節貴得中,故五象甘節而吉。

上六:苦節,貞凶,悔亡。

虞翻曰:二、三變,有朱、盧作"在"。兩離,火炎上作苦,故"苦節"。乘陽,故"貞凶"。得位,故"悔亡"。

干寶曰:《象》稱"苦節不可貞",在此爻也。禀險伏之教,懷貪狼周作"狠"。之志,以苦節之性而遇甘節之主,必受其誅,華士、少正卯之爻也,故曰"貞凶"。苦節既凶,甘節志得,故曰"悔亡"。

釋曰 此於節成既濟中別出一義。"苦節",謂刻苦過甚,矯世勵俗,及蹈仁而死者。李氏道平曰:"此與大過上六'過涉滅頂,凶,无咎'同義。"蓋仗節死義之臣,所守甚正,所遇則凶,然義實无咎,如比干諫而死之類是也。干氏以"苦節"爲視禮節爲苦,欲亂名改作,以邪說惑世誣民者。坎爲險,又爲隱伏,上六戊子,北方之情,好行貪狼,以節爲苦而欲去之,必爲五甘節之君所誅,若少正卯之比。"貞凶",言必凶。亂人去,故五"悔亡"。然"苦節"非不善之辭,"貞凶悔亡"文義相承,不可分屬五、上,干説迂曲,恐非經意,今不從。

《象》曰:苦節貞凶,其道窮也。

荀爽曰:乘陽於上,无應於下,故"其道窮也"。

釋曰 此説苦象據三未變言,二動三未變,體屯上"泣血",故"苦"。三變成既濟,六爻應,則不苦矣。曰"其道窮",閔其節之苦而不容於亂世也。

中　孚

《序卦》曰:節而信之,故受之以中孚。

崔憬曰:節以制度,不傷財,不害民,則人信之,故言"節而信之,故受之中孚也"。

釋曰 立中制節,一定不移,如四時之氣應期必至,則人信之,故中孚次節。

䷼ 兑下巽上 **中孚。**

虞翻曰:訟四之初也。坎孚象在中,謂二也,故稱"中孚"。此當從四陽二陰之例，遯陰未及三而大壯陽已至四，故從訟來。二在訟時，體離朱脫"離"字。爲"鶴"，在坎陰中，故盧、周無"故"字。有"鳴鶴在陰"之義也。

補　鄭康成說："孚"，信也。兩陰在內，五以中和之氣信原誤"候"。之，兩陰猶民，君在上，五也。臣在下，二也。行中正之道，政教信于民，故謂之中孚。《易緯稽覽圖》末有此條，蓋即鄭《易注》。

荀爽曰：兩巽對合，外實中虛。《漢上叢說》。

釋曰　反覆不衰之卦本自乾坤來，乾三、四之坤，坤來入乾，而成中孚兩陰在內，含小過伏陽。二、五剛得中，乾之中氣，體坎爲孚，又取坎初上變，以陽包陰，內坎外離。乾以二、五中氣通坤，猶明君用賢臣以中德信於民，故稱"中孚"。虞氏以四陽二陰例推之，謂遯消未至三而五、上已反，將成大壯，此由否反泰息大壯之象，故取遯所生卦自訟來，引九二爻辭爲證。《易》道屢遷，繫辭取義非一也。張氏謂訟者離遊魂卦，明此與坎離同義，反泰內乾，故中義主二。愚案：大壯陽在二，故虞主二言，然《象》云"剛得中"，實兼二、五。九五爻云"有孚攣如"，則五正上中，又孚之主。

豚魚吉。

案：坎爲此下朱衍"孚"字。豕，訟四降初折坎稱"豚"。初陰升四，體巽爲"魚"。"中"，二，"孚"，信也，謂二變應五，化坤成邦，故信及豚魚吉矣。此下朱、盧衍一圈。虞氏以三至上體遯，便以"豚魚"爲"遯魚"，雖生曲象之異見，乃失化邦之中信也。

補　鄭康成曰：三辰在亥，亥爲豕，爻失正，故變而從小名言"豚"

耳。四辰在丑，丑爲鼈蟹，鼈蟹，魚之微者，爻得正，故變而從大名言
"魚"耳。三體兌，兌爲澤，四上值天淵，二、五皆坎爻，坎爲水，二侵
澤，當爲"二以水浸澤"。則豚利，五亦以水灌淵，則魚利。"豚魚"，以喻
小民也，而爲明君賢臣恩意所供養，故"吉"。《詩·無羊》疏。

《京氏傳》曰：互體見艮，原誤"民"。止於信義，九五履信，九二反
應。兌者巽之反。風與澤二氣相合，巽而説，信及於物，物亦順焉，《易》
云"信及豚魚"。陸氏曰："豚魚"，幽微之物，信尚及之，況於人乎？

"豚"，黄作"遯"。《釋文》。

釋曰 陰爲民，"豚魚"喻小民，謂三、四也。二、五以中德孚之，君
臣合志，施實德于民，故"豚魚吉"。《象》云"信及豚魚"，李以爲即化邦之
事。二有中信，動而應五，上下相孚，以信化邦，三、四在其閒，正所化者，
故信及之而吉。虞氏則以"化邦"爲下文"利貞"，《象》豫攝下意，於孚言
之，明二有中信之德，乃能化邦。"遯魚吉"但明"孚"義，"利涉大川"乃就
二已化邦取象。利貞成既濟，二已應五而三、上正，則孚之至而化邦之成
也，義並可通。但諸家皆作"豚魚"，虞獨以卦有遯象改讀爲"遯"，故李氏
謂之"曲象異見"。黄穎作"遯"，據虞讀改也。鄭據爻辰云"丑爲鼈蟹"
者，十二月建丑，其蟲介也。丑上值斗，"天淵"，星名，在南斗牽牛南。

利涉大川，

虞翻曰：坎爲"大川"，謂二已化邦，三利出涉坎得正體渙。渙舟
楫朱作"檝"。象，故"利涉大川，乘木舟虚也"。

補 鄭康成説：互體震，震爲木，巽爲風，木在水上而風行之，濟
大川象，君能濟于難也。《稽覽圖》末。

釋曰　至誠用賢，則能拯天下於險難之中。鄭據本象，虞據變，義則同。二已化邦，三、上當易，云"體涣"者，但據三出成坎言，下"利貞"乃言其易耳。

利貞。

虞翻曰：謂二利之正而應五也。中孚以利貞，乃應於朱作"于"。天也。

釋曰　二應五則三、上易，陰陽和，六位正，無不孚矣。

《彖》曰：中孚，柔在內而剛得中，説而巽，孚，

王肅曰：三、四在內，二、五得中，兑説而巽順，故"孚"也。

釋曰　柔在內而剛以中德孚之，兑説而巽順以入，至誠感人，如澤之浸，如風之動，教不肅而成，政不嚴而治，是中德之孚。肅説柔在內，本鄭義。

乃化邦也。

虞翻曰：二化應五成坤，坤爲"邦"，故"化邦"也。

釋曰　既釋"孚"義，因承"孚"文而言其效，以起下意。二化成坤，"化邦"之象，三、上易成既濟，"化邦"之成也。

豚魚吉，信及豚魚也。

荀爽朱誤"虞翻"。曰："豚魚"，謂四、三也。四朱、盧作"艮"。爲山陸，

豚所處，三爲兌澤，魚所在。豚者卑賤，魚者幽隱，中信之道皆及之矣。

　　釋曰　"信及豚魚"，化邦之事，二、五以中德孚陰，故"信及豚魚"。二動應五，陰陽相孚，三、四在其閒體坤，則信及之而化邦成益矣。苟以三爲"豚"、四爲"魚"，與鄭異，以喻小民則一。

利涉大川，乘木舟虛也。

王肅曰：中孚之象，外實内虛，有似可乘虛木之舟也。

　　補　鄭康成曰："舟"，謂集板，如今自空大木爲之曰虛。《詩·谷風》正義。

　　釋曰　中孚體離，故取"舟虛"象，謂五乾人乘巽木，用舟與虛，以見有實德而能虛中用賢之意。"舟"、"虛"二物，肅不能分別。

中孚以利貞，乃應乎天也。

虞翻曰：訟乾爲"天"，二動應乾，故"乃應乎天也"。

　　釋曰　二動應乾，三、上易成既濟。"乾道變化，各正性命，保合太和，乃利貞"，至誠贊化育，與天合德也。

《象》曰：澤上有風，中孚。

崔憬曰：流風令於上，布澤惠於下，中孚之象也。

　　釋曰　風生於澤，氣由中出，陰陽相應，故爲中孚。

君子以議獄緩死。

虞翻曰："君子"，謂乾也。訟坎爲"獄"，震爲"議"、爲"緩"，坤爲

"死"。乾四之初，則二出坎獄，兌説震喜，坎獄不見，故"議獄緩死"也。

補 魯恭説:《易》十一月"君子以議獄緩死"。《後漢書》本傳。

釋曰 虞取訟坎，於象甚合，中孚爲由遯反大壯之消息，訟救遯，固繫辭取義所及矣。卦氣起中孚，十一月一陽初生。"議獄緩死"，順微陽之動，體天心好生也。

初九:虞吉，有它，不燕。

荀爽曰:"虞"，安朱誤"震宴"。也。初應於四，宜自安虞，无意於四，則"吉"，故曰"虞吉"也。四者承盧、周誤"乘"。五，有它意於四則不安，故曰"有它不燕"也。

補 陸希聲曰:"燕"，安也。有應於四，宜從之，而誠信未通，未能及物，故自守則吉而有它不燕。《會通》。

釋曰 姚氏曰:"初應在四，四承五不應初，初宜自安无意於四，則不生怨望之情，故安吉也。'它'，謂非應。初雖不往應四，亦不宜有意於它，有意於它，是'有它'意於四也。'它'意，猶云'二心'，失其正應，故'不燕'，謂不孚也。或説，'虞'，度也，度之則不妄動，故'吉'。"案:姚據荀比初注推之。或曰，"有它意於四"，"它"字衍，初在孚始，宜安靜自守，不願乎外，以養其誠，與屯初、賁初、節初同義。

《象》曰:初九虞吉，志未變也。

荀爽曰:初位潛藏，未得變而應四也。

釋曰 姚氏曰:"畫未變之爻，故'志未變'，畫動之爻乃相應。"

案："志未變"，當虞以定之，防其它。

九二：鳴鶴朱作"鶴"，注同。**在陰，其子和之，我有好爵，吾與爾靡之。**《釋文》：好爵，如字，王肅呼報反。靡，本又作縻，同，亡池反，散也，徐武寄反，又亡彼反。本又作縻，今本誤縻，李氏富孫據《音訓》宋本訂正。

虞翻曰："靡"，共也。震爲"鳴"，訟離爲"鶴"，坎爲陰夜，鶴知夜半，故"鳴鶴在陰"。二動成坤體益，五艮爲"子"，震、巽同聲者相應，故"其子和之"。坤爲身，故稱"我"，"吾"，謂五也。離爲"爵"，"爵"，位也。坤爲邦國，五在艮闍寺，庭闕之象，朱作"闕庭"。故稱"好爵"。五利二變之正應以，當爲"己"。故"吾與爾靡之"矣。

補　孟喜曰："好"，小也。"靡"，共也。

"靡"，干寶作"縻"，曰："縻"，散也。

埤蒼作"縻"。

陸作"縳"。

京作"劘"。並《釋文》。

或説《子夏》、陸績作"縻"，《漢上易》。京作"靡"。《晁氏易》。

賈子曰：《詩》曰"愷悌君子，民之父母"，言聖王之德也。《易》曰"鳴鶴在陰，其子和之"，言士民之報也。《君道》文。

《淮南子》曰：寒暑燥溼，以類相從，聲響疾徐，以音相應也，故《易》曰"鳴鶴在陰，其子和之"。《泰族訓》。

釋曰　二互震體離象在坎爻，震爲善鳴，離爲鶴，坎爲陰夜，故"鳴鶴在陰"。鶴知夜半，於辰爲子，中孚十一月子，陽起陰中，故取此象。二動互坤爲母，初體震爲子，又爲善鳴，故"其子和之"。以類相感，中心相孚如此，明德必有鄰，善無不應，故二、五明君賢臣交孚也。虞取訟離坎象，以五艮爲子，《繫》注又以五爲千里之外，二爲邇，葢如鶴鳴子和之象，則遠邇無不應也。五體離與坤連，故"我有好爵"。"吾"即"我"，五自謂也。"爾"，謂二，二有中德，言行之善，發邇見遠，故五攣之使應己，與共天位。或以鶴鳴子和喻君政令善而士民應，下所應者善，上所爵者賢，皆中心相孚，氣求聲應也。孟訓"好"爲"小"，葢謙辭，謂不腆之禄也。"靡"、"縻"、"劘"皆同"糜"，散也。"縻"者，"糜"之異體。不私其爵禄，散而與賢者共之，與孟、虞義相成。

《象》曰：其子和之，中心願也。

虞翻曰：坎爲"心"，動得正應五，故"中心願也"。

六三：得敵，或鼓或罷，或泣或歌。《釋文》：罷，如字，王肅音皮，徐扶彼反。

荀爽曰：三、四俱陰，故稱"敵"朱、盧作"得"。也。四得位，有位故鼓而歌。三失位，無實故罷而泣之"之"字衍。也。

補 《京氏傳》曰：氣候相合，内外相敵。陸氏曰：陰敵陽，陽敵陰。

釋曰 一陰一陽之謂道，兩陰兩陽不能相繼，三、四皆陰，近而不相得，故稱"敵"。鼓罷泣歌，哀樂不均，孚未徧，化邦未貞也。三以陰居陽失實，與四相形觫望，故著此象。或以鼓罷泣歌皆指三，三欲應上而隔於四，故"得敵"。有應，故鼓而歌。失位相應謂之失義，故罷而泣。震動爲鼓、爲歌，艮止爲罷，卦兼體坎離，水流出目爲泣。上來易三成既濟，則各正相應，如初之虞燕，二之鳴和矣。京義蓋與荀同，陸以陰陽相應爲敵，似非京旨，當別爲一義。

《象》曰：或鼓或罷，位不當也。

王弼曰：三、四俱陰，金木盧誤“水”。異性，“敵”之謂也。以陰居陽，自彊而進，進而閴朱作“礙”。敵，故“或鼓”也。四履正位，非己朱作“三”，此下盧、周有“敵”字。所克，朱作“剋”。故“或罷”也。不勝而退，懼此下朱誤空一格。見侵陵，朱作“凌”。故“或泣”也。四履謙巽，不報讐敵，朱作“敵讐”。故“或歌”也。歌泣无朱作“無”。恒，“位不當也”。

{釋曰} 王弼以歌罷泣歌皆指三，①三位不當未孚，故以四爲敵而有是象。王肅“罷”音皮，蓋以“鼓”爲一鼓作氣，“罷”爲衰竭也。

六四：月幾望，馬匹亡，无咎。《釋文》：幾音機，又音祈。

虞翻曰：訟坎爲“月”，離爲日，兌西震東。月在兌二，離在震三，日月象對。故“月幾望”。乾坎兩馬匹，初、四易位，震爲奔走，體遯山中，乾坎不見，故“馬匹亡”。初、四易位，故“无咎”矣。

{補} “幾”，京作“近”，荀作“既”。《釋文》。

{釋曰} 張氏曰：“坎，謂二。离，謂四。訟四之初，二在兌，四則离位。‘幾’，近也。不在二、五，不正望。中孚，坎离之合，故發此義。‘匹’，配也，在訟乾四與坎初爲匹。”案：四得正，“月幾望”，陰受陽孚

① 點校案：“歌罷泣歌”，當作“鼓罷泣歌”。

之義。遯魚已孚,專壹承五,不取應初,故"馬匹亡,无咎"。後世受爵公朝拜恩私室者,悖於此義矣。姚氏曰:"既濟離日坎月爲望,三、四俱陰稱匹,震爲馬,二化、三上易位成既濟,震象不見,故'月幾望,馬匹亡'。四得位,故'无咎'。"案:姚以匹爲三,其說與坤"利牝馬之貞,東北喪朋"義合。荀作"既"者,巽象十六日退辛,陰從陽而濟,戒其消,絕類而上,壹意於陽,則孚貞而无咎。

《象》曰:馬匹亡,絕類上也。

虞翻曰:訟初之四,體與上絕,故"絕類上"也。

[釋曰] 初之四則四之初,絕類於上,安在下之義,故四不應初无咎,成既濟則六爻皆應矣。如姚義,則四不比三,三之上,皆惟五是從,陰絕其類而上也。

九五:有孚攣如,无咎。

虞翻曰:"孚",信也,謂二在坎爲孚。巽繩艮手,故攣二使化爲邦,得正應己,故"无咎"也。

[釋曰] "有孚攣如",五以至誠引二使應也。王者至誠求賢,則賢者纍蔓而歸之,孚乃化邦,成既濟定,故"无咎"。虞以坎象在二,故主二言,實則二、五皆坎爻。五體乾元,孚之主,二之孚五,由五以至誠攣之也。

《象》曰:有孚攣如,位正當也。

案:以陽居五,有信攣二,使變下脫"應"字。己,是"位正當也"。

釋曰 此足補虞義。

上九：翰音登于天，貞凶。

虞翻曰：巽爲雞，應在震，震爲"音"。"翰"，高也，巽爲高，乾爲"天"，故"翰音登于天"。失位，故"貞凶"。《禮》"薦牲，雞稱翰音也"。

補 劉德曰：上九處非其位，亢極，故何可長也。位在上高，故曰"翰音"。《漢書·叙傳》注。

釋曰 雞質弱，在下之物，而登于天。失乎粥之常，爲鷹隼所擊，如人中無實德而虛驕務外，貽誤國家，裁及其身，即其心無他，而禍已大矣。上當居三，今在上亢極失位，動則入陰，雖貞而凶，故著此象。

《象》曰：翰音登于天，何可長也。

侯果曰：窮上失位，信不由中，以此申命，有聲無實，中實内喪，虛華外揚，是"翰音登天"也。巽爲雞，雞曰翰音，虛音登天，何可久也。

小　過

《序卦》曰：有其信者必行之，故受之以小過。

韓康伯曰：守其信者，則失貞而不諒之道，而以信爲過也，故曰"小過"。

釋曰 有實德則行能過乎人而濟，"行過乎恭"三者是也。如韓説則下云"有過物者必濟"，義不相貫矣。

☶ 艮上震上 **小過。亨，利貞。**

虞翻曰：晉上之三，當從四陰二陽臨觀之例。臨陽未至三，而觀四已消也，又有飛鳥之象，故知從晉來。杵臼之利，蓋取諸此。柔得中而應乾剛，故“亨”。五失正，故“利貞”。過以利貞，與時行也。

[補]《淮南子》曰：言人莫不有過，而不欲其大也。《氾論訓》。

王蕭曰：“過”，音戈。《釋文》。

[釋曰] 乾三、四之坤，乾成中孚，則坤成小過。以陰凝陽，不取孚義而謂之小過者，對大過立名。陽大陰小，大過陽爻過，四陽在內而本末弱，陽過盛而衰。小過陰爻過，四陰在外而據二、五，陰盛而過乎陽。大過二、五皆陽而二失位，陽所以過。小過二、五皆陰而五失位，陰所以過。五尊位而陰居之，然得中，應乾五伏陽，過在此，亨即在此。陽由陰亨，五出正位，則初、四易成既濟，故“利貞”。卦兼體臨、觀，消息在泰、否閒。虞取觀消卦晉來，晉柔進上行，麗乎大明，此小者過而亨，義正同。晉三《象》曰“上行也”，虞注云：“此則成小過，小過故有飛鳥之象。杵臼之利，見碩鼠出入坎穴，蓋取諸此。”案：碩鼠五技能飛，故爲飛鳥。“利貞”，虞但云“五正”，五正則初、四正矣。小過亨利貞，以陰麗陽，當過而過，則亨且貞也。“過”，讀“過不及”之“過”，“過去”之“過”、“過差”之“過”皆由此引申。

可小事，

虞翻曰：“小”，謂五，晉坤爲“事”，柔得中，故“可小事”也。

不可大事。

虞翻曰："大"，謂朱、盧作"事"。四，剛失位而不中，故"不可大事"也。

飛鳥遺之音，不宜上《釋文》：上，時掌反，鄭如字。**宜下，大吉。**

虞翻曰：離爲"飛鳥"，震爲"音"，艮爲止。晉上之三，離去震在，鳥飛而音止，故"飛鳥遺之音"。上陰乘陽，故"不宜上"，下陰順陽，故"宜下大吉"。俗説或以卦象二陽在内四陰在外，有似飛鳥之象，妄矣。

〔補〕鄭康成曰："上"，謂君也。《釋文》。

陸希聲曰：中孚柔在内而剛在外，有鳥鷇實之象。今變爲小過，則剛在内而柔在外，有飛鳥之象。《會通》。

〔釋曰〕小過内離外坎，離爲飛鳥，初上變，象鳥飛。"遺"，存也。《詩》曰"下上其音"，傳曰"飛而上曰上音，飛而下曰下音"。鳥去而音留，聞其聲知其飛之上下，上則靡所止戾，下則得所棲託。鳥之飛不宜上而宜下，猶陰不宜在陽上而宜在陽下，亦可小事不可大事之意，故五宜麗陽而亨貞，二遇其臣而无咎也。陰麗陽，陽正而承之，故"大吉"。鄭云"上謂君"者，言陰不宜居君位，所以當應乾剛也。虞取晉離爲飛鳥，於卦義誠合，但以宋仲子説爲妄，則非。小過全體象飛鳥，猶大過全體象棟，《彖》特云"有飛鳥音象"，①明別出變例。《易》含萬象，不可執一也。

---

① 點校案："有飛鳥音象"，似當作"有飛鳥之象"。

《彖》曰：小過，小者過而亨也。過以利貞，與時行也。

荀爽曰：陰稱“小”，謂四應初，過二而去，三應上，過五而去，五處中，見過不見應。故曰“小者過而亨也”。

釋曰 小過爲陰爻過，張氏曰：“‘小’，謂五，五過乎陽而應乾剛，故過而亨。”是也。荀氏謂小者見過，義別。“不見應下”，疑脫“四之五乃得應”一語。由見過而亨，陰陽易位各正也。“過以利貞”，虞惟言五正。張氏曰：“艮爲時，震爲行，謂五正成咸，泰否相反，終則有始，與時偕行。”案：五正則初、四正，由過而亨以至於利貞。當過而過，因時制宜，與時行也。

柔得中，是以小事吉也。

虞翻曰：謂五也。陰稱“小”，故“小事吉也”。

剛失位而不中，是以不可大事也。

虞翻曰：謂四朱誤“五”。也。陽稱“大”，故“不可大事也”。

釋曰 二、五皆柔得中而五失位，三、四皆剛不中而四失位，卦所以成小過。故《彖》主言之，均是失位而柔中剛不中，故小事吉而大事不可。

有飛鳥之象焉，飛鳥遺之音。

宋衷曰：二陽在內，上下各陰，有似飛鳥舒翮之象，故曰“飛鳥”。震爲聲音，飛而且鳴，鳥去而音止，故曰“遺之音”也。

釋曰 此經下注，於卦象傳文皆合。

不宜上宜下，大吉，上逆而下順也。

王肅曰：四、五失位，故曰"上逆"。二、三得正，故曰"下順"也。

釋曰 張氏曰："陰在陽上爲逆，故五宜正。陰在陽下爲順，故二不變。"

《象》曰：山上有雷，小過。

侯果曰：山大而雷小，山上有雷，小過於大，故曰"小過"。

釋曰 以小者過言，雷遇陰而聲，爲陰過之義。以小有所過言，雷聲過山上，猶未若雷在天上之盛壯，故爲小過。

君子以行過乎恭，

虞翻曰："君子"，謂三也。上貴三賤，晉上之三，震爲"行"，故"行過乎恭"。謂三致恭以此下朱有"順"字。存其位，與謙三同義。

喪過乎哀，

虞翻曰：晉坤爲"喪"，離爲目，艮爲鼻，坎爲涕洟，震爲出，涕洟出鼻目，體大過遭死，"喪過乎哀"也。

釋曰 "遭"字當衍，"體大過死"絶句。

用過乎儉。

虞翻曰：坤爲財用、爲吝嗇，艮爲止，兑爲小，小用止，密雲不雨，故"用過乎儉"也。

> 釋曰　三者立行之善,足以矯世厲俗,過而非過,故曰小過。

初六:飛鳥以凶。

虞翻曰:應四離爲"飛鳥",上之三則四折入大過死,故"飛鳥以凶"。

> 釋曰　晉上之三成小過,則三至五體大過象。張氏曰:"初失正,利四來易位,四死大過,故以初凶。謂陽折入陰而顛,則君子道消,初不能正,故'凶'。"愚謂離初、上變爲小過,離爲飛鳥,初、上變象鳥之飛。又初失位,上與四失義相應,故"飛"。其極則過而離於災眚,故"凶"。凶成於上而起於初,災由自取,以飛而凶也。

《象》曰:飛鳥以凶,不可如何也。

虞翻曰:四死大過,故"不可如何也"。

> 釋曰　虞以爲四凶及初,愚謂初自取之,故"不可如何也"。

六二:過其祖,遇其妣。

虞翻曰:"祖",祖母,謂盧、周"謂"字在"祖母"上。初也。母死稱"妣",謂三。坤爲喪、爲母,折入大過死,故稱"祖"祖"字衍。妣"也。朱、盧"妣也"二字倒。二過初,故"過其祖",五變,三體姤遇,故遇妣也。

> 釋曰　張氏曰:"對妣言,故知爲祖母。二在巽,三,巽之主。女隨母,故三爲二母,死大過,故妣也。初坤體,坤又爲巽母,故爲祖母也。"案:孫婦祔於祖姑,所祔者之祖姑,於祔之者爲曾祖母。子祔母不於祖母而於曾祖母,是"過其祖,遇其妣",所以序昭穆,可過者也。

或以初下伏陽爲祖,二坤位爲妣,義則同。

不及其君,遇其臣,无咎。

虞翻曰:五動爲"君",晉坤朱誤"坎"。爲"臣",二之五隔三,艮爲止,故"不及其君"。止如同"而"。承三,得正體姤遇象,故"遇其臣,无咎"也。

[釋曰] 張氏謂:"三在晉坤之位爲五臣。"案:二承三而後能應五,屬從長以達於君,所以辯貴賤,此不可過者也。或以五陽伏,二无應,爲"不及其君"。直坤正位爲"遇其臣",自卑遠於君,謹守臣節也。得中得正,承三待五正而應,故"无咎"。

《象》曰:不及其君,臣不可過朱誤"遇"。也。

虞翻曰:體大過下,止舍巽下,故"不可過",與隨三同義。

[釋曰] 張氏曰:"臣謂三,謂二不可過三。"案:三猶不可過,況及五乎?此小過所以主息陽貴下順也。

九三:弗過,防之,從或戕之,凶。《釋文》:戕,徐在良反。

虞翻曰:"防",防四也。失位,從或而欲折之初。"戕",殺也。離爲戈兵,三從離上入坤,折四死大過中,故"從或戕之,凶"也。

[釋曰] "弗過",三弗過四而應上也。"防之",防四也。虞讀"從或"句,"戕之凶"句。"或",謂初也,四失位,從或而欲折之初。謂之"或"者,五未正而四之初,非永貞之道,故稱"或",然不辭。"從或戕之",猶云"或從而戕之"耳。虞又以"戕"爲三戕四,見四欲從或,折之於大過中,故"凶"。張氏曰:"此或疑焉,四之凶不當見於三,謂三不

防四,四折之初,則成明夷,故三凶。"案:明夷體離戈兵,有殺傷象,三當其凶。三、四陽爲君子,而三防四、四或戕三者,君子各爭意見,同類相殘,又與小人之甚者,故以爲深戒。

《象》曰:從或戕之,凶如何也。

虞翻曰:三來戕四,故"凶如何也"。

〔釋曰〕　三不防四,則四戕之。犯難而苟進,敵至而不知,凶如何哉!君子之智也,無所不防。其仁也,人莫之戕,則无凶矣。

九四:无咎,弗過,遇之。

《九家易》曰:以陽居陰,行過乎恭,今雖失位,進則遇五,故"无咎"也。四體震動,位既不正,當動上居五,不復過五,故曰"弗過遇之"矣。

〔釋曰〕　失位,"咎"也,五正與初易得正,故"无咎"。"弗過遇之",謂四弗過三而應初,當俟五正而與初易相遇也。《九家》則以"遇"爲四之五,五本見過不見應,四遇五則由過而亨矣,故"弗過遇之"。君子當衰世,行過乎恭以避咎,然終當之五決陰,故"无咎"。

往厲必戒,勿用永貞。

荀爽曰:四往危五,戒備於三,故曰"往厲必戒"也。勿長居四,當動上五,故曰"勿"日勿"二字盧脫。用永貞"。

〔釋曰〕　"往",謂動而用事,畫動之爻,或上或下。四體乾四,失位,非上居五,即下居初。但小過之時,泰將反否,陽道傾危,四又失位不中,故往則危而必戒。四上之五則成蹇,下之初則成明夷,皆不能定既濟,非可以爲長正,故"勿用永貞",明五正、初四易乃永貞也。苟以"厲"爲危,五,與夬決陰"其危乃光"同義。"戒"爲備三,小人乘君子,非小人之足患,乃君子過而與之之患。四能備三,則君子恊力而不爲小人所利用,可之五而任君之大事矣,勿用永貞,謂勿用長居四以爲正,於理亦通。但小者過而亨,五以陰麗陽,則非小人,苟説似不如虞義之當。今細繹經義,參酌定之。

《象》曰:弗過遇之,位不當也。往厲必戒,終不可長也。

虞翻曰:體否上傾,故"終不可長"矣。

釋曰 "位不當",故戒其失義相應,當俟五正而與初易相遇。五未正而動,終不可以長正,故危而必戒。

六五:密雲不雨,自我西郊。

虞翻曰:"密",小也。晉坎在天爲"雲",墜地成"雨",上來之三,折坎入兑小爲"密"。坤爲"自我",兑爲"西",五動,乾爲"郊",故"密雲不雨,自我西郊"也。

釋曰 五陰應伏陽,猶四陰承五陽,故小過辭與小畜同。虞取晉坎象,愚謂乾二、五之坤,上坎爲雲,下坎爲雨,今坎陽并在三、四,上互兑爲小稱密,下體艮止,故"密雲不雨"。由坤受乾亨互兑息乾,故"自我西郊"。雲與西郊,臣不專施,庶幾君正而澤民,成既濟則雲行雨施矣。

公弋取彼在穴。

虞翻曰:"公",謂三也,"弋",朱脱"弋"字。矰繳射朱作"聅"。也。

坎爲弓彈,離爲鳥矢,弋無矢也。巽繩連鳥,弋人鳥之象。艮爲手,二爲穴,手入穴中,故"公弋取彼在穴"也。

〔釋曰〕　五既正,三使初、四易,體坎弓離矢,巽變離,繩與鳥連,弋而得鳥。卦體坎,初在坎下坎窞稱穴,又二體巽伏爲穴,初在穴中,三體艮手入穴取之。公弋飛鳥,見彼在穴而取之,喻求人而得巖穴之賢,所以輔君澤民也。三在公位則爲陽,進而上行輔五則爲陰。六五坤元輔陽之位,正名曰公,文王爲臣止敬之義。"注弋無矢也",句有脱誤,當爲"弋以繩繋矢也","弋人鳥之象","人"下葢脱"得"字。

《象》曰:密雲不雨,已上也。《釋文》:上,如字,又時掌反。

虞翻曰:謂三坎水已之上六,故"已上也"。

〔補〕　"上",鄭作"尚",曰:"尚",庶幾也。《釋文》。

〔釋曰〕　晉坎水已之上,故"不雨"。鄭作"尚",謂已庶幾乎雨,故公求賢以輔之。

上六:弗遇,過之,飛鳥離之,凶,是謂災眚。

虞翻曰:謂四已變之坤,上得之三,故"弗遇,過之"。離爲飛鳥,公弋得之,鳥下入艮手而死,故"飛鳥離之,凶"。晉坎爲災眚,故"是謂災眚"矣。

〔釋曰〕　上與三正應,當相遇,知進忘退,上而不下,故"弗遇"。位窮於上,故"過之",言已過五,無所復遇也。窮則變,成離爲飛鳥,體旅上"鳥焚其巢"。五正則三弋之,或四之五弋之,故"飛鳥離之,凶"。"離",如"鴻則離之"之"離",坎災離焚,故"是謂災眚"。卦辭"飛鳥不宜上”，初“飛鳥以凶”，並謂此也。《象》曰“已亢”，與乾“亢龍”同義。
虞讀“亢”爲“頏”，謂飛下稱頏。晉上之三，鳥已飛下不應上，故“弗
遇”。四之初，上不待五正與三遇，而速動過四應三，故“過之”。四之
初離爲飛鳥，三弋得之，故“飛鳥離之，凶”。晉坎爲災眚，成明夷，是
其災也。五不正，則四反初上應三，適見其災而已。然義頗迂曲，不
合“宜下大吉”之文。張氏謂：“上不待五正遇三而過五應三。”當明夷
時，三體死鳥，離其凶，不得應上，三坎爲災眚，義較允。

《象》曰：弗遇過之，已亢也。

虞翻曰：飛下稱“亢”，晉上之三，故盧、周無“故”字。“已亢也”。

〔釋曰〕虞據《詩》毛傳“飛而上曰頡，飛而下曰頏”之文，實則《詩》
傳“頡頏”二字互譌耳。虞義晉上之三，鳥已下飛不應上，故弗遇而由
上過四應三。今謂“亢”，過也。上位已亢，故過而無所復遇。

既　濟

《序卦》曰：有過物者必濟，故受之以既濟。

韓康伯曰：行過乎恭，禮過乎儉，可以矯世厲俗有所濟也。

離下坎上　既濟。亨小，句。利貞。

虞翻曰：泰五之二，“小”，謂二也，柔得中，故“亨小”。六爻得位，
各正性命，保合大和，故“利貞”矣。

補　鄭康成曰:"既",已也,盡也。"濟",度也。《釋文》。

釋曰　"既濟",盡濟也。"亨小",陰承陽,小者盡亨,泰之極也。五剛二柔正而六位皆當,不可妄動,故"利貞"。既濟必由未濟,撥亂反正,象涉大川而濟也。

初吉,

虞翻曰:"初",始也,謂泰乾,乾知大朱误"太"。始,故稱"初"。坤五之乾二,得正處中,故"初吉",柔得中也。

釋曰　乾息至泰,五之二陰承陽。既濟始成,故初吉。

終亂。

虞翻曰:泰坤稱"亂",二上之五,終止於泰,則反成否。子弑其父,臣弑其君,天下无朱作"無"。邦,終窮成坤,故"亂",其道窮。

釋曰　張氏曰:"既濟者,已濟也。其濟在泰,至既濟而盡,盡則二復於五,終泰而反否。"案:以爲已濟而終止,不能自强不息日進无疆,則陰陽復失位,泰反否,既濟反未濟,故"終亂",思患豫防則無亂矣。

《彖》曰:既濟亨,小者亨也。

荀爽曰:天地既交,陽升陰降,故"小者亨也"。

釋曰　"小者亨"釋"亨小",小者盡亨,是既濟之亨也。泰天地交,小往大來,固已亨矣。五之二,小者乃盡濟而亨。

利貞,剛柔正而位當也。

侯果曰:此本泰卦。六五降二,九二升五,是"剛柔正當位也"。

釋曰　二、五剛柔正,六位當,此釋全經"利貞"之通義。凡言"利貞"者,皆爻當位,或變之正,以成既濟也。

初吉,柔得中也。

虞翻曰:"中",謂二。

釋曰　柔得中承陽,既濟始成,故"初吉"。

終止則亂,其道窮也。

虞翻曰:反否終坤,故"其道窮也"。

侯果曰:剛得正,柔得中,故"初吉"也。正有終極,濟有息止,止則窮亂,故曰"終止則亂,其道窮也"。一曰:殷亡周興之卦也,成湯應天,"初吉"也,商辛毒痡,"終止"也。由止,故物亂而窮也。物不可窮,窮則復始,周受其未濟而興焉。《乾鑿度》曰:"既濟未濟者,所以明戒慎,全王道也。"

釋曰　敬勝怠者吉,怠勝敬者滅,謂泰已濟而止,則亂及之,濟道窮矣。物不可窮,故卦不終於既濟而終於未濟,既濟懼其爲未濟,未濟望其爲既濟也。

《象》曰:水在火上,既濟。君子以思患而豫防之。

荀爽曰:六爻既正,必當復亂,故君子象之,思患而豫防之,治不忘亂也。

補 陸績《京氏易傳注》曰：坎水潤下，離火炎上，二氣相交爲既濟。

釋曰 張氏曰：“水火相濟以成其用，其不相濟則患也。‘君子’，謂乾三也。坤爲‘患’，坎爲‘思’，泰天地交，物所以濟，終止則亂。乾三惕若，使二升五以正坤，故曰‘思患而豫防之’，謂防否也。”

初九：曳其輪，濡其尾，无咎。《象》曰：曳其輪，義无咎也。

宋衷曰：離者兩陽一陰，陰方陽圓，輿輪之象也。其一在坎中，以火入水必敗，故曰“曳其輪”也。初在後稱“尾”，尾濡輪朱、盧无“輪”字。曳，咎也。得正有應，於義可以危而无咎矣。

釋曰 宋以離象説“輪”，離日坎月皆有輪象也。但輪者車之用，坎爲車，故《説卦》惟云“坎爲輪”。曳輪濡尾，濟之難也，然得正有應，於義无咎。張氏曰：“坎爲輪、爲曳。泰初本否四也，否四在艮爲狐、爲尾，未濟之小狐濡尾是也。坎水爲濡，初應在四歷坎，故‘曳其輪，濡其尾’。濡曳似咎，正位故无咎。”又曰：“‘曳其輪’，不輕進也，而猶‘濡其尾’，則時之難，非濟之過，故義无咎。”説似較長。

六二：婦喪其髴，朱作“茀”。勿逐，七日得。

虞翻曰：離爲“婦”，泰坤爲“喪”。“髴”，朱作“茀”。髮，謂鬒朱誤“鬢”。髮也，一名婦人之首飾。坎爲玄雲，故稱“髴”，朱誤“髮”。《詩》曰“鬒髮如雲”。乾爲首，坎爲美，五取乾二之坤爲坎，坎爲盜，故“婦

喪其髢”，朱誤“髮”。泰震爲“七”，朱脱“爲七”二字。故“勿逐，七日
得”，與睽“喪馬勿逐”同義。“髢”，朱誤“髮”。或作“茀”，俗説以髢朱
誤“髮”。爲婦人蔽膝之茀，非也。

補　“髢”，《子夏》同，諸家多作“茀”。

馬融曰：“茀”，首飾也。

鄭康成曰：“茀”，車蔽也。

干寶曰：“茀”，馬髢也。

荀作“紱”。

董作“髴”。並《釋文》。

或説孟喜、一行作“髴”。《晁氏易》。

釋曰　虞以“髢”爲首飾，泰二、五易，五體乾爲首，坎爲玄雲、爲
美，在首而美如玄雲者，鬢髮也。云“喪”則非己髮，乃髢耳。“一名”
下疑脱“髢”字。張氏謂即《詩·召南》之“被”，后夫人之燕服。泰坤
爲“喪”，二、五易，坎又爲盜，二離爲“婦”，應在五坎，故“婦喪其髢”。
泰震爲“逐”，又爲“七”，二之五離爲“日”，震成離，二仍有坎雲象，故
“勿逐，七日得”。二得中道，故喪者勿逐而自得，不遠而復，上下辯，
内外正，盜竊不作，天下無犯非禮也。鄭作“茀”者，如《詩》所謂“翟
茀”，謂車蔽也。姚氏曰：“婦人乘車必有蔽，‘喪茀’，喻失其所以蔽
也。巾車王后之五路，重翟、厭翟、安車，皆有容葢。鄭司農云‘容，謂
襜車，山東謂之裳幃’，‘容’即‘茀’。坎爲車，坤爲裳，二化失位，故‘婦
喪其茀’。六爻爲六日，成既濟，二仍化之正，故‘勿逐，七日得’。”案：
姚以自未濟反言，愚謂坎車坤裳合象爲茀，五未之二，泰坤爲喪，故“婦
喪其茀”。二、五易，震成離，坎坤合象見，故“勿逐，七日得”，先喪後

得，與坤"先迷，後得主"同義。喪茀不能行，得則以禮行而濟矣，得中道故能然。馬字作"茀"而義同虞，董作"髢"，義亦與虞近，荀作"紱"，與虞引俗說同。張謂卦無膝象，非也。干云"馬髴"，蓋策簪之類。

《象》曰：七日得，以中道也。

王肅曰：體柔應五，履順承剛，婦人之義也。"髴"，朱作"茀"。首飾，坎爲盜，離爲婦，喪其髴，朱、盧作"茀"。鄰於盜也。勿逐自得，履中道也。二、五相應，故"七日得"也。

[釋曰] 二、五合爲七。據《釋文》，則肅本亦作"茀"而義從"髴"，此注或李氏依虞改之，或仍其舊作"茀"。

九三：高宗伐鬼方，三年克之，小人朱脫"小人"二字。勿用。

虞翻曰：高宗，殷王武丁。鬼方，國名。乾爲"高宗"，坤爲"鬼方"，乾二朱誤"三"。之坤五，故"高宗伐鬼方"。坤爲"年"，位在三，故"三年"。坤爲"小人"，二上克五，故"三年克之，小人勿用"，《象》曰"憊也"。

干寶曰：高宗，殷中興之君。鬼方，朱、盧脫"方"字。北方國也。高宗嘗伐鬼方，三年而後克之。離爲戈兵，故稱"伐"，坎當北方，故稱"鬼"。在既濟之家而述先代之功，以明周因於殷，有所弗革也。

[補] 孔子曰：高宗者，武丁也，湯之後有德之君也。九月之時，陽失正位，剝五失位。盛德既衰，而九三得正下陰，三本泰三在坤下，以貴下賤大得民。能終其道，濟成萬物。猶殷道中衰，王道陵遲，至于高宗，內理其國以得民心，扶救衰微，伐征遠方，三年而惡消滅，成王道，殷人高而宗之。文王挺以校易，勸德也。鄭康成注曰：挺出高宗，以

明《易》義,勸人君修德。《乾鑿度》。

《漢書》淮南王説:鬼方,小蠻夷。高宗,殷之盛天子也。以盛天子伐小蠻夷,三年而後克,言用兵之不可不重也。《嚴助傳》。

《後漢書·西羌傳》曰:武丁征西戎鬼方,三年乃克,故其《詩》曰:"自彼氐羌,莫敢不來王。"

釋曰 陽息至三成泰,泰成則二升五成既濟,故於三言"高宗伐鬼方"。此文王望紂法祖修德致中興之志,周公述之,故緯稱孔子説本之文王。干云"先代",則據周公繫爻時言。鬼方,虞云"國名",古國有鬼方氏,《後漢書》以爲西羌之屬,干云"北方國",坎位北方,以離兵伐之,葢謂三伐上也。《詩·蕩》傳云:"鬼方,遠方。"爻位在三,虞云"二上克五",歷三爻,故"三年克之"。"小人",謂上。兵凶戰危,王者伐暴救民,不得已而爲之。以盛德伐小蠻夷,猶三年乃克,勞憊如是,況可閒以小人乎。師云"貞大人吉无咎",其上曰"小人勿用",《象》曰"必亂邦也",與此同義。"三年克之",言既濟之難,"小人勿用",言亂之甚易,聖人之垂戒深矣。

《象》曰:三年克之,憊也。

侯果曰:伐鬼方者,興衰除闇之征也。上六闇極,九三征之,三舉方及,故曰"三年克之"。興役動眾,聖猶疲憊,則非小盧誤"以"。人能爲,故曰"小人勿用"。

虞翻曰:坎爲勞,故"憊也"。

補 鄭康成曰:"憊",劣弱也。《釋文》。

"憊",陸作"備",曰:"備",當爲"憊","憊",困劣也。《釋文》。

釋曰 三至上歷三爻,故三舉方及,此與干義同。"憊"者,言既濟之難,明不可閒以小人。

六四：繻有衣袽,《釋文》：袽,女居反,王肅音如。終日戒。

虞翻曰：乾爲"衣",故稱"繻","袽",敗衣也。乾二之五,衣象裂壞,故"繻有衣袽"。離爲"日",坎爲盜,在兩坎閒,故"終日戒"。謂伐鬼方三年乃克,旅人勤盧、周作"勢"。勞,衣服皆敗,鬼方之民猶或寇竊,故"終日戒"也。

補 "繻",鄭音須,王肅同。《釋文》。

《說文》："繻",繒采色也,讀若繻段曰當爲"需"。有衣。下當脫"絮"字。"絮",絜縕也,一曰敝絮也,从糸,奴聲,《易》曰"需有衣絮"。又曰："袈",敝衣。

《廣雅》："絮",窶也。

《玉篇》："絮",或作"袽"。

鄭眾《周禮‧羅氏》注引作"繻有衣絮"。當爲"袈"。《釋文》：女居反,字又作"袽"。

《弓人》注引作"襦有衣絮"。亦當爲"袈"。《釋文》：襦,本亦作"襦"。絮,本亦作"帤"。

"繻",《子夏》作"襦",王廙同。薛虞云：古文作"繻"。

"袽",《子夏》作"茹",京作"絮"。並《釋文》。

徐鍇引作"濡有衣帤"。

釋曰 虞云"乾爲衣稱繻",疑讀"繻"爲"襦","襦",短衣也。《子夏》作"襦","襦"之別體。云"袽敗衣",與《說文》"袈"義同。段氏謂

“袽”即“袈”字，“袈”“絮”通用。據《玉篇》則“袽”即“絮”字，《易》文當以“絮”爲正。又《説文》“絮”訓“敝緜”，“帤”訓“敝巾”，音義皆近，“茹”則惟以音近叚借耳。虞義軍士之襦有衣敗衣者，言日久勞憊也。“終日戒”，言既濟未可恃，當思患豫防也。鄭音“須”，葢讀“繻”爲“需”，與《説文》“袈”下引同。衣袽所以塞舟漏，雖已濟川而不忘舟漏之患，故“需有衣袽，終日戒”。既濟猶疑其未濟，思患豫防也，與初、上戒濡同意。王弼竟讀“繻”爲“濡”，楚金據之。

《象》曰：終日戒，有所疑也。

盧氏曰：“繻”者，布帛端末之識也，“袽”者，殘幣帛可拂拭器物也，繻有爲衣袽之道。四處明闇之際，貴賤无恒，猶或爲衣或爲袽也。履多懼之地，上承帝主，故終日戒慎，有所疑懼也。

釋曰　疑濟之未定患之將至，當豫防也。盧意葢謂四本泰四，今五正戒懼承陽，惟上之器使之，亦小者亨之意。

九五：東鄰殺牛，不如西鄰之禴祭，實受其福。

虞翻曰：泰震爲“東”，兑爲“西”，坤爲“牛”，震動五殺坤，故“東鄰殺牛”。在坎多眚，爲陰所乘，故“不如西鄰之禴祭”。“禴”，夏祭也，離爲夏。兑動二體離明，得正承五順三，故“實受其福”，吉大來也。

補　鄭康成曰：互當爲“五”。體爲衍字。坎也，又互體爲離，離爲日，坎爲月，日出東方，“東鄰”象也，月出西方，“西鄰”象也。《禮記·坊記》正義。“禴”，夏祭之名。《詩·天保》正義。

《禮·坊記》子云：敬則用祭器，故君子不以菲廢禮，不以美没禮，故食禮主人親饋則客祭，主人不親饋則客不祭。故君子苟無禮，雖美不食焉，《易》曰"東鄰殺牛，不如西鄰之禴祭，寔同"實"。受其福"。鄭注曰："東鄰"，謂紂國中也，"西鄰"，謂文王國中也。既濟離下坎上，離爲牛，坎爲豕，西鄰禴祭則用豕與，言殺牛而凶，不如殺豕受福，奢而慢，不如儉而敬也。《春秋傳》曰"黍稷非馨，明德惟馨"，信矣。

《說苑》引此文說之曰：葢重禮不貴牲也，敬實而不貴華。誠有其德而推之，安往而不可。是以聖人見人之文，必攷其質。

"禴"，杜鄴引作"瀹"，曰："東鄰殺牛，不如西鄰之瀹祭"，言奉天之道，貴以誠質，大得民心也。行穢祀豐，猶不蒙祐，德修薦薄，吉必大來。師古曰：瀹祭，謂瀹煮新菜以祭。言祭祀之道，莫盛於修德，故紂之牛牲，不如文王之蘋藻也。《漢書・五行志》。

釋曰　泰二至四體兌，三至五體震，兌西震東稱"鄰"。震動五折坤牛，兌動二體離爲夏，夏祭曰"禴"。二在內，濟之始，得位承三應五，受乾福，初吉時也。五在外已過三，在坎多眚，爲上所乘，濟之極，防其終亂，故"東鄰殺牛，不如西鄰之禴祭，實受其福"。懼已濟而怠於德，崇極而圮，能反其誠敬則吉也。鄭義五體坎互離，兼有東西鄰象。"東鄰"喻紂國中，"西鄰"喻文王國中，皆指士大夫之家，故稱"鄰"。禮：天子之大夫祭亦用牛，諸侯之士則用豕。禴本天子諸侯時祭之名，於殷在春，於周在夏，時物未成，祭品少，因以爲薄祭之稱。此"禴祭"與"殺牛"對，葢謂士祭用豕，神享德不求備，豐而慢，不如儉而敬。東鄰苟如西鄰之誠敬，則不待備物而受福，以言紂能用文王之道，則受福成既濟不難也。杜鄴引《易》作"瀹"，葢叚借字，師古說別一義，又指實紂與文王言。班孟堅《遂志賦》云"東鄰虐而殲仁兮，王合位乎三五”，蓋因經推説之，不如鄭注《禮記》得繫辭本意。

《象》曰：東鄰殺牛，不如西鄰之時也。

崔憬曰：居中當位，於既濟之時，則當是周受命之日也。五坎爲月，月出西方，“西鄰”之謂也。二應在離，離爲日，日出東方，“東鄰”之謂也。離又爲牛，坎水克離火，“東鄰殺牛”之象。“禴”，殷春祭之名。案：《尚書》克殷之歲，“厥四月哉生明，王來自商至于豐”，“丁未，祀于周廟”。四月，殷之三月，春也，則明“西鄰之禴祭”，得其時而受祉朱誤“祉”。福也。

[釋曰] 豐而慢，不如薄而敬。不云“薄”而云“時”者，“時”，謂豐儉得宜，隨其分以盡其敬，非苟薄也。此爻明文王望紂用己之道以成既濟，紂不用文，則殷未濟而周既濟矣，故《易》家以周家受命説之。“禴”爲殷春祭，義並通，但以爲武王牧野既事而退之祭則非。彼告祭，非時祭，又豈不用大牲乎？僞《武成》文不足據，且非其類。

實受其福，吉大來也。

盧氏曰：明鬼享德不享味也，故德厚者“吉大來也”。

上六：濡其首，厲。

虞翻曰：乾爲“首”，五朱誤“王”。從二上在坎中，故“濡其首，厲”。位極乘朱誤“承”。陽，故“何可久”。

[釋曰] 五體乾爲“首”，上體坎水爲“濡”。上以陰乘陽，象小人累君德，首濡則身將陷没，君用小人而失道，則既濟將變爲未濟矣，故

“厲”。語云“位極乘陽何可久”，言小人終當誅滅，君知其濡而戒，則厲在上六而已。安其濡而不戒，則六位遂亂成未濟矣。上得正而象如此者，因既濟終亂而著此戒。

《象》曰：濡其首厲，何可久也。

荀爽曰：居上濡五，處高居盛，必當復危，故此下周有“曰”字。“何可盧脫“可”字。久也”。

釋曰 小人乘勢竊柄，小則禍其身，大則亂天下，故“何可久”。

未　濟

《序卦》曰：物不可窮也，故受之以未濟終焉。

崔憬曰：夫《易》之為道，窮則變，變則通，而以未濟終者，亦物不可窮也。

釋曰 既濟終止則亂其道窮，故受以未濟而終。“未濟”者，待濟也，撥亂世反諸正，聖人有無窮之望焉。

䷿坎下離上 **未濟。亨。**

虞翻曰：否二之五也。柔得中，天地交，故“亨”。“濟”，成也，六爻皆錯，故稱“未濟”也。

釋曰 否二之五，六爻皆失正，然天地交，五柔得中，體坤元麗乎大明，未濟在此，亨即在此，亨則有可濟之道矣。

小狐汔濟，《釋文》：狐，徐音胡。

虞翻曰：否艮爲“小狐”，“汔”，幾也，“濟”，濟渡。狐濟幾度而濡其尾，未出中也。

補 鄭康成曰：“汔”，幾也。《釋文》。

釋曰 张氏曰：“幾渡，謂二上之五涉坎。由濡尾，故未濟。”

濡其尾，无攸利。

虞翻曰：艮爲“尾”，“狐”，獸之長尾者也。“尾”，謂二，在坎水中，故“濡其尾”。失位，故“无攸利，不續終也”。〇朱脱圈。

干寶曰：坎爲“狐”。《説文》曰“汔，涸也”。案：剛柔失正，故未濟也。五居中應剛，故“亨”也。小狐力弱，汔乃可濟。水既未涸而乃濟之，故尾濡而无所利也。

補 孟喜曰：小狐濟水，未濟一步，下其尾。《漢上易傳》。坎，穴也，狐穴居。《漢上易叢説》。

春申君説：《易》曰狐涉水濡其尾，此言始之易終之難也。《戰國策》。

《韓詩外傳》曰：官怠于有成，病加于小愈，禍生于懈惰，孝衰于妻子。察此四者，慎終如始，《易》曰：“小狐汔濟，濡其尾。”

釋曰 艮爲“小”、爲“狐”、爲“尾”，否二至四體艮，四艮爲“狐”，二在艮下爲“尾”。“狐”，獸之長尾者。否初至四皆艮象，爻位初爲尾，否二、五易，艮爲坎，狐尾在水中，故“濡其尾”。干以坎爲狐，竝通。訓“汔”爲“涸”，於《象傳》語意似不甚協。濡尾不能濟，故“无所利，不續終也”，未濟非可終之道。

《象》曰：未濟亨，柔得中也。

荀爽曰：柔上居五，與陽合同，故"亨"也。

小狐汔濟，未出中也。

虞翻曰：謂二未變，在坎中也。

干寶曰："狐"，野獸之妖者，以喻禄父。"中"，謂二也，困而猶處中故也。此以託未、盧作"記"。紂雖亡國，禄父猶得封矣。

〔釋曰〕　張氏曰："謂二以上體既濟，故幾濟也。"姚氏曰："二未升五，尚在坎中，故'未出中'。"案：雖有既濟象，而二未升五，是猶未濟也。干意蓋謂二雖失位，未離於中，故有可濟之道，似非傳意。卦辭文王作，而以託禄父事，尤近附會。

濡其尾无攸利，不續終也。

虞翻曰：否陰消陽，至剥終坤，終止則亂，其道窮也。乾五之二，坤殺不行，故"不續終也"。

干寶曰：言禄父不能敬奉天命以續既終之禮，謂叛而被誅也。

〔釋曰〕　虞說於傳文不協。張氏曰："謂未濟亦救否之道。然六爻失位，不可相續而終，故二居坎无攸利也。"足彌縫其闕。愚謂"終"，終濟也，濡尾則不能濟，終之難也。

雖不當位，剛柔應也。

荀爽曰：雖剛柔相應而不以正，由未能濟也。○朱脫圈。

干寶曰：六爻皆相應，故微子更得爲客也。

[釋曰]　"剛柔應"，則亨而有可濟之道。

《象》曰：火在水上，未濟。

侯果曰：火性炎上，水性潤下，雖復同體，功不相成，所以未濟也。故君子慎辨朱作"辯"。物宜，居之以道，令其功用相得，則物咸濟矣。

[補]　陸績《京氏易傳注》曰：離火炎上，坎水務下，二象不合，各殊陰陽。

[釋曰]　水火分則炎上潤下，各居其方，合則水在上而下潤，火在下而上蒸，乃交濟而成物之方也。今火在水上，陽亢陰陷，分離不交故爲未濟。

君子以慎辨朱作"辯"，注同。物居方。

虞翻曰："君子"，否乾也。艮爲"慎辨"，朱作"辯慎"。"辨"，別也。"物"，謂乾陽物也，坤陰也。艮爲"居"，坤爲"方"。乾別五以居坤二，故"以慎辨物居方"也。

[釋曰]　"坤陰"下脱"物"字。虞云"乾別五居坤二"，此亨之始，如水火分居其方耳，在物未爲各得所當居之方也。由其亨，則能使方以類聚，物以羣分，各正性命而濟矣。未濟之時，萬事失正，人心易惑，故慎辨之。

初六：濡其尾，吝。

虞翻曰：應在四，故"濡其尾"。失位，故"吝"。

[釋曰]　初正言未濟，故辭與卦同。四在否體艮爲狐、爲尾，二在

艮下當尾而連初，狐長尾，初於爻位爲尾，在坎下，故"濡"。濡其尾者四也，所濡之尾初也。二以上有既濟象，初失位在下，幾濟而濡尾，六位由此失正，不能終濟，故"吝"。張氏以"尾"爲四，曰："四在否艮，故爲尾。四濡尾，故不應初，伐鬼方則下正初矣。"與卦辭虞注似不協。

《象》曰：濡其尾，亦不知極也。

案：四在五後，故稱"尾"。"極"，中也，謂四居坎中以濡其尾，是不知極也。

釋曰　若然，則五體坎爲狐矣。四在互體之中，非正中，故"不知極"。愚謂不知事勢之所終極，故致濡尾之患。

九二：曳其輪，貞吉。

姚信曰：坎爲"曳"、爲"輪"，兩陰夾陽，輪之象也。二應於五而隔於四，止而據初，故"曳其輪"。處中而行，故曰"貞吉"。

干寶曰：坎爲"輪"，離爲牛，牛曳輪上以承五命，猶東蕃之諸侯，共攻三監，以康周道，故曰"貞吉"也。

釋曰　如姚說，則"曳其輪"者，不輕進也。止而據初，曳輪象。處中而行。時止時行，動得其正，故"貞吉"。干氏則以曳輪爲用力而進以承五，義亦可通，比附周事則可不必。

《象》曰：九二貞吉，中以行正也。

虞翻曰：謂初已正，二動成震，故"行正"。

釋曰　震爲"行"，二得中，行之正。

六三：未濟，征凶，利涉大川。

荀爽曰："未濟"者，未成也。女在外，男在内，婚姻未成，征上從四則"凶"，利下從坎，故"利涉大川"矣。

釋曰　以男從女，内外失正，人倫顛倒，故爲未濟。反之使離下從坎，則人倫正而天下之大難濟矣，故"利涉大川"。"征凶"，六位失正，濟之難也。"利涉大川"，撥亂反之正也。

《象》曰：未濟征凶，位不當也。

干寶曰：吉凶者，言乎其失得也。禄父反叛，管、蔡與亂，兵連三年，誅及骨肉，故曰"未濟征凶"。平克朱作"尅"。四國，以濟大難，故曰"利涉大川"坎衍字。也。以六居三，不當其位，猶周公以臣而君，故流言作矣。

九四：貞吉，悔亡。

虞翻曰：動正得位，故吉而悔亡矣。

釋曰　三正而正四，反成既濟之道，故吉而悔亡。

震用伐鬼方，三年有賞于大國。盧、周作"邦"。

虞翻曰：變之震體師，坤爲"鬼方"，故"震用伐鬼方"。坤爲"年"、爲"大邦"，陽稱"賞"，四在坤中體既濟離三，故"三年有賞于大國"。盧、周作"邦"。

釋曰　三正二亦變，四動體震有師象，故稱"震"。"震"，謂三也，"鬼方"，謂四。四居陰位，坤爲"鬼方"，三正四，故"震用伐鬼方"。三既正四，以四陽正初陰，初坤爻，亦鬼方象。四體既濟離三，三震用之以正初，亦"震用伐鬼方"之義。四之初歷三爻，故"三年"。初既正，五出上變，成既濟，三陰皆得正有實，故"有賞于大國"。史記王季嘗伐鬼戎有功，此文王纘王季之緒，望紂用己道如高宗中興之志，忠孝之至，既濟之本也。又四震爻，故稱"震"，反成既濟，四爲三，故與既濟三同象。"有賞于大國"喜其爲既濟之辭，所謂"志行也"。

《象》曰：貞吉悔亡，志行也。

案：坎爲"志"，震爲"行"，四坎變震，故"志行也"。

六五：貞吉，无悔。

虞翻曰：之正則吉，故"貞吉无悔"。

釋曰　陽復正，故"无悔"。

君子之光，有孚吉。

虞翻曰：動之乾，離爲"光"，故"君子之光"也。"孚"，謂二，二朱誤"三"。變應，己得有之，故"有孚吉"，坎稱"孚"也。

干寶曰：以六居五，周公攝政之象也，故曰"貞吉无悔"。制禮作樂，復子明辟，天下乃明其道，乃信其誠，故"君子之光，有孚吉"矣。

釋曰　乾爲"君子"，離爲"光"，五伏陽出，體乾大明，盛德之光，物無不被，故"有孚吉"。二、五應，上下交孚也。凡不濟由於不孚，孚則既濟定矣。干以周公之事擬之，於坤元凝乾，陽出成既濟之義甚合。令升此卦注說殷周閒事，惟此爲當。

《象》曰:君子之光,其暉吉也。

虞翻曰:動之正,乾爲大明,故"其暉吉也"。

上九:有孚于飲酒,无咎。濡其首,有孚失是。

虞翻曰:坎爲"孚",謂四也。上之三介四,故"有孚"。坎朱、盧作"飲"。酒流頤中,故"有孚于盧、周作"於"。飲酒"。終變之正,故"无咎"。乾爲"首",五動,首在酒中,失位,故"濡其首"矣。"孚",信,"是",正也,六位失正,朱誤"政"。故"有孚失是"。謂若殷紂沈湎於朱作"于"。酒以失天下也。

釋曰 上應在三,隔於四,故特言"有孚"。四正諸爻皆正,上與四成坎爲孚,乃得之應无咎。四體坎酒,在二至上頤象間,故稱"飲酒",以目糿也。糿能用文,則酒以成禮,不繼以淫,亦無害於既濟,故"有孚于飲酒,无咎"。否乾爲首,二之五,四乾首在坎酒中,濡首不知節,則有孚者失正道,不復爲天下所孚,未濟遂不能復濟矣,此文王所歎息痛恨而無如何者也。曰"失是"者,未濟六爻失正。然陽猶是陽,陰猶是陰,其可以爲是者固在,人失之耳。於文,"是"從日正,日月爲易,月受日光,未濟富月晦,晦則又朔,復起乾初矣。

《象》曰:飲酒濡首,亦不知節也。

虞翻曰:"節",止也,艮爲"節"。飲酒濡首,故"不知節矣"。

釋曰 否艮爲節,四不動成益而五動成未濟,是以有飲酒濡首之象。反成既濟,則剛柔節矣。

卷第十三

周易繫辭上傳

此題今補。《釋文》：繫，徐胡詣反，本系也。又音係，續也。字從轂，若直作轂下系者，音口奚反，非。辭，本作"嗣"，依字應作"詞"，說也。

補 本亦作"繫辭上"，王肅本皆作"繫辭上傳"，訖於《雜卦》，皆有"傳"字。本亦有無"上"字者。《釋文》。

馬融、荀爽、姚信等分"白茅"章後，取"負且乘"更爲別章，成十三章。虞翻分爲十一章，合"大衍之數"并"知變化之道"共爲一章。周氏云："天尊地卑"爲第一章，"聖人設卦觀象"爲第二章，"彖者言乎象者"爲第三章，"精氣爲物"爲第四章，"顯諸仁藏諸用"爲第五章，"聖人有以見天下之賾"爲第六章，"初六藉用白茅"爲第七章，"大衍之數"爲第八章，"子曰知變化之道"爲第九章，"天一地二"爲第十章，"是故易有太極"爲第十一章，"子曰書不盡言"爲第十二章。《正義》。

釋曰 文王、周公觀卦象爻動而繫之辭，孔子作《彖》、《象傳》明之，又極論其通例大義，謂之《繫辭傳》，義深文博，分上下二篇。《釋文》"王肅"上當脫"馬、鄭、荀、虞"等字，若專據肅本，不得云"皆"也。

“繫”者，“系”之借，阮氏謂《釋文》標題當作“毄”，注字“從毄”當爲“本作毄”，愚謂“毄”、“繫”皆叚借。《廣韻》引《説文》“辭，説也”，則“辭”爲正字。“嗣”，籀文辭。

第一章

舊不分章，今據《正義》題識之。①

天尊地卑，乾坤定矣。《釋文》：卑，如字，又音婢，本又作“坤”，同。

虞翻曰：天貴，故“尊”；地賤，故“卑”。“定”，謂成列。

荀爽曰：謂否卦也。否，七月萬物已成，乾坤各得其位，定矣。

〔釋曰〕 “易有太極，是生兩儀”，輕清者上爲天，重濁者下爲地。“天尊地卑”，即易乾坤尊卑之分定矣。在太極未分，則一陰一陽之謂道，乾坤相並俱生，陽正上中，陰正下中，庖犧定乾坤六位之列象之。荀云“謂否卦”者，就已成之卦指其象，所謂舉隅也，下準此。

卑高以朱作“已”。**陳，貴賤位矣。**

虞翻曰：乾高，貴五，坤卑，賤二，列貴賤者存乎位也。

荀爽曰：謂泰卦也。荀注朱脱。

侯果曰：天地卑高，義既陳矣。萬物貴賤，位宜差矣。

〔補〕 鄭康成曰：君臣尊卑之貴賤，如山澤之有高卑也。《禮記·樂

---

① 　點校案：原文各章章題本在各章章末，今統一移至章首，以明眉目。章題下的雙行小字一併移至章首，另起一行。

記》正義。

[釋曰] 天地尊卑已分，則凡在天地閒者，卑高自然陳列。如山澤高卑，爲人道君尊臣卑之象，易貴賤之位所由定也。乾坤正位二五，六位貴賤準此差之。易氣自下生，故云“卑高”。荀云“謂泰卦”者，反否爲泰，陽自下息而上，二升五，成既濟，故“貴賤位”。

動靜有常，剛柔斷矣。

虞翻曰：“斷”，分也。乾剛常動，坤柔常靜，分陰分陽，迭用柔剛。

[補] 鄭康成曰：“動靜”，雷風也。《樂記》正義。陽動陰靜，剛柔之斷也。《穀梁・莊三年》疏。

[釋曰] 乾剛常動，坤柔常靜。震得乾初，巽得坤初，雷奮出，故“動”，風順入，故“靜”，剛柔之斷始此。剛柔分乃可迭用，故庖犧既定乾坤六位，又分乾陽坤陰各爲六畫，法天動地靜之分也。

方以類聚，

《九家易》曰：謂姤卦陽爻聚於午朱誤“子”。也。“方”，道也，謂陽道施生，萬物各聚其所也。

[釋曰] 《九家》謂陽聚於午，陰羣於子，陽極陰生，陰極陽生，故“吉凶生”，凡類聚羣分盛衰之理如此。愚謂凡物各有所居之方，故“方以類聚”。“以類聚”，則與非類者分，故“物以羣分”。乾坤剛柔既判，陰陽離則異氣，如水流溼火就燥離上坎下之各從其類。陰陽毗於一則各有正有偏，故“吉凶生”。乾坤六畫各有得位失位，三百八十四爻吉凶所由生也。

物以羣分，

《九家易》曰：謂復卦陰爻羣於子也。陰主成物，故曰"物"也。至於萬物一成，分散天下也。以周人用，故曰"物以羣分"也。

補　鄭康成曰：類聚羣分，謂水火也。《樂記》正義。

釋曰　如鄭義，則此節與《説卦》"天地定位"一節語語相應。蓋太極生兩儀，即具八卦之體。山澤之高卑，即天地之形。雷風之動靜，即天地之性。水火之類聚羣分，即天地陰陽之類別也。故總之以"在天成象，在地成形"，而下節繼之曰"剛柔相摩，八卦相蕩"。鄭義於傳密合，虞亦同條一貫。

吉凶生矣。

虞翻曰：物三稱"羣"，坤方道靜，故"以類聚"。乾物動行，故"以羣分"。乾生，故"吉"，坤殺，故"凶"，則"吉凶生矣"。

釋曰　乾坤皆生物，但陽爲息，陰爲消，故生殺對言，則生屬乾殺屬坤。凡得正皆生理，故"吉"，失正即殺機，故"凶"。

在天成象，在地成形，變化見矣。

虞翻曰：謂日月在天成八卦。震象出庚，兌象見丁，乾象盈甲，巽象伏辛，艮象消丙，坤象喪乙，坎象流戊，離象就己，故"在天成象"也。"在地成形"，謂震朱衍"爲"字。竹，巽木，坎水，離火，艮山，兌澤，乾金，坤土。在天爲"變"，在地爲"化"，剛柔相推而生變化矣。

補　鄭康成曰："成象"，日月星辰也。又説"成形"曰：謂草木鳥獸也。《樂記》正義。《御覽》三十六作"形者謂草木鳥獸"。

馬融曰：植物動物也。

王肅曰：山川羣物。並《樂記》正義。

王廣曰：謂山川等。《御覽》。

《禮·樂記》曰：天尊地卑，君臣定矣。卑高已陳，貴賤位矣。動靜有常，小大殊矣。方以類聚，物以羣分，則性命不同矣。在天成象，在地成形，如此，則禮者天地之別也。

〔釋曰〕 天有八卦之象，地有八卦之形，易陰陽變化之象於是見，此所以乾坤生六子並爲八卦，八卦相錯爲六十四也。以上皆天地自然之易。大極兩儀八卦之本象，不易之體，變易所自出，故《記》曰：“天地之別，聖人法之以制禮者也。”

是故剛柔相摩，八卦相蕩。朱作“盪”，注同。《釋文》：蕩，王肅音唐黨反。

虞翻曰：旋轉稱“摩”，句。薄也。乾以二、五摩坤成震、坎、艮，坤以二五摩乾成巽、離、兌，故“剛柔相摩”，則“八卦相蕩”此下朱有“者”字。也。

〔補〕 京房曰：“相摩”，相礳切也。

馬融曰：“摩”，切也。“蕩”，除也。並《釋文》。

鄭康成《樂記》注曰：“摩”，猶迫也。“蕩”，猶動也。

桓玄曰：“蕩”，動也。《釋文》。

《易緯》曰：“卦”者，挂也，言懸挂物象以示於人故謂之“卦”。

《說文》：卦所以筮也，從卜，圭聲。

“摩”，本又作“磨”。《釋文》。“蕩”，今本作“盪”。

〔釋曰〕 分陰分陽，天地未交，乾剛坤柔旋轉相薄入，乃生六子，並爲八卦，相動盪用事，下鼓、潤、運行是也。“八卦相盪”，則相錯爲六十四矣。虞云“乾摩坤成震、坎、艮，坤摩乾成巽、離、兌”者，據六畫卦言，乾二、五之坤成坎互震、艮，坤二、五之乾成離互巽、兌也。“迫”，切迫，“薄”，入也，義相成。今本作“盪”，俗字。

鼓之以雷霆，潤之以風雨。《釋文》：霆，王肅、呂忱音庭，徐又徒鼎反，又音定。

虞翻曰：“鼓”，動；“潤”，澤朱誤“坎”。也。“雷”，震；“霆”朱脱“霆”字，艮；“風”，巽；“雨”，兌也。

補　京房曰：“霆”者，雷之餘氣挺生萬物也。

陸績、董遇曰：“鼓”，鼓動也。

蜀才曰：疑爲“電”。並《釋文》。

釋曰　雷動於下，霆擊於上，風生於水，雨降爲澤。蜀才云“疑爲電”者，謂《傳》“霆”字誤，疑當爲“電”。若然，則“雷電”，震、離也，“風雨”，巽、坎也，八卦之象約舉不備，不如虞義之密。

日月運行，一寒一暑。

虞翻曰：“日”，離；“月”，坎；“寒”，乾；“暑”，坤也。“運行”，往來。日月相推而明生焉，寒暑相推而歲成焉，故“一寒一暑”也。

補　“運”，姚作“違”。《釋文》。

釋曰　天地有自然之易，在天成象，在地成形，而易之變化見，聖人法天地自然之易以作《易》。剛柔相摩，八卦相盪，而天地之變化見，鼓、潤、運行，寒暑成歲是也。姚本作“違”，誤字，姚當破爲“運”也。

乾道成男,坤道成女。

荀爽曰:"男",謂乾初適坤爲震,二適坤爲坎,三適坤爲艮,以成三男也。"女",謂坤初適乾爲巽,二適乾爲離,三適乾爲兑,以成三女也。

釋曰 張氏曰:"謂乾坤統六子,震、坎、艮爲陽,巽、離、兑爲陰也。"案:鼓、潤、運行如此,則天地絪縕,萬物化生。人爲萬物之靈,繼天地而生生不息。天施地生,陽禀陰受,成男成女本乾道坤道,故庖犧則象乾坤,別男女以立夫婦,定父子,爲人倫王道之本。

乾知大始,

《九家易》曰:"始",謂乾禀元氣,萬物資始也。

補 "大",王肅作"泰"。《釋文》。

坤作_{盧、周作"化"。}成物。

坤作<small>盧、周作"化"。</small>成物。

荀爽曰:"物",謂坤任育體,萬物資生。

補 "作",虞、姚作"化"。姚曰:"化",當爲"作"。《釋文》。

《樂記》曰:地氣上齊,天氣下降,陰陽相摩,天地相蕩。鼓之以雷霆,奮之以風雨,動之以四時,煖之以日月,而百化興焉。如此,則樂者天地之和也。

釋曰 乾始而亨,故"知大始"。坤厚載物,故"作成物"。"作"有"生"義,與"化"並通。張氏曰:"謂六子生物皆乾坤也。'大哉乾元,萬物資始','至哉坤元,萬物資生'。陽稱'大',資始未來,故曰'知',神以知來也。承天成物,故曰'化'也。"案:以上言聖人法天地自然之易以作《易》，而天地之道顯。乾變坤化，生人生物，本不易之體，成變易之用，故《記》云：“天地之和，聖人法之以作樂者也。”

乾以易知，《釋文》：易，以豉反。**坤以簡能。**

虞翻曰：陽見稱“易”，陰藏爲“簡”，“簡”，閱也。乾息昭物，天下文明，故“以易知”。坤閱藏物，故“以簡能”矣。

補　“易”，鄭、荀、董音亦。《釋文》。案：虞讀當同。

姚信曰：“能”，當爲“從”。《釋文》。

《樂記》曰：大樂必易，大禮必簡。

《詩》曰：岐有夷之行。傳曰：“夷”，易也。箋云：岐邦之君有佼易之道，《易》曰：“易則易知，簡則易從。易知則有親，易從則有功。有親則可久，有功則可大。可久則賢人之德，可大則賢人之業。”以此訂太王文王之道，卓爾與天地合其德。

釋曰　張氏曰：“以陽變陰，故稱易。”案：《釋文》謂“鄭音亦”，大壯《釋文》謂“鄭音亦訓佼易”，據孔氏《易》、《詩》正義，則“佼易”之“易”當音“難易”之“易”，不得音“亦”。反覆思之，蓋鄭學之徒見鄭注《易緯》以“寂然無爲”訓“佼易”，因讀從“太易者未見氣”之“易”耳。實則古讀“易”字無二音，今北人猶然。“易”者，陰陽之氣自然而然，據氣讀曰“易”，音亦。據其自然讀曰“易”，音“難易”之“易”，其實一也。乾寂然無爲而普照萬物，其變易也易。坤總包萬物以爲一，其閱藏也簡。陽用其精故知，陰用其形故能。天地之道，爲物不貳，則生物不測，故知以易、能以簡。姚破“能”爲“從”，謂從陽也。若然，下文“易從”，姚必謂人易從之矣。但“能”與“知”對，不當改讀。

易則易知，簡則易從。

虞翻曰：乾縣朱脫"乾"字，"縣"作"懸"。象著明，故"易知"。坤陰陽動闢，故"易從"。"不習无不利，地道光也"。

〔釋曰〕"陰陽動闢"，"陰"當爲"應"，張氏曰："言坤之能在從陽。"案：虞意蓋謂乾陽照物知來，坤靜應陽而動也。姚氏曰："'乾以易知'，乾之知也。'易則易知'，人易知之。'坤以簡能'，坤之能也。'簡則易從'，人亦能之。"

易知則有親，易從則有功。

虞翻曰：陽道成乾爲父，震、坎、艮爲子，本乎天者親上，故"易知則有親"。以陽從陰，至五多功，故"易從則有功矣"。

蜀才曰：以其易知，故物親而附之。以其易從，故物法而有功也。

〔釋曰〕張氏曰："'本乎地者親下'，獨言乾者，巽、离、兑陰卦皆麗陽，故震通巽，坎正离，艮伏兑，三女外成，坤无親也。"案：子統於父而女道外成，坤之親即乾之親，故有親惟據乾言。"以陽從陰"，當爲"以陰從陽"。息陽至五，乾位正，坤功乃成，此"易知""易從"就乾坤言。愚謂乾易坤簡，人易知而從之，是以有親有功，蜀才説於傳文密合。伏羲定乾坤立八卦，而民知夫婦父子之道，故易知則有親民皆從化。立功立事，備物致用，故易從則有功。

有親則可久，有功則可大。

荀爽曰：陰陽相親，雜而不厭，故"可久"也。萬物生息，種類繁滋，故"可大"也。

<u>釋曰</u>　陰陽相親，以陽施陰，夫婦父子之道終則又始，故"可久"。以陰從陽，萬物生息，臣成君功，保建家國，奠安生民象之，故"可大"。

可久則賢人之德，可大則賢人之業。

姚信曰："賢人"，乾坤也，言乾以日新爲德，坤以富有爲業也。

<u>補</u>《易説》：易一名而含三義：易也，變易也，不易也。"易"者，以言其德也。通精无門，藏神无内，光明四通，佋易立節，虛无感動，至誠專密，此其易也。"變易"者，其氣也。天地不變，不能通氣，五行迭終，四時更廢，此其變易也。"不易"者，其位也。天在上，地在下，君南面，臣北面，父坐，子伏，此其不易也。

<u>釋曰</u>　以上言天地之德，葢禮樂之本，易簡之法則，《易緯》三義所謂易者其德也。

易簡而天下之理得矣。

虞翻曰："易"爲乾息，"簡"爲坤消。乾坤變通，窮理以盡性，故"天下之理得矣"。

<u>釋曰</u>　惠氏曰："易簡所以立中和之本，故天下之理得矣。"張氏曰："乾坤消息既正，六十四卦皆出於此。"

天下之理得，而_{此下盧、周有"易"字。}成位乎其中矣。

荀爽曰：陽位成於五，陰位成於二，_{盧、周此句在"五爲上中"句下。}五爲上中，二爲下中，故曰_{盧、周作"易"。}"成位乎其中"也。

<u>補</u>　"成位"上，馬、王肅有"易"字。《釋文》。

> 釋曰　天下之理得，乾坤用九六，六十四卦皆成既濟。乾成位於五，坤成位於二，合於一元，復太極之體，故“成位乎其中”。成位者易也，易即太極之神。馬本有“易”字，義更明。惠氏曰：“此天地之中和也。傳首陳三義而終之以既濟，《易》之大義舉矣。”

第二章

聖人設卦，

案：“聖人”，謂伏羲也。始作八卦，重爲六十四卦矣。

> 釋曰　“聖人”，謂伏羲、文王也。伏羲設卦，文王觀其象而繫之辭，又增以九六之爻。

觀象繫辭焉，

案：文王觀六十四卦三百八十四爻之象而盧无“而”字。系屬其辭。

> 釋曰　“象”，卦象，謂天地雷風水火山澤，及六位陰陽。乾坤消息之象，即人事之象也。

而明吉凶。

荀爽曰：因得明吉，因失明凶也。

> 補　虞作“吉凶悔吝”。《釋文》。

> 釋曰　吉凶之象具於卦，文王繫辭以明之，《象傳》每曰“其義吉”、“其義凶”是也。《易》以吉凶爲教，所以使人勸善懲惡，《春秋傳》曰“吉凶由人”，《孟子》曰“禍福無不自己求之者”。

剛柔相推而生變化。

虞翻曰：剛推柔生變，柔推剛生化也。

[釋曰] 張氏曰："剛柔相推，消息之象，文王因之爲九六變化。"案：消息起伏羲，文王因其剛柔相推，每畫觀其動，謂之爻。乾坤用九六，變化各正，歸於既濟。由剛推柔，生以陽通陰之變。由柔推剛，生以陰成陽之化。姚氏則以陽動而進變七之九、陰動而退變八之六爲變，九化爲陰、六化爲陽爲化，亦通。《易》以變化爲用，克己復禮，撥亂反正，皆變化之功也。

是故吉凶者，失得之象也。

虞翻曰：吉則象得，凶則象失也。

[釋曰] 卦爻得位失位之象，即人事得失之象，此主言象，辭之所由繫。下吉凶者言乎其失得，則據辭占言之。

悔吝者，憂虞之象也。

荀爽曰：憂虞，小疵，故"悔吝"也。

虞翻曰：悔則象憂，吝則象虞也。

干寶曰：悔亡則虞，有小吝則憂。憂虞未至於失得，悔吝不入於吉凶。事有小大，故辭有急緩，各象其意也。

[補] 《詩譜序》曰：吉凶之所由，憂娛之萌漸。

[釋曰] "悔吝"者，吉凶之別，亦卦爻失位之象，即人事有憂有虞之象也。"虞"同"娛"，憂則悔過而趨於吉，娛則係吝而即於凶。干氏以爲悔亡則可娛，有小吝則貽憂，亦通。

變化者,進退之象也。

荀爽曰:春夏爲"變",秋冬爲"化",息卦爲"進",消卦爲"退"也。

釋曰 張氏曰:"變化之消長,象人事之進退。"案:君子進退可度,則變化各正之義。

剛柔者,晝夜之象也。

荀爽曰:"剛",謂此及下"謂"字盧、周作"爲"。乾;"柔",謂坤。乾爲"晝",坤爲"夜",晝以喻君,夜以喻臣也。

補 虞作"晝夜者,剛柔之象也"。《釋文》。

釋曰 爻之剛柔,人所歷時晝夜之象。"晝夜"者,動靜之時,即以喻尊卑貴賤之位。君子通乎晝夜之道而知,知柔知剛矣。虞"剛柔"、"晝夜"互易。張氏曰:"陰陽之晝夜,象人事之剛柔,變剛柔爲晝夜,避人事同文。"案:吉凶變化,皆承上而指其象,不應此句獨異,虞本或傳寫誤倒。

六爻之動,

陸績曰:天有陰陽二氣,地有剛柔二性,人有仁義二行,六爻之動法乎此也。

補 虞翻曰:陰陽失位則變,得位則否,故以陰居陽位、陽居陰位則動。林至德《禪傳外篇》。

《說文》:"爻",交也,象易六爻頭疑當爲"相"。交也。

釋曰 爻不正則有變動,六爻之動,化不正以爲正,復太極一陰一陽。三才陰陽柔剛仁義之定位,是三極之道也。爻九六陰陽變通,故其字象相交之形。虞注此條文不甚類，義則是。

三極之道也。

陸績曰：此三才極至之道也。初、四下極，二、五中極，三、上上極也。

補　馬融曰：“三極”，三統也。

鄭康成曰：“三極”，三才也。

陸績曰：“極”，至也。

王肅曰：陰陽、剛柔、仁義爲三極。並《釋文》。

釋曰　陸意兼三才而兩之，則兩體各有上中下，是三才極至之道。六爻之動，各正相應準焉。惠氏曰：“‘極’，中也。‘三極’，謂天地人，民受天地之中以生，故稱‘三極’。六爻兼三才而兩之者，故‘六爻之動三極之道’。”案：三統合於一元，太極元氣函三爲一，“極”，中之道也。合爲一曰太極，發爲三曰三極，兼爲六，一陰一陽之謂道，故“六爻之動，三極之道”。失位者皆動成既濟，復太極本體也。

是故君子所居而安者，易之象也。

虞翻曰：“君子”，謂文王。“象”，謂乾二、五盧、周無“五”字，據注下文，則“二”字當衍。之坤成坎月離日，日月爲象。君子黃中通理，正位居體，故“居而安者，易之象也”。舊讀“象”誤作“厚”，或作“序”，非也。

補　“象”，諸家作“序”。

京房曰：“序”，次也。

陸績曰：“序”，象也。並《釋文》。

釋曰　“君子”之稱通於聖人，故虞謂文王。張氏曰：“下方引大有上九爻辭，故此以大有說之，《易》三百八十四爻隨舉爲例也。乾五之坤爲比，比息坤爲大有，大有通比，故坎月離日。”案：虞以“黃中通理正位居體”釋“居安”，甚善。但下云“樂而玩者爻之辭”，似學《易》之事，若孔子韋編三絕，則“君子”當指學《易》者。上言聖人作《易》，此言君子學《易》也。象皆有序，故陸訓“序”爲“象”，舊本葢本作“序”而誤爲“厚”，師讀正爲“序”，虞改爲“象”，義並通。“易之序”，如潛見躍飛各有其時，君子樂行憂違，與時偕行，故“居而安”。

所變而玩者，爻之辭也。

虞翻曰：爻者言乎變者也，謂乾五之坤，坤五動則觀其變。舊作“樂”，字之誤。

〔補〕馬融曰：“玩”，貪也。

“玩”，鄭作“翫”。並《釋文》。

〔釋曰〕張氏曰：“坤五動之乾爲大有。坤五之動，由乾五之坤，此玩爻之例。”案：舊讀皆作“樂”，“樂而翫”，謂心契其理。“翫”，習也，此君子平日學《易》之功。

是故君子居則觀其象而玩盧、周作“翫”，下及注同。其辭，

虞翻曰：“玩”，弄也，謂乾五動成大有，以離之目觀天之象，兌口玩習所繫之辭，故“玩其辭”。

〔釋曰〕虞以大有舉象變之例可也，至觀玩亦取大有象，則可不必。但易象无所不有，學《易》之象，亦可於《易》見之，即此可得觀象之法。觀象玩辭，學《易》之功也。

動則觀其變而玩其占，

虞翻曰：謂觀爻動也。以動者尚其變，占事知來，故“玩其占”。

補　《説文》：“占”，視兆問也，从卜，从口。

《後漢書·方術傳》曰：占也者，先王所以定吉凶，決嫌疑，幽贊於神明，遂知來物者也。

釋曰　以爻之變準事之變，占事知來，斷之以義，吉凶不爽，此用《易》之事。惟平日學《易》有得，臨事乃能用。子服惠伯曰：“吾嘗學此矣，故能玩‘黄裳元吉’之占而斷之不爽。”

是以自天右朱作“祐”，注同。**之，吉无不利。**

虞翻曰：謂乾五變之坤成大有，有天地日月之象。文王則庖犧，亦與天地合德，日月合明。天道助順，人道助信，履信思順，故“自天右之，吉无不利”也。

補　“右”，諸家作“祐”。

釋曰　大有通比，比體坎坤，大有體離乾。惠氏曰：“乾坤坎离反復不衰，故‘自天右之，吉无不利’。”案：孔子學《易》，亦如羲、文“天地合德日月合明”，應此象。後之君子自求多福，在潛心於聖而已。

第三章

彖者，言乎象者也。

虞翻曰：在天成象，八卦以象告。彖説三才，故“言乎象也”。

　　釋曰　張氏曰："象本七八正象之名，卦辭言象，亦謂之象。象言兩象，故説三才。"

爻者，言乎變者也。

　　虞翻曰：爻有六畫，所變而玩者爻之辭也。謂九六變化，故"言乎變者也"。

　　釋曰　陽以七、陰以八爲象，陽動而進，變七之九，陰動而退，變八之六，是謂畫變。九六又變，則陰陽易，是謂爻變。畫變，陰陽動而用事也。爻變，化不正者以爲正也。爻辭兼言畫變爻變，故"言乎變"。

吉凶者，言乎其失得也。

　　虞翻曰：得正言吉，失位言凶也。

　　釋曰　即人事失得之應，吉凶悔吝无咎，卦爻之占也。

悔吝者，言乎其小疵也。《釋文》：疵，徐才斯反。

　　崔憬曰：繫辭著悔吝之言，則異凶咎。有其小病，比於凶咎，若疾病之與小疵。

　　補　馬融曰："疵"，瑕也。《釋文》。

无咎者，善補過也。

　　虞翻曰：失位爲咎，悔變而之正，故"善補過"。孔子曰："退思補過者也。”

是故列貴賤者存乎位，

侯果曰：二、五爲功譽位，三、四爲凶懼位。凡爻得位則貴，失位則賤，故曰“列貴賤者存乎位”矣。

〖釋曰〗 “位”，爻位。首章曰“卑高以陳，貴賤位矣”，謂五貴二賤，及初爲元士、二爲大夫之等，是也。陰陽貴賤有定位，失正則變，此與“爻者言乎變”相當。又陽貴陰賤，初陽在下有以貴下賤之義。二、四皆陰位而四多懼，陰而處貴宜戒也。三、五皆陽位而三多凶，陽猶處賤宜惕也。得位爲貴失位爲賤，引申之義與吉凶近。

齊小大盧、周誤“大小”。者存乎卦，

王肅曰：“齊”，猶正也。陽卦大，陰卦小，卦列則小大分，故曰“齊小大者存乎卦”也。

〖釋曰〗 此即“象者言乎象”者也。首章曰“動靜有常，剛柔斷矣”，“小大”即“剛柔”。姚氏曰：“‘齊’，齊之也，以位之貴賤列貴賤，以卦之小大齊小大，此君子之觀象玩辭也。”

辯吉凶者存乎辭，

韓康伯曰：“辭”，爻辭也，即“爻者言乎變”也。言象所以明小大，言變所以明吉凶，故大小之義存乎卦，吉凶之狀見朱作“存”。乎爻。至於悔吝无咎，其例一也，吉凶悔吝小疵无咎皆生乎變。事有小大，故下歷言五者之差也。

補　京房曰："辯"，明也。

虞翻、董遇、姚信、顧懽、蜀才皆曰："辯"，別也。並《釋文》。

釋曰　卦爻辭皆有吉凶，此申上"吉凶者言乎其失得"耳。

憂悔吝者存乎介，

虞翻曰："介"，纖也。介如石焉，斷可識也，故"存乎介"，謂識小疵。

補　王肅、干寶、韓康伯皆曰："介"，纖介也。《釋文》。

釋曰　虞舉豫二爲例。

震无咎者存乎悔。

虞翻曰："震"，動也。有不善未嘗不知之，知之未嘗復行，无咎者善補過，故"存乎悔"也。

補　馬融曰："震"，驚也。

鄭康成曰："震"，懼也。

王肅曰："震"，動也。

周氏曰："震"，救也。並《釋文》。

釋曰　虞舉復初爲例。周讀"震"爲"拯"。此二句申上"悔吝无咎"之義，而示以去疵補過之法。

是故卦有小大，辭有險易，辭也者各指其所之。

虞翻曰：陽易指天，陰險指地，聖人之情見乎辭，故指所之。

補　京房曰："險"，惡也。"易"，善也。《釋文》。

釋曰　人得天陽而生，入地陰而死。"易"指天，"險"指地，言陰陽消息，即上所謂"吉凶"，下所謂"幽明死生"也。

易與天地準，故能彌綸天下朱作"地"。**之道。**

虞翻曰："準"，同也。"彌"，大；"綸"，絡。謂易在天下，包絡萬物，以言乎天地之閒則備矣，故"與天地準"也。

補　京房曰："準"，等也。"彌"，遍；"綸"，知也。

荀爽曰："彌"，終也。"綸"，迹也。

鄭康成曰："準"，中也，平也。

王肅曰："綸"，纏裹也。並《釋文》。

"彌"，本又作"弥"。"天下"，一本作"天地"。《釋文》。

釋曰　易者，元也。天地設位而易行乎其中，聖人法天地自然之易以作《易》，其道與天地平均合同，故能包絡萬物，於天下之道貴賤小大吉凶悔吝之等，無所不備。"天下"，《正義》本及石經皆作"天地"。聖人作《易》與天地合德，"故能彌綸天地之道"，謂贊天地之化育。上云"小大"、"險易"，謂陰陽消息，易法象陰陽，審察消息，辭之所指，天地之道備矣。"彌綸"，包舉經緯之意。《參同契》曰"包囊萬物，爲道紀綱"，"包囊"即"彌"，"紀綱"即"綸"。

仰以觀於天文，俯以朱誤"則"。**察於地理，**

荀爽曰：謂陰升之陽，則成天之文也。陽降之陰，則成地之理也。

補　"察"，一本作"觀"。《釋文》。

是故知幽明之故。

荀爽曰：“幽”，謂天上地下不可得覩者也，謂否卦變成未濟也。“明”，謂天地之閒萬物陳列著於耳目者，謂泰卦變成既濟也。

〔釋曰〕姚氏曰：“純陰純陽无文理可見，陰陽交而文理著。‘以’，用也，用《易》之道以觀察也。‘幽’，隱也。觀卦爻之文理，知易之幽明，以之觀天地之文理，知天地之幽明。‘觀’，諦視也。‘察’，覆審也。既濟陰陽各居其位，内發於外，故‘明’。未濟六爻失位，陰陽相搏，故‘幽’。凡卦爻畫得位者皆明，失位者皆幽也，天地之幽明亦猶是。有天地而易道著，有易而天地之道明。”張氏曰：“觀震巽出入，則知日月之行。察五位方隅，則知山川維絡之紀。乾坤代序，則知温凉寒暑之候。六位成章，則知天地訢合之理，故‘知幽明之故’也。”

原始反盧、周作“及”，注同。終，故知死生之説。《釋文》：説，如字。

《九家易》曰：陰陽交合，物之始也。陰陽分離，物之終也。合則生，離則死，故“原始反終，故知死生之説”矣。交合，朱、盧无“合”字。泰時春也；分離，否時秋也。

〔補〕“反”，鄭、虞作“及”。

宋衷曰：“説”，舍也。始鋭反，並《釋文》。

〔釋曰〕人得陽而生，入陰而死。復初陽始出陰，人之始至泰而陽升陰承，陰陽交合，由是陽日息，至乾而陽純，此生之説也。姤初陰始消陽，至否而陰信陽詘，陰陽分離，由是陽日消，至坤而陰純，爲人之終，此死之説也。宋讀“説”爲“稅駕”之“税”。惠氏曰：“精氣，生舍。游魂，死舍。”

第四章

精氣爲物，遊魂爲變。

虞翻曰："魂"，陽物，謂乾神也。"變"，謂坤鬼。乾純粹精，故主"爲物"。乾流坤體，變成萬物，故"遊魂爲變"也。

補　京氏引孔子曰：遊魂歸魂爲鬼易。

釋曰　張氏曰："萬物資始乾元。坤无魂，坤魂亦乾，鬼亦神爲之。剝復夬遘之際，陽陰未成，乾元流坤，變而成體，故曰'遊魂'。"案：魂亦精氣也。精氣散而物變，是爲遊魂。陽道不絕，終則又始，乾元流坤，又變而爲物。春夏物生，秋冬物變，變者至春又生，此鬼神詘信之情狀也。京氏八卦皆有遊魂歸魂，遊則歸而復矣。虞氏惟乾坤用坎離。

是故知鬼神之情狀與天地相似，故不違。

虞翻曰：乾神似天，坤鬼似地。聖人與天地合德鬼神合吉凶，故"不違"。

鄭玄曰："精氣"，謂七八也；"遊魂"，謂九六朱誤"六九"。也。七八，木火之數也；周無"也"字。九六，金水之數。木火用事而物生，故曰"精氣爲物"。金水用事而物變，故曰"遊魂爲變"。精氣謂之神，遊魂謂之鬼。木火生物，金水終物。二物變化，其情與天地相似，故无所差違之也。

補　鄭康成曰：遊魂謂之鬼，物終所歸；精氣謂之神，物生所信也。言木火之神生物東南，金水之鬼，終物西北，二者之情其衍字。狀

與春夏生物秋冬終物相似。《禮記・樂記》正義。又《月令》正義引之云
"精氣謂七八,遊魂謂九六,則是七八生物,九六終物",是也。又《中庸》正義
引之云"木火之神生物,金水之鬼成物",皆約義言之。

《禮・中庸・記》注曰:鬼神從天地者也,《易》曰"故知鬼神之情
狀與天地相似"。

〖釋曰〗《樂記》疏引鄭注,與《集解》足相備,蓋李引有删節也,故並
著之。六十四卦七八正象,精氣之物也。三百八十四爻九六往來變
化,遊魂之變。消息之已成者,精氣之物也。摩蕩而未成者,遊魂之
變也。七八陰陽之正,據其當木火用事而物生,則皆爲神而屬陽。九六
陰陽之究,據其當金水用事而物變,則皆爲鬼而屬陰。鬼神陰陽變化无
常,所謂"神无方"也。鬼神即天地之用,聖人與天地合德鬼神合吉凶,合
即不違也。張氏曰:"不違卜筮,蓋與神合契,吉凶不爽,禍福前知也。"

知周乎萬物,

荀爽曰:二篇之册萬有一千五百二十,當萬物之數,故曰"知周乎
萬物"也。

〖釋曰〗七八九六之神,周六十四卦萬一千五百二十策,歸於既
濟,各正性命,无過失也。聖人"通神明之德,類萬物之情"亦如之。

而道濟天下,故不過。

《九家易》曰:言乾坤道濟成天下而不過也。朱脱圈。

王凱沖曰:知朱作"智"。周道濟,洪纖不遺,亦不過差也。

〖補〗鄭康成曰:"道",當作"導"。《釋文》。

《禮・哀公問・記》曰：不過乎物。

旁行而不流，

《九家易》曰：“旁行”，周合。六十四卦月主五卦，爻主一日，歲既周而復始也。

侯果曰：應變旁行，周被萬物而不流淫也。

補　“流”，京作“留”。《釋文》。

釋曰　“旁”，溥也。“不流”，周而復始，非流而不返也。京作“留”，謂運行無留滯。

樂天知命，故不憂。

荀爽曰：坤建於亥，乾立於巳，陰陽孤絕，其法宜憂。坤下有伏乾爲“樂天”，乾下有伏巽爲“知命”，陰陽合居，故“不憂”。

補　“樂”，虞作“變”。《釋文》。

《禮・哀公問・記》曰：不能安土，不能樂天。

釋曰　坤建於亥，下有伏乾，動出震，震爲“樂”，乾爲“天”。乾立於巳，下有伏巽，消入姤，巽爲“命”。由復至姤，與時消息，修身俟命，故“不憂”，所謂“出入无疾”也。“變天”，謂消乾。據《哀公問》，則“樂天”、“安土”，聖人撰定之言，虞讀失之。

安土敦乎仁，故能愛。

荀爽曰：“安土”，謂否卦，乾坤相據，故“安土”。“敦仁”，謂泰卦，天氣下降以生萬物，故“敦仁”。生息萬物，故謂之“愛”也。

釋曰 謂從否成泰，此亦舉卦爲例。

範圍天地之化而不過，

《九家易》曰："範"者，法也；"圍"者，周也。言乾坤消息，法周天地而不過於十二辰也。辰，日月所會之宿，謂諏訾、降婁、大梁、實沈、鶉首、鶉火、鶉尾、壽星、大火、析木、星紀、玄枵之屬，是也。

補 鄭康成曰："範"，法也。《釋文》。

費直曰：壽星起軫七度，大火起氐十一度，析木起尾九度，星紀起斗十度，元枵起女六度，諏訾起危十四度，降婁起奎二度，大梁起婁十度，實沈起畢九度，鶉首起井十二度，鶉火起柳五度，鶉尾起張十三度。《晉書·天文志》。

"範圍"，馬、王肅、張作"犯違"。張氏曰："犯違"，猶裁成也。並《釋文》。

釋曰 言贊天地之化育也，十二消息其象也。馬氏等作"犯違"，蓋讀爲"範圍"，故張訓"裁成"。

曲成萬物而不遺，

荀爽曰：謂二篇之册，曲成萬物，无遺失也。

侯果曰：言陰陽二氣，委曲成物，不遺微細也。

釋曰 謂盡人物之性也，二篇之册其象也。

通乎晝夜之道而知，《釋文》：知，如字，荀爽、荀柔之、明僧紹音智。

荀爽曰："晝"者，謂乾。"夜"者，坤也。通於乾坤之道，無所不知矣。

釋曰　惠氏曰：“兼知天地，則契道之全。”案：荀音“智”者，无所不知，是智周乎萬物也。

故神无方而易无體。

干寶曰：否泰盈虛者神也，變而周流者易也。言神之鼓萬物無常方，易之應變化無定體也。

釋曰　元无不周，故无方无體。

一陰一陽之謂道，

韓康伯曰：道者何？无此下七“无”字朱作“無”。之稱也。无不通也，无不由也。況之曰道，寂然無體，不可爲象，必有之用極而无之功顯，故至乎神无方而易无體，而道可見矣。故窮變朱、盧無“變”字。以盡神，因神以明道。陰陽雖殊，無一以待之。在陰爲無陰，陰以之生；在陽爲無陽，陽以之成，故曰“一陰一陽”也。

補　《乾鑿度》曰：陽以七、陰以八爲象，一陰一陽合而爲十五之謂道。陽變七之九，陰變八之六，亦合于十五。

釋曰　韓說遁虛過高，非《易》義。上言易之神化如此，皆太極陰陽之行也。太極一陰一陽，是之謂道。張氏曰：“一陰一陽相並俱生，三極各正，保合太和，是之謂道矣。庖犧參天兩地，六位時成，以爲道法也。易神消息既成萬物，則復於道也。”案：“一陰一陽之謂道”，太極也。“繼之者善”，乾元坤元也。“成之者性”，萬物資始資生，各正性命也。《中庸》所謂“天命之謂性”，孟子所謂“性善”，本夫子之言性與天道也。《易緯》所言象變之數若一，皆一陰一陽合于十五，即太極之象也。

繼之者善也，成之者性也。

虞翻曰："繼"，統也，謂乾能統天生物，坤合乾性，養化成之，故"繼之者善，成之者性也"。

〖釋曰〗張氏曰："一陰一陽皆統於乾元，'大哉乾元，萬物資始，乃統天'，是也。乾爲'善'、爲'性'，乾非坤化，性亦不成。乾坤合德以立道，人得乾善之統，資坤之化，以成性，故'率性之謂道'者也，神與易皆此也。"愚謂"繼"，續也，太極生兩儀，陽始乾元，陰始坤元，故"繼之者善"。人資天地之元以爲性，故"成之者性"。

仁者見之謂之仁，知者見之謂之知，

侯果曰：仁者見道謂道有仁，知者見道謂道有知也。

〖釋曰〗性中兼有仁知，此偏得其一，賢知之過也。

百姓日用而不知，

侯果曰：用道以濟，然不知其力。

故君子之道鮮盧、周作"尟"。矣。

韓康伯曰：君子體道以爲用，仁知則滯於所見，百姓日用而不知，體斯道者不亦鮮矣乎。故常無欲以觀妙，可以語至而言極矣。

補　馬融、王肅曰："鮮",少也,

"鮮",鄭作"尟",曰："尟",少也。

師説："鮮",盡也。並《釋文》。

釋曰　"百姓日用而不知",愚不肖之不及也。君子全體中和,兼備仁知,至誠盡性,如太極本體既濟之象,惟聖者能之,故"鮮"。

第五章

顯諸仁,藏諸用,

王凱沖曰:萬物皆成,仁功著也。不見所爲,藏諸用也。

補　"藏",鄭作"臧",曰："臧",善也。《釋文》。

釋曰　張氏曰："震爲仁,坤爲用,謂陽息出震,乾元顯見,於德爲仁,故'顯諸仁'。陽消入坤,乾元退藏,知以藏往,爲仁之用,故'藏諸用'。"愚謂"仁",元也,陽出初正五,萬物皆相見,道之顯也。"藏",鄭作"臧"。"用",道之用也。乾元用九通坤,成既濟,所以仁萬物者各正盡善,故"藏諸用",所謂"貞者事之幹",智也。

鼓萬物而不與聖人同憂,

侯果曰:聖人成務,不能無心,故有憂。神道鼓物,寂然無情,故無憂也。

釋曰　張氏曰："震爲鼓,故'鼓萬物'。作《易》者其有憂患乎?乾元消息,保合太和,各正性命,故'不同憂'。"愚謂天生聖人,吉凶與

民同患,則天地之大,人無所憾,美利利物,不言所利,四時行,百物
生,夫何憂哉。

盛德大業至矣哉。

荀爽曰:盛德者天,大業者地也。

> 釋曰　姚氏曰:"顯仁藏用而皷萬物者,皆陰陽之德業也。"

富有之謂大業,日新之謂盛德。

王凱沖曰:物無不備,故曰"富有"。變化不息,故曰"日新"。

> 補　鄭康成曰:兼濟萬物,故曰"富有"。《御覽》四百七十一。

> 釋曰　張氏曰:"可大,故'富有'。可久,故'日新'。"

生生之謂易。

荀爽曰:陰陽相易,轉相生也。

> 補　《京氏傳》曰:八卦相盪,陽入陰,陰入陽,二氣交互不停,故曰
"生生之謂易"。

> 釋曰　惠氏曰:"'易',謂太極。太極生兩儀,兩儀生四象,四象
生八卦,故'生生之謂易'。"

成象之謂乾,

案:道生一,一生二,二生三,三才既備,以成乾象也。

> 補　"成",蜀才作"盛"。《釋文》。

釋曰 在天成象，觀象於天，象太極一七九，爲三畫而成乾，而三才之道著，八卦皆象此。蜀才作"盛"，謂陽盛。

爻朱作"效"。**法之謂坤**。《釋文》：爻，胡孝反，馬、韓如字。

案："爻"，猶效也。效乾三天之法，而兩地成坤之卦象朱、盧作"象卦"。也。

補 馬融曰："爻"，放也。

"爻"，蜀才作"效"。並《釋文》。

釋曰 在地成形，觀法於地，地順承天，陰陽相並俱生。效乾爲法而成坤，兼三才而兩之，參天兩地，六畫成卦，而三才之道備，六十四卦皆法此。

極數知來之謂占，

孔穎達曰：謂窮極蓍策之數，逆知將來之事，占其吉凶也。

通變之謂事。

虞翻曰："事"，謂變通趨時以盡利。天下之民，謂之事業也。

陰陽不測之謂神。

韓康伯曰：神也者，變化之極，妙萬物而爲言，不可以形詰者也，故"陰陽不測"。嘗試論之曰：原夫兩儀之運，萬物之動，豈有使之然哉！莫不獨化於太虛，欻爾而自造矣。造之非我，理自玄應，化之無主，數自冥運，故不知所以然而況之神矣。是以明兩儀以太極爲始，言變化而稱極朱、盧无"極"字。乎神也。夫唯天之所爲者，窮理體化，坐忘遺照至虛而善應，則以道爲稱。不思玄覽，則以神爲名。蓋資道而同乎道，由神而冥於神者也。

> **釋曰**　張氏曰："神者，乾元之運，出陽入陰，故'不測'，易則神之所爲也。"案：以上言道發爲德業，无所不在。

夫易，廣矣大矣。

虞翻曰：乾象動直，故"大"。坤形動闢，故"廣"也。

> **釋曰**　言易道生生之廣大。

以言乎遠，則不禦。

虞翻曰："禦"，止也。"遠"，謂乾。天高不禦也。

> **釋曰**　發育萬物，峻極於天，无止境也。

以言乎邇，則靜而正。

虞翻曰："邇"，朱、盧誤"地"。謂坤，"坤至朱誤"正"。靜而德方"，故"正"也。

> **補**　"邇"，本又作"迩"。《釋文》。

> **釋曰**　靜深有本，退藏於密，如地安於承天之正。

以言乎天地之閒，則備矣。

虞翻曰：謂易廣大悉備，有天地人道焉，故稱"備"也。

夫乾，其靜也專，其動也直，是以大生焉。

宋衷曰：乾靜不用事，則清靜專一，含養萬物矣。動而用事，則直道而行，導出萬物矣。一專一直，動靜有時，而物無夭瘁，是以"大生"也。

補　"專"，陸作"塼"。音同。《釋文》。

夫坤，其靜也翕，其動也闢，是以廣生焉。

宋衷曰："翕"，猶閉也。坤靜不用事，閉藏微伏，應育萬物矣。動而用事，則開闢羣蟄，敬導沈滯矣。一翕一闢，動靜不失時，而物無災害，是以"廣生"也。朱脫"也"字。

補　"翕"，《漢書·王莽傳》引作"脅"。

釋曰　靜不用事，若天地閉塞而成冬。動而用事，若天地交泰。姚氏曰："陽靜則陰閉，陽動則陰闢，陰動靜隨陽也。陽靜專動直，一是也。陰靜翕動闢，一是也。""翕"，或作"脅"，叚借字。

廣大配天地，

荀爽曰：陰廣陽大配天地。

釋曰　易由乾坤生生廣大如此，故易之爲書也，其道之廣大如天地之覆載，變通如四時之運行，陰陽之義如日月之終始萬物。易簡之善，則乾至健，坤至順，太極一陰一陽之道也。

變通配四時，

虞翻曰：變通趨時，謂十二月消息也。泰、大壯、夬配春，乾、姤、遯配夏，否、觀、剥配秋，坤、復、臨配冬，謂十二月消息，相變通，而周於四時也。

> 釋曰 乾坤十二畫剛柔相推也。

陰陽之義配日月，

荀爽曰：謂乾舍於離，配日而居；坤舍於坎，配月而居之義，是也。

> 釋曰 日月爲易，象陰陽也。乾歸魂於離，離陰卦而爲日則陽，爲乾之舍。坤歸魂於坎，坎陽卦而爲月則陰，爲坤之舍，故“陰陽之義配日月”。

易簡之善配至德。

荀爽曰：乾德至健，坤德至順，乾坤簡易 當爲“易簡”。相配於天地，故“易簡之善配至德”。

> 釋曰 專直翕闢，乾坤氣性，即“易簡之善”也。“至德”，太極也。天行至健，地勢至順，合之即太極生生之德自然廣大，故“易簡之善配至德”。以上指説易道生生盛德大業之實。

子曰：易其至矣乎！

崔憬曰：夫言“子曰”，皆是語之別端，此更美易之至極也。

夫易，聖人之所以崇德而廣業也。

虞翻曰：崇德效乾，廣業法坤也。

> 補 “聖人”下，今本無“之”字。

知崇禮盧、周作"體"，注同。**卑，崇效天，卑法地。**《釋文》：卑，必彌反，徐音婢。

虞翻曰："知"，謂乾，效天崇。"禮"，謂坤，法地卑也。

補 "禮"，蜀才作"體"。"卑"，或作"坤"。《釋文》。

釋曰 知識高明，故德崇。禮者，履也，踐履卑順，故業廣。其崇也，如天之至高無上，乾五位乎天德是也。其卑也，如地之順承持載，坤五降二發於事業是也。蜀才作"體"，義大同。"禮"者，"體"也，坤正位居體，體卑所以廣業。

天地設位，而易行乎其中矣。

虞翻曰："位"，謂六畫之位，乾坤各三爻，故"天地設位"。易出乾入坤，上下無常，周流六虛，故"易行乎其中"也。

補 《參同契》曰："天地設位而易行乎其中矣"，"天地"者，乾坤之象也；"設位"者，列陰陽配合之位也。易，謂坎離，坎離者，乾坤二用。二用無爻位，周流行六虛，往來既不定，上下亦無常。

釋曰 大極生生之氣出陽入陰以生萬物，故"天地設位，而易行乎其中"。

成性存存，道義之門。

虞翻曰："知終終之，可與存義也"，乾爲道門，坤爲義門。"成性"，謂"成之者性也"。陽在道門，陰在義門，其易之門邪。

釋曰 虞引乾《文言》者，張氏曰："謂三當乾之終，泰當反否。三終乾反復，上坤不變，乾元常存，故'知終終之，可與存義'，坤爲義也。

引之者,天地消息,乾坤相續,易以坤成乾之性,乾元常存,道義出焉,舉乾三爲則也。"案:聖人效天法地以崇德廣業,則性與天合,存存不息,而道義行矣。《中庸》所謂"誠者自成","性之德也,合外内之道,時措之宜",故道義之門。道義皆兼陰陽,以象類言之,則道屬乾義屬坤。以上言聖人以易道崇德廣業爲道義之門。

第六章

聖人有以見天下之賾,盧、周作"嘖",注及下同。**而擬諸其形容,**

虞翻曰:乾稱"聖人",謂庖犧也。"賾",謂初。自上議下稱"擬"。"形容",謂陰,在地成形者也。

補 "賾",京作"嘖",曰:"嘖",情也。

《九家》作"册"。並《釋文》。

釋曰 下云"探賾索隱",知"賾"謂初。"天下之賾",萬物之初也。"賾",後出字,當依京作"嘖",京訓"情",謂情之未發者,所謂"喜怒哀樂之未發謂之中"也。聖人心體乾元,知萬物一本,故有以見之。"擬",度也。"其形容",賾之形容也。賾必發而爲形容,聖人以心度之,如擬乾元於純奇之形容,擬坤元於純耦之形容,餘卦準此。虞云"形容謂陰"者,萬物成形出乎地也。《九家》作"册",又"賾"之借。

象其物宜,是故謂之象。

虞翻曰:"物宜",謂陽。遠取諸物,在天成象,故"象其物宜"。

“象”，謂三才八卦在天也，庖犧重爲六畫也。

〔釋曰〕　“象”，畫卦以象之。畫純陽之卦謂之乾，而陽宜通陰之象見。畫純陰之卦謂之坤，而陰宜承陽之象見，餘卦準此。擬而後象，畫卦以象賾之發而爲物，萬事之宜，故謂之象。虞云“物宜謂陽”者，萬物盈虛消息之象見於天也。日月在天成八卦，元之見而爲象最著者，聖人所以見賾而象物宜也。庖犧作八卦，適與日月象合，因而重之，而萬物之象備矣。

聖人有以見天下之動，

虞翻曰：重言“聖人”，謂文王也。“動”，謂六爻矣。

〔釋曰〕　天下之動本於元，性發爲情而萬變出。文王亦德合乾元，由本及末，知人情變動之宜，推爻以效之。

而觀其會通，

荀爽曰：謂三百八十四爻陰陽動移，各有所會，各有所通。

張璠曰：“會”者，陰陽合會，若蒙九二也。“通”者，乾坤交通，既濟是也。

〔釋曰〕　“各有所會”，謂陰陽比應。“各有所通”，謂陰陽往來，統言則不別。惠氏曰：“六爻發揮，乾坤交而亨，亨者通也。‘亨者嘉之會’也，故‘觀其會通’。‘嘉會足以合禮’，故‘以行其等禮’。”案：“觀其會通”，觀人類之相接，如爻之往來不窮也。“行其典禮”，君仁臣忠父慈子孝各有典常，如爻之各正成既濟也。

以行其典禮，繫辭焉以斷其吉凶，

孔穎達曰：既觀其會通而行其典禮，以定一爻之通變，而有三百八十四，於此爻下繫屬文辭以斷其吉凶。若會通典禮得，則爲吉也；若會通典禮失，則爲凶矣。

補　"典禮"，京作"等禮"，姚作"典體"。《釋文》。

釋曰　繫辭以斷吉凶，天下之動得失之故昭然著明故曰爻，言效天下之動。京作"等"者，禮以辯上下，所謂講禮於等。姚作"體"，禮者，體也。

是故謂之爻。

孔穎達曰：謂此會通之事而爲爻也。"爻"者，效也，效諸物之變通，故上章云"爻者言乎變也"。

言天下之至賾而不可惡也。

虞翻曰：至賾无情，陰陽會通，品物流宕，以乾簡周作"闓"。坤易之至也。元，善之長，故"不可惡也"。朱作"矣"。

補　"惡"，荀作"亞"，曰："亞"，次也。

馬、鄭烏洛反。並《釋文》。

釋曰　繫辭焉以盡其言，至賾至動皆以辭明之，故稱"言"，"言天下之至賾"。元，善之長，復小而辨於物，絕惡未萌，故"不可惡"。陰陽皆起於初，陰息陽爲善，消陽爲惡，易戒消陽，防微杜漸，故"言天下之至賾而不可惡"也。虞注"乾簡坤易"，當爲"乾易坤簡"。至賾无情，陰陽會通，萬物鼓蕩，以乾易坤簡之至使之然，所謂"寂然不動感而遂通"者。周本"簡"作"閒",則謂以乾闢坤,佼易之至,確然無爲也。荀氏"惡"作"亞",訓"次"。姚氏曰:"次,第也。不可次第者,至賾之發,周而復始,即无體之易也。感而遂通,何終何始。惡、亞通。"

言天下之至動而不可亂也。

虞翻曰:以陽動陰,萬物以生,故"不可亂","六二之動直以方"。"動",舊誤作"賾"也。

補 "動",鄭作"賾",曰:"賾",當爲"動"。

《九家》作"册"。並《釋文》。

《説文序》曰:知天下之至賾而不可亂也。

釋曰 效天下之動,定之以吉凶,使歸於典禮,故"不可亂"。虞云"以陽動陰",謂乾元動坤,萬物以生。動直且方,"不可亂"之義。

擬之而後言,議之而後動,

虞翻曰:以陽擬坤而成震,震爲"言""議"、爲"後動",故"擬之而後言,議之而後動"。安其身而後動,謂當時也矣。

補 "議之",陸、姚、桓玄、苟柔之作"儀之"。《釋文》。宋本、汲古閣、雅雨堂本"陸"作"鄭"。

釋曰 姚氏曰:"'擬之',擬天下之賾。'言',謂卦辭。'議之',議天下之動。'動',謂六爻。繫辭以盡言,故'擬之而後言'。繫辭焉而命之,動在其中矣,故'議之而後動'。擬議動賾以成卦爻之變化,卦爻明而天下之動賾見矣。"案:姚說甚當,此人言動之準,故"以言者尚其辭,以動者尚其變"也。虞取震象者,張氏曰:"至賾至動皆乾元,乾元,震初也。聖人觀乾元有此象，故以之先心。震爲言動，乾元在先，故擬乾元而有言，既有言謂議。而後動。‘時’，消息之時。坤爲安身，乾元牝坤，當時出震，故安其身而後動。三百八十四爻皆言時也。”“議”，或作“儀”，“儀”，度也，義同。惠氏曰：“將舉事，必先于此儀之。”

擬議以成其變化。

虞翻曰：議天成變，擬地成化，天施地生，其益無方也。

【釋曰】張氏説：“‘議天成變’，乾二、五通坤；‘擬地成化’，坤二、五息乾。陽已出震，故天稱議；陰方牝乾，故地稱擬。”案：聖人變化既成萬物之功，如天施地生，其益无方，所謂崇德廣業，故辭義之所包者大。下引七爻釋之，其例也。

鳴鶴在陰，其子和之。我有好爵，吾與爾靡朱作“縻”。之。

《釋文》：靡，本又作“縻”，亡池反，徐又亡彼反。

孔穎達曰：上略明擬議而動，故引“鳴鶴在陰”，取同類相應以證之，此中孚九二爻辭也。

【補】“靡”，本又作“縻”。

京作“劘”。並《釋文》。

【釋曰】中孚體離爲“鶴”，二互震爲善鳴，又坎爻，坎爲陰夜，故“鳴鶴在陰”。二動，坤爲母，震爲“子”，又爲善鳴，故“其子和之”。“我”，謂五，五尊位，故“有好爵”。“爾”，謂二，五利二應己，故“吾與爾靡之”。言君子言行之善，同類相應，所以能獲上而治民也。虞氏謂中孚訟來，訟離爲鶴，在坎陰中，今體震善鳴，五艮爲子，二變五應，故“鳴鶴在陰，其子和之"。賈生、義見經下。董子、《參同契》之義,則以鶴鳴子和喻人君政教善而士民應,下應善而上用賢,則君臣俱榮,理亦通。

子曰:君子居其室,出其言善,

虞翻曰:"君子",謂初也。二變五來應之,艮爲"居",初在艮内,故"居其室"。震爲"出言",訟乾爲"善",故"出言善"。此亦成益卦也。

補 《參同契》曰:"君子居其室,出其言善,則千里之外應之",謂萬乘之主,處九重之位,發號出令,順陰陽節,藏器俟時,勿違卦月,立義設刑,當仁施德,逆之者凶,順之者吉。按立法令,至誠專密,謹候日辰,審察消息,纖芥不正,悔吝爲賊,二至改度,乖錯委曲。隆冬大暑,盛夏霜雪,二分縱橫,不應漏刻。水旱相伐,風雨不節,蝗蟲湧沸,羣異旁出,天見其怪,山崩地裂。孝子用心,感動皇極,近出己口,遠流殊域,或以招禍,或以致福,或興太平,或造兵革,四者之來,由乎胸臆。

釋曰 《經》以"鶴"喻"君子","鳴"喻"言","和"喻"應",《傳》達其意。姚氏曰:"二之正得位爲君子,體兑口,之正,故'出言善'。互艮爲宫室,在艮内,故'居其室'。鶴鳴于九皋,聲聞于天,君子之言,應在千里。'其子和之',以喻邇也,千里應之,邇可知矣。君子善言,非求聞達,好爵爾靡,應在千里,故'況其邇者乎'。二化五應之在外卦,故'千里之外',言遠也。"虞以"君子"爲初,張氏曰:"初陽正,故稱君子。二之得爲震,由初自訟四來,故辭本於初。"若然,則《經》取二象以言初。如《參同契》義,則"君子"謂五,居室據乾元伏初言,五自初息也。"出言善",謂二動成震,自二言五,故"千里之外"。初動二而五應,故"千里之外應之"。二順初,故"況其邇者乎"。

則千里之外應之,況其邇者乎。

虞翻曰:謂二變則五來應之體益卦。坤數十,震爲百里十之朱誤"里"。千里也。"外",謂巽,朱、盧無"巽"字。震巽同聲,同聲者相應,故"千里之外應之"。"邇",謂坤,坤爲順,二變順初,故"況其邇者乎"。此"信及遯朱、周作"豚"。魚"者也。

釋曰 張氏曰:"外者,在坤震之外,是五也,體巽。"案:如鶴鳴子和之義,則遠邇無不應,遯魚可孚矣。

居其室,出其言不善,

虞翻曰:謂初陽動入陰成坤,坤爲不善也。

釋曰 虞以初動失位爲不善。姚氏曰:"二若不化,則失正不善,五不應二。之正則下體亦成震,故'子和'。失正則否,故況其邇者乎。"

則千里之外違之,況其邇者乎。

虞翻曰:謂初變體剝,弒父弒君。二陽肥遯,則坤違之而承於五,故"千里之外違之,況其邇者乎"。

釋曰 初動則二陽肥遯,體坤違,不與初成震而承於五,而五巽亦不得應震,故"千里之外違之,況其邇者乎",此虞義。

言出乎身,加乎民,

虞翻曰:震爲"出"、爲"言",坤爲"身"、爲"民"也。

行發乎邇，見乎遠。

虞翻曰：震爲"行"，坤爲"邇"，乾爲"遠"，兌爲"見"。謂二發應五，則千里之外，故"行發邇見遠"也。

〖釋曰〗姚氏曰："善否由二，故出身發邇。好爵爾靡，故'加民'。五應之，故'見遠'。兼説'行'者，可言不可行，君子不言也。"如虞義則震由坤出，故"言出乎身"。二動震與坤連，五好爵與共，故"加乎民"。二體震，動在坤，故"行發乎邇"。體兌，動應五乾，故"見乎遠"。

言行，君子之樞機。樞機之發，榮辱之主也。

荀爽曰：艮爲門，故曰"樞"；震爲動，故曰"機"也。

翟玄曰：樞主開閉，機主發動。開閉有明暗，發動有中否，主於榮辱也。

〖補〗鄭康成曰："樞"，户樞也。"機"，弩牙也。《禮記正義》作"樞謂户樞，機謂弩牙"。户樞之發，或明或闇；弩牙之發，或中或否，以譬言語之發，有榮有辱。《禮記正義》作"以喻君子之言，或榮或辱"。《左傳·襄二十五年》正義。《禮記·曲禮》正義。

王廙曰："樞"，户樞也。"機"，弩牙也。《釋文》。

《曲禮》"安定辭"，鄭氏注曰：審言語也，《易》曰"言語者，君子之樞機"。

〖釋曰〗震爲春門、爲動，坎爲弓，户樞弩牙之象。言行善則應，榮也；不善則違，辱也。又陽息爲榮，陰消爲辱，震爲主，榮辱之來由己，故曰"主"。《曲禮》注引作"言語"，葢注記時所據本異，《易》釋文不出鄭本異字。

言行，君子之所以動天地也，可不慎乎！

虞翻曰：二已變成益，巽四以風動天，震初以雷動地。中孚十一月雷動地中，艮爲"慎"，故"可不慎乎"。

補　董子曰：君人者國之元，發言動作，萬物之樞機。樞機之發，榮辱之端，失之毫釐，駟不及追。故爲人君者，謹本詳始，敬小慎微。

釋曰　雷動地中，氣至而應，君子言行動天地亦如之。

同人先號咷而後笑。

侯果曰：同人九五爻辭也。言九五與六二初未好合，故"先號咷"，而後得同心，故"笑"也。引者，喻擬議於事未有不應也。

釋曰　侯說與京義同。京義詳經下。據本卦言，隔於三、四，故"先號咷"。成既濟，終得應，故"後笑"。虞義以旁通言，謂二同師震以同於五，號咷與笑，皆震、巽同心之言。

子曰：君子之道，或出或處，或默或語。

虞翻曰：乾爲"道"，故稱"君子"也。同人反師，震爲"出"、爲"語"，坤爲"默"，巽爲"處"，故"或出或處，或默或語"也。

補　《漢書》引此説之曰：言其各得道之一節。《王貢兩龔鮑傳》。
"默"，或作"嘿"。《釋文》。

釋曰　同人不在迹而在心。"或出或語"，如陽之主乎倡，男之主乎行。"或處或默"，如陰之主乎和，女之主乎隨。迹不同也，而其心則同，所以相號咷也。

二人同心,其利斷金。《釋文》:斷,丁亂反,王肅丁管反。

虞翻曰:"二人",謂夫婦。師震爲"夫",巽爲"婦",坎爲"心",巽爲"同",六二震、巽俱體師坎,故"二人同心"。巽爲"利",乾爲"金",以離斷金,故"其利斷金"。謂夫出婦處婦默夫語,故"同心"也。

補　蔡邕《正交論》以"斷金"謂"友朋"。

釋曰　心同則迹異而相濟,無閒不合,無堅不破,雖金之堅,其銛利可斷截之,物莫能閒也。乾爲金,火克金,二體離變乾,"斷金"之象。

同心之言,其臭如蘭。

虞翻曰:"臭",氣也。"蘭",香草。震爲"言",巽爲"蘭",離日燥之,故"其臭如蘭"也。　案:六二朱、盧誤"三"。互巽,巽爲臭也。斷金之言,良藥苦口,故香若蘭矣。

補　鄭康成曰:"蘭",香草也。《文選》張平子《東京賦》注。

釋曰　巽柔爻爲草,又爲"臭"。其臭如蘭,言相感深。"斷金""如蘭",所謂"後笑"也。

第七章

初六,藉用白茅,无咎。

孔穎達曰:欲求外物來應,必須擬議謹慎,則物來應之。故引大過初六"藉用白茅无咎"之事,以證謹慎之理也。

虞翻曰:其初難知,陰又失正,故獨舉初六。朱本此處無虞注,"其初難知"三句屬下節注末。

補 《釋文》以此下五節屬上爲一章。

釋曰 大過爻辭。初在下稱"藉"，巽柔白爲"茅"。失位，"咎"也，以陰藉陽，反消爲息，成既濟之本，故"无咎"。惠氏曰："初陰陽之微，故難知。六居初爲失位，上《繫》七爻、下《繫》十一爻獨此舉初六者，言當辯之早也。"

子曰：苟錯諸地而可矣。藉之用茅，何咎之有，慎之至也。 朱本以"子曰苟錯諸地而可矣"爲一節，下三句爲一節。以虞注"故苟錯諸地"以上屬上節，下有"其初難知"三句；以"今藉以茅"以下屬下節，上有"虞翻曰頤爲坤爲震故錯諸地"十二字。

虞翻曰："苟"，或；"錯"，置也。頤坤爲"地"，故"苟錯諸地"。今藉以茅，故"无咎"也。

補 "錯"，本亦作"措"。《釋文》。

釋曰 凡飲食之祭，苟錯諸豆閒之地而已可矣。大祭祀重其禮，又藉之以茅，則何咎之有，是慎之至也。大過通頤，故虞取頤坤象。

夫茅之爲物薄，

虞翻曰：陰道柔賤，故"薄"也。

而用可重也。

虞翻曰：香絜可貴，故"可重也"。

釋曰 所以取義於茅者，茅雖薄物而性香絜，可以薦神明，致孝敬。陰之藉陽，臣子之義，秉心絜白亦當然。

慎斯術也以往，其无朱、盧作"無"。**所失矣。**《釋文》：慎，時震反，鄭、干同。

侯果曰：言初六柔而在下，苟能恭慎誠絜，雖置羞於地，神亦享矣。此章明但能重慎卑退，則悔吝無從而生。"術"，道此下朱、盧有"者"字。也。

〔補〕鄭康成曰："術"，道。

"慎"，一本作"順"。並《釋文》。

〔釋曰〕張以"往"爲應五，惠以"往"爲之四。初雖失位，以陰藉陽，慎行斯道以往，雖大過必濟，故"无所失"，此申"无咎"之義。

勞謙，君子有終，吉。

孔穎達曰：欲求外物之應，非唯謹慎，又須謙以下人，故引謙卦九三爻辭以證之矣。

〔釋曰〕三體坎爲"勞"，自剝上降，故"謙"，得位爲"君子"。艮終萬物，致恭以存其位，終則又始，息復之本，故"有終吉"。"慎"者，陰所以藉陽，"謙"者，陽所以亨陰，故相次。

子曰：勞而不伐，有功而不德，厚之至也。

虞翻曰：坎爲"勞"，五多功，乾爲"德"，德言至三字衍。以上之貴下居三賤，故"勞而不伐，有功而不德"。艮爲"厚"，坤爲"至"，故"厚之至也"。

〔補〕"德"，鄭、陸、蜀才作"置"，鄭曰："置"，當爲"德"。《釋文》。

釋曰　坎爲勞,自上降三,故"不伐"。乾上本乾五,五多功,陽當居五而不居,是有功而不自以爲德。勞而謙,厚之至,君子之德也。

語以其功下人者也。

虞翻曰:震爲"語",五多功,下居三,故"以其功下人者也"。

釋曰　"語",言也,謂之勞謙,言以其功下於人也。

德言盛,禮言恭。

虞翻曰:謙旁通履。乾爲盛德,坤爲禮。天道虧盈而益謙,三從上來同之,盛德,故"恭"。震爲"言",故"德言盛,禮言恭"。朱有"也"字。

釋曰　德言乎其盛,禮言乎其恭。張讀虞注"三從上來同之"絶句,謂三從上來,乾同於坤,以乾德盛,故禮恭耳。或者"同"當爲"周",讀"周之盛德"絶句,對下節"亢亢極上"而言,謂文王居三,謹守臣節,勤民恤功,由剥而基復也。

謙也者,致恭以存其位者也。

虞翻曰:坎爲勞,故能"恭"。三得位,故"以存其位者也"。

釋曰　乾上无位,知存而不知亡。降之三得正,乾元常存,故"致恭以存其位",所謂"有終吉"。

亢龍有悔。

孔穎達曰:上既以謙得保安,此明無謙則有悔,故引乾之上九"亢龍有悔"證驕亢不謙之義也。

釋曰　張氏曰:謙九三,乾上九也。謙三存位,反之則亢龍。

子曰:貴而无位,

虞翻曰:天尊,故"貴"。以陽居陰,故"无位"。

高而无民,

虞翻曰:在上,故"高"。无陰,故"无民"也。

賢人在下位,

虞翻曰:乾,稱"賢人"。"下位",謂初也。遯世无悶,故"賢人在下位"而不憂也。

釋曰　張氏曰:"上盈入剥,初元遯世,故賢人謂初。"案:此與乾《文言》荀注異,乾上之究即剥上。虞以剥上言,故以"賢人"爲初遯世。

而无輔,是以動而有悔也。

虞翻曰:謂上无民,故"无輔"。乾盈動傾,故"有悔"。文王居三,尌亢極上,故以爲誡也。

釋曰　張氏曰:"此因論謙三而示戒耳。乾六爻皆龍德,堯舜禪讓,與時偕極,則知進退存亡者也。"案:虞推極於剥上,故云然,餘詳《文言傳》。

不出户庭,无咎。

孔穎達曰:又明擬議之道,非但謙而不驕,又當謹朱脱"謹"字。慎周密,故引節初周密之事以明之也。

　　釋曰　節自泰來,泰坤爲"戶",節艮爲"庭",震爲"出"。初在震下,二動坤土壅初,時止則止,故"不出戶庭",言不動也。待時應四,故"无咎"。節時泰已過,君子靜以審幾,正以防亂。

子曰:亂之所生也,則言語以爲階。

　　虞翻曰:節本泰卦。坤爲"亂",震爲"生"、爲"言語",坤稱"階",故"亂之所生,則言語以爲階"也。

　　補　"階",姚作"機"。《釋文》。

　　釋曰　泰三震動體坤,故"言語以爲階",坤土稱"階"。

君不密則失臣,臣不密則失身。

　　虞翻曰:泰乾爲"君",坤爲"臣"、爲閉,故稱"密"。乾三之坤五,君臣毀賊,故"君不密則失臣"。坤五之乾三,坤體毀壞,故"臣不密則失身",坤爲"身"也。

　　釋曰　"密"者,審言之善不善,時之當否,人之可與言不可與言,而後出之。

幾事不密則害成,

　　虞翻曰:"幾",初也,謂二已變成坤,坤爲"事",故"幾事不密"。二字疑衍。初利居貞,不密初動則體剝,子弒其父,臣弒其君,故"害成"。

　　補　鄭康成曰:"幾",微也;"密",靜也。言不愼于微而以動作,則禍變必成。《公羊傳·文五年》疏。

　　釋曰　幾者事之微，吉凶之先見者也，非《莊子》"機事"、"機心"之謂。

是以君子慎密而不出也。

　　虞翻曰："君子"，謂初。二動坤爲"密"，故"君子慎密"。體屯"盤桓利居貞"，故"不出也"。

子曰：爲朱作"作"。《易》者其知盜乎？

　　虞翻曰："爲《易》者"，謂文王。否上之二成困，三暴慢，以陰乘陽，二變入宮爲萃，五之二奪之成解，坎爲"盜"，故"爲《易》者其知盜乎"？

　　補　"爲易"，本又云"作易"。《釋文》。

　　釋曰　言爲《易》者知盜之所由起，故繫辭以示人，使豫塞亂源也。文王推爻適變，周公述其意。虞注屢言"爲《易》"，《集解》引虞，則傳文宜作"爲"字，《釋文》本亦作"爲"。但下《繫》屢言"聖人作《易》"，"作"、"爲"義同耳。解自臨來，虞以六三暴慢，以陰乘陽，即困三乘剛之小人，故取困二入宮爲萃，萃五之二奪三成解，明解困義相表裏，故下《繫》以解次困。文王推爻，惟變所適也。臨初之四成解，萃五之二亦成解，而困二入宮則成萃，三百八十四爻往來不窮，錯綜變化，此其例。張氏謂此但取入宮耳，无取萃義。

《易》曰：負且乘，致寇至。

　　孔穎達曰：此又明擬議之道，當量身而行，不可以小處大，以賤貪貴,故引解六三爻辭以明之矣。

　　補　"寇",徐或作"戎"。宋衷云:"戎"誤。《釋文》。

　　釋曰　解六三爻辭。虞彼注云:"二變時,艮爲背,謂三以四艮倍五也。五來寇三時,坤爲車,三在坤上,故'負且乘'。五之二成坎,坎爲寇盜。"案:五來寇三,謂五自外來耳,不以君位論。在五正位象君,在二失位則象寇,《易》以位辯上下也。

負也者,小人之事也。

　　虞翻曰:陰稱"小人",坤爲"事"。以賤倍貴,違禮悖義,故"小人之事也"。

　　釋曰　古者爵人以德,達於禮義者,居位爲君子,不達於禮義者,勞力爲小人。三以艮倍五,違禮悖義,是小人,當爲負戴之事者,故曰"負也者,小人之事也"。

乘也者,君子之器也。

　　虞翻曰:"君子",謂五。朱誤"三"。"器",坤也。坤爲大車,故"乘君子之器也"。

　　釋曰　二體坤爲大輿應五,故"乘也者,君子之器"。

小人而乘君子之器,盜思奪之矣。

　　虞翻曰:"小人",謂三,既違禮倍五,復乘朱誤"承"。其車。五來之二成坎,坎爲"盜","思奪"之矣。"爲《易》者知盜乎",此之謂也。

　　釋曰　"負且乘",是小人而乘君子之器。三本乘二陽,二入宮,三在坤上,故本乘陽之義稱"乘"。二坤爲車應五,而三乘之,是倍五而乘其車,喻反君道而竊其柄也。五之二失位奪人,別取盜象。作《易》者其知盜,知竊位與强奪者之皆盜也。五正使三伏陽出射隼解悖,則盜皆息矣。

上慢下暴,盜思伐之矣。

虞翻曰:三倍五,上慢乾君而乘其器,下暴於二,二藏於坤,五來寇二,當爲"三"。以離戈兵,故稱"伐之"。坎爲"暴"也。

〖釋曰〗小人竊高位,上慢君政,倍五,其象也。下虐民妨賢,三本乘二陽體坎爲暴,其象也。如是則盜有所藉口而思伐之,害于其身,且凶于其國。小人之使爲國家,菑害並至,夫子此言,所以警動萬世,永垂深戒也。

慢藏悔朱作"誨",注同。盜,野朱作"冶",注同。容悔淫。

虞翻曰:坎心爲"悔",坤爲"藏",兌爲"見",藏而朱、盧作"不"。見,故"慢藏"。三動成乾爲"野",坎水爲淫,二朱誤"三"。變藏坤,則五來奪之,故"慢藏悔盜,野容悔淫"。

〖補〗"悔",諸家作"誨"。

"野",鄭、陸、姚、王肅同。鄭曰:言妖野容儀,教誨淫佚也。《釋文》。謂飾其容而見於外曰冶。當作"野"。《後漢書·崔駰傳》注。

諸家作"冶"。

虞翻曰:"悔",謂悔恨。《釋文》。

〖釋曰〗三動乾爲野,三負乘,有妄動義。據其動則有乾象,非實伏陽出也。下云“二變藏坤”，明三未正。愚謂三體離爲中女、爲見，失正，與外體連，是見於外，野容之象。慢藏野容，實教誨淫盜使至，猶負乘致寇也。自貽伊戚，悔將何及。虞作“悔”，義並通。

《易》曰“負且乘，致寇至”，盜之招也。

虞翻曰：五來奪三，以離兵伐之，故變“寇”言“戎”以成三朱誤“二”。惡。二藏坤時，艮手招盜，故“盜之招”。

釋曰　據此則虞本此處作“致戎至”，奪之者取非其有，盜也。然實三之惡有以起兵戎，作《易》者知盜之所自起，則有以塞禍亂之源矣。

卷第十四

第八章

大衍之數五十，其用四十有九。

干寶曰：“衍”，合也。

崔憬曰：案《説卦》云：“昔者聖人之作《易》也，幽贊於神明而生蓍，參朱作“三”，下同。天兩地而倚數。”既言蓍數，則是説“大衍之數”也，明倚數之法，當“參天兩地”。“參天”者，謂從三始，順數而至五、七、九，不取於一也；“兩地”者，謂從二起，逆數而至十、八、六，不取於四也，此因天地數朱、盧作“致”。上以配八卦而取其數也。艮爲少陽，其數三；坎爲中陽，其數五；震爲長陽，其數七；乾爲老陽，其數九。兌爲少陰，其數二；離爲中陰，其數十；巽爲長陰，其數八；坤爲老陰，其數六。八卦之數總有五十，故云“大衍之數五十”也。不取天數一、地數四者，此數八卦之外，大衍所不管也。“其用四十有九”者，法長陽七七之數也。六十四卦既法長陰八八之數，故四十九蓍則法長陽七七朱誤“十七”。之數焉。蓍圓而神象天，卦方而智象地，陰陽之別也。舍朱作“捨”。一不用者，以象太極虚而不用也。且天地各得其數以守其位，故太一亦爲一數而守其位也。王輔嗣云：“演天地之數所賴者五十，其用四十有九，其一不用也。不用而用以之通，非數而數以之成，即易之太極也。四十有九，數之極也。"朱、盧作"者"。但言"所賴五十"，不釋其所從來，則是億度而言，非有實據。其一不用，將爲法象太極，理縱可通，以爲非數而成，義則未允。何則？不可以有對無，五疑當爲"共"。稱五十也。孔疏釋"賴五十"，以爲萬物之策盧、周作"策"，下同。凡有萬一千五百二十，其用此策大推演天地之數，唯用五十策也。又釋"其用四十九"，則有其一不用，以爲策中，"策中"上疑脱"五十"二字。其所揲蓍者，唯四十有九。"其一不用"，以其虛无，朱誤"無虛"。非所用也，故不數矣。又引顧歡同王弼所説，而《正義》作"故"。顧歡云："立此五十數以數朱脱"以數"二字。神，"以數神"三字當爲"以一數象神"五字。神雖非數，因數朱、盧無此二字。而著，故虛其一數，以明不可言之義也。"　案：崔氏探玄，病諸先達，及乎自料，未免小疵。既將八卦陰陽以配五十之數，餘其天一地四無所稟承，而云"八卦之外在衍之所不管"者，斯乃談何容易哉！且聖人之言，連環可解，約文申義，須窮指歸。即此章云："天數五，地數五，五位相得而各有合。天數二十有五，地"地"下朱衍"之"字。數三十，凡天地之數五十有五，此所以成變化而行鬼神。"是結大衍之前義也。既云"五位相得而各有合"，即將五合之數配屬五行也，故云"大衍之數五十"此處疑脱"減五以象五行"六字。也。"其用四十有九"者，更減一以並五，備設六爻之位，著卦兩兼，終極天地五十五之數也。自然窮理盡性，神妙朱作"玅"。無方，藏往知來，以前民用，斯之謂矣。

　　補　《乾鑿度》曰：大衍之數五十，日十，辰十二，星二十八，凡五十。

京房曰：五十者，謂十日、十二辰、二十八宿也。凡五十，其一不用者，天之生氣，將欲以虛來實，故用四十九焉。

馬融曰：易有太極，北辰是也。太極生兩儀，兩儀生日月，日月生四時，四時生五行，五行生十二月，十二月生二十四氣。北辰居位不動，其餘四十九轉運而用也。並《正義》。

鄭康成曰：天地之數五十有五，以五行氣通。劉牧《鉤引圖》引作“以五行氣通于萬物”。凡五行減五，大衍又減一，故四十九也。《正義》。“衍”，演也。《釋文》。天一生水于北，地二生火于南，天三生木于東，地四生金于西，天五生土于中。陽無耦，陰無配，未得相成。地六成水于北，與天一并。天七成火于南，與地二并。地八成木于東，與天三并。天九成金于西，與地四并。地十成土于中，與天五并也。大衍當爲“天地”。之數五十有五，五行各氣并，氣并而減五，惟有五十。以五十之數不可以爲七、八、九、六卜筮之占以用之，故更減其一，故四十有九也。《月令》正義。

荀爽曰：卦各有六爻，六八四十八，加乾坤二用，凡有五十。乾初九“潛龍勿用”，故用四十九也。

姚信、董遇曰：天地之數五十有五者，其六以象六畫之數，故減之而用四十九。並《正義》。

王廙、蜀才曰：“衍”，廣也。《釋文》。

釋曰　崔氏强著就卦，未是。李氏大指本鄭而參用姚、董説，愚謂鄭義最當。大衍之數五十，本取天地五十有五之數減五以象五行，適合三辰之數，備三才之道，太極元氣函三爲一，又減一以象太極，而七、八、九、六之數由此成。京、馬之義就既減五後推之，一并五爲六，姚、董、李氏之義又就既減一後推之。

分而盧、周無"而"字。**爲二以象兩,**

崔憬曰:四十九數合而未分,是象太極也。今分而爲二,以象兩儀矣。

釋曰 姚氏曰:"其一不用爲太極,其四十九,則分爲二以象兩儀。"

掛朱作"挂",注同。**一以象三,**

孔穎達曰:就兩儀之中,分掛其一於最小指閒,而配兩儀,以象三才。

釋曰 姚氏曰:"有天地則人生焉,故又掛一,分二象兩,天左地右。人生於寅,數奇,陽也。當取左一策掛於右,象天施而地生成之也。"

揲之以四以象四時,《釋文》:揲,時設反,一音思頰反,徐音息列反。

崔憬曰:分揲其蓍,皆以四爲數。一策一時,故四策以象四時也。

補 鄭康成曰:"揲",取也。《釋文》。

《説文》:"揲",閱持也。

歸奇於扐以象閏,

虞翻曰:"奇",所掛朱作"挂",下同一。策。"扐",所揲之餘,不一則二,不三則四也。取奇以歸扐,扐并合掛左手之小指爲一扐,則以閏月定四時成歲,故"歸奇於扐以象閏"者也。

補 馬融曰:"扐",指閒也。

荀柔之曰:"扐",別也。並《釋文》。

釋曰 "扐"者,別所揲之餘置於指閒,象四時之餘分。"歸奇於扐",象計餘而置閏也。象數並起,象兩象三象四時象閏,則數即象矣。虞以并合兩手之餘爲一扐,依再扐後掛作掛之義,則兩手之餘爲再扐,并而歸奇乃復掛一,義異而法則同。

五歲再閏,故再扐而後卦。盧、周作"掛"。

虞翻曰:謂已一扐,復分掛朱作"挂"。如初揲之。歸奇於初扐,并掛朱作"挂"。左手次小指閒,爲再扐,則再閏也。又分掛朱作"挂",盧作"扐"。揲之如初,而掛朱作"挂"。左手第三指閒,成一變,則布卦盧、周作"掛"。之一爻。謂已二扐,又加一爲三,并重合前二扐爲五歲,故五歲再閏再扐而後卦,盧、周作"掛"。此參五以變,據此爲三扐。不言"三閏"者,閏歲餘十日,五歲閏六十日盡矣。後扐閏餘分,不得言三扐二閏,故從言"再扐而後掛"張曰"當爲'卦'",朱作"挂"。者也。

補 "卦",京氏同,曰:再扐而後布卦也。《釋文》。

《說文》曰:"扐",《易》筮再扐而後卦,从手,力聲。

諸家"卦"作"掛"。

釋曰 《釋文》稱京作卦,據虞義,則其本與京同。《集解》引虞,則經當作"卦",朱本獨得之。張氏申虞謂三扐不歸奇,扐法不備。初時已二扐,又加一爲三,三合二爲五歲,以三爲五,所謂"參五以變"。

五歲之中而歸奇備扐法者再，故實三扐而稱"再扐"，象再閏，如是成一變，乃布卦之一爻。閏法積氣盈朔虛，約歲餘十日有奇。五歲再閏六十日，積分已盡侵入下餘分，不得有三閏，而歸奇於扐以象閏，又不得三扐二閏，故從五歲再閏之義。言再扐而後卦，以後扐象再閏後之下餘分，以不歸奇象未得置閏也，義似稍迂曲。諸家"卦"作"掛"。惠氏謂一掛兩揲兩扐合爲五者，象五歲，五者之中，凡有再扐，象再閏，再扐之後，乃別起一掛，於傳文、筮法均密合。

天數五，地數五，

虞翻曰："天數五"，謂一、三、五、七、九。"地數五"，謂二、四、六、八、十也。

五位相得而各有合。

虞翻曰："五位"，謂五行之位。甲乾乙坤相得合木，謂天地定位也；丙艮丁兌相得合火，山澤通氣也；戊坎己離相得合土，水火相逮也；庚震辛巽相得合金，雷風相薄也；天壬地癸相得合水，言陰陽相薄而戰於乾，故"五位相得而各有合"。或以一、六合水，二、七合火，三、八合朱脫四字。木，四、九合金，五、十合土也。

補 鄭康成曰：天地之氣各有五，五行之次：一曰水，天數也；二曰火，地數也；三曰木，天數也；四曰金，地數也；五曰土，天數也。此五者，陰無匹，陽無耦，故又合之。地六爲天一匹也，天七爲地二耦也，地八爲天三匹也，天九爲地四耦也，地十爲天五匹也。二、五陰陽各有合，然後氣相得，施化行也。《左傳·昭元年》正義。

《漢書·五行志》曰：天以一生水，地以二生火，天以三生木，地以四生金，天以五生土，五位皆以五而合。

釋曰　鄭據天地生成五行之數，數之本也。虞據播五行於四時之序，以八卦合之，義得相兼。天一生水於北，地二生火於南，天三生木於東，地四生金於西，天五生土於中，生之次也。及其行之，則由東而南而中而西而北，順其所自生之方而相生焉。天地之數十，奇耦各五，五位相合，大衍之數所以減五用五十，皆以象五行也。

天數二十有五，

虞翻曰：一、三、五、七、九，故二十五也。

地數三十。

虞翻曰：二、四、六、八、十，故三十也。

凡天地之數五十有五，

虞翻曰：天二十五，地三十，故五十有五。天地數見於此，故大衍之數略其奇五而言五十。朱脫“也”字。

釋曰　天地之數實有五十五，但五生數皆得五而成，五五爲十。五十五數之中，五又爲虛，故大衍之數減其小數五以象五行，用其大數五十以衍卦。

此所以成變化而行此下朱衍“乎”字。鬼神也。

荀爽曰：在天爲“變”，在地爲“化”，在地爲“鬼”，在天爲“神”。

姚信曰：此天地之數五十有五分爲爻者，故能成就乾坤之變化，能知鬼神之所爲也。

侯果曰：夫通變化行鬼神，莫近於數，故老聃謂子曰："汝何求道？"對曰："吾求諸數，明數之妙朱作"玅"。通於鬼神矣。"

補　《漢書・律歷志》引"天一地二"節在此節上。

釋曰　天地之數，大衍之本，蓍策卦爻皆由此衍，所以成七、八、九、六之變化，而行陰陽詘信之鬼神。鬼神之情狀與天地相似，則此也。《漢志》錯綜傳文，使條理融貫，學者易曉，與鄭、虞引後解前同，非所據本異也。

乾之策盧、周作"册"，下及注同。**二百一十有六，**

荀爽曰：陽爻之策三十有六，乾六爻皆陽，三六一百八十，六六三十六，合二百一十有六也。陽爻九，合四時，四九三十六，是其義也。

補　"策"，字亦作"筴"。《釋文》。

坤之策此下朱衍"一"字。**百四十有四，**

荀爽曰：陰爻之策二十有四，坤六爻皆陰，二六一百二十，四六二十四，合一百四十有四也。陰爻六，合二十四氣，四六二百四十當爲二十四。也。

凡三百有六十，當期之日。

陸績曰：日月十二交會，積三百五十四日有奇爲一會。"會"，或當爲"歲"。今云"三百六十當期"，則入十三月六日也。十二朱誤"三"。

月爲一期,故云“當期之日”也。

補　“期”,本又作“朞”。《釋文》。

釋曰　二卦九、六策數,合之三百六十,其七、八之數亦然。三百六十,一歲之常數,中有朔虛五日,則已入十三月之限,與氣盈爲閏餘也。

二篇之策,萬有一千五百二十,當萬物之數也。

侯果曰:“二篇”,謂上下朱脱“下”字。經也,共六十四卦,合三百八十四爻,陰陽各半。則陽爻一百九十二,每爻三十六策,合六千九百一十二策;陰爻亦一百九十二,每爻二十四策,合四千六百八策,則二篇之策合萬一千五百二十,當萬物之數也。

釋曰　此亦以九、六計之,七、八數亦然。由蓍立卦,應萬物之數,大衍之數所成也。

是故四營而成易,

荀爽曰:“營”者,“營”上疑脱“四”字。謂七、八、九、六也。

陸績曰:“分而爲二以象兩”,一營也。“掛朱作“挂”。一以象三”,二營也。“揲之以四以象四時”,三營也。“歸奇於扐以象閏”,四營也。謂四度營爲,方成易之一爻者也。

補　鄭康成《乾鑿度》注曰:易有四象,文王用之。布六于北方以象水,布八于東方以象木,布九于西方以象金,布七于南方以象火,如是備爲一爻,謂“四營而成”。

釋曰　大衍之法揲之以四而得四七、四八、四九、四六之數,乾坤二篇之策皆以此數計,故鄭、荀皆以四營爲七、八、九、六。虞云"孔子美大衍四象之作",義亦同。四營成易,所謂易有四象,易者陰陽,陰陽各有象變,四者備乃成或陰或陽之一爻。文王推爻,每畫由七推之九,由八推之六,用此義也。陸氏以分掛揲歸爲四營,則成易謂成蓍策之一變,義亦通。

十有八變而成卦。

荀爽曰:二揲策盧、周作"册"。掛朱作"挂"。左手一指間,三指間滿而成一爻。卦朱、盧"卦"作"又"。六爻三六十八,故"十有八變而成卦"也。

補 先儒云:用蓍三扐而布一爻,則十有八變爲六爻也。《正義》。

釋曰 此蓍策之變也。由蓍策之變以成卦爻七、八、九、六之變,則四營成易。歷三變而成一爻,如是者六,凡十八變而成一卦矣,所謂"觀變於陰陽而立卦"也。虞義以乾坤各三爻,參天兩地,一陰一陽,合成六畫之數,六爻三變而成六子之卦,與乾坤並爲八卦而小成。觀變陰陽固有此理,然恐非因蓍立卦之本。

八卦而小成,

侯果曰:謂三畫成天地雷風日月山澤之象,此八卦未盡萬物情理,故曰"小成"也。

釋曰 十有八變而成卦,成六畫卦也。庖犧始作八卦,止三畫九變,故八卦而小成。引而信之,以八卦自相重互相重,乃可以觸類生爻,畢天下之能事,而易道大成。"小",謂陰陽初兆,六十四卦名義皆本八卦,故《下繫》云"其稱名也小"。

引而信朱本作"伸"。之，觸類而長之，

虞翻曰："引"，謂庖犧引信三才，兼而兩之以六畫。"觸"，動也，謂六畫以成六十四卦也，盧、周無"也"字。故"引而信之，觸類而長之"。其取類也大，則發揮剛柔而生爻也。

補　"信"，本亦作"伸"。

釋曰　"引而信之"，謂引三畫卦而信之至於六畫，八卦重爲六十四也。"觸類而長之"，六十四卦既互相重，則推其類而增長之。三百八十四爻可互相往來，陽與陽爲類，陰與陰爲類，類動則陰陽易別成一卦，而不類者類，故曰"長"。發揮於剛柔而生爻，消息往來覆成六十四卦，而萬物變化之理盡矣，故曰"其取類也大"。虞以"引信"爲六畫八卦小成，"觸類"爲生爻成六十四卦，義未備。"信"，古叚借字，近作"伸"。

天下之能事畢矣。

虞翻曰：謂乾以簡能，能説諸心，能研諸侯之慮，故"能事畢"。

釋曰　"乾以"下似脱"易知坤以"四字。引信觸類皆本乾坤，易簡而天下之理得也。説心研慮，乾元通坤之事，詳《下繫》。

顯道神德行，

虞翻曰："顯道神德行"，乾二、朱誤"九"。五之坤成離日坎月，日月在天，運行照物，故"顯道神德行"。默而成，此下朱有下"之"字。不言而信，存於德行者也。

釋曰　此極言蓍卦之用。道，即一陰一陽之道，以蓍卦顯之，日

月麗天而陰陽之道顯，其象也。"德行"，即易簡之德人所以立行，以
著卦神之。日月運行不疾而速，如人默而成，不言而信，其象也。日
月爲易，懸象著明，天地之卦爻也。日月往來而太極之神行，在卦爻
則乾坤二、五交成坎離，以消息六十四卦歸於既濟也，故"可與酬酢，
可與祐神"。易知易能，道之顯也。受命如嚮，感而遂通，其義吉，其
義凶，前知不爽，德行之神也。

是故可與酬酢，可與祐盧、周作"右"，注同。**神矣。**《釋文》：酬，
市由反，徐又音疇。

《九家易》曰：陽往爲酬，陰來爲酢，陰陽相配，謂之"祐神"也。孔
子言"大衍"以下至於朱作"于"。"能事畢矣"，此足以顯明易道，又神
易德行，可與經義相斟酌也，故喻以賓主酬酢之禮，所以助前聖發見
於朱作"其"。神秘矣。禮飲酒，主人酌賓爲獻，賓酌主人爲酢，主人飲
之又酌賓爲酬也。先舉爲酢，答報爲酬，酬取其報，以象陽唱陰和，變
化相配，是助天地明其鬼神者也。

補　馬融曰："祐"，配也。

"酢"，京作"醋"。"祐"，荀作"侑"。並《釋文》。

釋曰　生蓍立卦生爻以顯道神德行，是故可以成變化而行鬼神。
"酬酢"，變化往來也。"祐神"，謂助乾元生生之功。聖人作《易》，贊
化育，類萬物之情，"可與酬酢"，通神明之德，"可與祐神"矣。《九家》
說"酬酢"、"祐神"，謂陰陽往來助天地行其鬼神，是矣。至以"顯道神
德行"屬此傳言，則似夫子自贊，非贊《易》，失聖恉矣。京作"醋"，與
《禮經·少牢》篇字同。荀作"侑"，勸也。姚氏曰："神，易之神，猶祭

之神也。尸以象神，祝主人侑之，侑尸所以侑神也。卦爻猶賓主祝尸之類，而神則祭之主也。獻酬酢侑而神交，往來消息而神行矣。」

子曰：知變化之道者，其知神之所爲乎？

虞翻曰：在朱脫"在"字。陽稱"變"，乾二朱作"五"。之坤；在陰稱"化"，坤五朱作"二"。之乾。陰陽不測之謂神，知變化之道者，故"知神之所爲"。諸儒皆上"子曰"爲章首，而荀、馬又從之，其非者矣。

釋曰 姚氏曰："變化所以行鬼神，故'知變化之道則知神之所爲'。神者陰陽不測，變化見而所爲可知矣。"案：乾坤二、五升降，變化之準，所謂"乾道變化，各正性命"也。下章正承此章而言，變化之道神之所爲，承上成變化行鬼神，即起下辭、象、變、占至精、至變、至神之義，屬上屬下皆可。李引虞，則斷章在此。

第九章

易有聖人之道四焉：朱誤"矣"。

崔憬曰：聖人德合天地，智周萬物，故能用此易道。大略有四：謂尚辭、尚變、尚象、尚占也。

補 "聖人"，明僧紹作"君子"。《釋文》。

以言者尚其辭，

虞翻曰：聖人之情見於辭，繫辭焉以盡言朱誤"辭"。也。

> 釋曰　聖人繫辭，擬之而後言。學《易》者準《易》辭以爲言，則言無不善，千里之外應之，故"尚其辭"。

以動者尚其變，

> 陸績曰："變"，謂爻之變化，當議之而後動矣。

> 補　下三句或無"以"字。《釋文》。

> 釋曰　聖人推爻，議之而後動。學《易》者準爻之變化，以爲行止進退之度，則動不失時，其道光明，故"尚其變"。

以制器者尚其象，

> 荀爽曰：結繩爲網罟、周作"网"。罟，蓋取諸離，此類是也。

> 釋曰　"象"者，幾之先見。聖人制器，務以生人，備物致用以利天下，其象不可勝用，故"尚其象"。

以卜筮者尚其占。

> 虞翻曰：乾蓍稱"筮"，動離爲龜，龜稱"卜"。動則玩盧、周作"翫"。其占，故"尚其占"者也。

> 補　鄭康成曰：此者存于器象可得而用。《春官·太卜》疏。孫氏志祖云："此者"，當爲"此四者"，字脱也。韓康伯注云："此四者存乎器象，可得而用也。"蓋襲用鄭語。

> 釋曰　定之以吉凶，所以斷也。其義吉，其義凶，龜筮從違，昭然不爽，所以使天下去逆效順趨吉避凶，故"尚其占"。易有卜筮之象，見損、益、蒙、比。但其占主乎筮，兼言卜者，連類及之，明其理同耳。

易无形畔，此四者則道之存乎器象，聖人祐神濟天下之大用也。朱子曰："四者，變化之道，神之所爲也。"

是故君子將有爲也，將有行也，問焉而以言，

虞翻曰："有爲"，謂建侯；"有行"，謂行師也。乾二、五之坤成震，有師象，震爲"行"，爲言問，故"有爲有行"。凡應九筮之法則筮之，謂問於蓍龜以言其吉凶。爻象動内，吉凶見外，蓍德圓神，卦德方智，故史擬神智以斷吉凶也。

補　"是故"，唐石經作"是以"。

釋曰　辭、象、變、占四者，通乎蓍卦爻之閒，此節以生蓍明四者之當尚。"有爲"、"有行"，即上所謂動，而言以出政教、制器以利民用亦在其中。"以言"，以《易》辭言象變之吉凶也。虞舉建侯行師者，張氏謂乾元動震，故就震言之，舉例也。乾二、五之坤成坎互震體師，凡爲與行皆震象，震神盡知之。愚謂《周官》"筮人掌九筮"，凡應此法則筮之，明非義勿筮。蓍之神動内而爲爻象，則卦之智見外而定吉凶，亦猶易氣從下升而上，畫變成爻也。

其受命也如嚮。朱作"響"，注同。

虞翻曰：言神不疾而速，不行而至，不言善應。乾二、五之坤成震、巽，巽爲"命"，震爲"嚮"，故"受命"，同聲相應，故"如嚮"也。

補　"嚮"，又作"響"。《釋文》。

釋曰　"命"，謂命蓍命龜之辭。張氏曰："乾二、五之坤，則坤二、五動，故震、巽常相嚮。"或作"響"，聲也，義並通。

无有遠近幽深，遂知來物，

虞翻曰："遠"，謂天；"近"，謂地；"幽"，朱誤"深"，盧誤"陰"。謂陰；盧誤"幽"。"深"，朱誤陰。謂陽；朱誤"幽"。"來物"，謂乾神。朱誤"坤"。神以知來，感而遂通，謂"幽贊神明而生蓍也"。

釋曰 此尚占之事，通貫辭象變三者，明四者同條共貫。

非天下之至精，其盧、周脱"其"字。**孰能與於此。**

虞翻曰："至精"，謂乾純粹精也。

補 《漢書‧藝文志》曰：蓍龜者，聖人之所用也。《書》曰："女則有大疑，謀及卜筮。"《易》曰："定天下之吉凶，成天下之亹亹者，莫善於蓍龜。是故君子將有爲也，將有行也，問焉而以言，其受命也如嚮。師古曰：與"響"同。無有遠近幽深，遂知來物，非天下之至精，其孰能與於此。"及至衰世，解讀曰"懈"。於齊戒，而夒讀曰"屢"。煩卜筮，神明不應。故筮瀆不告，《易》以爲忌，龜厭不告，詩以爲刺。

釋曰 至精至變至神，明此皆神之所爲，惟聖人能知之。《漢書》所言，正虞氏"應九筮之法則筮之"之義。

參伍盧、周本作"五"。**以變，錯綜其數。**

虞翻曰：逆上稱"錯"，"綜"，理也。謂五歲再閏再扐而後掛，朱作"挂"。以成一爻之變，而倚六畫之數。卦從下升，故"錯綜其數"，則三天兩地而倚數者也。

補 王肅曰："錯"，交也；"綜"，理事也。《文選》郭璞《江賦》注。"伍"，或作"五"。

《漢書·律歷志》曰：《傳》曰"天有三辰，地有五行"，《易》曰"參五以變"，大極運三辰五星於上，而元氣轉三統五行於下，其於人，皇極統三德五事。

釋曰　此節以立卦明四者之當尚，此二句推本生著倚數。"參伍以變"，虞義謂以三爲五，實三扐而象五歲，參而伍之，以成一爻之變。"後掛"之"掛"，當爲"卦"。惠氏曰："'參'，讀爲'三'，一掛兩揲兩扐爲五歲再閏再扐而後掛。"凡三變而成一爻，言三其五以成一爻之變，義並通。"錯綜其數"，謂逆上而順理之，以成六畫之數，易逆數，正以順性命之理也。姚氏曰："《漢志》引《傳》即引《易》，則以《易》之'參五'爲三辰五行。'五'者，五行，法三辰而三之爲十五。'參伍'，十五也。七、八爲象，其數十五，九、六爲爻，其數亦十五。《乾鑿度》曰'陽動而進，陰動而退'，故陽以七陰以八爲象。易一陰一陽合而爲十五之謂道，陽變七之九，陰變八之六，亦合於十五，則象變之數若一，故曰'參伍以變，錯綜其數'。十五者，五行之數也。一水、二火、三木、四金、五土，合爲十五。《禮運》曰'播五行於四時，和而后月生也'，是以三五而盈，三五而闕，日月爲易，一往一來，七八而盈，九六而闕，日月交而易道著矣。'錯'，交錯，《列女傳》曰'推而往引而來者，綜也。'"案：如姚說，則二句爲一義，生著成易之事，立卦之本也。

通其變，遂成天地之文；

虞翻曰：變而通之，觀變陰陽，始立卦。乾坤相親，故"成天地之文"，"物相雜，故曰文"。

補　"天地"，一本作"天下"。"文"，虞、陸作"爻"。《釋文》。

釋曰 庖犧始作八卦,因而重之,先正六位,通七、八、九、六陰陽之變。乾坤合居,大極本體,既濟之象,六十四卦變通由此出焉。虞以"物相雜"釋"文",則《釋文》"虞"字當衍。陸作"爻",蓋訓"交"也。

極其數,遂定天下之象;

虞翻曰:"數",六畫之數,六爻之動,三極之道,故定天下吉凶之象也。

釋曰 極六畫之數,引信觸類,至於三百八十四爻,得位則吉,失位則凶,皆以六畫定位爲準,故"遂定天下之象"。此四句正説立卦,而生爻在其中,成天地之文,辭所由繫,定天下之象,占所以斷也,言象變而四者胥統之矣。

非天下之至變,其孰能與於此。

虞翻曰:謂參朱作"三"。五以變,故能成六爻之義,"六爻之義易以工朱作"貢"。也"。

釋曰 惠氏曰:"爻從變始,參其五以成一爻之變,參重三才,故能成六爻之義。引而信之,觸類而長之,則變之至者也。"案:"至變",乾元也,大極,變化之主,聖人時中之德體之。

易无思也,无爲也,

虞翻曰:"天下何思何慮,同歸而殊塗,一致而百慮",故无朱作"無"。所爲,謂其靜也專。

釋曰 此節承上著卦之義,以生爻極言四者之當尚。易者乾元,蓍卦皆元之所爲。乾元伏坤元中，蓍卦未動之象，故“无思无爲”。殊塗百慮之本，所謂貞夫一者也。

寂然不動，

虞翻曰：謂隱藏坤初，機朱作“幾”。息矣，專故不動者也。

釋曰　惠氏曰：“乾隱藏坤初，佼易立節，寂然无爲之時，故其機息矣。其靜也專，故不動。”

感而遂通天下之故。

虞翻曰：“感”，動也。以陽變陰，“通天下之故”，謂“發揮剛柔而生爻”者也。

釋曰　乾元藏坤中，一動而成復初，三百八十四爻剛柔發揮有感斯通皆然。蓍卦无心，隨所感而以爻示之。“天下之故”，言動制器凡所卜筮，吉凶靡不應焉，元之發也。

非天下之至神，其孰能與於此。

虞翻曰：“至神”，謂易隱初入微，知幾其神乎！朱脫圈。

韓康伯曰：非忘象者則无以制象，非遺數者則无以極數，至精者无籌策而不可亂，至變者體一而无不周，至神者寂然而无不應，斯蓋功用之母，象數所由立，故曰非至精、至變、至神，則不能與於此也。

釋曰　易隱初入微，元之神也。知幾其神，聖人體元之神也。

夫易,聖人之所以極深而研幾也。

荀爽曰:謂伏羲畫卦,窮極易幽深。文王繫辭,研盡易幾微者也。

補 "研",蜀才作"擘"。《釋文》。

"幾",鄭作"機"。《釋文》。曰:"研",喻思慮哲。《文選》潘元茂《册魏公九錫文》注。張曰:陸士衡《弔魏武帝文》注引"喻思慮也",則此"哲"字,當爲"也"字之譌。"機",當作"幾","幾",微也。《釋文》。

釋曰 荀義如此。虞義則以"極深"爲生蓍,所謂"至精";"研幾"爲立卦,所謂"至變"。深者精之藏,幾者變之端也。不言"神"者,神即易,極深研幾則全體易道,即天下之至神矣。"擘"、"幾",皆正字。

唯深也,故能通天下之志。

虞翻曰:"深",謂幽贊神明,无有遠近幽深,遂知來物。"故通天下之志",謂蓍也。

唯幾也,故能成天下之務。

虞翻曰:"務",事也,謂易研幾開物。"故成天下之務",謂卦者也。

釋曰 姚氏申荀義曰:"卦象極深,天下之志通焉,所謂擬議也。爻辭研幾,天下之務成焉,議動也。唯深可通志,極則能通。唯幾可成務,研則能成。唯易可以通志成務,卦爻著而易形矣。"並通。蓍卦爻辭理本一貫也。

唯神也,故不疾而速,不行而至。

虞翻曰:"神",謂易也,謂日月斗在天,日行一度,月行十三度,從天西轉，故“不疾而速”。星寂然不動，隨天右周，感而遂通，故“不行而至”者也。

釋曰 張氏曰：“日月者，六十四卦消息所出。斗與日月相會，正建十二次，卦氣消息出焉。歷家以斗爲陽氣，皆神之可見者也。上注‘寂然不動，感而遂通’，謂陽隱藏坤中，以陽動陰，發揮剛柔，是言乾元，非言星也。以斗隨天，故以斗爲天之消息耳。乾道復子遇午，出震入兑，唯斗可見，故言之也。北辰在斗，是易之太極。”案：消息即生爻。姚氏曰：“體物不遺者，易之神。物來而名、事至而應者，聖人之神也。”

子曰：易有聖人之道四焉者，此之謂也。

侯果曰：言易唯深唯神，蘊盧作“薀”。此四道，因聖人以章，故曰“聖人之道”矣。

釋曰 著卦爻之義惟深、惟幾、惟神，故能畢天下之能事，易有聖人濟天下之道四者此之謂，非據迹象列其條目而已。

第十章

天一，

水，甲。

釋曰 “水”句，“甲”句，“火乙”以下讀同。天一生水於北，地二生火於南，天三生木於東，地四生金於西，天五生土於中，地六以下，各如其生次成之。及其播於四時，則依其生成之方順而行之，由北而東而南而中而西而北，水生木，木生火，火生土，土生金，金生水。木主春，日行青道甲一乙二，甲乾乙坤相得合木。火主夏，日行赤道丙三丁四，丙艮丁兑相得合火。土主中央，日行黃道戊五己六，戊坎己離相得合土。金主秋，日行白道庚七辛八，庚震辛巽相得合金。水主冬，日行黑道壬九癸十，天壬地癸相得合水。二者相爲經緯，其數同，積而爲五十有五，減五爲大衍之數以生蓍，而卦爻出焉。

地二，

火，乙。

天三，

木，丙。

地四，

金，丁。

天五，

土，戊。

地六，

水，己。

天七，

火，庚。

地八，

木，辛。

天九，

金，壬。

地十。

土，癸。此下盧、周有圈。此則大衍當爲“天地”。之數五十有五，蓍
龜所從生，聖人以通神明之德，以類萬物之情。此上虞翻義也。

子曰：夫易何爲者也？盧、周作“何爲而作也”，似非。

虞翻曰：問易何爲取天地之數也。

釋曰　庖犧取天地之數以作《易》，夫子欲深明其故，故設問易之
所以爲易者何也。

夫易，開物成務，

陸績曰：“開物”，謂庖犧引信朱作“伸”。八卦，重以爲六十四，觸
長爻冊，至於萬一千五百二十，以當萬物之數，故曰“開物”。聖人觀
象而制網盧、周作“网”。罟耒耜之屬，以成天下之務，故曰“成務”也。

補　一本無“夫易”二字。

“開”，王肅作“闓”。音同。並《釋文》。

釋曰　天數五，陽之倡，“開物”也。聖人本天道吉凶以先覺覺
民，其事也。地數五，陰之和，“成務”也。聖人本形上之道立形下之

器,備物致用,其事也。二、五相合,陰陽變化,觸長無窮,"冒天下之道"也。聖人至誠前知,天下後世萬事之變,吉凶皆由此定焉。易道至大,以此三言括之,故曰"如斯而已"。又天地之數成於七、八、九、六,七、八爲陰陽之正。七,震數,蓍用之,陽之象,乾亨坤之始,故"開物"。八,巽數,卦用之,陰之象,坤凝乾之始,故"成務"。九、六爲陰陽之究,坎、離合天地之數,坎五進而天九,地十退而離六,爻用之。陰陽之變,乾坤用九、六,消息成六十四卦,觸類而長,故"冒天下之道"。天地之數十即二五,七、八、九、六而數備,四象立焉。此大衍所以取五十有五之數,虛五以生蓍,四營而成易也。

冒天下之道,如斯而已者也。

虞翻曰:以陽闢坤,謂之"開物"。以陰翕乾,謂之"成務"。<small>朱誤"物"。</small>"冒",觸也,觸類而長之,如此也。

[釋曰] 虞言其本,陸言其用。

是故聖人以通天下之志,

《九家易》曰:凡言"是故"者,承上之辭也,謂以動者尚其變,變而通之,"以通天下之志"也。

[釋曰] "聖人",謂庖犧。"以",以天地之數。"開物",故"以通天下之志",謂蓍也。《九家》以變象占配此三句,不及辭。實則庖犧雖未有辭,而言動之理,象變占中固已包之。文王繫辭,正觀象推變而定之以占也。

以定天下之業，

《九家易》曰：謂以制器者尚其象也。凡事業之未立，以易道決之，故言"以定天下之業"。

釋曰　"成務"，故"以定天下之業"，謂卦。

以斷天下之疑。

《九家易》曰：謂卜筮者尚其占也。占事知來，故"定當爲"斷"。天下之疑"。

釋曰　"冒天下之道"，故"以斷天下之疑"，謂爻，爻動則吉凶著矣。以上言聖人取天地之數以作《易》濟天下，爲蓍卦爻張本。

是故蓍之德圓而神，卦之德方以知，

崔憬曰：蓍之數七七四十九，象陽圓。其爲用也，變通不定，因之以知來物，是"蓍之德圓而神"也。卦之數八八六十四，象陰方。其爲用也，爻位有分，因之以藏往知事，是"卦之德方以知"也。

補　鄭康成曰：蓍形圓而可以立變化之數，故謂之神也。《儀禮·少牢饋食禮》疏。

"圓"，本又作"員"。音同。《釋文》。

釋曰　八卦位四正四維，其象方。蓍七陽數，乾之德，故"圓而神"，所以"通天下之志"。卦八陰數，坤之德，故"方以知"，所以"定天下之業"。

六爻之義易以貢。《釋文》：易，以鼓反，韓音亦。

韓康伯曰："貢"，告也。六爻之朱無"之"字。變易以告吉凶也。

補 "貢",京、陸、虞作"工",荀作"功"。《釋文》。

釋曰 爻九六,本乾坤易簡,相變易而歸於既濟不易之定位,以吉凶告人,所以斷天下之疑也。惠氏從"工",讀爲"功",曰:"功業見乎變,故'易以工'。"

聖人以此洗盧、周作"先"。**心**,《釋文》:洗,王肅、韓悉禮反。

韓康伯曰:洗濯萬物之心者也。

補 劉瓛曰:"洗",盡也。悉殄反。

京、荀、虞、董、張、蜀才作"先",漢石經同。並《釋文》。

釋曰 "洗心",謂以心深入其中,如洗物者以物入水中,所謂"極深研幾"。劉訓爲"盡心",近之矣。"此",此蓍卦爻也,此云"以此洗心",生蓍之事,下云"以此齊戒",用蓍之事。聖人之心本無一塵之累,而以此益致其清明,無一息之不敬,而以此益致其齊一。易者,聖人格物致知以誠意正心修身極於平天下之學,著於此矣。韓云"洗濯萬物之心",未探其本。京、荀、虞諸家作"先",謂以蓍神先己之心。《禮記》所謂"聖人建陰陽天地之情立以爲易,雖有明知之心,必進斷其志焉,示不敢專,以尊天也"。聖人以心通天地之心,以天地之心先己心,退藏於密,則天地之心在聖心矣。

退藏於密,

陸績曰:受蓍龜之報應,決而此下周有"退"字。藏之於心也。

釋曰 深識其理而默存之。

吉凶與民同患。

虞翻曰:"聖人",謂庖犧,以著神知來,故以"先朱誤"洗"。心"。陽動入巽,巽爲退伏,坤爲閉户,故"藏密",謂齊於巽以神明其德。陽吉陰凶,坤爲"民",故"吉凶與民同患"。謂作《易》者其有憂患也。

釋曰 "先心",乾神之動始於震。"藏密",坤知之靜始於巽。聖人深識獨見,知陽生陰殺,吉凶互伏,本乾元消息之理,爲民興利除害,先得人心之所同然,故"吉凶與民同患"。"患"者,患不得吉而入於凶也。履信思順,則自天祐之,有吉无凶,"一人有慶,兆民賴之",而患不及矣,此六爻變易成既濟之由。

神以知來,知以藏往。

虞翻曰:乾神知來,坤知藏往。"來",謂"先心";朱誤"出見"。"往",謂"藏密"也。

補 "藏",劉作"臧",曰:善也。《釋文》。

釋曰 著卦之神知,即聖人之神知。劉作"臧"者,謂"臧諸用"。

其孰能與於朱無"於"字。此哉?

虞翻曰:誰乎能爲此哉,謂古之周無"之"字。聰明睿知之君也。

補 《正義》述傳無"於"字,唐石經同。

古之聰明睿知神武而不殺者夫。

虞翻曰:謂大人也。庖犧在乾五,動而之坤,與天地合聰明,在坎則聰,在離則明。"神武",謂乾;"睿知",謂坤。乾坤坎離反朱脫"反"字。復不衰,故"而不殺者夫"。

補 "殺",馬、鄭、王肅、干所戒反,《釋文》。按:虞讀同。鄭曰:不意當爲"衰"。殺也。《晁氏易》。

徐所例反,陸、韓如字。《釋文》。

釋曰 庖犧體乾元,動而亨坤,坤成比,乾成大有,乾坤合坎離,故云"與天地合聰明"。"聰明睿知神武而不殺",所謂大明終始自強不息也。以上言蓍卦爻之德,聖人體之,作《易》之本也。

是以明於天之道,而察於民之故,

虞翻曰:乾五之坤,以離日照天,故"明天之道"。以坎月照坤,故"察民之故",坤爲"民"。

釋曰 "天之道",上所陳天地之數,一陰一陽之謂道,消息變化之本也。"民之故",上所謂物也,務也,天下之道也,吉凶所由判也。遠曰"明",近曰"察",《孝經》曰:"事天明,事地察。"

是興神物以前民用。

陸績曰:"神物",蓍也。聖人興蓍以別吉凶,先民而用之,民皆從焉,故曰"以前民用"也。

釋曰 "興神物",生蓍也。"前民用",則用蓍之事,卦爻在其中矣。"前",猶"導"也。或曰:"用",如"利用"之"用",興蓍教民卜筮,以爲趨吉避凶利用之先導,所以通志定業斷疑也。

聖人以此齊戒，

韓康伯曰：洗心曰"齊"，"齊"，盧、周作"齋"。防患曰"戒"。

以神明其德夫。

陸績曰：聖人以蓍能逆知吉凶，除害就利，清絜朱作"潔"。其身，故曰"以此齊盧、周作"齋"。戒"也。吉而後行，舉不違失，其德富盛，見稱神明，故曰"神明其德"也。

補　荀、虞、顧以"夫"字絕句，眾皆屬下讀。或本無"夫"字。《釋文》。

釋曰　聖人出門如見大賓，使民如承大祭，無一息之不敬，而又用此道以致其齊肅警戒，使其德清明如神，所以至誠前知，吉无不利。天下尊聖人如神明，則民用无不利矣。禮，"筮必朝服"，"齊戒"之義。以上言聖人生蓍立卦生爻以前民用。

是故闔户謂之坤，

虞翻曰："闔"，閉翕也。謂從巽之坤，坤柔象夜，故以閉户者也。

釋曰　以陰闔陽，耦數之成務，於四象爲八。

闢户謂之乾。《釋文》：闢，婢亦反，王肅甫亦反。

虞翻曰："闢"，開也。謂從震之乾，乾剛象晝，故以開户也。

釋曰　以陽闢陰，奇數之開物，於四象爲七。

一闔一闢謂之變，

虞翻曰：陽變闔朱誤"闢"。陰，陰變闢陽，剛柔相推而生變化也。

〔釋曰〕 陽變則闔而爲陰,陰變則闢而爲陽。

往來不窮謂之通。

荀爽曰:謂一冬一夏陰陽相變易也。十二消息陰陽往來无朱作"無"。窮已,故"通"也。

〔釋曰〕 陰陽變通,天地之數相得而各有合,觸類而長,冒天下之道也。於四象爲九、六,乾坤之用也。此上四句,上文所謂"天之道"。

見乃謂之象,形乃謂之器。

荀爽曰:謂日月星辰光見在天而成象也。萬物生長,在地成形,可以爲器用者也。

〔釋曰〕 此以下由天道而及民故。天有八卦之象,地有八卦之形,乾坤變通之所見所形,理數之著也。

制而用之謂之法,

荀爽曰:謂觀象於天觀形於地,制而用之可以爲法。

〔釋曰〕 本天地之道以訓人事,是謂聖法。

利用出入,民咸用之謂之神。

陸績曰:聖人制器以周民用,用之不遺,故曰"利用出入"也。民皆用之而不知所由來,故謂之"神"也。

〔釋曰〕 聖人法乾元出乾入坤,通變神化以利民用。民出入由之如戶然，須臾不可離，日用而不知，故"謂之神"。以上言聖人本天道以利民用，天人一理也。

第十一章

是故易有太極，是生兩儀，

干寶曰：發初言"是故"，總眾篇之義也。

虞翻曰："太極"，太一也。周無"也"字。分爲天地，故"生兩儀"也。

補 馬融曰："太極"，北辰也。《釋文》。

鄭康成曰："極"，中之道，淳和未分之氣也。《文選》張茂先《勵志詩》注。

王肅曰：此章首獨言"是故"者，總眾章之意。《釋文》。"兩儀"，天地也。《文選》潘安仁《贈陸機詩》注。

《乾鑿度》曰：易始於太極。鄭氏注曰："氣象未分之時，天地之所始也。"又曰：太極分而爲二，故生天地。注曰："七、九、八、六，輕清者上爲天，重濁者下爲地。"

釋曰 此章本與上章爲一，先儒以文句多分之，故發初言"是故"。干云"總眾篇之義"者，前數章極言蓍卦爻之義，至此乃直指生蓍生卦所取法。鄭云"極中之道"，據太極全體言，大衍之數五十合而未分象之。馬云"北辰"，虞云"太一"，據其神之位乎天言，大衍虛一不用之策象之。太極氣變，兼有一七九、二八六。一、二，陰陽之元，元氣內動。陽變七之九，陰變八之六，分陰分陽，輕清者升爲天，重濁者降爲地，故"生天地"。大衍分而爲二象之，是謂"兩儀"，"儀"亦

"象"也。

兩儀生四象，

虞翻曰："四象"，四時也。"兩儀"，謂乾坤也。乾二、五之坤成坎、離、震、兌，朱脫"兌"字。震春、兌秋、坎冬、離夏，故"兩儀生四象"。歸妹卦備，故《彖》獨稱"天地之大義"也。

[補]《乾鑿度》曰：天地有春秋冬夏之節，故生四時。鄭氏說："易有四象，布六於北方以象水，布八於東方以象木，布九於西方以象金，布七於南方以象火，如是備爲一爻，謂四營而成。"

[釋曰] 天地以陰陽生成五行，水成於六在北，火成於七在南，木成於八在東，金成於九在西，土二五爲十在中而周於四方，其氣順布爲春夏秋冬四時。大衍揲之以四而得四七、四八、四九、四六之數象之，故"兩儀生四象"，此以上言生著之事。虞既以"兩儀"爲"天地"，"四象"爲"四時"，又云"兩儀謂乾坤，乾二、五之坤成坎、離、震、兌"者，蓋謂天地一生水，二生火，三生木，四生金，於卦爲乾坤，爲坎離震兌，於時爲春夏秋冬耳。"二五"，中氣，非爻名，但兩儀四象，實未成卦，以卦擬之則可，即以卦當之，則大極生次迂回而非易簡矣。

四象生八卦，

虞翻曰：乾二、五之坤則生震、坎、艮，坤二、五之乾則生巽、離、兌，故"四象生八卦"。乾坤生春，艮兌生夏，震巽生秋，坎離生冬者也。

[補]《乾鑿度》曰：四時各有陰陽剛柔之分，故生八卦。八卦成列，

天地之道立,雷風水火山澤之象定矣。其布散用事也,震生物於東方,位在二月;巽散之於東南,位在四月;離長之於南方,位在五月;坤養之於西南方,位在六月;兌收之於西方,位在八月;乾制之於西北方,位在十月;坎藏之於北方,位在十一月;艮終始之於東北方,位在十二月。八卦之氣終,則四正四維之分明,生長收藏之道備,陰陽之體定,神明之德通,而萬物各以其類成矣。

【釋曰】四象既備,七、九皆陽,八、六皆陰,觀變於陰陽而立卦,法太極之一、七、九,爲三畫而成乾,以二、八、六效之而爲坤,乾坤交索成六子,是謂八卦。蓋四象象太極兩儀以生八卦,故八卦遞生中無四象,而實無非四象也。八卦成列,布散用事,而七、八、九、六陰陽之氣行乎四時正維之位者備矣,故"四象生八卦",此句言生卦之事。虞氏之義,則謂五行既由生而成,則十日之位見八卦之象。震、坎、艮從乾而得天數,巽、離、兌從坤而得地數。由月行至甲乙而乾坤象見,故乾坤生乎春。至丙丁而艮兌象見,故艮兌生乎夏。至庚辛而震巽象見,故震巽生乎秋。日月會於壬癸而坎離象見,故坎離生乎冬也。此與震春、兌秋、坎冬、離夏八卦用事之位,各自爲義。

八卦定吉凶,

虞翻曰:陽生則吉,陰生則凶,謂"方以類聚,物以羣分",吉凶生矣。已言於上,故不言"生"而獨言"定吉凶"也。

【釋曰】八卦重爲六十四,有三百八十四爻,卦有消息,爻有當位不當位,吉凶於是定。

吉凶生大業。

荀爽曰：一消一息，萬物豐殖，"富有之謂大業"。

〔釋曰〕 荀以天道言。姚氏曰："吉凶著則人知遷善改過，趨於吉不蹈於凶，夫是之謂大業。失位則化成既濟是也。"以人事言之。

是故法象莫大乎天地。

翟玄曰：見象立法，莫過天地也。

〔釋曰〕 張氏曰："謂太極生兩儀。"案：此節六事，承上節而贊其義之大，亦與上章末節相應。"法象莫大乎天地"，上章所謂"闔闢乾坤"也。

變通莫大乎四時。

荀爽曰：四時相變，終而復始也。

〔釋曰〕 張氏曰："謂兩儀生四象。"案：此上章所謂"變通"。

縣象著明莫大乎日月。

虞翻曰：謂日月縣天成八卦象。三日莫朱作"暮"。震象出庚，八日兌象見丁，十五日乾象盈甲，十七日旦巽象退辛，二十三日艮朱脫"艮"字。象消丙，三十日坤象滅乙。晦夕朔旦坎象流戊，日中則離，離象就己，戊己土位，象見於中，日月朱誤"中"。相推而明生焉，故"縣象著明莫大乎日月"者也。

〔釋曰〕 張氏曰："謂四象生八卦。《文言》注'二十九日'，此云'三十日'。大分言之，當以彼注爲正。"案：庖犧觀象於天，默會於心，以四象象太極兩儀，交索以成八卦。八卦既成，與日月象合，因是以起消息，故曰"八卦成列，象在其中矣"。此上章所謂"見象"。

崇高莫大乎富貴。

虞翻曰：謂乾正位於五，五貴坤富，以乾通坤，故"崇高莫大乎富貴朱、盧作"高大富貴"。也。"

釋曰　此與下文"聖人"爲一義。聖人在天子之位，乃能制器立法以利天下。"聖人之大寶曰位"，所以普天地生生之大德也。

備物致用，立成器以爲天下利，莫大乎聖人。

虞翻曰：神農、黃帝、堯、舜也。民多否閉，取乾之坤，謂之"備物"。以坤之乾，謂之"致用"。乾爲朱脱"爲"字。物，坤爲器用。否四之初，朱誤"否也初正"。耕稼之利；否五之初，市井之利；否四之二，朱作"否二之四"。舟楫朱作"檝"。之利；否上之初，牛馬之利，謂十二朱誤"三"。"蓋取"，以利天下。"通其變，使民不倦。神而化之，使民宜之"，"聖人作而萬物覩"，故此下周有"曰"字。"莫大乎朱無"乎"字。聖人"者也。

釋曰　"成器"，謂成就完美之器，猶云成德成材。"以制器者尚其象"，庖犧立象，而萬世之器不可勝制，生生之利無窮矣。此上文所謂"大業"，前章所謂"形器制法"也。神農、黃帝、堯、舜，繼庖犧而作，以天德居天位，成既濟之功者。

探賾盧、周作"嘖"，注同。索隱，鉤深致遠，以定天下之吉凶，成天下之亹亹盧、周作"娓娓"。者，莫大盧、周作"善"，注同。乎蓍龜。

虞翻曰："探"，取；"賾"，初也。初隱未見，故"探賾索隱"，則幽贊神明而生蓍。初深,故曰"鉤深";"致遠",謂乾。乾爲"蓍",乾五之坤,大有離爲"龜"。乾生知吉,坤殺知凶,故"定天下之吉凶莫大於蓍龜"也。朱脫圈。

侯果曰:"亹",勉也。夫幽隱深遠之情,吉凶未兆之事,物皆勉勉然願知之,然不能也。及蓍成卦,龜成兆也,雖神道之幽密,未然之吉凶,坐可觀也,是蓍龜成天下勉勉之聖疑當爲"善"。也。

補 鄭康成曰:凡天下之善惡,及没没之眾事,皆成定之,言其廣大無不包也。《公羊傳·定八年》疏。不云"鄭注"。《公羊疏》皆用鄭義,此注是鄭可知。

劉向曰:蓍之言耆,龜之言久,龜千歲而靈,蓍百年而神,以其長久,故能辨吉凶也。《禮記·曲禮》正義。

賾,《説文後序》引作"嘖"。

《九家》作"册"。

"大",本亦作"善"。並《釋文》。

釋曰 至賾无情,故"探"。初隱未見,故"索"。深不可測,故"鉤"。"遠",謂乾。"致"之,謂息。初元出乾通坤,成八卦,重爲六十四,消息三百八十四爻,陽生則吉,陰殺則凶,得位則吉,失位則凶。由生蓍而成,因用蓍而見,使天下勉勉然趨吉避凶,是謂"大業",龜之出兆亦然。"八卦定吉凶,吉凶生大業",而成之者蓍龜,興之者在位之聖人。"興神物以前民用",廣大悉備,曲成不遺,是上章所謂"神"也。鄭訓"亹亹"爲"没没",《爾雅》"亹"、"没"同訓"勉"。字亦作"斖","亹"、"斖"皆"釁"之譌體,"釁"葢"勉"字或"忞"字之叚借,《説文》:"忞,自勉彊也。""釁"古音讀如門,與"忞"、"勉"、"没"音皆近,不必據崔氏《詩集注》及徐鉉新修字義改爲"娓娓"。

是故天生神物,聖人則之。

孔穎達曰:謂生蓍龜,聖人法則之,以爲卜筮者也。

〔釋曰〕此節四事,總言天地法象,聖人則效之以作《易》。天生神物,聖人則天,興之以前民用,承上"蓍龜"而言。

天地變化,聖人效之。

陸績曰:天有晝夜四時變化之道,聖人設三百八十四爻,以效之矣。

〔釋曰〕承上"變通四時"而言。春夏爲變,秋冬爲化,聖人效之爲七、八、九、六之變,卦爻變化皆由此。

天垂象,見吉凶,聖人象之。

荀爽曰:謂"在旋機朱作"璇璣"。玉衡以齊七政"也。

宋衷曰:天垂陰陽之象以見吉凶,謂日月薄蝕,五星亂行,聖人象之,亦著九、六爻位得失示人,所以有吉凶之占也。

〔釋曰〕承上"日月"而言。陽象見吉,陰象見凶。聖人作八卦,與日月象合,六十四卦消息,三百八十四爻得失,皆準此。

河出圖,洛出書,聖人則之。《釋文》:出,如字,又尺遂反。

鄭玄曰:《春秋緯》云:"河以通乾出天苞,洛以流坤吐地符。河龍圖發，洛龜書感。"朱、周作"成"。《河圖》有九篇，《洛書》有六篇也。朱脫圈。

孔安國曰："河圖"則八卦也，"洛書"則九疇也。

侯果曰：聖人法河圖洛書，制歷象以示天下也。

補　"洛"，王肅作"雒"。《釋文》。

釋曰　圖書，神物之類，帝王受命之符，此承"崇高富貴聖人備物致用"而言。舊說伏羲受河圖而作《易》，又說伏羲德合天地，應以河圖洛書。圖書之出非一次，故大禹又受洛書而敘九疇。河圖之象無考，洛書之數，則二、九、四，七、五、三，六、一、八，見《大戴記》。順行而斜上之，則一二三四五六七八九相次，而二、八易位，使五行生成之數相從。二五即十，故虛地十以從天。縱橫皆合於十五，以類推之，則宋邵子、朱子以五十有五之數爲河圖，雖無確據，理則近之矣。"九篇"、"六篇"，蓋後師說河洛之文。鄭前注"天一生水於北"云云，蓋出其中。若然，則此三句結上章"天一地二"一節之義。"則之"，則以立大衍之數，定八卦四正四維之位也。

易有四象，所以示也。

侯果曰："四象"，謂上此下朱衍"下"字。"神物"也、"變化"也、"垂象"也、"圖書"也。四者治人之洪範，易有此象，所以示人也。

補　鄭氏說：易有四象，文王用之，七、八、九、六，四營備而成爻。

釋曰　張氏曰："'四象'，即上章大衍四象，謂七、八、九、六，四營成易者也。聖人作《易》，所以示人法天地之數也。"

繫辭焉，所以告也。

虞翻曰：謂繫《彖》《象》之辭，八卦以象告也。

釋曰 八卦以象告，繫辭以明之。

定之以朱脫“以”字。**吉凶，所以斷也。**

虞翻曰：朱脫此三字。繫辭焉以斷其吉凶，八卦定吉凶，以斷天下之疑也。

釋曰 八卦定消息得失吉凶之象，繫辭既著其象，遂直斷以吉凶，所謂占也。“吉凶”者，其義吉，其義凶，禍福無不自己求之，故下引大有上九以爲趨吉避凶之準。觀象玩辭、觀變玩占，則自求多福，有吉无凶，與第二章同義。

《易》曰：自天右朱作“祐”，下及注同。**之，吉无**朱作“無”，下及注同。**不利。**

侯果曰：此引大有上九辭以證之當爲“其”。義也。大有上九“履信思順”，自朱脫“自”字。天右之，言人能依四象所示繫辭所告，又能當爲“履信”。思順，則天及人皆共右之，“吉无不利者”也。

補 “右”，諸家作“祐”。

釋曰 此引大有上九爻辭，以聖人履信思順獲天人之助，示學《易》者趨吉避凶之準。此辭通論一卦之德，義主六五，所謂乾五動之坤成大有，“柔得尊位大中而上下應之”者。侯氏、崔氏則以上九比五言。

子曰：右者，助也。

虞翻曰：大有朱誤"有火"。兑爲口，口助稱"右"。

釋曰　據此則虞本作"右"，《集解》引虞釋"右"字，則經、傳字皆當作"右"，引諸家說亦改從虞本矣。"右"，手口相助也。"祐"，助也，从示从右，義同。

天之所助者，順也。

虞翻曰：大有五以陰順上，故爲"天所助者，順也"。

釋曰　比坤順乾而来承上，乾與爲兑，故天助順。"順"者，天常也，《孝經》曰："則天之明因地之利以順天下。"

人之盧、周脫"之"字。所助者，信也。

虞翻曰："信"，謂二也。乾爲"人"、爲"信"，"庸言之信"也。

釋曰　三爲人道，二體乾九二"庸言之信"，處中應五，三與爲兑，故人助信。"信"者，人情也，《論語》曰："民無信不立。"

履信思乎順，又盧、周本作"有"同。以尚賢也。

虞翻曰：大有五應二而順上，故"履信思順"。比坤爲"順"，坎爲"思"，乾爲"賢人"，坤伏乾下，故"有當爲"又"。以尚賢者"也。

補　"又"，鄭作"有"。《釋文》。

釋曰　乾五之坤成比，坤元伏乾五下，大有柔得尊位，應天時行。五陽發，則坤陰又伏下，是"尚賢"，五承上享三，亦其義也。鄭作

"有"，當讀爲"又"。

是以自天右之，吉无不利也。

崔憬曰：言上九履五厥孚，履人事以信也；比五而不應三，思天道之順也；崇四匪彭明辯於五，又以尚賢也，"以"以上脱"是"字。自天右之，吉无不利"。重引《易》文以證成其義。

釋曰　五以陰承陽，天道之順，上思順，故"比五"。"匪彭"，謂不與三。崇尚四之匪彭，明辯而與五，是"尚賢"，此用王弼義，當以虞注爲正。惠氏曰："《繫》上下凡三引大有上九爻辭，以見列聖用《易》，皆獲天人之助，致既濟之功，是所謂《易》之道也。"

第十二章

子曰：**書不盡言，言不盡意。**《釋文》：盡，如字，又津忍反。

虞翻曰：謂書易之動，九六之變，不足以盡《易》之所言，言之則不足以盡庖犧之意也。

釋曰　《易》之所言，觀九六之變而可知，如夫子《彖》、《象傳》所釋是也。春秋時易道不明，卜筮家書九六之變，不足以窮極《易》之所言，其擬《易》辭而爲言，亦不足以盡庖犧之意，故聖人之意幾乎隱矣。姚氏則曰："口所欲言，書不能盡。意之所之，言不能盡。汎論著書發言以設疑問。"亦通。

然則聖人之意，其不可見乎？

侯果曰：設疑而問也。欲明立象可以盡聖人言意也。

子曰：聖人立象以盡意，

崔憬曰：言伏羲仰觀俯察，而立八卦之象以盡其意。

〔釋曰〕 張氏曰："謂聖人之意盡於象。"

設卦以盡情偽，

崔憬曰："設卦"，謂因而重之爲六十四卦，之衍字。情偽盡在其中矣。

〔釋曰〕 張氏曰："'情'，陽；'偽'，陰也。此謂立象盡於六十四卦。"姚氏曰："'情'，實；'偽'，虛也。得位爲情，失位爲偽。《太玄》曰：'離乎情者必著乎偽，離乎偽者必著乎情'，《玄攡》文。故盡情偽。"

繫辭焉以盡其言，

崔憬曰：文王作卦爻之辭，以繫伏羲立卦之象。象既盡意，故辭亦盡言也。

〔釋曰〕 惠氏曰："立象設卦，皆庖犧時事。'繫辭焉'已下，乃文王也。庖犧立象設卦，文王觀六十四卦之象而繫之辭，吉凶悔吝无所不有，故'盡其言'也。"

變而通之以盡利，

陸績曰：變三百八十四爻使相交通，以盡天下之利。

〔釋曰〕 張氏曰："謂九六之變，六爻發揮旁通，皆所以盡言。"

鼓之舞之以盡神。

虞翻曰："神"，易也。陽息震爲"鼓"，陰消巽爲"舞"，故"鼓之舞之以盡神"。

荀爽曰："鼓"者，動也；"舞"者，行也。謂三百八十四爻動行相反其卦，所以盡易之神也。

釋曰　雷動萬物，故"鼓"。風散萬物，故"舞"。虞言消息，荀言反類，皆鼓舞之義，易神之行也。"盡利""盡神"，皆引申庖犧之意，觀象而得之，著之辭而易道所當言者無不盡矣。

乾坤其易之緼朱作"韞"，注同。**邪？**《釋文》：緼，紆粉反，徐於憤反，王肅又於問反。

虞翻曰："緼"，藏也。易麗乾藏坤，故爲"易之緼"也。

釋曰　惠氏曰："'易'，謂坎離。離麗乾，坎藏坤，爲乾坤二用，故爲'易之緼'。《論語》曰'韞匵而藏諸'，'韞'、'緼'古今字。"案：易即太極之神，太極一陰一陽之謂道，即坎上離下既濟之象，太極之神所以出陽入陰變天化地以生萬物。七、八、九、六成八卦，相錯爲六十四，消息三百八十四爻歸於既濟者，皆自定乾坤始，故"乾坤爲易之緼"。乾坤成列，而易道立乎其中矣。乾坤者，天地之象，即君臣父子夫婦之象，伏羲象法乾坤以立人倫，盛德大業由此出焉，故易立其中。乾坤者，象也。易者，意也。聖人立象以盡意，乾坤其本也。

乾坤成列，而易立乎其中矣。

侯果曰："緼"，淵隩也。六子因之而生，故云"立乎其中矣"。

釋曰　"成列"，謂三畫成乾，以坤兩之，成卦並列也。下篇云"八卦成列"。

乾坤毀，則无以見易。

荀爽曰：毀乾坤之體，則无以見陰陽之交易也。

釋曰　"神无方而易无體"，以乾坤象天地，見易簡、變易、不易之道。乾坤毀缺，則易何由見乎？乾坤者，天地之象，人倫之本。春秋時人倫傷敗，乾坤毀矣，萬事失正，既濟道反，故易不可見。其在卜筮，則推説卦爻，不知立象大本，此所以書不能盡言，言不能盡意，而易教晦盲否塞也，非夫子其孰明之。

易不可見，則乾坤或幾乎息矣。

侯果曰：乾坤者，動用之物也。物既動用，則不能无毀息矣。夫。盧、周作"天"。動極復靜，靜極復動，雖天地至此，不違變化也。

釋曰　易不可見，則人道絶滅，而天地或幾乎息矣。此悲憫極至之言，非天地真有時而息也。天不變道亦不變，待其人而後行耳。侯説未當，乾坤爲立象大本，下文備言之。

是故形而上者謂之道，形而下者謂之器。

崔憬曰：此結上文兼明易之形器，變通之事業也。凡天地萬物皆有形質，就形質之中，有體有用，"體"者，即形質也；"用"者，即形質上之妙朱作"玅"，下同。用也，言有妙理之用以扶其體，則是道也。其體比用，若器之於物，則是體爲形之下，謂之爲器也。假令天地圓蓋方輮爲體爲器,以萬物資始資生爲用爲道;動物以形軀爲體爲器,以靈識爲用爲道;植物以枝幹爲器爲體,以生性爲道爲用。

〔釋曰〕如崔説,則是天地之元爲萬物所資始資生者,道也,其成象成形乎上下者,器也,於傳文似不協。姚氏曰:"形而上下,易形而上下也。易形而上,在天成象,見乃謂之象。易形而下,在地成形,形乃謂之器。道,陰陽之道也。形上形下,言易可見,乾坤所以不息也,所謂'周易'也。"案:形上形下,一元氣之所周流,於乾坤見之。

化而財朱作"裁",下同。**之謂之變,**

翟玄曰:化變剛柔而財之,故"謂之變"也。

〔補〕"財",各本作"裁"。

〔釋曰〕惠氏曰:"乾六爻二、四、上不正,坤六爻初、三、五不正,故'化而裁之謂之變'。"案:"財"者"裁"之借,謂裁制之使正。

推而行之謂之通。

翟玄曰:推行陰陽,故"謂之通"也。

〔釋曰〕惠氏曰:"唯變所適,乾之坤,坤之乾,故'推而行之謂之通'。"案:所謂"旁通情"。

舉而錯盧、周作"措",注同。**之天下之民謂之事業。**

陸績曰:變通盡利,觀象制器,舉而錯之於天下,民咸用之以爲事業。朱脫圈。

《九家易》曰:謂聖人畫卦,爲萬民事業之象,故天下之民尊之得爲事業矣。

補　“錯”，本又作“措”。《釋文》。

釋曰　惠氏曰：“通變之謂事，‘通其變，使民不倦’，六爻皆正，成既濟定，故‘舉而錯之天下之民謂之事業’也。”案：此皆易神之所爲，由乾坤而立，故乾坤爲立象之本，而聖人之意盡於象。

是故夫象，聖人有以見天下之賾，盧、周作“嘖”，注及下同。

崔憬曰：此重明“易之緼”，更引易象及辭以釋之。言伏羲見天下之深賾，即“易之緼”者也。

補　“之賾”，本又作“之至賾”。《釋文》。

釋曰　姚氏曰：“重説象爻者，明易可象可效。象之則謂之象，效之則謂之爻，故曰‘是故夫象’。”

而擬諸其形容，象其物宜，是故謂之象。

陸績曰：此明説立象盡意，盧誤“圭”。設卦盡情僞之意也。

聖人有以見天下之動，而觀其會通，以行其典禮，

侯果曰：典禮有時而用，有時而去，故曰朱作“云”。“觀其會通”也。

釋曰　侯意謂三王異世不相襲禮，然非其義。“會通”，謂陰陽往來。“典禮”則既濟一定之位，合典禮則吉，否則凶。

繫辭焉以斷其吉凶，是故謂之爻。

崔憬曰：言文王見天下之動，所以繫象而爲其辭，謂之爲爻。

【釋曰】文王觀象之動，而繫辭以盡其所當言，於是乎有爻。

極天下之賾者存乎卦。

陸績曰：言卦象極盡天下之深情也。

【釋曰】“賾”，情之未動者，在初，故深。立象設卦以極之，而天地萬物之情可見矣。

鼓天下之動者存乎辭。

宋衷曰：欲知天下之動者，在於六爻之辭也。

【釋曰】“辭”，卦爻之辭，繫辭至爻而言盡。

化而財之存乎變，推而行之存乎通。

崔憬曰：言易道陳陰陽變化之事而裁成之，存乎其變；推理達本而行之，存乎其通。

【補】“財”，本又作“裁”。《釋文》。

【釋曰】崔本蓋作“裁”。惠氏曰：“易窮則變變則通，故‘存乎變’‘存乎通’。”

神而明之，存乎其人。

荀爽曰：苟非其人，道不虛行也。

崔憬曰:言易神无不通,明无不照,能達此理者存乎其人,謂文王,述《易》之聖人。

釋曰 神而明之,窮神知化,達其理也。作《易》者神明其道,述《易》者神明其義,苟非其人,道不虛行。故羲、文之意,待孔子而後明於萬世。

默而成, 朱有"之"字。**不言而信,存乎德行。**

《九家易》曰:"默而成",謂陰陽相處也。"不言而信",謂陰陽相應也。"德"者,有實;"行"者,相應也。

崔憬曰:言伏羲成六十四卦,不有言述而以卦象明之,而人信之,在乎合天地之德,聖人之行也。

補 "默而成",本或作"默而成之"。《釋文》。

釋曰 《九家》以爻各處其位爲"默而成",相應爲"信",德縕於內,行見乎外也。張氏以乾元動五成坎離爲神明之象,伏坤初爲"默而成德行"之象。"默而成,不言而信",聖人之德行皆然。繫辭盡言,所以教人立德行也。學《易》者,學爲聖人也。學聖人,學其德行也。

卷第十五

周易繫辭下傳

此題今補。

第一章

八卦成列，象在其中矣。

虞翻曰："象"，謂三才成八卦之象。乾坤列東，艮兑列南，震巽列西，坎離在中，故"八卦成列"則"象在其中"。"天垂象見吉凶，聖人象之"，是也。

補 孔子曰：八卦成列，天地之道立，雷風水火山澤之象定矣。

釋曰 "成列"，謂乾坤與六子並列爲八卦。"象"，謂天地雷風水火山澤之象。六十四卦皆此象，《象傳》所言是也。六十四卦之策當萬物之數，而萬物之象具於八卦，《説卦》所言是也。虞氏謂日月在天成八卦，此則庖犧觀象於天，默會於心，八卦既成，與日月象合，亦"象在其中"之義。

因而重之，爻在其中矣。

虞翻曰：謂參重三才爲六爻，發揮剛柔，則"爻在其中"。六畫稱爻，六爻之動，三極之道也。

〔釋曰〕 因八卦而重之，六十四卦既重，則三百八十四爻剛柔可互相往來，故"爻在其中"。虞氏所言，重卦之始事分天象爲三才，以地兩之，立六畫之數。"參重"，即"參兩"也。由是八卦自相重互相重，以三爲六，六爻本兼三才而兩之，故曰"因而重之"。

剛柔相推，變在其中矣。

虞翻曰：謂十二消息九六相變，剛柔相推而生變化，故"變在其中矣"。

〔釋曰〕 "十二消息"，生爻之本。每卦兩爻剛柔相易，成六十四卦消息，其中有旁通，有反類。每卦失位之爻變之正成既濟，皆乾坤九六之用，故"變在其中"。

繫辭焉而命之，動在其中矣。

虞翻曰：謂繫《彖》、《象》九六之辭，故"動在其中"，"鼓天下之動者存乎辭"者也。

〔補〕 "命"，孟作"明"。《釋文》。

〔釋曰〕 文王觀象推爻而繫之辭以命吉凶，天下之動，得失之報，盡在其中矣。孟作"明"，義同。以上言聖人作《易》之事相因而起，出於自然。

吉凶悔吝者,生乎動者也。

虞翻曰:"動",謂爻也。"爻"者,效天下之動者也。爻象動内,吉凶見外,吉凶生而悔吝著,故"生乎動"也。

釋曰 "吉凶悔吝",辭所命也。"吉凶"者失得之象,"悔吝"者憂虞之象。人事動而有得失憂虞,爻象動而有吉凶悔吝。爻以效天下之動,故曰"生乎動"。

剛柔者,立本者也。

虞翻曰:乾剛坤柔爲六子父母。乾天稱父,坤地稱母,本天親上,本地親下,故"立本者也"。

釋曰 乾坤交索成六子,剛柔十二畫立消息十二卦。乾剛坤柔,立卦生爻之本也。

變通者,趣時者也。

虞翻曰:變通配四時,故趣時者也。

釋曰 剛柔相推而生變化,一消一息,往來不窮,與時偕行。

吉凶者,貞勝者也。

虞翻曰:"貞",正也;"勝",滅也。陽生則吉,陰消則凶者也。

補 "勝",姚作"稱"。《釋文》。

釋曰 张氏曰:"陰生滅陽,陽動貞之。"案:"勝",當如"其剛勝"之"勝",正則吉,不正則凶,故"貞勝"。或曰吉凶之義,正在乎勝者,

《孟子》曰"仁之勝不仁也，猶水勝火"。姚作"稱"謂以"貞"爲"稱"，陽居陽陰居陰，當位則稱，稱則吉。

天地之道，貞觀者也。《釋文》：觀，官喚反，又音官。

陸績曰：言天地正可以觀瞻爲道也。

<u>釋曰</u>　注"可以"二字疑當倒，言天地正以使人可觀瞻爲道，所謂"天不愛其道"也。惠、張之義，讀"觀"爲"觀示"之"觀"，天正位於五，地正位於二，中正以觀天下，義較長。

日月之道，貞明者也。

荀爽曰：離爲"日"，日中之時，正當離位，然後明也。"月"者，坎也，坎正位衝離。"衝"，謂盧、周作"爲"。十五日月當日衝，正值坎位，亦大圓明，故曰"日月之道，貞明者也"。言日月正當其位，乃大明也。

陸績曰：言日月正以明照爲道矣。

<u>釋曰</u>　荀義謂天地之道以貞而觀，日月之道以貞而明，其義最當。陸謂日月正以明照爲道，所謂日月無私照也。或曰陸注"天地正"、"日月正"皆當絕句，義與荀大同。

天下之動，貞夫一者也。

虞翻曰："一"，謂乾元。萬物之動，各資天一陽氣以生，故"天下之動，貞夫一者也"。

<u>釋曰</u>　天地日月之道，即乾元之正也。三百八十四爻皆乾元之行，歸於既濟，故"天下之動貞夫一"。姚氏曰："自'吉凶悔吝'至'貞

夫一’,皆即動而究言之。”

夫乾,確然示人易矣。

虞翻曰:陽在初弗用,確然无朱作“旡”。爲,潛龍時也。不易世,不成名,故“示人易”者也。

[補] 馬融曰:“確”,剛貌。《釋文》。

《説文》:“隺”,高至也,《易》曰“夫乾隺然”。

[釋曰] “確”,堅高之貌,天之象,乾元之德也。“易”,佼易,寂然無爲之謂。張氏曰:“乾以易知,不在出震而在潛龍,所謂乾元。”

夫坤,隤然示人簡矣。

虞翻曰:“隤”,安;“簡”,閱也。坤以簡能,閱内萬物,故“示人簡”者也。朱脱“者也”二字。

[補] 馬融曰:“隤”,柔貌。

“隤”,孟作“退”,陸、董、姚作“妥”。竝《釋文》。

[釋曰] “隤”,卑順之貌,地之象,坤元之德。或作“退”,或作“妥”,聲義皆相近。坤順承天,不習无不利,包囊萬物,藏神無内,故“簡”。張氏曰:“坤之簡能,不在動闢而在靜翕,所謂坤元。”

爻也者,效此者也。

虞翻曰:效法之謂坤,謂效三才朱作“材”。以爲六畫。

[釋曰] 張氏曰:“‘此’,謂乾元。坤凝乾元,相並俱生,故效乾而參兩也。由兩地而有爻,故主坤言。”

象也者,像盧、周作"象",注同。**此者也。**

虞翻曰:成象之謂乾,謂聖人則天之象分爲三才朱作"材"。也。

釋曰 張氏曰:"'此',亦謂乾元,日月之象皆示乾元,故聖人則之。象者三才,故主乾言。"惠氏曰:"'此',謂易簡。'易簡',一也。天下之動貞夫一,故效此者也。三才合于一元,故象此者也。"案:惠以"效此"、"象此"兼謂乾元坤元。張謂專指乾元,陰麗陽而生,乾坤合於一元,天下之動貞夫一,其義同也。

爻象動乎內,吉凶見乎外,

虞翻曰:"內",初;"外",上也。陽象動內,則吉見外;陰爻動內,則凶見外也。

釋曰 初辭擬之,卒成之終。"初"者,天下之賾也。或曰:"內",謂內卦;"外",謂外卦。卜筮則以蓍神爲內,爻象由此動而見吉凶於外。

功業見乎變,

荀爽曰:陰陽相變,功業乃成者也。

釋曰 吉凶生大業,變而通之以盡利,鼓之舞之以盡神。

聖人之情見乎辭。

崔憬曰:言文王作卦爻之辭,所以明聖人之情陳於易象。

釋曰 "聖人之情",天地生物之心也。著於爻象之變,而辭以明之，繫辭焉以盡其言，而易之功業無窮，聖人之意萬世可見矣。姚氏謂"夫乾"至此，因"動貞夫一"而究言之。

天地之大德曰生。

孔穎達曰：自此以下，欲明聖人同天地之德，廣生萬物之意也。言天地之盛德，常生萬物而不有生，是其大德也。

〖釋曰〗 此以下，言易之功業，聖人之情。張氏曰："乾坤合元以生萬物，故'大德曰生'。"孔注"不有生"，李氏道平釋爲"不有其生"，下崔注"不有位"義同。然檢《正義》無"不有生"之語，疑《集解》增成其義。

聖人之大寶曰位。

崔憬曰：言聖人行易之道，當須法天地之大德，寶萬乘之天位。謂以道濟天下爲寶而不有位，朱無"位"字。是其大寶也。

〖補〗 "寶"，孟作"保"。《釋文》。

〖釋曰〗 張氏曰："乾爲'聖人'，位在九五，乾爲金爲玉，故'大寶曰位'。"案：以天德居天位，乃能體天地生生之德以大保民，故位爲聖人之大寶。"寶"者，保也。

何以守位曰仁。

宋衷曰：守位當得士大夫公侯有其仁賢，兼濟天下。

〖補〗 鄭康成曰：持一不惑曰守。《詩·鳧鷖》正義，不言何經，丁次之此。張曰："案《詩》'守成'之義，次此是也。"

“仁”，《釋文》作“人”，云：王肅、卞伯玉、桓玄、明僧紹作“仁”。
《禮運》注、《漢書・食貨志》引作“仁”。

釋曰 “爲人君止於仁”，姚氏曰：“《孟子》曰‘爲天下得人者謂之仁’，天下不可以獨治，能爲天下得人者乃能守位也。”張氏曰：“震爲‘守’、爲‘人’，乾五出坤自震始。”案：震亦爲“仁”，“仁”與“人”古字通，此文作“仁”爲長。

何以聚人曰財。

陸績曰：人非財不聚，故聖人觀象制器，備物盡利，以業萬民而聚之也，葢取聚人之本矣。

補《漢書》曰：《易》稱“天地之大德曰生。聖人之大寶曰位。何以守位曰仁。何以聚人曰財”，財者帝王所以聚人守位，養成羣生，奉順天德，治國安民之本也。

釋曰 張氏曰：“坤富有爲財，乾道入坤出震，故財聚人。”

理財正辭禁民爲非曰義。《釋文》：禁，音金，又金鳩反。

荀爽曰：尊卑貴賤衣食有差，謂之“理財”。名實相應，萬事得正，謂盧、周誤“爲”。之“正辭”。咸得其宜，故謂之“義”也。

崔憬曰：夫財貨人所貪愛，不以義理之，則必有敗也。言辭人之樞要，不以義正之，則必有辱也。百姓有非，不以義禁之，則必不改也。此三者皆資於義，以此行之，得其宜也。故知仁義與財，聖人寶位之所要也。

補 李康《運命論》曰：“天地之大德曰生。聖人之大寶曰位。何以守位曰仁。何以正人曰義。"古之王者，蓋以一人治天下，不以天下奉一人也。古之仕者，蓋以官行其義，不以利冒其官也。

　　釋曰　張氏曰："以乾通坤，謂之'理財'。乾爲'言'，以坤翕乾謂之'正辭'。以乾制坤，謂之'禁民爲非'，陰爲'非'。謂消息旁通，終成既濟，美利利天下，利物足以和義，故曰'義'也。"案：仁者以財發身，富然後教，百姓足君孰與不足，未有上好仁而下不好義者也。若後義先利，則爭民施奪，人心散而災害並至，天地之生德窮矣。此既濟未濟之大別也，萬世治天下之道盡在此節，故下章遂言羲、農、黄帝、堯、舜既濟之事。

第二章

古者庖犠氏之王天下也，

　　虞翻曰：庖犠太昊氏以木德王天下，位乎乾五，五動見離，離生于木，故知火化，炮啖犠牲，號庖犠氏也。　　朱脱"于"字。

　　補　"庖"，本又作"包"。鄭康成曰："包"，取也。鳥獸全具曰"犠"。《釋文》。

　　《漢書·律歷志》作"炮"，曰：庖犠繼天而王，爲百王首，德始於木，故爲帝太昊。作罔罟以田漁取犠牲，故天下號曰炮犠氏。

　　"犠"，字又作"羲"，賈侍中説："犠"非古字。《説文》："羲"，气也。

　　孟、京"庖犠"作"伏戲"，曰："伏"，服也；"戲"，化也。《釋文》。

　　《白虎通》作"伏羲"，曰：古之時未有三綱六紀，民人但知其母，不知其父。于是伏羲仰觀象于天，俯察法于地，因夫婦，正五行，始定人道。畫八卦以治下，下伏而化之，故謂之伏羲也。

"伏"，字又作"虙"，《漢書·司馬遷傳》。又作"宓"。《百官公卿表》。《説文》兩引作"虙羲"，《序》引作"庖犧"。

釋曰　古字以聲託義，"包"、"庖"、"炮"聲同，"伏"、"虙"、"宓"聲同，"包"、"伏"聲轉，"羲"、"戲"聲近，"犧"則"羲"之後出字，故諸家本字異而義亦殊。虞讀"庖"爲"炮"，葢燧人火化之功至是而成。或曰，取犧牲以供庖廚，皆據作網罟言。葢因天地自然之物以養人，人類用是滋生不絶，以待勾龍平水土、神農作耒耜而粒食興。《孟子》言"王道始穀與魚鼈不可勝食"，本義、農之治也。孟、京作"伏戲"，讀爲"服化"，據作八卦言。葢因人所受於天地固有之性而利導之，使夫婦別、父子親、君臣正，人類相愛相敬以相生相養相保，萬世治教由此而開，黃帝、堯、舜所以垂衣裳而天下治。《孟子》言"三代之學皆所以明人倫"，本伏義之教也。《説文》訓"羲"爲"氣"，葢以太和元氣化育萬物，包含徧覆，無思不服，所謂伏義至純厚，襲氣母也。

仰則觀象於天，

苟爽曰：震巽爲雷風，離坎爲日月也。

釋曰　天位乎上，有雷風動靜日月陰陽，又日月在天有八卦之象。庖義默會於心，八卦既重，法以起消息。

俯則觀法於地。

《九家易》曰：艮兑爲山澤也。地有水火五行八卦之形者也。

釋曰　地位乎下，有水火燥溼山澤高卑，又五行在地有八卦之形。

觀鳥獸之文，

荀爽曰：乾爲馬、坤爲牛、震爲龍、巽爲雞之屬是也。

陸績曰：謂朱鳥、白虎、蒼龍、玄武，四方二十八宿經緯之文。

補 《禮》説：伏羲德合上下，天應以鳥獸文章，地應以河圖洛書。

釋曰 二十八宿成四象，觀之以識天度。八卦備動物之象，觀之知萬物分理之相別異。又聖人作則，四靈爲畜，亦鳥獸文章之應，可得而觀者。

與地之宜。

《九家易》曰：謂四方四維八卦之位，山澤高卑五土之宜也。

釋曰 觀四正四維，知陰陽五行布散用事之位。觀山澤形勢五土異宜，知尊卑列位剛柔氣性之不同。圖書之出，蓍龜之生，則應於地而本於天也。

近取諸身，

荀爽曰：乾爲首、坤爲腹、震爲足、巽爲股也。

遠取諸物。

荀爽曰：乾爲金玉、坤爲布釜之類是也。

於是始作八卦，

虞翻曰：謂庖犧觀鳥獸之文，則天八卦效之。"易有太極，是生兩儀，兩儀生四象，四象生八卦。"八卦乃四象所生，非庖犧之所造也，故曰“象者，象此者也”，則大人造爻象以象天卦可知也。而讀《易》者，咸以爲庖犧之時天未有八卦，恐失之矣。天垂象示吉凶，聖人象之，則天已有八卦之象。

補　《乾鑿度》孔子曰：上古之時，人民無別，羣物未殊，未有衣食器用之利。伏羲乃仰觀象於天，俯觀法於地，中觀萬物之宜，於是始作八卦，以通神明之德，以類萬物之情。故易者，所以斷當爲“繼”。天地，理人倫，而明王道。是以畫八卦，建五氣，以立五常之行。象法乾坤，順陰陽，以正君臣父子夫婦之義。度時制宜，作爲罔罟，以佃以漁，以贍民用，於是人民乃治。君親以尊，臣子以順，羣生和洽，各安其性。

鄭康成《易論》曰：虙羲作十言之教，曰“乾坤震巽坎離艮兑消息”，無文字，謂之易。《漢上叢説》。

又曰：作十言之教以厚君民之別。《路史注》。

釋曰　道之大原出乎天，生乎人心，而先覺乎聖人。八卦之作，庖犧先得人心之所同然，又博觀天地萬物，以確知其理之必然，然後繼天立法，以導濟天下，垂示萬世，慎之至也。作八卦以正人倫，其法當如上篇所云“乾道成男，坤道成女”，及《説卦》乾坤生六子之次。卦已成列，易氣從下生，震兑乾陽以次而息，巽艮坤陽以次而消，與月受日光明魄進退之象合。坎陽在陰中，離陰在陽中，與日月交會之象合。此理在觀象時固默會於心，而畫卦則非徒寫放其迹。所謂“四象生八卦”者，謂由蓍生卦耳。虞氏必謂天已有八卦之象，則坎離之象，可意會而不可目覩。八卦並列，固自庖犧始也。八卦取法天地以象乾元之正，八卦既重，起消息，乃取法日月進退以象乾元之行。虞云

"庖犧觀鳥獸之文"，"鳥獸"二字疑"垂象"之誤。張氏以日中三足烏月中兔當之，恐非。李氏道平謂庖犧立周天之度，分二十八宿爲四象，主四時四方。若然，月行晦朔弦望周四方而八卦象見，所謂"四象生八卦"，故庖犧觀鳥獸四象之文則天八卦效之。於理可通，然亦似迂曲，且未必虞意。

以通神明之德，

荀爽曰：乾坤爲天地，離坎爲日月，巽震爲雷風，艮兌爲山澤，此皆神明之德也。

釋曰　"幽贊於神明而生蓍"，故"通神明之德"。"神明"，乾元也，神妙萬物而爲言。"天地定位，山澤通氣，雷風相薄，水火不相射"，變化既成萬物，君子法之以修身治天下，成既濟之功，《象傳》所言是也。乾元萬物資始，五常五倫萬世治法出焉。人同此心心同此理而不自知，伏羲作八卦以示之，而一旦豁然貫通，天地至是乃真開闢矣，故曰"繼天立極"。

以類萬物之情。

《九家易》曰：六十四卦凡有萬一千五百二十冊，冊兩"冊"字朱皆作"策"。類一物，故曰"類萬物之情"。以此知盧、周無"知"字。庖犧重爲六十四卦明矣。

釋曰　聖人有生養之德，萬物有生養之情。聖人作而萬物覩，各正性命，保合太和，故"以類萬物之情"。此節言庖犧作八卦爲全章綱領，十二"蓋取"所自出。

作結繩而爲此下朱有"網"字。罟，以田朱作"佃"。以魚，朱作
"漁"。蓋取諸離。

虞翻曰：離爲目，盧誤"日"。巽爲繩，目之重者唯罟，故"結繩爲
罟"。坤朱作"乾"。二、五之乾朱作"坤"。成離，巽爲"魚"，朱誤"四"。
坤二稱"田"，以罟朱誤"魚"。取獸曰"田"，朱作"畋"。故"取諸離"也。

補　馬融、姚信曰："罟"，猶罔也。

"爲罟"，黃穎作"爲网罟"，曰：取獸曰罔，取魚曰罟。並《釋文》。

《乾鑿度》作"罔罟"，《上繫》荀注引同，陸注引作"網罟"。

《説文》："网"，庖犧所結繩以漁。囧，网或從亡。①隸變作"囧"。
罔，网或从糸。隸變作"網"。"田"，本亦作"佃"。"魚"，本亦作"漁"。
音魚，又言庶反。

馬融曰：取獸曰佃，取魚曰漁。並《釋文》。

諸儒以爲象卦皆取卦之爻象之體。《正義》。

釋曰　作結繩一事，爲罔罟又一事，並取離象，下云"上古結繩而
治"，足以明之矣。離二即坤二，坤爲文，離爲明，互巽爲繩，結繩爲文
字肇端，天下文明也。罔罟亦結繩爲之，故連其文耳。諸家作"爲
罟"，惠氏謂"罟"讀爲"网古"，蓋古文"罔"作"网"，叚"古"爲"罟"，二
字併書之，後人誤讀爲一字耳。坤二稱"田"，乾九二"在田"，在坤二
之位也。取獸於田曰"田"，叚作"佃"，取魚曰"漁"，離有坤田巽魚之
象，故"以田以魚"。包義作罔罟，爲拯萬萬生靈之命，緜萬世人類則
作之，體天地生生之大德也。孔子"釣而不綱"，爲一己則不用，亦體

———

①　點校案："网或從亡"，"從"當作"从"。

天地生生之大德。先聖後聖,用心一也。天地以物養人,以人愛物,聖人之道一天而已。養人之政,愛物之道,皆自包犧始。比之五"王用三歐,失前禽",田獵之禮如此,文王之爻,周公之辭,包犧之意也。上云"通神明之德",好生之德也,"類萬物之情",好生之情也,愛物之道始於包犧昭然明矣。

庖犧氏没,神農氏作。

虞翻曰:"没",終;"作",起也。神農以火德繼庖犧王,火生土,故知土,則利民播種,號神農氏也。

斲木爲耜,揉木爲耒,耒耨之利,以教天下,蓋取諸益。《釋文》:爲耒,力對反,《字林》力佳反,徐力猥反。本或作"揉木爲之耒耨",非。

虞翻曰:否四之初也。巽爲木、爲入,艮爲手,乾爲金,手持金以入木,故"斲木爲耜"。耜止所蹈,因名曰耜。艮爲小木,手以橈朱作"撓"。之,故"揉木爲耒"。耒耜,朱作"耒耜"。籽朱作"蒋"。器也。巽爲號令,乾爲天,故"以教天下"。坤爲田,巽爲股進退,震足動耜,艮手持耒,進退田中,耕之象也。益萬物者莫若雷風,故法風雷朱作"雷風"。而作耒耜。

補 孟喜曰:"耨",耘除草也。

京房曰:"耜",耒下耓也。"耒",耜上句木也。

馬融曰:"耨",鉏也。

陸績曰:耜廣五寸。並《釋文》。

"揉",《漢書·食貨志》作"煣",曰:《洪範》八政,一曰食,二曰貨。"食",謂農殖嘉穀可食之物;"貨",謂布帛可衣及金刀龜貝,所以分財

布利通有無者也。二者生民之本，興自神農之世。斲木爲耜，煣木爲
耒，耒耨之利，以教天下而食足。日中爲市，致天下之民，聚天下之
貨，交易而退，各得其所而貨通。食足貨通，然後國實民富而教化成。
黄帝以下通其變使民不倦。

> 釋曰　益卦虞注謂"否上之初"，此云"四之初"，義兩通。惠氏曰：
> "《攷工·匠人》曰：'耜廣五寸，二耜爲耦。一耦之伐，廣尺深尺。'鄭彼
> 注云：'古者耜一金，兩人併發之。'京氏曰：'耜，耒下釘。'三倉曰：'耒
> 頭鐵也。'若然，耜爲耒金，金廣五寸，耒面謂之庛，鄭氏讀'棘刺'之
> '刺'，'刺'，耒下前曲接耜者。《説文》耜从木，故'斲木爲耜'，庛隨耜入
> 地。《攷工·車人》云：'車人爲耒庛，長尺有一寸，自其庛緣其外以至
> 于首，以弦其内，六尺有六寸，與步相中。'步六尺，耒與步相中亦六尺，
> 故云'耜止所踰，因名曰耜'。耒有直者，有句者，中地之耒倨句磬折，
> 皆須揉木爲之。《詩·大田》曰'或芸或芋'，班固謂'芋，附根'，每耨輒
> 附根，皆用耒耜爲之。上之初'利用爲大作'，虞彼注云：'大作，謂耕播，
> 故耒耨之利取諸此也。'震雷巽風，損上益下，民説无疆，故法風雷而作耒
> 耜也。"案："斲木爲耜"，謂耒下與金相接之木，耜金連木，與耒同體。耒
> 長與步相中，震足動耜不踰其處，故曰"耜止所踰，因名曰耜"，耜之言止
> 也。或者此句有誤，謂耜金所合因名曰耜耳。神農教稼爲萬世粒食之
> 始，民財由此充，民志由此定，而教化可興，神明之德日以通矣。

**日中爲市，致天下之民，聚天下之貨，交易而退，各得其
所，蓋取諸噬嗑。**

> 虞翻朱作"翟玄"。曰：否五之初也。離象正上，故稱"日中"也。

艮爲徑路,震爲足,又爲大塗,盧、周作"震为足,艮为徑路,震又爲大塗"。否乾爲"天",坤为"民",朱脫三字。致"致"上朱、盧有"故"字。天下民之朱、盧作"之民"。象也。坎水艮山,羣珍所出,聚天下貨之象也。震升坎降,交易而退,各得其所。噬嗑,食也。市井交易,飲食之道,故取諸此也。朱無"也"字。

[補]《世本》:祝融爲市。宋衷云:顓頊臣也。《釋文》。

[釋曰]　否巽近利市三倍,故爲市。噬嗑食也,市之交易,百物皆備,而民食尤重。又"嗑"者,合也,致民聚貨之義,故取噬嗑象。虞云"震升坎降"者,張氏曰:"震雷主升,坎雨主降,否天地不通。五之初交易,雷雨滿形,故各得其所。"《世本》"祝融爲市"者,蓋神農草創,祝融增修其法。

神農氏没,黃帝、堯、舜氏作。通其變,使民不倦。

虞翻曰:變而通之以盡利,謂作舟楫朱作"檝"。服牛乘馬之類,故"使民不倦"也。

[補]　鄭康成曰:金天、高陽、高辛遵黃帝之道,無所改作,故不述焉。《春官·大司樂》疏。

揚子曰:法始於伏羲而成於堯。

[釋曰]　時久則敝,當變不變則民厭倦。變而通之,弊去利興,民樂而趣之,故"不倦"。

神而化之,使民宜之。

虞翻曰:"神",謂乾,乾動之坤,化成萬物以利天下。坤爲"民"

也，象其物宜，故"使民宜之"也。

　　釋曰　姚氏曰："'神而化之'，神明而變化之也。利用出入，民咸用之，故曰'宜'。"案："神而化之"，其變無迹，故"民宜之"。以不易之理妙變易之用，故"易簡而天下之理得也"。若妄動擾民，則民不宜矣。

　　易窮則變，變則通，通則久，是以"自天右朱作"祐"。**之，吉无不利"也。**唐石經同，諸本無"也"字。

　　陸績曰：陰窮則變爲陽，陽窮則變爲陰，天之道也。庖犧作網盧、周作"网"。罟，教民取禽獸以充民食。民眾獸少，其道窮，則神農教播殖以變之，此窮變之大要也。窮則變，變乃盧、周作"則"。通，與天終始，故可久。民得其用，故无所不利者盧、周無"者"字。也。

　　補　一本無"變則通"三字。《釋文》。

　　"右"，各本作"祐"，一作"佑"。《釋文》。

　　衛元嵩曰：夫尚質則人淳，人淳則俗樸，樸之失其弊也憃。尚文則人和，人和則俗順，順之失其弊也詭。詭則變之以質，憃則變之以文，亦猶寬以濟猛，猛以濟寬，此聖人之用心也。豈徒苟相反背而妄有述作焉？斯文質相化之理也。李江《元包經傳》注。

　　釋曰　聖人制作皆取諸易。易之道，窮則變，變乃通而久，三皇五帝三王皆同此道。黃帝、堯、舜繼羲、農而進天下於文明，萬世治法由此定，故特言之。

　　黃帝、堯、舜垂衣裳而天下治，蓋取諸乾坤。

　　《九家易》曰：黃帝以上，羽皮革木以禦寒暑。至乎黃帝，始制衣裳，垂示天下。衣取象乾，居上覆物；裳取象坤，在下含物也。

虞翻曰：乾爲治，在上爲衣，坤下爲裳。乾坤萬物之緼，朱作“韞”。故以象衣裳。乾爲明君，坤爲順臣，百官以治，萬民以察，故“天下治”，葢取諸此也。

補 鄭康成曰：始去羽毛。《公羊傳·桓四年》疏，不云鄭注。乾爲天，坤爲地，天色玄，地色黃，故玄以爲衣，黃以爲裳，象天在上地在下。土託位于南方，南方故云“用纁”。《詩·七月》正義。又《禮記·王制》正義引注云：“土託位于南方，南方色赤，黃而兼赤，故云‘纁’也。”又《周禮·春官·司服》疏引注云：“乾爲天，其色玄，坤爲地，其色黃。但土無正位，託于南方，火赤色，赤與黃即是纁色，故以纁爲名也。”

釋曰 通變神化，故能成既濟無爲而治，如乾坤易簡而德業盛大。衣裳所以昭文章辯上下，禮達分定，乾元用九，天下治矣。此節言黃帝、堯、舜治天下之大道，爲“葢取”九事總敍，“作衣裳”其一事。

刳盧、周作“挎”，注同。木爲舟，剡盧、周作“掞”，注同。木爲楫。朱作“檝”，注同。舟楫之利，以濟不通，致遠以利天下，葢取諸渙。《釋文》：刳，口孤反，徐口溝反。楫，將輒反，徐音集，又子入反。

《九家易》曰：木在水上，流行若風，舟楫之象也。此本否卦，九四之二。“刳”，除也。巽爲長、爲木，艮爲手，乾爲金，艮手持金，故“刳木爲舟，剡木爲楫”也。乾爲遠天，故“濟不通，致遠以利天下”矣。法渙而作舟楫葢取斯義也。

補 《説文》：舟，船也。古者，共鼓、貨狄，刳木爲舟，剡木爲楫，以濟不通。

“刳”,本亦作“挎”。“剡”,本亦作“掞”。“楫”,本亦作“檝”。

“致遠以利天下”,一本無此句。並《釋文》。

釋曰　張氏曰:“否乾爲金,艮爲手,坎爲穴,手持金穴木,故‘刳木爲舟’也。巽爲長木,艮爲小木,震爲行,小木動長木,‘楫’也。艮手持金剡之,故‘剡木爲楫’也。坎爲通,坤爲閉塞,否四來通坤,故‘濟不通’。乾爲遠、爲天,乾來坤中,故‘致遠以利天下’矣。”案:“挎”、“掞”、“檝”皆後出字。段氏說,“共鼓、貨狄”,葢黃帝、堯、舜時人。或曰:“貨狄”即“化益”,“化益”即“伯益”。

服牛乘馬,引重致遠,以利天下,葢取諸隨。

虞翻曰:否上之初也。否乾爲“馬”、爲“遠”,坤爲“牛”、爲“重”。坤初之上爲“引重”;乾上之初爲“致遠”。艮爲背,巽爲股,在馬上,故“乘馬”。巽爲繩,繩束縛物,在牛背上,故“服牛”。出否之隨,引重致遠以利天下,故“取諸隨”。

補　“服”,《說文》引作“犕”。

一本無“以利天下”句。《釋文》。

釋曰　二、三體否坤爲牛,艮爲背,巽爲繩,縛物在牛背上,故“服牛”。初乾爲馬,艮爲背,四、五本否乾爲人,巽爲股,在馬背上,故“乘馬”。“犕”,正字;“服”,段字。

重門擊周誤“繫”。柝,盧、周作“檿”,注同。以待暴盧、周作“虣”,注同。客,《釋文》:柝,他洛反,《字林》他各反。

干寶曰:卒暴之客,爲奸寇也。

補　馬融曰：“柝”，兩木相擊以行夜。

“暴”，鄭作“虣”。並《釋文》。

《説文》：“㯷”，判也，《易》曰“重門擊㯷”。隸變作“柝”。又“欜”，行夜所擊木，《易》曰“重門擊欜”。

釋曰　“欜”，正字；“柝”，叚字。“虣”，古“暴”字。

蓋取諸豫。

《九家易》曰：下有艮象，從外示當爲“視”。之，震復爲艮，兩艮對合，“重門”之象也。“柝”者，兩木相擊以行夜也。艮爲手，爲小木，又朱無“又”字。爲上持，震爲足，又爲木、爲行，坤爲夜，即手持柝木夜行，“擊門”當爲“柝”。之象也。坎爲盜暴，水暴長无朱作“無”。常，故“以待暴客”。既有不虞之備，故此下朱有“蓋”字。“取諸豫”矣。

補　鄭康成曰：豫坤下震上，九四體震，又互體有艮，艮爲門。震，日所出，亦爲門，重門象。艮又爲手，巽爻也，“巽”上脱“初”字。應在四，皆木也，手持二木也。手持二木以相敲，是爲“擊柝”。擊柝，爲守備警戒也。自“手持”至此；又見《左傳·哀七年》疏，不重“擊柝”字，又無下“爲”字。四又互體爲坎，坎爲盜，五離爻，爲甲胄戈兵，盜謂字誤，惠改作“甲胄”二字。持戈兵，是暴當爲“虣”。客也。又以其卦爲豫，有守備則不可自逸。《周禮·天官·宮正》疏。

釋曰　艮爲門闕，震爲日門，豫體震互艮，重門象。《九家》以從外視之兩艮對合象重門，與荀注中孚兩巽對合同例。惠氏謂《九家》主荀，蓋本荀義。豫初巽爻爲木，應四震東方木。《九家》則以艮震爲兩木，艮爲上持，“上”疑當爲“止”，謂“艮爲止爲持”，并其文耳。艮手持二木相擊，止且行，以察奸寇，備豫不虞，不敢自逸，故取諸豫。

斷木爲杵，掘盧、周作"闕"，注同。**地爲臼。臼杵之利，萬民以濟，蓋取諸小過。**《釋文》：斷，丁緩反，又徒緩反。掘，其月反，又其勿反。

虞翻曰：晉上之三朱誤"二"。也。艮爲小木，上來之三斷艮，故"斷木爲杵"。坤爲地，艮手持木以掘坤三，故"掘地爲臼"。艮止於下，臼之象也，震動而上，杵之象也。震出巽入，艮手持杵出入臼中，舂之象也，故"取諸小過"。本无朱作"無"。乾象，故不言"以利天下"也。

補 《說文》："臼"，舂臼也。古者掘地爲臼，其後穿木石。象形，中象米也。今省作"臼"。

釋曰 晉艮爲小木，上之三斷艮，"杵"，斷小木爲之。晉坤爲地，上之三，艮手持木以發坤土，與杵象連，"掘地爲臼"也。坤爲萬民，杵臼治米以養生，故"濟"。視大過送死事爲小，故"取諸小過"。小過於候爲正月，生養之時也。乾三、四之坤，以陽入陰，上動下止，亦杵入臼之象。

弦木爲弧，剡木爲矢。弧矢之利，以威天下，蓋取諸睽。
《釋文》：剡，以冉反，《字林》因冉反。睽，苦圭反，又音圭。

虞翻曰：无妄五之二也。巽爲繩、爲"木"，坎爲"弧"，離爲"矢"，故"弦木爲弧"。乾爲金，朱脫此句。艮爲小木，五之二以金剡艮，故"剡木爲矢"。乾爲"威"，五之二，故"以威天下"。弓發矢應，而坎雨朱誤"兩"。集，故"取諸睽"也。

釋曰　巽乾艮皆无妄象，五之二體離互坎，乾爲威、爲天，坤爲下，五之二威行天下。弧矢除暴禦亂，使睽者合，故"利"。虞云"而坎雨集"，"而"讀爲"如"。

上古穴居而野處，後世聖人易之以宮室，上棟下宇，以待風雨，蓋取諸大壯。

虞翻曰：无妄兩象易也。无妄乾在上，故稱"上古"。艮爲"穴居"，乾爲"野"，巽爲"處"，无妄乾人在朱脱"在"字。路，故"穴居野處"。震爲"後世"，乾爲"聖人"，"後世聖人"，謂黃帝也。艮爲"宮室"，變成大壯，乾人入宮，故"易以宮室"。艮爲"待"，巽爲"風"，兌爲"雨"。乾爲高，巽爲長木，反在上爲"棟"，震陽朱脱此二字。動起朱作《故》。"上棟"。此下朱衍"下"字。"宇"，謂屋邊也。兌澤動下爲"下宇"。无妄之大壯，巽風不見，兌雨隔震，與乾絶體，故"上棟下宇以待風雨"，"蓋取諸大壯"者也。

釋曰　此下三事皆取兩象易，故言"易之"。无妄艮爲"穴"、爲"居"，乾爲行人，震爲路，故"穴居野處"。易成大壯，五上本无妄艮，乾在艮下，則艮象"宮室"。乾人入宮，故"易之以宮室"。无妄巽爲長木，反動而上，故"上棟"。大壯兌澤動下，故"下宇"，屋檐下垂也。巽風象不見，兌在震乾之間，震與乾別體，兌雨爲所隔，風雨不能及人，民居盛大，非復巢窟之比，故"取諸大壯"。

古之葬者，厚衣之以薪，葬之中野，不封不樹，喪期无數，後世聖人易之以棺椁，蓋取諸大過。

虞翻曰：中孚上下象易盧、周作"易象"。也。本无乾象，故不言

“上古”。大過乾在中，故但言“古”者。巽爲“薪”，艮爲“厚”，乾爲“衣”、爲“野”，乾象在中，故“厚衣之以薪，葬之中野”。穿土稱“封”，“封”，古“窆”字也；聚土爲“樹”，中孚无坤坎象，故“不封不樹”。坤爲“喪”，“期”，謂從斬衰朱作“綀”。至緦麻日月之期數，无坎離日月坤象，故“喪期无數”。巽爲木，爲入處，兑爲口，乾爲人，木而有口，乾人入處，棺斂之象。中孚艮爲山止，巽木在裏，棺藏山陵椁之象也，故“取諸大過”。

　　補　鄭康成曰：大過者，巽下兑上之卦。初六在巽體，巽爲木，上六位在巳，巳當巽位，巽又爲木。二木在外以夾四陽，四陽互體爲二乾，乾爲君原有“爲”字，宋本《正義》無之。父，二木夾君父，是棺椁之象。《檀弓》正義不言注文，王附于末，惠次注中，是也。

　　“椁”，今本多作“槨”。

　　“葬”，《漢書》引作“臧”，《劉向傳》。《後漢書》引作“藏”。《趙咨傳》。

　　釋曰　虞云“乾象在中”者，張氏曰：“中孚之卦，遯陰未至三而大壯陽已至四，是乾在中孚中。”愚謂乾三、四之坤成中孚小過，中孚本乾，三、四伏陰下，而在乾四陽之間，體巽艮，故“厚衣之以薪，葬之中野”。“封”讀爲“窆”，與《檀弓》同。“樹”訓“聚土”，如“屏謂之樹”之“樹”。坎爲穿土，坤爲聚土，中孚無坤坎象，故“不封不樹”。然經傳言“封樹”者皆謂封土樹木，此傳義當同。中孚坤入乾，坤土體巽高，“封”象。巽爲木，“樹”象。中虛，故“不封不樹”耳。椁先置壙中，及葬乃以棺入之。中孚艮爲山，大過巽木當其處，“椁”也。由中孚成大過，棺藏山陵入椁中，棺椁取大過象者，明大事當過乎厚。“葬”也者，

“藏”也。藏者，“臧”之後出字，故或作“臧”或作“藏”。

上古結繩而治，後世聖人易之以書契，百官以治，萬民以察，蓋取諸夬。

《九家易》曰：古者无文字，其有約誓之事，事朱脱一“事”字。大，大其繩，事小，小其繩。結之多少，隨物眾寡，各執以相考，亦足以相治也。夬本坤世，下有伏坤，“書”之象也。上又見乾，“契”之象也。以乾照坤，“察”之象也。“夬”者，決也，取百官以書治職，萬民以契明其事，“契”，刻也。大壯進而成夬，金決竹木，爲“書契”象，故法夬而作書契矣。

虞翻曰：履上下象易也。乾象在上，故復言“上古”。巽爲繩，離爲此下朱有“網”字。罟，乾爲“治”，故“結繩以治”。“後世聖人”，謂黃帝、堯、舜也。夬旁通剥，剥坤爲“書”，兌爲“契”，故“易之以書契”。乾爲“百”，剥艮爲“官”，坤爲眾臣、爲“萬民”、爲迷暗，乾爲治。夬反剥，以乾照坤，故“百官以治，萬民以察”，故“取諸夬”。大壯、大過、夬，此三“蓋取”，直兩象上下相易，故俱言“易之”。大壯本无妄，夬本履卦，乾象俱在上，故言“上古”。中孚本无乾象，大過乾不在上，故但言“古”者。大過亦言“後世聖人易之”，明上古時也。

補　鄭康成曰：事大，大結其繩；事小，小結其繩。《正義》。又見《書·孔序》正義，無二“結”字，首有“爲約”二字。書之于木，刻其側爲契，各持其一，後以相考合。《書·孔序》正義。《書·孔序》釋文引鄭云：“以書書木邊，言其事，刻其木，謂之書契也。”

《説文·敍》曰：庖犧氏始作《易》八卦目垂憲象，及神農氏，結繩爲治而統其事，庶業其繇，飾僞萌生。黃帝之史倉頡，見鳥獸蹏迒之迹，知分理之可相別異也，初造書契，百工目乂，萬品目察，蓋取諸夬。夬"揚于王庭"，言文者宣教明化於王者朝廷。

《漢書・藝文志》曰：夬"揚於王庭"，言其宣揚於王者朝廷，其用最大也。

▌釋曰▐　夬，坤五世卦，旁通剝，坤伏乾下，又自大壯息。坤爲文書之象，乾爲金，大壯震爲竹木，息乾體兌，兌亦爲金，金決竹木，"契"之象。"契"，刻也，蓋以兩木相合，書而刻之，兩木之邊相接處各得半字，以備考合。兌爲附決，附而決之，"契"也。姚氏曰："陽息至五，飛龍上治，故'易之以書契'，百官治而萬民察也。"

是故易者，象也。

干寶曰：言"是故"，又總結朱作"因總"。上義也。

虞翻曰：易，謂日月在天成八卦象，"縣象著明，莫大日月"，是也。

▌釋曰▐　聖人備物致用立成器以利天下，皆取之易象，故易之所以爲易者，象也。虞氏所言，觀象於天，象之本也，聖人因是以立八卦六十四卦之象。

象也者，像盧、周作"象"。也。

崔憬曰：上明取象以制器之義，故以此重釋於象，言易者，象於萬物。"象"者，"形像盧、周作"象"。之"象"也。

▌補▐　眾本並云"像"，擬也。孟、京、虞、董、姚還作"象"。《釋文》。

▌釋曰▐　謂之"象"者，上觀象於天，下以像萬物之宜也。

象者，材也。

虞翻曰：象説三才，則三分天象以爲三才，謂天地人道也。

釋曰　"材"、"才"通，猶才質。三才兩體，象之本質也。陽以七、陰以八爲象。

爻也者，效天下之動者也。

虞翻曰："動"，發也。謂兩三才朱作"材"。爲六畫，則發揮剛柔而生爻也。

釋曰　六畫既備，每畫陰陽動而用事，謂之爻。陽動而進，變七之九，陰動而退，變八之六，象之用也。三百八十四爻得位失位當變不當變，天下之動、吉凶悔吝之故彰彰明矣。

是故吉凶生而悔吝著也。

虞翻曰：爻象動内，則吉凶見外。吉凶悔吝者，生乎動者也，故曰朱脱"曰"字。"著"。

釋曰　象備三才之道，爻效天下之動，易象之功用如是。故人事萬變吉凶悔吝皆形見於易，而天下萬世趨吉避凶之準立矣，所謂"通德類情"也。

第三章

陽卦多陰，陰卦多陽，其故何也？

崔憬曰：此明卦象陰陽與德行也。"陽卦多陰"，謂震、坎、艮一陽而二陰。"陰卦多陽",謂巽、離、兌一陰而二陽也。

　　釋曰　自乾來者曰陽卦,自坤來者曰陰卦。既言其體,因設問以明其故。

陽卦奇,陰卦耦,其德行何也?

　　虞翻曰:陽卦一陽,故"奇";陰卦二陽,朱、周誤"陰"。故朱誤"而"。"耦",謂德行何可者也。

　　釋曰　一爲奇,二爲耦。易道主陽,陽卦一陽,故"奇",所以多陰也。陰卦二陽,故"耦"所謂多陽也。此釋"陽卦多陰,陰卦多陽"之故。姚氏則曰:"陽卦奇,謂陽卦以奇爲主。奇,一也。陰卦耦,謂陰卦以耦爲主。耦,--也。"亦通。陽奇陰耦,道之常也。以配人事德行,則有君民順逆君子小人道不同之象,故復設問其德行何若也。虞注"謂"字,指"其德行何也"一句,似當以"德行"句別爲一節,而此注屬之,即上文"其故何也",亦當退在"陽卦奇陰卦耦"之上爲一節,不當與"陽卦多陰"二句連,皆傳寫失之。虞注"何可","可",當爲"若",蓋"若"誤爲"苦",校者又改爲"可"耳。

陽一君而二民,君子之道也。陰二君而一民,小人之道也。

　　韓康伯曰:陽,君道也。陰,臣道也。君以无爲統衆,无爲則一也。臣以有事代終,有事則二也。故陽爻畫一,朱作"奇"。以明君道必一。陰爻畫兩,以明臣體必二。斯陰陽之數,君臣朱誤"子"。之辯也。以一爲君,君之德也。二居君位,非其道也。故陽卦曰"君子之道也",陰卦曰"小人之道也"。

補　鄭康成曰："一君二民"，謂黃帝、堯、舜，謂地方萬里，爲方千里者百，中國之民居七千里，七七四十九，方千里者四十九，夷狄之民居千里者五十一，是中國夷狄二民共事一君。"二君一民"，謂三代之末以地方五千里，一君有五千里之土，五五二十五，更足以一君二十五，始滿千里之方五十，乃當堯、舜一民之地，故云"二君一民"。《禮記・王制》正義。

仲長统《昌言》曰：《易》曰"陽一君二民，君子之道也；陰二君一民，小人之道也"，然則寡者爲人上者也，眾者爲人下者也。《損益》文。

釋曰　陽爲君，陰爲民，陽卦一陽而二陰，是"一君二民"，君爲主而民無不被其澤，是"君子之道"。陰卦二陽而一陰，是"二君一民"，同此一民而分屬二君，天子衰，諸侯僭，夷狄橫，及臣懷二心以事君，權臣竊柄，暴民比黨，置君不如弈棋，皆其象，故"小人之道"。陽爲君子，陰爲小人，陽爲息，陰爲消，由此也。韓氏之意，則謂君德當主於一。姚氏曰："陽卦以陽爲主，'一君'，謂陽畫爲之君；'二民'，謂陰畫爲之民。二即--。陰卦以陰爲主，'二君'，謂陰畫爲之君。'一民'，謂陽畫爲之民。陽剛君子，陰柔小人也。"是其義。以上言陰陽分君子小人，爲下説消息吉凶發端。

《易》曰：憧憧往來，朋從爾思。

翟玄曰：此咸之九四辭也。咸之爲卦，三君三民，四獨遠陰，思慮之爻也。

韓康伯曰：天下之動必歸於一。思以求朋，未能寂，寂以感物，不思而至也。

補　"憧"，本又作"僮"。昌容反。《釋文》。

> 釋曰 “憧憧”，懷思慮也。四當心位，有思慮象。之外稱“往”，之內稱“來”，陰陽相感。四失位，欲往感上則隔於五，來感初則隔於三，思未正則感未能通，故“憧憧往來”。四與初易位，坎爲“思”，上本體兌爲“朋”，四降初則初之四而上與爲坎，故“朋從爾思”。思正則往來各正而朋自從，不必憧憧矣。翟云“三君三民”者，咸二當承三，上當比五，初、四易，四當應初，而五居尊位爲主，民各從君以會極於天子，亦“一君二民”之義。四獨遠陰故“思”，四之初則成既濟。韓注兩“寂”字，今注疏本作“一”，中有“也”字。

子曰：天下何思何慮？天下同歸而殊塗，一致而百慮，

韓康伯曰：夫少則得，多則惑。塗雖殊，其歸則同。慮雖百，其致不二。苟慮誤“句”。識其要，不在博求。一以貫之，不朱、周作“百”。慮而盡矣。

> 釋曰 六十四卦同歸既濟，特爻變往來之塗殊耳。“致”者，理之至極，消息同出乾元，是“一致”。特上下无常，唯變所適，發爲思慮有百耳。歸同則塗皆通，致一則慮無惑，正其思而物自從，夫何憧憧思慮爲乎。

天下何思何慮！

虞翻曰：易无朱作“無”。思也。既濟定，六位得正，故“何思何慮”。

> 釋曰 咸初、四正，成既濟，復乾元之正，所謂同歸一致。以上言思正則感無不通，明乾元爲消息往來之本。

日往則月來，

虞翻曰：謂咸初往之四，與五成離，故“日往”；與二成坎，故“月

來"。之外"日往",在内"月來",此就爻之正者也。

> 釋曰　此言往來之正,就咸初、四兩爻之正言。

月往則日來,

虞翻曰:初變之四,與上成坎,故"月往"。四變之初,與三盧作"二"。成離,故"日來"者也。

日月相推而明生焉。

虞翻曰:既濟體兩離坎象,故"明生"焉。周作"也"。

寒往則暑來,

虞翻曰:乾爲"寒",坤爲"暑",謂陰息陽消,從姤至否,故"寒往暑來"也。

> 釋曰　此就十二消息言。

暑往則寒來,

虞翻曰:陰詘陽信,從復至泰,故"暑往寒來"也。

> 釋曰　據此則虞本《傳》文當作"詘",古"屈伸"字多作"詘信",然《釋文》不出"屈"字異文。

寒暑相推而歲成焉。

崔憬曰:言日月寒暑往來雖多,而明生歲成相推則一,何思何慮於其閒哉!

　　釋曰　惠氏曰:"消息十二爻而期一歲,故'歲成'。"案:乾元正而日月運行,一寒一暑,此往來之至正者。聖人法之以推剛柔,立消息,成既濟,明生歲成,"朋從"之義。

　　往者,屈盧、周作"詘",下及注同。**也。**

荀爽曰:陰氣往則萬物屈者也。

　　來者,信也。《釋文》:信,音申。

荀爽曰:陽氣來則萬物信者也。

　　補　"信",本又作"伸"。《釋文》。

　　釋曰　萬物得陽而信,遇陰而屈,故陰氣主往,陽氣主來,實則陰陽各有屈信往來。凡往皆屈,凡來皆信也。

　　屈信相感而利生焉。

虞翻曰:"感",咸象,故"相感"。此下周有"也"字。"天地感而萬物化生,聖人感人盧誤重"感人"二字。心而天下和平",故"利此下朱衍"害"字,下句同。生"。"利生",謂陽出震陰伏藏。此下周有"也"字。

　　釋曰　屈信相感,往來成既濟,陽爲主而陰從之,皆乾元出震之所爲,六陽消息周而復始也。以上皆言陰陽往來之正,以明思正朋從之義。

　　尺蠖之屈,以求信也。《釋文》:蠖,紆縛反,又烏郭反。

荀爽曰:以喻陰陽氣屈以求信也。

　　補　《說文》:尺蠖,屈申蟲也。

釋曰　此承"屈信相感"言之。能消者息，有屈乃信，陰陽氣皆然。咸在遯前，遯巽爲蠱，故取尺蠖象以明屈信之義。

龍蛇朱作"虵"，注同。**之蟄，以存身也。**

虞翻曰："蟄"，朱脫"蟄"字。潛藏也，龍潛而蛇藏。陰息初，巽爲"蛇"；陽息初，震爲"龍"。十月坤成，十一月復生，姤巽在下，龍蛇俱蟄初，坤爲身，故"龍蛇之蟄，以存身也"。朱無"也"字。

侯果曰：不屈則不信，不蟄則无朱作"無"，下同。存，則屈此"屈"字各本皆作"屈"。蟄相感而後利生矣。以況无思得一，則萬物歸思矣。此處朱誤多一圈。《莊子》曰"古之畜天下者，其治一也"，《記》曰"通於一，萬事畢。无心得，鬼神服"，此之謂矣。"蠖"，屈行蟲，郭璞云："蜘蠋也。"

補　"蛇"，本又作"虵"。"存身"，本又作"全身"。《釋文》。

釋曰　陰陽之始相並俱生，故姤巽伏復震下，"蟄"者，屈也。存身所以爲信，藏器待時，安其身而後動。侯注"屈蟄相感"，"蟄"，當爲"信"。

精義入神，以致用也。

姚信曰：陽稱"精"，陰爲"義"，"入"在初也。陰陽朱脫"陽"字。在初，深不可測，故謂之"神"。變爲姤復，故曰"致用也"。

韓康伯曰："精義"，物理之微者也。"神"，寂然不動，感而遂通者也。理入寂一，則精義斯得，乃用无朱誤"元"。極也。

干寶曰：能精義精研義理，極深研幾，潛心之至，以入於神深不可測，屈之至以正其思也。變爲姤復，陽息陰消，乾元用九六，成既濟，皆神之所爲，故以"致用"，致用則信矣。理之微，以得未然之事，是以涉於神道而逆禍福朱作"福禍"。也。

〔釋曰〕精研義理，極深研幾，潛心之至，以入於神。深不可測，屈之至以正其思也。變爲姤復，陽息陰消，乾元用九、六，成既濟，皆神之所爲，故"以致用"，致用則信矣。

利用安身，以崇德也。

《九家易》曰："利用"，陰道用也，謂姤時也。陰升上究，則乾伏坤中，屈以求信，陽當復升。"安身"，嘿處也。時既潛藏，故"利用朱脫"用"字。安身"以崇其德。"崇德"，體卑而德高。盧、周有"也"字。

韓康伯曰：利用之道，皆安其身而後動也。精義由於入神以致其用，利用由於安盧脫"身"字。以崇其德。理必由乎其宗，事各本乎其根，歸根則寧天下之理得也。若役其思慮以求動用，忘朱誤"妄"。其安身以殉功美，朱誤"義"。則偽朱作"爲"。彌多而理愈失，名彌美而累愈彰矣。

〔釋曰〕乾元以陰凝陽，復震所以出，屈而後信也。用无不利，時止時行，無入而不自得，故"安身"。樂天知命，安土敦仁，成己成物，至誠無息，故"德崇"。以上就屈信相感，言學《易》之能事，以明思正朋從之義。

過此以往，未之或知也。

荀爽曰：出乾之外，无朱作"無"。有知之。

〔釋曰〕"乾"，當爲"此"。

窮神知化，德之盛也。

虞翻曰：以坤變乾，謂之"窮神"。以乾通坤，謂之"知化"。乾爲盛德，故“德之盛”。

侯果曰：夫精義入神利朱誤“則”。用崇德，亦一致之道極矣。過斯以往，則未之能知也。若窮於神理，通於變化，則德之盛者能矣。

釋曰　窮陰陽不測之神，知天地之化育，至誠前知，惟德盛故然。思之至正，不思而得，天且弗違，而人焉有不從者乎。虞以“神化”分屬乾坤，窮乾之神，如陰之凝陽；知坤之化，如陽之通陰，皆乾元之盛德也。此十一爻之首，論消息皆統於乾元，以陰從陽，君子之道。下數節分言其用，乃以陽息陰消分屬君子小人。

第四章

舊本不分章，故傳寫者至誤以一節分屬兩卷，惠氏正之，猶以一章隔置兩卷。今依《周易述》分卷更定，雖未必合李氏原本，庶於義爲允。①

《易》曰：困于石，據于蒺藜，入于盧周作“於”。其宮，不見其妻，凶。

孔穎達曰：上章先言利用安身可以崇德。若身朱有“自”字。危辱，何崇之有？此章引困之六三，履非其位，欲上于盧、周作“於”，檢《疏》原文當作“干”。四，四自應初，不納於朱作“于”。己，是困于朱作“於”。九四“九四”以下二十字朱脱。之石也。三又乘二，二是剛物，

① 　點校案：此注本在十六章末。

《疏》作"陽"。非己所乘,是據于九二之蒺藜也。又有"入于盧、周作
"於"。其宫不見其妻凶"之象也。

釋曰 困六三爻辭,虞彼注云:"二變正時,三在艮山下,故'困于
石'。坎爲蒺藜,二變艮手據坎,故'據蒺藜者'也。巽爲入,二動艮爲
宫,兑爲妻,謂上无應也。三在陰下,離象毁壞,隱在坤中,死其將至,
故'不見其妻凶'也。"案:"隱在坤中",借伏陽象以説三之凶,善惡不
嫌同辭也,此爻之本義。

子曰:非所困而困焉,名必辱。

虞翻曰:困本咸,咸三入宫,以陽之陰,則二制坤,故以次咸。爲
四所困,四失位朱誤"信"。惡人,故"非所困而困朱脱"而困"二字。
焉"。陽稱"名",陰爲"辱",以陽之陰下,故"名必辱"也。

釋曰 四陽剛君子,濟人者也,非困人者也,而三困焉。天下以
爲其人實有不可救藥之惡,以見絶於君子也,故"名必辱"。陽爲名,
三以陰掩陽,"名辱"之象。困本否二之上,虞此注以爲自咸來者,張
氏曰:"以此困咸相次,俱是否來之卦,則又生此象焉。《上繫》注云
'否上之二成困,三暴慢以陰乘陽,二變入宫爲萃,五之二奪之成解',
亦爲此困、解相次而言,皆非本義。"案:虞此注以困四爲小人,則謂咸
三不當失位入宫承四以自取困,故曰"非所困而困"。"制坤",即下所
云"折坤","折"、"制"古字通。

非所據而據焉,身必危。

虞翻曰:謂據二。二失位,故"非所據而據焉"。二變時坤爲

“身”，二折坤體，故“身必危”。

補　劉炫曰：六三上承九四，四非三應而三欲附之，附之不入，自取其困，不應爲此困而爲之，名必辱也。六三失位而下乘九二，以柔乘剛，非安身之道，不應據而據之，身必危也。《左傳·襄二十五年》正義。

釋曰　以陰乘陽，自以爲安而實至危。虞義蓋以據依小人言，與《韓詩外傳》同義。

既辱且危，死其朱作“期”，注同。**將至，妻其可得見邪？**

陸績曰：六三從困辱之家，變之大過，爲棺椁死喪之象，故曰“死其將至”，妻不可得見。

補　“其”，本又作“期”。《釋文》。唐石經注疏本皆作“期”。

釋曰　困三即解三，伏陽出射隼，小人伏其辜，故“死其將至”，虞義則謂死坤中。“其”或作“期”者，困互離體坎，離日坎月爲期也。身敗名裂，家必亡矣，故妻不可得見，無所歸也。

《易》曰：公用射朱作“躲”，下及注同。**隼于高墉**盧、周作“庸”。**之上，獲之无不利。**

孔穎達曰：前章先須安身可以崇德，故此明藏器於身，待時而動，是有利也。故引解之上六以證之矣。

釋曰　解上六爻辭，虞彼注云：“上應在三。公，謂三伏陽也，離爲隼，三失位，動出成乾，貫隼入大過死象，故‘公用射隼于高墉之上，獲之无不利’也。”案：二、五正，初、四易，三伏陽乃出，成既濟。云“隼入大過死”者，本其初取象耳。解三即困三小人，故以相次。

子曰：隼者，禽也。

虞翻曰：離爲“隼”，故稱“禽”，言其行野容如禽獸焉。

釋曰　“野容”，言無禮禽獸行也。

弓矢者，器也。

虞翻曰：離爲“矢”，坎爲“弓”，坤爲“器”。

射之者，人也。

虞翻曰：“人”，賢人也，謂乾三伏陽，出而成乾，故曰“射之者人”。人則公，三應上，故上令三出而射隼也。

釋曰　五正乃使三伏陽出，以“上”在一卦之上託上位之義，故云“上令三出”耳。

君子藏器於身，待時而動，何不利之有？

虞翻曰：三伏陽爲“君子”。二變時，坤爲“身”、爲“藏器”、爲藏弓矢以待射隼，艮爲“待”、爲“時”。三待五來之二，弓張矢發，動出成乾，貫隼入大過死，兩坎象壞，未誤“懷”。故“何不利之有”，《象》曰“以解悖”。三陰小人乘君子器，故上觀三出射去隼也。

釋曰　此取解自困來，困二變入宮爲萃，弓矢象藏坤中，三伏陽待五之二伐三，乃出成乾，貫隼入大過死，兩坎不正象皆壞，“解悖”之義。然五之二失正伐三，經謂之“寇”，傳謂之“盜”，非正名討罪成既濟无不利之義。當謂解二動，體坤藏器於身，體艮待時，二五、初四正，三乃動而成既濟，故“无不利”。注“爲藏弓矢”，“爲”，當作“謂”。

上陰應三伏陽，民人望君子解悖，故云“上觀三”。

動而不括，是以出而有獲，語成器而動者也。

虞翻曰：“括”，作也。震爲“語”，乾五之坤，二成坎弓離矢動以貫隼，故“語成器而動者也”。

[釋曰] “括”無“作”訓，“作”，當爲“結”，與坤六四注同。動而無窒礙，是以出而有獲，三出挾坎弓離矢成既濟，隼伏其下，故“有獲”。解本體震爲語，有坎離弓矢象，藏於身而時動，故經云然。

子曰：小人不恥不仁，不畏不義，

虞翻曰：謂否也。以坤滅乾爲不仁不義。坤爲“恥”、爲“義”，乾爲“仁”、爲“畏”者也。

[釋曰] 陽生物，“仁”也。地承天，“義”也。否初以陰消陽，故“不仁不義”。坤爲“恥”，坤合乾性，故“恥不仁”。乾威稱“畏”，乾氣加坤，故“畏不義”。此人所受於天地之性，所謂“立人之道曰仁與義”，小人失其本心，無所忌憚，故“不恥不仁，不畏不義”。

不見利不勸，盧、周作“動”，非也。不威不懲。盧、周作“徵”，注同。

虞翻曰：否乾爲“威”、爲“利”，巽爲近利，謂否五之初成噬嗑市。離日見乾爲“見利”，坎盧、周作“震”。爲動，故“不見利不動”。五之初以乾威坤，故“不威不懲”，震爲“懲”也。

[釋曰] “坎爲動，不見利不動”，兩“動”字，皆當爲“勸”，井《象傳》注云“坎爲勸”，足以明之矣。《釋文》不出“勸”字異文，則虞本與諸家

同可知。惠校改"坎"爲"震"以就"動"義,似失之矣。乾來正坤,震懼
艮止,故"懲"。

小懲而大誡,盧、周作"戒",注同。**此小人之福也。**

虞翻曰:艮爲小,乾爲大,五下威初,坤殺不行,震懼虩虩,故"小
懲大誡"。坤爲"小人",乾爲"福",以陽下陰,民説無疆,故"小人之
福也"。

〔釋曰〕 否初在艮下,艮爲小,初陰尚微,小者懲而大者知誡。弑
逆大惡遏絶不行,故"小人之福"。"殺",當爲"弑"。此與訟初"不永
所事"同義。

《易》曰:履校滅趾,无咎。此之謂也。

《九家易》曰:噬嗑六五本先在初,處非其位,小人者也。故歷説
小人所以爲罪,終以致害,雖欲爲惡,能止不行,則"无咎"。

侯果曰:噬嗑初九爻辭也。"校"者,以木夾足止行也。此明小人
因小刑而大誡,乃福也。

〔補〕 "趾",一作"止"。《釋文》。

〔釋曰〕 虞彼注云:"震爲足,坎爲校,震没坎下,故'履校滅趾'。
初位得正,故'无咎'。"

善不積,不足以成名。盧、周以"惡不積"二句合此爲一節,注亦合
并,不重出"虞翻曰"。

虞翻曰:乾爲"積善",陽稱"名"。

釋曰　陽息至三乾成，故"成名"。初陽尚微，行而未成也。

惡不積，不足以滅身。

虞翻曰：坤爲"積惡"、爲"身"，以乾滅坤，故"滅身"者也。

補　《大戴記》曰：安者，非一日而安也；危者，非一日而危也，皆以積然，不可不察也。善不積不足以成名，惡不積不足以滅身。

董子曰：積善在身，猶長日加益而人不知也。積惡在身，猶火之銷膏而人不見也。

釋曰　陰消至上，陽反復，上息至夬決坤，"滅身"之象。初陰尚微，小懲大誡，則不至滅身。

小人以小善爲无盧作"無"。益而弗爲也，

虞翻曰："小善"，謂復初。

以小惡爲无傷而弗去也，

虞翻曰："小惡"，謂姤初。

補　漢昭烈帝之戒後主亦曰：勿以善小而弗爲，勿以惡小而爲之。

釋曰　小善弗爲，復初所以消。小惡弗去，姤初所以長。噬嗑陰消至否，上猶不知反初以救之，正以"小惡爲无傷而弗去"者，是與陰消陽之甚，即"剝廬"、"迷復"之小人矣。

故惡積而不可掩，盧、周作“弇”，注同。

虞翻曰：謂陰息姤至遯，子弑其父，故“惡積而不可掩”。

罪大而不可解。

虞翻曰：陰息遯成否，以臣弑君，故“罪大而不可解”也。

〔釋曰〕惠氏曰：“乾爲君、爲父，內體爲父，外體爲君。艮消乾三，坤消乾五，艮子道，坤臣道，故有此象也。”案：上不正初，致五失位，猶安於不正，怙惡不悛，必至陰盡消陽而後已，故惡積罪大，與逆陰同。

《易》曰：何校滅耳，凶。《釋文》：何，河可反，又音河。

《九家易》曰：噬嗑上九爻辭也。陰自初升五，所在失正，積惡而罪大，故爲上所滅。“善不積”斥五陰爻也，“聰不明”者，聞善不聽，聞戒不改，故“凶”也。

〔釋曰〕《九家》義與《象傳》柔得中而上行不合，殆失之。離爲槁木，掩坎耳，“何校滅耳”之象。虞義“坎爲校”，張氏曰：“否陰既成，當上九下初成益反泰。上九惡積罪大，安於不正，故五之初小徵大戒以救之，五下則坎爲校爲耳。‘何’，儋也，乾本爲首，坎成橫貫其中，故‘何校滅耳’。”

子曰：危者，安其位者也。

崔憬曰：言有危之慮，則能安其位不失也。

〔補〕鄭康成《禮運》注曰：君子居安如危，小人居危如安，《易》曰“危者安其位”。

亡者，保其存者也。

崔憬曰：言有亡之慮，則能保其朱有"長"字。存者也。

亂者，有其治者也。

崔憬曰：言有防亂之慮，則能有其治者朱無"者"字。也。

補 谷永説：夏商之將亡也，行道之人皆知之。宴然自以若天有日莫能危，是故惡日廣而不自知，大命傾而不悟，《易》曰"危者，有其安者也；亡者，保其存者也"。

郭璞説：有道之君，未嘗不以危自持；亂世之主，未嘗不以安自居。故存而不忘亡者，三代之所以興也；亡而自以爲存者，三季之所以廢也。

釋曰 姚氏曰："不知戒懼則禍亂生。危者，自以爲可長安其位者也。亡者，自以爲可長保其存者也。亂者，自以爲可長有其治者也，而不知乃其所以亡也。"案：姚説本《正義》，於傳文語氣極合，似較崔義爲長。據鄭《禮運》注及谷永、郭景純説，則古義固如此。

是故君子安而不忘危，

虞翻曰："君子"，大人，謂否五也。否坤爲"安"。"危"，謂上也。

翟玄曰：在安而朱、盧無"而"字。慮危。

釋曰 張氏曰："上亢，故危。當下初成益。"

存而不忘亡，

荀爽曰：謂"除戎器戒不虞"也。

翟玄曰：在存而慮亡。

釋曰 苟舉一端耳。慎厥身脩，毋教逸欲，賢者在位，能者在職，勸賞畏刑，恤民不倦，日討國人而訓之，日討軍實而申儆之，皆是也。張氏曰："存治，謂乾。亡亂，謂坤。五知存亡治亂，故使上反下也。"

治而不忘亂，

荀爽曰：謂思患而逆防之。

翟玄曰：在治而慮亂。

是以身安而國家可保也。

虞翻曰：坤爲"身"，謂否反成泰，君位定於内而臣忠於外，故"身安而國朱作"邦"。家可保也"。

補 劉向説：《易》曰"安不忘危，存不忘亡，是以身安而國家可保也"，王者必通三統，明天命所授者博，非獨一姓也。

釋曰 否時大往小來，陰消之勢已成，然五正陽位而二應之，能戒懼則反泰，君位定乎内而臣忠乎外，消者復息矣。休否以君位正五言，反泰以君位定内言。

《易》曰：其亡其亡，

荀爽曰：存不忘亡也。

繫于包桑。

荀爽曰："桑"者，上玄下黃，乾坤相包以正，故不可忘當爲

“亡”。也。

陸績曰：自此以上皆謂否陰滅陽之卦。五在否家，雖得中正，常自懼以危亡之事者也。

釋曰 “包”者，乾坤相包，又植也，本也。柔上玄下黄，象乾坤相包，各繫本體，而陰中又有伏陽，德澤在民，如桑之植本深固，乾元所以能反復成泰也。小人欲消君子使亡，而君子乃自繫於植桑，其樹德也深，其防患也豫，是以身安而國家可保，所謂“利用安身”也。陸云“此以上皆否陰滅乾之卦”者，咸在遯前，消之始，困三、解三皆小人，而解取困來，噬嗑初、上皆示陰消之戒，故於此明正陰反泰之義。天下之生一治一亂，而君子之道有治無亂也。

子曰：德薄而位尊，

虞翻曰：鼎四也。則離九四凶惡小人，故“德薄”。四在乾位，故“位尊”。

釋曰 乾爲德，乾體不正，四又失位，故“德薄”。鼎，三公之象，四，諸侯之位，諸侯入爲三公，位近天子，故“尊”。

知小盧、周作“少”。而謀大，

虞翻曰：兑爲少知，乾爲大謀，四在乾體，故“謀大”矣。

釋曰 “少知”，疑當作“小知”。四兼體兑乾，故“知小而謀大”。

力少而任重，

虞翻曰：五至初體大過本末弱，故“力少”也。乾爲仁，故“任重”。

以爲己任，不亦重乎。

> 補　"少"，今本多作"小"。

> 釋曰　張氏曰："乾爲仁，釋乾爲'任重'之故耳，非謂鼎四任仁也。"

尟朱作"鮮"，注同。**不及矣。**

虞翻曰："尟"，少也。"及"，及朱少一"及"字。於刑矣。

> 補　"尟"，本又作"鮮"。《釋文》。

《易》曰：鼎折足，覆公餗，其刑朱作"形"。渥，凶。言不勝其任也。

孔穎達曰：言不能安身，智小謀大而遇禍也，故引鼎九四以證之矣。

> 補　"餗"，馬作"䊿"。《釋文》。

> 釋曰　四震爻，變又體震，震爲足，兑爲毀折，故"鼎折足"。"餗"，八珍之食。鼎足折則餗覆，喻三公不勝任，覆君之美道，當服屋誅大刑。虞作"渥"，大刑也；鄭作"剭"，於屋中刑之也，不勝任之咎如此。姚氏曰："'任'，負也。'鼎'，宗廟之器。'重任'，尊位也。'餗'，八珍之食，大謀也。以德薄知力小者當之，鮮有能勝任而不折覆以離於刑者。九四以陽居陰，處非其位，故'不勝任'。《潛夫論·貴忠》云：'德不稱其任，其禍必酷。能不稱其位，其殃必大。'"案：馬作"䊿"者，"䊿"蓋"鬻"之誤。

子曰：知幾其神乎！

虞翻曰："幾"，謂陽也，陽在復初稱"幾"，此謂豫四也。惡鼎四折足,故以此次,言豫四知幾而反復初也。朱無"也"字。

　　釋曰　張氏曰:"豫二欲四復初,故主謂豫四。"案:豫四本復初,陽在復初稱幾。四體之而二知之,四能復初,二欲四復初,皆"知幾"者。

君子上交不諂,朱、盧作"諂",注同。下交不瀆,

　　虞翻曰:豫二朱誤"上"。謂四也,四失位諂瀆。"上",謂交五,五貴,震爲笑言,笑且言,朱、盧作"笑言且"。諂也,故"上交不諂"。"下",謂交三,坎爲"瀆",故"下交不瀆"。欲其復初得正元吉,故"其知幾乎"。

　　釋曰　四失位,上承五,下比三,亦皆失位,失位相與謂之失義,嫌於諂瀆。四本復初,順以動,故"不諂"、"不瀆"。反豫之本而復其初,故"知幾"。在二則四在上而欲其復,"上交不諂"也。四復初而休之,"下交不瀆"也。不溺於豫而知其當復,"知幾"也。

其知幾乎!

　　侯果曰:"上",謂王侯;"下",謂凡庶。君子上交不至諂媚,下交不至瀆慢,悔吝无朱作"無"。從而生,豈非知微者乎。

幾者,動之微,吉之先見者也。

　　虞翻曰:陽此下朱衍"吉"字。見初成震,故"動之微"。復初"元吉","吉朱少一"吉"字。之先見者也"。

　　韓康伯曰:"幾"者,去无朱作"無"。入有,理而未形者,不可以名尋,不可以形覩也。唯神也,不疾而速,感而遂通,故能玄照,鑒於未形也。合抱之木,起於毫末,吉凶之彰,盧、周作"章"。始乎微兆,故言

"吉之先見"。

補　諸本"吉"下或有"凶"字，《漢書·楚元王傳》引《易》有。

釋曰　陽吉陰凶，陰陽相並俱生，而陽先陰後。乾元爲大始，復小而辨於物，陰陽之物辨之於早，見吉即見凶，去凶就吉，則有吉无凶矣。此句"凶"字或有或無並通。

君子見幾而作，不俟終日。《易》曰：介于石，《釋文》：徐音戒。**不終日貞吉。介如石焉，寧用終日，斷可識矣。**

孔穎達曰：前章言朱作"云"。"精義入神"，此明知幾入神之事，故引豫朱誤"易"。之六二以證之。

崔憬曰：此爻得位居中，於豫之時，能順以動而防於豫，如石之耿介，守志不移。雖暫豫樂，以其見微而不終日，則能"貞吉"，斷可知矣。

補　"介"，眾家作"砎"。徐云：王廙古黠反。《釋文》。

釋曰　虞彼注云："'介'，纖也。與四爲艮，艮爲'石'，故'介于石'。與小畜通，應在五，終變成離，離爲'日'，得位，欲四急復初，已得休之，故'不終日貞吉'。"案："介"，纖也，界也，纖微之界謂之介，辨纖微之界即謂之介。"石"，堅礭之物。"介于石"，辨纖微之界於一定之理也。"介如石"，辨纖微之界，如石之堅礭不可轉也。辨之早，審之礭，安用終日，斷可知矣。鄭作"砎"，謂磨砎如治石，砥礪堅礭，研幾審也，詳經下。

君子知微知彰，盧、周作"章"，注同。**知柔知剛，**

姚信曰：此謂豫二朱、盧作"卦"。也。二下交初，故曰"知微"；上交於三,故曰"知彰";體坤處和,故曰"知柔";與四同功,故曰"知剛"。

　　補　鄭康成曰:君子"知微",謂幽昧;"知彰",謂明顯也。《文選》潘安仁《西征賦》注引《周易注》云,疑是鄭注。

　　釋曰　姚以君子專指二言。若然,"知微",故交初不瀆。"知彰",故交三不諂。初、三當變成離,二早得正,不待終變成離,故"不終日貞吉",所謂"知幾"也。二柔順中正,與四同功,知四剛當復初,與虞義互通。愚謂君子當兼指二與四,見微知著,誠不可揜,故"知微知彰"。剛柔相易,各正性命,故"知柔知剛"。知幾其神,故"萬夫之望"。

萬夫之望。

　　荀爽曰:聖人作而萬物覩。

　　干寶曰:言君子苟達於此,則萬夫之望矣。周公聞齊魯之政,知後世彊弱之勢;辛有見被髮而祭,則知爲戎狄之居,凡若此類,可謂"知幾"也。皆稱"君子",君子則以得幾,不必聖者也。

子曰:顏氏之子,其殆庶幾乎!

　　虞翻曰:"幾"者,神妙也。顏子知微,故"殆庶幾"。孔子曰:"回也其庶幾乎。"盧作"也"。

　　補　鄭康成曰:"庶",幸也。"幾",覬也。《詩·兔爰》正義引《易》云。"云"上當脫"注"字。

　　釋曰　言顏子庶乎知幾。鄭義則以"庶幾"爲"冀幸"之義,近辭也。知幾其神,顏子近之矣。虞引《論語》視今本多一"幾"字。

有不善未嘗不知，

虞翻曰：復以自知，老子曰“自知者明”。

釋曰 動之微即辨之。

知之未嘗復行也。

虞翻曰：謂顏回不遷怒，不貳過，克己復禮，盧、周誤“理”。天下歸仁。

釋曰 過未形而速改，亦“見幾而作，不俟終日”之義。

《易》曰：不遠復，无祗朱、盧作“祇”。悔，《釋文》：祗，王廙、輔嗣音支。元吉。朱本以此條爲下卷之首，盧、周移入此卷之末，皆非。

侯果曰：復初九爻辭。“殆”，近也；“庶”，冀也。此明知微之難，則知微者唯聖人耳。顏子亞聖，但冀近於知微而未得也。在微則昧，理彰盧、周作“章”。而悟，失在未形，故有不善，知則速改，故无大過。

釋曰 陽入坤，即出震，七日來復，故“不遠復”，猶人有不善即速改也。陽出入无疾，故“无祗悔”。乾元正，故“元吉”。決於改過則無過，克己復禮爲仁，吉之元也。

天地絪緼，盧作“壹壺”，周作壹壺。萬物化醇。

虞翻曰：謂泰上也。先說否，否反成泰，故不說泰。天地交，萬物通，故“化醇”。

孔穎達曰：以前章“利用安身，以崇德也”，安身之道在於得一。

若已能得一，則可以安身，故此章明得一之事也。絪縕，朱作"氤氲"，下同。氣附著之義。言天地无朱作"無"。心，自然得一。唯二氣絪縕，共相和會，感應變化，而有精醇之生，萬物自化。朱脫"自化"二字。若天地有心爲一，則不能使萬物此下朱衍"一"字。化醇者也。

補　"絪縕"，字又作"氤氲"。《釋文》。又作"烟熅"。《文選》張平子《思玄賦》注。《後漢書・張衡傳》注。

《說文》作"壹壺"，曰："壹"，專壹也，从壺吉，吉亦聲。"壺"，壹壺也，从凶，从壺，壺，不得渫也，《易》曰"天地壹壺"。

"醇"，或作"淳"。

釋曰　泰乾爲天，坤爲地，泰初之上，乾坤合於一元，包覆醞釀，故"壹壺"。吉凶並在壺中，氣未泄也。三應上得友，二、五既正成益，萬物出震，故化醇化生。虞云"泰上"，謂泰初之上。上文說否五，由否反泰，故不復說泰，損由泰來，說損即說泰也。"壹壺"，正字。"壹"，隸省作"壹"。"絪縕"，叚借字。"氤氲"，俗字。

男女搆精，萬物化生。

虞翻曰：謂泰初之上成損，艮爲男，兌爲女，故"男女搆精"，乾爲"精"。損反成益，萬物出震，故"萬物化生"也。

干寶曰："男女"，猶陰陽也，故"萬物化生"。不言"陰陽"而言"男女"者，以指釋損卦六三之辭，主於人事也。

補　"搆"，亦作"構"，鄭康成作"覯"，曰："覯"，合也。男女以陰陽合其精氣。《詩・草蟲》正義。

《白虎通》曰：人道所以有嫁娶何？以爲情性之大，莫若男女，男女之交，人倫之始，莫若夫婦，《易》曰"天地氤氳，萬物化淳，男女構精，萬物化生"。《嫁娶》文。

　　釋曰　人道合於一則孳生不已，故伏羲別男女正夫婦使定於一，而人倫正王道興，所以位天地而育萬物也。

《易》曰：三人行，則損一人；一人行，則得其友。言致一也。

　　侯果曰：損六三爻辭也。《象》云"一人行三則疑"，是眾不如寡，三不及一。此明物情相感，當上法綑縕朱作"氤氳"。化醇致一之道，則无患累者也。

　　釋曰　泰乾三爻爲"三人"，震爲"行"，故"三人行"。初之上，故"損一人"。三應上，故"得其友"。三則疑，一則得友，故精義入神之學歸於一。

子曰：君子安其身而後動，

　　虞翻曰：謂反損成益。"君子"，益初也。坤爲"安身"，震爲"後動"。

　　崔憬曰：君子將動有所爲，必自揣安危之理在於己身，然後動也。

　　釋曰　三陽一體，否五使上反初，故君子謂初，益下在初，五之德也。身正則安，初正坤成震，故"安其身而後動"。深識安危之本，處身於無過之地，是惟無動，動則益矣。

易其心而後語，

　　虞翻曰：乾爲"易"，益初體復心。震爲"後語"。

　　崔憬曰：君子恕己及物，若於事心難，不可出語，必和易其心而後言。

　　[釋曰] 平易其心，審理之當然，人情之所安，而後發號出令。崔云"於事心難"，謂於事有心知其難者，不强以出教令。周公曰："平易近民，民必歸之。"《大學》曰："君子有大道，必忠信以得之，驕泰以失之。"

定其交而後求。

　　虞翻曰：震專爲"定"、爲"後"。"交"，謂剛柔始交，艮爲"求"也。

　　崔憬曰：先定其交，知其才行若好施與吝，然後可以事求之。

　　[釋曰] 否天地不交，上之初交坤得正，是"定其交"。應艮爲求，與國人交止於信，危急存亡之際乃可恃。崔云"好施與吝"，謂知其人好施或吝嗇，度其可否，然後求之，以朋友之交取與言。

君子脩周作"修"。此三者，故全也。

　　虞翻曰：謂否上之初。損上益下，其道大光；自上下下，民說无疆，故"全也"。

　　[釋曰] 益人者人恒益之，否上之初，所以爲成既濟反泰之本。

危以動，則民不與也。

　　虞翻曰：謂否上九"高而无朱作"無"。位"，故"危"。坤民否閉，故弗與也。

　　[釋曰] 益初既正，上於六位當反三，於消息又當反初，三陽以次反乎内成泰。上不反初，則非益下之道，否終當消成剥，故此極言不益之害。益上即否上之位，虞就否上明之。

懼以語,則民不應也。

虞翻曰:否上窮災,故"懼"。不朱誤"來"。下之初成益,故"民不應",坤爲"民",震爲"應"也。

无交而求,則民不與也。

虞翻曰:上來之初,故"交"。坤民否閉,故"不與"。震爲"交"。

〔釋曰〕 上不之初,故"无交"。

莫之與,則傷之者至矣。

虞翻曰:上不之初,否消滅乾,則體剥傷,臣弑君,子弑父,故"傷之至矣"。

《易》曰:莫益之,或擊之,立心勿恒,凶。

侯果曰:益上九爻辭也。此明先安身易心,則羣善自應。若危動懼語,則物所不與,故"凶"也。

〔釋曰〕 上窮亢失位,有不能益下之象,故"莫益之"。否消成剥,艮手爲擊,故"或擊之"。益道不終,故"立心勿恒,凶"。"勿",猶"無"也。

卷第十六

第五章

子曰:乾坤其易之門邪?

荀爽曰:陰陽相易,出於乾坤,故曰"門"。

[補] "易之門",本又作"門戶"。《釋文》。鄭康成《易贊》有"戶"字。

[釋曰] 張氏曰:"'易',神也。入坤出乾,故乾坤爲易之門。"

乾,陽物也。坤,陰物也。

荀爽曰:陽物天,陰物地也。

[釋曰] 乾坤之象主於天地,而萬物皆資始於乾,由坤而生。凡陽皆屬乾,凡陰皆屬坤,故此云"乾陽物,坤陰物",下云"乾天下之至健,坤天下之至順"。

陰陽合德,而剛柔有體。

虞翻曰:"合德",謂天地雜,保大和,日月戰。乾剛以體天,坤朱脫"坤"字。柔以體地也。

[釋曰] 張氏曰:"乾入坤,坤就乾,天地雜也。坤牝乾,陰凝陽,日

月戰,保太和也。易出入乾坤之門者以此。"案:"陰陽合德",一陰一陽之謂道也。"剛柔有體",分陰分陽,乾坤剛柔立本,六十四卦由此生,消息由此出也。

以體天地之撰,《釋文》:撰,仕勉反。王肅士眷反。

《九家易》曰:"撰",數也,萬物形體皆受天地之數也。謂九天數,六地數也,剛柔得以爲體矣。

[釋曰] 萬物陽類皆得天數,陰類皆得地數,故易卦爻皆七、八、九、六。

以通神明之德。

《九家易》曰:隱藏謂之"神",著見謂之"明",陰陽交通乃謂之"德"。

[釋曰] 聖人幽贊神明,因蓍立卦,乾坤生六子成八卦,重爲六十四,而易無不周,故"以通神明之德"。

其稱名也,雜而不越。

《九家易》曰:陰陽雜也。"名",謂卦名。陰陽雖錯,而卦象各有次序,不相踰越。

[補] "越",《説文》作"𧼪",曰:"𧼪",踰也,《易》曰"雜而不𧼪"。

[釋曰] 易无名也。出入乾坤成六十四卦,則有名。名以陰陽雜居而立,然不越乎乾坤之大義。陰陽相受,各有次序也。"𧼪",正字。"越",叚字。

於稽其類,其衰世之意邪?

虞翻曰:"稽",考也。三稱盛德,上稱末世,乾終上九,動則入坤,坤弑其君父,故爲亂世。陽出復震,入坤出坤,故"衰世之意邪。"

侯果曰:"於",嗟也;"稽",考也。易象考其事類,但以吉凶得失爲主,則非淳古之時也,故云"衰世之意"耳。言"邪",示疑不欲切指也。

釋曰　"於稽其類",於雜之中而稽其類也。侯讀"於"爲《尚書》歎辭之"於","於"字絕句。

夫易彰盧、周作"章",注同。往而察來,而微顯闡幽,開而當名,

虞翻曰:神以知來,知朱作"智"。以藏往。微者顯之,謂從復成乾,是察來也。闡者幽之,謂從姤之坤,是彰往也。陽息出初,故"開而當名"。

釋曰　"彰往",著吉凶一定之理。"察來",審禍福將至之幾。顯者微之,推見以至隱,陽息照物,本孕坤中也。幽者闡之,陰閟藏物,乃出乾初也,此因虞義而變易之。張氏曰:"乾元出坤,其動也闢,故'開'。六十四卦由此生,故'當名'也。"

辯物,正言,斷辭,則備矣。

干寶曰:"辯物",朱、盧無此二字。辯物類也;"正言",言正義也;"斷辭",斷吉凶也,如此則備於經矣。

釋曰　張氏曰:"乾元出坤,陰陽以別,故'辯物'。震爲言、爲辭,陽出震,故'正言斷辭'。皆備於名,故'則備矣'。"

其稱名也小，

虞翻曰：謂乾坤與六子俱名八卦而小成，故“小”，復小而辯於物者矣。

釋曰　六十四卦之名義皆本八卦。“小”，謂陰陽尚微也，故引“復小而辯於物”以明之。

其取類也大。

虞翻曰：謂乾陽也，爲天，爲父。觸類而長之，故“大”也。

釋曰　張氏曰：“謂觸類而長之成六十四卦，皆乾元所爲。‘爲天爲父’者，言其大生，故觸類而長之耳，非以説卦所屬爲取類也。”案：取類大，道之顯也。

其旨遠，其辭文，

虞翻曰：“遠”，謂乾；“文”，謂坤也。

釋曰　張氏曰：“乾元知來，故‘旨遠’。坤知章往，故‘辭文’。”

其言曲而中，其事肆而隱。

虞翻曰：“曲”，屈；盧、周作“詘”，朱“曲屈”二字倒。“肆”，直也。陽曲初，震爲“言”，故“其言曲而中”。坤爲“事”，隱未見，故“肆而隱”也。

釋曰　陽曲初，藏坤中也，屯字尾曲象之。出震得位，故“中”。乾動直，故“肆”，《記》曰“肆直而慈愛”。尚伏坤中，故“隱”，其言曲而中，聖人所以濟民行也。其事肆而隱，龍德而在衰世也。

因貳以濟民行，以明失得之報。

虞翻曰："二"，謂乾與坤也。坤爲"民"，乾爲"行"，行得則乾報以吉，行失則坤報以凶也。

補　鄭康成曰："貳"，當爲"式"。《釋文》。

釋曰　因乾坤陰陽明吉凶，使民行得正而無失，則成既濟矣。

第六章

《易》之興也，其於中古乎？

虞翻曰：興《易》者，謂庖犧也。文王書經，繫朱作"系"。庖犧於乾五，乾爲"古"，五在乾中，故興於中古。繫以黄帝、堯、舜爲後世聖人，庖犧爲中古，則庖犧以前爲上古。

補　馬、荀、鄭皆以文王爲中古。後章虞注。

《漢書·藝文志》曰：易道深矣，人更三聖，世歷三古。孟康曰：伏羲爲上古，文王爲中古，孔子爲下古。

釋曰　《上傳》云"包羲作結繩"，又云"上古結繩而治"，則包羲爲上古，而文王爲中古可知。傳以黄帝、堯、舜爲後世聖人者，對上古言之耳。包羲之《易》興於文王，故曰"興於中古"，下云"《易》之興也，殷之末世周之盛德"，正申此文。

作《易》者，其有憂患乎？

虞翻曰：謂憂患二字朱誤倒。百姓，未知興利盧誤"利興"。遠害，不行禮義，茹毛飲血，衣食不足。庖犧則天八卦，通爲六十四，以德化之，吉凶與民同患，故"有憂患"。

釋曰　"作《易》"，兼包犧畫卦、文王繫辭言。文王蒙難，本包犧憂患生民之意而演《易》也。

是故履，德之基也。

虞翻曰：乾爲"德"。履與謙旁通，坤柔履剛，故"德之基"，坤爲"基"。

侯果曰："履"，禮，蹈禮不倦，"德之基也"。自下九卦，是復道之最，故特言矣。

釋曰　"履"，踐也，藉也。履物爲踐，履於物爲藉。履以旁通言，則坤藉乾；以本卦言，則乾履兌，禮達分定，故"德之基"。

謙，德之柄也。

虞翻曰：坤爲"柄"，"柄"，本也。凡言"德"皆陽爻也。

干寶曰："柄"所以持物，"謙"所以持禮者也。

釋曰　張氏曰："地者萬物之本。乾上九反三，陽德皆本乎此，故謙爲德之柄。"

復，德之本也。

虞翻曰：復朱誤"德"。初，乾之元，故"德之本也"。

恒，德之固也。

虞翻曰：立不易方，守德之堅固。

損，德之脩周作"修"，注同。也。

荀爽曰：徵朱作"懲"。忿窒慾，所以脩德。

補　鄭康成曰："脩"，治也。

"脩"，馬融作"循"。並《釋文》。

釋曰　"循"義不甚協，蓋"脩"之譌。

益，德之裕也。

荀爽曰：見善則遷，有過則改，德之優裕也。

困，德之辯也。《釋文》：辯，如字，王肅卜免反。

鄭玄曰："辯"，別也。遭困之時，君子固窮，小人窮則濫，德於是別也。

井，德之地也。

姚信曰：井養而不窮，德居地也。

釋曰　姚氏曰："井爲德所居之地，勞民勸相，居德之地也。"

巽，德之制也。

虞翻曰：巽風爲號令，所以制下，故曰"德之制也"。

孔穎達曰：此上九卦，各以德爲用也。

釋曰　陽入陰而制齊之，與時偕行，惟義所在。

履和而至。

虞翻曰：謙與履通，謙坤柔和，故"履和而至"，"禮之用和爲貴"者也。

釋曰　"説而應乎乾"，故"和"。"辯上下定民志"，故"至"，"至"者，盡其當然之則也。

謙尊而光。

荀爽曰：自上下下，其道大光也。

復小而辯盧、周作"辨"。**於物。**

虞翻曰：陽始見，故"小"。乾陽物，坤陰物，以乾居坤，故稱別物。

釋曰　陰陽之物辯之於早。經傳"辯""辨"字多不別。《説文》："辯"，治也；"辨"，判也，訓"別"。則"辨"正字，"辯"叚字。

恒雜而不厭。

荀爽曰：夫婦雖錯居，不厭之道也。

釋曰　夫婦有別而久，則恩義篤而孝敬成，族類辯，故"不厭"。

損先難而後易。

虞翻曰：損初之上失正，故"先難"。終反成益，得位於初，故"後易"，"易其心而後語"。

益長裕而不設。

虞翻曰：謂天施地生，其益无朱作"無"。方。凡益之道，與時偕行,故"不設"也。

補　鄭康成曰:"設",大也。《周禮·攷工》曰"中其莖,設其後"。《周禮·攷工記·桃氏》疏。

釋曰　張氏曰:"謂利之而不庸。"案:"不設",不張大也,所以"有孚惠我德"。

困窮而通。

虞翻曰:陽窮否上,變之坤二成坎,坎爲"通",故"困窮而通"也。

釋曰　困而不失其所亨。

井居其所而遷。

韓康伯曰:改邑不改井,井所居不移,而能遷其施也。

釋曰　"遷",故井養不窮。

巽稱而隱。《釋文》:稱,尺證反,又尺升反。

崔憬曰:言巽申命行事,是稱揚也。陰助德化,是微隱也。自此已盧、周作"以"。上,盧、周作"下"。明九卦德之體者也。

釋曰　崔訓"稱"爲"稱揚",義未盡。張氏曰:"'稱',度也。物齊乎巽,神明其德,陽隱乎初,故'稱而隱'。"

履以和行。

虞翻曰:禮之用和爲貴,謙震爲"行",故"以和行"也。

釋曰　禮之用在和,故以和人之行,所謂和順於道德。謙震爲行,以履合謙,故"以和行"。

謙以制禮。

虞翻曰:陰稱"禮",謙三以一陽制五陰,萬民服,故"以制禮"也。

〖釋曰〗 禮以地制,孝子之行忠臣之義取諸地。以陽亨陰,由謙息履,故"以制禮"。禮以謙爲本,所謂"德之柄"。

復以自知。

虞翻曰:有不善未嘗不知,故"自知"也。

恒以一德。

虞翻曰:恒德之固,立不易方,從一而終,故"一德"者也。

〖釋曰〗 久于其道,純一其德。

損以遠害。

虞翻曰:坤爲"害",泰以初止坤上,故"遠害",乾爲"遠"。

益以興利。

荀爽曰:天施地生,其益无朱作"無"。方,故"興利"也。

困以寡怨。

虞翻曰:坤爲"怨",否朱誤"不"。弑父與君,乾來上折坤二,故"寡怨"。坎水性通,故不怨也。

釋曰　“乾來上折坤二”，“來上”，當作“上來”。上之二，大人正坤，則民怨弭而亂不作。君子雖爲小人所撝，困而不失其所亨，求仁得仁，又何怨。

井以辯盧、周作“辨”，注同。**義。**

虞翻曰：坤爲“義”，以乾別坤，故“辯義”也。

釋曰　姚氏曰：“‘辯義’，改邑不改井，各有宜也。”

巽以行權。

《九家易》曰：巽象號令，又爲近利，人君政教進退，擇朱、盧作“釋”。利而爲，“權”也。《春秋傳》曰：“權者，反於經然後有善者也。”此所以說九卦者，聖人履憂濟民之所急行也。故先陳其德，中言其性，後敘其用，以詳之也。西伯勞謙，殷紂驕暴，臣子之禮有常，故創易道以輔濟君父者也。然其意義廣遠幽微，孔子指撮，解此九卦之德，合三復之道，明西伯之於紂不失上下。

釋曰　“擇利而行”，通變宜民也。張氏曰：“權者，反於經然後合道者也。巽陽隱初，特究成震，以消爲息，故曰‘巽以行權’。”

第七章

《易》之爲書也不可遠，《釋文》：遠，馬、王肅、韓袁万反，師讀如字。

侯果曰：居則觀象，動則玩占，故“不可遠”也。

爲道也屢盧、周作"婁",注同。**遷。**

虞翻曰:"遷",徙也。日月周流,上下無常,故"屢遷"也。

[補] "屢",鄭氏《易贊》引作"婁"。

[釋曰] 上兩章言卦,此以下三章言爻。生爻取法日月,故虞本日月之道言之。"婁",古"屢"字。

變動不居,周流六虛。

虞翻曰:"變",易;"動",行;"六虛",六位也。日月周流,終則復始,故"周流六虛"。謂甲子之旬辰巳朱誤"爲"。虛,坎戊爲月,離己爲日,入在中宮,其處空虛,故稱"六虛",五甲如次者也。

[釋曰] 九六往來,不常厥居,周流於六位之中,終則又始。曰"六虛"者,姚氏謂"太極六爻一陰一陽之虛位",是也。太極六位,即乾坤用九六體坎離成既濟之象。坎月離日位戊己中宮,旬中之辰當之者爲虛。如甲子之旬,則辰巳當戊己爲虛,甲戌之旬,則寅卯當戊己爲虛,六甲以次推之可知。日月進退由中宮出入,卦爻消息登降於六位,其義一也。

上下无常,剛柔相易。

虞翻曰:"剛柔"者,晝夜之象也。在天稱"上",入地爲"下",故"上下无常"也。

[釋曰] 姚氏曰:"終而復始,升降於六虛,所謂周也。陰陽上下,互相易位,故'上下无常,剛柔相易',所謂易也。"

不可爲典要，唯變所適。

虞翻曰："典"，常；盧、周脱"常"字。"要"，道也。上下无常，故"不可爲典要"。適乾爲晝，適坤爲夜。

侯果曰：謂六爻剛柔相易，遠近恒唯變所適，非有典要。

釋曰　"典"，常也；"要"，約束也，謂道之一定者也。六十四卦消息，唯其時義，不必皆如陰陽一定之位，故"唯變所適"，猶日月相推，往來不窮也。侯注"恒"字上疑脱"无"字，"无恒"絶句。以上言易道變易，六爻發揮旁通之事。

其出入以度，外内使知懼。

虞翻曰：出乾爲"外"，入坤爲"内"，日行一度，故"出入以度"。出陽知生，入陰懼死，"使知懼"也。

韓康伯曰：明出入之度，使物知外内之戒也。出入猶行藏，外内猶隱顯。遯以遠時爲吉，豐以幽隱致凶，漸以高顯爲美，明夷以處昧利貞，此外内之戒也。

釋曰　虞意出陽顯外則知生，入陰消内則懼死。"出入以度"，如日行有常，使人審消息吉凶而不失其度也。愚謂下章云"懼以終始，其要无咎"，則"知懼"謂"知戒懼"耳。易雖屢遷，而出陽入陰各有節度，爻象動内，吉凶見外，所以使人知懼，不陷凶咎。

又明於憂患與故。

虞翻曰：神以知來，故"明憂患"；知朱作"智"。以藏往，故知事故。作《易》者其有憂患乎？

<u>釋曰</u>　明未來憂患之先幾，與已往事故之定理。

无有師保，如臨父母。

虞翻曰：“臨”，見也。言陰陽施行以生萬物，无有師保生成之者。萬物出生，皆如父母，孔子曰：“父母朱誤“子”。之道天地，乾爲父，坤爲母。”

干寶曰：言易道以戒懼爲本，所謂懼以終始歸无咎也。“外”，謂盧、周誤“爲”。丈夫之從王事，則夕惕若厲；“內”，謂婦人之居室，則无攸遂也。雖无師保切磋之訓，其心敬戒，常如父母之臨己者也。

<u>釋曰</u>　聖人作《易》，憂民之深，不但如師保之教訓，直如父母之臨覆。乾嚴爲師，坤安爲保，師保父母，皆乾坤象。卦爻陰陽剛柔，不皆乾坤而無非乾坤也。干氏以“外內”爲男女正位之象。“如臨父母”，正申“知懼”之義，父母者施教令於婦子者也。

初率盧、周作“帥”，注“率”，正同。其辭而揆其方，

虞翻曰：“初”，始下也；“率”，正也，謂脩朱、周作“修”，下同。辭立誠。“方”，謂坤也，以乾通坤，故“初帥各本皆如此。其辭而揆其方”。

侯果曰：“率”，脩；“方”，道也。言脩易初首之辭，而朱無“而”字。度其終末之道，盡有典常，非虛設也。朱無“也”字。

<u>補</u>　馬融曰：“方”，道也。《釋文》。

<u>釋曰</u>　虞述經作“帥”，“帥”、“率”皆叚借字，正當作“達”，“達”，先道也。道人必以正，則人循行之，故“率”又訓“循”又訓“正”。“初率其辭而揆其方”，在作《易》者，則於初正其辭以定一卦之義也；在學《易》者，則於初循其辭以審全卦之旨也。侯注兩“脩”字，疑皆當作“循”。

既有典常。苟非其人，道不虛行。

虞翻曰：其出入以度，故"有典常"。"苟"，誠也；"其人"，謂乾爲賢人。神而明之，存乎其人，不言而信，謂之德行，故"不虛行"也。

崔憬曰：言易道深遠，若非朱、盧此下有"其"字。聖人，則不能明其道，故知易道不虛而自行，必文王然後能朱無"能"字。弘也。

釋曰　六十四卦三百八十四爻同出乾坤而歸於既濟，一卦有一卦之既濟，故曰"既有典常"，"既"，盡也。以上言易道歸於不易，成既濟之事。

第八章

《易》之爲書也，

干寶曰：重發易者，別殊旨也。

釋曰　上章統論生爻大義，此章指實言之。

原始要終以爲質也。

虞翻曰："質"，本也。以乾"原始"，以坤"要終"，謂原始及朱作"反"。終以知死生之説。

崔憬曰："質"，體也。言《易》之書，原窮其事之初，若初九"潛龍勿用"，是"原始"也；又要會其事之末，若上九"亢龍有悔"，是"要終"也。易原始潛龍之勿用，要終亢龍之有悔，復相明以爲體也。諸卦亦然，若大畜而後通之類是也。

　　釋曰　虞氏所言,大極一陰一陽之道,乾坤九六之用,六十四卦消息之始終也。崔氏所言,一卦之始終。由大極變化而成每卦六畫之始終,六畫一體,是之謂質。元發爲畫,所謂"象"也。崔注"大畜"下,當重一"畜"字。

六爻相雜,唯其時物也。

　　虞翻曰:陰陽錯居稱"雜"。時陽則陽,時陰則陰,故"唯其時物"。乾陽物,坤陰物。

　　干寶曰:一卦六爻,則皆雜有八卦之氣,若初九爲震爻,九二爲坎爻也;或若見辰戌言艮,巳亥言兌也;或若以甲壬名乾,以乙癸名坤也;或若以午位名離,以子位名坎;或若德來爲好物,刑來爲朱脫五字。惡物;王相爲興,休廢爲衰。

　　釋曰　姚氏曰:"'時',爲一卦之氣發爲六畫者,故'六位時成'。爻之陰陽由於畫,故'唯其時物',唯六畫之陰陽發爲六爻之陰陽也。"干以"物"爲爻所屬之物,六爻陰陽相雜,唯其卦之時而物應,爻辭取義所以廣也。

其初難知,其上易知,本末也。

　　侯果曰:"本末",初、上也。初則事微,故"難知";上則事彰,故"易知"。

初辭擬之,卒成之終。

　　干寶曰:初擬議之,故"難知";卒終成之,故"易知"。本末勢然也。

侯果曰：失在初微，猶可擬議而之福。過在卒成，事之終極，非擬議所及，故曰“卒成之終”。假如乾之九三，噬嗑初九，猶可擬議而之善。至上九則凶災不移，是事之卒成之終極，凶不變也。

[釋曰] 初擬議其事，至上而吉凶著，故“卒成之終”。“終”，謂上也。侯説“擬議”未當。

若夫雜物撰德，辯 盧、周作“辨”，注同。**是與非，則非其中爻不備。**

虞翻曰：“撰德”，謂乾；“辯”，別也。“是”，謂陽；“非”，謂陰也。“中”，正。乾六爻二、四、上非正，坤六爻初、三、朱誤“二”。五非正，故“雜物”。因而重之爻在其中，故“非其中”，則爻辭不備。“道有變動，故曰爻也。”

崔憬曰：上既具論初、上二爻，次又以明其四爻也。言中四爻雜合所主之事，撰集所陳之德，能辯其是非，備在卦中四爻也。

[補] “撰”，鄭作“算”，曰：“算”，數也。《釋文》。

[釋曰] “算”、“撰”聲轉訓同。虞以“雜物”爲爻位不皆正，“撰德”爲數乾之德。一陰一陽，二、八、六統於一、七、九，陽息爲是，陰消爲非，於義可也。訓“中”爲“正”，則《易》無此例，殆失之矣。姚氏曰：“‘雜物’，謂陰陽也。‘撰德’，天地之撰，神明之德也。‘中爻’，二至五中四爻也。謂之中爻者，五，上之中；二，下之中；三、四，互體之中。中四爻兼互體，故備也。”案：雜合陰陽之物，七、八、九、六之數。八卦之德，於一卦正象互象之中，以辯陰陽消息，六位當否，或變或易或不動，皆初、上合中四爻乃備。

噫,亦要存亡吉凶,則居可知矣!《釋文》:噫,於其反。要,一妙反,絶句。又一遙反,則句至"吉凶"。

虞翻曰:謂知存知亡,要終者也。居乾吉則存,居坤凶則亡,故曰"居可知矣"。

崔憬曰:"噫",歎聲也。言中四爻亦能要定卦中存亡吉凶之事,居然可知矣。孔疏扶王弼義,以此中爻爲二、五之爻,居中无偏,能統一卦之義,事必不然矣。何則?上文云"六爻相雜,唯其時物",言雖錯雜,而各獨會於時,獨主於物,豈可以二、五之爻,而兼其雜物撰德是非存亡吉凶之事乎?且二、五之此下似脱"爻"字。撰德與是,要存與吉則可矣;若主物與非,要亡與凶,則非其所象,故知其不可也。朱作"矣"。且朱作"但"。上論初、上二爻,則此中總言四爻矣。下論二四、三五,則是重述其功位者也。

補　馬融曰:"噫",辭也。"居",處也。居讀如字。

王肅曰:"噫",辭也。於力反。

鄭康成曰:"居",辭。音基。

王肅同。並《釋文》。

釋曰　易原始要終以爲質,發而爲爻,學者亦要存亡於爻辭之吉凶,則由始成終一定之理可知矣。"噫",歎辭,憂患之意,王肅音異,義或同。王氏引之謂肅讀"噫"爲"抑","抑",轉語辭,審上下文義似不協。"要",即"要終"之"要",或音一妙反絶句,不辭之甚。"居",如《檀弓》"何居"之"居",馬、虞訓"處",亦通。吉凶言乎其失得,得屬乾,失屬坤,故虞云然。得位則坤爻亦乾吉之象,失位則乾爻亦坤凶之象。坤二應陽,乾上防陰,是也。崔辯中爻甚當,以"要存亡吉凶"

專指中四爻猶未盡。"且二、五之撰德","之"下當脱"爻"字,絶句,"撰德"屬下讀。

知盧、周作"智"。**者觀其彖辭,則思過半矣。**

韓康伯曰:夫彖舉立象之統,論中爻之義,約以存博,簡以兼衆,雜物撰德而一以貫之者也。形之所宗者道,衆之所歸者一。其事彌繁,則愈滯乎有。注本作"形"。其理彌約,則轉近乎道。彖之爲義,存乎一也。一之爲用,同乎道矣。形而上者可以觀道,過此下朱、盧有"乎"字。半之益,不亦宜乎!

補 馬融曰:"彖辭",卦辭也。

鄭康成曰:"彖辭",爻辭也。

王肅曰:彖舉象之要也。並《釋文》。

釋曰 彖辭舉六爻大義,故"思過半"。鄭注"爻辭"下,葢脱"之質"二字。

二與四同功,

韓康伯曰:同陰功也。

崔憬曰:此重釋中四爻功位所宜也。二主士大夫位,佐於一國;四主三孤、三公、牧伯之位,佐於天子,皆同有助理之功也。

釋曰 二與四同互一卦,故"同功"。二得中在内,四失中在外。二爲大夫,四爲諸侯,故"異位"。崔以二爲士大夫,四爲公、孤、牧伯,據後師說約略言之,不與《乾鑿度》合。

而異位。

韓康伯曰：有外内也。

崔憬曰：二士大夫位卑，四孤、公、牧伯位尊，故有異也。

其善不同，二多譽，四多懼，近也。

韓康伯曰：二處中和，故“多譽”也。四近於君，故“多懼”也。

釋曰 五乾爲善，二應五，四承五，故“其善不同”。“近”，謂二在内，韓説未是。二與四同功而“多譽”、“多懼”異者，二在内近，四在外遠，柔道主近也。

柔之爲道，不利遠者。

崔憬曰：此言二、四皆陰位。陰之爲道，近比承陽，故“不利遠”矣。

釋曰 天道遠，地道近，柔之爲道不利乎遠，四所以多懼也。崔説未當。

其要无咎，其用柔中也。

崔憬曰：言二是陰遠陽，雖則不利，其要或有无咎者，以二柔居中，異於四也。

釋曰 懼則能戒，故要歸无咎。二所以多譽，陰道之用在柔中也。崔説未當。

三與五同功而異位。

韓康伯曰：有貴賤也。

崔憬曰：三，諸侯之位；五，天子之位。同有理人之功，而君臣之位異者也。

〔釋曰〕　三爲三公，五爲天子，故“異位”。

三多凶，五多功，貴賤之等也。

崔憬曰：三處下卦之極，居上卦之下，朱脫此二字。爲一國之君，有威權之重，而上承朱作“臣”。天子，若无含章之美，則必致凶。五既居中不偏，貴乘天位，以道濟物，廣被寰中，故“多功”也。朱無“也”字。

其柔危，其剛勝邪！《釋文》：勝，升證反，一音升。

侯果曰：三、五陽位，陰柔處之，則多凶危，剛正居之，則勝其任。言“邪”者，不定之辭也。或有柔居而吉者，得盧、周作“居”。其時也；剛居而凶者，朱無“者”字。失朱作“私”。其應也。

〔釋曰〕　侯讀“勝”音升，依“吉凶貞勝”之義，則宜讀升證反。姚氏曰：“三、五俱陽，同互一卦，故‘同功’。五中在外，三失中在內，故‘異位’。五貴得中，故‘多功’。三賤失中，故‘多凶’。三、五陽位，故‘柔危剛勝’也。”案：“邪”者，唱歎之辭。“柔居而吉”者，當變也。“剛居而凶”者，時爲之也。

第九章

《易》之爲書也，廣大悉備。

荀爽曰：以陰朱誤"陽"。易陽謂之"廣"，以陽易陰謂之"大"。易與天地準，朱作"准"。固"悉備"也。

釋曰　以陰易陽，坤之乾也；以陽易陰，乾通坤也。乾大生，坤廣生，以言乎天地之閒則備矣。"固"，當爲"故"。

有天道焉，有人道焉。有地道焉。

崔憬曰：言《易》之爲書明三才，廣无朱作"無"，下同。不被，大无不包，悉備有萬物之象者也。

釋曰　太極元氣函三爲一，乾三畫象之。

兼三才朱作"材"。而兩之，故六。六者，非它朱作"他"。也，三才之道也。唐石經"才"字原作"才"，改爲"材"。

崔憬曰：言重卦六爻亦兼天地人道，兩爻爲一才，以下四"才"字，朱惟末一字作"才"，餘皆作"材"。六爻爲朱作"有"。三才，則是"兼三才而兩之，故六"，"六"者即三才之道也。

釋曰　兼三才爲乾象，以坤兩之，故六。六者非它，即三才之道。天道陰陽，地道剛柔，人道仁義也。

道有變動，故曰爻。

陸績曰：天道有晝夜日月之變，地道有剛柔燥溼朱、盧作"溼"。之變,人道有行止動靜吉凶善惡之變,聖人設爻,以效三者之變動,故謂之"爻"者也。

[釋曰] 發揮於剛柔而生爻,以效天下之動。

爻有等,故曰物。

干寶曰:"等",羣也。爻中之義羣物交集,五星四氣,六親九族,福德刑殺,眾形萬類,皆來發於爻,故總謂之"物"也。象"頤中有物曰噬嗑",是其義也。

[釋曰] 爻有剛柔貴賤之等可辯,故曰"物",陰陽之物也。干以爻所屬之物言,亦通。

物相雜,故曰文。

虞翻曰:乾陽物,坤陰物。純乾純坤之時未有文章,陽物入坤,陰物入乾,更相雜,朱誤"離"。成六十四卦,盧誤"爻"。乃有文章,故曰"文"。

文不當,故吉凶生焉。

干寶曰:其辭爲文也。動作云爲,必考其事,令與爻義相稱也。事不稱義,雖有吉凶,則非今日之吉凶也。故元亨利貞,而穆姜以死;黃裳元吉,南蒯以敗,是所謂文不當也。故於經則有君子吉小人否,於占則王相之氣,君子以遷官,小人以遇罪也。

[釋曰] 爻不皆當位,故"文不當",當則吉,不當則凶。干以"文不當"據筮占言,亦一義。

第十章

《易》之興也，其當殷之末世，周之盛德邪？當文王與紂之事邪？

虞翻曰：謂文王書《易》六爻之辭也。“末世”，乾上；“盛德”，乾三也。“文王三分天下而有其二以服事殷，周德其可謂至德矣”，故“周之盛德”。紂窮否上，知存而不知亡，知得而不知喪，終以焚死，故“殷之末世”也。而馬、荀、鄭君從俗以文王爲中古，失之遠矣。

補　鄭康成曰：據此言，以《易》是文王所作，斷可知矣。《左傳·昭二年》正義。又《左傳·序》正義約之云。案：據此文，以爲《易》是文王所作。

釋曰　文王爲臣止敬，視民如傷，立人倫之極以順天則，故爲“盛德”。文王蒙難而作《易》，上章云“作《易》者有憂患”，雖上兼包羲而意主文王也。此“興《易》”之文與上章同，則文王爲中古，而《易》是文王所作可知。包羲作卦，文王作辭，皆作者之謂聖也，虞駁鄭失之。文王作乾坤卦爻辭及屯以下卦辭，故孔子獨名乾坤卦爻辭爲“文言”。屯以下爻辭蓋周公成之，父作子述，故作《易》獨稱文王也。

是故其辭危。

虞翻曰：“危”，謂乾三夕惕若厲，故“辭危”也。

釋曰　諸卦爻辭皆然。文王位乾三，故虞舉以指説全經大意。

危者使平，

陸績曰：文王在紂世，有危亡之患，故於《易》辭多趨危亡。本自免濟，建成王業，故《易》爻辭"危者使平"以象其事，否卦九五"其亡其亡，繫于苞、周作"於"。苞桑"之屬是也。

　　釋曰　"易"，輕也。自危者能平，輕易者必傾，天道使然，《易》辭著之以爲萬世戒，望天下之平而懼殷命之傾。乾上亢而不知悔，則窮剝入坤，之坤三成謙，則息復而濟，聖人之情見乎辭矣。陸氏舉否、明夷之辭指實文王與紂之事，據爻辭周公作而云然。"本自免濟"，"本"，當爲"卒"。

易者使傾。

　　陸績曰："易"，平易也。紂安其位，自謂平易，而反朱誤"本"。傾覆，故《易》爻辭"易者使傾"以象其事，明夷上六"初登于天，後入于地"之屬是也。

其道甚大，百物不廢。

　　虞翻曰："大"，謂乾道。乾三爻三十六物，故有"百物"。朱作"故百物不廢"。略其奇八，與大衍之五十同義。

　　釋曰　彌綸天地之道，故"其道甚大"，曲成萬物而不遺，故"百物不廢"，皆乾元周流所爲。乾每爻三十六策，三爻應百物之數。

懼以終始，其要无咎，此之謂易之道也。

　　虞翻曰：乾稱"易道"，終日乾乾，故"无咎"。危者使平，易者使傾，惡盈福謙，故"易之道"者也。

第十一章^①

夫乾,天下之至健也,德行恒易以知險。

虞翻曰:"險",謂坎也。謂乾二、五之坤成坎離,日月麗天,天險不可升,故"知險者"也。

釋曰 此承"懼以終始"而言,聖人體乾坤易簡之德而知險阻。易首乾坤,以天地之道訓人事。夫乾,言乎"天下之至健"者也,謂聖人體天德之極也。夫坤,言乎"天下之至順"者也,謂聖人應地義之極也。至健故易,至順故簡,純陰純陽,爲物不貳也。生物不測,故知險知阻。易簡爲變易之本,而實不易之定理也。人心光明正大,則物來順應,事來不惑,不逆詐,不億不信,而自先覺,故知險阻,知險阻則懼以終始,而可以濟天下之險阻矣。乾坤二、五相之成坎離,坎爲險、爲水,互艮爲山陵,離互巽爲高,兌澤爲下,險阻象。乾坤元亨,坎通離明,故知之,此所以能説心研慮。

夫坤,天下之至順也,德行恒簡以知阻。

虞翻曰:"阻",險阻也。謂坤二、五之乾,艮爲山陵,坎爲水,巽高兌下,地險山川丘陵,故"以知阻"^{朱誤"險"。}也。

能説諸心,

虞翻曰:乾五之坤,坎爲"心",兌爲"説",故"能説諸心"。^{此下朱}

---

① 點校案:"十一章"章題,原文闕,今補。

衍"謂説諸心物之有心者也"十字。

釋曰 聖人先得人心之所同然，故"能説諸心"。或曰：自説其心，心與理會也。

能研諸侯之慮，

虞翻曰：坎心爲"慮"，乾初朱誤"二"。之坤爲震，震爲"諸侯"，故"能研諸侯之慮"。

補 《集解序》引無"侯之"二字。

釋曰 古之治天下以諸侯，能研諸侯之慮，則天下濟矣。《集解》無"侯之"二字，或別有所本，或李自爲文，節字協句。

定天下之吉凶，成天下之亹亹盧、周作"娓娓"，注同。者。

虞翻曰：謂乾二、五之坤成離日坎月，則八卦象具，八卦定吉凶，故能"定天下之吉凶"。"亹亹"，進也。離爲龜，乾爲蓍，月生震初，故"成天下之亹亹者"，謂莫善蓍龜也。

荀爽曰："亹亹"者，陰陽之微，可成可敗也。順時者成，逆時者敗也。

補 鄭康成曰："亹亹"，没没也。

王肅曰："亹亹"，勉也。並《釋文》。

釋曰 坎互震艮，離互巽兑，故八卦象具。虞訓"亹亹"爲"進"，凡事進乃成，與鄭、荀義相引申。荀云"陰陽之微"，或讀"亹亹"爲"娓娓"。"娓"从尾，"尾"，微也。

是故變化云爲，吉事有祥。

虞翻曰："祥"，幾祥也，吉之先見者也。陽出變化云爲，吉事爲祥，謂復初乾元者也。

〔釋曰〕 易之變化效人事之云爲，陽出復初，息乾通坤，成既濟之本，故"吉事有祥"。"幾者動之微，吉之先見"，謂此也。

象事知器，占事知來。

虞翻曰："象事"，謂坤，坤爲"器"，乾五之坤成象，故"象事知器"也。"占事"，謂乾以知來，乾五動成離，則玩盧、周作"虱"。其占，故"知來"。

侯果曰：易之云爲，唯變所適。爲善則吉事必應，觀象則用器可爲，求吉則未形可覩者也。

〔釋曰〕 象其物宜，則知制器之理。乾二、五之坤成坎離，日月爲象，坤爲事，合之爲"象事"。事未著而占之，則知其方來。乾五之坤成離有蓍龜象，離目兌口，玩其占也。

天地設位，聖人成能。

虞翻曰：天尊五，地卑二，故"設位"。乾爲"聖人"。"成能"，謂"能說諸心，能研諸侯之慮"，故"成能"也。

崔憬曰：言《易》擬天地設乾坤二位，以明重卦之義，所以成聖人伏羲、文王之能事者也。

〔釋曰〕 聖人體乾元成既濟，位天地，育萬物，故"成能"。

人謀鬼謀，百姓與能。

虞翻曰：乾爲"人"，坤朱誤"坎"。爲"鬼"，乾二、五之坤，朱誤"坎"。坎朱誤"坤"。爲"謀"。乾爲"百"，坤爲"姓"，故"人謀鬼謀，百姓與能"。朱脫圈。

朱仰之曰："人謀"，謀及卿士。"鬼謀"，謀及卜筮也。又謀及庶民，故曰"百姓與能"也。

補 鄭康成曰："鬼謀"，謂謀卜筮于廟門。《儀禮·士冠禮》疏。

釋曰 謀及乃心、卿士、庶人，皆"人謀"也。謀及卜筮，"鬼謀"也。百姓由此以明失得之報，日遷善而不自知，是與於聖人之能。以上言聖人體乾坤易簡之德，以贊化育濟民行。

八卦以象告，

虞翻曰：在天成象，乾二、五之坤則八卦象成，兌口震言，故"以象告"也。

釋曰 乾坤二、五相之成坎離，互震艮巽兌，則在天八卦之象備，而萬象在其中矣。

爻象以情言，

崔憬曰：伏羲始畫八卦，因而重之，以備萬物而告於人也。"爻"謂爻下辭，"象"謂卦下辭，皆是聖人之情見乎繫辭而假爻象以言，故曰"爻象以情言"也。盧、周無"也"字。

釋曰 姚氏曰："六十四卦皆八卦之象，故'八卦以象告'。'告'，示也。爻言變，象言象，聖人之情見乎辭，故'爻象以情言也'。"案：此數章皆詳於爻,而爻之大義總於彖,故曰"爻彖以情言"。

剛柔雜居而吉凶可見矣。

虞翻曰:乾二之坤成坎,坤五之乾成離,故"剛柔雜居",艮爲"居"。離有巽兌,坎有震艮,八卦體備,故"吉凶可見"也。

崔憬曰:言文王以六爻剛柔相推而物雜居,得理則吉,失理則凶,故"吉凶可見"也。

釋曰 觀象繫辭而明吉凶,六爻剛柔雜居而消息得失之象著,故"吉凶可見"。乾二之坤,坤五之乾,成既濟,太極六位之正也,吉道也。乾坤相之成八卦,重爲六十四,爻當位者吉,失位者凶,準此可知矣。

變動以利言,

虞翻曰:乾變之坤成震,震爲"言",故"變動以利言"也。

釋曰 變而通之以盡利,故"變動以利言"。"利者,義之和",人情之大順,所以趨吉避凶也。乾變之坤成震,動之端,發揮剛柔由此始。

吉凶以情遷。

虞翻曰:乾吉坤凶。六爻發揮旁通,"情"也,故"以情遷"。

釋曰 情得正則吉,失正則凶。正動而失正,則吉遷爲凶,不正動而之正,則凶遷爲吉。

是以愛惡相攻而吉凶生。《釋文》:惡,烏路反。

虞翻曰:"攻",摩也。乾爲"愛",坤爲"惡"。謂剛柔相摩,以愛攻惡生吉，以惡攻愛生凶，故"吉凶生"也。

補　"惡"，鄭烏洛反。《釋文》。

"是以"，注疏本唐石經作"是故"。

釋曰　以愛摩惡，則惡惡亦情之正，故"吉"。陰得正，所以息陽也。以惡摩愛，則偏愛亦情之私，故"凶"。陽失正，則爲陰所消也。鄭義蓋謂愛惡猶善惡，可欲之謂善，故稱"愛"。君子道長則小人道消，小人道長則君子道消，故"愛惡相攻"。或曰，古讀惡惡本無二音，鄭義未必異。

遠近相取而悔吝生。

虞翻曰："遠"，陽，謂乾；"近"，陰，謂坤。陽取陰生悔，陰取陽生吝，"悔吝"言小疵。

崔憬曰："遠"，謂應與不應；"近"，謂比與不比。或取遠應而舍朱作"捨"，下同。近比，或取近比而舍遠應，由此遠近相取，所以生悔吝於繫辭矣。

釋曰　虞以相取爲陽居陰位、陰居陽位，纖介不正，悔吝爲賊，故"悔吝生"。崔以遠爲應，近爲比。或取遠應而舍近比，則比爻爲應爻所取，而比者失所比。或取近比而舍遠應，則應爻爲比爻所取，而應者失所應，故"悔吝生"，義似較長。此"遠近"與"二多譽四多懼"之"遠近"異。

情偽相感而利害生。

虞翻曰："情"，陽；"偽"，陰也。情感偽生利，偽感情生害。乾爲

"利",坤爲"害"。

<blockquote>釋曰 情感僞則不正者化而之正,僞感情則正者反化而失正。</blockquote>

凡《易》之情,近而不相得,則凶。

韓康伯曰:"近",況比爻也。"《易》之情",剛柔相摩變動相逼者也。"近而不相得",必有乖違之患也,或有相違而无患者,得其應也。相須而偕凶,乖於時也。隨事以考之,義可見矣。

<blockquote>釋曰 "況",猶喻也。"不相得",於不相得也。</blockquote>

或害之,悔且吝。

虞翻曰:坤爲"害"。以陰居陽,以陽居陰,爲"悔且吝"也。

<blockquote>釋曰 "或害之",謂閒爻害之也。情本相得,而遠近之際或有取而閒之者,故"悔且吝"。虞義陰居陽,陽居陰,陽皆受陰之害。</blockquote>

將叛者其辭慙。 朱作"慚"。

荀爽曰:謂屯六三"往吝"之屬也。

虞翻曰:坎人之辭也。近而不相得,故"叛",坎爲隱伏,"將叛"。坎爲"心",故"慚"也。

侯果曰:凡心不相得,將懷叛逆者,辭必慚惡。

<blockquote>釋曰 此以下六者,皆不相得情見乎辭,《易》因以辭狀之。荀注不以六子爲義。</blockquote>

中心疑者其辭枝。

荀爽曰:"或從王事无成"之屬也。

虞翻曰:離人之辭也。火性枝分,故枝疑也。

侯果曰:中心疑貳,朱作"二"。則失得无從,故枝分不一也。

吉人之辭寡。朱本與下句合爲一節。

虞翻曰:艮人之辭也。朱無此注。

釋曰　吉人理直,不煩言而明,雖不相得,其免於凶矣。

躁人之辭多。

荀爽曰:謂睽上九之屬也。

虞翻曰:震人之辭也。震爲決躁,"恐懼虩虩",朱誤"虩"。"笑言啞啞",故多辭也。盧周無"也"。

侯果曰:躁人煩急,故"辭多"。

誣善之人其辭遊。

荀爽曰:"遊",豫朱作"逸"。之屬也。

虞翻曰:兌人之辭也。兌爲口舌誣乾,乾爲善人也。

崔憬曰:妄稱有善,故自敘其美,而辭必浮游不實。

釋曰　兌爲巫、爲口舌稱"誣",兌上揜乾陽,故"誣善"。"游",浮也,《書》曰"脣動以浮言",《記》曰"大人不倡游言"。荀注"游豫",或當作"盱豫"。

失其守者其辭屈。盧、周作"詘"。

荀爽曰：謂泰上六"城復於隍"之屬也。

侯果曰：失守則沮，辱而不申，盧、周作"信"。故"其辭屈"盧、周作"詘"。也。爻有此象，故占辭亦從矣。

虞翻曰：巽人之辭也。巽詰詘，此及下"詘"字各本同。陽在初守巽，初陽入伏陰下，故"其辭詘"。此六子也，離上坎下，震起艮止，兌見巽伏。上經終坎離，則下經終既濟未濟；《上繫》朱作"系"，下同。終乾坤，則《下繫》終六子，此《易》之大義者也。

釋曰 陽在初確乎不拔稱"守"，巽初陽伏陰下，故失其守而辭屈。《上繫》卒章云"乾坤其易之縕"，末言"存乎德行"，即易簡德行也。此章言乾坤易簡知險阻，此節極言民之情偽，以六子之象明之，聖人憂患萬世之情深矣。

卷第十七

周易説卦傳

此題今補。

第一章

昔者聖人之作《易》也，

孔穎達曰：據今而稱上代，謂之"昔"者。聰明睿智，謂之"聖人"，即伏羲也。　案《下繫》云"古者庖犧氏之王天下，始作八卦"，今言"作《易》"，明是伏羲，非謂文王也。

補　鄭康成曰："昔者聖人"，謂伏羲、文王也。《書·孔序》正義。

又《易論》曰：易者，陰陽之象，天地之所變化，政教之所生。《路史》注。

釋曰　下言"生蓍"、"立卦"，伏羲之事。生爻變化成既濟，伏羲之意，至文王繫辭始明，故知此"聖人作《易》"兼羲、文言。

幽贊於神明而生蓍，

荀爽曰："幽"，隱也；"贊"，見也。神者在天，明者在地，神以夜光，明以晝照。"蓍"者，策盧、周作"册"，下同。也，謂陽爻之策三十有六，陰爻之策二十有四。二篇之策，萬有一千五百二十，上配列宿，下副物數。"生蓍"者，謂蓍從爻中生也。

干寶曰："幽"，昧，人所未見也；"贊"，求也。言伏羲用明於昧冥之中以求萬物之性，爾乃得自然之神物，能通天地之精而管御百靈者，始爲天下生用蓍之法者也。

補《史記・龜筴列傳》曰：天下和平，王道得，而蓍莖長丈，其叢生滿百莖。

"贊"，本或作"讚"。《釋文》。

釋曰　姚氏曰："'幽'，深；'贊'，佐也。'幽贊'，謂易不可見，聖人極深研幾以佐見之也。'神明'者，天地之神明，易之元也。'生'，猶造也。"案：荀云"神者在天"，謂不可測者；"明者在地"，謂可見者。乾天坤地，神以夜光，乾二之坤五成坎爲月，月受日爲明，日光在內也，明以晝照；坤五之乾二成離爲日，日繞地而行，地氣麗天陽顯于外也，此即既濟之位太極之象也。太極之神不可見，於日月運行見之。神明以隱顯殊稱，其實則一。"幽贊"者，深探其變化出入之道，而著見之以示人，生蓍成九六之變是也。蓍策卦爻相應，陽爻九，策四九三十六；陰爻六，策四六二十四。二篇六十四卦三百八十四爻，策萬一千五百二十，故曰"蓍從爻中生"。明聖人本爲卦爻而生蓍，其法則先蓍而後卦爻，《繫》稱"大極生兩儀，兩儀生四象"，皆"生蓍"。"四象生八卦"，乃生卦也。干云"天地之精"即神明也，蓍能"通天地之精而管御百靈”，故聖人用之以通神明之德。如《史記》所云，則“幽贊神明”即贊化育；“生蓍”，謂神物自生以供聖人作《易》之用，亦通。

參天兩地而倚數。《釋文》：參，七南反，又如字，音三。天，或作“夫”者，非。倚，於綺反。

虞翻曰：“倚”，立。“參”，三也。謂分天象爲三才，以地兩之，立六畫之數，故“倚數”也。

崔憬曰：“參”，三也。謂於天數五地數五中，以八卦配天地之數，起天三配艮而立三數，天五配坎而立五數，天七配震而立七數，天九配乾而立九數，此從三順配陽四卦也。地從二起，以地兩配兌而立二數，以地十配離而立十數，以地八配巽而立八數，以地六配坤而立六數，此從盧誤“從此”。兩逆配陰四卦也。其天一地四之數，無卦可配，故虛而不用。此聖人取八卦配天地之數，總五十而爲大衍。　案：此說不盡，已釋在“大衍”章中，詳之明矣。

補　馬融曰：五位相合，以陰從陽。天得三合，謂一、三與五也；地得兩合，謂二與四也。王肅同。《正義》。“倚”，依也。《釋文》。

鄭康成曰：天地之數備於十，乃三之以天，兩之以地，而倚託大演之數五十也。必三之以天、兩之以地者，天三覆，地二載，欲極於數，庶得吉凶之審也。《正義》。

王肅曰：“倚”，立也。其綺反。《釋文》。

《乾鑿度》曰：物有始有壯有究，故三畫而成乾。乾坤相並俱生，物有陰陽，因而重之，故六畫而成卦。

“倚”，蜀才作“奇”。《釋文》。《周禮·媒氏》注引亦作“奇”。

“兩”，《説文》作“㒳”，曰：“㒳”，再也，《易》曰“參天㒳地”。

釋曰　馬、鄭以生蓍言，虞以重卦言。此文上承"生蓍"，在"立卦"前，當以馬、鄭義爲正。虞氏所云，當爲下章"兼三才而兩之"之義，即以釋此文，亦但當如《乾鑿度》所云統論其理，明三畫因重之所以然，不得遽指實重卦言。《説文》作"网"，正字；"兩"者，叚"銖兩"字爲之。"奇"亦"倚"之省借。

觀變於陰陽而立卦，

虞翻曰：謂"立天之道曰陰與陽"。乾坤剛柔立本者，卦。謂六爻陽變成震、坎、艮，陰變成巽、離、兌，故"立卦"。六爻三變，三六十八則有十當爲"十有"。八變而成卦，"八卦而小成"，是也。《繫》朱作"系"。白①"陽一君二民，陰二君一民"，不道"乾坤"者也。

補　"觀變"，一本作"觀變化"。《釋文》。

釋曰　生蓍倚數成七、八、九、六之變，易變而爲一，一變而爲七，七變而爲九。陰陽相並俱生，二變而爲八，八變而爲六。七、九，陽之變；八、六，陰之變，觀陰陽數變爲奇耦之畫而卦立焉，所謂"四營而成易，四象生八卦"也。"八卦成列，因而重之"，皆由此陰陽之變。虞意就參天兩地六畫之位，觀陽奇陰耦之變，而立六子之卦，以配乾坤爲八卦而小成，似非立卦本旨。但其變法甚通，或亦觀變之一端。以例推之，乾坤亦太極六位三變而成，八卦凡二十四變，非特十八變而已。

發揮於剛柔而生爻。

虞翻曰：謂"立地之道曰柔與剛"。"發"，動；"揮"，變。變剛生柔

---

① 點校案："《繫》白"，"白"似當爲"曰"。

爻,變柔生剛爻,以三爲六也。因而重之,爻在其中,故"生爻"。

補　鄭康成曰:"揮",揚也。

王廙曰:"揮",散也。並《釋文》。

釋曰　六十四卦既立,則三百八十四爻可互相往來,故"發揮於剛柔而生爻"。虞意似亦以生爻爲在以三爲六之後,特分別重卦生爻之法不甚詳明耳。易本於氣,"陰陽",氣也,故屬天道。氣變成質,"剛柔",質也,故屬地道。卦立則陰陽之氣著於剛柔之畫而變化生矣。

和順於道德而理於義,

虞翻曰:謂"立人之道曰仁與義"。"和順",朱脱"順"字。謂坤;"道德",謂乾。以乾通坤,謂之理義也。

釋曰　此及下句言陰陽剛柔之合,在人爲仁義,和順於道德,從容中道,從心所欲不踰矩,如坤之順乾。聖人純體乾元,保合太和,"仁"也。理於義,始終條理,物來順應,如乾之通坤,各正性命,"義"也。姚氏曰:"'道',一陰一陽之道,太極也。'德',謂兩儀各得太極之陰陽,故謂之德。陰陽分則各有定位,故曰'義'。'理',分也。合太極兩儀之道德,立六畫陰陽一定之位,故'和順於道德而理於義'。"案:"和順於道德",陰陽合德也。"理於義",剛柔有體也。

窮理盡性,以至於命。

虞翻曰:以乾推坤,謂之"窮理";以坤變乾,謂之"盡性"。性盡理窮,故"至於命",巽爲"命"也。

補　鄭康成曰:言窮其義理,盡人之情性,以至於命吉凶所定。

《文選》陸士衡《弔魏武帝文》注。

　　釋曰　姚氏曰:"'理',陰陽之位。'性',陰陽之性,窮理盡性而陰陽各得其分矣,故'以至於命'。'命',陰陽一定之位,即分也。'窮理',窮命之分;'盡性',性之不盡者使之盡,以各如其分,則一陰一陽,六爻正而至於命矣,此卦所以成既濟而既濟定也。"案:以我窮天地萬物之理,如乾之推坤;以天地萬物之理反之我性,使性之德無不順,如坤之成乾。性盡理窮,復太極一陰一陽之道,乾元伏坤初之本,故"至於命",虞義葢如此。然取象過密,讀者每苦其難瞭,爲委曲通之。此二句,承立卦生爻言變化成既濟之事。

第二章

昔者聖人之作《易》也,

虞翻曰:重言"昔"者,明謂庖犧也。

　　釋曰　上章"和順於道德"二句,作《易》之極功,實作《易》之本意。此章申說之,以明立卦生爻之所以然,故復云"昔者聖人之作《易》"也,爲推本之辭,"聖人"亦兼謂羲、文。《孝經》云:"昔者周公,不必遂古之初始得云昔也。"

將以順性命之理,

虞翻曰:謂"乾道變化,各正性命"。以陽順性,以陰順命。

　　釋曰　虞以順性命之理爲陰陽各得其正。性取乾象,命取巽象,巽初即坤初藏乾元者,實則陰陽各有性命。陽欲升,陰欲承,生於性而稟於命,其所以然者,太極一定之分,是之謂"理"。

是以立天之道曰陰與陽,立地之道曰柔與剛,立人之道曰仁與義。

崔憬曰:此明一卦立爻有三才二體之義,故先明天道既立陰陽,地道又立剛柔,人道亦立仁義,以明之也。何則? 在天雖剛,亦有柔德;在地雖柔,亦有剛德,故《書》曰"沈潛剛克,高明柔克"。人稟天地,豈可不兼仁義乎? 所以易道兼之矣。

釋曰 此所謂"性命之理"也。天位乎上,上陰五陽爲天道。地位乎下,二柔初剛爲地道。人位乎中,乾爲仁,坤爲義,三仁四義爲人道。

兼三才而兩之,故《易》六畫而成卦。

虞翻曰:謂"參天兩地"。乾坤各三爻,而成六畫之數也。

補 鄭康成曰:"三才",天地人之道。"六畫",畫六爻。《儀禮·士冠禮》疏。

《乾鑿度》孔子曰:《易》有六位,三才天地人道之分際也。天有陰陽、地有柔剛、人有仁義,法此三者,故生六位。六位之變,陽爻者制於天也,陰爻者繫於地也。天動而施曰仁,地靜而理曰義。仁成而上,義成而下,上者專制,下者順從,正形於人,則道德立而尊卑定矣。

釋曰 天地人各有乾坤,故《易》以三才爲六畫,此順性命之理也。三才之道八卦所以立,兼而兩之,六十四卦所以立也。八卦猶小成,六十四卦乃大成,故曰"六畫而成卦"。

分陰分陽,迭用柔剛,

虞翻曰:"迭",遞也。分陰爲柔以象夜,分陽爲剛以象晝,"剛柔"者晝夜之象。晝夜更用,故"迭朱作"遞"。用柔剛"朱作"剛柔"。矣。

釋曰 以六位言,則天道陰陽、地道柔剛、人道仁義。以卦爻言,則"陰陽",氣也,卦本於氣,故稱"陰陽";"剛柔",質也,氣著於畫成質,故稱"剛柔",理實一貫。分卦之陰陽爲剛柔之爻而迭用之,如晝夜然。爻者,卦之分體,分而後可迭用,此生爻之事。惠氏則曰"陰陽,位也;柔剛,爻也"。愚又謂分太極六畫乾坤之陰陽以起消息,迭用柔剛之爻,往來上下於六位之中。物相雜而成文,歸於既濟,故"六位而成章"也。

故《易》六位盧、周作"畫"。而成章。

虞翻曰:朱無此三字。"章",謂文理。乾三畫成天文,坤三畫成地理。

補 "六位",本又作"六畫"。《釋文》。

釋曰 迭用柔剛歸於既濟,一如乾坤各三畫之文理,故"成章",亦所謂"順性命之理"也。虞云"乾三畫""坤三畫",承上"六畫"言之,不必其本作六畫,故《釋文》不言虞有異文。

第三章

天地定位,

虞翻曰:朱無此三字。謂乾坤。五貴二朱誤"三"。賤,故"定位"也。

釋曰 此以八卦陰陽相並相合舉重卦之例。"天地定位",於太極六位甲乾乙坤貞二、五,在卦則乾坤泰否。乾坤,上篇之始;泰否,上篇之中也。

山澤通氣,

謂艮兌。同氣相求,故"通氣"。

〖釋曰〗於六位丙艮丁兌貞五上,在卦則咸與損也。

雷風相薄,

謂震巽。同聲相應,故"相薄"。

〖補〗馬融、鄭康成、顧懽曰:"薄",入也。

陸績曰:"相薄",相附薄也。並《釋文》。

〖釋曰〗於六位庚震辛巽貞初、二,在卦則恒與益。咸恒,下篇之始;損益,下篇之中也。

水火不相射,朱作"敠",注同。《釋文》:射,食亦反,虞、陸、董、姚、王肅音亦。

謂坎離。"射",厭也。水火相通,坎戊離己,月三十日一會於壬,故"不相射"也。

〖補〗陸績、董遇、姚信、王肅曰:"射",厭也。《釋文》。

〖釋曰〗於六位戊坎己離貞三、四,在卦則坎離既未濟。坎離,上篇之終;既未濟,下篇之終也。張氏曰:"會壬癸而成象於中。"

八卦相錯。

"錯",摩,則剛柔相摩,八卦相蕩朱作"盪"。也。

釋曰 摩盪即往來之義，天地、雷風、水火、山澤兩兩相合，推之一卦與八卦相交，莫不皆然，故總之曰"八卦相錯"。此注云"錯摩"，謂重卦之法，此往則彼來，此來則彼往也。如《繫辭》"錯綜其數"注云"逆上稱錯"之義，則謂重卦自下而上也。生爻往來，及每卦六爻自下而上理同。

數往者順，《釋文》：數，色具反，又色主反。

謂坤消從午朱誤"五"。至亥，上下，故"順"也。

釋曰 八卦相錯互相往來。凡"往"者，事之已著，數之者順而循其迹。"來"者，事之未形，知之者逆而迎其機。消息皆主陽，乾息自子至巳，一陽上生至六陽，未來而逆知之，如日自地下之中上升至天中也。乾消自午至亥，六陽漸消至一陽而入坤，已著而順數之，如日自天中下行至地中也。

知來者逆，

謂乾息從子至巳，下上，朱誤"上下"。故"逆"也。

是故易，逆數也。

"易"，謂乾，故"逆數"。此上虞義。

釋曰 卦爻迭相往來，而相錯之法皆自下而上。消息雖分上下，實自子至亥乾行一周，猶日之一周天，故"易逆數"。凡物之生，皆自微至著，君子順德，積小以高大，數之逆所以爲理之順也。

雷以動之，

荀爽曰：謂建卯之月震卦用事，天地和合，萬物萌動也。

釋曰　荀逆探下章義言，實則此但言八卦生物之才性，下乃言其布散用事也。"天地定位"四句，由乾坤下數至震巽，而坎離中氣別言於後，與乾坤括始終，八卦陰陽妙合自然之定理，數往者順也。此八句由震巽上推至乾坤，乾元發育萬物始終之序。知來者逆，八卦皆自下生，易數然也。

風以散之，

謂建巳之月萬物上達，布散田野。

雨以潤之，

謂建子之月含育萌牙朱作"芽"。也。

釋曰　十一月坎位，水氣含育萬物於下。至春雷動而爲雨，雷雨作解是也。

日以烜之，盧本此下有"休遠反"三字，朱本三字在注首。

謂建午之月太陽欲長者也。

補　"烜"，本亦作"晅"。況晚反。又作"暅"。徐古鄧反，又一音香元反。

京房曰："晅"，乾也。並《釋文》。

釋曰　《説文》"烜"爲"爟"之或體；"晅"，後出字；"暅"又"晅"之別體。

艮以止之，

謂建丑之月消息畢止也。

兌以説之，

謂建酉之月，萬物成孰朱作"熟"。也。

乾以君之，

謂建亥之月乾坤合居，君臣位得也。此上荀義。

坤以藏之。

《九家易》曰：謂建申之月坤在乾下，包藏萬物也。乾坤交索既生六子，各任其才，往生物也。又雷與風雨變化不常，而日月相推迭有來往，是以四卦以義言之。天地山澤，恒在者也，故直説名矣。

孔穎達曰：此又重明八物周無此二字。八卦之功用也。上四舉象，下四舉卦者，王盧誤"生"。肅以爲互相備也，則明雷風與震巽同用，乾坤與天地同功也。

釋曰　張氏曰："乾坤六位逆數而上，震巽一，坎離二，艮兌三，乾坤臨之以生萬物，六子與乾坤所以並列而俱名八卦也。變水火爲雨日，艮兌乾坤舉卦名者，成言生物之用也。"案：雷風雨日，所以生物，艮兌成之，止而説，統於乾而藏於坤。此所以八卦布散用事，而乾坤立消息也。

第四章

帝出乎震，

崔憬曰：“帝”者，天之王氣也，至春分則震王而萬物出生。

〔釋曰〕“帝”，乾元也。乾元之行周歷八卦，以成生長收藏之功。至春分則震王而萬物出，至立夏則巽王而萬物絜齊，餘推之可知。八卦皆乾坤二氣之流行，實乾元一氣所主宰。張氏曰：“‘帝’，天皇大帝，陽之主，即太乙也。”案：《乾鑿度》有太一行九宮之法，其數二九四七五三六一八相次，合之八卦方位，則一坎，二坤，三震，四巽，五中宮，六乾，七兑，八艮，九離。太一行之自一至九，與此由震至艮次序不同。張氏據《靈樞經》，謂太一以八卦爲常居，以九宮爲日遊是也。八卦合中央爲九宮，明堂之法所自出。

齊乎巽，

立夏則巽王而萬物絜齊。

相見乎離，

夏至則離王而萬物皆相見也。

致役乎坤，

立秋則坤王而萬物致養也。

〔釋曰〕“役”，用也，事也。自帝言之曰“致役”，坤臣也。自萬物言之曰"致養",坤母也。

説言乎兑，

秋分則兑王而萬物所説。

〔釋曰〕　正秋物成而説，説之故言之。

戰乎乾，

立冬則乾王而陰陽相薄。

〔釋曰〕　"戰"，接也。純乾伏坤下將出，此起坎息復之本。

勞乎坎，

冬至則坎王而萬物之所歸也。

〔釋曰〕　萬物所歸含育兼濟，故"勞"。天一生水，生生不息之本也。

成言乎艮。

立春則艮王而萬物之所成終成始也。以其周王天下，故謂之"帝"，此崔新義也。

〔釋曰〕　"言"，猶命也。艮成終成始，天命所以行而不息。震、巽，木也；離，火也；坤、艮，土也；兑、乾，金也，乾純剛，兑澤氣與乾通，海水連天，其象也；坎，水也。此以五行相生爲次，惟坤、艮分居兩方者。火金之閒有土，則順生而不相克；水木之閒有土，則逆克而適相生，此造化之妙。

萬物出乎震。震，東方也。

虞翻曰：“出”，生也。震初不見東，故不稱東方卦也。

釋曰　帝發號出令以生萬物，雷發聲以動之，故萬物隨帝而出乎震。震在東方，出生之地，言東方以明出義，不假言卦也。此八卦布散用事之位，與納甲各自爲義。虞謂震初出庚不見東方故不言卦，則乾盈甲，初不在西北，艮消丙，不在東北，何以乾云“西北之卦”、艮云“東北之卦”乎？巽、兑可例推。

齊乎巽。巽，東南朱誤“方”。**也。齊也者，言萬物之絜齊也。**

巽陽隱初，又不見東南，亦不稱東南卦，與震同義。巽陽藏室，故“絜齊”。

釋曰　震、巽旁通，陰與陽齊，雷動而風行以長養之，草木枝葉布散茂盛，物之生者始齊。由東而南，長養之方，言東南以見齊義。巽承震後，震初在内，神明其德，而温厚之氣發育於外，故萬物清絜整齊。三月律中姑洗，《傳》曰“姑洗所以修絜百物”，此乾道各正性命之驗。

離也者，明也。萬物皆相見，南方之卦也。

離爲日、爲火，故“明”。日出照物，以日疑當爲“目”。相見。離象三爻皆正，日中，正南方之卦也。

釋曰　火王於夏，太陽盛長，故離爲南方之卦。三畫卦似不必以爻位正不正言，離三爻在下皆正，在上皆不正，餘可例推。虞氏或皆據下卦言，明重卦之法於三畫上加之，然震初得正，何以不與艮三例？巽初失正，何以不與兌三例？ 聖傳立文，豈參錯若此，愚或疑焉。

聖人南面而聽天下，嚮明而治，蓋取諸此也。

離南方，故"南面"。乾爲"治"，乾五之坤，坎爲耳，離爲明，故以"聽天下嚮明而治"也。

　補　蔡邕《明堂月令論》曰：明堂，東曰青陽，南曰明堂，西曰總章，北曰玄堂，中央曰太室。《易》曰"離也者明也，南方之卦也"，聖人南面而聽天下，嚮明而治，人君之位莫正于此焉，故雖有五名而主以明堂也。

　釋曰　"取諸此"，取離卦之象也。上云"南方之卦"，特言"卦"，正爲此生文。

坤也者，地也。萬物皆致養焉，故曰"致役乎坤"。

坤陰無陽，故道廣布，不主一方，含弘光大，養成萬物。

　釋曰　"無陽"，疑當爲"並陽"，陰並於陽，故其道廣大，不主一方，居中央王四季而託位於西南。

兌，正秋也。萬物之所説也，故曰"説言乎兌"。

兌三失位不正，故言"正秋"。兌象不見西，故不言西方之卦，與坤同義。兌爲雨澤，故説萬物。震爲言，震二動成兌，言從口出，故"説言"也。

　釋曰　正秋陰中，萬物以成，故"説"。言正秋以起説義，不必謂兑三失正,特言正以見其得時正也。

戰乎乾。乾,西北之卦也。言陰陽相薄也。

乾剛正五,月十五日晨象西北,故"西北之卦"。"薄",入朱誤"反"。也。坤十月卦,乾消剝入坤,故"陰陽相薄"也。

釋曰　西北積陰,似非乾義,而陰極陽生,乾知大始,故在坎前爲西北之卦,言卦以著陰陽相薄之義。陽卦臨陰位,入坤息復,天行所以接續不息也。虞謂十五日晨乾象由北而西,故言西北之卦,則巽十七日暮象由東而南,何不云東南之卦乎?

坎者,水也。正北方之卦也。勞卦也,萬物之所歸也,故曰"勞乎坎"。

"歸",藏也。坎二失位不正,故言"正北方之卦",與兑正秋同義。坎月夜中,故"正北方"。此上虞義。朱脱圈。

崔憬曰:以坎是正北方之卦,立冬已後萬物歸藏於坎。又陽氣伏於子,潛藏地朱誤"也"。中,未能浸長,勞局眾陰之中也。

釋曰　水王北方,故坎爲正北方之卦。萬物歸根,陽動三泉,孳養萌牙,爲流行不息發育暢茂之本,故爲"勞卦"。言"之卦"者,爲勞卦生文。正北方未見勞義,故先言"水",次言"正北方之卦",乃繼之曰"勞卦萬物之所歸",坎之所以云"勞"於是乎明。言"正北"者,對"西北""東北"而言。

艮，東北之卦也。萬物之所成終而所成始也，故曰“成言乎艮”。

虞翻曰：艮三此二字朱誤“三名艮”三字。得正，故復稱卦。萬物成始乾甲，成終坤癸，艮東北，是甲癸之閒，故“萬物之所成終而成始”者也。

補 鄭康成曰：萬物出於震，雷發聲以生之也。齊乎《義海撮要》作“於”。巽，相見於離，《義海撮要》無此句。風搖長《義海撮要》作“動”。以齊之也。“潔”，猶新。《義海撮要》此下有“也”字，又有“相見于離”句。萬物皆相見，日照之使光大，萬物皆致養焉。《義海撮要》無“焉”字。地氣含養，使有秀實，《義海撮要》作“使秀實也”。萬物之所說。草木皆老，猶以澤氣說成之。“戰”言陰陽相薄。西北，陰也，而乾以純陽臨之，猶君臣對合也。坎勞卦也，水性勞而不倦，萬物之所歸也。萬物自春出生於地，冬氣閉藏還皆入地，萬物之所成終而所成始，言萬物陰氣終，陽氣始，皆艮之用事。《義海撮要》有“也”字。《漢上易》。《義海撮要》。坤不言方者，所下似脫“以”字。言地之養物不專一也。《正義》。

《乾鑿度》孔子曰：易始於太極，太極分而爲二，故生天地。天地有春秋冬夏之節，故生四時。四時各有陰陽剛柔之分，故生八卦。八卦成列，天地之道立，雷風水火山澤之象定矣。其布散用事也，震生物於東方，位在二月。巽散之於東南，位在四月。離長之於南方，位在五月。坤養之於西南方，位在六月。兌收之於西方，位在八月。乾制之於西北方，位在十月。坎藏之於北方，位在十一月。艮終始之於東北方，位在十二月。八卦之氣終，則四正四維之分明，生長收藏之道備，陰陽之體定，神明之德通，而萬物各以其類成矣。皆易之所包

也,至矣哉,易之德也。又曰:歲三百六十日而天氣周,八卦用事各四
十五日,方備歲焉。故艮漸正月,巽漸三月,坤漸七月,乾漸九月,而
各以卦之所言當爲"主"。爲月也。乾者,天也,終而爲萬物始。北方,
萬物所始也,故乾位在於十月。艮者,止物者也,故在四時之終,位在
十二月。巽者,陰始順陽者也,陽始壯於東南方,故位在四月。坤者,
地之道也,形正六月。四維正紀,經緯仲序度畢矣。又曰:乾坤,陰陽
之主也。陽始于亥,形于丑,乾位在西北,陽祖微據始也。陰始於巳,
形於未,據正立位,故坤位在西南,陰之正也。君道倡始,臣道終正,
是以乾位在亥,坤位在未,所以明陰陽之職,定君臣之位也。又曰:八
卦之序成立,則五氣變形,故人生而應八卦之體,得五氣以爲五常,仁
義禮智信是也。夫萬物始出于震,震,東方之卦也,陽氣始生,受形之
道也,故東方爲仁。成于離,離,南方之卦也,陽得正於上,陰得正於
下,尊卑之象定,禮之序也,故南方爲禮。入於兑,兑,西方之卦也,陰
用事而萬物得其宜,義之理也,故西方爲義。漸讀爲"潛"。于坎,坎,
北方之卦也,陰氣形盛,陰衍字。陽氣含閶,"閭"誤字。信之類也,故
北方爲信。夫四方之義皆統於中央,故乾坤艮巽位在四維。中央所
以繩四方行也,智之決也,故中央爲智。故道興於仁,立於禮,理於
義,定於信,成於智,五者道德之分,天人之際也,聖人所以通天意理
人倫而明至道也。

　　釋曰　艮位東北,居一歲之終,爲來歲之始。艮,止也,天行不息,
於是止即於是始。下云"終萬物始萬物者莫盛乎艮",故指言東北之卦。
虞云"甲癸之閒",冬日壬癸,春日甲乙,艮在其閒,於義是也。但虞意以
爲乾甲坤癸,則其閒又有巽辛,未爲脗合。總之此係八卦布散用事之位,

納甲係日月進退出入之位,言非一端,各有所當,不必强合也。《乾鑿度》以信屬水、智屬土者,水土二行各兼智信二德,詳乾《文言》。

神也者,妙"妙"朱作"眇",注同。**萬物而爲言者也。**

韓康伯曰:於此言"神"者,明八卦運動,變化推移,莫有使之然者。神則无物,妙萬物而爲言也。明則雷疾風行火炎水潤,莫不自然相與而爲變化,故能萬物既成。

[補] 鄭康成曰:共成萬物,物不可得而分,故合謂之神。《漢上易》。《義海撮要》。

[釋曰] 變化皆神之所爲。八卦布散用事共成萬物,實皆乾坤之神。乾坤合於一元,則"神",乾元也。以主宰萬物言曰"帝",以妙萬物言曰"神",此申上"幽贊神明"之義,故曰"神也者"。"妙",後出字,古當作"眇","眇",微也,微謂之眇。微而顯,不見而章,不動而變,無爲而成,亦謂之眇。後世分別異義,乃別作"妙"字。神无方易无體,夫微之顯,以一貫萬,元藏於中,而雷風水火山澤自然發育萬物於外,各正而保合,是謂"妙萬物"。

動萬物者莫疾乎雷。

崔憬曰:謂春分之時,雷動則草木滋生,蟄蟲發起,所動萬物莫急於此也。

[釋曰] 此以下六句,即上節八卦布散用事之序。惟不言"乾坤",六子用事,皆乾坤之神也。"疾",速也。"莫疾"、"莫熯"、"莫説"、"莫潤"、"莫盛",皆以形容其妙。惠氏謂四時分而效職,所謂各正也。

橈萬物者莫疾乎風。《釋文》：橈，徐乃飽反，王肅乃教反，又呼勞反。

言風能鼓橈萬物，春則發散草木枝葉，秋則摧殘草木枝條，莫急於風者也。

釋曰 “橈”，屈也。氣候寒暑温涼皆因風而變，“草上之風必偃”。

燥萬物者莫熯乎火。

言火“火”字疑衍。能乾燥萬物，不至潤溼，朱、盧作“濕”。於陽物之中莫過乎火。“熯”，亦燥也。

補 王肅曰：“熯”，火氣也。呼但反。

徐作“暵”，曰：“暵”，熱暵也。音漢。並《釋文》。

《説文》：“暵”，乾也，《易》曰“燥萬物者，莫暵于離”。《韻會》引小徐本“離”作“火”，是。

釋曰 崔意謂陽物燥烈之氣，可以使萬物乾燥者，莫過乎火。

説萬物者莫説乎澤。

言光説萬物，莫過以澤而成説之也。

釋曰 澤氣養萬物使成熟，故“説”。

潤萬物者莫潤乎水。

言滋潤萬物，莫過以水而潤之。

釋曰 潤萬物之根荄，使能發榮滋長。

終萬物始萬物者莫盛乎艮。《釋文》：盛，是政反。

言大寒立春之際，艮之方位，萬物以之始而爲今歲首，以之終而爲去歲末，此則叶夏正之義，莫盛於艮也。此言六卦之神用而不言乾坤者，以乾坤而法盧、周作"發"。天地，无爲而无不爲，能成雷風等有爲之神妙也。艮不言山，獨舉卦名者，以動橈燥潤，功是雷風水火，至於終始萬物，於山義則不然，故言卦，而餘皆稱物，各取便而論也。此崔新義也。

補 鄭康成曰："盛"，裹也。音成。《釋文》。

釋曰 鄭讀"盛"爲"以器盛物"之"盛"，謂包囊萬物也。

故水火相逮，

孔穎達曰：上章言"水火不相入"，此言"水火相逮"者，既不相入，又不相及，則无成物之功，明性雖不相入而氣相逮及。

補 "相逮"，或作"不相逮"，鄭、宋、陸、王肅、王廙無"不"字。《釋文》。《漢書·郊祀志》引作"水火不相逮，靁風不相誖"。

釋曰 六子各效其能以生萬物，其妙如此。萬物必兼此六者而後成，故乾元以一氣運之，使一陰一陽合而成物，相逮不相悖通氣，而神之妙至矣。故能變化盡成萬物，保合太和，此卦所以重、爻所以生，六十四卦所以同歸既濟也。"相逮"上有"不"字者非是，"相逮"即"不相射"之意。

雷風不相悖，

孔穎達曰：上言"雷風相薄"，此言"不相悖"者，二象俱動，若相薄而相悖逆則相傷害，亦无成物之功，明雖相薄而不相逆者也。

山澤通氣，

崔憬曰：言山澤雖相縣遠而氣交通。

然後能變化，既成萬物也。

虞翻曰：謂乾變而坤化。乾道變化，各正性命，成既濟定，故“既成萬物”矣。

〔釋曰〕此神明之德，聖人所幽贊而通之，以類萬物之情者。

第五章

乾，健也。

虞翻曰：精剛自勝，動行不休，故“健”也。

坤，順也。

純柔，承天時行，故“順”。

震，動也。

陽出動行。

巽，入也。

乾初入陰。

〔釋曰〕陰順陽性，陽入而陰凝之，故巽兼順、入二義。不言“順”者，言巽則順義自明。《彖傳》云“健而巽”之等，巽非徒訓“順”，謂“順以入”,如風之泠然善也。

坎,陷朱、盧作“陷”,注同。**也。**

陽陷陰中。

　釋曰　乾元亨坤,入之深,如水之陷地中。

離,麗也。

日麗乾剛。

　釋曰　張氏曰:“离是陰卦而陽精所舍,陰附麗於陽,象日之附麗於天。”

艮,止也。

陽位在上,故“止”。

　釋曰　陽止於上,如山鎮地。

兑,説也。

震爲大笑,陽息震成兑,震言出口,故“説”。此上虞義也。

　釋曰　澤氣養物,以陰成陽,故“説”。以上釋八卦名義,所謂神明之德。

乾爲馬。

孔穎達曰:乾象天,行健,故“爲馬”。

　補　鄭氏《洪範五行傳》注曰:天行健,馬,畜之疾行者也。《周禮·

夏官·校人》：王馬凡二百一十六匹。鄭氏曰：易乾爲馬，此應乾之筴。

坤爲牛。

坤象地，任重而順，故“爲牛”。

[補]　鄭氏《洪範五行傳》注曰：牛，畜之任重者也。《周禮》説：牛能任載，地類也。《大司徒》注。又説：牛屬土。《庖人》注。

震爲龍。

震象龍動，故“爲龍”。此上孔《正義》。

[補]　《子夏傳》説：龍所以象陽。

[釋曰]　張氏曰：“乾爻六龍。震，乾元，故爲龍。”

巽爲雞。

《九家易》曰：應八風也。風應節而變，變不失時。雞時至而鳴，與風相應也。二九十八主風，精爲雞，故雞十八日剖而成雛。二九順陽歷，故雞知時而鳴也。

[補]　《洪範》、《周禮》説：雞屬木。

賈子曰：雞者，東方之牲也。《胎教》文。

[釋曰]　萬物皆生於陽，故數以九計。巽數八，二九十八，八主風，其精所生物，於畜爲雞。

坎爲豕。

《九家易》曰：污辱卑下也。六九五十四主時，精爲豕，故朱、盧作

“坎”。豕懷胎四月而生,宣時理節,是其義也。

　　补　《洪範》、《周禮》說:豕屬水。《詩箋》曰:豕之性能水。

“豕”,京作“豴”。《釋文》。

　　释曰　水數六,六九五十四。四主時,其精所生物,於畜爲豕。豕四月生,應四時之數,故曰“宣時理節”。

離爲雉。

孔穎達曰:離爲文明,雉有文章,故“離爲雉”。

　　补　劉向《五行傳說》曰:雉以赤色爲主,於《易》“離爲雉”。

艮爲狗。

《九家易》曰:艮止,主守禦也。艮數三,七九六十三。三主斗,斗爲犬,故犬懷胎三月而生。斗運行十三時日出,故犬十三日而開目。斗屈,故犬臥屈也。斗運行四帀,犬亦夜繞室也。火之精,畏水不敢飲,但舌舐水耳。犬鬬,以水灌之則解也。犬近奎星,故犬淫,當路不避人者也。

　　补　《周禮》說:《說卦》“艮爲狗”,艮卦在丑,艮爲止,以能吠守止人則屬艮,以能言則屬兑,兑爲言故也。《周禮·秋官·犬人·序官》疏,蓋約鄭義。

　　释曰　艮數三,七九六十三。三主斗,斗象次日月,有杓衡魁三體也。其精所生物,於畜爲狗,故狗三月而生。李氏道平曰:“斗之運行,如杓指寅日出,從寅至寅帀一日,是行十三時日出,故犬生十三日而開目也。斗一至四爲魁,五至七爲杓,其形曲屈,故犬臥亦形屈也。斗一夜運四帀,故犬亦夜行繞室也。犬稟陽氣,故爲火精,畏水不敢飲,但以舌舐之耳。犬鬭以水灌之則解,水克火也。西方七宿,婁與奎次,是婁金狗近奎木狼也。《史記·天官書》'奎'曰'對豕',主溝瀆,故犬淫當路不避人者也。"案:李申《九家》頗詳,但婁、奎相近實於艮義無涉,《九家》説近漫衍。

兑爲羊。

孔穎達曰:兑爲説。羊者,順從之畜,故"爲羊"。

補　鄭康成曰:其畜好剛鹵。《周禮·夏官·羊人·序官》疏。

王廙曰:羊者,順之畜故爲羊也。《正義》。

賈子曰:羊者,西方之牲也。《胎教》文。

釋曰　羊之爲畜好剛鹵之地,故屬兑。以上言"遠取諸物"。

乾爲首。

乾尊而在上,故"爲首"。

坤爲腹。

坤能包藏含容,故"爲腹"也。

震爲足。

震動用,故"爲足"。

釋曰　陽動乎下。

巽爲股，

巽爲順，股順隨於足，故"巽爲股"。

釋曰 張氏曰："巽進退，故爲股。"

坎爲耳。

坎北方主聽，故"爲耳"。

離爲目。

離南方主視，故"爲目"。

釋曰 《淮南・精神訓》云："耳目者，日月也。"

艮爲手。

艮爲止，手亦止持於物使不動，故"艮爲手"。

釋曰 張氏曰："止物於上，震足艮手，反對之象。"

兌爲口。

兌爲説，口所以説言，故"兌爲口"。此上孔《正義》。

補 鄭康成曰：兌爲口，兌上開似口。《漢上易》。

此節八句，鄭本在"乾爲馬"前。《漢上易》。案：《釋文》不言鄭本有異。

釋曰 兌上開似口。兌息震，震言從口出，故爲口。以上言"近取諸身"。

乾，天也，故稱乎父。坤，地也，故稱乎母。

崔憬曰：欲明六子，故先説乾稱天父，坤稱地母。

補　陸績曰：“稱乎母”，取含養也。《太平御覽》三十六。

釋曰　天萬物資始，猶人受氣於父，故尊而稱之擬乎父。地萬物資生，猶人受形於母，故親而稱之擬乎母。此伏羲畫乾坤定夫婦以立父子之本。

震一索而得男，故謂之長男。巽一索而得女，故謂之長女。坎再索而得男，故謂之中男。離再索而得女，故謂之中女。艮三索而得男，故謂之少男。兑三索而得女，故謂之少女。

孔穎達曰：“索”，求也。以此下朱、盧衍“求”字。乾坤爲父母而求其子也，得父氣者爲男，得母氣者爲女。坤初求得乾氣爲震，故曰“長男”。坤二得乾氣爲坎，故曰“中男”。坤三得乾氣爲艮，故曰“少男”。乾初得坤氣爲巽，故曰“長女”。乾二得坤氣爲離，故曰“中女”。乾三得坤氣爲兑，故曰“少女”。此言所以生六子者也。

補　馬融曰：“索”，數也。

王肅曰：“索”，求也。並《釋文》。以乾坤爲父母而求其子也，得父氣者爲男，得母氣者爲女。《正義》。

釋曰　以天地合而萬物生言，則“索”，交索也。以天施地生言，則“索”，以乾索坤也。乾元索坤，一索得男則爲長男，一索得女則爲長女，中少順而次之，所謂兄弟天倫也。此申“乾道成男，坤道成女”之義。包羲法象天地以立人倫，易象之最大者，故特詳之。

第六章

乾爲天，

宋衷曰：乾動作不解，天亦轉運。

補　鄭康成曰：天清明无形。《漢上易》。

爲圜，

宋衷曰：動作轉運，非圜不能，故“爲圜”。

釋曰　天道曰圜。

爲君，

虞翻曰：貴而嚴也。

爲父，

虞翻曰：成三男，其取朱作“取其”。類大，故“爲父”也。

釋曰　君父至尊之象，君者臣之天也，父者子之天也。父子正則人類孳生不已，故“取類大”。

爲玉，爲金，

崔憬曰：天體清明而剛，故“爲玉爲金”。

爲寒，爲冰，

孔穎達曰：取其西北冰寒之地。

崔憬曰：乾主立冬已後冬至已前，故“爲寒爲冰”也。

爲大赤，

虞翻曰：太陽爲赤，月望出入時也。

崔憬曰：乾四月純陽之卦，故取盛陽色爲大赤。

釋曰　乾起坎，故爲“寒冰”，終於離，故爲“大赤”。月望出入時與日光接，有赤色，亦其象。

爲良馬，

虞翻曰：乾善，故“良”也。

爲老馬，

《九家易》曰：言氣衰也，息至巳，必當復消，故“爲老馬”也。

爲瘠馬，

崔憬曰：骨爲陽，肉爲陰。乾純陽爻骨多，故“爲瘠馬”也。

補　鄭康成曰：凡骨爲陽，肉爲陰。《漢上易》。

王廙曰：健之甚者，爲多骨也。

“瘠”，京、荀作“柴”，曰：多筋幹也。並《釋文》。

釋曰　枯枝爲柴，亦“瘠”義。

爲駁朱作“駮”，“駁”之譌體。盧、周作“駮”，注同。馬，

宋衷曰：天有五行之色，故“爲駁馬”也。

補　王廙曰：駁馬能食虎豹，取其至健也。《正義》。

《爾雅》：駵白。"駁"，樊光、孫炎引《易》"乾爲駁馬"。《詩·駉》正義。

《爾雅》又曰："駮"，如馬，食虎豹。

釋曰　此引宋注"天有五行之色"，則字當作"駁"。"駁"，不純也，《釋文》同。《正義》引王廙說，字作"駮"，从馬，交聲。

爲木果。

宋衷曰：羣星著天，似果實著木，故"爲木果"。

釋曰　木之果實，陽功之成也。艮上即乾上，爻稱"碩果不食"。剥反爲復，則果入地而復生木，乾元之成終成始也。

坤爲地，

虞翻曰：柔道靜。

爲母，

虞翻曰：成三女，能致養，故"爲母"。

爲布，

崔憬曰：徧布萬物於致養，故"坤爲布"。

釋曰　養萬物而徧布之。"布"即"方"義，"布帛"、"泉布"皆取義於此。

爲釜，

孔穎達曰：取其化生成孰，朱作"熱"。故"爲釜"也。

爲吝嗇，

孔穎達曰：取地生物而不轉移，故"爲吝嗇"也。

補　"吝"，京作"遴"。《釋文》。

爲均，

崔憬曰：取地生萬物不擇善惡，故"爲均"也。

補　鄭氏《周禮·均人》注曰：《易》坤爲均。今書亦有作"旬"者。

釋曰　"均"，平徧也。十日爲旬，亦平徧之義。

爲子母牛，

《九家易》曰：土能生育，牛亦含養，故"爲子母牛"也。

釋曰　"子母牛"，牝牛之小者，即離象，坤之中氣也。

爲大輿，盧、周作"轝"，注同。

孔穎達曰：取其能載，故"爲大輿"也。

爲文，

《九家易》曰：萬物相雜，故"爲文"也。

爲眾，

虞翻曰：物三稱羣，陰爲民，三陰相隨，故"爲眾"也。

爲柄，

崔憬曰：萬物依之爲本，故"爲柄"。

其於地也爲黑。

崔憬曰：坤十月卦，極陰之色，故"其於色也爲黑"矣。

〔釋曰〕　坤爲地，地有五色，就地之中而別之，則黑壤純乎坤象。

震爲雷，

虞翻曰：太陽火得水有聲，故"爲雷"也。

〔釋曰〕　張氏曰："乾坤以坎離戰陰陽，交會於壬而生震，故云'太陽火得水'也。"案：雷動則雨施，水火相逮也。

爲駹，朱誤"駹"，注同。

"駹"，蒼色，震東方，故"爲駹"。舊讀作"龍"，上巳爲龍，非也。

〔補〕　干寶曰："駹"，雜色。《釋文》。

"駹"，諸家多作"龍"。鄭康成曰："龍"，讀爲"尨"，取日出時色雜也。《漢上易》。

〔釋曰〕　蒼者，玄黄之雜。鄭、虞、干義同。龍與駹、尨古多通借，然其義易譌，故鄭云當爲以正之。

爲玄黄，

天玄地黄。震，天地之雜物，故"爲玄黄"。

爲專，

陽在初隱靜，未出觸坤，故"專"，則乾"靜也專"。延叔堅説"以專爲旉，大布"，非也。此上虞義此下朱有"者"字。也。

補　姚信曰："專"，一也。

"專"，鄭市戀反。

諸家"專"作"旉"。王肅音孚。

干寶曰：花之通名，鋪爲花貌謂之薂。並《釋文》。

釋曰　虞、姚讀"專"如字，震内體爲專。鄭讀爲"轉"，雷行回轉也。延叔堅訓"布"，即《説文》"旉"字。干云"花貌"，亦鋪布之義，春氣發生，陽德布施也。"旉"、"專"形近易譌，師説遂異。

爲大塗，

崔憬曰：萬物所出在春，故"爲大塗"，取其通生性也。

補　鄭康成曰：國中三道曰塗。震上值房心，塗而大者，取房有三塗焉。《漢上易》。

王廙曰："大塗"，萬物所出。《御覽》百九十五。

爲長子，

虞翻曰：乾一索，故"爲長子"。

爲決躁，

崔憬曰：取其剛在下動，故"爲決躁"也。

> 釋曰　動得正爲決，過爲躁，震外體爲躁。

爲蒼筤竹，

《九家易》曰："蒼筤"，青也。震陽在下，根長堅剛，陰爻在中，使外蒼筤也。

> 補　"筤"，或作"琅"。《釋文》。

> 釋曰　張氏曰："震、巽皆東方。巽陽在上，下有伏震，故中實而爲木。震陽在下，中有伏巽，故中空而爲竹、爲萑葦。"案："琅"，叚借字。

爲萑唐石經作"萑"，俗字。葦，

《九家易》曰："萑葦"，蒹葭也。根莖叢生，蔓衍相連，有似雷行也。

> 補　鄭康成曰：竹類。《漢上易》。

其於馬也爲善鳴，

虞翻曰：爲雷，故"善鳴"也。

爲馵朱作"馵"，注同。唐石經作"馵"。足，爲作足，

馬白後左足爲"馵"。震爲左、爲足、爲有，初陽白，故"爲作朱無"作"字。足"。

> 補　"馵"，京荀作"朱"，曰：陽在下。《釋文》。

釋曰 "爲有",李氏道平謂"有"當作"後",是也。注末句朱無"作"字,葢脱"鼻"字耳,其下又佚釋"作足"之文。如盧、周本,則"故爲"上有脱句。陽明陰暗,故曰"初陽白"。京、荀作"朱",亦取陽在下之義。姚氏則曰:"白者陰氣。陽初萌,尚伏陰中,故白。"

爲旳朱作"的",注同。**顙,**

"旳",白;"顙",額也。震體頭在朱誤"左"。口上白,故"旳顙",《詩》云"有馬白顛",是也。此上虞義也。

補 《説文》:"旳",明也,從日,勺聲。《易》曰"爲旳顙"。又曰:"駒",馬白額也,從馬,勺聲。《易》曰"爲駒顙"。

"旳",字又作"的"。

釋曰 震體乾,乾爲首,兑爲口,震長兑少,震體乾首而在兑口上,"顙"也。惠氏曰:"震反生,以初爲顙,初陽白,故爲'旳顙'。'旳',明也,旳顙之馬謂之'駒'。《易》有異文,許兩稱之。今本作'的','旳'之俗。"

其於稼也爲反生,

宋衷曰:陰在上,陽在下,故"爲反生"。謂枲豆之類,戴甲而生。

補 鄭康成曰:生而反出也。《漢上易》。

"反",虞作"阪",曰:"阪",陵阪也。

陸績曰:"阪",當爲"反"。並《釋文》。

釋曰 姚氏曰:"凡物皆反生,言'稼',舉眾多也。"案:生氣在下,反而上出,枲豆戴莩甲而出,其象也。枲豆生於陵阪,故虞作"阪"。

抑又思之,稼歷三時,震在春,耕種之時,故爲反生,對夏芸秋穫而言。
朲豆得震氣,春種夏熟,其象先著耳。

其究爲健,爲蕃鮮。

虞翻曰:震巽相薄,變而至三,則下象究。與四成乾,故"其究爲
健爲蕃鮮"。巽究爲躁卦,躁卦則震,震朱脫此字。雷巽風無形,故卦
特變耳。

釋曰 姚氏曰:"'究',極也。陽由初息,至三成乾,故'健'。物
極必反,震化成巽,天地變化草木蕃,出震齊巽,萬物畢達,故'蕃鮮',
'鮮',明也。出震齊巽,四月消息爲乾,故'其究爲健爲蕃鮮'。"似較
虞義尤合。

巽爲木,

宋衷曰:陽動陰靜,二陽動於上,一陰安靜於下,有似於木也。

爲風,

陸績曰:風,土氣也。巽,坤之所生,故"爲風",亦取靜於本而動
於末也。

爲長女,

荀爽曰:柔在初。

爲繩直，

翟玄曰：上二陽共正一陰，使不得邪僻，如繩之直。

孔穎達曰：取其號令齊物如繩直也。

爲工，

荀爽曰：以繩木，故"爲工"。

虞翻曰：爲近利市三倍，故"爲工"。《子夏》曰："工居肆。"

補　或説鄭本"工"作"墨"。《晁氏易》。

釋曰　張氏曰："'工'，規榘也，所以齊物。物齊乎巽，注廣其義爲百工。"案：繩墨同類，故爲"墨"，然《釋文》不出鄭本異文。

爲白，

虞翻曰：乾陽在上，故"白"。

孔穎達曰：取其風吹去塵，故絜白也。

釋曰　此顯明絜白之義。姚氏則曰："陰在初，故白。"

爲長，

崔憬曰：取風行之遠，故"爲長"。

爲高，

虞翻曰：乾陽在上長，故"高"。

孔穎達曰：取木生而高上。

> 釋曰 乾陽自下而升，惟長故高。

爲進退，

虞翻曰：陽初退，故"進退"。

荀爽曰：風行无常，故"進退"。

> 釋曰 張氏曰："震進巽退併在初。"

爲不果，

荀爽曰：風行或束或西，故"不果"。

爲臭，

虞翻曰："臭"，氣也。風至知氣，巽二入艮鼻，故"爲臭"，《繫》朱作"系"。曰"其臭如蘭"。

> 補 王肅作"爲香臭"。《釋文》。

> 釋曰 巽二動則成艮，艮爲鼻，風動氣入鼻，故"爲臭"。

其於人也，爲宣髮，

虞翻曰：爲白，故"宣髮"。馬君以"宣"爲"寡髮"，非也。

> 補 "宣"，諸家多作"寡"。

鄭康成曰：寡髮，取四月靡草死，髮在人體，猶靡草在地。《周禮·考工記·車人》疏。又《周禮》注引《易》"巽爲宣髮"，說曰：頭髮顗落曰宣。《車人》注。

釋曰　"宣"、"寡"形近字異,大意同。

爲廣顙,

變至三,朱誤二。坤爲廣,四動成乾爲顙,在頭,口上,故"爲廣顙"。與震旳顙同義。震一陽,故"旳顙"。巽變乾二陽,故"廣顙"。

補　"廣",鄭作"黄"。《釋文》。

釋曰　巽長兑少,巽變乾二陽,體乾首,在兑口上,亦"顙"象。鄭作"黄"者,"黄"、"廣"古字通。

爲多白眼,

爲白,離目上向,則白眼見,故"多白眼"。

釋曰　六畫卦中互離。

爲近利市三倍;

變至三成坤,坤爲"近";四動乾,乾爲"利";至五成噬嗑,故稱"市";乾三爻爲"三倍",故"爲近利市三倍"。動上朱誤"土"。成震,故"其究爲躁卦"。八卦諸爻唯朱誤"爲"。震、巽變耳。

釋曰　噬嗑三陽爻象利三倍。

其究爲躁卦。

變至五成噬嗑爲市,動上成震,故"其究爲躁卦"。明震内體爲專,外體爲躁。此上虞義。

坎爲水，

宋衷曰：坎陽在中，内光明，有似於水。

爲溝瀆，

虞翻曰：以陽闢坤，朱作"坎"。水性流通，故"爲溝瀆"也。

爲隱伏，

虞翻曰：陽藏坤中，故"爲隱伏"也。

爲矯揉，朱作"輮"，注同。

宋衷曰：曲者更直爲矯，直者更曲爲揉。水流有曲直，故"爲矯揉"。

補　"矯"，一本作"撟"。"揉"，王廙同，馬、鄭、陸、王肅作"輮"。輮，如九反，王肅奴又反，又女九反，又如又反。京作"柔"，荀作"橈"。《釋文》。

釋曰　《説文》無"揉"字，蓋古衹作"柔"。柔有曲意，"輮"亦叚借字。"橈"，曲也，與"柔"聲義相近。《集解》引宋注，則字當作"揉"。《釋文》引宋云"使曲者直、直者曲爲揉"，蓋約文。

爲弓輪，

虞翻曰：可矯輮，盧、周作"揉"。故"爲弓輪"。坎爲月，月在於庚爲弓，在甲象輪，故"弓輪"也。

補　"輪"，姚作"倫"。《釋文》。

釋曰　"倫"，叚借字。

其於人也,爲加憂,

兩陰失心爲多眚,故"加憂"。

> **釋曰**　張氏曰:"'失',當爲'夾',逸象坎爲心。"

爲心病,

爲勞而加憂,故"心病"。亦以坎朱誤"坤"。爲心,坎二朱誤"三"。折坤爲"心病"。此上虞義也。

> **釋曰**　坎爲心,坤體被折,病象,合之爲"心病"。

爲耳痛,

孔穎達曰:坎,勞卦也。又主聽,聽勞則耳痛。

> **釋曰**　坎爲耳,爲疾,故"耳痛"。

爲血卦,爲赤,

孔穎達曰:人之有血,猶地之盧、周無"之"字。有水。"赤",血色也。　案:案上朱少空一格。十一月一陽爻生在坎陽氣初生於黃泉,其色赤也。

其於馬也,爲美脊,

宋衷曰:陽在中央,馬脊之象也。

爲亟心,《釋文》:亟,紀力反,王肅去記反。

崔憬曰:取其內陽剛動,故"爲亟心"也。

補 "呕"，荀作"極"，曰："極"，中也。《釋文》。

釋曰 呕心下首薄蹄曳，皆馬勞之象。荀作"極"訓"中"，蓋謂馬之忠心於主者，與"美脊"爲類，亦惟忠心，故行地无疆而不辭勞也。引而伸之，則凡中心皆坎象，不必謂馬。

爲下首，

荀爽曰：水之流首卑下也。

釋曰 馬過勞則心呕而屢下其首。乾爲首，在陰下，"下首"之象。

爲薄蹄，

《九家易》曰：薄蹄者在下，水又趨下，趨下則流散，流散則薄，故"爲薄蹄"也。

釋曰 馬歷險多勞極則蹄薄而足曳。

爲曳，

宋衷曰：水摩地而行，故"曳"。

釋曰 水迫地蕩漾，曳象。

其於輿也，爲多眚，

虞翻曰："眚"，敗也。坤爲大車，坎折坤體，故爲車"多眚"也。

補 王廙曰："眚"，病也。《釋文》。

爲通，

水流瀆，故"通"也。

爲月，

坤爲夜，以坎陽光坤，故"爲月"也。

補　鄭康成曰：臣象也。《文選》謝希逸《月賦》注。

釋曰　"通"，坎象之至善者。月又其本也，月象退在下者，蓋不敢敵日之義。坎在離前，水可先火，月不可先日，退在下，所以明君臣之義歟。

爲盜。

水行潛竊，故"爲盜"也。

釋曰　此坎象之至不善者。水火能生人，亦能殺人，故坎有盜象，離有折上槁之象。

其於木也，爲堅多心。

陽剛在中，故"堅多心"，棘棗屬也。此上虞義也。朱脱圈。

孔穎達曰：乾、震、坎皆以馬喻，乾至健，震至動，坎至行，故皆可以馬爲喻。坤則順，艮則止，巽亦順，離文明而柔順，兑柔説，皆无健，故不以馬爲喻也。唯坤卦《彖》虘、周无"象"字。"利牝馬"，取其行不取其健，故曰"牝"也。坎亦取其行不取其健，皆外柔，故爲"下首"、"薄蹄"、"曳"也。

　　釋曰　震、坎皆得乾氣而動行，故有馬象。坤之"牝馬"，則取與乾合德也。沖遠用王弼義，未達取象之指。

離爲火，

崔憬曰：取卦陽在外，象火之外照也。

爲日，

荀爽曰：陽外光也。

爲電，

鄭玄曰：取火明也。久明似日，暫明似電也。

爲中女，

荀爽曰：柔在中也。

爲甲冑，

虞翻曰：外剛，故"爲甲"。乾爲首，巽繩貫甲而在首上，故"爲冑"。"冑"，兜鍪也。

　　釋曰　張氏曰："巽象半見於乾上，中貫之。"

爲戈兵，

乾爲金，離火斷乾，燥而鍊之，故"爲戈兵"也。

其於人也，爲大腹，

象日常滿，如妊朱作“姙”。身婦，故“爲大腹”。乾爲“大”也。

> 釋曰　張氏曰：“離者陰之受陽，故象妊身婦。‘其於人’，亦謂乾也，腹有乾，故‘大’。”

爲乾卦，

火日熯燥物，故“爲乾卦”也。

> 補　鄭康成曰：“乾”，當爲“幹”，陽在外能幹正也。

“乾”，董作“幹”。並《釋文》。

> 釋曰　离者陰麗陽，故取陽能幹正之義。《易》道主陽，坎爲血卦，陰凝陽也。離爲幹卦，陽正陰也。虞讀如字，“日以烜之”之義。張氏曰：“坎爲乾精，离爲乾氣。”

爲鼈，爲蟹，爲蠃，爲蚌，爲龜，

此五者，皆取外剛内柔也。

> 補　鄭康成曰：骨在外。《周禮・玫工記・梓人》疏。

“鼈”，本又作“鱉”。“蠃”，京作“螺”，姚作“蠡”。“蚌”，本又作“蜯”。《釋文》。

> 釋曰　“蠃”，本“蜾蠃”字，“蠃蚌”字亦用之。李氏富孫曰：“《眾經音義》云：‘螺，古文蠃，蠡本爲蟲齧木中，又與螺通。’《文子》曰：‘聖人法蠡蚌而閉户。’‘蜯’者，‘蚌’之俗。”

其於木也，爲折朱作“科”。**上槁。**盧、周作“槀”。

巽木在離中，體大過死。巽蟲食心，則“折”也。蠹蟲食口木，故
“上槁”。盧作“槀”、周作“槀”。或以離火燒巽，故“折上朱誤“於折”。
槁”。以下兩“槁”字盧、周作“槀”。此上虞義。

宋衷曰：陰在内則空中，木中空則上科槁也。

補　“折”，諸家皆作“科”。“槁”，鄭作“槀”。《釋文》。曰：“科上”
者，陰在内爲疾。《漢上易》。

或本“槁”作“稿”，干作“熇”。《釋文》。

釋曰　六畫卦離互巽，巽爲風主蠱，蟲食木心，則折傷於中，而枝
條之上枯槁。注云“蠹蟲食口木”，句有倒字，當云“蠹蟲口食木”，六
畫卦互兑爲口也。“折”，諸家皆作“科”，訓“空”，木有蟲而病，故中空
而上槁，鄭、宋義大同。“槁”，《説文》作“槀”，“槀”，正字；“稿”，叚字。
干作“熇”，謂火氣過甚，旱熯如焚而木萎也。離時木盛長而象折上槁
者，著陰生也。坎時木盡落而象堅多心者，著陽在中也。君子尚消
息，見微知著，震陽出則反生而爲勇矣。

艮爲山，

宋衷曰：二陰在下，一陽在上。陰爲土，陽爲木，土積於下，木生
其上，山之象也。

釋曰　惠氏曰：“坤爲土，陽止坤上，故爲山。”

爲徑路，

虞翻曰：艮爲山中徑路。震陽在初，則爲大塗，艮陽小，故“爲徑

路”也。

[補] 鄭康成曰:田閒之道曰徑路。艮爲之者,取山閒鹿兔之蹊。《初學記》二十四。

王廙曰:物始,故“爲徑路”。《御覽》百九十五。

[釋曰] 艮成終即成始,氣漸正月,在震前,陽通而尚微,故“爲徑路”。

爲小石,

陸績曰:艮,剛卦之小,故“爲小石”者也。

[補]《春秋説題辭》曰:《周易》“艮爲山爲小石”,石,陰中之陽,陽中之陰,陰精補陽,故山含石。

[釋曰] “石”,土之陽也。

爲門闕,

虞翻曰:乾朱作“艮”。爲“門”,艮陽在門外,故“爲門闕”。兩小山,“闕”之象也。

[釋曰] 張氏曰:“乾三,故門外。艮下二偶爲兩小山。”

爲果蓏,

宋衷曰:木實謂之“果”,草實謂之“蓏”。桃李瓜瓞之屬,皆出山谷也。

[補] 馬融曰:“果”,桃李之屬。“蓏”,瓜瓞之屬。

“果蓏”,京本作“果堕”之字。並《釋文》。

釋曰　乾爲木果，艮得乾上，故爲“果蓏”。京假“墮”爲“蓏”。李氏富孫曰：“《史記·貨殖傳》‘果隋蠃蛤’，《漢·食貨志》作‘果蓏’。‘隋’當即‘隋’之省，《詩·氓》傳釋文云‘隋，字又作墮，隋、蓏音相近’。京作‘墮’，即《史記》‘隋’字。”

爲閹寺，《釋文》：寺，如字，徐音侍。

宋衷曰：閹人主門，寺人主巷，艮爲止，盧誤“主”。此職皆掌禁止者也。

補　“寺”，亦作“閹”。《釋文》。

釋曰　“閹”，俗字，見《集韻》。

爲指，

虞翻曰：艮手多節，故“爲指”。

補　或稱鄭本作“爲小指”。《晁氏易》。

爲拘，

虞翻曰：指屈伸制物，故“爲拘”。“拘”，舊作“狗”，上已爲“狗”，字之誤。

補　今本“拘”作“狗”。

爲鼠，

虞翻曰：似狗朱作“狷”。而小，在坎穴中，故“爲朱脱“爲”字。鼠”，晉九四是朱脱"是"字。也。

釋曰　艮有坎半象，晉九四體艮坎。

爲黔喙之屬，《釋文》：黔，其廉反，徐音禽，王肅其嚴反。喙，況廢反，徐丁遘反。

馬融曰："黔喙"，肉食之獸，謂豺狼之屬。"黔"，黑也，陽玄在前也。

補　"黔"，鄭作"黚"，《釋文》。《音訓會通》云："陸作黚，竝注文二句，皆爲陸注。"曰：謂虎豹之屬貪冒之類，《釋文》、《漢上易叢説》。取其爲山獸。《漢上易叢説》。

《説文》："黔"，黎也，《易》曰"爲黔喙"。"黚"，淺黃黑也。

釋曰　"黔""黚"聲義皆相近。黃、黑皆坤色，陰開在乾首下，是"喙"。《音訓》引《釋文》"喙"作"喙"，別體字。

其於木也，爲堅盧、周無"堅"字。**多節。**

虞翻曰：陽剛在外，故"多節"，松柏之屬。

補　一本無"堅"字。《釋文》。

釋曰　陸但云"一本無堅字"，不云"虞本"，注述經省耳。

兌爲澤，

虞翻曰：坎水半見，故"爲澤"。

宋衷曰：陰在上，令下溼，朱、盧作"濕"。故"爲澤"也。

爲少女，

虞翻曰：坤三索，位在末，故"少"也。

爲巫，

乾爲神，兌爲通，與神通氣，女故"爲巫"。

[釋曰]　兌息即乾，故與神通氣。兌亦爲通者，澤水流通，又山澤通氣也。

爲口舌，

兌爲朱作"得"。震聲，故"爲口舌"。

[釋曰]　張氏曰："震以陽爲聲，息兌，故兌爲震聲。"

爲毀折，

二折震足，故"爲毀折"。

爲附決，《釋文》：決，如字，徐音穴。

乾體未朱、盧作"末"。圜，故"附決"也。

[釋曰]　張氏曰："乾陽至二，陰猶附之，故'乾體未圜'，當決而去之也。"

其於地也，爲剛鹵，

乾二陽在下，故"剛"；澤水潤下，故鹹。此上虞義。朱脱圈。

朱仰之曰：取金之剛不生也。剛鹵之地不生物，故“爲剛鹵”者也。

釋曰　鹵，西方鹹地也。

爲妾，

虞翻曰：朱脱此三字。三少女位賤，故“爲妾”。

爲羔。

“羔”，女使，皆取位賤，故“爲羔”。舊讀以震“駹”朱誤“駃”。爲“龍”，艮“拘”爲“狗”，兑“羔”爲“羊”，皆已見上，此爲再出，非孔子意也。震已爲長男，又言長子，謂以當繼世守宗廟主祭祀，故詳舉之。三女皆言長、中、少，明女子各當外成，故別見之，此其大例者也。此上虞義。

補　“羔”，今本作“羊”，或稱鄭作“陽”，曰：此陽謂臧云“當作讀”。爲《音訓》無“爲”字。養。无家女行賃炊爨，今時有之，賤於妾也。《晁氏易》、《漢上易》。羊，當爲“養”。女使。《周易玩辭》。

此六子依求索而爲次第也。本亦有以三男居前，三女後從。《釋文》。

釋曰　“養”，廝養也。臧氏庸云：“虞作‘羔’，注‘爲女使’，義與鄭同，亦當作‘養’。虞云‘舊讀爲羊，已見上，此爲再出，非孔子意也’。使作‘羔’爲小羊，仍再出矣。蓋舊讀爲‘羊’，及鄭本作‘陽’，皆聲近之譌。《釋文》載虞本爲‘羔’，則‘養’字之脱其下半耳。”案：本或以三男在前三女在後，與上節次第不合，非是。

《釋文》云：“荀爽、《九家》、《集解》本乾後更有四，‘爲龍爲直爲衣爲言’。

《《後有八,‘爲牝爲迷爲方爲囊爲裳爲黄爲帛爲漿’。震後有三,‘爲王爲鵠爲鼓’。巽後有二,‘爲楊爲鸛’。坎後有八,‘爲宫爲律爲可爲棟爲叢棘爲狐爲蒺藜爲桎梏’。離後有一,‘爲牝牛’。艮後有三,‘爲鼻爲虎爲狐’。兑後有二,‘爲常爲輔頰’。記之於此。”①

周易序卦

據此,則“上下經”、“繫辭上下傳”李氏原本皆當標題篇目,但“繫辭上下”或不題“傳”字耳。

上　篇②

有天地,然後此下朱衍“有”字。**萬物生焉。**

干寳曰:物有先天地而生者矣。今正取始於天地,天地之先,聖人弗之論也。故其所法象,必自天地而還。此下朱衍圈。《老子》曰:“有物混成,先天地生,吾不知其名,强字之曰道。”《上繫》曰:“法象莫大乎天地。”此下朱亦衍圈。《莊子》曰:“六合之外,聖人存而不論。”《春秋穀梁傳》曰:“不求知所不可知者,智也。”而今後世浮華之學,强

---

① 點校案:此節注文本在“第六章”章題下,章題注文本當與章題一併前置,然視此注文有補充之義,故仍保留在《説卦傳》末。

② 點校案:原題在《序卦》上篇末尾,題爲“右上篇”,今前置,去掉“右”字,作“上篇”。章題“下篇”亦作如此處理。

支離道義之門，求入虛誕之域，以傷政害民，豈非讒盧誤"纔"。說殄行，大舜之所疾者乎！

釋曰 易有太極，即乾也。分爲天地，則以乾象天以坤象地，言天地而太極在其中，即乾坤之元也。極者中之道，元者善之長，天地之大德，所以生萬物也。干氏此說，爲當時邪說誣經清談誤國者痛下鍼砭，其義甚正。

盈天地之閒者唯萬物，故受之以屯。屯者，盈也。

荀爽曰：謂陽動在下，造生萬物於冥昧之中也。

釋曰 陽盈而動，物生之本也。

屯者，萬物之始生也。 "物"上盧、周有"萬"字。

韓康伯曰：屯剛柔始交，故爲"萬物之始生也"。朱脫圈。

崔憬曰：此仲尼序文王次卦之意。不序乾坤之次者，以一生二，二生三，三生萬物，則天地次第可知，而萬物之先後宜序也。萬物之始生者，言剛柔始交，故萬物資始於乾而資生於坤也。

補 王肅曰："屯剛柔始交而難生"，故爲物始生也。

盧氏曰：物之始生，故屯難。並《正義》。

釋曰 屯之字象草木初生屯然而難，故爲物之始生。

物生必蒙，故受之以蒙。蒙者，蒙也， 盧、周無此二字。**物之稺也。** 朱脫"也"字。

崔憬曰：萬物始生之後，漸以長稺，故言"物生必蒙"。

鄭玄曰："蒙"，幼小之貌。齊人謂"萌"爲"蒙"也。

　補　"稺"，本或作"稚"。《釋文》。

物稺不可不養也，故受之以需。需者，飲食之道也。

荀爽曰：坎在乾上，中有離象，未误"蒙"。水火交和，故爲"飲食之道"。

鄭玄曰：言孩稺不養，則不長也。

飲食必有訟，故受之以訟。

韓康伯曰：夫有生則有資，有資則爭興也。

鄭玄曰："訟"，猶爭也。言飲食之會恒多爭也。

　補　僧一行曰：孟喜序卦曰："陰陽養萬物，必訟而成之。君臣養萬民，亦訟而成之。"程迥《古占法》。

　釋曰　民之失德，乾餱以愆，豢豕爲酒，獄訟滋繁，故"飲食必有訟"。孟氏謂陰陽相摩蕩，萬物乃成，君臣之義獻可替否，萬民乃濟，然恐非本義。

訟必有衆起，故受之以師。師者，衆也。

《九家易》曰：坤爲衆物，坎爲衆水，上下皆衆，故曰"師"也。凡制軍，萬有二千五百人爲軍，天子六軍，大國三軍，次國二軍，小國一軍。軍有將，皆命卿也。二千五百人爲師，師帥皆中大夫。五百人爲旅，旅帥皆下大夫也。

崔憬曰：因爭必起相攻，故"受之以師"也。

眾必有所比，故受之以比。

韓康伯曰：眾起而不比，則爭无息，必相親比而後得寧也。

釋曰　百人無主，不散則亂。上聖卓然先行博愛敬讓之道者，天下從而歸之，故“眾必有所比”。

比者，比也。比必有所畜，故受之以小畜。

韓康伯曰：比非大通之道，則各有所畜以相濟也。由比而畜，故曰“小畜”而不能大也。

補　“畜”，本又作“蓄”，下及《雜卦》同。《釋文》。

釋曰　眾既親比，則當勞來安集以畜之。“畜”，聚也，養也。比必有所畜，既庶而富之也。以財養人，所畜猶小，故曰“小畜”。“天地之大德曰生”，屯、蒙之事也。“聖人之大寶曰位，何以守位曰仁”，師、比之事也。“何以聚人曰財”，小畜也。“理財正辭禁民爲非曰義”，履而泰也。韓康伯本王弼說，殊乖經義。

物畜然後有禮，故受之以履。履者，禮也。朱無此四字。

韓康伯曰：此下朱有“履禮也”三字。禮所以適時用也，故既畜則須用，有用則朱、盧無“則”字。須禮也。

補　唐石經無“履者禮也”四字，王弼《略例》引有，注疏本誤入韓注之首。

釋曰　倉廩實而知禮節，衣食足而知榮辱，物畜然後有禮，既富而教之也。惠氏據《略例》補“履者禮也”四字，是今從之。

履而泰，盧、周無"而泰"二字。**然後安，故受之以泰。泰者，通也。**

荀爽曰：謂乾來下降，以陽通陰也。

姚信曰：安上治民，莫過於禮，有禮然後泰，泰然後安也。

補　或稱鄭本無"而泰"二字。《晁氏易》。

釋曰　履以和行，嘉會禮同，由亨而貞，成既濟定，故履而泰然後安。姚注明有"而泰"二字，未可輒刪，晁稱鄭本恐係字脱。

物不可以終通，故受之以否。

崔憬曰：物極則反，故不終此下朱、盧有"泰"字。通而否矣，所謂"城復于盧、周作"於"。隍"。

釋曰　天下之生，一治一亂，物不可以終通，勢不能也，此聖人之所憂患也。

物不可以終否，故受之以同人。

韓康伯曰：否則思通，人人同志，故可出門同人，不謀而合。

釋曰　否而不反泰，則乾坤或幾乎息矣，惡乎可！否者，不通也，不通也者，不同也。否受以同人，反泰之道也。

與人同者物必歸焉，故受之以大有。

崔憬曰：以欲從人，人必歸己，所以成大有。

釋曰　同乎人者人亦同之，君子通天下之志，則所有大矣。

有大者盧、周作"有"。**不可以盈，故受之以謙。**

崔憬曰：富貴而下似脱"盈"字。自遺其咎，故"有大者不可盈"，當須謙退，天之道也。

補 或稱鄭本作"有大有"。《晁氏易》。

釋曰 有大而盈，則亢而有悔，同者復異，而大非所有矣，故"不可以盈"。下云"有大而能謙"，正承此文。晁稱鄭本作"有大有"，蓋字誤，不得以下文"有无安"爲例。

有大而能謙必豫，故受之以豫。

鄭玄曰：言同既大而有謙德，則於政事恬豫。以下三"豫"字朱皆作"逸"。雷出地奮豫，豫行出而喜樂之意。

釋曰 張氏曰："同既大，綜上同人、大有而言。"案：有大而能謙，則始於憂勤，終於逸樂，故必豫。

豫必有隨，故受之以隨。

韓康伯曰：順以動者，衆之所隨也。

補 鄭康成曰：喜樂而出，人則隨從。《孟子》曰"吾君不游，吾何以休。吾君不豫，吾何以助"，此之謂也。

王肅曰：歡豫，人必有隨。並《正義》。

釋曰 與民同樂，鼓之舞之，人必隨從。

以喜隨人者必有事，故受之以蠱。蠱者，事也。

《九家易》曰：子行父事，備物致用而天下治也。備物致用，立成器以爲天下利,莫大于聖人。子脩周作"脩"。聖道,行父之事,以臨天下,無爲而治。

釋曰　姚氏曰:"庶民子來則萬事舉。"案:蠱自泰來,承豫隨之后,故《九家》以守成繼體之君能脩父事言。已壞而飭之,與未亂而防之,其爲善述人之事一也。

有事然後可大,故受之以臨。臨者,大也。

荀爽曰:陽稱"大",謂二陽動升,故曰"大"也。

宋衷曰:事立功成,可推而大也。

補　"然後",今本作"而後"。

釋曰　有功則可大,以陽臨陰。二升五,大君之宜,故"可大"。

物大然後可觀,故受之以觀。

虞翻曰:臨反成觀,二陽在上,故"可觀"也。

崔憬曰:言德業大者,可以觀政於人也。

釋曰　臨反成觀,大觀在上,以乾陽觀示坤民,大理物博,故"可觀"。

可觀而後有所合,故受之以噬嗑。嗑者,合也。

虞翻曰:頤中有物食,故曰"合朱作"口含"。也"。

韓康伯曰:"可觀",則異方合會也。

釋曰　容止可觀,進退可度,則其民畏而愛之,則而象之,是有所合,故觀受以噬嗑。"嗑者,合也",噬之,去其梗化不合者也。"噬嗑,食也",頤中有物,食之則合。

物不可以苟合而已,故受之以賁。賁者,飾也。

虞翻曰:分剛上文柔,故"飾"。

韓康伯曰:物相合,則須飾以脩周作"修"。外也。

〔釋曰〕物之合不可苟焉而已,必有禮以飾之。然後可以羣居和壹,化成天下,故噬嗑受以賁。

致飾而後亨則盡矣,《釋文》:亨,許庚反。**故受之以剝。剝者,剝也。**

荀爽曰:極飾反素,文章敗,故爲"剝"也。

〔補〕"亨",鄭許兩反,徐音向。《釋文》。

"而後",今本作"然後"。

〔釋曰〕飾之過則誠意衰,會通反爲蒙蔽,周末文勝禮壞,下陵上替是其象。泰盡反否,浸消爲剝矣。鄭讀"亨"爲"享天之禄"之"享",增飾崇麗,窮泰極侈,則享盡也。

物不可以終盡,剝窮上反下,

虞翻曰:陽四月窮上,消遘至坤者也。

〔釋曰〕虞意謂四月乾盈,陽極乎上,消姤至剝入坤,反生乎下而出復。已午爲上,亥子爲下,義似稍迂。"窮上反下",謂陽窮剝上,則反下由坤息復耳。陽道有剝而無絶,所謂物不可以終盡也。

故受之以復。

崔憬曰:夫盧误"天"。易窮則有變,物極則反于初,故剥之爲道不可終盡,而使當爲"反"。之於復也。

補 《淮南子》曰:動而有益,則損隨之,故《易》曰"剥之不可遂盡也,故受之以復"。積薄爲厚,積卑爲高,故君子日孳孳以成輝,小人日怏怏以至辱。《繆稱》文。

釋曰 《淮南》謂損益剥復,互相倚伏,窮上則災,反下則息。

復則不妄矣,故受之以无妄。

崔憬曰:物復其本則爲誠實,故言"復則无妄"矣。朱作"也"。

釋曰 崔義本荀,讀"妄"如字。復初,元也,誠也。鄭讀"妄"爲"望",復則萬物發生,向之无所冀望者今乃无所勤望。虞讀"妄"爲"亡",謂乾陽不亡。

有无妄此下盧、周有"物"字。然後可畜,故受之以盧、周脱"以"字。大畜。

荀爽曰:物不妄者,畜之大也。畜積不敗,故"大畜"也。

補 或稱鄭本"然後"上有"物"字。《晁氏易》。

釋曰 誠者,物之終始,不誠無物。至誠盡物性則可以贊天地化育,故"有无妄然後可畜",畜德養民,所畜大矣。晁稱鄭本,與下"物畜然後可養"相應,似是。然不見《釋文》,亦未可定從也。

物畜然後可養，故受之以頤。頤者，養也。

虞翻曰：天地養萬物，聖人養賢以及萬民。

崔憬曰：大畜剛健，煇朱作"輝"。光日新，則可觀其所養，故言"物畜然後可養"也。

$\boxed{\text{釋曰}}$　物既畜聚，則可養賢以及萬民，故受以頤。頤養正也，大小畜之盛也。

不養則不可動，故受之以大過。

虞翻曰：人頤不動則死，故"受之以大過"。大過否卦，棺槨之象也。

$\boxed{\text{補}}$　鄭康成曰：以養賢者宜過於厚。

王肅曰：過莫大於不養。

周氏曰："過"，過失也。並《正義》。

$\boxed{\text{釋曰}}$　頤與大過旁通，養賢宜過於厚，所謂"剛過而中，利有攸往，乃亨"，養故動而亨也。不養則不可動，陽亢入陰，姤又生下，象與頤反，陽陷陰中，否閉不可動矣，所謂"大過顛也"，故棺槨象之。二動正，則成咸，陰陽通。

物不可以終過，故受之以坎。坎者，陷朱、盧作"陷"，注同。也。

韓康伯曰：過而不已，則陷没也。

$\boxed{\text{釋曰}}$　大過陽陷陰中，積坎之象。凡事過則必陷於險，故大過受以坎。

陷必有所麗，故受之以離。離者，麗也。

韓康伯曰：物極則變，極陷則反所麗。

釋曰　以天地陰陽論，則乾二、五之坤，陽陷陰中，陰乃麗之以生萬物，故"陷必有所麗"。陷者，入之深也。麗者，附麗也。乾、坤中氣交成坎、離，此咸、恒夫婦之道所取法。

下　篇

有天地，

虞翻曰：謂天地否也。

釋曰　上經明乾、坤，下經明泰、否。咸、恒自泰、否來，故虞推本之。否乾上坤下，天地分而未交之象。

然後有萬物。

謂否反成泰，天地壹壼，朱作"氤氳"。萬物化醇，故"有萬物"也。

釋曰　泰乾交於坤，天氣下降，地氣上躋，化生萬物。

有萬物，然後有男女。

謂泰已有否，否三之朱無"之"字。上反正成咸，艮爲男，兌爲女，故"有男女"。

釋曰　萬物形化，各以雌雄牝牡相交相生而無別。惟人之男女，自然有廉恥之知覺爲萬物之靈，故"有萬物"，"然後有男女"超然別出乎其閒。虞云“泰已有否”，“有”讀“又”，否三之上成咸，男女有別，聖人先覺覺民，亨否爲泰之始。

有男女，然後有夫婦。

咸反成恒，震爲夫，巽爲婦，故“有夫婦”也。

[釋曰] 男女有定偶，是謂夫婦。人道始定，萬世不易之常經，是恒也。

有夫婦，然後有父子。

謂咸上復乾成遯，乾朱脱“乾”字。爲父，艮爲子，故“有父子”。

[釋曰] 夫婦定則父子正。遯承咸恒，乾父在上，艮子在下是其象。

有父子，然後有君臣。

謂遯三復坤成否，乾爲“君”，坤爲“臣”，故“有君臣”也。

[釋曰] 父尊君道，子卑臣道，父子之道，天性也，君臣之義也。遯象父子而三變復否，乾君在上，坤臣在下，由艮子成坤臣，臣子一例也。此否遯但取兩體之象，不取消義。

有君臣，然後有上下。

否乾君尊上，坤臣卑下，天尊地卑，故“有上下”也。

[釋曰] 有君臣則設官分職，尊卑相承，故“有上下”。“上下”之義，在家則長幼有序，在官則長屬相統，而朋友之義亦在其中矣。

有上下，然後禮義有所錯。《釋文》：錯，七各反，徐七路反。案："錯"，讀如"措"。

"錯"，置也。謂天君父夫象尊錯上，地婦臣子禮卑錯下，坤地道妻道臣道，故"禮義有所錯"者也。此上虞義。

干寶曰："錯"，施也。此詳言人道三綱六紀有自來也。人有男女陰陽之性，則自然有夫婦配合之道。有夫婦配合之道，則自然有剛柔尊卑之義。陰陽化生，血體相傳，則自然有父子之親。以父立君，以子資臣，則必有君臣之位。有君臣之位，故有上下之序。有上下之序，則必禮以定其體，義以制其宜，明先王制作，蓋取之於情者也。上經始於乾坤，有生之本也；下經始於咸恒，人道之首也。《易》之興也，當殷之末世，有妲己之禍；當周之盛德，有三母之功，以言天不地不生，夫不婦不成，相須之至，王教之端。故《詩》以《關雎》爲國風之始，而《易》於咸、恒備論禮義所由生也。

釋曰　"有上下"則人倫備矣，故"禮義有所錯"，此亦易之大義禮之大本也。禮始於謹夫婦，天地萬物男女，夫婦之道所由起。父子君臣上下，因夫婦之道而立，故曰"君子之道，造端乎夫婦"。忠孝之本，治平之原。下經首咸，明夫婦之道，聖人重之，故備論其義。

夫婦之道不可以不久也，故受之以恒。恒者，久也。

鄭玄曰：言夫婦當有終身之義。"夫婦之道"，謂咸恒也。

釋曰　夫婦之道，謂咸也。注"恒"字，卦前引作"者"，似是。咸男下女，夫婦之始。恒，男帥女，女從男，剛上柔下，則夫婦之禮正，久長之道也。男女有定偶，壹與之齊，終身不改，正名夫婦，固爲其久。

昏禮明婦順成孝敬,則所以能久之道也。

物不可以終久居其所,故受之以遯。遯者,退也。

韓康伯曰:夫婦之道以恒爲貴,而物之所居,不可以恒,"恒"上盧衍"不"字,周有"終"字。宜與時升降,有時而遯者也。

補　或稱鄭本作"物不可以終久於其所"。《晁氏易》。

釋曰　物無久而不變,"功成名遂身退,天之道"。

物不可以終遯,故受之以大壯。

韓康伯曰:遯君子"子",朱、盧誤"也"。以遠小人。遯而後通,何可終邪? 陽盛陰消,君子道勝也。

釋曰　能消者息,屈以求伸,遯反爲大壯。大壯則止,陽道盛,止而不遯也。

物不可以終壯,故受之以晉。晉者,進也。

崔憬曰:不可終壯于陽盛,自取觸藩,宜柔進而上行,受兹錫馬。

釋曰　崔説未得傳意。大壯則止,止而不遯,亦止而未進,故大壯息卦爲需。物無終需而不進之理,故受之以晉。

進必有所傷,故受之以明夷。夷者,傷也。

《九家易》曰:日在坤下,其明傷也。言晉極當降復入於地,故曰"明夷"也。

　　釋曰　亢則有悔，故進必有傷。聖人則用晦而明，暴主則不明而晦矣。

傷於外者必反於家，故受之以家人。

　　虞翻曰：晉時在外，家人在内，故反家人。

　　韓康伯曰：傷於外者，朱無“者”字。必反諸内矣。

　　釋曰　行有不得於外，必反諸其家，正家而天下定也。張氏申虞義曰：“謂離二也。離二進麗五退反居下，故晉爲家人，此序卦消息也。”案：離在外而傷，由明夷而成家人，故“傷於外者必反其家”。晉與明夷言文王之事，文王蒙難而反，大釐其政，反身正家而已，敬順之至也。

家道窮必乖，故受之以睽。盧作“暌”。睽者，乖也。

　　韓康伯曰：室家至親，過在失節，故家人之義，唯嚴與敬，樂勝則流，禮勝則離。家人尚嚴，其弊必乖者也。

　　釋曰　身修而后家齊，正倫理，篤恩義，家道也，反是則窮而乖矣。

乖必有難，故受之以蹇。蹇者，難也。

　　崔憬曰：二女同居，其志乖而難生，故曰“乖必有難”也。

　　釋曰　父不慈，子不祗，兄不友，弟不恭，並后匹嫡，家人之變，天下之難所由起也。

物不可以終難，故受之以解。解者，緩也。

　　崔憬曰：蹇終則“來碩吉，利見大人”，故言“不可終難，故受之以解"者也。

　　釋曰　難久則解，故受之以解。解者，寬緩也。

緩必有所失，故受之以損。

崔憬曰：宥罪緩死，失之則僥倖，有損于政刑，故言"緩必有所失，受之以損"。

　　釋曰　難既解則人心怠漸至廢弛，故必有失。

損而不已必益，故受之以益。

崔憬曰：損終則弗損益之，故言"損而不已必益"。

　　釋曰　損益循環，損所當損，懲忿窒欲，益之道也。

益而不已必決，故受之以夬。夬者，決也。

韓康伯曰：益而不已則盈，故必"決也"。

　　釋曰　損上益下，民心說則能決小人。韓說非。

決必有遇，故受之以姤。姤者，遇也。

韓康伯曰：以正決邪，必有喜遇。

　　釋曰　決必有所至，與物相遇。陰爲小人，又爲民，決小人則民心應矣，故"必有遇"。姤初柔遇剛，爲遽言消也。

物相遇而後聚，故受之以萃。萃者，聚也。

崔憬曰：天地相遇，品物咸章，故言"物相遇而後聚"也。

聚而上者謂之升，故受之以升。

崔憬曰：用大牲而致孝享，故順天命而升爲王矣，故言“聚而上者謂之升”。

釋曰 人心所聚，必升而上之，所謂柔以時升剛也。

升而不已盧、周作“上者”。必困，故受之以困。

崔憬曰：冥升在上以消不富，則窮，故言“升而不已必困”也。

釋曰 此亦“進必有所傷”之義。

困乎上者必反下，故受之以井。

崔憬曰：困極盧作“及”。於龍脆，則反下以求安，故言“困乎上必反下”。

釋曰 此亦“傷於外者必反於家”之義。亢極則災，勞謙終吉。井在下而養不窮，上求王明，下勞民勸相，此君子反身修德之實，所謂德之地也。

井道不可不革，故受之以革。

韓康伯曰：井久則濁穢，宜革易其故。

釋曰 “井”，法也，法久則弊生，變而通之以盡利，故“不可不革”，猶井泥宜甃。

革物者莫若鼎，故受之以鼎。

韓康伯曰：“革去故，鼎取新”，既以去故，則宜制器立法以治新也。鼎，所以和齊生物成新之器也，故取象焉。

釋曰 革物莫如火化，"鼎"，火化之成功，法度之重器也。夏后鑄鼎，三代遷之，以繼天定命，所謂"鼎取新"也。

主器者莫若長子，故受之以震。震者，動也。

崔憬曰：鼎所下似脱"以"字。亨飪，朱作"烹飪"。享於朱作"于"。上帝。主此器者莫若冢嫡，以爲其祭主也，故言"主器者莫若長子"。

補 鄭康成曰：謂父退居田里，不能備祭宗廟，長子當親視滌濯鼎俎。《禮記·曲禮》正義。

釋曰 "鼎"，祭器也，主祭器者莫若長子，禮貴嫡重正。天子有田，諸侯有國，大夫有采，皆長子主之以奉天地社稷宗廟祭祀之重。所以成孝敬，篤友恭，弭篡亂，保全家國天下也。故鼎受以震。震者，陽動在下，體乾元也。

物不可以終動，止之，故受之以艮。艮者，止也。

崔憬曰：震極則"征凶婚媾有言"，當須止之，故言"物不可以終動"，故"止之"也。

釋曰 動極則靜，陽起於初，至上而止，故震反爲艮。

物不可以終止，故受之以漸。漸者，進也。

虞翻曰：否三進之四，巽爲進也。

釋曰 靜極復動，時止則止，時行則行，故艮受之以漸，漸者進也，《彖》曰"漸之進也，女歸吉也"，言進以漸如女之歸。消息否三之四，陰進而承陽，女歸之義。巽進退，故爲"進"。

進必有所歸，故受之以歸妹。

虞翻曰：震嫁兌，兌爲妹。"嫁"，歸也。

　釋曰　知止而進，進以漸則得所歸。女歸必有歸之者，故取震兄嫁兌妹，所以教貞一，防自專，遠別於禽獸也。

得其所歸者必大，故受之以豐。豐者，大也。

崔憬曰：歸妹者，侄娣媵，國三人，九女，爲大援，故言"得其所歸者必大"也。

　釋曰　物不可以終止，必進而有所歸。物皆得其所歸者必聚而成大，多助之至，天下順之也。又歸得其所，則有與立功立事而大，女得賢夫，臣得聖主是也，故歸妹受以豐。崔説失之。

窮大者必失其居，故受之以旅。

崔憬曰：諺云"作者不居"，況窮大甚而能處乎？故必獲罪去邦，羈旅作"羇"。旅於外也。

　釋曰　有大者不可以盈，窮亢則災，寡助之至，親戚畔之，有天下有國之主，反爲羈旅矣。又好大喜功，必取禍敗，故豐受以旅。

旅而无所容，故受之以巽。巽者，入也。

韓康伯曰：旅而无朱作"無"。所容，以巽則得所入也。

[釋曰] 旅而无所容，惟巽順乃可以有所入。"巽"者，順而入也。順理而入，窮大失居之反也。

入而後説之，故受之以兑。兑者，説也。

虞翻曰：兑爲講習，故"學而時習之，不亦説乎"。

[釋曰] 順理而入，則人心説。深造以道，則己心説。虞因兑爲講習，引《論語》爲證，學問之道真積力久則入，入則説也。

説而後散之，故受之以涣。涣者，離也。

虞翻曰：風以散物，故"離"也。

[釋曰] 人心説則氣舒散，理義説心，己善亦樂人之善，己能亦樂人之能，得於心者發散在外矣，故《論語》"有朋自遠方來，不亦樂乎"，所謂"涣其羣元吉"也。兑受以涣，以陽散陰，無凝滯閉塞之患。君子學成而朋友弟子散布天下，以正人心維世道，離所以合也。

物不可以終離，故受之以節。

韓康伯曰：夫事有其節，則物之所同守而不散越也。

[釋曰] 離合之道相因，離而不能合，則終離而道術裂，人心散矣，惡乎可，故涣受之以節。節者，止於所當止，不使流蕩忘反也。

節而信之，故受之以中孚。

韓康伯曰："孚"，信也。既已有節，則朱、盧無"則"字。宜信以守之矣。

【釋曰】 節者，一定不移之法度，如竹約，如符璽，如四時之氣候，必信以守之。

有其信者必行之，故受之以小過。

韓康伯曰：守其信者，則失貞而不諒之道，而以信爲過也，故曰"小過"。

【釋曰】 王道成於信，君子義以爲質，信以成之。有諸己之謂信，有其信者必躬行之。行過恭，喪過哀，用過儉，實德在中，矯世勵俗小過可也，故受以小過。韓説非。

有過物者必濟，故受之以既濟。

韓康伯曰：行過乎恭，禮過乎儉，可以矯世勵俗，有所濟也。

【釋曰】 聖人之行實過於人，過而亨以利貞，君子反經，所以濟也。大過懼其陷，小過猶可濟，此迨天之未陰雨綢繆牖户之意，故小過受以既濟。

物不可窮也，故受之以未濟終焉。

韓康伯曰：有爲而能濟者，以已窮物，物窮則乖，功極則亂，其可濟乎？故"受之以未濟"。

【釋曰】 韓説亦非。六十四卦皆成既濟，各正性命，保合太和，乾元用九而天下治，所謂"既濟定也"。然天下之生，一治一亂，以爲濟而不戒，則初吉終亂，其道窮矣。日中則昃，月盈則食，物不可窮，故受之以未濟而終。治極則亂，亂極思治，未濟則又起乾坤消息變化以成既濟。窮則變,變則通,通則久,未濟者待濟也。君子處未濟之世,隱居獨善,遯世无悶,立德立言,辯物居方,與子言孝,與臣言忠,與弟言弟,與友言信,守先王之道待後之學者,以存人道於幾希,抑亦體天地生生之大德與。

周易雜卦傳

韓康伯曰:"雜卦"者,雜糅衆卦,錯綜其義,或以同相類,或以異相明矣。

補 孟喜曰,"雜",亂也。《釋文》。

虞翻曰:"雜卦"者,雜六十四卦以爲義,其於《序卦》之外別言也。昚者聖人之興,因時而作,隨其所宜,不必皆相因襲,當有損益之意也。故歸藏名卦之次亦多異,於時王道踏駇,聖人之意或欲錯綜以濟之,故次《序卦》,以其雜也。《正義》。

釋曰 孟訓"雜"爲"亂"者,"亂",如"始奏以文,復亂以武"之"亂",樂終稱"亂",《離騷》卒章亦稱"亂"。孔子説《易》大義既備,乃錯綜六十四卦,始於乾終於夬。諸卦次序皆變易,而乾坤在首、咸恒在中、既未濟在終不易,所以示否泰循環,禍福倚伏,撥亂反正,因時制宜,而天道人倫,百世不與民變革。循是則治,反是則亂,亂極必治,乾坤所以終古不息。經之以互卦,緯之以卦變,約義、文之義,作韻語以終之,所謂"雜而不越""鼓之舞之以盡神也"。互卦卦變之義,《箋釋》詳之,兹不復出。據虞注及鄭《禮運》"吾得坤乾"之注,則《歸藏》漢末猶存，鄭、虞皆見之。"坤乾"之義，其即未濟之後繼以夬之旨歟？《易》三百八十四爻，始於乾之初九，終於未濟之上九。《雜卦》始乾終夬，夬息則又成乾，《易》之道乾陽而已矣。

乾剛坤柔，

虞翻曰：乾剛當爲"陽"。金堅，故"剛"。坤陰和順，故"柔"也。

釋曰 張氏曰："八卦配五行，乾爲金，古人以金象陽也。"案：金剛明，故象乾。乾金性剛，坤土性柔。

比樂師憂。

虞翻曰：比五得位建萬國，故"樂"。師三失位興尸，朱作"屍"。故"憂"。

臨觀之意，或與或求。

荀爽曰："臨"者，教思無窮，故爲"與"。"觀"者，觀民設教，故爲"求"也。

釋曰 觀不取消而取反臨，臨、觀同義，惟"或與"、"或求"異耳。臨教思無窮，陽德普施，故"與"。觀下觀而化，人心求而治，故"求"。

屯見而不失其居，蒙雜而著。《釋文》：見，賢遍反。

虞翻曰：陽朱、盧誤"陰"。出初震，故"見"。盤桓利居貞，故"不失其居"。蒙二陽在陰位，故"雜"。初雜爲交，故"著"。

補 "見"，鄭如字。《釋文》。

釋曰 陽出初震，見天地之心，故"見"。時尚屯難，勿用有攸往，故"不失其居"。陰陽初雜，是其交。以亨行時中，發蒙養正，故"著"。

震，起也；艮，止也。

震陽動行，故"起"。艮陽終止，故"止"。

損益，衰盛之始也。

損泰初益上，衰之始。益朱誤"損"。否上益初，盛之始。

補 "衰盛"，諸家多作"盛衰"，鄭作"衰盛"。《釋文》。引見《音訓會通》，今《釋文》無之。

大畜，時也。无妄，災也。

大畜五之復二成臨，時舍朱作"捨"。坤二，故"時"也。无妄上之遯初，子弒父，故"災"者也。

釋曰 大畜由萃五之復二，二當升五，時舍畜德，利涉大川，則應天時行，故"時"。无妄大旱之卦，故"災"。虞氏謂无妄本遯，遯陰消陽，有艮子弒父之象，尤災之大者，故上之初成无妄，正乾元以救之。

萃聚，而升不來也。

坤眾在內，故"聚"。升五不來之二，故"不來"，之內曰來也。

釋曰 五當來之二，使二升五，若不來，則二無由升。此反其象以明人心之去，冥升之消也。人心去此則聚於彼，此之不來，乃彼之所以升也。

謙輕,而豫怡朱作“怠”。**也。**

謙三位朱、盧作“位三”。賤,故“輕”。豫薦樂祖考,故“怡”。“怡”,或言“怠”也。

[補] “怡”,京作“治”,姚及諸家作“怠”。《釋文》。

[釋曰] “輕”者,不自尊大。“怡”者,人心悦豫。天下豫而一人憂勤,故京作“治”。盛極必衰,君子知幾,思患豫防,故戒以怠。

噬嗑,食也。賁,无色也。

頤中有物,故“食”。賁離日在下,朱誤“上”。五動巽白,故“无色”也。

[釋曰] 賁剛柔相文,色也。文勝則質衰,故賁歸於无色,反本復始之義。離日在下見色,五動體巽白,不失其質也。

兑見,而巽伏也。

兑陽息二,故“見”,則見龍在田。巽乾初入陰,故“伏”也。

[補] 或稱鄭本作“兑説”。《晁氏易》。

[釋曰] “見”與“伏”對,“説”與“入”對,晁所據似傳寫誤。

隨,无故也。蠱,則飾也。

否上之初,君子弗用,故“无故也”。蠱泰初上飾坤,故“則飾也”。

[補] “飾”,鄭本王肅同,《釋文》今本作“飭”。

[釋曰] 天下隨時,當與民休息,故“无故”。“故”,事也。虞云“君

子勿用”，“向晦入宴”之義。“飾”、“飭”古字通，修飾猶整飭也，非致飾於外之謂。

剝，爛也。復，反也。

剝生於姤，陽得陰孰，故“爛”。復剛反初。

釋曰　“爛”者，剝足剝辨，《參同契》所謂“剝爛肢體”。虞謂“陽得陰孰”，碩果熟而不食，所以復生。

晉，晝也。明夷，誅也。

“誅”，傷也。離日在上，故“晝也”。明入地中，故“誅也”也。此上並虞義。

干寶曰：日上中，君道明也。明君在上，罪惡必刑周作“罰”。也。

補　苟爽曰：“誅”，滅也。

陸績曰：“誅”，傷也。並《釋文》。

釋曰　晉爲“晝”則明夷爲“夜”，“明入地中”是也。明夷爲“誅”則晉爲“賞”，“康侯錫馬”是也，《傳》互文。“誅”，謂明夷于南狩，在文王則伐崇是也。虞訓“誅”爲“傷”，謂明傷也。干以晉、明夷合爲一義，恐未當。

井通，而困相遇也。

虞翻曰：泰初之五爲坎，故“通”也。困三遇四，故“相遇也”。

釋曰　井養不窮故通。困三伏陽出，四之初，陰陽相遇，亦窮而通矣。

咸,速也。恒,久也。

相感者不行而至,故"速也"。日月久照,四時久成,故"久也"。

涣,離也。節,止也。

涣散,故"離"。節制數度,故"止"。

解,緩也。蹇,難也。

雷動出物,故"緩"。蹇險朱誤"陰"。在前,故"難"。

釋曰 雷動出物,陽氣寬緩。

睽,外也。家人,内也。

離女在上,故"外也"。家人女正位乎内,故"内"者也。

釋曰 睽離失正在外,故乖。家人離得正在内,故利女貞也。

否泰,反其類也。

否反成泰,泰反成否,故"反其類"。終日乾乾,反復朱作"覆"。之道。

釋曰 反復道則泰不反否,此聖人贊化育之本。

大壯,則止。遯,則退也。

大壯止陽,陽故"止"。遯陰消朱誤"息"。陽,陽故"退",巽爲"退"者也。

　　釋曰　陽壯而爲陰所傷，故"止"。止而未進，非退也，遯則陽消而退矣。

大有，衆也。同人，親也。

五陽並應，故"衆也"。夫婦同心，故"親也"。

　　補　"衆"，荀作"終"。《釋文》。

　　釋曰　"終"，假借字，荀蓋讀"終"爲"衆"。

革，去故也。鼎，取新也。

革更，故"去"。鼎亨飪，朱作"烹飪"。故"取新也"。

　　釋曰　"革"，更也，故"去故"。鼎新物以養人，故"取新"。

小過，過也。中孚，信也。

五以陰過陽，故"過"。信及遯朱作"豚"。魚，故"信也"。

　　釋曰　五以陰過陽，過矣。然以陰麗陽，過而亨，乃得中也。中孚則無過無不及，實德在中，信於民。

豐，多故。此下朱有"也"字。親寡，旅也。

豐大，故"多"。旅无容，故"親寡"。六十四象皆先言卦，及道其指，至旅體離四焚棄之行，又在旅家，故獨先言"親寡"而後言"旅"。此上虞義。

　　補　衆家以"多故"絶句，荀讀"多故親"句。《釋文》。

　　釋曰　豐衆歸之如故舊，旅則親戚畔之。旅四體離四惡人，三百八十四爻无所容，又在旅家，故著"親寡"之文而變其例，明眾叛親離，則失位而羇旅於外，有國者不可以不慎。注"及道其指"，"及"，當爲"乃"。荀義謂豐大者多親故，寡則反成旅矣。

離上，而坎下也。

韓康伯曰：火炎上，水潤下也。

小畜，寡也。履，不處也。

虞翻曰：乾四之坤初成震，一陽在下，故"寡也"。乾三之坤上成剥，剥窮上失位，故"不處"。

〔釋曰〕 虞義謂小畜由豫，豫四即乾四，乾四之坤初爲復，息成小畜，一陰畜復陽，所畜少，故"寡"。履由謙息，謙三本剥上，窮亢失位，不可處，故之三成謙息履。愚謂小畜施未行，民猶貧寡，故須畜。畜道已成，富而未教猶未可安處，故必以禮爲履。

需，不進也。訟，不親也。

險在前也，朱无"也"字。故"不進"。天水違行，故"不親也"。

大過，顛也。

"顛"，殞也。頂載澤中，故"顛也"。

〔補〕 鄭康成曰：自此以下，卦音《會通》作"旨"。不協，似錯亂失正，弗敢改耳。《晁氏易》。

$\boxed{\text{釋曰}}$ "頂載澤中","載",當爲"滅"。自此以下,卦不反對,旨與前異,故鄭疑之。多聞闕疑,説經慎重之意也。

姤,遇也,柔遇剛也。

坤遇乾也。

$\boxed{\text{補}}$ "姤",唐石經作"遘"。

漸,女歸待男行也。

兑爲女,艮爲男,反成歸妹,巽成兑,故"女歸待"。艮成震乃行,故"待男行也"。

$\boxed{\text{釋曰}}$ 虞義謂艮兑相配,巽即兑之反,兑女待艮男反成震爲行乃歸,男行而女隨,此漸反成歸妹,與歸妹本卦象震兄嫁兑妹者異,義似稍迂。愚謂漸雖否三之四,實五使之與三易位,故女歸待男乃行。

頤,養正也。

謂養三、五,五之正爲功,三出坎爲聖,故曰"頤養正",與"蒙以養正聖功"同義也。

$\boxed{\text{釋曰}}$ 上與五易位,五多功。三伏陽出體坎,坎爲聖。初以坤陰息陽,成既濟,六爻正,故"養正",與蒙二養五使正反蒙爲聖同義。

既濟,定也。

"濟",成。六爻得位,"定"也。

<blockquote>
釋曰　"濟",成也。六爻得位,復太極本體,不易之道,故"定"。
</blockquote>

歸妹,女之終也。

歸妹,人之終始,女終於嫁,從一而終,故"女朱脱"女"字。之終也"。

<blockquote>
釋曰　歸妹,兑之歸魂,故"女之終"。因其終而懼不能要其終,故以"征凶无攸利"爲戒。
</blockquote>

未濟,男之窮也。

否艮爲男位,否五之二,六爻失正而來下陰。未濟主月晦,乾道消滅,故"男之窮也"。

<blockquote>
釋曰　未濟自否來,否五之二,陽入陰下,六爻失正,故"男之窮"。
</blockquote>

夬,決也,剛決柔也。君子道長,小人道憂_{盧、周作"消",注同。}也。

以乾決坤,故"剛決柔也"。乾爲君子,坤爲小人,乾息,故"君子道長",坤體消滅,故"小人道憂",諭武王伐紂。自大過至此八卦,不復兩卦對説。大過死象,兩體姤夬,朱、盧作"決"。故次以姤而終於夬,言君子之決小人,故"君子道長,小人道憂"。此上虞義。

干寶曰:凡《易》既分爲六十四卦,以爲上下經,天人之事,各有始終。夫子又爲《序卦》,以明其相承受之義。然則文王、周公所遭遇之運,武王、成王所先後之政,蒼朱作"倉"。精受命短長之期,備於此矣。

而夫子又重爲《雜卦》，以易其次第。《雜卦》之末，又改其例，不以兩卦反復相酬者，以示來聖後王，明道非常道，事非常事也。化而裁之此下朱有"者"字。存乎變，是以終之以夬，朱、盧作"決"。言能決斷其中，唯陽德之主也，故曰"易窮則變，通則久"。總而觀之，伏羲、黃帝皆系世象賢，欲使天下世有常君也；而堯、舜禪代，非黃、農之化，朱、均頑也；湯、武逆取，非唐、虞之跡，桀、紂之不君也；伊尹廢立，非從順之節，使太甲思愆也；周公攝政，非湯、武之典，成王幼年也。凡此皆聖賢所遭遇異時者也。夏政尚忠，忠之弊野，故殷自野以教敬；敬之弊鬼，故周自鬼以教文；文弊薄，故春秋關盧、周作"閟"。諸三代而損益之。顏回問爲邦，子曰"行夏之時，乘殷之輅，服周之冕"。弟子問政者數矣，而夫子不與言三代損益，以非其任也。回則備言王者之佐，伊尹之人也，故夫子及之焉。是以聖人之于天下也，同不是，異不非，百世以俟聖人而不惑，一以貫之矣。

補　或稱鄭本"憂"作"消"。《晁氏易》。

釋曰　夬以剛決柔，君子道長則小人道消。云"憂"者，"无號終有凶"，以戒小人，望其憂而能革面也。虞氏以"武王伐紂"說"剛決柔"，舉一隅言之。舜之放四凶，孔子之去少正卯，皆是也。又言"大過兼體遘夬"，張氏曰："注唯言始遘終夬，不言其次，以君子決小人之義推之。遘小人始，漸小人之行。頤君子之始，既濟君子之成。歸妹陰終，未濟陽窮也。"干氏謂周家事業期運皆注於《易》，然文王作《易》，乃萬世之經，非一代之書。惟三分服事，爲臣止敬，視民如傷，則情見乎辭耳。"湯、武逆取"，亦秦漢間語，與革《象傳》"順天應人"之義不合。惟論化裁通變之道，則卓乎得《易》之大義。"春秋關諸三代”,“闗”,通也,春秋尊周而通三統,因時制宜以救衰弊。顏淵問爲邦,夫子以魯禮之盡善者語之,立萬世神化宜民之準,即周公“思兼三王”之意。《雜卦》本文王繫辭互卦之法錯綜六十四卦,其次與《序卦》不同而義則一。未濟之後繫以夬,猶刪《詩・國風》殿《豳》之意。子曰“文王既没,文不在兹乎”,又曰“天下有道,丘不與易也”,處未濟之世,而思所以濟之。吾於此見聖人吉凶與民同患之心,而信乾坤之終古不息也。

附鄭注零文無所附者三事:

命,所受天命也。《文選》曹子建《贈白馬王彪詩》注。或當在“窮理盡性以至於命”下,或曰“樂天知命”注。

事之以牛羊。《詩・緜》正義説太王事引此。

行誅之後致太平。《詩・周頌譜》正義。

圖書在版編目(CIP)數據

周易集解補釋/曹元弼著;吳小鋒整理.—上海：
上海人民出版社,2019
ISBN 978-7-208-16172-6

Ⅰ.①周…　Ⅱ.①曹…②吳…　Ⅲ.①《周易》-研
究　Ⅳ.①B221.5

中國版本圖書館 CIP 數據核字(2019)第 237284 號

責任編輯　張鈺翰
封面設計　汪　昊

周易集解補釋
曹元弼　著　吳小鋒　整理

出　　版　上海人民出版社
　　　　　　(201101　上海市閔行區號景路 159 弄 C 座)
發　　行　上海人民出版社發行中心
印　　刷　上海商務聯西印刷有限公司
開　　本　890×1240　1/32
印　　張　34.5
插　　頁　4
字　　數　727,000
版　　次　2019 年 11 月第 1 版
印　　次　2022 年 7 月第 3 次印刷
ISBN 978-7-208-16172-6/B·1435
定　　價　138.00 圓(全二册)